BELMONDO

DU MÊME AUTEUR

DOCUMENTS

Gérard Philipe (Éd. Pac, 1983)

Steve McQueen (Éd. Pac, 1984)

Simone Signoret (Éd. Favre, 1988)

Préface à *Cyrano de Bergerac* (Éd. Sévigny, 1990)

Léonardo di Caprio (Éd. Favre, 1998)

PHILIPPE DURANT

BELMONDO

Préface de Henri Verneuil

nouvelle édition

ROBERT LAFFONT

Ouvrage publié sous la direction
de Charles Ronsac

ISBN 2-221-08944-8

À Michel Beaune

PRÉFACE

Je n'aime pas les préfaces, les avant-propos, les avertissements, tous ces préambules qui n'en finissent pas de nous retenir sur le seuil d'un livre.

Le plus souvent le lecteur se venge en ne les lisant pas. Alors, pourquoi ces lignes ?

D'abord parce que mon éditeur et ami Robert Laffont me l'a demandé. Mais surtout parce qu'une dérobade serait une ingratitude envers de grands bonheurs cinématographiques auprès d'un acteur exceptionnel qui m'a fait l'amitié d'un si long parcours sur les chemins d'une commune passion : le cinéma d'auteurss ! (il nous est même arrivé de mettre trois S à auteur et parfois pas de S du tout).

Ces multiples S s'appelaient Robert Merle, Félicien Marceau, Antoine Blondin ; Michel Audiard et tant d'autres encore.

Face à la machine à imprimer la vie, Jean-Paul nous apparaissait chaque fois différent de ce qu'il est, cédant sa place pour prendre celle du personnage qu'il interprétait. Porte-parole de l'univers personnel des auteurs, il conservait le plus naturellement du monde sa nature et son originalité. Avec sa spécificité il a atteint l'universel et la dimension des créatures mythiques que l'on appelle par ces lettres magiques : S.T.A.R.

Belmondo appartient à la famille des Lemaître, Barrymore, Tcherkassov, Jannings, Laughton, Fairbanks ou Gabin. Des acteurs venus du fond des âges... qui n'auront jamais d'âge.

Ils jouaient déjà au proscenium d'Epidaure à moins que ce ne fût sur les tréteaux des Enfants du Paradis.

Nouveaux dieux des foules, immortels grâce aux techniques nouvelles, ils sont là pour l'éternité tous ces héritiers d'un lourd passé de malédictions où l'acteur méprisé, traité en suppôt de Satan, se voyait refuser l'aumône d'une décente sépulture.

Monsieur Belmondo arriva dans la galaxie de l'image avec un lourd bagage de théâtre.

Jamais les dames-soleil et les mandarins de l'époque ne se sont aussi grossièrement trompés sur ce tout jeune acteur qui ne voulait pas jouer comme les autres. Mais... aspirants comédiens et futurs baladins, gardez-vous d'en tirer des conclusions hâtives. L'incompréhension des maîtres ou leurs injustices ne prouvent pas forcément le talent des élèves.

Aujourd'hui, sur certains lieux de tournage en extérieur en attendant que le soleil, le plus puissant projecteur du monde, daigne nous envoyer ses kilowatts, il arrive que Jean-Paul évoque ce passé. Mais c'est toujours avec le sourire affectueux d'une prescription acceptée et quelques irrésistibles imitations de ses maîtres de l'époque.

Il est des acteurs-palabreurs qui ont besoin de parler longuement (parfois plus que nécessaire) de la moindre scène qu'ils doivent jouer.

Toutes les motivations possibles et imaginables sont envisagées à propos de l'ouverture d'une porte qui ne servira qu'à les faire entrer dans une pièce. Ces discours les rassurent car une fois le plan tourné ils sont persuadés d'avoir exprimé les mille nuances évoquées pendant les palabres, alors que dans une situation donnée ils n'ont fait qu'ouvrir une porte. Parfois le metteur en scène est fier d'avoir su inspirer une âme à cette porte tandis que l'un de ces docteurs ès cinéma inconditionnel du réalisateur parlera de l'épiphénomène de cette image et de la problématique de l'humain à travers l'inanimé.

Chez Jean-Paul Belmondo tout commence pile au claquement du clap qui annonce le numéro du plan. Le temps de la sortie de ce clap du cadre suffit à sa métamorphose.

L'enfant turbulent, facétieux, blagueur en un quart de seconde a plongé dans la tragédie ou le comique avec une aisance fascinante : la scène peut commencer.

En un clin d'œil, par un travail intérieur, il s'est substitué à son personnage et son visage a eu le temps de subir les modulations morphologiques de son rôle.

Par ce don incroyable d'abandon instantané de son individualité, il s'interdit de s'installer dans la « mécanique » des nombreuses répétitions et des innombrables prises qui finissent par émousser la spontanéité.

Et c'est peut-être là l'un des secrets de Jean-Paul, qu'il partage avec quelques très grands.

Lors du face à face de Gabin-Belmondo dans Un singe en hiver, *Jean m'avait dit, dès le deuxième jour de tournage : « Vous ne pourrez plus dire : je cherche un Gabin jeune. »*

Philippe Durant vient de consacrer cinq cents pages à la vie professionnelle de notre illustre Commediante.

Voici donc quelques lignes en guise des trois coups traditionnels.

Le rideau rouge peut se lever sur cette scène qui est l'univers. Voici venir, mesdames et messieurs, Arlequin ou Scaramouche, Kean et Cyrano, voleur ou gendarme, Paillasse et tragédien, tandis que par la magie de Hamlet nous entendons Shakespeare :

> N'est-il pas monstrueux que ce comédien,
> Par une simple fiction, pour l'ombre d'une douleur,
> Puisse plier si fort son âme à son idée
> Que tout son visage en devienne blanc
> Et qu'il y ait des larmes dans ses yeux, de la folie dans ses gestes...

Henri Verneuil

1

LA SAGESSE DE VULCAIN

Faussement paisible, sans jamais paraître vraiment menaçant, le lion de Belfort observe le quartier de Denfert-Rochereau avec le sourire amusé du vétéran qui en a vu d'autres. Il sait que rien d'extraordinaire ne se produira jamais dans ces rues étroites bordées par ces hauts immeubles si typiquement parisiens. Il le sait parce que tous reposent sous sa surveillance de roi placide. Solidement installé, la crinière toujours impeccable, il regarde la place avec l'insouciance de l'immortalité et, en spectateur avisé, s'amuse à relever les efforts méritoires d'un petit cinéma qui paraît écrasé par les immenses bâtisses qui l'encadrent. Car, refusant de courber l'échine, la salle aux milles et un rêves met en valeur avec fierté des affiches colorées qui lui valent de mériter à tout jamais son appellation de « cinéma de quartier ». Face à elle, de l'autre côté de la place, l'imposante porte des catacombes, sorte d'excroissance surgie du passé emplie de légendes et de mystères, attire l'œil du badaud. Non loin de là, des jardins publics permettent à des grand-mères souriantes de promener leur chien ou de s'asseoir sur des bancs soigneusement entretenus où, jusqu'à la tombée de la nuit, elles rêvassent à leurs souvenirs d'une autre époque. Au cœur du quatorzième arrondissement, la place Denfert-Rochereau représente l'un des ultimes points de repère avant la porte d'Orléans et la banlieue sud. Elle constitue aussi un tremplin pour Montparnasse et, plus loin, pour Saint-Germain-des-Prés. Un quartier privilégié, disent les Parisiens. Un quartier tranquille qui a toujours su résister aux assauts du temps. De son inusable piédestal, le lion de bronze aux airs nobles peut voir l'entrée de la petite rue Victor-Considérant. Discrète et presque timide, elle s'étend sur seulement une cinquantaine de mètres qui meurent au pied du mur froid d'un cimetière. Les grands boulevards vrombissent à quelques pas, à peine, de cette artère, et pourtant les bruits refusent de violer sa douce tranquillité.

Dans les années 50 ce quartier dégageait une immense chaleur grâce à ses habitants qui l'animaient comme on anime un village et n'hésitaient pas à descendre dans les rues pour l'égayer. Le marché quotidien de la rue de Buci constituait le rendez-vous inévitable des gens du cru même si, finalement, il apparaissait moins pittoresque que le marché dominical du boulevard Raspail. Là, les marchands vendaient leurs produits à grand renfort d'exagérations. Ils appelaient leurs clients par leurs noms et prenaient de faux airs de conspirateurs pour faire semblant de leur réserver des trésors cachés. L'ambiance rappelait un peu celle des marchés de Provence, quelques degrés en moins, mais une gouaille tonitruante en plus. Ces marchés du dimanche fournissaient également l'occasion aux gens du quartier de se retrouver dans la bonne humeur et d'échanger les derniers potins. Comme les forums romains quelques siècles auparavant, ces lieux de vente offraient surtout le prétexte idéal pour de débonnaires sorties dominicales au bout desquelles chacun rentrait le cabas empli de marchandises et la tête pleine de ragots.

Dans ce quartier, Jean-Paul Belmondo grandit. Dans un appartement cossu de la rue Victor-Considérant, il passa toute son enfance. Là s'enfoncent ses racines de titi parisien, là planent ses premières émotions, volent ses premiers souvenirs...

Mais les racines de la famille Belmondo appartiennent à des terres beaucoup plus ensoleillées : l'Italie et l'Algérie...

A la fin du siècle dernier, Paul, bel homme à la forte corpulence et au front marqué par son caractère bien trempé, exerçait son métier de forgeron dans une petite ville italienne du Piémont lorsqu'il lui parut évident que les conditions économiques de cette Italie en crise perpétuelle mettraient des années avant de s'améliorer. Paul, comme beaucoup de ses compatriotes, décida donc de s'expatrier. Cruelle décision pour un homme qui aimait éperdument sa terre dans laquelle l'arbre des Belmondo s'était épanoui. L'Afrique du Nord toute proche brillait d'un éclat qui la transformait en l'une des rares contrées où tout s'annonçait encore possible, où tout était à faire. Alors, tandis que le reste de la famille Belmondo partait tenter sa chance du côté des États-Unis, Paul monta dans un bateau en partance pour l'Algérie, énigmatique territoire qui, bien que sporadiquement secoué par des affrontements du côté de la Kabylie, paraissait demeurer une contrée tranquille. Paul embarqua avec sa Sicilienne de femme, Rosine Cerrito, fille de Fanny Cerrito, nullement inconnue du grand public italien puisqu'elle comptait parmi les danseuses les plus importantes de cette fin de siècle. Après un voyage sans incident vers l'inconnu, Paul et Rosine se retrouvèrent à Alger la Blanche. La ville bouillonnait sous les innombrables mouvements provoqués par les nouveaux arrivants. Les Italiens y côtoyaient des Espagnols, qui n'avaient eu qu'à franchir un mince détroit, des Alsaciens, peu désireux de devenir Prussiens au lendemain de la guerre de 1870, et des Français de métropole qui espéraient trouver un succédané de Terre promise. Paul installa rapidement son échoppe à l'ouest de la ville, dans le quartier très animé de Bab-el-Oued. A ses activités de forgeron, il ajouta celle de mécanicien plus en rapport avec l'évolution des techniques et l'apparition des machines-outils en tous genres. Cela lui permit de travailler longtemps dans les chemins de fer algériens.

Le 8 août 1898, Rosine mit au monde un garçon. Afin de respecter une tradition bien ancrée dans sa famille, Paul lui donna son prénom qu'il avait lui-même hérité de son père. Ainsi, sous le brûlant soleil de l'été nord-africain, deux Paul se sourirent. Quelques années plus tard, la famille s'agrandit d'un second fils, Antoine.

Le jeune Paul apprit la vie au milieu des rues populaires de Bab-el-Oued. Il découvrit surtout le travail aux côtés de son père. Car ce forgeron-là n'était pas un homme comme les autres. Tôt le matin il poussait la porte de son atelier et commençait à travailler. Alors que le soleil entamait son lent déclin, lui était toujours là, œuvrant sur un bout de fer, réparant une machine et suant sang et eau sans jamais rechigner. Son fils comprit alors que le travail était mère de toutes les vertus. Il retint la leçon, l'appliqua toute sa vie et s'efforça de la transmettre à ses propres enfants. Pendant que son père se donnait corps et âme pour son métier qu'il adorait, Paul cadet regardait d'un œil toujours mobile l'activité incessante de Bab-el-Oued. Ainsi rencontra-t-il des colporteurs italiens qui, pour gagner quelque argent, vendaient de petites statuettes de leur fabrication. Une sorte de fascination s'établit définitivement dans l'âme de l'adolescent. Il avait vu son père manier la matière, ce qui l'avait intrigué. Cette fois il comprit que cela pouvait devenir un art. Alors à treize ans il fit part de son désir inflexible : devenir sculpteur. Bien loin de pousser des hauts cris, son forgeron de père esquissa un petit sourire, lissa son épaisse moustache et s'empressa de fabriquer des outils de sculpteur. Paul cadet fut aux anges et se précipita chez leur voisin marbrier pour rapporter un morceau de pierre inutilisé. Empli d'une passion débordante, Paul tailla la petite masse et, sans jamais s'affoler, sculpta une tête d'homme. Sa première œuvre. La concrétisation d'une passion. Mais l'adolescent avait conscience qu'il n'arriverait à rien, ou en tous les cas à pas grand-chose, s'il ne suivait pas un enseignement poussé.

Déjà il visait l'école des beaux-arts d'Alger. Noble ambition. Il y arriverait, sa jeune volonté s'affirmait prête à renverser des montagnes. Toutefois, Paul, dont l'esprit s'émerveillait de tout, ne s'intéressait pas exclusivement à la sculpture et possédait d'autres pôles d'attraction. Parmi eux le théâtre tenait une place privilégiée.

« Pendant ma jeunesse en Algérie, raconta-t-il en 1963, il m'arriva d'assister à quelques-unes des célèbres lectures de pièces que Jacques Copeau faisait à l'occasion de ses voyages. Un jour que je l'accompagnais dans les coulisses, quelqu'un m'interpella, criant mon nom. Alors le grand animateur lança : "Belmondo !... Quel nom splendide ce serait pour un comédien[1] !..." »

Un Belmondo dans le théâtre ? Ce serait pour plus tard... Pour l'heure, Paul caressait inlassablement le rêve de devenir sculpteur. Hélas, le monde, dans son effroyable égoïsme, s'empressa de contrecarrer ses projets. Durant l'été 1914, des événements fort complexes entraînèrent l'Europe dans une guerre qui finit par gangrener la planète. En 1915, loin du cœur des enjeux et l'esprit nullement belliciste, Paul décida de s'engager. Il venait juste de fêter ses dix-sept ans. Ces années de guerre qui virent les cadavres s'amonceler sous les effets conjugués des balles, des obus, de la peste et de la stupidité humaine, Paul les passa sous les drapeaux. Le fusil en bandoulière, il partit à la découverte d'un pays qu'il ne connaissait pas : la France métropolitaine. Une France meurtrie, une France qui souffrait mille maux, mais une France qui conservait le lointain éclat de sa beauté. Paul apprit à la connaître, à la séduire et à l'aimer. En 1918, lorsque quelques gouttes d'encre à peine séchées sur l'armistice signifièrent la fin des combats, il se crut libéré de ses obligations militaires qui n'avaient que trop duré. Il se trompait. Affichant vingt ans, il était en âge d'être maintenu dans son uniforme « comme la situation l'exigeait » pour reprendre l'une des formules dont les militaires ont toujours eu le secret. Paul resta donc sous les drapeaux durant encore quelques mois, trop longtemps à son goût. Au sortir de cette longue et pénible épreuve, le jeune Belmondo n'avait aucunement oublié les aspirations de l'adolescent qu'il avait été, dans un passé qui lui semblait si lointain. Lorsque son père lui demanda comment il envisageait son avenir, le jeune homme confirma sans hésitation : sculpteur. « Écoute, lui expliqua alors calmement le forgeron, ça sera peut-être difficile de gagner ta vie. Il faudrait que tu fasses un peu d'architecture. » L'ex-soldat se rangea à cette sage décision en s'inscrivant à l'école des beaux-arts d'Alger où il demanda à suivre à la fois des cours de sculpture et

1. *Le Figaro littéraire* du 28 novembre 1963.

d'architecture. Bien des années plus tard, il comprit que son père avait eu raison, car souvent dans son métier il eut affaire à des architectes lui demandant de décorer une façade ou un intérieur et il put, grâce à ses connaissances, bien mieux les comprendre. Paul fut un étudiant assidu et inventif. Il possédait un talent certain, nul n'osait en douter. C'est pourquoi il obtint une bourse du gouvernement général d'Alger pour prolonger ses études à Paris.

Il quitta son pays natal, laissant ses parents à la forge familiale. Il laissa également son jeune frère, Antoine, qui ne quitta jamais l'Algérie où il fit carrière dans un service assimilé aux douanes. Mais Paul ne coupa aucunement ses racines. C'est pourquoi, aujourd'hui encore, un grand nombre des œuvres du sculpteur Paul se trouvent à Alger, dont une Vénus en bronze haute de près de trois mètres. Chaque année, par la suite, Paul mit un point d'honneur à rendre visite à ses parents. Il montait dans le bateau et repartait vers cette Algérie où il retrouvait le sourire paisible et rassurant de son père. Bien plus tard le sculpteur emmena ses enfants dans ses voyages annuels, et tout particulièrement Alain, l'aîné, qui se souvient de la petite maison que ses grands-parents, retraités, occupaient alors non loin de la poste, l'un des centres névralgiques d'Alger d'où s'élancent les deux artères principales. Alain se remémore également sa grand-mère Rosine dont les cheveux nacrés étaient constamment tirés en arrière...

A son arrivée à Paris, Paul, le passionné de sculpture, entra à l'école nationale supérieure des beaux-arts, rue Bonaparte, où il eut pour professeur Jean Boucher. Il fit également la connaissance de celui qu'il considéra toute sa vie comme son maître : Charles Despiau, lui-même ancien élève de Rodin. Parallèlement, Paul continua à suivre des cours d'architecture le soir. Lui aussi, déjà, appliquait la méthode infaillible découverte dans l'échoppe de son père : travail, travail, travail. Dans cette école des beaux-arts tout entière vouée à la beauté et à son étude, Paul tomba sous le charme d'une jeune femme pleine de dynamisme qui, parce qu'elle possédait un fort joli coup de crayon, se destinait à la peinture. Elle s'appelait Madeleine Reinaud-Richard et, pour briser la glace, eut l'idée de faire le portrait de ce jeune homme un peu timide. Entre le modèle et le peintre naquit une idylle qui se concrétisa par un mariage. Dans le cercle des fréquentations de Paul et de Madeleine figura un étonnant gaillard à la voix puissante. Il répondait au nom de Pierre Brasseur et, tout en se passionnant pour le théâtre, étudiait aux Beaux-Arts. Il sympathisa avec Paul et s'amusa de cette anecdote de Madeleine qui lui raconta que, un jour, elle s'était essayée, pour rire, à faire de la figuration dans un film dont la vedette était Pierre Richard Wilm.

Professionnellement, Paul vola rapidement de ses propres ailes. Il se trouva un atelier du côté de la rue de la Glacière, non loin de la place Denfert-Rochereau. Là il travailla sans cesse, demeurant fidèle à son idéal, c'est-à-dire refusant toute contrainte, toute compromission et n'acceptant de placer son talent qu'au service de l'art. Il ne tarda pas à être connu et reconnu. En 1926 il obtint le fort convoité prix Blumenthal, ce qui lui permit d'entamer un voyage d'études qui le mena en Grèce après une halte studieuse à Rome. A son retour, les commandes commencèrent à affluer et l'argent rentra régulièrement. Paul et Madeleine partirent en quête d'un appartement du côté de Denfert-Rochereau et fixèrent leur choix sur quelques pièces de la villa Saint-Jacques. Mme Belmondo, pour sa part, préféra abandonner la peinture et toute velléité de carrière pour se consacrer exclusivement à l'avenir de son mari et à sa future famille. Celle-ci se concrétisa le 24 octobre 1931 par l'arrivée d'Alain-Paul — le « Paul » respectant la tradition familiale. Puis, dix-huit mois plus tard, le 9 avril 1933 à neuf heures, à Neuilly-sur-Seine, naquit un second garçon, Bélier ascendant Gémeaux, que le sculpteur prénomma Jean-Paul. En guise de second prénom, il hérita de celui de son parrain, Despiau : Charles. Quelques années plus tard, en 1938, la famille s'installa dans un appartement de la rue Victor-Considérant que Paul et Madeleine ne quitteront jamais. Il comptait quatre pièces principales : une salle à manger, une chambre pour les parents et deux autres pour les enfants...

Si l'enfance de Jean-Paul Belmondo fut indubitablement marquée par le quartier de Denfert-Rochereau, elle fut, surtout, placée tout entière sous l'amour immodéré qu'il vouait à ses parents. Tandis que, d'un côté, ce gamin se révéla particulièrement turbulent, d'un autre, il entrait dans une admiration contemplative dès que, accompagné par sa mère et son frère, il poussait la porte de l'atelier de sculpture de Paul. Car tous les jeudis après-midi, Madeleine emmenait ses deux bambins aux jardins de l'Observatoire où ils s'en donnaient à cœur joie. La route vers l'aire de jeux passant à proximité de l'atelier du sculpteur, le trio ne manquait jamais d'y faire une halte. Alors Paul expliquait calmement son travail à ses fils et évoquait son métier comme s'il s'adressait à des adultes. Jean-Paul et Alain regardaient avec fascination leur père façonner de la glaise et d'une masse informe sculpter un visage ou un corps d'une grande finesse. Ce qui ravissait également le cadet des Belmondo était la gentillesse extrême de son père. Il donnait l'impression de ne jamais être dérangé par rien même lorsqu'il se trouvait en plein travail. Ainsi répondait-il toujours cordialement à tous les appels téléphoniques et accueillait-il avec le même sourire sincère tous ses visiteurs, attendus ou non.

« Dans son atelier j'ai plus appris que pendant toutes les années passées dans les différentes écoles », souligne Jean-Paul.

Cet atelier, aménagé dans une ancienne écurie, se situait à quelque cinq cents mètres de Port-Royal. Il se trouvait intégré dans une sorte d'allée exclusivement composée d'une vingtaine d'ateliers de peintres et de sculpteurs. L'allée de l'art, l'allée du travail consciencieux aussi.

Si Jean-Paul adorait regarder son père toucher la glaise, il détestait, en revanche, poser. Toujours en mouvement, l'idée de s'asseoir sans bouger durant de longues heures le révoltait. Une fois, mais une seule fois, son père parvint à le maintenir en place et à sculpter son visage d'enfant aux cheveux bouclés. Jean-Paul avait six ans, ce fut son unique séance de pose, le seul souvenir de cet ordre qui le lie directement à son père. Aujourd'hui l'acteur regrette de ne pas s'être montré plus patient... Les dimanches et les midis, Paul tenait à les passer en famille afin de conserver un contact avec ses enfants. Alors, il continuait de parler, trouvant toujours de nouvelles manières d'évoquer son art, parlant avec chaleur des innombrables sources d'inspiration qu'avaient provoquées en lui une lecture ou une rencontre, subjuguant ses enfants qui se délectaient de ses propos. Jamais blasé, jamais aigri, Paul ne cessait de s'enthousiasmer pour une œuvre ou pour un artiste. Puis, invariablement, après le repas dominical, le sculpteur emmenait sa femme et ses enfants au Louvre où il leur analysait les tableaux de maître et où lui-même continuait à apprendre. Souvent, le soir, Paul conviait des amis pour parler des grands maîtres et de leur mystère. Alain et Paul les écoutaient sans toujours bien comprendre, fascinés par le calme jamais pris en défaut qui émanait de leur père.

Côté scolaire, Jean-Paul commença par fréquenter l'école paroissiale de la rue Denfert-Rochereau, où il apprit à lire et il entama une peu brillante carrière d'enfant de chœur. Il n'y manifesta pas un goût immodéré pour les études et révéla plutôt des dons très marqués de chahuteur invétéré, capable d'entraîner toute une classe dans un délire indescriptible. Chahuteur ne signifiant pas cancre, Jean-Paul Belmondo parvenait toujours à s'en sortir avec une honnête moyenne propre à effacer les doutes de ses parents.

Mais, de même qu'un conflit planétaire avait bouleversé l'adolescence de Paul Belmondo, la Seconde Guerre mondiale vint déchirer la tranquille enfance de Jean-Paul. Lorsque l'annonce de l'ouverture officielle des hostilités tomba le 6 septembre 1939, un vent de confusion voire de panique balaya la France. Paul, qui étrennait ses quarante et un ans tout frais et qui était père de deux jeunes enfants, savait qu'il ne figurerait pas dans les premières vagues de mobilisés. Presque comme si de rien n'était, il continua de se rendre quotidiennement dans son atelier parisien. Mais quand le martèlement des bottes nazies secoua le nord de la France, il craignit pour la sécurité des siens. C'est pourquoi il décida d'emmener femme et enfants dans la belle maison qu'il possédait à Clairefontaine, près de Rambouillet. Toutefois, refusant lui-même de s'installer là, Paul retourna à Paris où l'attendaient ses sculptures. L'attendait également, et surtout, un ordre de mobilisation qui lui rappela de bien mauvais souvenirs. Madeleine Belmondo, têtue et courageuse, refusa d'abandonner son mari et quitta Clairefontaine pour entamer de longs périples sur les routes de France.

« Mon père était parti comme militaire, se souvient Jean-Paul, et ma mère allait le rejoindre aux endroits où il se trouvait : à Boulogne et dans d'autres villes du Nord. Mon frère et moi, à un moment donné, sommes partis avec mes grand-parents pour les rejoindre à Calais où nous nous sommes fait mitrailler. J'ai le souvenir très précis des matelas sur l'Hotchkiss... »

Le vent froid de la débâcle commençant à souffler sur l'ensemble de la France, tout le pays fut comme saisi par une folie incontrôlable. Les routes nationales croulèrent sous le poids des citadins en exode. Suivant le mouvement, Madeleine Belmondo et ses enfants abandonnèrent Paris lorsque l'armée allemande se montra par trop envahissante. A l'invitation d'un ami imprimeur, ils partirent pour Guéret, dans la Creuse. Là, ils trouvèrent à se loger dans un hôtel. Ce bâtiment possédait une belle particularité : le hall d'entrée était surplombé d'une magnifique verrière. Un jour de bombardement, tous les clients descendirent dans ce hall sur lequel donnait la porte de la cave, qui, comme traditionnellement, servait d'abri. Mais le directeur, complètement paniqué, se montra incapable de faire tourner la clef dans la serrure de la porte salvatrice. Ainsi durant tout le bombardement, tandis que ce directeur, suant à grosses gouttes, s'énervait sur sa clef, les Belmondo et les autres réfugiés observaient cette immense verrière au-dessus de leurs têtes, convaincus qu'en cas de choc elle se briserait en des milliers d'éclats qui les lacéreraient inévitablement. Mais les bombes, pour une fois délicates, épargnèrent les abords de l'hôtel... Plus tard, les Belmondo découvrirent que l'ami imprimeur qui les avait aidés dans leur exode travaillait pour les services de renseignements alliés... Puis, constatant que la capitale survivait sous le joug teuton, Madeleine décida de repartir vers Clairefontaine.

« Finalement nous sommes revenus à Clairefontaine avec ma mère. Mon père a été fait prisonnier », poursuit Jean-Paul.

Dans ce petit bourg campagnard, Madeleine organisa la vie de sa famille. Première priorité : le ravitaillement. Heureusement, les fermes avoisinantes recelaient encore de trésors comme la viande, des légumes, du lait, du beurre et, parfois, des fruits. Régulièrement, Mme Belmondo enfourchait son vélo et parcourait une dizaine de kilomètres pour « aller faire les courses ». Sur le chemin du retour, trop chargée, elle tombait souvent, s'écorchant les genoux mais ne poussant jamais un gémissement. Elle refusait de se plaindre. Parfois, au printemps, elle envoyait son plus jeune fils rapporter quelques fruits. Hélas, le facétieux Jean-Paul, qui prenait son temps, revenait toujours avec un panier à moitié vide : il avait mangé la plupart des fruits en chemin ! Lorsqu'en octobre 1942 un calme précaire couvrit la France, Madeleine décida de rentrer sur Paris, ramenant ses deux fils rue Victor-Considérant. Là, ils apprirent à vivre sous la menace constante des bombardements.

« Quand il y avait des alertes, rapporte Jean-Paul, tout le monde descendait dans le métro de Denfert-Rochereau parce que c'était un métro très très profond. Alors, des fois, quand nous étions au cinéma, tout à coup nous entendions une alerte. "Descendez, descendez !..." Nous descendions dans ce métro et nous retrouvions tout le quartier. Les gens se parlaient car tous se connaissaient. J'ai aussi le souvenir des gens qui dormaient sur les rails. Ce sont des souvenirs qui marquent un enfant. »

Jean-Paul fut alors inscrit à l'École alsacienne dans le quartier Denfert-Rochereau. Cette école figurait parmi les meilleures institutions parisiennes. Créée au lendemain de la défaite de Sedan par des réfugiés alsaciens, elle conservait la réputation d'un enseignement de haut de gamme et d'une grande rigueur morale. Jean-Paul entra dans la classe de neuvième de M. Josset, petit bonhomme étonnant qui avait l'étrange habitude de faire couiner un appareil indéfini qu'il cachait précieusement dans le tiroir de son bureau. Ainsi pendant les cours, à tout moment, sans raison apparente, il pouvait glisser sa main dans le tiroir et appuyer sur l'objet mystérieux qui émettait une plainte stridente. Puis M. Josset refermait le tiroir avec le même naturel. Bien que déjà fort curieux, Jean-Paul Belmondo ne parvint jamais à savoir s'il s'agissait d'un appeau, d'un vieux klaxon ou de tout autre chose. Dans cette même classe de M. Josset se trouvaient les enfants de Fernand Ledoux, un fils et une fille, qui s'amusaient à montrer les photos de leur père sur scène ou face aux caméras. Une chose surprit tout de même Jean-Paul : la façon dont étaient traités ces enfants de célébrité. Élèves et professeurs leur parlaient avec un mélange de respect et de jalousie, comme s'ils étaient des êtres à part, ce qui, visiblement, faisait souffrir ces jeunes gens... Belmondo, quant à lui, ne se passionna guère pour les cours, beaucoup s'en fallait. Son grand plaisir, et, sans doute, son seul plaisir, s'éveillait dans la cour de récréation où, en passionné de sport qu'il était déjà, il imaginait des courses cyclistes, des matchs de foot et des combats de boxe qui se terminaient fréquemment en bagarre générale. A la fin de l'année scolaire, le 30 juin 1943, les Belmondo repartirent vers Clairefontaine et ne revinrent à Paris qu'en janvier 1944. Une nouvelle fois Jean-Paul intégra l'École alsacienne, mais il fit montre d'une telle mauvaise volonté et d'une telle indiscipline qu'il fut renvoyé le 29 mai 1944. Officiellement les archives scolaires notèrent qu'à cette date il « partit en vacances », mais il fut bel et bien mis à la porte. Cela força les Belmondo à repartir plus tôt que prévu à Clairefontaine où ils restèrent jusqu'à la Libération.

« Là, se souvient Jean-Paul, j'ai été enfant de chœur avec mon frère et nous avons rencontré un curé formidable, le père Graziani. Il emmenait tous les enfants de chœur dans la forêt pour ramasser les Américains qui tombaient des avions. Nous les enterrions dans la petite église de Clairefontaine. J'ai des souvenirs de môme avec les lunettes des aviateurs sur les cercueils et cette insouciance qu'on a quand on est enfant. Nous rigolions parce que nous touchions un peu d'argent à chaque enterrement. Et nous chahutions beaucoup. »

En fait, le rêve secret de la plupart de ces gamins était de rencontrer un pilote américain bien vivant. Mais la Résistance française, nettement plus active et surtout beaucoup mieux organisée que ces sympathiques enfants de chœur, arrivait sur le terrain bien avant eux. Alors elle emmenait immédiatement le pilote vers une cache sûre et « nettoyait » la place afin qu'aucun document compromettant ne pût y être retrouvé. La plupart du temps, les enfants devaient se contenter d'un tout petit peu de matériel et de quelques douilles, qu'ils glissaient dans des ceintures, se constituant ainsi de véritables cartouchières dignes des héros de la révolution mexicaine. Hormis ces recherches pour le moins originales, Jean-Paul profitait déjà de son temps libre pour organiser des petits spectacles avec de jeunes amis des environs. Il interprétait des morceaux de pièce, frôlant souvent l'improvisation, avec une ferveur qui balayait les nombreuses imperfections de son jeu. Malgré tout, ces temps de guerre ne constituèrent pas à proprement parler une période heureuse pour les deux frères Belmondo. D'abord ils se trouvaient séparés de leur père, et ensuite les bombardements et autres batailles aériennes qui se déroulaient au-dessus de leurs têtes les glaçaient d'effroi. Il faut dire que Clairefontaine ne possédait que peu de points communs avec un havre de paix. En fait, non loin de la commune se dressait un immense château d'eau parfaitement visible d'avion. Les pilotes alliés s'en servaient comme point de repère dans leurs vols nocturnes vers Berlin, ce que comprit bien vite la DCA nazie, d'où les incessants coups de canon.

« Les Allemands n'étaient pas tellement nombreux à Clairefontaine même, résume Jean-Paul Belmondo. Ils étaient surtout autour, à Rambouillet. Mais on voyait très bien la guerre : nous avons vu Pétain passer avec toute la foule dehors et puis, plus tard, nous avons revu les mêmes gens dehors pour acclamer les autres ! Le capitaine des sapeurs-pompiers mettait son brassard FFI, mais si jamais ça tournait mal il l'enlevait. Nous avons tout de même subi beaucoup de combats aériens. Les avions se battaient beaucoup au-dessus de cette région. Il y avait, d'une part, les avions alliés qui partaient sur l'Allemagne et, d'autre part, les avions allemands qui montaient à l'attaque des forteresses volantes. C'est pour cela qu'il y avait dans cette forêt de Rambouillet tant d'avions qui tombaient... J'ai le souvenir aussi d'un jour où ma mère a voulu nous descendre dans la cave dont l'entrée était à l'extérieur, et juste au moment où j'ai ouvert la porte de la maison, j'ai vu un avion piquer sur nous en mitraillant. Ma mère raconte toujours que j'ai hurlé pendant au moins un quart d'heure ! Je revois la tête du pilote dans cet avion qui descendait sur nous. C'était un avion américain... Plus tard, des soldats allemands se sont cachés dans la forêt. Ma mère était formidablement courageuse parce que cette maison était tout de même isolée dans la forêt. Or, alors qu'elle était enceinte de ma sœur et qu'elle avait ses deux petits mômes à s'occuper, elle a caché des gens dans la cave. Elle prenait des risques parce que c'était une femme comme ça. C'étaient des amis, elle les cachait. »

Jean-Paul se souvient également d'une immense déception d'enfant qui le tirailla pendant toute l'Occupation. Il souhaitait ardemment posséder un train électrique. Malheureusement, en ces années de privation, une telle marchandise était rigoureusement introuvable. Pourtant, à chaque Noël, Jean-Paul se précipitait vers l'arbre, empoignait ses cadeaux, arrachait fébrilement les emballages et constatait, avec une tristesse infinie, que son vœu n'était pas exaucé. Il en conserva une frustration qu'il transporta dans sa vie d'adulte. Plus tard, lorsque devenu père il choisit des cadeaux de Noël à ses enfants, il leur acheta à tous des trains électriques rutilants avec tous les accessoires les accompagnant. Hélas, ses deux filles et son fils ne partagèrent pas sa passion et Paul, par exemple, se désintéressa complètement de ce jouet qui faisait briller le regard de son père.

Quelques mois avant la Libération, la petite famille Belmondo vécut le moment le plus agréablement émouvant de cette trop longue guerre : les retrouvailles avec Paul Belmondo. Prisonnier de guerre en Allemagne, il était parvenu à s'évader avec un ami et à franchir les frontières. Madeleine, qui n'avait plus de nouvelles de lui depuis des mois, fondit en larmes, de même que les deux bambins. Malheureusement, Paul ne put prolonger son séjour : évadé, il devait impérativement se cacher. Ainsi disparut-il aussi mystérieusement qu'il était apparu. Puis les Alliés arrivèrent enfin.

« J'ai passé une bonne partie de la guerre à Clairefontaine, dont la Libération, rapporte Jean-Paul. Nous avons vu les Allemands descendre affolés et les Américains remonter. Comme le faisaient tous les sales mômes à cette époque, nous échangions des Chesterfield et des chewing-gums contre des cageots de tomates. »

Les Alliés installèrent un vaste camp entre Clairefontaine et Rochefort-sur-Yvelines. Quelle aubaine pour les enfants du secteur ! Les fils Belmondo y étaient toujours fourrés, organisant un troc à base de vieux alcools de prune dont ils croyaient être les bénéficiaires. Mais les bouteilles qu'ils amenaient valaient bien plus que les quelques tablettes de chocolat et de chewing-gum qu'ils en retiraient. Qu'importe, ils étaient heureux, le souffle de la Libération les enivrait.

Dès que le drapeau français flotta en lieu et place de la croix gammée sur les monuments de Paris, Madeleine décida de ramener ses deux enfants dans leur appartement de Denfert-Rochereau. En quittant Clairefontaine, les Belmondo laissaient une grande et belle maison derrière eux. Une maison également chargée de tristes souvenirs dus à la guerre, c'est pourquoi ils décidèrent de s'en séparer, ce que regrettèrent, par la suite, les enfants.

Plus tard, le 6 janvier 1945, un heureux événement vint chasser les derniers nuages, rescapés de la guerre : la naissance de Muriel. Pour Alain et Jean-Paul, la venue d'une petite sœur constitua une inépuisable source de plaisir. Ils l'observèrent babiller et, surtout, se battaient presque pour conduire sa poussette. Les jeudis après-midi, dans les jardins du Luxembourg, les deux frères organisaient de véritables courses avec d'autres gamins bénéficiant, eux aussi, d'une poussette. Les virages s'avéraient souvent délicats et la pauvre Muriel roulait dans la poussette sans bien comprendre pourquoi… La vie de famille reprenait ses droits dans le chaleureux appartement de la rue Victor-Considérant. Paul Belmondo, qui jouissait d'un prestige plus grand de jour en jour, accumulait les commandes et travaillait constamment. Le soir, reprenant ses habitudes, il conviait ses amis comme Despiau ou Vlaminck, avec lesquels il parlait art, leur métier, leur passion. Parfois s'installaient également des gens du spectacle comme l'ami Pierre Brasseur toujours bouillonnant, ou Sacha Guitry pris de sympathie pour Paul Belmondo auquel il commanda une médaille à son effigie. A l'approche de Noël, Madeleine emmenait ses enfants au cirque. Là, Jean-Paul demeurait complètement fasciné par les clowns. Leurs pitreries, leurs acrobaties, leurs sens du gag le réjouissaient et lui faisaient envie. Alors il se mit à rêver à une carrière de clown. Clown ! L'homme de spectacle le plus absolu qui décroche la plus belle des récompenses : le rire des enfants.

Avant de devenir clown, Jean-Paul Belmondo poursuivit sa peu brillante carrière scolaire à l'école communale de la rue Henri-Barbusse située à huit cents mètres de la rue Victor-Considérant. Là, il ne brilla toujours pas par des résultats mirobolants. Il lui fallait, pourtant, commencer à envisager son avenir. Or, ni Jean-Paul ni son frère Alain ne songèrent une seule seconde à embrasser la carrière de leur père. Pourtant, si Jean-Paul s'était toujours montré incapable de tenir un crayon, ce qui consternait ses professeurs, Alain, lui, possédait un don certain pour le dessin. Mais déjà l'aîné des Belmondo caressait l'envie de travailler sur ou près de la mer, sa passion. Donc les deux adolescents ne s'enthousiasmèrent pas à l'idée de prendre la succession de leur sculpteur de père. Cela ne les empêchait pas de rendre de régulières visites à l'atelier de Paul Belmondo. Officiellement, ils venaient pour poser des questions à l'artiste et bavarder un peu avec lui ; réellement, ils venaient se rincer l'œil car Paul faisait poser des modèles féminins, souvent de toute beauté, dans le plus simple appareil. Le comble de la curiosité fut atteint lorsque Paul Belmondo demanda à sa propre femme de ménage de venir poser pour lui. Les deux frères, qui avaient eux aussi remarqué l'impeccable plastique de cette jeune personne, trépignèrent d'impatience à l'idée de l'admirer dans le plus simple appareil. Durant pratiquement toutes les séances de pose, Jean-Paul et Alain se bousculèrent pour porter une lettre à leur père, lui demander quelque chose, le plus souvent n'importe quoi, ou plus simplement faire mine d'avoir subitement envie de lui parler ! Mme Belmondo, quant à elle, surveillait de très près l'éducation de ses deux fils et souhaitait leur faire découvrir la joie des arts. C'est ainsi qu'elle les emmena régulièrement au théâtre et tout particulièrement à la Comédie-Française... Quand les premiers rayons de l'été poussaient les Parisiens sur la route des vacances, les Belmondo partaient invariablement s'installer à l'hôtel Castel Fleuri à Piriac-sur-Mer, tout à côté de La Turballe, sur l'une des pointes de la Bretagne. Là, Jean-Paul retrouvait une bande de copains avec lesquels il faisait les quatre cents coups. Il ne savait pas que dans le même village, mais dans une autre bande, se distinguait un certain Jean-Pierre Marielle. Celui-ci fréquentait assidûment le Castel Fleuri, jouait au volley-ball aux mêmes endroits que Belmondo, se rendait aux mêmes soirées que lui, et pourtant ils ne se connurent absolument pas à cette époque. Comme le souligne Marielle lui-même : « Tout cela est très mystérieux. »

Sous le soleil breton, dégagé des contingences scolaires, Jean-Paul s'en donnait à cœur joie. Il participait à toutes les activités du village, s'amusant de tout et de rien. Il remporta même son premier prix « de comédie ». A l'occasion d'une fête foraine, un petit cirque organisa, en effet, un concours de bonimenteur. Belmondo s'improvisa vendeur de slips et remporta le premier lot constitué par un service de table qu'il s'empressa de revendre aux Loyer qui tenaient le Castel Fleuri. Une autre fois, à quinze ans, Jean-Paul s'amusa à faire croire durant tout un mois qu'il était anglais. Bien sûr, ses amis jouèrent la blague avec lui, mais beaucoup de touristes furent convaincus que ce drôle d'adolescent provenait directement des îles Britanniques. Cette fois, Belmondo n'en tira aucun avantage matériel mais des immenses fous rires et une certaine gloire, déjà. Les parents Belmondo, eux, se régalaient de toutes ces pitreries et laissaient leur fils évoluer à sa guise du moment qu'il ne dépassait pas certaines bornes.

« J'ai été élevé dans l'amour et la gaieté », souligne l'acteur.

De retour à Paris, Jean-Paul passait une partie de son temps libre dans le petit cinéma à quelques mètres de chez lui. Là il se prit d'admiration pour Errol Flynn, ce qui lui donna l'idée d'un jeu que, au fur et à mesure des années, il peaufina en une épreuve tout à fait passionnante : résister aux assauts des « pirates ». Seul, debout sur un banc, il devait affronter une dizaine de camarades qui n'avaient pour autre but que de le jeter à terre. Officiellement, les coups de poing étaient interdits mais les « dérapages » furent fréquents.

Hors école, Jean-Paul aimait se promener dans son quartier et arpentait notamment la rue Daguerre où se regroupaient la majorité des commerçants. « Il y avait véritablement un esprit de quartier chez les commerçants de la rue Daguerre, tout le monde connaissait tout le monde et se parlait », constate-t-il. Lui, le fils de sculpteur, était connu comme le loup blanc, d'autant qu'il sympathisait franchement avec tout le monde, sans exception.

Parallèlement, le jeune homme se révéla très tôt un sportif tout à fait étonnant à la fois par ses qualités athlétiques et par son goût du spectacle. Ainsi, passionné par le foot, il réclama le poste de gardien de but. Quand il surveillait la « cage », il ne pouvait s'empêcher de faire mille et une pitreries et, plutôt que d'arrêter sobrement un ballon, il se lançait inévitablement dans un plongeon aussi spectaculaire qu'inutile. Hormis le foot, Jean-Paul se passionnait pour la boxe. Or, à cette époque, pour tous les Français, la boxe avait un nom : Marcel Cerdan. Le « bombardier marocain » était véritablement une star. Les journaux ne cessaient de parler de lui et chacun le vénérait comme un très grand champion. Le 21 septembre 1948, quatre mois après avoir émis le désir de se retirer de la compétition, Cerdan disputa le match décisif de sa carrière : le championnat du monde des poids moyens. Son adversaire se nommait Tony Zale et possédait une redoutable réputation. Le combat ayant lieu au Roosevelt Stadium de Jersey City aux États-Unis, les Français n'avaient d'autre possibilité que de le suivre en direct à la radio. Parmi eux : Jean-Paul Belmondo. En raison du décalage horaire, le fils du sculpteur passa une nuit blanche. Mais quelle nuit ! Chaque coup de poing de Cerdan le faisait vibrer, chaque riposte de Zale le faisait trembler. Quand, au onzième round, l'Américain toucha terre, Jean-Paul hurla de joie. Quelques secondes plus tard, Tony Zale fut déclaré knock-out, faisant faire des bonds de bonheur à Jean-Paul Belmondo.

« J'ai vécu ce match comme tous les Français à l'époque, raconte l'acteur. Évidemment, aujourd'hui on est plus habitué à ce que les boxeurs européens aillent en Amérique, mais, à l'époque, c'était très difficile. Cerdan a dû faire des matchs durs où il a été au tapis, mais il avait un cœur fantastique et finissait par gagner. Le jour où il s'est retrouvé face à Zale, nous attendions tous. Moi, j'habitais chez mes parents à Denfert-Rochereau et toutes les radios étaient branchées. Personne ne dormait, c'était à deux heures du matin. Et au moment où Zale est tombé, j'ai le souvenir de tout l'immeuble qui a tremblé parce que tout le monde s'est levé et a crié "hourra" ! »

Le lendemain, enivré par les vapeurs de la victoire, Jean-Paul Belmondo courut s'inscrire à la salle de boxe de l'Avia Club située porte Saint-Martin, là même où, un temps, Cerdan s'était entraîné. Cette salle ne payait pas de mine. Située au fond de l'impasse Ernest-Boulanger — mais en face de la sortie des artistes du théâtre de la Renaissance, tout un symbole —, son accès était rendu difficile par des pavés qui avaient connu des jours meilleurs. Les maisons construisant l'impasse arboraient des façades décrépies faisant craindre à tout moment un éboulement imminent. Un escalier en fer brinquebalant menait à la porte de la salle. Celle-ci poussée, le visiteur entrait dans un monde étonnant. Une odeur de sable et de sueur enveloppait deux rings fatigués aux cordes distendues. Dans le fond, un poêle canonique dégageait un semblant de chaleur à condition d'être constamment tisonné. Non, elle ne payait pas de mine cette salle, mais au moins elle prouvait que les hommes qui s'y réunissaient n'avaient qu'un but, une passion : boxer. Pour Jean-Paul, se rendre là-bas signifiait quitter son quartier, traverser régulièrement la Seine et fréquenter le nord de Paris. Presque une expédition !

« L'Avia Club avait la réputation d'avoir de bons boxeurs qui savaient boxer, explique Belmondo. Il y avait là Dupain, un maître à boxer qui nous apprenait le noble art. C'était une école je dirais presque d'"escrimeurs". Toutes les bonnes salles étaient basées dans le quartier de la porte Saint-Martin, et c'est ça qui était fascinant. Il n'y avait pas de club de boxe à Denfert-Rochereau. Bien sûr, il y avait aussi le Boxing-Club de Pantin, mais je préférais la porte Saint-Martin. Tous les champions locaux que je commençais à connaître, ceux qui se battaient au Central et dans les bonnes salles de boxe, s'entraînaient là-bas. »

Le fils du sculpteur entra dans la catégorie des poids légers et apprit les innombrables finesses de la boxe. Il fit également la connaissance de Maurice Auzel, futur champion de France, avec lequel il sympathisa immédiatement. Le milieu de la boxe possédait peu de points communs avec les cercles privilégiés qu'avait fréquentés Jean-Paul jusqu'alors. Les amis qu'il se fit dans et autour de la salle de l'Avia Club n'avaient pas grandi dans la bourgeoisie mais plutôt dans des quartiers ouvriers à la périphérie des rues chaudes de la capitale, c'est-à-dire au bord du vivier des voyous. Mais, de manière tout à fait étonnante, Jean-Paul bénéficiait déjà de cette inhabituelle facilité qui lui permettait de frayer avec aisance dans tous les milieux. Aussi à l'aise avec le titi des faubourgs qu'avec le dandy du seixième, Jean-Paul possédait déjà cette force de pouvoir séduire tout le monde, et, donc, de sympathiser avec tous. Ainsi les liens qui l'unirent à cette époque à un Dominique Zardi — qui, avant d'entamer une très riche carrière de second rôle au cinéma, sortait de quelques démêlés avec la justice — furent profonds et sincères. Les deux jeunes hommes que tout semblait opposer s'apprécièrent et devinrent pratiquement inséparables. L'un de leurs points de ralliement se trouva être le cinéma. Ils assouvirent leur fringale de pellicule dans la salle du Cinévog, à côté de la gare Saint-Lazare. Là, ils s'enthousiasmèrent aux exploits d'Humphrey Bogart, et Jean-Paul eut également une passion particulière pour John Garfield. A la fin des projections, les deux amis rejoignaient le même quartier — Zardi habitait rue des Gobelins. Inévitablement, ils passaient devant la Villa Byron, magnifique propriété malheureusement laissée à l'abandon. Et, inévitablement, Belmondo s'arrêtait, la contemplait et s'éloignait en disant : « Si un jour je suis riche, j'achèterai ça ! » Ce qu'il ne fit jamais...

Parce que Zardi, Auzel et Belmondo se passionnaient pour la boxe, ils s'efforçaient de ne manquer aucun des grands matchs se disputant au Central, salle Wagram ou au Palais des sports. Mais, craignant que ses parents apprécient peu cet engouement, Jean-Paul se garda bien de leur dire qu'il envisageait une carrière de boxeur professionnel. Ils ne découvrirent cet état de fait que bien plus tard. Entre-temps, le jeune homme manifesta un certain talent sur les rings et fut poussé par son entraîneur Dupain à participer à des combats amateurs.

« Quand il est venu à la salle, se rappelle Dupain, il est venu comme un autre jeune homme qui veut s'entraîner et faire de l'éducation physique. Comme il avait du cran et du tonus, il s'est vite mis dans le bain et immédiatement il a "pris" les jambes, la rapidité d'observation. Déjà il promettait parce qu'il avait beaucoup de volonté. »

Mais Jean-Paul demeurait quelqu'un d'extrêmement lucide. S'il envisageait de passer professionnel, c'était surtout parce qu'il adorait l'ambiance des salles de sport, la camaraderie existant entre les boxeurs et ce côté chaleureusement populaire dans le bon sens du terme. Mais, en dépit d'une « bonne droite », il savait qu'il ne deviendrait jamais un champion, et ce pour une bonne raison : il n'avait pas « assez faim ». En effet, la plupart des apprentis boxeurs étaient des hommes issus de la rue, des types fauchés qui avaient la rage au ventre, pour qui le sport était une manière de se hausser hors de leur statut social. Belmondo, lui, restait un fils de bourgeois qui savait pouvoir compter sur ses parents. Donc, Jean-Paul n'appartenait pas véritablement au même monde. Tout de même la boxe lui apprit la « hargne », la ténacité, l'endurance et le goût de la lutte.

Et puis un incident suspendit son apprentissage de boxeur. A l'âge de seize ans, Jean-Paul souffrit d'une primo-infection. Les médecins se penchèrent sur son cas et, dans un même élan, annoncèrent que le bon air lui serait éminemment profitable. Ses parents l'envoyèrent à Allanche dans le Cantal où, durant près d'un an, il partagea la vie des bergers. Pour le jeune Parisien, ce fut comme une révélation : la nature, le calme, les animaux. Ses journées, il les passait à construire des cabanes, à observer les verts pâturages et à surveiller les moutons. Le soir, il s'arrangeait pour dormir dans les granges où, pour la première fois, il rêvait à son avenir. Il écrivit des lettres enflammées à sa famille, expliquant en long et en large que son avenir se situait là, près des moutons. Mais en dépit de ses apparences tranquilles de futur berger, Jean-Paul laissa exploser sa véritable passion : la comédie.

« Je suis effectivement parti à Allanche, admet-il. Ça me plaisait beaucoup. J'ai gardé des moutons avec les copains. Mais c'était aussi l'époque où la plupart des villages de France organisaient des kermesses cyclistes. J'y allais tout le temps, je faisais toujours l'idiot, le clown, je faisais rire tout le monde. Dans ces kermesses, il y avait des concours de camelots : celui qui vendait le plus de n'importe quoi. Je participais à tous ces concours et je les gagnais toujours. C'est en cela qu'Allanche m'a aidé à exprimer mon désir d'acteur. »

Lorsque Jean-Paul oublia ses aventures campagnardes et remonta sur Paris, M. et Mme Belmondo posèrent la fameuse question de confiance à ce fils si turbulent qui ne brillait dans aucune matière scolaire : « Que veux-tu faire ? »

Sa réponse claqua comme un défi : « Acteur ! »

2

AU SERVICE DE LA COMÉDIE

Paul et Madeleine Belmondo ne furent aucunement surpris par cette réponse pleine d'illusions et d'espoir profonds, dans la mesure où ils en étaient partiellement à l'origine. En vouant un amour immodéré aux arts et en exerçant son métier avec une passion sans limite, Paul se doutait bien que ses enfants embrasseraient une carrière qui allait les faire vibrer. De plus, en emmenant ses fils régulièrement au théâtre, Madeleine leur avait donné le goût des beaux spectacles. Jean-Paul avait commencé à fréquenter la Comédie-Française dès l'âge de douze ans. Cela l'enthousiasma. Il alla de plus en plus fréquemment au théâtre et s'imprégna de quelques grands spectacles. En 1948, il admira *Les Femmes savantes* qui marquait les débuts époustouflants de Denise Gence dans la Maison de Molière. L'année suivante, Jean-Paul fut subjugué par *Le Bossu* qu'un Pierre Brasseur au-dessus de tout éloge reprenait au théâtre Marigny. Il y eut aussi, en 1950, *Fric-Frac* que Michel Simon rejoua au théâtre Antoine avec une fraîcheur absolument intacte. Par ailleurs, le jeune Belmondo applaudit Charles Dullin dans une de ses innombrables représentations de *L'Avare*, ainsi que Laurence Olivier venu jouer à Paris *Titus Andronicus*. Sa passion pour le théâtre atteignit de telles proportions que des photos d'acteurs commencèrent à apparaître sur les murs de sa chambre aux côtés de celles de boxeurs : Louis Jouvet, Michel Simon, Jean Gabin et Raimu que Jean-Paul n'avait pas oublié depuis *La Femme du boulanger* où, comme à des milliers de spectateurs, la fameuse scène du retour de Ginette Leclerc lui avait arraché des larmes. Un autre acteur méridional était parvenu à faire naître des larmes, mais des larmes de rire : Fernandel.

« Quand j'étais jeune, confie Jean-Paul, j'étais un énorme fan de Fernandel. J'allais voir tous ses films, y compris des trucs comme *Les*

Dégourdis de la 11ᵉ, et je le trouvais irrésistible. Fernandel me faisait énormément rire. »

« Acteur ? », pourquoi pas, se dit donc Paul Belmondo. Mais il était bien placé pour savoir qu'un métier artistique, quel que soit le talent que l'on possède, cela s'apprend. Aussi, si Jean-Paul Belmondo souhaitait persévérer dans cette voie, il lui faudrait suivre des cours et, dans la mesure du possible, viser le Conservatoire, seule institution alors véritablement reconnue dans ce domaine. Pour l'heure, Paul Belmondo chercha à maintenir son fils dans une voie scolaire traditionnelle. Désirant le voir obtenir un minimum de diplômes, à commencer par le baccalauréat, il l'inscrivit en septembre 1949 dans une « boîte à bachot » : le collège Pascal, qui n'était ni plus ni moins qu'une villa très cossue sise boulevard Lannes, à Auteuil, où se retrouvaient les élèves un peu cancres de la bourgeoisie parisienne. Bien loin de se consacrer avec acharnement à l'étude des mathématiques, de la géographie ou de l'histoire, Jean-Paul continua sur sa lancée et chahuta de manière pratiquement incessante. De son propre aveu, il alla même jusqu'à gifler un surveillant, ce qui provoqua quelques remous dans l'établissement... Hors cours, Jean-Paul passait le plus clair de son temps à organiser des combats de boxe et autres « assauts des pirates ». Mais à force de côtoyer le danger, le jeune homme connut son premier accident : un nez cassé. Certes l'auteur de ce fort mauvais coup finit encore plus amoché, mais Jean-Paul resterait néanmoins marqué à vie, ce qui, au final, ne le gêna pas outre mesure... Étonnamment le collège Pascal, ne possédant pas de salle de sport, envoyait ses élèves s'entraîner dans le bois de Boulogne. Là, plutôt que de se concentrer sur leur forme physique, la plupart des potaches préféraient se consacrer aux formes pas toujours harmonieuses de dames de petite vertu traînant là en dépit de l'heure matinale. Les plus chanceux, c'est-à-dire les plus fureteurs, parvenaient même à observer certaines de ces donzelles dans l'exercice de leur profession. Un jour, pourtant, ils se retrouvèrent face à un spectacle nettement plus morbide : un commissaire de police pendu à un arbre... De son passage dans cet établissement scolaire datent deux découvertes fondamentales dans la vie de Jean-Paul Belmondo : les femmes et la rue. Les premières n'étaient encore que de frêles donzelles qui riaient aux facéties du boute-en-train qu'était le turbulent jeune homme avant de succomber aux avances du séducteur qui commençait à se profiler. Quant à la rue, elle exerçait son impalpable fascination sur le futur acteur. Avec des amis il s'enivrait de Paris et s'amusait à faire du trafic de cigarettes. Il continuait aussi à beaucoup fréquenter les cinémas, connaissant notamment ses premiers émois érotiques par écran interposé.

« C'était l'époque des cinémas de quartier, raconte Belmondo. Nous allions à l'Atlantique qui était à côté ; nous allions aussi au Miramar qui pour nous était le super-luxe. Et il y avait toujours le petit cinéma de Denfert-Rochereau… Quand j'ai vu *L'Ange bleu* avec Marlène Dietrich au bar avec ses bas qui laissaient supposer un tas de choses, j'ai trouvé cela d'un érotisme formidable. Le véritable érotisme c'est de ne pas en montrer trop, de laisser désirer et de laisser marcher l'imagination. »

Pendant ce temps, ses résultats scolaires plongeaient vers le néant au grand dam de ses parents. Paul, légèrement inquiet, souhaitait vraiment savoir ce dont son fils était capable. Comme, à l'époque, les tests psychologiques faisaient déjà florès, Paul demanda à l'un de ses amis ingénieurs de soumettre son rejeton à la difficile épreuve du questionnaire d'intelligence. Seulement Jean-Paul ne fut pas dupe. Il n'avait aucune envie que quelqu'un vînt farfouiller dans son crâne, fût-ce par questions interposées. Et, surtout, il craignait que les résultats n'orientassent sa carrière vers une voie qu'il ne souhaitait absolument pas. Alors, le plus sérieusement du monde, il s'appliqua à répondre n'importe quoi à chacune des interrogations saugrenues qui lui furent soumises. Le verdict de l'ingénieur commis d'office s'imposa immédiatement : Jean-Paul Belmondo était fou à lier. S'il n'avait pas été le fils d'un ami, il aurait sans doute appelé illico une ambulance. Mais Paul accueillit cette analyse avec le sourire compréhensif du père qui savoure l'énorme supercherie. Dès lors, les parents Belmondo finirent par se demander si le seul avenir de Jean-Paul ne résidait effectivement pas dans la comédie. Paul prit le taureau par les cornes et décida de procéder à un test décisif. Il envoya son fils discuter avec André Brunot. Cet acteur, ami personnel de Paul, jouait alors *Le Bossu* aux côtés de Pierre Brasseur au théâtre de l'Odéon. Ex-doyen de la Comédie-Française, Brunot avait pris sa retraite en 1945, mais continuait toutefois de jouer çà et là. Parmi ses nombreux titres de gloire figurait celui d'avoir recréé *Cyrano de Bergerac* à la Comédie-Française en 1938 dans une mise en scène de Pierre Dux. En cette année 1950, il travaillait beaucoup avec Jean-Louis Barrault et Madeleine Renaud qu'il avait aidés dans leur désir de former une troupe.

Avant l'entrevue, André Brunot demanda à Jean-Paul d'apprendre un petit texte, histoire de voir comment il pouvait se débrouiller. Le jeune homme, ne possédant pas encore une immense culture théâtrale, puisa dans ses livres d'enfance et en sortit une fable de La Fontaine, *Le Savetier et le Financier*, qu'il se répéta sans discontinuer pendant pratiquement quatre jours et quatre nuits. Le jour de l'entrevue, pris par un trac inhabituel, Jean-Paul refusa de s'y rendre. Tant pis pour la comédie, il ferait autre chose ! Son père lui fit clairement comprendre qu'il était dans son intérêt de rencontrer André Brunot dont les conseils avisés lui seraient probablement bénéfiques. A contrecœur, Jean-Paul prit son courage à deux mains et se rendit au domicile de l'acteur. Après une attente qu'il jugea trop longue, le jeune homme entra dans le cabinet de Brunot. Le moins que l'on puisse dire est qu'il ne fut pas à l'aise. Le sentant, Brunot coupa court à toute discussion et demanda au fils de son ami de lui réciter son texte. Jean-Paul se lança dans *Le Savetier et le Financier* avec force gestes et emphase comme s'il parodiait les vieux tragédiens du début du siècle. André Brunot ne tarda pas pour prononcer son jugement : nul ! Il renvoya Jean-Paul dans son foyer et téléphona à son père pour lui annoncer la triste nouvelle : le jeune homme n'était absolument pas fait pour le métier de comédien.

A peine rentré chez lui, Jean-Paul comprit que ses parents connaissaient déjà l'étendue du désastre et se précipita illico dans sa chambre où il s'enferma. Il y pleura toute la nuit. Car cet échec lui fut particulièrement cruel. En lui une seule envie survivait, celle de devenir acteur. Si ce chemin lui était barré, si, effectivement, il ne possédait aucun talent, alors il ne possédait plus aucun avenir. Sauf berger dans les Alpes, peut-être. Le jugement particulièrement sévère de Brunot fut d'autant plus cruellement ressenti que cet acteur de soixante et onze ans était réputé pour sa gentillesse, son esprit ouvert et sa bonhomie.

Madeleine Belmondo fut bouleversée par les pleurs sincères et incessants de son fils. Elle en alerta son mari qui comprit à ce moment que Jean-Paul voulait profondément devenir acteur. Il promit de l'aider et contacta un autre ami, chef d'orchestre de la Comédie-Française, pour le questionner sur les meilleurs cours d'art dramatique à Paris. Le musicien lui désigna sans hésiter celui de Raymond Girard. Indubitablement, il était l'un des plus célèbres et l'un des meilleurs de Paris, fortement concurrencé par le cours de René Simon, celui de Balachova et le Centre de la rue Blanche dirigé par Berthe Bovy. Tous ces cours, particulièrement celui de Girard, avaient pour vocation essentielle de former les jeunes élèves au Conservatoire, temple des temples, haut lieu de l'art dramatique et de la comédie où les places, parce que rares, s'arrachaient âprement. Et puis le cours de Raymond Girard possédait aux yeux des Belmondo un autre avantage de taille : il se situait près de Montparnasse, c'est-à-dire non loin de Denfert-Rochereau.

Encore empli de la tristesse de son premier échec, mais bien décidé à décrocher la timbale, Jean-Paul se rendit au 26 de la rue Vavin où professait cet ex-directeur des études classiques de l'Odéon qu'était Raymond Girard. Dans sa mémoire déjà bien entraînée, Jean-Paul Belmondo avait, cette fois, emmagasiné un passage du *Cid*, choix étonnant quoique fort scolaire. Jouant un don Diègue peu classique, le jeune espoir déclama : « Enfin vous l'emportez et la faveur du roi vous élève en un rang qui n'était dû qu'à moi... » face à un Girard absolument statique. Jean-Paul attendit avec impatience le verdict : admis ! Oui, Raymond Girard l'acceptait à son cours, et il pouvait même l'intégrer rapidement bien que l'année scolaire fût sérieusement entamée. Des années plus tard, Raymond Girard finit par avouer à Jean-Paul qu'il avait failli hurler de rire face à la prestation pour le moins originale de ce dégingandé qui se prenait pour un tragédien. Avant de congédier son futur élève, le professeur lui demanda d'étudier un passage de *Phèdre*.

Sitôt dans sa chambre de l'appartement familial, Jean-Paul s'attela à cette tâche pour arriver à son premier cours en parfait professionnel. Intrigué, Girard lui fit jouer sa scène *ex abrupto* devant toute la classe réunie. Immense éclat de rire. Jean-Paul n'avait pourtant pas, au départ, fait exprès. Mais dès qu'un premier rire fusa face à ses grands gestes dignes de Jules Berry, il ne put s'empêcher d'en rajouter dans la comédie. Cette fois Raymond Girard lui affirma qu'il avait une vocation de comique-né, de quoi ravir le jeune homme. Parmi les jeunes élèves qui fréquentèrent le cours Girard à cette époque se trouvaient Guy Delorme, Jean-Pierre Bernard, Jean-Pierre Moulin, Bernard Woringer, Victor Garrivier. Le but de ce cours qui avait lieu chaque soir à partir de dix-neuf heures consistait pour l'essentiel à permettre aux élèves de maîtriser les techniques de la déclamation.

« Pour moi, chez Girard, c'était formidable, se souvient Belmondo, parce qu'il était véritablement adorable avec moi. Il m'appelait Nounours parce que j'étais un petit peu bourru et faisais toujours l'idiot. C'était l'époque où nous fréquentions la Coupole qui ne marchait plus. Là-bas, nous refaisions le monde. Nous étions obsédés par Dullin et par le Cartel, et comme le cours de Girard était vraiment au cœur de Montparnasse, nous nous prenions déjà pour des artistes... Je me rappelle qu'un jour Raymond Girard m'en a beaucoup voulu. J'avais organisé une surprise-partie un samedi soir dans l'atelier de mon père. Or, le lendemain, Girard faisait un cours. Évidemment, ce dimanche matin là, il n'y eut personne à son cours, car tous les élèves avaient trop fait la java dans cet atelier... Je lui dois beaucoup parce que quand je suis arrivé chez lui je voulais jouer la tragédie, et lui a eu l'habileté de bien m'orienter vers la comédie. Il était patient avec moi et il m'a mis en confiance, ce qui est très important. Il nous préparait tous pour le Conservatoire, car à cette époque le but pour tout jeune acteur était d'entrer au Conservatoire. »

Jean-Paul conserva un profond attachement à Raymond Girard et, les années suivantes, alors même qu'il eût quitté son cours, il continua à le voir régulièrement et lui resta même fidèle jusqu'à sa mort survenue en février 1989.

Paul Belmondo, pour sa part, continuait à se faire quelques cheveux blancs quant à l'avenir de son fils. A aucun moment, il ne songea à contrecarrer sa carrière, bien au contraire, mais de même que son propre père lui avait conseillé, pour sa sécurité, d'apprendre le métier d'architecte, il souhaitait que Jean-Paul possédât un autre bagage. Ayant quitté le cours Pascal pour indiscipline, le futur acteur ne pouvait passer son baccalauréat et encore moins envisager de suivre des études classiques. Aussi son père le fit-il entrer dans l'entreprise de paquetages d'un de ses amis, place Clichy. Jean-Paul apprit à confectionner de pratiques emballages, mais on lui avait discrètement promis qu'il grimperait rapidement les échelons s'il faisait preuve de bonne volonté. Ce fut exactement le contraire. Non seulement il ne manifesta aucun don pour cette activité manuelle mais, de plus, il s'en désintéressa complètement et prit son travail par-dessus la jambe, ce qui complique singulièrement la tâche lorsqu'il s'agit de paquets. Après quelques semaines de ce traitement, il se vit poliment remercié par le directeur qui ne sut pas trop comment annoncer la nouvelle à Paul.

Qu'importait pour Jean-Paul qui s'épanouissait aux cours de Raymond Girard. Là il découvrit les subtilités de son futur métier. Il découvrit aussi un professeur humain qui ne cessait de prodiguer des conseils plein de bon sens. Parmi ceux-ci figurait celui d'essayer de trouver le plus vite possible un engagement pour apprendre, aussi, « sur le tas ». Cela correspondait très exactement aux envies de Jean-Paul qui piaffait d'impatience à l'idée de confronter son talent à un public pas trop exigeant. C'est pourquoi il se présenta pour le rôle du prince charmant, pas moins, dans *La Belle au bois dormant*.

« J'ai eu le rôle sur audition, raconte Jean-Paul. A l'époque, quand on était dans un cours, on nous disait : "Dans tel théâtre, on cherche ci, on cherche ça." Là, on m'avait dit qu'ils cherchaient un jeune homme. J'y ai été, j'ai passé *Les Fourberies de Scapin* et ils m'ont engagé... C'était organisé par une dame qui s'appelait Mme Beaune, qui n'avait rien à voir avec la famille de mon futur ami Michel. Elle organisait des tournées dans les hôpitaux et les asiles de retraite de Paris. Nous avons joué un véritable spectacle tiré de *La Belle au bois dormant*. Il y avait du monde sur scène mais aucun, malheureusement, n'a vraiment fait de carrière... à part moi. C'était quelque chose de tout à fait professionnel puisque nous étions payés. Ce fut ma première prestation professionnelle. »

La pièce fut jouée en différents points de Paris durant le mois de juillet 1950.

Deux mois plus tard, le 26 septembre 1950, Jean-Paul Belmondo se produisit devant un tout autre public : celui des salles de boxe. Ce jour, il disputa son dernier combat face à un dénommé Ben Yaya qui partait largement favori. L'outsider Belmondo ne parvint pas à renverser la vapeur et fut conforté dans son idée qu'il ne ferait jamais une brillante percée dans la boxe. Il annonça alors à son entraîneur qu'il raccrochait avec d'autant moins de remords qu'il voulait désormais se consacrer exclusivement au théâtre. Son bilan demeurait équilibré : neuf combats, quatre victoires, quatre défaites, un match nul.

Après sa première prestation professionnelle et son dernier combat, Jean-Paul retrouva à l'automne 1950 le cours de Raymond Girard. Le professeur confirma son idée première : l'élève était fait pour les emplois de valets de comédie. A bien y regarder, ce n'était pas forcément une excellente nouvelle, car les valets restent des seconds rôles derrière les tragédiens et les jeunes premiers. En conséquence, Belmondo ne pouvait espérer faire une aussi brillante carrière qu'un Gérard Philipe ou un Jean Marais, les gloires du moment, dont il n'avait ni le physique ni l'emploi. Mais cela lui importait relativement peu. Il se sentait près à vivre chichement du moment qu'il vivait du théâtre. Et puis n'avait-il pas rêvé, enfant, de devenir clown ?

La saison 1950-1951 se passa tranquillement, permettant au jeune acteur d'approfondir sa connaissance des classiques et au jeune homme de perfectionner son apprentissage de la vie. De plus en plus passionné de théâtre, il continuait de se rendre régulièrement à la Comédie-Française qui brillait de mille feux. En septembre 1950, la rentrée théâtrale fut marquée par *La Double Inconstance* où Robert Hirsch et Micheline Boudet, fraîchement admis dans la Maison de Molière, firent virevolter la grâce de leur talent. Trois mois plus tard, en ce même lieu, Roland Alexandre joua un audacieux *Les Caves du Vatican*, puis, en janvier 1951, Fernand Ledoux effectua un retour remarqué dans *Tartuffe* aux côtés d'Annie Ducaux, Louis Seigner, Henri Rollan et Béatrice Bretty. Qui au vu de ces spectacles flamboyants n'avait pas envie de devenir acteur ?

A l'été 1951, Jean-Paul fut engagé, sur audition, pour une étonnante tournée dans les Pyrénées avec *Mon ami le cambrioleur*, comédie d'André Haguet que, par coïncidence, Raymond Girard avait recréée à Paris en février 1950, aux côtés de Gisèle Grandpré et Jacques-Henri Duval, et qui faisait, pratiquement au même moment, l'objet d'une adaptation cinématographique avec Françoise Arnoul et Philippe Lemaire. Avant de s'embarquer dans cette aventure en tout point épique, Jean-Paul fit la connaissance d'un de ses futurs partenaires dans cette pièce : Guy Bedos. Débarqué en France depuis seulement quelques années, Bedos était alors élève au cours de la rue Blanche et, comme Jean-Paul, aspirait à entrer au Conservatoire. Partageant le même goût de la dérision et du chahut, ils sympathisèrent immédiatement, ce qui leur fut bien utile pour la suite. En effet, la tournée en question s'avéra tout sauf luxueuse. En guise de salles de spectacle, la petite troupe disposait de granges, souvent encore habitées, de garages où les voitures entraient et sortaient, voire d'un coin de bistrot où les consommateurs ne leur prêtaient strictement aucune attention.

Cette tournée avait été montée par un organisme de vacances désireux de distraire les enfants et les touristes. Mais tout ce que les acteurs récoltèrent fut des volées de fléchettes en papier. Certains jours, les représentations furent proposées en dépit du bon sens. Une fois, l'acteur principal qui se prenait pour un jeune premier romantique commença sa prestation par le dernier acte, sans même s'en rendre compte. Belmondo et Bedos, ne voulant pas compliquer la tâche de ce brave garçon déjà empêtré dans un jeu emphatique, enchaînèrent comme si de rien n'était et jouèrent à leur tour cet ultime acte. Puis, la dernière réplique lancée face à un public qui ne comprenait strictement rien, les comédiens, faute de tombée de rideau, saluèrent pour remercier cette assemblée médusée. Ils s'éclipsèrent alors promptement seulement quelques minutes après le début de la représentation. A cet instant, dans ce qui ne pouvait pas être dénommé une coulisse, Belmondo sentit la tension monter dans la salle et se dit que, s'il ne trouvait pas un moyen de sauver la situation, lui et ses camarades risquaient de se faire lyncher. Alors, n'écoutant que son courage qui le suppliait d'improviser, il remonta sur la scène brinquebalante et se lança dans une désopilante imitation de Roger Nicolas, comique très en vogue qui avait basé sa célébrité sur des yeux en bille de loto, un chapeau sans cesse repoussé derrière le crâne et des histoires commençant invariablement par « Écoute, écoute ». Ce jour-là, les spectateurs rirent à gorge déployée et s'amusèrent sûrement beaucoup plus que s'ils avaient assisté à une représentation complète de *Mon ami le cambrioleur*... Chaque nuit, après le spectacle, des tentes étaient dressées dans une ambiance très « scout », et chacun se devait de participer aux activités ménagères comme la cuisine ou la vaisselle. Cela relevait d'un côté bon enfant qui convenait mal à Jean-Paul Belmondo et à Guy. Ils estimaient avoir passé l'âge des vacances en plein air et rageaient de perdre leur temps alors qu'ils auraient pu jouer dans des théâtres, même de province. Du coup, les deux compères abandonnaient leurs « collègues » à la nuit tombée et sillonnaient les rues des villes à la recherche de jeunes femmes, très rares en cette saison. Dépités, il ne leur restait plus qu'à aller consommer quelque boisson enivrante. Les finances s'avérant au plus bas, Jean-Paul et Guy massacraient des chansons qu'ils entonnaient à tue-tête devant les terrasses pour ramasser des piécettes jetées par un public plus agacé que séduit.

« Quand nous avons joué *Mon ami le cambrioleur* avec Bedos, le soir, pour nous faire un peu de pognon, nous jouions aussi un numéro de cabaret sur les places des villages, ajoute Belmondo. Nous avions repris le fameux sketch du sar Rabindranath Duval de Pierre Dac et Francis Blanche. Bedos prenait un billet de banque à quelqu'un et il me demandait si je pouvais en lire le numéro. Je répondais : "Oui !" D'où les "il peut le faire", "il peut le dire" !... »

Finalement, les deux amis abandonnèrent la tournée pour rentrer sur Paris.

« Nous avons tout de même fini par jouer dans un vrai théâtre, à Amélie-les-Bains, poursuit Jean-Paul. Ce fut une tournée effrayante ! Lorsque nous sommes arrivés à Perpignan avec Bedos, nous avons décidé de partir. Et ça n'est pas une légende, nous avons vraiment fait la route du retour sur un camion de farine. J'étais écœuré et j'ai dit à Bedos : "Je me présente au Conservatoire et, si je ne rentre pas, j'abandonne le métier et je fais autre chose !" Ce à quoi Bedos a répondu : "Moi aussi !"... »

Le Conservatoire ! Le mot magique était lancé. Pour les jeunes comédiens, cela représentait le « saint des saints », l'officialisation d'un désir, en quelque sorte. Un étudiant du Conservatoire pouvait déjà se considérer comme un acteur. Tous les autres demeuraient des aspirants potentiels prétentieux ou inconscients, et visiblement sans grand avenir. Bref, pour la majorité des amateurs de théâtre, le Conservatoire s'érigeait comme la voie inévitable, et ce d'autant plus qu'au bout de la route, pour les meilleurs, s'ouvraient les portes de la Comédie-Française, le *nec plus ultra* du théâtre classique. Seulement on n'entre pas comme cela, par simple envie, dans cet endroit privilégié. Les places sont comptées, donc très chères. La sélection se fait sur un concours d'entrée qui, pour les amateurs, s'avère aussi difficile qu'un concours de grande école, d'autant que là il est impossible de tricher !

En plein mois d'août, Jean-Paul et Guy allèrent donc s'inscrire pour ce fameux concours d'entrée fixé au 15 octobre. Il leur restait largement assez de temps pour réviser une scène. En conséquence, ils profitèrent du farniente et transformèrent le petit appartement que Belmondo habitait, en dessous de celui de ses parents, en un lieu de toutes les rencontres. Les amis entraient, sortaient à toute heure du jour et de la nuit, ramenaient à boire et à manger, laissaient traîner les détritus, se prêtaient leurs affaires et organisaient des virées délirantes dans les bistrots parisiens. La plupart de ces gens possédaient un point commun : la volonté d'être artistes. Pour certains, dont Jean-Paul, cela apparaissait plus sincère que pour d'autres, et ceux-là s'amusaient à répéter les moindres bruits qui soufflaient dans les coulisses des théâtres.

Puis, sans que personne s'en rendît vraiment compte, la rentrée s'annonça, les vacanciers revinrent plus ou moins bronzés, le travail redémarra, l'appartement de Jean-Paul commença à se vider. La réalité reprenait ses droits et avec elle se rapprochait la date fatidique de l'inquiétant concours d'entrée.

3

LE THÉÂTRE DE L'APPRENTISSAGE

Chaque année, le Conservatoire attirait davantage de candidats. Sa réputation d'école de très haute tenue et la fascination qu'exerçait le théâtre sur la jeunesse de l'après-guerre y étaient pour beaucoup. De plus, les conditions d'acceptation au concours n'avaient vraiment rien de draconien. Les candidats masculins devaient être âgés de seize à vingt-quatre ans, posséder un casier judiciaire vierge et préparer une scène classique, c'est-à-dire, comme il était précisé, antérieure à 1853. En 1951, ils furent cent trente-cinq jeunes hommes, de tous styles, à se présenter aux portes de l'établissement, ce qui justifiait la répartition de la première épreuve du concours sur deux jours. Cent trente-cinq jeunes talents plus ou moins prometteurs parmi lesquels se bousculaient Guy Delorme, Alain Feydeau, Gérard Lebovici, Michel Le Royer, Denis Manuel, Jean-Pierre Marielle, Henri Poirier, Jean-Michel Rouzière, Jacques Sereys et Gip Vidal, sans oublier un jeune homme que les registres officiels du Conservatoire inscrivirent sous le patronyme de Jean-Claude Belmondo. Cent trente-cinq candidats, donc, qui allaient devoir vaincre leur trac, pousser leur savoir et gonfler leurs capacités afin de s'imposer à un jury redoutable. Et le tout en seulement quelques secondes. Car, vu le nombre impressionnant de candidats — qui ne fit qu'augmenter au fur et à mesure des années —, le jury ne disposait que de peu de temps pour apprécier le talent de ces fougueux postulants. C'est pourquoi avait été institué un étonnant système de clochette. Selon le bon vouloir du jury, et la plupart du temps au beau milieu d'une phrase, le grelot fatidique retentissait, indiquant au candidat qu'il était temps pour lui de quitter la scène. Certains, rares, restaient jusqu'à deux minutes face aux jurés tandis que d'autres étaient remerciés au bout de seulement vingt secondes. Dans tous les cas, difficile de se faire une opinion. Un candidat pouvait avoir été jugé bon dès ses premiers mots ou, au contraire, avoir fait montre d'une telle absence de savoir-faire que le jury préférait mettre fin à son supplice. Parmi ces cent trente-cinq candidats avides de réussir, seulement une dizaine verraient les portes de ce lieu presque sacré s'ouvrir réellement devant eux.

Le lundi 15 octobre 1951, à treize heures quarante-cinq, débuta la première journée de l'épreuve éliminatoire, première étape destinée à séparer le bon grain de l'ivraie. Les postulants prirent connaissance de la composition du jury. Comme traditionnellement, il se trouva étayé par des piliers de la Comédie-Française. Autour du directeur du Conservatoire, Paul Abram, se tenaient, stoïques et imperturbables, les acteurs Jacques Charon, Béatrix Dussane, Georges Le Roy, Robert Manuel, Henri Rollan, René Simon et Jean Yonnel, le célèbre critique Jean-Jacques Gautier et Philippe Van Tieghem, ci-devant professeur de littérature au Conservatoire. Lorsque son nom retentit pour la première fois entre les murs de ce vénérable, mais usagé, théâtre du Conservatoire, Jean-Paul grimpa sur scène, joua quelques secondes et disparut dès le tintement de la redoutable clochette. Le soir même, il apprit qu'il avait franchi le cap. Une première victoire. La plus facile. Car, en définitive, le concours d'entrée au Conservatoire ne commençait véritablement qu'après. Ainsi le dénommé Jean-Claude Belmondo fut-il invité à se présenter le mardi 23 octobre pour jouer entièrement une scène qu'aucun grelot ne viendrait interrompre. Le jury se révéla rigoureusement identique, à cette seule différence que Maurice Escande, lui aussi de la Comédie-Française, vint lui prêter main-forte.

Pour être admis à concourir à l'épreuve suivante, chaque candidat devait réunir en sa faveur un minimum de sept voix. Pas si facile face à ce parterre de comédiens chevronnés peu réputé pour sa mansuétude. En accord avec son professeur Raymond Girard, Belmondo avait choisi de présenter une scène de *L'Avare* dans laquelle il camperait le personnage de La Flèche. Sa prestation ne suscita, malheureusement, pas un débordement d'enthousiasme de la part du jury qui lui accorda parcimonieusement sept voix. Juste la limite admise. Suffisant pour participer à la troisième et dernière épreuve, la plus difficile. A ce stade-là, ils n'étaient plus qu'une vingtaine de garçons à se battre pour le titre d'élève. Vingt sur cent trente-cinq, il y avait eu du déchet. Chacun d'eux devait, après une semaine de préparation, présenter deux scènes. L'une de son choix, l'autre imposée par le jury. A Belmondo, il fut demandé de jouer une scène des *Précieuses ridicules* mettant en valeur Mascarille, ce qui correspondait bien à son emploi de valet. De son côté, Belmondo opta pour un passage du *Bourgeois gentilhomme* dans lequel il interpréterait Covielle.

Le mercredi 31 octobre, le cœur serré, Jean-Paul arriva au Conservatoire pour cet ultime combat. Le jury comptait cette fois quatorze membres. La note importait assez peu, quoiqu'il fût recommandé d'avoir au-dessus de la moyenne. L'essentiel, en fait, était le classement puisque seuls les premiers bénéficieraient d'un statut d'élève. Le fils du sculpteur joua ses deux scènes et attendit le verdict. Le couperet tomba : six voix sur quatorze, ce qui le plaçait en douzième position *ex aequo* avec sept autres candidats ! Le jury annonça qu'il acceptait onze hommes — et neuf femmes — parmi les élèves. Il ajouta que les sept candidats mâles *ex aequo* seraient admis comme auditeurs. Mieux que rien. En théorie, auditeur cela signifie bénéficier du droit d'assister au cours mais non celui d'y participer. Dans la pratique, bien peu de professeurs imposaient une différence aussi tranchée. Mais il est vrai qu'aucun auditeur ne pouvait participer à une épreuve officielle.

Voilà donc Belmondo, redevenu Jean-Paul, admis au Conservatoire. Admis comme auditeur, certes, mais admis tout de même, ce qui constituait déjà une forme de victoire.

Officiellement, cet établissement tant convoité se nommait le Conservatoire national supérieur d'art dramatique, ce qui le situait presque au sommet et donnait à certains élèves la sensation largement trompeuse de faire partie d'une élite. En ce mois d'octobre 1951, un événement d'une importance considérable secouait encore les fondements de cette institution : la mort de Louis Jouvet. Cet illustrissime acteur professait en ces lieux depuis 1934 et s'occupait plus particulièrement de la classe d'ensemble depuis novembre 1947. Sa disparition força le Conservatoire à modifier son organigramme. Georges Le Roy prit en main la classe d'ensemble, tandis que Pierre Renoir récupérait la classe de formation individuelle de Le Roy. Par une singulière manifestation du destin, Renoir disparut à son tour, en mars 1952, et Julien Bertheau le remplaça jusqu'à la fin de l'année scolaire. La mort de Louis Jouvet privait Jean-Paul de l'un de ses rêves. Pour lui, comme pour les milliers de spectateurs d'*Entrée des artistes*, le Conservatoire « c'était » Jouvet. Mais peut-être que s'il l'avait connu dans cette école, Belmondo aurait-il été victime du même trac immense que Jean Rochefort, entré en 1949, qui jamais n'osa assister à un cours du maître, de peur de se faire interpeller par celui-ci. « Je me contentais de le regarder sortir de son cours », explique Rochefort.

Tandis que le souvenir de Louis Jouvet anoblissait les couloirs du Conservatoire, le jeune Jean-Paul apprit à mieux connaître le complexe fonctionnement de cet établissement. Les élèves, bien loin de se laisser aller à un dilettantisme typique des étudiants, devaient se soumettre à un règlement très strict qui en gêna plus d'un. Ainsi leur était-il interdit de jouer à l'extérieur sans une autorisation écrite dûment signée par le directeur Paul Abram. Donc, lorsqu'un élève décrochait un rôle important au théâtre, ce qui arrivait parfois, il se retrouvait dans l'obligation de quitter le Conservatoire. S'il ne partait pas de lui-même, le Conservatoire se chargeait de le mettre à la porte sans autre forme de procès. Quelques années auparavant, en septembre 1946, parce que, sans autorisation du Conservatoire, il tint le rôle principal de *Rouletabille joue et gagne* au cinéma, Jean Piat, alors élève de deuxième année, fut exclu de l'établissement pour « absences répétées »... ce qui ne l'empêcha pas d'entrer, plus tard, à la Comédie-Française et même de faire partie du jury des concours du Conservatoire. Ce souvenir seul suffisait néanmoins à faire trembler les moins timorés.

Mlle Suzanne, que tous les élèves considéraient comme l'âme damnée du directeur, veillait au respect absolu de ce règlement et agissait parfois comme une véritable harpie. Elle avait, ainsi, institué un complexe système de sanctions à l'issue duquel elle prélevait de l'argent aux étudiants fautifs bénéficiant d'une bourse. Mlle Suzanne se constituait de la sorte une véritable caisse noire dont elle redistribuait généreusement le contenu aux élèves les plus nécessiteux. Elle oubliait, ce faisant, qu'elle avait affaire à des comédiens en herbe, et plus d'un la berna en lui faisant croire à une mauvaise passe financière purement fictive. Parmi les autres sanctions qui ornaient la panoplie de Mlle Suzanne se trouvait l'exclusion temporaire qui intervenait en cas d'absence injustifiée ou de retards répétés. Un élève absent une journée pouvait fort bien être mis à pied quinze jours, car il était rigoureusement interdit de ne pas participer à un cours, à moins d'un motif éminemment valable confirmé par toute une série de justificatifs.

Concrètement, l'emploi du temps au Conservatoire était soigneusement divisé. Trois matinées par semaine étaient exclusivement consacrées aux classes de formation individuelle alors que les après-midi étaient répartis entre la classe d'ensemble, les cours d'histoire et de littérature dramatique et ceux d'escrime. Les étudiants avaient également obligation de se rendre une fois par semaine à la Cité universitaire afin de participer à des épreuves sportives. Jean-Paul se consacra en grande partie au football où, en tant que gardien de but, il effectua des envols spectaculaires et participa à des matchs mémorables qui finissaient souvent en amicales batailles rangées.

Au fur et à mesure des mois, Jean-Paul comprit comment évoluer au sein de ce cadre finalement moins contraignant qu'il n'y pouvait paraître.

Belmondo avait donc un pied dans la maison. Il lui fallait, dès lors, attendre la distribution par classe. Finalement il fut, avec Dominique Rozan et quelques autres, l'un des auditeurs placés dans la classe de René Simon. La réputation de ce professeur n'était plus à faire. Outre ses conseils toujours avisés, Simon se singularisait par son immense humour — qui le poussait à parodier ses élèves — et par son aptitude étonnante à « lire » à travers les élèves, comprendre leurs motivations souvent complexes et, même, deviner leur avenir.

L'une des grandes « vedettes » de la classe de formation individuelle de René Simon se nommait Jacques Toja, en qui l'ensemble du Conservatoire plaçait les plus riches espoirs. Beau comme il n'était pas permis, la voix forte et claire, la prestance aristocratique, il semblait prédestiné à entrer à la Comédie-Française. Physiquement, Jean-Paul possédait fort peu de points communs avec cet apollon, ce qui expliqua bien des déboires futurs. Dans ce cours, le jeune Belmondo fit la connaissance des élèves admis en première année dont André Héraud, Jacques Herbert, Jacques Riberolles et Henri Poirier avec lequel il ne tarda pas à se lier d'amitié.

« Je me souviens très bien de notre premier matin au Conservatoire, raconte Dominique Rozan. Nous avons été reçus dans la classe de René Simon. Nous étions une brochette de garçons et filles assez curieux : Belmondo qui avait l'air d'un chat écorché de dix-huit ans, maigre avec une tête de boxeur ; un Belge qui s'appelait Yvan Govar, mesurait un mètre quatre-vingt-cinq et pesait cent dix-huit kilos à dix-huit ans ; la fille de Fernand Ledoux, Françoise Ledoux, qui ressemblait à son père et qui était coiffée avec des cheveux plats d'où sortaient ses oreilles ; et moi qui, faisant beaucoup de sport, étais assez carré d'épaules, pas très grand, avec une veste qui accusait ma carrure et me donnait des allures de déménageur de pianos ! René Simon nous a fait monter, nous les quatre nouveaux, sur le plateau devant les anciens. Et il a commencé à nous mettre en pièces avec humour et gentillesse, même si c'était cruel comme tout humour. En parlant de Belmondo, il disait : "Avec une gueule pareille, comment voulez-vous qu'il fasse du théâtre ? Il fait partie du Central ou quoi ? On s'attend à recevoir un direct du gauche dès qu'on s'approche de lui !" Moi, il m'a dit : "Celui-là, quand il est entré en scène pour son concours, tout le monde a cru que c'était la maison Calberson qui venait chercher le piano. Alors on a arrêté le concours !" Ce qui n'était pas vrai, bien sûr. A Yvan Govar, il a dit : "Tu as vu dans quel état tu es à ton âge ? Qu'est-ce que tu veux que je fasse de toi ?" Et puis de Françoise Ledoux, il a dit : "C'est bizarre, elle me rappelle un acteur connu, mais je n'arrive pas à mettre un nom dessus !" Et tout le monde se marrait dans la salle. C'était notre baptême du feu, une sorte de bizutage gentil. Nous payions la note mais nous avions compris que ça n'était pas méchant du tout. »

Belmondo se fit rapidement de solides amis à la fois dans la classe de Simon, dans l'ensemble du Conservatoire mais aussi hors de cet établissement. Ainsi, au début de sa nouvelle scolarité, fit-il la connaissance d'un grand jeune homme à la voix grave et au regard rieur qui avait échoué à l'entrée au Conservatoire : Jean-Pierre Marielle. Il ne connaissait pas Belmondo, bien que tous deux aient assidûment fréquenté la même station balnéaire de Piriac-sur-Mer.

« Je n'avais jamais entendu parler de Jean-Paul, raconte Marielle. Je traînais du côté de l'Odéon avec un copain à moi, Jacques Roussillon, élève au Conservatoire dans la classe de Mme Dussane. Moi, à cette époque-là, je m'amusais à me déguiser un peu. J'étais en pleine période de cinéma américain et je lisais tous les romans noirs américains. J'avais sur la tête un chapeau mou et des lunettes noires, et j'étais vêtu d'un long imperméable. Je m'étais habillé comme un personnage de Dashiell Hammett. Nous nous promenions dans les jardins du Luxembourg. Nous parlions comme ça de choses et d'autres. Nous sommes arrivés à la sortie du Luxembourg où il y avait à ce moment-là une brasserie qui s'appelait Le Capoulade sur la terrasse de laquelle on pouvait boire un verre. Jacques Roussillon m'a dit : "Tiens, il y a un type du Conservatoire." Il s'est approché et a fait "Salut !" Et j'ai vu un grand diable se lever pour me dire bonjour avec une sorte de distance. Je lui ai dit : "Bonjour." Jacques m'a présenté en disant que j'étais au Centre de la rue Blanche, ce qui était déjà beaucoup moins important que le Conservatoire. Jacques a parlé avec ce type et en repartant il m'a dit : "Il est très très bien mais il n'est pas encore élève, il n'est qu'auditeur", pour montrer que lui était élève. Le type en question c'était, bien sûr, Belmondo. Des années après, Belmondo m'a dit qu'il m'avait trouvé profondément antipathique ! Il m'avait trouvé ridicule et s'était dit : "Quelle est cette espèce d'imbécile avec lequel se balade Jacques ?..." Nous sommes retombés l'un sur l'autre à Saint-Germain-des-Prés parce que nous traînions beaucoup là-bas. Moi j'habitais rue Guénéguaud et lui habitait Denfert, mais il était toujours fourré rue Saint-Benoît au Bonaparte plus qu'au Flore et aux Deux-Magots qui étaient trop chers pour nous. Nous nous sommes donc retrouvés au Bonaparte et depuis nous ne nous sommes plus quittés. »

Au fond de lui-même, l'apprenti acteur Belmondo nourrissait une profonde rancœur engendrant un doute rongeur. Certes il avait décroché son droit d'entrée au Conservatoire, mais il n'était nullement satisfait de n'y être accepté que comme auditeur. La question commença à sourdre en lui, finissant par le hanter : « Avait-il l'étoffe d'un acteur ? » Après tout, vu ses résultats au concours d'entrée, André Brunot avait peut-être raison. N'y tenant plus, Jean-Paul alla voir le « Patron », René Simon — alors que tous les autres professeurs se faisaient appeler « Maître » —, et lui demanda la faveur de juger son jeu. Simon accepta, regarda cet auditeur empressé et l'arrêta bien vite : « Mais, mon petit, tu n'es pas fait pour ce métier ! Je ne peux rien faire pour toi. Tu ne feras carrière qu'à cinquante ans ! En attendant, engage-toi dans l'armée, devance l'appel. »

Ce fut comme un coup de massue. Plus efficace qu'un crochet du gauche sur un ring. Abasourdi, Belmondo possédait enfin la réponse à sa lancinante question : aucun avenir dans cette branche, en tous les cas sûrement pas dans l'immédiat. Alors, en Bélier qu'il est, il agit sur un coup de tête : non seulement il suivit les conseils de René Simon à la lettre mais il les surpassa en signant un engagement sous les drapeaux pour trois ans. Au diable les théâtres, au diable la comédie. Quelque temps plus tard, le jeune Belmondo fut incorporé à la caserne Dupleix en plein Paris. Mais pas plus qu'il ne s'était montré bon élève, Jean-Paul se révéla bon militaire, faisant entrer son adjudant dans des rages monstrueuses dès qu'il s'agissait de marcher au pas. Pour le fils du sculpteur, le début d'innombrables désagréments... Bien que bidasse, Jean-Paul ne put se résoudre à abandonner complètement son apprentissage d'acteur. Son coup de tête n'était pas parvenu à assommer sa passion. Alors, après les trois premiers mois de classes, il réussit l'exploit de conjuguer en même temps sa vie de soldat et sa vie d'auditeur au Conservatoire. Certes, cette dernière fonction ne nécessitait pas une présence de tous les instants, mais Jean-Paul s'efforça d'assister à une grande partie des cours... en uniforme. Le jeune homme souffrit néanmoins réellement de son passage dans l'armée et ce fut un Belmondo profondément triste qui, les premiers mois de son service, vint retrouver ses amis à Saint-Germain-des-Prés.

Un espoir de changer son fusil d'épaule, c'était le cas de le dire, scintilla face à lui. En tant qu'auditeur, il pouvait bénéficier en janvier d'une seconde tentative pour devenir élève à part entière. Dans ce but, il devait simplement jouer une scène devant un jury d'admissibilité composé, comme traditionnellement, de professeurs. Le 26 janvier 1952, obtenant une permission de sa caserne, Jean-Paul se présenta au Conservatoire dans un passage du *Retour imprévu* de Régnard. Hélas, le jury se conforta dans sa décision initiale et le maintint à son poste d'auditeur. Nouveau coup pour le moral...

Mais tout ne demeura pas aussi sombre. Le jeune Belmondo affichait une telle volonté de devenir acteur qu'elle convainquit ses amis si elle ne persuada pas ses professeurs. Quelques semaines plus tard, en effet, toujours soldat, il eut l'opportunité de faire ses vrais débuts dans un théâtre parisien. Pas un grand théâtre, mais une petite salle de quatre-vingts fauteuils qui jouissait d'un certain renom dans le quartier de Saint-Germain-des-Prés : la Huchette. Jean-Pierre Mocky, élève du Conservatoire, fut invité à jouer le premier rôle de ce spectacle pas comme les autres. Il entraîna avec lui Henri Poirier, autre élève du Conservatoire. Lorsque, pratiquement à la dernière minute, il apparut qu'un rôle de garde n'avait pas été distribué, Poirier pensa immédiatement à son ami Belmondo.

« J'ai été voir Jean-Paul, raconte Poirier, et lui ai demandé : ''Est-ce que tu veux jouer avec nous ?'' Il a dit oui. Alors il est arrivé au théâtre et la costumière a dit : ''Mais il n'y a plus de costume pour lui !'' Ils lui ont bricolé un costume avec un casque qui n'était pas à sa taille et lui tombait sur le nez et une petite jupette. Comme nous avions monté la pièce d'une manière comique, il a eu beaucoup de succès dans ce rôle du garde ! A chaque entrée, c'était l'éclat de rire ! »

Avant de monter sur la scène du théâtre de la Huchette, les élèves du Conservatoire qu'étaient Mocky, Poirier et Belmondo durent avoir recours à une astuce. L'école leur interdisant de jouer à l'extérieur, à l'exception de la Comédie-Française, les trois amis décidèrent d'utiliser des pseudonymes... fort transparents. Si Poirier se transforma en Servain, Mocky, lui, opta pour Motty et Belmondo pour Belmond ! Cela frisait la provocation mais n'eut aucune conséquence. Au moins les apparences étaient sauves. Pourtant ces élèves risquaient relativement gros et le renvoi définitif planait sur leurs juvéniles têtes.

La pièce en question s'intitulait *Gloriana sera vengée* et constituait une parodie des grands spectacles à costumes alors très en vogue. Elle avait été écrite par Cyril Tourneur et était mise en scène par Jean Vernier.

« Je n'ai pas un grand souvenir de Belmondo, admet ce dernier, parce qu'il n'avait que très peu de chose à faire dans l'histoire. Sa présence n'était pas utile dans toutes les répétitions. Il n'y avait que dans les ensembles où j'avais besoin de lui ou lorsqu'il venait arrêter le duc. Alors on le voyait peu... A la fin de *Gloriana sera vengée* tous les personnages s'entre-tuaient et formaient un énorme tas de cadavres. Il y avait un grand silence, ça se prolongeait jusqu'à une période ''critique'' et, inévitablement, le public se demandait : ''Mais qu'est-ce qu'il se passe ?'' Les gens dans la salle commençaient à rigoler. Tout à coup, on entendait une faible voix qui disait : ''Rideau !

Rideau !'' Les gens continuaient à se marrer, alors un comédien se trouvant sur le dessus du tas de cadavres se redressait et faisait : ''Chut !'' Puis il se levait et allait baisser le rideau ! »

La pièce, en dépit de critiques généralement bonnes, fut un bide total à tel point que plusieurs soirs il y eut plus de monde sur scène (dix-huit comédiens) que dans la salle. Les élèves du Conservatoire retournèrent donc bien vite à leurs chères études, ce qui ne ravissait guère Jean-Paul, le soldat.

Cette courte mais importante expérience théâtrale redonna des ailes aux envies de Jean-Paul de devenir acteur. De ce fait, il regretta chaque jour un peu plus amèrement d'avoir signé un engagement de trois ans avec l'armée. D'autant que de ce côté les choses ne s'arrangeaient pas du tout. Un certain nombre de petits gradés le détestaient ouvertement et ne manquaient pas une occasion de lui en faire voir de toutes les couleurs.

« Il y avait même un major-chef qui me faisait gratter le parquet avec un minuscule morceau de verre », témoigne Belmondo.

Un soir, alors que Jean-Paul approchait de son onzième mois de service, il fut mis de garde la nuit. Sentinelle pas du tout aux aguets, le jeune acteur s'assoupit à son poste. Hélas, un galonné le surprit et, pour le réveiller, ne trouva rien de mieux que de relever violemment le fusil sur lequel Belmondo dormait. L'arme heurta le nez du deuxième classe avec une rare violence. Or, depuis une première fracture datant de ses bagarres de potache au collège Pascal, Jean-Paul Belmondo souffrait de déficiences au niveau des cloisons nasales. Il sentit que quelque chose de grave s'était produit mais le gradé, têtu, ne voulut rien entendre. Ne voyant aucune goutte de sang, il refusa que la sentinelle se rende à l'infirmerie. Et les brimades se répétèrent jusqu'au jour où, dans la cour de la caserne Dupleix, Jean-Paul retrouva un ami.

« Un jour où je traversais la cour de la caserne, raconte Dominique Rozan, j'entends quelqu'un qui m'appelle : ''Dominique !'' Je me retourne et je vois mon Jean-Paul qui était en treillis dans un état épouvantable avec des gamelles plein les bras. Il avait ordre d'aller les laver à l'eau froide. En fait, il était tombé sur un sous-officier qui avait pris en grippe son côté jeune artiste et qui le martyrisait. En deux temps trois mouvements, Jean-Paul m'a expliqué cela et a ajouté qu'il avait des ennuis respiratoires en raison de cloisons du nez déformées. Cela le faisait souffrir mais les gars de l'armée s'en foutaient. J'ai compris qu'il était dans un véritable guêpier. Je lui ai dit : ''Je vais essayer de te sortir de là.'' J'ai été voir mon commandant major qui était un type très sympa et qui adorait le théâtre. Je lui ai expliqué pour mon copain et Jean-Paul s'est aussitôt retrouvé à l'infirmerie. »

Dans cette infirmerie, le médecin constata qu'en dépit de ses talents d'acteur Jean-Paul Belmondo n'avait rien d'un malade imaginaire, au contraire. Il décida donc de l'envoyer se faire soigner au Val-de-Grâce. Le transfert s'effectua dans des conditions presque rocambolesques.

« Mon nez saignait, saignait, raconte Belmondo, tout le monde pensait que j'allais crever. Ils m'ont mis dans une ambulance qui a quitté précipitamment la caserne. En route, sans doute en raison d'un court-circuit elle a pris feu. Les ambulanciers m'ont sorti et m'ont posé sur le trottoir. Les gens autour me regardaient bizarrement, convaincus que j'avais été blessé dans l'accident. Eux aussi, me voyant, se demandaient si je n'allais pas mourir. Et moi j'étais sur le bord de la route à attendre… »

Au Val-de-Grâce, hôpital débordé par l'arrivée de blessés en provenance d'Indochine, les médecins placèrent des mèches dans le nez du jeune soldat, sans se rendre compte qu'elles avaient été mal stérilisées. Victime d'une infection qui l'affaiblit complètement, Jean-Paul souffrit de plus en plus. Il n'avait qu'une hâte : quitter cet endroit au plus vite. Il en profita pour en rajouter un petit peu et réclamer sa réforme avec pension d'invalidité à la clef. L'armée, qui n'aime guère s'embarrasser de brebis galeuses, le fit passer devant un conseil de médecins qui avaient d'autres chats à fouetter et préférèrent confier ce problème de cloisons nasales à leurs homologues civils. Après un an de service militaire — soit la durée légale pour un appelé —, Belmondo goûta à nouveau aux joies indicibles de la vie civile avec, toujours ancrée en lui, cette volonté farouche de devenir acteur. Laissant son uniforme au vestiaire, Jean-Paul, à l'automne 1952, persista donc et s'inscrivit une seconde fois au concours d'entrée du Conservatoire.

Comme l'année précédente, ce concours se déroulait en trois parties. Le lundi 13 octobre à neuf heures trente, Belmondo se présenta dans la grande salle du Conservatoire en même temps que Jean Amadou, Gérard Blain, Roger Coggio, Jean-Laurent Cochet, Alain Feydeau, Michel Le Royer, Dominique Paturel, Serge Sauvion, Jean-Louis Trintignant, quelques-uns des cent cinquante et un candidats masculins en lice qui comptaient également Guy Bedos et Jean-Pierre Marielle, recalés en 1951.

Le jury était, dans ses grandes lignes, le même qu'un an auparavant, à la différence que Pierre Dux, professeur nouvellement promu, était venu apporter son renfort. Sans grande difficulté, Jean-Paul passa ce premier tour et se retrouva face aux onze jurés quatre jours plus tard pour une nouvelle audition. Il recueillit six voix, soit juste la majorité. Le jury lui demanda alors de jouer Dubois des *Fausses Confidences* en outre d'une scène choisie par lui.

« On m'a donc imposé Dubois qui était un valet plus calme que Scapin ou que *Le Retour imprévu* de Regnard, remarque Belmondo. Mais ce choix allait dans la même direction générale. Ce qui aurait été bizarre de la part des membres du jury, c'est s'ils m'avaient imposé Perdican. Un type qui passe Scapin et à qui on impose Perdican, il est emmerdé ! »

Pour la scène à choisir, Jean-Paul opta pour le personnage de Crispin des *Folies amoureuses*. Jusque-là tout allait bien, mais Belmondo avait déjà franchi ce cap l'année précédente pour échouer, relativement, à la dernière épreuve. Gonflé à bloc, il revint au Conservatoire le lundi 27 octobre, texte su et empli de la rage de gagner. Ce nouveau coup d'essai fut un coup de maître puisque Jean-Paul obtint dix voix sur quinze et se classa quatrième. Enfin il entrait comme élève au Conservatoire. Pour lui, comme pour tous, l'admission en ces lieux représentait à la fois le moyen d'officialiser une vocation, donc de rassurer quelque peu la famille, et de remporter une victoire éclatante face à une très rude concurrence. Les parents Belmondo furent, naturellement, ravis de cette réussite. Ils s'étaient légitimement inquiétés quant à l'avenir du jeune homme, ne souhaitant nullement le voir végéter dans les coulisses poussiéreuses de théâtres minables. Son entrée au Conservatoire brillait comme une porte ouverte sur une voie royale.

En cette année 1952, les nouveaux élèves admis furent, côté hommes : Michel Beaune, Jean-Paul Belmondo, Pierre Dalla Torre, Alain Feydeau, Michael Garland, Yves Gasc, Yvan Govar, Jean-Pierre Marielle, Serge Sauvion, Pierre Van Heck (qui deviendra Pierre Vaneck), Claude Volter et, côté femmes : Nicole Blondel, Louisette Chaufaille, Françoise de Ribon (future Françoise Brion), Laurence Mercier, Christiane Minazzoli, Françoise Morin, Irène Montagne, Claude Sigorni, Monique Stiot, Catherine Vail, Éliane Zucchini. Cela portait à quatre-vingt-onze le nombre d'élèves et d'auditeurs dans l'école. Restaient à distribuer tous ces espoirs dans les six classes respectivement tenues par Béatrix Dussane, Denis d'Inès, Henri Rollan, René Simon, Jean Yonnel et Pierre Dux qui succédait à Pierre Renoir. Pour tous les étudiants du Conservatoire, y compris Jean-Paul Belmondo, ces professeurs représentaient de véritables « monuments », des « maîtres » pour reprendre le terme sous lequel ils aimaient être appelés. Par leur savoir, leur talent, leur carrière et leur allure, ils impressionnaient les postulants au titre d'acteur. Certains élèves remarquèrent rapidement, à leur relatif déplaisir, que ces nobles figures manifestaient surtout un attachement aux textes classiques. Mais elles portaient costumes et perruques avec une telle grâce, déclamaient des textes centenaires avec un tel brio que la fascination s'installait presque inévitablement. Ces « maîtres » ne fournissaient par ailleurs aucun effort pour briser le halo d'invulnérabilité qui les entourait et adoraient multiplier les petites phrases assassines, quitte à déstabiliser un élève d'un mot.

La plupart des professeurs du Conservatoire possédaient parallèlement leurs propres cours privés. René Simon exerçait ses talents dans un cours réputé, Dussane professait conjointement avec Maurice Escande, au théâtre Gramont, tandis que Denis d'Inès distillait son savoir dans un atelier d'artistes de la porte Champerret. Or une certaine tradition voulait qu'un professeur retrouvât au Conservatoire ceux qu'il avait acceptés dans son cours privé. Raymond Girard n'étant pas encore admis en ces lieux, Jean-Paul s'était senti orphelin dès l'année précédente. Logiquement, il aurait dû retrouver René Simon qui l'avait accueilli comme auditeur. Mais Simon sentait qu'à ses côtés Belmondo ne travaillerait sans doute pas assez, et puis il avait déjà fort à faire avec ses propres élèves. Par ailleurs, certains professeurs ne pouvaient accepter Jean-Paul du fait de son emploi résolument tourné vers les valets. Henri Rollan, par exemple, ne s'occupait presque exclusivement que des tragédiens. Alors qui ? Qui allait dire : « Je veux de Belmondo dans ma classe ? » Personne.

« A l'époque, explique Belmondo, les professeurs vous choisissaient par ordre d'ancienneté et, comme Dux était le plus jeune dans l'ancienneté, il a récupéré ceux dont personne ne voulait. Moi, personne ne m'avait choisi, j'étais un peu arrivé là comme le canard boiteux. Dux m'a donc "récupéré" mais il n'était pas ravi de m'avoir. Moi, je passais son emploi, les valets, alors il voulait que je joue comme lui. D'entrée, ça n'a pas été. Dux était très rigoureux, moi j'arrivais en col roulé et ça ne lui plaisait pas. Nous ne nous sommes pas entendus. Nous n'avions aucun atome crochu. Mais je respectais beaucoup Pierre Dux, je ne l'aurais jamais insulté ni quoi que ce soit d'autre. Nous étions très respectueux. Pareil lorsque nous faisions des stages à la Comédie-Française : nous nous levions dès que les sociétaires arrivaient. Nous les respections parce que c'étaient des acteurs formidables même si on ne s'entendait pas avec eux... C'était quand même Pierre Dux ! Ce n'était pas un type dont on aurait pu dire : "Mais qu'est-ce que c'est que ce con !" On pouvait ne pas s'entendre avec lui mais on savait qui il était. »

En cette année 1952, la classe de Dux — le plus jeune, et de beaucoup, des professeurs du Conservatoire puisqu'il n'affichait que quarante-quatre ans — se composait de sept hommes et dix femmes : Claude Rich, Christian Asse, Jean-François Rémi, Paul Guers, Nicole Favart, Gisèle Ripert, Chantal Courrier, Louise Sainjon, élèves de troisième année ; Jean Rochefort, Marie-Claire Achard, Janine Ancelot, élèves de deuxième année ; Jean-Paul Belmondo, Michel Beaune, Laurence Mercier, Françoise de Ribon, Eliane Zucchini, élèves de première année, ainsi que Noëlle Mussard, auditrice. Certains ne partageaient pas le pessimisme de Belmondo.

« Le Conservatoire n'était pas très folichon à l'époque, estime Françoise Brion, parce que les professeurs étaient tous de très vieux sociétaires de la Comédie-Française, sauf Pierre Dux. Les vieux sociétaires ne savaient pas très bien comment nous employer et nous avons échoué chez Dux. Nous étions fous de joie parce que Dux était le jeune Turc du Conservatoire ! »

La première appréciation que Pierre Dux porta au sujet de Belmondo fut de le confirmer dans ses emplois de bouffon de comédie, les valets un peu outranciers à la Scapin. Dux, même s'il avait souvent abordé le comique dans sa carrière et joué de nombreux valets, n'avait jamais été véritablement à fond dans la bouffonnerie et, en définitive, se retrouvait plus dans une personnalité comme Claude Rich.

« Belmondo était vraiment un comique, rappelle Françoise Brion. On ne pouvait pas faire plus drôle que Belmondo. Alors Dux lui a donné tous les rôles de Courteline, *Théodore cherche des allumettes*, tous les grands comiques du répertoire. Mais Dux avait un chouchou dans la classe : Claude Rich. Il lui donnait à jouer tous les rôles que lui, Dux, avait joués, les valets de Marivaux. Mais comme Dux n'avait jamais joué les gros comiques, il avait du mal à trouver un emploi pour Belmondo. »

Confiné dans les emplois de valet, Jean-Paul voyait sa marge de choix se limiter et, s'il s'était rêvé tragédien ou jeune premier, devait irrémédiablement ranger ses illusions au placard.

« Dès le départ, rapporte Belmondo, Dux m'a orienté vers les valets. Donc, après, tous mes choix se sont faits automatiquement dans ce répertoire. Cela fait que je n'ai jamais imaginé une seule seconde jouer Perdican ou Lorenzaccio. Mais il faut dire que par goût j'avais envie de ces rôles de valet de comédie. Ça tombait bien ! J'étais attiré par le comique, le brio, je n'étais aucunement attiré par le drame et la tragédie. »

Un tel cloisonnement, parce que correspondant à la mentalité de l'époque, touchait tous les acteurs en général et les élèves en particulier. Pour les mêmes raisons, lors de son passage au Conservatoire, Annie

Girardot, par exemple, héritait toujours des rôles de soubrette, aucun professeur n'osant envisager qu'elle pût tenir un autre emploi ! De même Marielle était condamné aux emplois de vieillard et Rochefort à ceux de docteur chez Molière. Tout cela n'aurait eu qu'une relative importance, si Jean-Paul Belmondo s'était, dès les premiers cours, entendu avec Pierre Dux. Tel ne fut pas le cas, mais alors pas du tout.

« Avec Dux, c'étaient deux mondes qui s'affrontaient, se souvient Jean Rochefort. C'est-à-dire qu'il y avait, d'un côté, Jean-Paul avec son côté décontracté, sa contemporanéité complète et, de l'autre, un homme qui tenait par-dessus tout au classicisme dans sa convention et sa sclérose. Et puis Jean-Paul emmagasinait des sensations, des émotions, mais il était comme moi en ce sens que nous pouvions vivre un mois ou deux sur une même scène que nous avions apprise par cœur, alors nous passions pour des fainéants. Il y a donc bien eu deux mondes qui se sont croisés sans s'interpénétrer. Dux ne nous comprenait pas et réciproquement. Il y avait un mur entre nous. L'ambiance dans le cours n'avait pas cette originalité, cet enthousiasme, cette créativité que nous aurions désirés. »

Le mur d'incompréhension qui séparait Dux de Belmondo grimpa subitement de plusieurs étages quand le maître affirma, au vu du physique et de l'attitude de l'élève, que jamais il ne pourrait prendre, sur scène, une femme dans ses bras sans faire éclater de rire la salle. De quoi saper le plus solide des optimismes. Mais, heureusement, côté séduction, le jeune homme réussissait plutôt bien dans la vie quotidienne. Quoique sur ce point précis les avis soient divergents. Jean Rochefort, par exemple, déclare :

« Ce qui m'avait énormément frappé à l'époque était que Jean-Paul n'avait aucun succès auprès des filles du Conservatoire. Je vois encore les filles hurler de terreur quand elles lisaient un spasme lubrique dans l'œil de Belmondo. Ce qui est frappant est que, quelques années plus tard, il soit devenu un sex-symbol tenant Jeanne Moreau ou Sophia Loren dans ses bras. »

Mais Françoise Brion ne partage pas ce souvenir :

« Je peux vous dire que Jean-Paul était "le" séducteur du Conservatoire. Il a vraiment fait des ravages. Ce qui prouve bien que, même s'il ne correspondait pas aux canons des jeunes premiers de l'époque avec les traits réguliers et le mollet galbé, les filles l'appréciaient et ne le cataloguaient pas du tout dans les comiques de service. »

Il semblerait, effectivement, que côté séduction Jean-Paul Belmondo s'en sortait plus que bien. Alors pourquoi n'y parviendrait-il pas aussi sous les feux de la rampe ? Vaste question dont une partie de la réponse prend ses racines dans l'humour débordant de Jean-Paul et de ses amis.

« Nous sortions de la guerre, explique Claude Rich, et nous n'avions qu'une envie, c'était de nous amuser. Et qu'est-ce qui nous amusait ? C'était de prendre Argante et Géronte des *Fourberies de Scapin* et de les jouer presque en les parodiant. Alors les autres se marraient, ça avait un succès fou. Mais imaginez que Belmondo ou moi se retrouvât avec une fille dans ses bras pour lui dire : ''Tu est la plus belle mon amour'', tout le monde se serait marré ! »

Quoi qu'il en soit, les propos de Pierre Dux, même si superficiellement justifiés, ne firent que renforcer l'abîme entre le maître et l'élève. De plus, rigoriste mais pris par ses propres soucis de carrière, Dux ne s'occupa, en définitive, que de ceux qu'il considérait comme les « bons élèves », laissant de côté les autres, dont Belmondo.

Dans le courant de l'année, les relations entre Pierre Dux et certains de ses cadets furent rendues encore plus difficiles par le fait que les jeunes, bien que respectueux, ne faisaient rien pour arrondir les angles. Ainsi, à une époque où les cheveux courts et le port de la cravate étaient de mise, y compris au Conservatoire, Jean-Paul apparaissait invariablement vêtu d'un vieux costume et d'un pull à col roulé élimé d'un vert douteux.

« Jean-Paul, je l'ai côtoyé pendant trois ans, se souvient Françoise Fabian, et je l'ai toujours connu avec le même pull-over ! Il avait toujours ce pull-over vert bouteille qu'il n'a jamais quitté. C'était devenu un grand sujet de plaisanterie. Quelquefois, il y avait des mailles qui partaient dans le bas, alors je tirais sur le fil en lui disant : ''Si je défais complètement ton pull-over, il faudra bien que tu en changes !'' Mais il s'en foutait complètement. »

Un tel dédain pour les apparences vestimentaires pouvait en étonner certains.

« Ce n'est pas que nous nous habillions de façon médiocre, remarque Jean Rochefort, mais nous nous habillions autrement. Nous n'avions ni le costume trois pièces ni le costume cravate. Nous sortions de l'après-guerre alors que d'autres étaient encore dans l'avant-guerre. »

Cet entêtement, dû moins à un désir de provocation qu'à une indéniable insouciance, finit d'ailleurs par troubler Pierre Dux. Le professeur, qui n'avait absolument pas fait le rapprochement entre ce Belmondo en guenilles et le célèbre sculpteur qui allait devenir son ami personnel, s'étonna du piteux état de sa garde-robe. C'est pourquoi, discrètement, il questionna les camarades de Jean-Paul afin de connaître l'étendue de ses ressources financières. Dans un bel ensemble, mais avec un certain trémolo dans la voix, tous répondirent : « Hélas !... Nulle !... » avant de s'empresser d'aller tout raconter à leur camarade qui, aussitôt, prépara une blague à sa façon.

« Un jour il y a eu une fête au Conservatoire, raconte Belmondo. J'ai ramassé un clochard dans la rue et je suis entré avec lui. Lorsqu'on me questionnait, je faisais croire qu'il s'agissait de mon père. Et le lendemain, Dux, pris de pitié pour moi et pour ce père, m'a offert un de ses costumes... Lorsqu'il a appris la vérité, il ne me l'a jamais pardonné. »

Dux-Belmondo. Deux mondes à part. Deux êtres qui se regardaient sans réellement tenter de percer le mystère de l'autre. Deux personnalités qui ne cédaient pas d'un pouce, à tort ou à raison. Et pourtant.

« Je me souviens que quand Belmondo n'était pas là, Dux parlait de lui avec beaucoup d'admiration en disant qu'il avait un talent fou, rapporte Françoise Brion, même si son chouchou était Claude Rich. Il était évident que Belmondo avait un talent fou, mais c'est vrai que Dux le voyait surtout comme on voyait un Galabru : un comique. Il ne pouvait pas l'imaginer jouant Kean par exemple. »

Les rencontres entre Dux et ses élèves se déroulaient dans de petites salles. Là, chacun testait ses possibilités face au « maître ».

« Le professeur vous demandait si vous aviez préparé quelque chose ou il vous imposait une scène à travailler, se souvient Belmondo. Puis, après vous avoir écouté, il vous disait ce qui n'allait pas. Mais moi, comme je ne m'entendais absolument pas avec Pierre Dux, quand j'avais fini de passer ma scène, il me disait d'un air navré : "Qu'est-ce que vous voulez que je vous dise ?" ou alors il se contentait de me dire : "Vous avez fait quinze vers faux", et c'était tout. Par contre, aux chouchous, il faisait retravailler la scène en leur indiquant bien chaque point de détail. Car il y avait des chouchous comme dans tous les cours. Mais nous, Dux pensait que nous n'étions pas sérieux, alors il ne pouvait pas nous considérer comme ses chouchous. »

Si Belmondo s'était retrouvé isolé, il aurait pu être décontenancé par le comportement de Dux, mais, heureusement, il trouva de fidèles complices en les personnes de Rochefort, Beaune, Rich et quelques autres. Complices qui appréciaient à la fois le copain et le jeune acteur.

« Jean-Paul avait tellement de naturel, il réinventait la vie, c'était un petit animal qui jouait sans jouer, souligne Claude Rich. Tout lui venait de l'intérieur. Nous, nous jouions, ce qui n'était déjà pas si mal, mais c'est seulement petit à petit que nous sommes arrivés à jouer ce qu'il y avait en nous. Jean-Paul a été, en ce sens, un précurseur pour nous tous, il a imposé quelque chose de nouveau par rapport à tous les acteurs qu'il y avait avant... Il avait une grande admiration pour Michel Simon et il avait une façon de l'imiter tout à fait exceptionnelle, à tel point que ce n'était plus vraiment de l'imitation, il l'avait intégré en lui, il avait presque fini par avoir la démarche de Michel Simon. On pique à plein d'acteurs avant de devenir soi-même. »

Parmi les innombrables auteurs que travailla Belmondo, certains lui tenaient plus à cœur que d'autres. Molière, bien sûr, mais aussi des poètes comme Rimbaud, son préféré, Verlaine et Ronsard. Durant son long apprentissage au Conservatoire, Jean-Paul prit également un malin plaisir à faire revivre des textes tout à fait saisissants comme *Théodore cherche des allumettes*, de Courteline, qu'il transforma selon des vues très personnelles en une énorme farce qui fit rire tous ses camarades mais sidéra ses professeurs. Par admiration pour Michel Simon, Jean-Paul travailla d'autre part *Fric-Frac*. Tous ces textes, Belmondo, comme la totalité des élèves du Conservatoire, les révisait hors cours.

« En dehors des cours, le gros du travail, c'étaient quand même les répétitions entre nous, précise Françoise Brion. Moi, je me souviens d'avoir amené Belmondo plusieurs fois à la maison pour répéter des scènes avec lui. Ma mère trouvait qu'il ressemblait à un hurluberlu mais il était très concentré, très professionnel. En plus, il avait une grande discipline et il adorait ce métier. »

Certains après-midi, les élèves arrivaient au Conservatoire texte su, prêts à affronter les foudres critiques du maître, et apprenaient que le cours était annulé. Alors le plus grand plaisir de Belmondo et de ses amis était de se rendre au Concert Mayol tout proche. Loin des fastes des Folies-Bergère et du Casino de Paris, le Concert Mayol, sis rue de l'Échiquier, conservait l'aspect gentiment polisson des music-halls de quartier, affichant des spectacles aux titres sans équivoque comme *Frivoles et nues* ou *Ça c'est du nu !* A seize heures débutait un spectacle dont le principal attrait était de présenter des femmes aux formes généreuses dans le plus simple appareil. Elles effectuaient leurs numéros sur scène face à des élèves du Conservatoire qui applaudissaient ou sifflaient exagérément ! D'autres fois, les élèves profitaient de l'absence de leur professeur ou d'un cours se terminant plus tôt pour jeter un œil dans la classe de René Simon et admirer ce professeur dont chaque explication donnait lieu à un véritable numéro d'acteur.

Parfois, pour diverses raisons, les élèves d'une classe se retrouvaient entre les mains d'autres professeurs. Ainsi, au cours de son long passage au Conservatoire, Jean-Paul eut-il l'occasion de travailler sous l'œil professionnel de Jean Yonnel puis de Henri Rollan qui, durant six mois, remplaça Pierre Dux occupé à d'autres tâches.

Tragédien d'origine roumaine, Yonnel, dont la voix grave était souvent imitée par les élèves, se consacrait plus à l'étude des drames qu'à celle des comédies. Brave homme que ce Yonnel, quoique son comportement pût parfois paraître quelque peu fantasque, comme lorsqu'il expliquait, le plus sérieusement du monde, qu'au lendemain d'une représentation de *Hamlet* le fantôme de Mounet-Sully lui était apparu pour le féliciter ! Cette étonnante anecdote amusa énormément Belmondo. A tel point qu'il décida de monter un canular.

« Il y a un truc fameux que j'ai fait avec Yonnel, raconte Belmondo. A chaque cours, il nous parlait du grand tragédien Mounet-Sully qu'il avait connu. Alors, une fois, je suis monté en haut du théâtre du Conservatoire où nous répétions et j'ai commencé à faire du bruit. Yonnel, m'entendant : ''Qu'est-ce que c'est ?'' Moi je soufflais : ''C'est Mounet'' comme si la voix venait d'outre-tombe. Alors Yonnel gueulait : ''Qui ? — Mounet !'' Yonnel, qui y croyait, insistait : ''Montre-toi ! — Je ne peux pas, je suis mort !'' Et toute la classe était pliée de rire. Finalement, Yonnel a envoyé quelqu'un me chercher mais ils ne m'ont jamais trouvé. »

Henri Rollan, pour sa part, était un tragédien qui exerçait un ascendant considérable sur la plupart des élèves et s'attachait énormément à la technique. Avec quelques formules clefs, il résumait une situation et lançait les aspirants acteurs dans la bonne direction. Rollan se montrait fort proche de ses jeunes poulains sans jamais verser dans le paternalisme. Il les surprenait aussi parce qu'il était capable de lire du grec ancien sans sourciller et récitait des scènes entières surgies de son impeccable mémoire. De plus, Rollan ne parlait pas que d'art dramatique et nourrissait ses élèves de peinture, de sculpture, de poésie et de littérature.

« Henri Rollan était imposant par sa diction, remarque Jean-Paul Belmondo. Il avait une diction très dentale et très précise. C'est lui qui disait toujours : ''Travaille tes labiales à la bougie : papa, pantalon, pine de pape.'' Et il disait cela devant les jeunes filles du seizième... Je me souviens lui avoir passé Scapin et il m'a dit : ''Mon grand, je t'ai demandé un Tintoret et tu me fais un Picasso.'' J'avais trouvé cela très joli. »

« Henri Rollan faisait travailler les scènes très longuement, les faisant retravailler sans cesse, ajoute Henri Tisot. Il pinaillait, il passait trois jours sur un mot. Mais Belmondo était le seul élève à qui il consentait à dire : ''Écoute-moi, je n'ai rien à dire. Je ne veux surtout pas détruire ça !'' Il était devant Belmondo comme devant une source.

Il disait : ''Je ne vais pas prendre l'eau de cette source qui est absolument pure pour en faire de l'eau minérale et la mettre en bouteille !'' Alors il regardait couler l'eau, c'est tout... Je me souviens d'une phrase qu'Henri Rollan avait dite à Belmondo quand il lui passait Scapin. Face au jeu de Belmondo, il était resté un peu en retrait : il était visible qu'il n'osait pas lui dire : ''C'est bien'' bien qu'il en ait eu envie, et il ne pouvait surtout pas lui dire : ''C'est mal'' puisque ça n'était pas le cas ; alors, après un grand silence, pour résumer sa pensée et qualifier ce jeu anticonventionnel, il a dit à Jean-Paul Belmondo : ''J'ai l'impression que tu me joues un air d'accordéon sur un Stradivarius...'' »

Mais de tous les professeurs qu'il écouta au Conservatoire, celui qui exerça la plus profonde influence sur Jean-Paul Belmondo, comme sur tant d'autres, fut indéniablement le lunaire Georges Le Roy.

4

RENCONTRE DANS LES NUAGES

Un personnage hors du commun que ce Georges Le Roy, tant par son parcours professionnel, sa culture, son comportement que sa manière de diriger la classe d'ensemble du Conservatoire. Après avoir pendant vingt-deux ans possédé sa propre classe de formation individuelle, Le Roy s'occupait depuis 1951 de la classe d'ensemble, c'est-à-dire qu'il réunissait tous les élèves certains après-midi et les faisait jouer en groupes. Agé alors de soixante-sept ans, cet ami personnel de Clemenceau constituait à lui seul une institution. Dans sa prime jeunesse, il eut pour professeur au Conservatoire le grand Mounet-Sully et la non moins grande Sarah Bernhardt. Pas moins. En 1907, il sortit de cet établissement pour entrer directement à la Comédie-Française, propulsé par divers prix obtenus. Treize ans plus tard, il fut nommé sociétaire de la Maison de Molière qu'il ne quitta qu'en 1940 pour prendre sa retraite. En 1949, pourtant, il revint au Conservatoire, cette fois pour y professer. Il écrivit alors un *Traité de la diction française* qui fit autorité. Parmi ses innombrables passions, celle qui l'attachait à la verrerie d'art occupait une place privilégiée. Ainsi Le Roy était parvenu à retrouver le procédé de coloration des bleus sur les vitraux, procédé perdu depuis le XIIIe siècle, ce qui avait obligé des générations de verriers à remplacer le bleu par du violet. Ce professeur, généralement apprécié par ses élèves, avait vu passer dans sa classe des personnalités aussi différentes que Maria Casarès, Jean-Louis Barrault, Pierre Bertin, Bernard Blier, Jean Desailly, Simone Valère... Mais le plus illustre d'entre tous demeurait Gérard Philipe avec lequel il conservait d'indestructibles liens d'amitié. D'ailleurs, tout au long de sa carrière, l'inoubliable interprète du *Cid* ne cessa de demander des conseils à l'ex-sociétaire de la Comédie-Française qu'il venait parfois chercher jusque dans sa classe du Conservatoire au plus grand ravissement de l'ensemble des élèves.

Techniquement, Le Roy paraissait nettement plus libéral que ses collègues. Il laissait beaucoup plus la bride sur le cou de ses poulains, n'imposait jamais une manière de jouer et demandait plutôt à être « surpris », c'est-à-dire qu'il forçait ses élèves à sortir des sentiers battus et, surtout, à ne jamais copier une interprétation existante. Il passait des heures, des semaines, voire des mois, à travailler une unique scène autour d'un élève, prouvant que grâce à des changements de comportement un même texte peut être joué de mille manières. Le Roy considérait véritablement le théâtre comme un art sacré et expliquait à ses ouailles qu'il n'avait pas le droit de décevoir leur public. « N'y aurait-il qu'un spectateur dans la salle, disait-il, vous devez essayer de comprendre pourquoi il est là et lui offrir ce qu'il attend. »

Tout cela n'empêchait pas un côté fantasque qui poussait Le Roy à s'amuser des débordements de ses turbulents élèves. Cela fit qu'il sentit Belmondo beaucoup mieux qu'un Pierre Dux. Indubitablement, Le Roy perça à jour la véritable personnalité et le véritable talent que Jean-Paul Belmondo cachait derrière une nature volontiers exubérante.

« Il y avait des élèves qui nous prenaient à la limite pour des voyous, souligne Jean-Pierre Marielle, mais Belmondo était déjà apprécié. Certains professeurs l'avaient déjà remarqué, d'autres pas du tout. Des gens comme Le Roy, comme Henri Rollan avaient tout de suite vu son originalité et les élèves aussi. Il ne faut pas s'imaginer que Belmondo a été découvert par hasard. Déjà au Conservatoire, nous étions nombreux à avoir remarqué son originalité. Je me souviens très bien en deuxième année, quand Le Roy voyait Belmondo faire l'imbécile avec Vernier avant les cours, en improvisant, Le Roy nous avait dit : ''Regardez comme il bouge, cet animal-là.'' Il avait déjà remarqué dans la façon qu'il avait de se déplacer une sorte de détente qu'il n'y avait pas tellement chez les acteurs à cette époque-là, qui travaillaient tous dans un style classique. Il y avait chez Belmondo une sorte de laisser-aller que notre professeur avait tout de suite vu et qui classait Belmondo comme un personnage original. »

Pour Belmondo, sa rencontre avec Le Roy fut à marquer d'une pierre immaculée, car elle fut en tout point décisive. Enfin il se trouvait face à un professeur qui le comprenait et qui, bien loin de le refréner, le poussait à aller encore de l'avant, dans un cadre précis. Georges Le Roy, parce que possédant un sens aigu de l'excentricité, s'amusait énormément aux facéties de ses élèves mais leur reprochait fréquemment de dépenser leur énergie mal à propos. Ainsi, lorsqu'il voyait Belmondo multiplier les pitreries dans les coulisses ou avant les cours, il lui disait : « Vous lâchez votre cheval en coulisses et quand vous arrivez sur scène, il n'y a plus rien ! » Il est vrai que les élèves se trouvaient dans un tel état d'excitation à l'idée de retrouver Georges Le Roy qu'ils ne pouvaient s'empêcher de laisser le débordement de leur imagination submerger leur obligation de retenue.

Les pitreries de Belmondo possédaient cette particularité inhabituelle d'être souvent sportives.

« J'étais monté au deuxième balcon en attendant ce brave Georges Le Roy qui était un type formidable, raconte Jean-Paul. Il faut dire qu'on mangeait tous les jours à la cantine de l'Opéra avec de jeunes danseuses et danseurs qui ne buvaient pas de vin. Alors nous buvions leurs bouteilles, ce qui explique que nous étions un peu énervés en début d'après-midi. Ce jour-là, j'avais fait le pari avec Cremer de sauter dans les rideaux. Du deuxième balcon, j'ai sauté, mais quand je suis arrivé dans les rideaux, ils se sont arrachés. Heureusement, ils se sont tassés et, en tombant, je ne me suis pas fait mal, mais j'étais noir de poussière. Quand Georges Le Roy est arrivé, il a demandé : "Mais que s'est-il passé ?" J'ai répondu : "Maître, j'ai voulu tirer le rideau et tout s'est écroulé !..." Mais Le Roy était très complice. C'était un vieux monsieur fou. Fou au bon sens du terme. Il a tout de suite aimé Cremer, Rochefort, Rich et moi, alors que nous n'étions pas très aimés des autres professeurs. Il aimait bien notre côté "démarqué" et il avait toujours le truc juste. »

Par son comportement, par ses encouragements, Le Roy redonnait confiance à ce groupe de turbulents élèves, trop souvent considérés comme les brebis galeuses du Conservatoire. « Le fait que Georges Le Roy, que nous considérions comme le plus grand professeur, et de loin, nous ait choisis comme ses préférés nous a beaucoup aidés, témoigne Bruno Cremer. Cela nous a confortés dans l'idée que nous devions avoir quelque chose que les autres n'avaient pas. »

Les classes d'ensemble de Georges Le Roy représentaient l'une des rares occasions pour les élèves des différentes classes de se retrouver dans une même enceinte. Car chaque classe fonctionnait presque comme une cellule indépendante, évoluant selon ses propres règles sous la houlette du « maître » qui considérait un peu ses élèves comme sa cour. Les classes d'ensemble étaient aussi, et de loin, les plus détendues du Conservatoire.

« Belmondo en profitait pour faire les quatre cents coups, rapporte Jacques Sereys, il faisait des pirouettes, des choses insensées. Par exemple, on le cherchait, on l'appelait et il dégringolait le long d'une colonne ou le long d'un rideau de scène. Alors, évidemment, Georges

Le Roy feignait d'être outré mais, en fait, il riait sous cape... Le Roy avait une petite manie, un geste qui lui était familier : il passait la main à sa bouche et il faisait trembloter sa main entre son nez et sa lèvre supérieure. Eh bien ! quand nous nous voyons avec Marielle, Belmondo ou d'autres, nous nous disons bonjour comme ça, nous refaisons le geste de Georges Le Roy. »

Parfois, les élèves de Georges Le Roy allaient présenter leur travail au public dans le cadre du théâtre du Vieux-Colombier. Ce fut le cas pour Jean-Paul, qui, début 1953, tint un rôle dans *La Jalousie du barbouillé* et *Le Mariage forcé* de Molière, ainsi que dans *La Nuit des erreurs* aux côtés de son ami Jean-Pierre Marielle.

« Un jour, je jouais au Vieux-Colombier *La Nuit des erreurs*, un exercice d'élèves, et en jouant, la folie m'a gagné : j'ai littéralement grimpé au rideau, raconte Belmondo. Quand Le Roy est revenu en coulisses, il m'a dit : "Vous avez peut-être dépassé le point, monsieur Belmondo." J'avais trouvé ça merveilleux. »

Le moins que l'on pût dire est que ni Belmondo ni Marielle n'avaient le sentiment de jouer leur carrière sur de tels exercices d'élèves. Au contraire, ils ne cessaient de chercher de nouveaux gags.

« Dans les coulisses, ils s'amusaient à imiter le gag des Marx Brothers quand ils se foncent l'un sur l'autre, se ratent et se serrent la main entre les jambes, raconte René Camoin. Ils s'amusaient à faire cela dans leurs costumes de médecins. Or un jour Gérard Philipe était présent dans les coulisses. Il a regardé Marielle et Belmondo faire ça et il leur a dit : "Votre gag n'est pas bien réglé, je vous le règle." Il a passé dix minutes à leur régler ce gag, croyant qu'il figurait dans la pièce. Or il se trouve que dans *Le Mariage forcé* les deux docteurs ne se rencontrent pas ! Belmondo et Marielle étaient bien sûr aux anges de se faire régler un gag par Gérard Philipe. »

Jean-Pierre Marielle témoigne également :

« Belmondo jouait Marphurius et moi le docteur Pancrace. C'était magnifique ! Je me souviens que j'avais chargé beaucoup le personnage et Le Roy m'avait dit : "Monsieur Marielle, tenez un peu votre cheval, ne le laissez pas partir tout le temps sous vous." Belmondo aussi l'avait entendu et ça n'était pas tombé dans l'oreille d'un sourd. Belmondo avait trouvé une chose formidable dans cette pièce qui était très drôle : à un moment Mascarille le bat et le jette à la porte. Alors Belmondo se mettait à pleurer. J'avais trouvé ça vraiment rigolo. Moi, je jouais ma scène avant lui et moi aussi Mascarille me foutait à la porte à coups de pied dans le cul. Alors j'ai pleuré ! Pour faire le con, pas pour lui piquer son truc. Ça m'a échappé. Quand Belmondo, après, a pleuré, tout le monde lui a dit : "Merde, t'imites Marielle !" C'était vache parce que c'était lui qui avait trouvé ce truc... »

Il était évident que Marielle et Belmondo cherchaient surtout à faire rire, quitte à user d'artifices aussi éculés mais aussi efficaces qu'ôter sa perruque en scène ou, pour Jean-Paul, faire tomber son pantalon.

Certains de ces petits spectacles avaient pour cadre la vétuste salle du Conservatoire. Ils n'étaient destinés qu'à un public de parents d'élèves et d'amis et se révélaient plutôt prétextes à chahuts.

« Le Roy avait monté un spectacle qui s'appelait *La Coupe aux lèvres* d'Alfred de Musset, rapporte Dominique Rozan. J'y jouais un vieillard faisant un discours face à une petite assemblée. Et cette assemblée était constituée de toute la bande de blagueurs. Or dans ce discours j'avais une phrase malheureuse : "Et je peux dire que j'en étais moi aussi." A chaque fois, j'entendais mes copains chuchoter : "Salope, on le savait", et ils me faisaient prendre le fou rire. Alors Le Roy me demandait : "Monsieur Rozan, pourquoi riez-vous ?" Moi, je n'osais pas le lui dire. Finalement, j'essayais de ne plus dire cette phrase. Dès qu'elle arrivait, j'enchaînais pour ne plus entendre ces "On le savait" qui étaient affreux ! »

Une autre fois, ne devant effectuer qu'une simple figuration dans une pièce de Marivaux, Jean-Paul Belmondo reçut la lourde mission de traverser la scène dans toute sa largeur avant de disparaître en coulisses. Le jour de la représentation, pour plaisanter, il ne se maquilla que le côté du visage visible par le public, ce qui, bien sûr, fit pouffer de rire ses camarades en scène.

Mais Le Roy, s'il occupait une place prépondérante dans le cœur et aujourd'hui le souvenir des élèves, ne représentait que l'un des rouages essentiels du Conservatoire. La réalité imposait des examens et des concours moins distrayants que les exercices publics. Le 29 janvier 1953, Jean-Paul Belmondo passa un examen intermédiaire important. Il s'agissait pour les dix-huit membres du jury de juger du niveau des élèves. Les notes se trouvaient réparties ainsi : Très Bien, Bien, Assez Bien, Pas Mal, Passable, Médiocre. Autant dire que lorsque le mot « Bien » n'apparaissait pas dans sa note, l'élève pouvait s'estimer en dessous de la moyenne ! Ce jour, Jean-Paul interpréta une délirante fable de Florian : *Le singe qui montre la lanterne magique*, dans laquelle un singe utilise la lanterne magique de son maître pour proposer un spectacle à ses amis animaux. A grand renfort de superlatifs, le quadrumane décrit les merveilles que projette la lanterne pour, finalement, se rendre compte qu'il a oublié de l'éclairer. En portant son choix sur ce texte, Jean-Paul se positionnait bien loin du répertoire classique traditionnel et tirait ouvertement vers le pur loufoque. Avec force mimiques, grimaces et autres singeries, il fit rire ses camarades mais n'obtint que la note Pas Mal. Décidément, il y avait quelque chose qui ne passait pas entre lui et le corps professoral.

De toutes les façons, cet élève turbulent bouillait de l'envie de jouer en public. Il voulait que la pratique succède rapidement à la théorie. Il voulait surtout savoir qui des professeurs et du public avait raison quant à son jeu. L'occasion lui en fut fournie par André Barsacq, directeur du théâtre de l'Atelier, qui lui proposa un rôle dans *Médée* de Jean Anouilh qui, en cette année 1953, comptait parmi les auteurs les plus appréciés en France. Chacune de ses créations attirait l'œil des spécialistes, et, en général, les satisfecit d'un large public. Sa pièce précédente, *La Valse des toréadors*, avait été créée à la Comédie-Française où elle avait obtenu un net succès. C'est pourquoi, lorsque Jean-Paul apposa sa signature au bas du contrat, il se dit qu'il allait enfin trouver l'occasion de se faire connaître et, ce qui n'est pas négligeable, d'arrondir ses fins de mois sur une longue période. D'ailleurs lorsqu'il en parla à ses copains, tous furent unanimes pour lui dire : « Veinard, avec du Anouilh tu en as au moins pour un an, voire deux ! » Pour fêter dignement cet événement considérable, le jeune comédien, qui serait probablement promu très prochainement au titre de jeune espoir, emmena ses amis dans une virée inoubliable ! Le texte de *Médée*, publié en 1947, étant relativement court, Barsacq compléta son programme avec *Zamore*, une tragédie bouffe de Georges Neveux.

La distribution de *Zamore* fut sensiblement différente de celle de *Médée*, à l'exception de Jean-Paul Belmondo qui bénéficia d'un petit rôle dans les deux pièces. Jean-Paul qui, pour l'occasion, retrouva son pseudonyme guère discret de Jean-Paul Belmond. D'un côté il y avait, dans les rôles principaux, Jean Servais et Michèle Alfa, de l'autre Yves Robert et Caroline Cler. Commencèrent alors les répétitions. Pour toute la presse parisienne, le grand événement se situait assurément plus du côté de *Médée* que de *Zamore*. La tragédie antique initiale, l'amour et la fuite de Médée et Jason, avait été transposée par Barsacq, avec la complicité d'Anouilh, au XXe siècle dans un campement de gitans.

Le Tout-Paris était émoustillé à l'idée de cette création d'un texte audacieux d'Anouilh dans un théâtre réputé pour son exigence. Le 25 mars 1953 eut lieu la répétition générale face à un parterre de critiques et de personnalités de tous bords. Ce fut littéralement une catastrophe. Pendant toute la durée de la représentation, les sièges craquèrent, preuve d'un évident agacement des spectateurs. Le sévère critique Morvan Lebesque écrivit : « Le fait est que tout le monde était venu à l'Atelier pour applaudir de bon cœur une pièce de M. Jean Anouilh et que, cinq minutes plus tard, personne ne tenait plus en place et personne ne s'intéressait plus à un texte qui ne passait pas la rampe [1]. » Article qui donna le ton d'un massacre en règle dont la principale victime fut Michèle Alfa. Paniqué, le théâtre de l'Athénée envisagea de supprimer purement et simplement les représentations publiques. Il fut, néanmoins, décidé de maintenir la première. Belmondo s'y fit, une fois de plus, remarquer.

« Le résultat a été assez inattendu, explique-t-il. Je jouais le messager et je suis entré en catastrophe dans un enthousiasme délirant. Toute la salle était écroulée de rire. Puis je devais dire : "C'est horrible, la ville brûle, Jason est mort !" mais j'avais tellement le trac que je bafouillais. Tout le monde était dans l'atterrement général, y compris les spectateurs, peu nombreux. »

Au vu des encouragements de ce public peu exigeant, l'Athénée continua à proposer *Médée*. Las, ce ne fut qu'un court répit. Il devint rapidement évident que les Parisiens refusaient cette nouvelle pièce d'Anouilh. Comparativement, *Zamore* s'en tirait beaucoup mieux et engrangeait des critiques largement laudatives. Mais pour rire à *Zamore*, il fallait souffrir à *Médée*, et bien peu en eurent le courage. D'ailleurs, un samedi après-midi, la représentation fut annulée du fait qu'il n'y avait que sept spectateurs dans la salle ! Alors Barsacq stoppa bien vite le massacre et présenta dès le 9 avril 1953 deux pièces de Georges Neveux : *Zamore* et *Le Système 2*. Une nouvelle troupe, menée par Jacques Morel et Brigitte Auber, releva le défi. Quant à Jean-Paul, il laissa son rôle secondaire à Claude Arlay.

« *Médée* fut le seul bide de Jean Anouilh et je l'ai fait !... » conclut Belmondo.

Le jeudi 30 avril 1953, remis de cette cinglante déroute, Jean-Paul se présenta une nouvelle fois face au jury du Conservatoire pour un examen de niveau. Après avoir donné la réplique à Louise Sainjon dans *Le Don d'Adèle* et à Jean Rochefort dans *Le commissaire est bon enfant*, il proposa Lubin de *George Dandin* qui lui valut un « Passable ». Officiellement, il régressait, à moins que son talent ne correspondît pas du tout aux critères établis par le corps professoral.

Ensuite, toujours en 1953, Jean-Paul tint un emploi inhabituel : doublure. Il fut en effet engagé pour remplacer le jeune Guy Bertil (en cas de défaillance de celui-ci) dans *Lorsque l'enfant paraît*, gros succès public.

1. *Carrefour* du 26 mars 1953.

« Il aurait pu avoir quarante de fièvre, il ne m'aurait jamais laissé jouer à sa place, remarque Belmondo. A l'époque, il était la petite vedette que tout le monde voulait et on ne peut pas dire qu'il jetait un grand regard sur sa doublure. Mais je n'en ai aucune rancœur. C'est très pénible d'être doublure : on doit être tous les soirs au théâtre, il faut être prêt à l'heure, vous avez la peur de jouer et, bien que l'on sache que vous ne jouerez jamais, vous devez répéter l'après-midi. Il en faut des doublures, je suis d'accord, mais ça n'est pas marrant... Je suis finalement parti parce qu'un jour j'ai compris que même s'il devenait cul-de-jatte il continuerait de jouer sur scène ! Alors je me suis dit : ''Il vaut mieux arrêter.'' Depuis, quand il y a des doublures dans un théâtre, j'essaye toujours d'être gentil parce que j'ai le souvenir de cette époque. »

Puis, comme tous les élèves du Conservatoire, Jean-Paul s'intéressa fortement au concours de fin d'année même si lui n'y participait pas. En juillet 1953, tous les espoirs reposaient sur une valeur sûre de troisième année : Annie Girardot. Malheureusement, son interprétation de Toinette dans *Le Malade imaginaire* ne troubla aucunement le jury qui ne lui décerna aucun prix. Le lendemain, tout de même, la jeune actrice obtint un second prix en Comédie moderne. Le même jour, d'ailleurs, et dans la même catégorie, Claude Rich obtint lui aussi un second prix. Au cours de cette série d'épreuves, Jean-Paul, qui n'avait pourtant aucun rôle à défendre, ne manqua pas de se faire remarquer.

« Les jeunes élèves étaient chargés d'annoncer ceux qui arrivaient en scène en disant : ''Et maintenant vous allez voir Untel dans telle scène'', se souvient Françoise Brion. Belmondo devait annoncer Hélène Psourseva dans le rôle de Marie Tudor. Et il a annoncé : ''Et voici maintenant Hélène Psourseva dans *Marie Tudor*, le rôle du meunier !'', pour faire un jeu de mots avec ''meunier tu dors''. Cela a provoqué un éclat de rire général dans la salle de l'Odéon. »

Par ailleurs, Jean-Paul joua l'un des porteurs de la scène des *Précieuses ridicules* que présentait son ami Christian Asse.

Ce concours marquait la fin de la première année de Conservatoire de l'élève Belmondo — mais sa deuxième année de présence. Il en tira un bilan mitigé. Si sur le plan amical il n'en conservait que des bons souvenirs, sur le plan apprentissage il regrettait de ne pas s'entendre avec son principal professeur, Pierre Dux, même s'il reconnaissait avoir beaucoup appris face à lui. Heureusement Georges Le Roy colorait ce tableau avec une sorte de féerie éclatante. Surtout, Jean-Paul regrettait de ne pas avoir eu davantage l'occasion de jouer face au public. Cela lui manquait beaucoup, déjà. C'est dans cet état d'esprit qu'il aborda l'été 1953. Il préféra ne pas quitter Paris afin de mieux se tenir au courant des projets qui se montaient. De la sorte, il se présenta aux auditions du théâtre Michel pour *La Reine blanche*, comédie de Barillet et Grédy — auteurs du célèbre *Don d'Adèle* —, mise en scène par Jean Meyer. Grâce à ce dernier, Jean-Paul obtint un second rôle, celui d'Hubert qui ne faisait, hélas, que de très brèves apparitions. *La Reine blanche* s'inspirait d'un authentique fait divers : le mariage d'une jeune dactylo avec un roi nègre. Sur ce canevas, les auteurs laissèrent courir leur verve habituelle et signèrent une pièce qui plut beaucoup à la critique et au public qui s'y précipita. Cette fois Belmondo, qui continuait d'apparaître sous le pseudonyme de Belmon, tenait un engagement à long terme puisqu'il joua durant six mois, le record absolu de sa carrière... jusqu'en 1987. Non sans fierté, Jean-Paul fêta la centième de *La Reine blanche* et, s'emparant du programme, écrivit autour de sa photo ces quelques lignes à l'intention de Christian Asse, lui aussi membre de la troupe : « A mon ami Christian, en souvenir de notre première centième, en souhaitant que ce ne sera pas la dernière où nous serons ensemble. » Souhait non exaucé...

Au théâtre, le comportement de Belmondo étonna ses employeurs qui le jugèrent fort peu professionnel. En effet, alors que le rideau se levait à vingt et une heures dix, Belmondo n'entrait dans les coulisses que vers vingt et une heures. Le directeur du théâtre Michel ne comprit pas qu'il ne s'agissait nullement de provocation mais simplement de la méthode de travail de ce jeune homme. Il avait besoin d'être dans « le mouvement », de tout enchaîner sur un même élan et, surtout, de ne pas se retrouver seul dans une loge de théâtre à se laisser lentement envahir par le trac. Mais cette décontraction fut trop souvent confondue avec de la désinvolture. Et comment expliquer que Belmondo se pendait régulièrement aux portants dans les coulisses pour, en compagnie de son ami Christian Asse, faire d'interminables tractions ? Qu'importe, Jean-Paul était heureux, il bénéficiait d'un petit emploi et, hors du théâtre, retrouvait tous les jours ses copains qu'il adorait et avec lesquels il multipliait les blagues les plus loufoques.

5

HUMOUR CÔTÉ COUR

Lorsqu'il ne se trouvait pas entre les murs fatigués du Conservatoire, lorsqu'il n'était pas chez lui en train de réviser ses classiques, lorsqu'il n'était pas sur scène à défendre un petit rôle, Jean-Paul arpentait les rues de Paris. Une habitude qui l'avait envahi du temps où il était élève du cours Raymond Girard. En effet, se trouvant alors avec énormément de temps libre, du fait que ces cours ne l'occupaient que quelques soirées par semaine, il en profita pour assouvir l'un de ses grands plaisirs : les promenades.

« J'ai vraiment passé ma jeunesse entre Montparnasse et Saint-Germain-des-Prés, constate-t-il. La Coupole, le Dôme étaient dans ce secteur. Le cours de Raymond Girard était rue Vavin, alors, évidemment, nous nous retrouvions à la Coupole qui, à l'époque, ne marchait plus bien, au Dôme, qui était encore le vrai Dôme, et la Rotonde. Tout ça après les cours. Et puis nous redescendions par la rue Saint-Benoît qui, à l'époque, était une rue merveilleuse. »

Il aimait errer dans ce quartier de Montparnasse qui ne se trouvait pas encore soumis à l'écrasante surveillance de cette gigantesque tour, pieu planté au cœur de la cité. Autour de la gare grouillante, des bistrots explosaient d'animation et quelques théâtres égayaient les rues. Jean-Paul marchait des uns aux autres, poussant parfois une porte pour boire un verre ou assister à un spectacle. Toujours à pied, il montait souvent jusqu'à Saint-Germain-des-Prés, foisonnant d'activités avec ses caves dansant au rythme du jazz et ses troquets où des artistes de tout poil refaisaient le monde. Plus rarement, l'apprenti comédien enjambait la Seine et poussait jusqu'aux Halles qui, le soir, fascinaient par ce mélange étonnant de forts déchargeant d'énormes quartiers de bœuf avant d'écluser des godets dans des bars à vin et de prostituées arpentant leur morceau de trottoir avec des sourires engageants. Mais la principale distraction de Jean-Paul restait la boxe. Il se rendait dans les nombreuses salles où se disputaient les matchs. Après avoir bien crié pour soutenir son favori, Belmondo allait boire un coup au Bar Romain, près de l'Olympia, ou à l'Escale, rue Blondel ou encore à la Coupe d'Or, rue des Lombards où, souvent, les consommateurs, un peu embrumés par les vapeurs d'alcool, déclenchaient des bagarres homériques. De cet ensemble hétéroclite se dégageait une immense joie de vivre qui imprégna profondément Jean-Paul. Il côtoya d'authentiques titis parisiens mais aussi des voyous peu recommandables qui le prirent en amitié. Il aurait fort bien pu verser à son tour dans la délinquance et suivre le destin de ces individus toujours à la recherche d'un coup, dans tous les sens du terme. Mais Belmondo ne frayait pas avec eux, il n'appartenait pas à leur monde. Il les regardait, les observait même, sans jamais partager leurs ivresses. En fait, lui, le futur comédien, se sentait comme au spectacle au milieu de cette faune interlope. Il aimait ces errants de la nuit, car il les trouvait encore plus singuliers sous la lumière blafarde de lampadaires usés ou les halos violents de néons bon marché. Pour expliquer cette fascination du monde de la nuit, Jean-Paul utilisa cette formule : « La nuit, tous les gens sont des acteurs... » Par-delà les années, l'acteur, devenu vedette puis star, n'oublia jamais ces rues de Paris. Il ne fut pas rare de le voir déambuler certains soirs dans ces quartiers étonnants. Alors, reconnu par tous, il se retrouvait entraîné dans un bistrot où, en souvenir d'un temps forcément bon puisque révolu, il payait une tournée générale et évoquait quelques souvenirs avec les piliers du secteur.

A l'époque de ses débuts, Belmondo commença également à fréquenter assidûment une rue typique de Saint-Germain-des-Prés : la rue de l'Échaudé. Là, il découvrit sans grand mal un charmant petit restaurant tout simplement appelé l'Échaudé. Tenu par Henri Leduc, un homme qui adorait le monde du spectacle, cet établissement était, en définitive, le point de ralliement des acteurs de théâtre, des comiques de cabaret, des écrivains plus ou moins prolifiques et de quelques journalistes. Chacun s'y retrouvait à la bonne franquette face au patron qui avait la gentillesse de ne pas être trop regardant sur les additions. La nourriture — la plupart du temps un hamburger-spaghettis — ne méritait sûrement pas trois étoiles, mais l'assiette de chorizo au beurre fit tout de même saliver plus d'un artiste.

Leduc était une personnalité tout à fait intéressante. Il avait fait partie du groupe Octobre qui, en 1934, avait eu pour vocation de permettre aux classes ouvrières d'accéder aux spectacles, en tout premier lieu au théâtre. Là, Leduc avait travaillé avec Jacques Prévert,

Raymond Bussières, Roger Blin, Paul Frankeur, Yves Deniaud, Paul Grimault, Maurice Baquet, Marcel Duhamel. Depuis toujours, ce Leduc se passionnait pour les acteurs et s'était longtemps occupé de la Phalange artistique du dix-huitième arrondissement. Ce petit bonhomme à l'épaisse moustache et aux amusantes lunettes à la Marcel Achard figurait, de plus, dans la liste des rares authentiques « fondateurs » du Saint-Germain-des-Prés de l'après-guerre. Il avait en effet vécu, en terrain privilégié, la renaissance de ce quartier, l'éclosion des « caves », l'arrivée d'une foule d'artistes menée par Jacques Prévert, Jean-Paul Sartre et Boris Vian, l'apparition du be-bop... Ainsi Leduc, qui après moult métiers avait rebondi en tant que barman avant d'ouvrir divers établissements, aimait à raconter ses souvenirs de Germanopratin avec un argot à couper au couteau. En définitive, il était parvenu à recréer dans son Échaudé une ambiance bon enfant qui n'était pas sans rappeler celle du Café de Flore avant et pendant la guerre. La plupart des acteurs travaillant sur la place de Paris, pour ne pas dire la totalité, traversèrent au moins une fois la salle de l'Échaudé. Certains soirs, Leduc, désirant renouer avec l'univers fascinant de la coulisse, invitait quelques habitués dans son logement et, autour d'un plat qu'il avait amoureusement préparé, les faisait parler de leur métier.

A force de fréquenter cet Échaudé et, plus généralement, le monde de Saint-Germain-des-Prés, Jean-Paul, par-delà les années, multiplia les rencontres et sympathisa avec des oiseaux de nuit du style d'Antoine Blondin. Dans ce microcosme, Belmondo commença à se faire un nom avant de se faire un prénom, signe d'assentiment, puis un surnom, marque de popularité. Son surnom de Pepel était, en effet, connu de tous. Pepel, c'était le nom du personnage de Gabin dans *Les Bas-Fonds* de Jean Renoir, en 1936. Jean-Paul ne cessait de répéter qu'il s'agissait là d'un des plus beaux rôles du cinéma. Alors son ami Henri Deschamps s'amusa à l'affubler de ce surnom. Bien des années plus tard, mais sans lien direct, Pepel se transforma en Bebel... Personne n'osait encore pronostiquer son avenir d'acteur, mais Jean-Paul dégageait une telle sympathie qu'il était accepté par tous. De plus, il était précédé en tout lieu par une flatteuse réputation de séducteur...

Au cours de ses pérégrinations, il lui arriva de rencontrer d'autres futurs acteurs parmi lesquels Henri-Jacques Huet qui devint un proche. Ensemble, ils fréquentèrent le Studio Parnasse, l'un des premiers cinémas d'art et d'essai parisiens, où ils admirèrent Jouvet, Raimu, Berry, Simon. Ensuite, ils finissaient leurs soirées dans un petit bar tout proche où officiait un pianiste teuton répondant au doux nom de Engels. Il avait autrefois accompagné Marlène Dietrich et se montrait capable d'enchaîner des mélodies de Kurt Weilh à des grands succès américains. Engels se prit d'affection pour les deux futurs acteurs. Quelque temps plus tard, Belmondo et Huet apprirent que l'Allemand finissait péniblement sa vie dans un petit hôtel, le Schubert. Les deux amis voulurent faire un geste mais, n'ayant pas suffisamment d'argent en poche, décidèrent de réunir vêtements et chaussures. Ils portèrent le tout au pianiste dont ils avaient sous-estimé la carrure. Tous leurs présents se révélèrent trop petits…

Les deux jeunes hommes fréquentèrent une faune bigarrée et dans de nombreux bistrots s'amusèrent à discuter avec des prostituées. Aux Halles, dans un petit établissement sans prétention qui avait le mérite de proposer des frites à bas prix, les amateurs de la nuit retrouvaient les professionnelles du bitume autour d'une table ou d'un verre. Jean-Paul adorait écouter leurs aventures parfois pitoyables, toujours riches en anecdotes.

Parmi ces dames dont la carrure, la plupart du temps, n'avait rien à envier à celle des forts des Halles, se trouvait une petite bonne femme brune qui répondait au doux sobriquet de Frisette. Dès qu'elle voyait Belmondo et Huet pointer leur curiosité, elle s'empressait de leur raconter les potins du jour, à leur plus grande joie.

« Des années plus tard, au moment où sortait *Un nommé la Rocca*, rapporte Henri-Jacques Huet, j'ai eu par hasard des nouvelles de Frisette. On m'avait dit qu'elle était souffrante et qu'elle vivait au bout de la rue de la Convention. J'en ai parlé à Jean-Paul qui était déjà une grosse vedette et qui m'a dit, très gentiment : ''On va la voir !'' Nous sommes allés la voir et nous avons été atterrés parce que Frisette ne nous parlait que de ses maladies, ce qui était extrêmement désagréable. Le plus étonnant, c'est qu'en sortant de là Jean-Paul a été reconnu et tous les clients des bistrots de la rue de la Convention sortaient pour le voir ! »

Outre le cinéma, Jean-Paul n'oublia jamais le chemin des salles de spectacle et continuait de fréquenter les travées les moins chères des théâtres. Spectateur pas toujours assidu, il s'amusait par exemple avec ses copains à jeter des fléchettes sur les acteurs d'*Hernani* au palais de Chaillot.

L'univers du fils du sculpteur se modifia lorsqu'il entra au Conservatoire. En effet, s'il y retrouva quelques connaissances dont Henri-Jacques Huet, il s'y fit une foule de nouveaux amis qui ne tardèrent pas à découvrir ses qualités. En octobre 1951, il se lia ainsi avec Dominique Rozan et Henri Poirier.

« J'ai vécu un an avec lui grâce à sa grande gentillesse et à celle de ses parents, témoigne Henri Poirier. J'allais, à l'époque, de chambre de bonne en chambre de bonne et j'avais fini dans une chambre particulièrement insalubre. Je l'avais louée en septembre, elle allait très bien mais, dès les premières pluies, je devais dormir avec des assiettes sur mon lit parce que la flotte tombait à l'intérieur ! J'en ai parlé à Jean-Paul qui m'a dit : "C'est pas possible ! Ça sent le moisi là-dedans, tu ne peux pas y rester !" Et, très gentiment, il m'a proposé : "Si tu veux, tu viens à la maison." Alors j'y suis allé. C'était assez curieux. C'était un appartement de trois pièces, charmant, donnant sur la cour, donc assez sombre. La douche était perpétuellement bouchée. Lui me disait que c'était moi qui la bouchais parce que je prenais trop de douches ! Il y avait aussi une cuisinière qui tombait en morceaux ; il fallait surtout faire très attention quand on la mettait en marche parce que tout risquait d'exploser. Le reste de l'appartement était charmant. Il y avait de grands lits... Il y avait aussi beaucoup de passage. On ne savait pas toujours s'il n'y avait pas des gens qui étaient dans votre lit, alors on poussait un peu. Nous avions aussi un truc : sur un chantier, Jean-Paul avait fauché une lampe avec un bouton-pressoir qui la faisait virer au rouge. Alors, quand l'un de nous était "occupé", nous la placions bien en évidence dans l'entrée, pour prévenir les autres... Nous étions toute une bande à habiter chez Jean-Paul, dans cet appartement situé au deuxième alors que ses parents habitaient au cinquième. Or nous étions terriblement désordre. Le père de Jean-Paul, lui, ne disait rien, il trouvait ça très marrant. La mère, elle, descendait à peu près tous les quinze jours et virait tout le monde ! Alors, il fallait qu'on aille frapper à sa porte avec un bouquet de violettes pour lui dire : "Excusez-nous, madame, on vous promet qu'on ne sera plus comme avant"... »

Puis, à l'automne 1952, ce fut la consolidation d'une véritable « bande ». Cela se fit, comme habituellement, par une succession de rencontres. Jean-Pierre Marielle connaissait déjà Michel Beaune qui avait été au Centre de la rue Blanche avec lui, ainsi que Jean Rochefort, venu le féliciter dans ce même centre, après un exercice d'élèves. En entrant au Conservatoire, Marielle sympathisa immédiatement avec un élève de Mme Dussane : Bruno Cremer, qui avait connu Pierre Vernier au cours Escando. De son côté, Rochefort avait déjà pour ami Claude Rich, par ailleurs camarade de classe de Jean-Paul Belmondo. Lorsque Marielle convia Belmondo à aller boire un verre, ils furent bientôt rejoints par ces jeunes personnalités. Ainsi se forma le groupe sur lequel d'autres éléments vinrent se greffer. Des femmes notamment : Annie Girardot, Évelyne Ker et Anne Perez, élève du Conservatoire, Noëlle Leris, jeune comédienne compagne de Marielle, Maria Pacôme,

Françoise Fabian... Tous aimaient se retrouver dans l'atelier d'artiste qu'occupait Rochefort au fond de la cour du Grand Guignol dans le neuvième arrondissement. Rochefort, parce que marié à une pianiste classique, bénéficiait d'ailleurs d'une aura particulière.

La plupart de ces acteurs avaient un point commun, outre leur sens de l'humour : la timidité. « Tous nos amis sont timides, confie Marielle. C'est une extraordinaire réunion de timides. Ça doit être pour cette raison que nous sommes amis depuis quarante ans. »

La joyeuse bande préférait de beaucoup chahuter plutôt que de refaire philosophiquement le monde autour d'une tasse de café. C'était à qui inventerait les plus belles folies. Jean-Paul, pour sa part, avait mis au point une technique infaillible qui semait la panique : il coursait les jeunes filles du Conservatoire, les plaquait contre le mur et, au cours d'une fouille parfaitement organisée, vérifiait si elles portaient soutien-gorge et culotte. Si tel n'était pas le cas, il hurlait dans tous les couloirs de l'établissement : « Elle n'a pas de culotte ! Elle n'a pas de soutien-gorge !... »

Pratiquement tout ce que le Conservatoire comptait de « farfelus » se ralliait avec plus ou moins de régularité aux délires de cette joyeuse troupe qui officiait à la fois à l'intérieur et à l'extérieur de cet établissement. Belmondo aimait improviser des gags de tous styles avant et après les cours. Il n'était absolument pas question de se permettre le moindre écart durant la classe, d'abord parce que les élèves, avides d'apprendre, respectaient beaucoup trop leurs professeurs, ensuite parce que ces derniers ne l'auraient pas facilement accepté et se seraient arrangés pour que l'indélicat fût renvoyé illico. Tout de même, en attendant l'arrivée des maîtres, Jean-Paul, qui ne tenait littéralement pas en place, multipliait les pitreries. L'une de ses « spécialités » consistait à prendre les barrières de zinc servant à canaliser les spectateurs lors des représentations publiques et à les placer dans les couloirs de manière à organiser des courses de haies... Continuant de suivre ses envies sportives, Jean-Paul, un jour, remarqua que la grande Mme Dussane avait oublié sa toque de vison sur une chaise. Aussitôt le jeune Belmondo mit sur pied un simili-match de foot dans lequel le ballon fut remplacé par la précieuse toque. Lorsque Mme Dussane remit la main sur son bien, il se trouvait dans un piteux état... Il fallait un sacré culot ou une bonne dose d'inconscience pour oser ainsi chahuter Béatrix Dussane, la grande Mme Dussane. Non pas qu'elle eût un caractère particulièrement ombrageux, mais elle représentait tout de même un tel monument que bien peu osaient même la contredire, sans doute de peur qu'elle ne s'écroulât. Mais

Belmondo, comme ses amis, ne pouvait se retenir de frayer avec le danger, c'est-à-dire de risquer le renvoi.

« Ce que nous faisions, explique Jean-Pierre Marielle, ce n'était pas du chahut, parce que le chahut ne débouche sur rien. C'était une façon de se démarquer d'une sorte d'ordre établi. C'était un refus d'entrer dans un ordre établi. Nous étions dans une école classique mais nous avions une attitude non classique. C'étaient des explosions de jeunesse. Tout ça n'a jamais été organisé, toujours fortuit. Quand on faisait les cons dans les rues, ça faisait aussi partie du travail de l'acteur, c'étaient des improvisations ! »

L'une des grandes occasions pour Jean-Paul de « faire le con » lui était donnée quotidiennement sur le chemin de la cantine de l'Opéra. Les élèves du Conservatoire bénéficiaient, en effet, de l'autorisation de se sustenter dans cette cantine où ils retrouvaient essentiellement les petits rats. Là, sur les grandes tables, les frondeurs du Conservatoire parlaient de tout et de rien, prenant, parfois, des décisions fondamentales.

« C'est Belmondo qui a trouvé mon nom de scène, remarque Françoise Brion. Mon vrai nom est de Ribon. Un jour, à la cantine de l'Opéra, il m'a dit : ''Laisse tomber le *de* parce que ça fait aristocrate. Et il faut que ton nom commence par un B. B comme Bogart, Bacall et... Belmondo !'' C'est comme ça qu'il a trouvé Brion. »

Mais la cantine de l'Opéra était plus souvent le cadre de chahuts voire, presque, d'émeutes. Ainsi, un jour, Jean-Paul Belmondo et Dominique Rozan eurent maille à partir avec la caissière de l'endroit qui, selon eux, ne leur avait pas rendu leur monnaie. Le ton monta et, à grand renfort d'exclamations, les deux amis vidèrent leurs plats de lentilles dans la caisse de l'inflexible femme !

Le midi, donc, la joyeuse bande marchait vers la cantine, ce qui donnait inévitablement lieu à des blagues.

« C'était l'époque où l'on portait beaucoup de mocassins, se souvient Henri Poirier, et Jean-Paul s'amusait à perdre une chaussure dans la rue en marchant. Et il faisait celui qui ne s'en apercevait pas. Il y avait toujours des tas de gens qui couraient après lui et lui criaient : ''Monsieur, votre chaussure !'' Et lui disait : ''Mais elle n'est pas à moi ! — Mais enfin, monsieur, vous voyez bien que nous n'avez qu'une chaussure ! — Et alors, si ça m'amuse de me balader comme ça !...'' Il y avait aussi un restaurant avec une porte tournante. Nous nous arrangions toujours pour nous mettre à deux à l'intérieur et deux à l'extérieur, et nous poussions chacun dans des sens différents. Ce qui fait que nous bloquions toujours plusieurs personnes dans la porte.

Et, en plus, nous nous engueulions à travers la porte. Puis, tout à coup, nous lâchions tout...

« Jean-Paul avait aussi une spécialité : il faisait le débile mental. Il avait une admiration profonde pour Michel Simon, alors il se faisait un peu la tronche de Michel Simon. Il marchait les pieds en dedans et s'approchait d'un kiosque à journaux — nous les avons tous faits les kiosques ! La vendeuse disait : ''Qu'est-ce que tu veux, mon petit ?'' Alors lui avait les yeux qui roulaient et il disait : ''Vous n'auriez pas des revues... pornographiques ?'' Et la bonne femme : ''Va-t'en ! Va-t'en !... Tu n'as pas honte à ton âge ?...'' »

Parmi les blagues favorites de Jean-Paul, l'une consistait à organiser de fausses bagarres de rue avec un ami, le plus souvent Jean-Pierre Marielle ou Bruno Cremer. Les deux hommes, sous un prétexte futile, en venaient très rapidement aux mains. L'un d'eux, après un coup censé être d'une rare violence, se pliait de douleur et tombait à terre dans des râles insoutenables. Les passants s'amoncelaient alors jusqu'à former une foule compacte qui ne pouvait s'empêcher d'insulter l'auteur des coups. Alors le faux blessé se relevait d'un bond et dévoilait la supercherie qui, rarement du goût des badauds, les forçait à prendre prestement la poudre d'escampette. Il y avait des variantes :

« Nous nous baladions tous les deux avec Belmondo, raconte Marielle, et Cremer arrivait en hurlant : ''Tu m'as pris ma femme, salaud !'' et il commençait à se battre avec Belmondo qui faisait des sauts, des galipettes, c'était une boule de caoutchouc. Il y avait alors cent cinquante personnes autour, les gens cassaient la vitre pour appeler Police Secours. Quand les flics arrivaient, Belmondo disparaissait. Alors ils demandaient à Cremer ce qui s'était passé et lui répondait : ''Rattrapez-le, il s'est enfui !'' Et les flics se répandaient dans tout le quartier pour chercher un Belmondo qu'ils ne retrouvaient jamais. »

Autre variante :

« Je me souviens qu'un jour deux élèves sont venus au Conservatoire en voiture, dit René Camoin. Pour aller manger à la cantine de l'Opéra, nous avons décidé de monter à une dizaine par voiture. Au carrefour Richelieu-Drouot, je ne sais pas ce qui s'est passé exactement, mais toujours est-il que les deux voitures se sont légèrement heurtées. Aussitôt, nous sommes tous descendus des deux véhicules et nous avons fait mine de nous casser la figure. Les trottoirs étaient remplis de monde. Lorsque les flics sont arrivés, nous sommes tous remontés dans les voitures et vite repartis. »

Dans le lot inépuisable des folies de Belmondo, l'une des plus dangereuses consistait à se précipiter dans les poteaux de sens interdit et tourner autour jambes tendues en se laissant descendre jusqu'au sol dans un tourniquet infernal. Une fois Marielle tenta de l'imiter et, de son propre aveu, faillit se tuer ! Ce même Marielle, d'ailleurs, n'était jamais le dernier à faire des blagues. Ainsi il avait pris pour habitude, entre autres, de traverser la terrasse du café Le Mabillon et, en passant, de vider les demis des clients lisant leurs journaux. Lorsque ceux-ci quittaient leur lecture, ils retrouvaient un verre bizarrement vide !... Toujours dans ces rues qui menaient ou ramenaient la bande à la cantine, Belmondo adorait se faire passer pour un débile mental, le béret enfoncé jusqu'aux yeux, tenant Marielle par la main. Les deux amis marchaient tranquillement tandis que sur le trottoir d'en face toute la bande observait la scène avec délectation. Marielle arrêtait une vieille dame et lui demandait gentiment de bien vouloir garder Belmondo pendant qu'il allait faire une course. Touché par l'état du jeune débile, la passante acceptait et Jean-Pierre disparaissait. Jean-Paul commençait alors toute une série d'idioties qui allaient en s'amplifiant et qui se terminaient inévitablement par un : « Pipi, pipi ! » qui plaçait la vieille dame dans le plus grand embarras. Et tous les copains du Conservatoire de se tenir les côtes de rire sur le trottoir d'en face... La blague du débile donna également lieu à une anecdote absolument délirante qui entra résolument dans les annales de ce groupe d'amis comme la plus grande folie jamais improvisée. Elle eut pour auteurs Jean-Paul Belmondo et Jean-Pierre Marielle.

« Je promenais Belmondo en le tenant par la main, raconte ce dernier, et lui avait des crises de tics comme si c'était un débile. Les gens s'attroupaient en disant : "Oh ! le pauvre enfant, le pauvre gosse." Moi je leur répondais : "Ça vous amuse de regarder mon petit frère malade." Et les gens me disaient : "Non, non, excusez-nous !..." Je le traînais donc dans la rue, il faisait des grimaces, il laissait traîner sa jambe tandis que les copains étaient sur le trottoir d'en face, d'où ils nous regardaient faire les andouilles. Or nous sommes arrivés devant La Maxéville qui était un grand restaurant avec un orchestre de dames jouant du violon habillées de spencers rouges. Les clients mangeaient des choucroutes sur des tables équipées de petites lumières pour réchauffer les plats. Nous sommes entrés là et le garçon me dit : "Non, non". Je dis : "Quoi, non, non ? C'est parce que mon petit frère est malade que vous ne voulez pas nous laisser entrer ?" Il répond : "Je vous en prie, sortez !" Et à ce moment-là Belmondo m'a échappé. Je l'ai vu sauter sur les tables et foutre des coups de pied dans les plats de choucroute. En quelques minutes, il a mis tout ce restaurant immense à feu et à sang, tout seul. Les trucs volaient, l'orchestre s'est arrêté, les gens s'affolaient.

Les garçons lui couraient après, mais il était tellement souple qu'il passait sous les tables, sous les banquettes. Bref, ils ne l'ont pas attrapé. Moi, je me suis mis dans un coin pour regarder le spectacle. Un garçon est venu m'attraper par le col, je lui ai dit : "Je n'y peux rien, c'est mon petit frère qui est malade, il est en pleine crise." Finalement, Jean-Paul s'est sauvé du restaurant avec tous les garçons à ses trousses. Ils ont couru sur tout le boulevard Poissonnière puis Jean-Paul a disparu au coin de la rue où se trouvait le Golf Drouot. Là il s'est éclipsé. Les garçons sont donc revenus sans lui et le restaurant a dû tout arrêter car les clients partaient avec les vêtements pleins de choucroute. Voilà de quoi était capable Belmondo ! »

Le soir, la fine équipe se retrouvait souvent chez Maria Pacôme, qui logeait dans un petit appartement de la rue d'Alembert, non loin de la place Denfert-Rochereau, point de départ des virées nocturnes qui s'achevaient inévitablement à Saint-Germain-des-Prés. A cette époque, Jean-Paul se lia avec une amie du groupe qui répondait au doux nom de Josie Bell. Un jour, durant les vacances d'hiver, les parents de la jeune femme lui confièrent la garde de leur pavillon de banlieue. L'apprenant, Jean-Paul et Claude Brasseur décidèrent aussitôt d'organiser une gigantesque fête. Afin de réchauffer l'atmosphère, Belmondo s'occupa personnellement de la chaudière. Il fit tant et si bien qu'en cours de soirée elle explosa !

Jean-Paul allait de l'appartement d'un ami à un bistrot, d'un bistrot à un atelier, d'un atelier à une brasserie, se déplaçant exclusivement à pied.

« Je n'avais pas de voiture, explique-t-il, alors pendant toute cette époque, j'ai énormément marché. Je rentrais du Conservatoire jusqu'à chez moi à pied puis je repartais toujours à pied, jamais le métro. Ça me faisait de l'exercice. »

C'est à pied que Jean-Paul se rendait à la Cité universitaire pour participer à des matchs de handball et de football fort peu conventionnels.

Bruno Cremer, qui fut l'un des plus redoutables adversaires de Belmondo au handball, se souvient avec amusement de ces moments de folie sportive :

« Je m'amusais beaucoup avec Jean-Paul, parce que je me mettais systématiquement dans l'équipe adverse pour pouvoir lui tirer des buts. Quand j'arrivais face à lui, je le traitais de tous les noms, je lui disais : "Tu es nul" et il me répondait sur le même ton ! Mais il était déjà très agile et faisait des galipettes d'une souplesse extraordinaire. »

Un jour qu'il se préparait à aller jouer au foot, Jean-Paul décida, avec son ami Dominique Rozan, de faire une halte au Monoprix pour acheter une bouteille d'eau de Cologne. Par souci d'économie, ils choisirent la moins chère. Puis ils se rendirent à la Cité et disputèrent leur match. A la fin de celui-ci, sortant de la douche, Belmondo s'aspergea complètement d'eau de Cologne puis reposa la bouteille sur un banc en bois. A son tour Dominique Rozan s'en saisit quelques minutes plus tard. Tout en faisant couler le liquide, il s'aperçut qu'à l'emplacement où avait été posé le récipient sur le banc s'était formée une trace, presque un trou, aussi sûrement que si l'on avait versé de l'acide. Rozan prévint son ami et tous deux se ruèrent sur la douche afin d'éviter que cet étonnant produit ne leur décapât complètement la peau !

En dehors de leurs actes de douce folie, Belmondo et ses amis ne cessaient d'assister à des spectacles, toutes sortes de spectacles. Cela allait du Vél'd'hiv' aux combats de boxe à Colombes, et des grands matchs de foot du Racing aux représentations théâtrales. Dans cette dernière catégorie, tous manifestaient un attachement particulier pour Bobino parce qu'ils étaient tombés un peu amoureux de la présentatrice qui s'appelait Simone Morin, dont l'un des principaux atouts était de terminer ses annonces par un petit mouvement du derrière sur le côté... Dans le même ordre d'idées, ces jeunes hommes aimaient aussi admirer Mony Dalmès au théâtre. « Nous étions, là aussi, sûrement un petit peu amoureux d'elle, confie Pierre Vernier, parce qu'elle était très jolie, très sensuelle, très féminine. »

Le théâtre, en ce début des années 50, était d'une richesse inouïe, avec à la fois de grandes reprises du côté de la Comédie-Française, de fabuleuses créations sur la rive gauche et d'hilarantes comédies sur les boulevards. En fait, Paris vibrait aux sons d'une multitude de spectacles.

« A l'époque où je me trouvais au Conservatoire, déclare Belmondo, j'ai vu Pierre Brasseur dans *Kean* au théâtre Sarah-Bernhardt. J'étais monté tout en haut du théâtre et j'avais été complètement ébloui. Brasseur, je l'avais déjà vu au cinéma, bien sûr, mais sur scène c'était une chose que l'on ne peut pas imaginer. J'étais sorti de là bouleversé. »

Brasseur mais aussi Jules Berry, Michel Simon, Jean Gabin comptaient parmi les personnalités auxquelles Belmondo vouait presque un culte, même si, au sein du Conservatoire, ces personnalités étaient presque considérées comme marginales.

Pratiquement tous les jours, Jean-Paul, le plus souvent accompagné par Jean-Pierre Marielle, allait assister à une représentation théâtrale ou à une projection cinématographique. Assidus de la cinémathèque de l'avenue de Messine, ils y découvrirent *La Règle du jeu* qu'ils virent plusieurs fois. Mais pour ces jeunes du Conservatoire, le cinéma était une distraction, le théâtre était un art.

« Nous rêvions quand même tous plus ou moins de faire du cinéma, souligne Henri Tisot. On se disait : "Si je n'entre pas à la Comédie-Française, pourvu que je puisse faire du cinéma", mais, en définitive, on pensait aussi : "Si je pouvais faire du cinéma, je n'aurais pas à entrer à la Comédie-Française !" Nous savions pertinemment que faire du cinéma c'était réservé à peu de gens et que, peut-être, le Conservatoire ne nous préparait pas spécialement au cinéma parce que le fait de travailler des textes nous donnait un ton qui n'était pas cinéma. Mais le cinéma, tout le monde en rêvait. »

Certains élèves avaient d'ailleurs déjà débuté au cinéma comme Henri Poirier qui, dès 1952, travailla sous la direction de Michelangelo Antonioni... Hormis les salles de spectacle, Belmondo continua de fréquenter avec assiduité la salle de boxe de l'Avia Club où il entraîna ses amis Michel Beaune et Pierre Vernier, car tous trois partageaient le même amour du noble art et se rendaient ensemble aux grandes réunions. Dans la salle de la porte Saint-Martin, les trois compagnons firent de la gymnastique, cognèrent sur des sacs de sable et firent ce qui ne s'appelait pas encore vraiment de la musculation. « Jean-Paul en rit encore, raconte Vernier, parce que j'ai soulevé des tonnes de fonte et je n'ai jamais pris un centimètre de tour de biceps alors que lui avait les bras qui gonflaient ! »

Ainsi se déroulaient la plupart des journées du jeune Jean-Paul. Avec toujours, pour principal moyen de locomotion, les muscles de ses jambes.

« J'habitais une chambre de bonne rue Guénégaud, raconte Marielle, Belmondo habitait rue Victor-Considérant et nous nous retrouvions presque toujours au Bonaparte, c'était notre lieu de rendez-vous ; il y avait aussi une table, toujours la même, à la terrasse des Deux-Magots. Quand arrivait dix-huit heures trente et qu'on était seul, sans copain, on y allait et on était sûr d'y trouver Jean-Paul accoudé au réverbère. S'il n'était pas là, on allait faire un saut au Bonaparte où il jouait à l'appareil à sous. Noëlle, ma femme, habitait boulevard Saint-Germain, elle nous retrouvait là avec Pierre Reynal et d'autres copains. Nous allions tous bouffer dans les petits restaurants grecs, puis nous allions voir un film ou une pièce, et ensuite nous traînions, nous nous baladions. Nous finissions souvent à l'Échaudé. Là, Belmondo me disait : "Je te raccompagne, tu n'es pas loin." Il me raccompagnait rue Guénégaud et je disais : "Je vais te remonter jusqu'à l'Odéon en passant par la rue Dauphine." Arrivés à l'Odéon, nous étions à côté du Luxembourg et je lui disais : "Maintenant qu'on est à deux pas, on va boire un coup à la Coupole." Nous buvions donc un verre à la Coupole et puis il me disait : "Je te ramène au Bonaparte." Il m'y emmenait et, là, il disait : "Je te ramène rue Guénégaud." Et quand nous arrivions rue Guénégaud, il me disait : "Tiens, on va faire un saut à Saint-Michel." Et puis ça continuait comme ça jusqu'à quatre heures du matin ! »

Les deux amis aimaient marcher dans les rues de Paris, n'hésitant pas, par exemple, à entrer dans un immeuble si celui-ci les attirait. Lorsqu'ils ne dînaient pas à l'Échaudé ni chez Julien, près du Conservatoire, ni dans une brasserie proche, le fait que Belmondo fût le fils d'un sculpteur célèbre leur favorisait certaines entrées. Tel fut particulièrement le cas chez Lipp.

A Saint-Germain, Jean-Paul fréquenta moult personnalités de tous styles, croisant au hasard de ses pérégrinations Adamov, Ionesco, Blin, Vian et bien d'autres, mais aussi un grand nombre de jeunes sculpteurs, rencontrés dans l'atelier de son père, qui fréquentaient essentiellement la rue Saint-Benoît. En ces années 50, Saint-Germain-des-Prés continuait à vivre ses dernières grandes heures. André Breton fréquentait encore les Deux-Magots, la Rose rouge attirait encore du monde et Giacometti buvait toujours ses verres à la Coupole de plus en plus désertée.

« Nous avons rencontré des gens qui nous ont beaucoup influencés, Belmondo et moi, continue Jean-Pierre Marielle. En particulier un homme très cultivé, un danseur qui s'appelait Pierre Reynal. C'était un ami de Camus, de Béjart, de Casarès et de Dominique Blanchar. Il nous a beaucoup apporté intellectuellement. Il avait une dizaine d'années de plus que nous et il connaissait admirablement le théâtre. Il s'était attaché à nous en nous voyant au Conservatoire. Nous étions très proches des poètes, de la littérature, nous étions quelques-uns à lire beaucoup. Belmondo et moi avons passé une grande partie de notre jeunesse dans les caves de Saint-Germain-des-Prés à écouter du jazz. Nous avons été baignés dans la fin de Saint-Germain-des-Prés, sans être intégrés dans le monde de la Rive gauche. »

Dans ce Saint-Germain-des-Prés d'une étonnante richesse, Jean-Paul rencontra, en mars 1953, rue Saint-Benoît, une jeune et belle danseuse professionnelle travaillant dans un ballet qui effectuait de nombreuses tournées à l'étranger. Comparativement à Jean-Paul et à ses amis, elle faisait presque figure de privilégiée puisque percevant un cachet régulier. Amateur du monde du spectacle, elle se lia à la bande du Conservatoire qui écumait joyeusement Saint-Germain-des-Prés. Elle fréquentait ces joyeux lurons dès que son temps libre le lui permettait, participant à bien des chahuts. Elle se nommait Renée

Constant et sympathisa très vite avec l'élève du Conservatoire qu'était Belmondo. Six ans plus tard, Jean-Paul épousait Renée qu'il avait entre-temps rebaptisée « Élodie ».

« J'aimais beaucoup une pièce de Tristan Bernard qui s'appelait *L'Ardent Artilleur*, explique Jean-Paul. Or dans cette pièce, à un moment donné, le personnage masculin appelait une jeune femme Élodie. Elle lui répondait : ''Mais je ne m'appelle pas Élodie !'' et lui disait : ''Ça ne fait rien parce que la femme de mes rêves s'appelle Élodie !'' Alors, en référence à cette pièce, je l'ai surnommée Élodie et ça lui est resté. »

Entre eux, ce ne fut pas le coup de foudre mais une amitié qui se consolida avec le temps et se transforma, lentement, sans que personne ne s'en rendît vraiment compte, en un amour sincère et profond.

6

LA FRÉNÉSIE DU JEU

En octobre 1953 sonna l'heure de la rentrée estudiantine. Tout en continuant d'apparaître dans *La Reine blanche*, Belmondo retrouva le Conservatoire... et la classe de Pierre Dux. Il fallait vraiment une raison capitale, c'est-à-dire une incompatibilité d'humeur flagrante, pour réclamer un changement de professeur mais, dans la pratique, personne n'avait jamais osé avancer une telle raison. D'autant que les professeurs, entre lesquels régnait une certaine rivalité, n'aimaient guère récupérer les élèves de leurs collègues. Ainsi Belmondo dut supporter Dux et vice versa.

« Il était impossible de changer de professeur, explique Jean-Paul, il fallait subir. Et je l'ai subi pendant quatre ans jusqu'à ce qu'il donne sa démission. Je n'avais pas le choix ! Ça n'était pas vraiment dur puisque je chahutais, je m'amusais, je m'en foutais. Il me disait que j'étais nul mais ça ne me frappait pas. En plus, je trouve que Dux est devenu très très bon sur ses vieux jours, mais avant cela, bien qu'étant un excellent acteur, il restait un peu froid, très technique. Plus tard, il a trouvé une grande humanité. Il me l'a d'ailleurs dit, après : ''Je ne vous ai pas compris.'' On ne peut pas en vouloir à quelqu'un de ne pas vous comprendre. Ça n'était pas agréable comme situation mais on ne peut pas dire que j'en souffrais. »

Le maître et l'élève, bien que se tenant à mille lieues l'un de l'autre, ne conservèrent aucune rancune de cette période. Une fois le temps ayant rempli son office salvateur, Dux fit honnêtement son *mea culpa*.

« Je me souviens d'avoir vu Pierre Dux beaucoup plus tard, rapporte Henri-Jacques Huet, au moment où il jouait *Hélène ou la joie de vivre* d'André Roussin, avec Sophie Desmarets. J'étais invité à un cocktail et je vis Dux. Je lui avais demandé s'il se souvenait de moi.

''Si je me souviens de vous ? Bien sûr, me dit-il, vous étiez l'un des plus modernes avec Jean-Paul Belmondo.'' Et je lui dis : ''Justement, je voulais vous en parler !'' Il m'a répondu : ''Eh bien, celui-là, s'il pouvait me faire travailler actuellement, ça me ferait bien plaisir !''... »

« Nous avons eu des heurts, lui et moi, conclut Belmondo, mais Pierre Dux m'a appris beaucoup de choses dont je me sers encore aujourd'hui, essentiellement des choses techniques. »

Dès le début de cette nouvelle année scolaire, Jean-Paul sympathisa rapidement avec de nouveaux venus parmi les élèves récemment admis, dont Henri Tisot qui se souvient de la sympathie naturelle que Belmondo déployait vis-à-vis de tout le monde.

Le comportement débordant du fils du sculpteur ne changea pas d'un iota. Ainsi, un matin, il débarqua au Conservatoire en pyjama, prétextant s'être réveillé à la dernière minute et ne pas avoir eu le temps de s'habiller ! Les relations avec Dux ne subirent aucune modification. Le professeur ne parvenait toujours pas à comprendre son élève et alla même jusqu'à lui dire qu'il ne pourrait faire carrière sous le patronyme de Jean-Paul Belmondo, car ces seize lettres occuperaient beaucoup trop d'espace sur une affiche de théâtre ! » « Pierre Dux » était effectivement beaucoup plus court.

Au cours de cette année scolaire, les élèves du Conservatoire apprirent, pour leur plus grande joie, que Jean Vilar, qu'ils vénéraient, désirait auditionner certains jeunes talents nommément désignés pour son illustrissime TNP. Belmondo, lui, ne fut pas du lot.

« On ne m'a pas demandé, dit-il, je n'ai donc pas eu à répondre oui ou non ! »

Certains élèves, dont Christiane Minazzoli, Pierre Hatet et Yves Gasc, furent acceptés dans sa troupe. Ils demandèrent au Conservatoire un congé d'un an ou démissionnèrent purement et simplement. En fait, de tels départs de la vénérable école étaient relativement fréquents même si pas toujours volontaires. Si Evelyne Ker partit jouer *Gigi* au théâtre avec la bénédiction du Conservatoire, Pierre Vaneck fut remercié froidement lorsqu'il alla monter *Sud* de Julien Green.

Dans cet univers de travail et de recherche de rôles, Jean-Paul n'avait rien perdu de son indécrottable sens de l'humour. Parmi les blagues favorites qu'il mit au point avec Jean-Pierre Marielle, l'une consistait à s'enfermer dans le bureau du directeur Paul Abram et à placer sur la porte un écriteau ainsi libellé : « Ne pas déranger. En conférence. »

Quelquefois, ils s'enfermaient avec une élève du Conservatoire à qui ils menaçaient de faire subir les derniers outrages. La jeune fille hurlait à pleins poumons, créant une sorte de panique dans l'établissement, pour le plus grand plaisir des deux blagueurs !

Mais Jean-Paul ne se contentait pas de faire rire, il voulait jouer, affronter le public, combattre le trac et aussi s'amuser sur scène. Or, durant l'année scolaire 1953-1954, il put assouvir sa rage de rôles grâce à deux anciens élèves du Conservatoire, récemment entrés à la Comédie-Française : Michel Galabru et Annie Girardot. Tous deux, en effet, organisèrent des tournées théâtrales auxquelles Belmondo prêta son concours.

« J'étais déjà jeune pensionnaire au Français, confirme Galabru. Je cherchais des éléments pour monter une tournée et j'ai dit aux types qui faisaient de la figuration au Français : ''Envoyez-moi l'élève qui a le plus de cote au Conservatoire.'' Alors ils m'ont demandé : ''La cote des professeurs ou celle des élèves ?'' J'ai répondu : ''Des élèves !'' Ils m'ont dit : ''Alors, c'est Belmondo !'' Je ne le connaissais pas du tout. On me l'a envoyé et j'ai vu arriver Belmondo très détendu avec ce beau sourire, toujours optimiste. Il me plaisait bien parce qu'il était un peu comme moi, c'est-à-dire pas de travail sur le texte, on verrait bien... Nous avons monté notamment *Le Médecin malgré lui* et *George Dandin*. La première fois que nous avons joué, c'était à Vitry en patronage. Il y avait Jacqueline Jefford, Jacques Toja, Renée Bir. Nous faisions du délire. Il faut dire qu'on jouait en débridé, c'est-à-dire que nous improvisions beaucoup, quitte à recommencer deux fois la même scène. Nous avons joué aussi *Le commissaire est bon enfant* avec Christian Asse et là, ça devenait n'importe quoi : Belmondo se mettait sous la table, nous nous jetions les dossiers à la figure. Du délire dans la salle. A la fin du spectacle, le curé nous a dit : ''C'est très drôle mais il faudrait diminuer vos prix !'' Nous demandions quatre cents francs, costumes compris ! »

Lorsque Belmondo rencontra Galabru pour la première fois, le jeune pensionnaire de la Comédie-Française lui demanda s'il connaissait le rôle de Lubin dans *George Dandin*. Molière comptant parmi les auteurs les plus étudiés au Conservatoire, Jean-Paul répondit naturellement par l'affirmative. Quelques jours plus tard, le voilà embarqué dans cette étonnante tournée. Le premier soir, chacun se lança dans la représentation de *George Dandin* sans même un embryon de répétition. Pour des « professionnels » de leur acabit, une répétition, parce que totalement inutile, frisait l'insulte. Belmondo déboula donc sur scène au moment prévu et projeta ses tirades avec le culot qui était déjà le sien puis repartit en coulisses. Là, il commença à ôter son costume et le peu de maquillage qu'il avait apposé. Voyant cela, son ami Michel Beaune s'exclama : « Mais qu'est-ce que tu fais ? » Jean-Paul, se demandant pourquoi Michel lui posait une question dont la réponse lui crevait les yeux, répondit sur un ton légèrement condescendant : « Tu le vois bien, je me démaquille ! » Et Beaune interloqué : « Mais tu es fou, tu as encore trois scènes à jouer ! » Au Conservatoire, Jean-Paul n'avait étudié qu'une seule scène de *George Dandin*, la première, et à force de la répéter, il avait fini par oublier que le personnage de Lubin revenait en différents moments de la représentation. Le gros problème était que Belmondo n'avait aucune idée du contenu de ces scènes et encore moins de ses répliques. Qu'à cela ne tienne, Michel Beaune le poussa littéralement face au public et tenta, de la coulisse, de lui souffler, difficilement, quelques bribes de son texte. Belmondo lâcha les rares mots qu'il comprit, les mêlant à un brouillamini qui rendit ses tirades absolument incompréhensibles. Devant lui, Michel Galabru, qui avait saisi la situation au premier coup d'œil, ne se décontenança nullement et continua de réciter son texte comme s'il dialoguait véritablement avec Jean-Paul. Ainsi, après un passage incohérent de ce dernier, Galabru déclara : « Ce que vient de m'apprendre cet homme est étrange ! » Personne dans la salle n'avait pu saisir l'étrangeté de cette nouvelle inaudible ! Au sortir de la représentation, Galabru entra dans une colère noire, retira définitivement le rôle de Lubin à Belmondo et le confia à Pierre Vernier. Dès le lendemain, celui-ci fut victime d'un tel trou de mémoire qu'il se contenta de dire les premiers et les derniers mots de sa réplique.

Sous le nom très ronflant de « tournées », il s'agissait, dans la pratique, plutôt de galas. C'est-à-dire que les élèves du Conservatoire profitaient de congés scolaires, notamment les vacances de Noël et de Pâques, ou d'un congé exceptionnel accordé par leur école pour débarquer dans un bourg, le plus souvent du côté de Barentin, Annouville ou Bénouville. Là, durant trois ou quatre jours, ils donnaient quelques représentations puis repartaient vers Paris. Quelques semaines plus tard, ils revenaient dans le secteur pour de nouveaux galas. Sur le plan logistique, ils bénéficiaient de l'appui de la Comédie-Française qui leur prêtait les costumes. Point de décors, trop compliqués à transporter. Les spectacles étaient le plus souvent présentés dans des salles de classe face à des gamins qui s'en désintéressaient totalement et passaient leur temps à lancer des boulettes de papier. Parfois, les apprentis acteurs jouaient dans des fermes, au milieu des vaches, ou dans des bistrots parmi les clients. A certaines rares occasions, ils bénéficiaient de la salle des fêtes locale. A la fin de la représentation, ou plus précisément de ce qui ressemblait vaguement à une représentation, les demoiselles étaient conviées à dormir chez l'habitant tandis que les messieurs restaient dans les granges pour la nuit. D'autres soirs, la troupe obéissait à une sorte de jeu : une ou deux chambres d'hôtel étaient réservées et, après chaque représentation, les meilleurs démocratiquement désignés bénéficiaient de l'immense privilège d'y dormir. Belmondo regretta de ne pas figurer plus souvent parmi les heureux élus... Rien de bien glorieux, donc, dans ces tournées, mais l'occasion pour les élèves du Conservatoire d'affronter le public. L'occasion aussi de faire un repas pantagruélique, car le jour de leur arrivée les jeunes acteurs étaient invités par les notables locaux dans l'un des meilleurs restaurants de la cité. Tous se ruaient avec avidité sur les mets et arrivaient quasiment ivres à la première représentation.

Afin de soigner leur publicité, ces jeunes acteurs avaient eu la géniale idée de faire imprimer des affiches signalant les titres des pièces ainsi que les noms des interprètes pratiquement tous accompagnés du bandeau « de la Comédie-Française ». Certes, la plupart de ces acteurs étaient ou avaient été stagiaires dans la Maison de Molière mais, étonnamment, le mot « stagiaire » disparut complètement des affiches !... Il ne fallait pas être grand clerc pour remarquer que la majeure partie du temps le public s'ennuyait mortellement à ces représentations classiques. Un soir qu'il jouait *Les Précieuses ridicules*, Jean-Paul se prit malencontreusement les pieds dans le tapis, s'effondrant de tout son long. Cette catastrophe déclencha l'hilarité générale. Alors, tous les soirs, Belmondo fit exprès de tomber, quitte à réitérer cet exploit plusieurs fois dans une même représentation. Certes, cela tournait à la farce, mais avait au moins l'avantage d'être d'une redoutable efficacité.

Lorsqu'il ne participait pas aux « tournées » montées par Michel Galabru, Jean-Paul Belmondo jouait dans celles organisées par Annie Girardot. La différence essentielle entre les deux résidait dans les moyens de transport. Le premier avait réussi à dénicher un autocar, brinquebalant certes, pour emmener sa joyeuse troupe, alors que la seconde ne disposait d'autre recours que de demander à ses amis de l'accompagner à bicyclette ou en train.

« Annie Girardot montait des spectacles classiques à Barentin, ajoute Belmondo. J'ai joué Thomas Diafoirus dans *Le Malade imaginaire*, La Flèche dans *L'Avare*, le valet dans *La Locandiera* de Goldoni et le nègre dans *La Petite Hutte*. Nous jouions parfois des dimanches pendant l'hiver et, après avoir été invités par les notables du bled, nous dormions chez l'habitant. Moi je me couchais dans les draps encore maquillé en nègre en me disant : ''Je prendrai ma douche demain matin.'' Je ne vous raconte pas les dégâts que ça faisait ! »

De retour à Paris, Jean-Paul Belmondo voulait jouer, encore et toujours jouer. Sachant pertinemment qu'il était capable de faire rire des salles entières, il envisagea sérieusement de monter un numéro de cabaret. Une nouvelle fois, il versa dans l'absurde le plus débridé.

« Je présentais un numéro de trapéziste à la Boule blanche à Montparnasse, raconte Belmondo. J'ai été viré au bout de trois soirs ! J'arrivais habillé en athlète, avec un peignoir, sur la scène et je disais : "Je suis le seul capable de faire trois sauts périlleux." J'ôtais mon peignoir et je partais en coulisses. De-là, je parlais à la scène : "Et maintenant, je me prépare. Et hop, un saut périlleux ! Et hop, un deuxième !..." Le directeur m'a demandé de prendre mes cliques et mes claques et ma prestation s'est arrêtée là. J'avais préparé un autre numéro pour la Galerie 55 mais ils n'en ont même pas voulu. En fait, je passais mon temps à répéter des numéros de cabaret. »

Belmondo fréquentait assidûment les cabarets parisiens, notamment les Trois-Baudets où il retrouvait avec plaisir ses amis Jean Rochefort et Hubert Deschamps qui y présentaient un numéro. Dans les coulisses de cet établissement dirigé par Jacques Canetti, Jean-Paul croisa un chanteur à l'accent belge assez prononcé. Peu connu du grand public, il portait le surnom de « l'abbé » en raison de son imperturbable sérieux. Un soir, Belmondo, qui continuait de vouloir caser ses sketchs et les traînait comme un boulet, lia langue avec ce chanteur. Il apprit qu'il se nommait Jacques Brel. Les deux artistes sympathisèrent et, s'ils ne travaillèrent jamais ensemble par la suite, se retrouvèrent toujours, par-delà les années, avec le même plaisir, partageant parfois des repas de gourmets. Lorsque, bien plus tard, Jacques Brel prit goût pour les îles lointaines, Belmondo le retrouva du côté de la Martinique et dîna à différentes reprises à ses côtés sur son bateau...

Pour autant, Jean-Paul n'oublia pas le Conservatoire dans lequel il travaillait quotidiennement. Le jeudi 21 février 1954, parmi d'autres élèves, il vint présenter son savoir face à un jury d'examen. Jean-Paul Belmondo proposa un passage du *Retour imprévu* et décrocha, enfin, la note « Bien ». Il progressait.

Le 20 mars 1954 fut l'occasion pour bien des élèves de présenter un nouvel exercice face au public. La salle du Conservatoire ayant été fermée par décision de la préfecture de police parce qu'elle n'offrait pas des conditions de sécurité suffisantes, le directeur, Paul Abram, crut bien devoir renoncer à ces représentations. Mais Jean-Louis Barrault arriva à la rescousse et influa pour que la salle du Petit Marigny, à peine née des travaux, fût prêtée au Conservatoire. Ainsi, devant deux cent vingt personnes, pour la plupart des parents d'élèves, à côté du *Legs* de Marivaux, Belmondo et Marielle jouèrent *Les Plaideurs* de Racine dans une mise en scène d'Henri Poirier.

« Aux répétitions, se souvient Henri Poirier, tout allait bien mais le premier jour où nous avons joué, ces deux lascars se sont mis à faire n'importe quoi : on les attendait côté cour, ils arrivaient côté jardin ! Sur le coup, j'ai piqué un coup de gueule mais je ne leur en ai pas voulu. »

Grand moment que cette représentation des *Plaideurs*, comme le confirme Jean-Pierre Marielle :

« Ce spectacle était invraisemblable. Belmondo faisait des additions sur scène, il faisait n'importe quoi avec son personnage, il prenait un accent absolument incroyable. Moi, je faisais l'idiot. Ce n'était même plus jouer la comédie, c'était faire l'idiot ! Nous avons eu une critique épouvantable parce que nous avions tellement chargé les rôles, tellement fait les imbéciles, nous avions une telle santé, un tel besoin de nous exprimer que nous avons dépassé le cadre permis. Nous avons fait sauter les verrous. »

L'une des rares journalistes présentes dans la salle n'était autre que Marcelle Capron, critique à *Combat*, le journal d'Albert Camus. Dans son compte rendu de la pièce, elle regretta que Marielle fît le pitre et nota que « Jean-Paul Belmondo est un Petit-Jean bien apprenti : il récite sagement sa leçon [1] ». Cet article, le premier à paraître sur leur jeu, fit le tour de tout le Conservatoire. Aujourd'hui encore tous les intéressés s'en souviennent.

Pendant ce temps, Christine Tsingos, directrice du théâtre de la Gaîté-Montparnasse, et personnalité en vue du monde du théâtre parisien, avait personnellement relié et adapté un ensemble d'œuvres d'Henri Monnier afin de les présenter sous la forme d'une pièce comptant quatorze tableaux et autant de décors intitulée *Crinolines et guillotine*. Monnier, créateur du personnage de M. Prudhomme, est considéré comme un auteur important de l'époque Louis-Philippe. Son humour lui valut, après coup, d'être qualifié par certains de « Sacha Guitry de la Restauration ». Christine Tsingos s'en était donc largement inspirée pour construire un spectacle incisif, qu'elle proposa en mars 1954 et qui ne passa pas inaperçu. Elle eut également l'idée d'inviter deux fantaisistes de Paris Inter où ils tenaient une émission radiophonique fort appréciée : Grégoire et Amédée. Charge leur fut donnée de jouer plusieurs personnages dont ceux de femmes. Quelques mois après la première de la pièce, Grégoire et Amédée s'affirmant indisponibles, Christine Tsingos renouvela sa troupe et confia leurs rôles à deux

1. *Combat* du 23 mars 1954.

élèves du Conservatoire : Jacques Sereys et Jean-Paul Belmondo. Elle connaissait un peu ce dernier pour l'avoir vu dans *La Reine blanche* et avait aussi entendu parler de lui à différentes reprises à Saint-Germain-des-Prés dont elle fréquentait les cercles intellectuels. Mais ce qui joua en faveur de Belmondo fut sans doute moins son talent que son étonnante mémoire. Il possédait déjà la réputation d'être capable d'engranger un texte complexe en quelques jours. Aussi, lorsque Tsingos chercha, presque *in extremis*, des acteurs capables de remplacer ses vedettes au pied levé, elle pensa bien vite à Belmondo. Quant au rôle important tenu par Léo Campion, il fut repris par Jean Martin. Mais la seule véritable « star » de cette troupe fut Arlette Merry, actrice d'une trentaine d'années qui avait participé à plus de quinze films dont *La nuit est mon royaume* avec Jean Gabin.

« C'était une pièce un peu misérabiliste dans le style de Victor Hugo puisque de la même époque, précise Jacques Sereys. Ça se rapprochait aussi de *Mille francs de récompense* et de l'univers de Zola, mais en pire avec des pauvres gens et des concierges bavards. Tsingos nous avait engagés, Jean-Paul et moi, pour jouer deux femmes. C'était très drôle parce qu'il fallait qu'on tricote ! Moi, je savais très bien tricoter parce que pendant la guerre j'avais dû tricoter à partir de vieux pulls qu'on avait défaits et reteints, mais Jean-Paul, lui, ne savait absolument pas tricoter et j'ai dû lui apprendre. »

La Gaîté-Montparnasse souffrait alors de la proximité du Casino Montparnasse, haut lieu parisien où des danseuses fort dévêtues exhibaient leurs atours non sans fierté.

« La rue de la Gaîté était encore vraiment la rue de la Gaîté, rappelle Belmondo, avec Bobino qui marchait très fort, des bals, le Casino Montparnasse où il y avait des petites femmes nues. Nous, donc, nous jouions *Crinolines et guillotine* à deux pas de là. Alors le samedi soir, quand les gens ne pouvaient pas entrer au Casino parce qu'il était complet, ils voyaient le titre de la pièce avec *Crinolines* et pensaient qu'ils allaient voir de la fesse. Ils entraient et voyaient deux idiots déguisés en bonnes femmes ! »

La venue de Jean-Paul à la Gaîté-Montparnasse imprima une nouvelle tendance à sa carrière naissante. En effet, Christine Tsingos était, à juste titre, considérée comme l'un des piliers du théâtre d'avant-garde de cette époque, regroupé sous le vocable générique de « Théâtre de la Rive gauche ». Bien loin de la Comédie-Française qui continuait de présenter avec faste les classiques du répertoire, les établissements de la Rive gauche osaient se lancer dans des aventures entièrement neuves, défendant une foule d'auteurs méconnus et offrant des manières de jouer complètement inhabituelles. L'influence de Saint-Germain-des-Prés, symbolisée par un Boris Vian à l'humour iconoclaste, se faisait fréquemment sentir dans ces spectacles qui attiraient un public ravi de découvrir « autre chose ». La Rive gauche, le TNP de Jean Vilar au palais de Chaillot, la compagnie Grenier-Hussenot, tout cela bousculait les assises du théâtre traditionnel, au grand plaisir de la plupart des jeunes du Conservatoire.

L'émergence de la Rive gauche divisa le Conservatoire. Officiellement et pratiquement, cet établissement avait pour but essentiel, pour ne pas dire unique, de former les élèves en vue de la Comédie-Française. Au moment de leur entrée dans l'école, les élèves signaient obligatoirement un contrat par lequel ils acceptaient tout engagement de la Comédie-Française. L'article 25 du règlement de l'école était on ne peut plus clair : « Chaque année, à la suite de l'examen d'avril-mai, dix élèves parmi ceux terminant leur deuxième année seront engagés comme stagiaires à la Comédie-Française et ne pourront s'y refuser, conformément à l'engagement qu'ils ont signé en se présentant au Conservatoire. » Le Théâtre-Français pouvait, selon une sorte de droit de préemption, utiliser qui il voulait, comme il le voulait, quand il le voulait. Au cas où, pour une raison ou une autre, un élève refusait d'entrer dans la Maison de Molière, il devait payer un dédit de quatre cent mille francs, somme astronomique. Si beaucoup des jeunes acteurs du Conservatoire souhaitaient un engagement au Français, même en tant que stagiaires, c'est-à-dire pratiquement figurants, quelques rares envisageaient une telle possibilité avec effroi. Ainsi Jean Rochefort songea à contracter un prêt en vue de payer, éventuellement, ce fameux dédit.

En fait, tout ce qui se passait sur la Rive gauche n'était nullement pris en compte au Conservatoire. La plupart des élèves se trouvaient, de la sorte, face à une alternative difficile pour certains : rêver des luxes et des lambris de la Comédie-Française ou se lancer dans l'aventure d'un jeune théâtre en pleine explosion ?

Belmondo, pour sa part, avait déjà mis un pied sur la Rive gauche en participant à *Gloriana sera vengée* au théâtre de la Huchette. Avec *Crinolines et guillotine*, il sembla confirmer son envie de s'associer à des théâtres plus novateurs. Mais, dans cette lutte qui opposait la Rive gauche à la Comédie-Française — certains parlaient des Modernes et des Anciens —, Jean-Paul Belmondo, contrairement à son ami Jean Rochefort, se refusa à effectuer un choix drastique et définitif. Si, fondamentalement, il conservait l'envie d'entrer dans la Maison de Molière, il sentait, hélas, qu'une telle proposition ne lui serait jamais faite. D'autre part, par son exubérance, il se sentait plus proche de la mentalité des jeunes théâtres.

« A la Rive gauche, témoigne Belmondo, je me suis énormément amusé. Ce sont des souvenirs de fêtes, de javas, nous étions toute une bande qui se répandait beaucoup dans Montparnasse. A cette époque-là, pour moi, le théâtre c'était ces théâtres-là. Il y avait le théâtre Babylone, le théâtre de Michel de Ré au Quartier latin, les Noctambules, la Huchette. Ça bougeait beaucoup. C'étaient des groupes importants qui étaient un peu marginaux. C'étaient des trucs un peu en retrait. Ce n'étaient pas des théâtres rénovés, c'était vraiment le théâtre de l'aventure. Je pense que si j'avais pu je serais resté sur la Rive gauche. Je regardais la Comédie-Française avec admiration, bien sûr, puisqu'il y avait des acteurs extraordinaires, mais je n'envisageais pas qu'on m'appellerait un jour là-bas. »

En attendant de nouveaux engagements sur la Rive gauche et en continuant de caresser le secret espoir d'entrer à la Comédie-Française, Jean-Paul continua de se dépenser sans compter au Conservatoire. Mais 1954 se révéla, en ce sens, un mois important pour les élèves de deuxième année. Deux examens y figuraient, dont le très convoité examen en vue du concours public qui décidait si les élèves pouvaient participer aux épreuves de fin d'année. Ces dernières, primordiales, leur permettaient de décrocher un prix et, par voie de conséquence, un engagement à la Comédie-Française qui se réservait pratiquement automatiquement les premiers prix et quelques rares seconds prix. L'admission à concourir en fin d'année n'était nullement gagnée d'avance, et tout le monde se souvenait de l'immense douleur qu'avait été celle de Jean Rochefort lorsqu'il se vit refuser la possibilité de concourir. Sa déception fut telle qu'il s'était posé des questions sur son avenir d'acteur. Afin de mettre tous les atouts de son côté, Jean-Paul choisit, pour l'épreuve de Comédie classique, son personnage de théâtre favori : Scapin. Puis, dans la catégorie Comédie moderne, il porta son choix sur Clotaire de *Jean de la lune*, en hommage à Michel Simon, qu'il admirait et imitait à la perfection. Dans les deux cas, l'élève sut séduire les jurés et repartit avec le droit de participer au concours final. Jean-Paul, pas fou, n'avait rien présenté dans le domaine de la tragédie. Restaient deux mois à attendre avant le verdict ultime…

Entre-temps survint l'examen de littérature organisé par le professeur Philippe Van Tieghem. Cette épreuve déplaisait à la plupart des élèves qui estimaient être là pour apprendre à jouer, pas pour relire tous les grands romanciers, ni évoquer l'histoire du théâtre et l'importance de celui-ci dans la société au fil des siècles. Certains, et plus précisément certaines, firent parfois montre d'une inculture quelque peu inquiétante. Lors d'un examen, une candidate se révéla dans l'incapacité totale de répondre aux questions y compris les plus simples. Pour l'aider, l'examinateur lui demanda : « Dans quelle pièce est mort Molière ? » Silence de mort. La jeune fille resta bouche bée. Le professeur suggéra alors : « Ce ne serait pas dans *Le Malade imaginaire* ? » Et l'élève de répondre : « Oh, non ! » Alors le maître ajouta : « Bien sûr, ça se saurait !... »

Dans le lot des « j'men-foutistes », Belmondo figurait en bonne place et nul ne fut surpris d'apprendre que cette année-là il écopa de la note « Très Mal », la pire.

« Van Tieghem était formidable, remarque Belmondo, parce qu'un jour, au cours de littérature, alors que je lisais *L'Équipe*, dans le fond, comme d'habitude — ce qui l'atterrait —, il parlait de *Chatterton*, la pièce. Et il m'a interrogé : ''Qu'est-ce que ça évoque pour vous *Chatterton* ?'' Et j'ai répondu : ''C'est ce qu'on met autour des guidons de vélo !'' Il a cru que je disais ça sérieusement et il m'a foutu à la porte... C'est vrai que les cours de littérature, personne ne les prenait au sérieux. Nous venions pour être acteur et nous nous disions : ''Merde, l'école va recommencer''. »

A tous les cours de littérature, Jean-Paul se réfugiait derrière une mauvaise volonté évidente. De là naquit une réputation de cancre qui enveloppa toutes ses études et le poursuivit bien des années après. Réputation entièrement usurpée car, si pendant la journée il affichait un désir malin de passer pour un fainéant et un inculte, arrivé chez lui, il se plongeait dans les textes des pièces et des poèmes, et travaillait ainsi sa diction, sa voix, son jeu, ses intonations. Jean-Paul appliquait à la lettre un principe en vigueur chez les Belmondo : « Pas de réussite sans travail. »

En dehors des cours, Jean-Paul ne cessait de se lancer dans une « chasse aux rôles » absolument effrénée. Comme la plupart de ses camarades de Conservatoire, il était avide de se produire sur scène mais décrocher un emploi n'était pas tâche aisée.

« Il y avait comme une sorte de téléphone arabe à l'époque, souligne-t-il, nous savions toujours ce qui se passait partout. Nous savions que mardi il y avait une audition à tel endroit, jeudi ailleurs. Alors tout ce que la place de Paris comptait comme acteurs sans emploi arrivait à l'audition. Parfois, nous étions plus de deux cents ! Je me souviens d'une audition qui avait lieu au théâtre des Arts. Nous étions deux cents types à venir pour un rôle de jeune homme. Il y avait de tout là-dedans, même des vieillards ! Donc chacun passait son audition, lisait son truc sur scène pendant cinq minutes et puis après c'était ''oui'' ou c'était ''non''. Pour moi, c'était souvent ''non'' parce que je lisais très mal. Vous savez, vous avez des acteurs qui lisent très bien d'entrée et qui ne jouent pas forcément bien. Mais moi, je fais partie des gens qui lisent très mal. Quand j'arrivais, je lisais et rapidement on me disait : ''Bon, ça va, revenez plus tard !...'' »

Parmi les nombreuses auditions auxquelles se présenta Jean-Paul se trouva la reprise de *Clérambard*, de Marcel Aymé, à la Comédie des Champs-Elysées. Reprise fixée au 5 mai 1954, pour laquelle Belmondo partait parmi les favoris. Face à lui, Jacques Ciron. Autant Belmondo devint le candidat favori du directeur du théâtre, autant Ciron fut celui d'Aymé lui-même. Le choix fut âpre et on envisagea même de confier le rôle, en alternance, aux deux jeunes acteurs. Puis, au dernier moment, un candidat se présenta. Il rafla tous les suffrages et obtint le rôle. Il se nommait Jacques Duby.

Ce « téléphone arabe » permit toutefois à Jean-Paul Belmondo et à son ami Michel Beaune de décrocher de minuscules emplois à la radio. Léon Ruth organisait des pièces radiophoniques et recherchait de jeunes talents. A cette époque, les emplois à la radio se trouvaient soumis à une hiérarchie très stricte : quatrième rôle, troisième rôle, deuxième rôle, premier rôle et hors classe. Lorsque Ruth vit Belmondo pour la première fois, il lui assura qu'il se retrouverait prochainement dans les remiers rôles. Mais quoi que fît le jeune acteur, il demeura obstinément en bas de tableau, ce qui ne le préoccupa pas outre mesure.

Le 6 juillet 1954 débuta le très attendu concours public de fin d'année, au cours duquel les élèves admis à concourir allaient être jugés. Ce jour était celui de la Comédie classique. Jean-Paul présenta Thomas dans une scène du *Malade imaginaire*. Au moment des délibérations, un membre du jury vota pour lui accorder un premier accessit et deux jurés pour un deuxième accessit. C'était largement insuffisant, puisqu'il fallait au moins huit voix pour décrocher une récompense. Belmondo n'obtint donc rien, mais il put se consoler en apprenant qu'aucun prix ne fut décerné ce jour-là. Le lendemain eut lieu l'épreuve de Comédie moderne. Sous ce vocable se cachait une notion un peu floue car, aux yeux des professeurs, le moderne s'arrêtait à Édouard Bourdet. Or, Jean-Paul poussa les barrières un peu plus loin en interprétant du Marcel Achard : Clotaire de *Jean de la lune*. Cette fois, deux membres du jury votèrent pour lui accorder un premier accessit. Mais cela restait toujours insuffisant. L'élève repartit sans rien et découvrit qu'une nouvelle fois aucun prix ne fut décerné. Les élèves étaient-ils tous si mauvais ou déjà se créait-il une cassure entre le jeu des jeunes et les théories des aînés ?…

Quelques semaines plus tard, grâce à son ami Maurice Baquet, Jean-Paul signa l'un des engagements les plus étonnants de toute sa carrière : une opérette ! *Andalousie* de Francis Lopez avait été créée en 1947 par Luis Mariano, mais, pour cette reprise de l'été 1954, Mariano fut emplacé par Rudy Hirigoyen. Jean-Paul y tint deux rôles fort dissemblables : un danseur espagnol et un curé. Sa tâche, essentiellement, était de déclencher les rires. Or, pour son plus grand plaisir, il constata que chaque soir les spectateurs s'esclaffaient dès son entrée en scène. Alors, au fur et à mesure des représentations, comme galvanisé, il en « rajoutait », multipliant les grimaces et tentant de transformer son curé en pitre. Un soir, agacé, le metteur en scène le prit à part et lui expliqua : « Vous savez, ce n'est pas vous qui faites rire, c'est le costume ! » Le lendemain, Jean-Paul pénétra sur la scène sobre comme un chameau, sans aucun effet, et entendit les mêmes rires. Une grande leçon d'humilité…

Mais cette *Andalousie* posa d'autres problèmes à Jean-Paul. En différents points du spectacle, il devait chanter et danser en groupe, ce qu'il se sentait incapable de faire. Alors, discrètement il se reculait vers le fond de la scène afin d'être caché par ses partenaires, faisait mine de danser et remuait les lèvres sans qu'aucun son n'en sortît. La supercherie fut très rapidement découverte, ce qui lui valut une cascade de nouveaux reproches de la part du metteur en scène qui finit par le limoger.

Décidément, Jean-Paul n'avait guère de chances avec ses prestations théâtrales. Il espérait bien en avoir plus du côté du Conservatoire, et ce fut relativement confiant qu'il retrouva Pierre Dux en octobre 1954 pour une troisième année en tant qu'élève. Comme à chaque rentrée, le Conservatoire vit son lot de petits nouveaux arriver. Chez Dux débarquèrent deux jeunes talents qui s'étaient connus au cours de Raymond Girard. L'un, âgé de dix-huit ans, était le fils d'un comédien célèbre, l'autre terminait ses dix-sept ans mais avait déjà roulé sa bosse dans des conditions difficiles. Claude Brasseur et Sophie Daumier — qui avait préféré ce pseudonyme plus clinquant à son véritable nom, Élisabeth Hugon — sympathisèrent immédiatement avec Jean-Paul Belmondo et, par son entremise, avec tous ses amis du Conservatoire. Alors que Paul Belmondo et Pierre Brasseur entretenaient des relations amicales depuis leur rencontre aux Beaux-Arts, leurs fils ne se connaissaient absolument pas et, même, n'avaient jamais entendu parler l'un de l'autre.

« J'étais au cours Raymond Girard, raconte Claude Brasseur. J'ai préparé mon concours d'entrée au Conservatoire et, coup de bol, j'ai été reçu du premier coup. Dans chaque cours d'art dramatique, lorsqu'un élève était reçu, il était d'usage d'organiser une petite fête autour d'un verre de mousseux et de petits fours. Il y a donc eu une petite fiesta au cours Girard pour les deux ou trois élèves reçus. Je me souviendrai toute ma vie que tous les élèves et tous les invités à ce cocktail m'ont dit : "Ah, tu vas voir, au Conservatoire, tu vas rencontrer un mec extraordinaire qui s'appelle Belmondo. Il est incroyable ! Il est comme ci, il fait ça. Etc." A la longue cela a commencé à m'agacer. Je répondis : "Je verrai quoi ? Qu'est-ce qu'il a de plus que les autres, ce Belmondo ?" Là-dessus, je suis arrivé au Conservatoire. Le premier jour, j'avais tout de même un peu le trac parce que j'étais impressionné. Devant le Conservatoire, il y avait un attroupement autour d'un type qui faisait le clown au milieu de la rue. Et c'était Jean-Paul ! Effectivement, au Conservatoire j'ai découvert en lui un élève pas comme les autres et nous ne nous sommes plus quittés. Ceci pour dire que Jean-Paul a toujours été une vedette même à cette époque où il était "inconnu". »

Pourtant, ni Brasseur ni Daumier ne firent de vieux os au Conservatoire. Claude fut happé par les planches et joua *Judas* de Marcel Pagnol au théâtre de Paris face à Raymond Pellegrin. Quant à Sophie, ayant trouvé une oreille attentive en Pierre Dux, étonné par toutes les aventures qu'elle avait traversées, elle bénéficia vite du soutien du maître qui la fit engager dans *Cyrano de Bergerac* puis, plus tard, l'entraîna avec lui dans le succès de *Patate*.

Belmondo, lui, continuait sur sa lancée. Pour beaucoup, la troisième année de présence en ces lieux constitue la dernière ligne droite. Si, lors des concours publics de juillet, on avait la chance de décrocher un prix, on pouvait espérer un engagement à la Comédie-Française ou, même sans prix, dans d'autres troupes comme le TNP. Dans la plupart des cas, donc, les élèves, au terme de cette troisième année, quittaient le costume estudiantin pour entrer de plain-pied dans le professionnalisme. Jean-Paul Belmondo, lui, n'acceptait de quitter le Conservatoire qu'un prix en poche, il s'affirmait même prêt à rester une année supplémentaire pour y parvenir. Ces idées en tête, il vécut cette troisième année émaillée d'anecdotes.

Le soir du Nouvel An, Belmondo et Marielle traînèrent leur solitude dans les rues de la ville. Ils croisèrent deux filles du Conservatoire qui les invitèrent à une réception. En route, ils ramassèrent Courtois, un jeune homme aux allures de dandy. La soirée eut pour cadre un chic appartement de Passy mais les trois garçons, s'y ennuyant ferme, décidèrent de rentrer du côté de Denfert. Pas question de payer un taxi. Ils marchèrent dans le froid et, avisant un camion-poubelle, grimpèrent dessus. Quelques minutes plus tard surgit une camionnette de police, gyrophare allumé. Les trois garçons, inexplicablement, prirent peur, sautèrent à terre et s'enfuirent à toutes jambes. Belmondo, sautant au-dessus de poubelles, et Marielle, profitant de ses longues jambes, semèrent les gendarmes qui les avaient pris en chasse. Mais Courtois, lui, fut appréhendé. Ses deux compagnons, voyant cela, rebroussèrent chemin et se « constituèrent prisonniers ». Arriva un gradé, feuilles de chêne sur le képi, qui leur demanda leurs papiers d'identité. Il les regarda et sourit.

— Vous êtes des artistes ? demanda-t-il.

— Oui, oui, répondirent interloqués les trois comparses.

— Ça tombe bien.

— Ah bon.

— Je suis moi-même peintre amateur.

Du pur Labiche !

Et le gradé, grand seigneur, proposa de reconduire le trio jusqu'à Saint-Germain-des-Prés. La solidarité entre artistes…

Les réveillons de cette époque laissèrent souvent des traces chez Belmondo et ses amis. Un soir de Noël, alors que lui-même s'était fait un entorse, Jean-Paul circulait en scooter, assis derrière Pierre Vernier. Un autre scooter, conduit par une jeune fille, les heurta de plein fouet. Vernier tenta de conserver l'équilibre en posant le pied à terre. Fatale erreur. Il s'arracha la peau et dut être emmené à l'hôpital. Quant à Jean-Paul, son entorse se compliqua. Finalement, les deux amis passèrent le réveillon dans l'appartement de Belmondo avec un Marielle qui écumait les réceptions pour les ravitailler en victuailles. Pierre Vernier garde encore à la jambe la cicatrice de ce Noël…

Pour l'élève Belmondo, l'année scolaire 1954-1955 fut marquée par un changement que d'aucuns, à sa place, auraient jugé fondamental : une invitation à jouer à la Comédie-Française, en tant que stagiaire. Jean-Paul devait, indirectement, cette formidable « promotion » tant convoitée à son ami Pierre Vernier. Celui-ci, en effet, fut convoqué par l'administrateur de la Maison de Molière pour signer son contrat en tant qu'« utilité ». Mais le jeune acteur, venant de signer un engagement pour une pièce de boulevard, demanda un report. L'administrateur fit mine de céder et se rabattit sur Marielle et Belmondo auxquels il envoya un courrier. Tous deux, n'ayant aucune envie de faire de la figuration, refusèrent. Le fonctionnaire entra dans une rage folle, convoqua immédiatement les deux trublions et menaça Vernier d'un procès retentissant.

« Pendant les vacances, résume Belmondo, j'étais parti à Rome avec Jean-Pierre Marielle pour découvrir Cinecitta, dans l'espoir que quelqu'un là-bas nous engagerait. Lorsque nous avons appris que la Comédie-Française cherchait à nous engager comme stagiaires, nous avons envoyé un télégramme : ''Engagement à Cinecitta. Ne pouvons donner suite à votre proposition.'' Nous avons aussitôt reçu du papier bleu et nous sommes rentrés dare-dare. La Comédie-Française nous intéressait pour jouer des vrais rôles, bien sûr, mais pas pour y être stagiaires, c'est-à-dire ouvrir et fermer des portes. Il est évident que s'ils nous avaient appelés comme pensionnaires, nous nous y serions précipités ! »

Jean-Paul Belmondo — qui, pour la première fois au théâtre, apparaissait sous son nom complet —, Jean-Pierre Marielle, Dominique Rozan, Michael Garland et Claude Vivier furent ainsi de la distribution de *Fantasio* d'Alfred de Musset et de *L'Annonce faite à Marie* de Paul Claudel montée par la Maison de Molière à la salle Richelieu, en janvier et février 1955. Dans la seconde pièce, Georges Descrières, lui-même ancien élève du Conservatoire récemment entré à la Comédie-Française, interprétait l'un des personnages de Chevoche. Il ne connaissait alors pas Jean-Paul Belmondo et ne le côtoya qu'au moment des répétitions.

« Tout au long des répétitions, rapporte Descrières, Jean-Paul se fit remarquer par sa volonté de faire rire les autres. Puis vinrent les représentations et je fus frappé de constater qu'à chaque fois il parvenait à inventer quelque chose de nouveau. Probablement avait-il fait le pari avec ses camarades de les surprendre chaque soir par la façon dont il disait son texte, très court, changeant systématiquement d'intonation. Le plus étonnant est qu'en dépit de ces inventions quotidiennes Jean-Paul Belmondo restait toujours dans l'esprit de la pièce, il faisait déjà preuve d'une indéniable invention créative. »

Dans *Fantasio* où il jouait un paysan, Belmondo avait à tirer un corbillard, rôle éminemment complexe qui n'aurait dû l'occuper que quelques secondes. Mais lui marchait à une telle lenteur, semblant suer sang et eau, que le public ne pouvait pas ne pas se demander ce qui se passait et, du coup, n'avait d'yeux que pour ce très étrange personnage.

« J'avais une phrase mémorable à dire, ajoute Belmondo. On me demandait : ''Qui enterrez-vous ?'' Je répondais : ''Nous enterrons saint Jean, sa place est vacante, vous pouvez la prendre, si vous voulez.'' Le metteur en scène m'avait dit : ''Prenez un temps, monsieur, un temps : Vous pouvez la prendre, un temps, si vous voulez.'' Le soir de la première, qui fut un bide royal, je suis arrivé en scène habillé en noir avec un grand chapeau noir. J'étais le dernier à porter le corps. ''Qui enterrez-vous ?'' J'ai répondu : ''Nous enterrons saint Jean, sa place est vacante, vous pouvez la prendre.'' Je suis sorti de scène et j'ai juste repassé la tête pour dire : ''Si vous voulez !'' Ce fut le triomphe comique de la soirée. J'ai été appelé par l'administrateur, Pierre Descaves, qui m'a fait tout un sermon. »

L'Annonce faite à Marie qui eût dû être jouée par Renée Faure, le fut par Éliane Bertrand. Elle intégra une équipe menée par Jean Yonnel, par ailleurs professeur au Conservatoire. Les répétitions bénéficièrent de la présence de Paul Claudel en personne. Il eût dû galvaniser sa troupe, mais il n'obtint qu'un résultat des plus décevants à en juger par les réactions de la critique. Morvan Lebesque, par exemple, qualifia cette *Annonce* de « soirée désastreuse ». Quant à Jean-Paul, qui jouait un garde, il n'avait qu'une unique réplique à prononcer : « Mon petit pain est gelé. » Mais il le fit sur un tel ton, imitant la voix de Michel Simon, et avec un tel renfort de grimaces que les spectateurs pouffaient souvent de rire. Pour cette même pièce, la plupart des comédiens devaient se passer les jambes au Bronzor, afin de camoufler la pâleur de leur peau. Marielle et Belmondo n'échappèrent pas, bien sûr, à cette règle. Mais, fidèles à leurs habitudes, ils décidèrent de mettre les bouchées doubles. Alors, dans les sous-sols de la Comédie-Française proche de l'insalubrité qui leur servaient de loges, ils se déshabillaient entièrement et se badigeonnaient de Bronzor de la tête aux pieds. Ils firent tant et si bien que non seulement leur couleur vira à l'ocre pas très naturel, mais surtout ils brillaient aussi sûrement que s'ils sortaient d'un bain d'huile. De quoi les remarquer de très loin...

Un tel comportement faisait, bien entendu, grincer quelques dents. Ces jeunes élèves du Conservatoire ne furent pas toujours bien vus par les sociétaires. En fait, les premiers ne se sentaient pas complètement à l'aise dans cet ancestral établissement qu'ils comparaient à un musée mort. Comme, de plus, ils supportaient mal le règlement draconien qui, par exemple, interdisait aux « utilités » de passer par les mêmes portes que les sociétaires, ils firent preuve de cet esprit indéniablement frondeur. L'ambiance du Théâtre-Français, en ce milieu des années 50, ne convenait pas du tout à ces chevaux fous qui piaffaient déjà au Conservatoire.

Les jeunes stagiaires de la Comédie-Française, parce que réputés être des « spécialistes » de Molière, furent alors engagés par Norbert

Tildian pour un court métrage de vingt-cinq minutes évoquant la vie de cet auteur-acteur et destiné aux écoles. Des extraits des *Précieuses ridicules*, du *Misanthrope*, du *Bourgeois gentilhomme*, de *L'Avare* et du *Malade imaginaire* furent ainsi filmés. Annie Girardot, Gaston Vacchia, Catherine Samie, Jacques Sereys, André Héraud, Christian Asse, Jean Puyberneau et Jean-Paul Belmondo (qui joua *L'Avare*) firent de la sorte leur première expérience face à des caméras. Le film, intitulé *Molière*, fut notamment projeté à la Biennale de Venise en 1956, unique prestation face à un vaste public...

La question restait posée pour Jean-Paul comme pour beaucoup d'autres : fallait-il ou non entrer à la Comédie-Française ? De toutes les façons, si tous les détenteurs d'un prix n'entraient pas systématiquement dans la Maison de Molière, il était inconcevable d'espérer y être accepté sans avoir décroché une belle récompense au concours de fin d'année. La première étape, et donc le principal élément de réponse à la question, demeurait : le prix.

7

LE PREMIER PRIX EST ATTRIBUÉ À...

Le 3 mai 1955, Jean-Paul Belmondo se présenta à l'examen en vue du concours public dans le rôle de Crispin des *Folies amoureuses* (Comédie classique) et dans celui d'Évette des *Trente millions du Gladiator* de Labiche (Comédie moderne). Il avait acquis du métier et obtint sans l'ombre d'une difficulté l'autorisation de concourir en fin d'année.

Un mois plus tard, Belmondo, en même temps que tous les élèves, apprit que Pierre Dux venait de signer pour reprendre *Cyrano de Bergerac* — qu'il avait déjà interprété à la Comédie-Française en 1942 — au théâtre Sarah-Bernhardt. Cette signature fut accompagnée par un changement brusque dans le comportement du professeur : il s'arrêta de fumer, renonçant à ses cinquante cigarettes quotidiennes, ce que tout le Conservatoire remarqua bien vite. Quant à Jean-Paul, qui, pas une seconde, ne pouvait s'imaginer qu'un jour il se glisserait dans le costume du Gascon au long nez, il ne songea à aucun moment à interroger son professeur sur sa conception du rôle. De toutes les façons, ils se parlaient peu. Tout de même, Belmondo aurait pu y déceler un heureux présage puisque, comme lui, Pierre Dux avait débuté dans les emplois de valets de comédie et poursuivait désormais sa carrière avec ce personnage plein de panache... Mais Jean-Paul n'avait guère l'esprit à des projets lointains. Il lui fallait préparer son concours de fin d'année. Comme la plupart des élèves du Conservatoire, il ne pouvait pas ne pas penser, en préparant ce concours si important, à la Comédie-Française. Elle vivait alors une période resplendissante, comptant parmi ses sociétaires Maurice Escande, Jean Debucourt, Aimé Clariond, Julien Bertheau, Mony Dalmès, Louis Seigner, Robert Manuel, Georges Chamarat, Micheline Boudet, Robert Hirsch, Jacques Charon, Lise Delamare, Jean Piat, Paul-Émile Deiber. Chaque année, quelques élèves avaient l'insigne honneur de rejoindre cette troupe en tant que pensionnaires et certains enviaient le sort de Georges Descrières tout récemment entré à la Comédie-Française à la suite de Jacques Toja, Bernard Dhéran et Annie Girardot.

Les deux premiers jours de juillet représentaient donc un cap décisif pour la plupart des élèves du Conservatoire. Le vendredi 1er, Belmondo joua Scapin dans *Les Fourberies de Scapin*, sa pièce fétiche, face à Périmony qui lui donnait la réplique en Géronte. Si Jacques Sereys obtint un premier prix, Jean-Pierre Marielle et Michael Garland un second et Alain Feydeau un second accessit, Jean-Paul, lui, repartit bredouille.

« On aurait pu encourager le Scapin de M. Belmondo qui dessine avec ses longues jambes des Z, des X et des N, remarqua toutefois le critique du *Monde*. Il se donne du mal, sa voix ferait éclater les murailles. » Ce à quoi France Roche ajouta dans *France Soir :* « M. Belmondo est un Scapin plus populaire que classique. Sa scène épuisante l'a un peu privé de souffle, mais il sera très bon dans les rôles de Jacques-Henri Duval et de Robert Dhéry. »

Le lendemain de cet échec officiel, Jean-Paul se présenta avec un passage de *L'Ardent Artilleur* de Tristan Bernard, texte choisi sur les conseils de son ami Claude Rich qui avait hésité à le présenter lui-même. C'était un pari osé car lorsqu'il en avait parlé à Pierre Dux, Jean-Paul s'était vu essuyer un refus catégorique. Le professeur lui expliqua qu'il risquait de se ridiculiser dans une pièce qui ne correspondait pas à ce qu'attendait un jury de Conservatoire. Belmondo décida de passer outre cet avertissement. En scène, tandis que Françoise Brion lui donnait la réplique, il fit indéniablement rire le public. Le jury, pour sa part, se montra quelque peu dérouté puisque après une heure et demie de délibération, il ne lui accorda qu'un premier accessit, partagé avec Alain Feydeau — le premier prix allant à Jacques Sereys et le second à Michael Garland. En fait, cet accessit fut une surprise pour le jeune Belmondo. Convaincu que se reproduirait le même événement que la veille, à savoir une totale absence de récompense, Jean-Paul n'attendit pas les résultats. Or l'usage au Conservatoire veut qu'à l'appel de son nom, le lauréat montât sur scène pour saluer le public et venir chercher sa récompense. Lorsque le nom de Belmondo fut prononcé, l'intéressé brilla par son absence. Un rapide coup d'œil en coulisses révéla qu'il avait disparu. Panique. Inflexible, le jury ordonna qu'on allât chercher cet outrecuidant. Les élèves se dispersèrent dans les coursives du théâtre et l'un d'eux découvrit un Jean-Paul dans une loge en train de conter fleurette à une élève. Comprenant qu'il était attendu sur scène, le jeune séducteur se précipita dans l'escalier et déboula face au public, en retard, essoufflé et quelque peu désappointé d'avoir dû interrompre un entracte fort prometteur pour ne ramasser qu'un accessit. Car à ses yeux un accessit se signifiait rien : ce n'était pas vraiment une récompense, ça n'ouvrait aucune porte de théâtre, c'était plutôt un os jeté à un chien affamé. Alors, fidèle à sa promesse, il décida de tenter à nouveau sa chance l'année suivante. Il lui fallait un prix !

Les quelques journalistes présents ce jour ne purent, quant à eux, nier l'humour développé par Jean-Paul. Il leur aurait été difficile de passer sous silence les rires qu'il avait déclenchés. Toutefois, ces gens de plume prirent des mines offusquées de petites filles outragées et traitèrent le sujet de haut. Ainsi *Le Parisien* écrivit : « Jean-Paul Belmondo a un type, il provoque un rire un peu épais mais irrésistible. A lui les artilleurs de Tristan Bernard et les chevaliers de Courteline », pendant que *Le Figaro* notait : « Jean-Paul Belmondo campait un artilleur courtelinesque assez vulgaire » et *Information* de conclure : « Jean-Paul Belmondo a eu de réjouissantes trouvailles dans cet *Ardent Artilleur* de Tristan Bernard d'un comique assez gros mais efficace. »

En cette année 1955, le principal lauréat fut, donc, Jacques Sereys qui, auréolé par ses deux premiers prix, bénéficia aussitôt d'un engagement à la Comédie-Française, ce dont rêvaient pratiquement tous les élèves. A son corps défendant, il fit quelques jaloux et beaucoup de déçus.

Lorsqu'en octobre 1955 Jean-Paul se présenta pour une nouvelle année de présence au Conservatoire, il fit connaissance du nouveau directeur, future victime de ses plaisanteries. En effet, Paul Abram, atteint par la limite d'âge, avait pris sa retraite. Il occupait ses fonctions depuis 1946, date à laquelle le Conservatoire de musique et de déclamation s'était scindé en deux parties, l'une chargée de la musique, l'autre de l'art dramatique. Abram céda sa place à Roger Ferdinand, auteur des célèbres *J.3* et président de la Société des auteurs dramatiques depuis dix ans. De plus, Belmondo apprit le départ en retraite de Denis d'Inès, remplacé par Jean Debucourt. Mais Pierre Dux, lui, resta fidèle au poste... L'année scolaire se déroula sans incidents notables, entièrement axée sur les concours publics pour lesquels les élèves se battaient becs et ongles. Pour sa part, Belmondo faisait figure de vétéran puisqu'il en était à sa cinquième année de présence en ce lieu ! La plupart de ses condisciples entrés en même temps que lui, dont Jean-Pierre Marielle, avaient quitté la place, soit en cours de route, soit à l'issue du concours de fin d'année. Mais Jean-Paul gardait encore quelques amis comme Michel Beaune, Dominique Rozan, Victor Garrivier et Henri Poirier qui, après son service militaire, revenait. Pour le fils du sculpteur, cette année scolaire s'annonçait primordiale. Bien entendu, il se retrouva dans la classe de Pierre Dux, ce qui n'était pas fait pour l'enchanter mais, après tout, il avait fini par en prendre son parti depuis belle lurette ! La classe de Dux, qui fonctionnait les matins du lundi, du mardi et du samedi, comptait alors cinq élèves de quatrième année, Belmondo, Beaune, Laurence Mercier, Françoise de Ribon, Éliane Zucchini, deux élèves de troisième année, Monique Martial et Catherine Samie, un élève de deuxième année, René Camoin, ainsi que quelques nouveaux venus de première année. Aux yeux de Pierre Dux, ces cours commençaient à revêtir les guenilles de la corvée. Le matin, lorsqu'il n'était pas au Conservatoire, il suivait un entraînement intensif d'escrime pour *Cyrano de Bergerac*. Chaque après-midi, il répétait cette pièce de Rostand et tous les soirs, il jouait *Histoire de rire* au théâtre Saint-Georges. Comme, de son propre aveu, il n'avait pas trouvé dans le professorat le plaisir qu'il en escomptait, il délaissa quelque peu sa classe et fut, à plusieurs reprises, remplacé par Raymond Girard, ce qui ne fut pas pour déplaire à Belmondo.

Pour Jean-Paul le couturé, cette année aurait dû être celle de tous les succès mais ce fut plutôt le contraire. D'abord tout au long de la saison, en dépit de tentatives réitérées, il ne décrocha aucun rôle, ce qui le fit beaucoup souffrir. Son tempérament bouillant était avide de planches mais toutes les auditions se soldaient par des échecs. Cela le rendait fou. Son unique prestation théâtrale durant cette période ne passa pourtant pas inaperçue. En avril 1956, Jean-Paul fut, en effet, amené à remplacer Michel Beaune dans le très fugace rôle du séminariste de *Port-Royal* dont Aimé Clariond tenait le rôle principal. Dans cette œuvre de Montherlant, ce personnage disposait d'une unique mais tonitruante réplique : « Votre présence ici est intolérable ! » Appelé à la rescousse *in extremis*, Belmondo n'eut ni le temps ni l'envie de relire la pièce dans son ensemble. Il ne sut donc pas trop quand devait intervenir sa cinglante réplique. Un de ses amis du Conservatoire qui jouait *Port-Royal* depuis le début le rassura sur ce point : au moment *ad hoc*, il donnerait un léger coup de coude à Jean-Paul, signal de départ de sa courte prestation orale. Le fils du sculpteur se retrouva donc en scène suivant d'un œil des plus désintéressés le déroulement de la représentation et attendant avec une impatience non feinte le précieux signal. Le coup de coude le réveilla. Belmondo fit claquer sa réplique comme un coup de fouet et se précipita en coulisses, l'air dûment outragé. Belle prestation mais survenant à un très mauvais moment : le coup de coude était accidentel. La salle éclata de rire et, amusé, Aimé Clariond essuya d'authentiques larmes de plaisir.

Côté cinéma, Belmondo n'eut pas plus de chance puisque bien que se présentant à diverses auditions, il ne fut jamais retenu. Ainsi se retrouva-t-il parmi les postulants à *Pardonnez nos offenses*, deuxième film mis en scène par Robert Hossein qui en avait déjà confié le rôle principal à Pierre Vaneck. Mais Belmondo ne fut pas retenu.

« Ça fait mille ans qu'il me ressort cette histoire pour me filer des complexes, s'insurge Robert Hossein. Il paraît que, parmi les jeunes que l'on cherchait, les zonards, Jean-Paul s'est présenté avec Laurent Terzieff, mais je ne m'en souviens absolument pas. De toutes les façons, je n'avais pas fait d'auditions, je n'ai engagé les jeunes que sur leur physique. Je formais des familles par rapport à des tailles, des gueules, des bruns, des blonds, des ceci, des cela. Peut-être que Jean-Paul ne correspondait pas à l'organisation de la bande, d'autant que je recherchais plutôt des petits gars. Ce n'est donc pas en tant que comédien que je l'ai refusé mais en tant que physique. Jean-Paul, en lui-même, aurait collé un milliard de fois ! »

Le mercredi 2 mai 1956, une nouvelle fois, Belmondo se présenta à l'examen en vue du concours public. Son Scapin lui porta chance et il fut admis à se présenter en fin d'année. Le lendemain, sa prestation dans la catégorie moderne lui valut 13 voix sur 15, voilà qui était de bon augure. Dernière étape : juillet.

Le problème pour les élèves candidats était de choisir les scènes à présenter. Il s'agissait d'un véritable casse-tête car il fallait à la fois choisir la scène dans laquelle on serait le meilleur sans verser dans l'abus. Ainsi, il convenait de ne pas opter pour une scène dépassant dix minutes. Tout se jouait dans ces dix minutes. Il fallait faire naître le coup de foudre chez les jurés, ou à tout le moins les séduire efficacement. Mais des impondérables venaient se greffer. L'ordre de passage, par exemple. Une lettre était tirée au sort et à partir d'elle démarrait le classement alphabétique. Commencer ou finir la journée n'était pas forcément bon. Jouer en demi-teinte après quelqu'un qui avait joué comique, et vice versa, non plus. Arborer un costume ne convenant pas tout à fait créait un mauvais à priori. Etc. Bref, il fallait non seulement avoir du génie dès neuf heures du matin mais aussi compter sur la chance. Tout le théâtre résumé sur cette seule journée...

Pour tenter de mettre la chance de son côté, Jean-Paul misa beaucoup sur son personnage fétiche, qui lui collait tant à la peau : Scapin.

Les épreuves de Comédie classique débutèrent le mercredi 3 juillet à neuf heures trente, au lendemain du concours de Tragédie. Comme chaque année, la prestigieuse salle du Luxembourg de la Comédie-Française sise au théâtre de l'Odéon prêtait son cadre pour accueillir cette épreuve très attendue. Car ce concours constituait bel et bien l'un des grands événements de la fin de la saison théâtrale. La salle était systématiquement noire de monde. A l'orchestre s'installaient les metteurs en scène en vue, les directeurs de salles, les responsables des troupes, les acteurs de renom et les journalistes désireux de savoir qui et comment étaient les nouveaux talents. Au premier balcon s'entassaient les familles des élèves, à la fois anxieuses et ravies, à côté de nombreux Parisiens amateurs de théâtre. Dans le reste de l'Odéon grouillait tout ce que Paris comptait de jeunes acteurs, issus de cours ou non, travaillant ou pas. Les portes des loges demeuraient constamment ouvertes pour permettre aux spectateurs debout dans les couloirs de jeter un coup d'œil sur la scène. Car la salle ne contenait plus une place libre, beaucoup de personnes s'asseyant même à terre. Ce public, loin d'être hostile aux candidats, les soutenait tout au long de leurs prestations non par des encouragements mais par une attention soutenue, une bienveillance bienvenue et, plus généralement, par l'envoi d'ondes positives.

Cette faune hétéroclite réunie par un même amour du théâtre bavardait beaucoup entre chaque passage de candidat et se laissait aller à des commentaires et des pronostics, essayant, à la dérobée, d'interpréter chacune des attitudes du jury. Hélas, le plus souvent, il restait étonnamment impassible, ne riant qu'à titre tout à fait exceptionnel.

En ce mois de juillet 1956, vingt-sept élèves avaient reçu l'octroi de présenter leurs scènes au public. Les journalistes annoncèrent comme traditionnellement l'événement et remarquèrent la présence de « vedettes », non du fait de talents particulièrement exorbitants mais par de simples questions héréditaires. Ainsi furent signalés à l'attention du public Philippe Laudenbach, neveu de Pierre Fresnay, Françoise de Ribon, belle-fille de Pierre Cot, ancien ministre, Jean-Paul Belmondo, fils de sculpteur, Philippine de Rotschild, ainsi que le fils d'André Brulé et le petit-fils d'Henri Lavedan. D'autres comédiens furent mis en exergue du fait de leur situation militaire comme Jacques Destoop qui participa aux répétitions en uniforme. A part cela, tous les acteurs se trouvaient sur un même piédestal.

Pour sa part, avant même de concourir, Jean-Paul se distingua de singulière manière en donnant la réplique à son amie Françoise Brion.

« Belmondo m'a foutu en l'air mon concours, se rappelle l'actrice. Je m'étais présentée dans *Antoine et Cléopâtre* de Shakespeare, dans la scène où Cléopâtre est face au messager d'Antoine. C'est une scène où le messager lui apprend qu'Antoine est marié avec Octavie et donc qu'il ne peut pas revenir. J'ai fait une entrée fracassante parce que j'avais une robe très décolletée. Belmondo, lui, était habillé en romain et pendant la scène du concours, il a perdu les lacets de ses spartiates, ce qui a fait hurler de rire la salle. Naturellement, je n'ai eu aucun prix. »

Jean-Paul qui allait présenter son Scapin fétiche se situait en treizième position dans l'ordre de passage, juste après son ami Michel Beaune. Dans les couloirs de l'Odéon, les candidats, pour la plupart, étaient prostrés dans leur concentration et dans leur trac comme tout étudiant aux portes d'un examen capital. Tout ça donnait l'atmosphère d'une cour de prison telle qu'on la voit dans certains films.

Pour certains, et surtout pour certaines, le trac atteignait des proportions inimaginables. Tout le monde avait encore en mémoire ce récent incident au cours duquel une élève monta sur scène pour jouer Phèdre et, victime d'une tétanie totale, s'écroula à terre. Il avait d'ailleurs fallu faire appel à Police Secours...

Enfin l'appariteur appela « M. Belmondo ». L'élève se précipita sur scène et proposa son interprétation de son Scapin le fourbe, sous les rires du public. Rentrant dans la coulisse, il reçut de tous ses copains de grandes claques dans le dos. Dans la poche ! André Ransan, critique de *L'Aurore*, fut séduit même si dans l'ensemble il constata que cette journée d'épreuve n'avait permis l'explosion d'aucune grande révélation. Au sujet de la prestation de Belmondo, il écrivit : « Jean-Paul Belmondo donne de Scapin un portrait réjouissant et assez personnel[1]. » Après pas moins de deux heures de délibération, le jury, composé de dix-sept personnes — dont Lise Delamare, Maurice Escande, Aimé Clariond, Jacques Charon, Robert Manuel, Jean Piat, Jean Mercure, Marcel Achard —, revint dans la grande salle proclamer les résultats. Un silence glacial l'accueillit.

Aucun premier prix. Réaction houleuse dans la salle.

Deuxièmes prix : Michel Beaune et Dominique Rozan. Applaudissements.

Rappel de second prix : Michael Garland. Applaudissements.

Premier accessit : Michel Aumont et Bernard Woringer. Applaudissements.

Deuxièmes accessits : Jacques Destoop et Jean-Paul Belmondo. Bruits divers.

Le public se leva, guère convaincu par ces résultats plutôt tièdes. Quant à Jean-Paul, d'abord estomaqué, il fut rapidement réconforté

1. *L'Aurore* du 4 juillet 1956.

par ses amis qui lui affirmèrent que le lendemain il emporterait la partie. Et puis son ami Beaune avait décroché un prix, ce qui mettait du baume au cœur de Belmondo. Ce que personne ne savait, c'est qu'il s'était trouvé un juré pour accorder une voix à Jean-Paul Belmondo lors de la détermination du deuxième prix. Ce juré était Robert Manuel.

« La manière de juger au Conservatoire était très particulière, explique Robert Manuel. Nous disposions de boules blanches et de boules noires. On commençait par demander : ''Y a-t-il matière pour avoir un premier prix ?'' et nous votions. S'il y avait une majorité de boules blanches, nous décernions un premier prix. Mais à ce stade, aucun nom n'était encore avancé. Puis on demandait : ''Y a-t-il matière de donner un second premier prix ?'' et nous votions. Et ainsi de suite. C'était complétement idiot comme manière de voter parce que chacun avait dans l'esprit son propre candidat qui correspondait rarement à celui des autres. Alors quand on disait : ''Pour le premier prix, qui ?'' chacun plaçait son candidat et commençait l'empoignade. Moi, j'ai été le seul à voter pour que Belmondo ait un prix. J'étais le spécialiste des *Fourberies de Scapin*, puisque j'étais le chef d'emploi des *Fourberies* à la Comédie-Française et mon impression était qu'il était remarquable, qu'il méritait un prix. De plus je le connaissais au Conservatoire et je savais qu'il était très doué, sans doute beaucoup plus que les autres. Donc j'ai avancé son nom, mais les autres m'ont répondu : ''Non, non, il a le temps, il n'est pas mieux que les autres.'' La discussion a été un peu houleuse mais il n'a pas eu de prix, ce qui m'a rendu furieux parce que c'était mon candidat. »

Dans le clan des « pro-Belmondo » se trouvait également Jean Piat, membre du jury.

« J'ai le souvenir d'un phénomène qui s'appelait Belmondo dans *Les Fourberies de Scapin*, raconte Piat. Il avait une personnalité explosive avec du Brasseur et du Jules Berry en lui. Il n'était pas classique alors, pour les gens d'une certaine génération, cela choquait. Nous, ceux que l'on appelait ''les Jeunes Turcs de la Comédie-Française'', c'est-à-dire Jacques Charon, Robert Manuel et moi, ça nous faisait plutôt rigoler. Mais nous n'étions pas assez nombreux pour imposer nos vues. Les autres ont formé un barrage parce qu'ils ne trouvaient pas son jeu très Comédie-Française et étaient un peu ahuris par cette modernité. Il faut dire que cette modernité que Belmondo instillait dans son jeu, cette gouaille parigote, ça n'était pas encore très admis à cette époque. C'était déjà le divorce entre une nouvelle façon d'aborder les classiques et la manière traditionnelle. Belmondo n'était pas Comédie-Française au sens où les anciens l'entendaient. »

Lorsque arriva le moment où fut posée la question « Pour le second accessit, qui ? », sept jurés votèrent pour Jean-Paul, ce qui était en dessous de la moyenne mais, en l'occurrence, se révéla suffisant pour ce lot de consolation. Pour l'élève, ce maigre résultat fut ressenti comme un échec, il n'avait pas convaincu le jury. Dans l'ensemble, la presse partagea les opinions dégagées par ce vote officiel et souligna que l'absence de premier prix prouvait bien la médiocrité ambiante de cette promotion. Certains journalistes avancèrent même l'affirmation selon laquelle la Comédie-Française n'engagerait sûrement jamais aucun de ces élèves, ce qui se révéla entièrement faux puisque à l'issue de ces journées de juillet 1956, la Maison de Molière accueillit en tant que pensionnaires Catherine Samie, Michel Aumont, Jean-Claude Arnaud, Michel Beaune et Michael Garland. Plus tard, Dominique Rozan et Jacques Destoop entrèrent aussi au Français dont ils devinrent des piliers... Quant à Robert Kemp, chroniqueur au *Monde*, il estima notamment : « Les seconds accessits de M. Destoop et de M. Belmondo sont vraiment indulgents. Ce dernier en Scapin de la place Pigalle — accent traînant qui rappelait Prosper le roi du macadam — était impossible. Molière se serait fâché [1]. »

Pour tous les amis de Jean-Paul, la façon inhabituelle et très personnelle qu'il avait de jouer un texte se trouvait à l'origine de son profond désaccord avec les aînés.

« Quand il jouait des personnages classiques, il n'avait absolument pas le style classique mais bien le style moderne, constate Christian Asse. D'ailleurs, bien des années plus tard, quand il a joué *Cyrano*, il n'avait pas non plus le classicisme, dans le bon sens du terme, de la Comédie-Française. Belmondo a toujours eu une façon de jouer moderne. »

Le lendemain, à la même heure, débuta le concours public de Comédie moderne. Un juré s'étant fait porter absent, le total se montait à 16 voix. Jean-Paul fut pointé en douzième position. Après une attente angoissante, il jaillit sur scène dans un étonnant passage de *Amour et piano*. Ce fut l'une des rares fois où cette pièce de Georges Feydeau, créée le 28 janvier 1883 au théâtre de l'Athénée, bénéficia d'une présentation au Conservatoire. Il faut dire que l'un des passages choisis par Belmondo était des plus délicats. Dans la scène VI de cette courte histoire présentant un jeune provincial, Édouard, qui, se trompant de porte, était pris pour un professeur de piano par une charmante jeune femme, Lucile, figurait cet échange :

1. *Le Monde* du 5 juillet 1956.

LUCILE

Vous avez sans doute passé par le Conservatoire ?

ÉDOUARD

Le Conservatoire ?... Ah, oui, faubourg Poissonnière ! Parfaitement... J'ai passé devant ! (*A part*) Pourquoi me parle-t-elle du Conservatoire ?

LUCILE

Ne m'avait-on pas dit que vous aviez eu un premier prix ?

ÉDOUARD

Hein ?... Oh ! Il y a si longtemps, j'avais neuf ans, et puis c'était un prix d'orthographe ! Cela ne vaut vraiment pas la peine d'en parler. (*A part*) Quelle drôle de conversation ! »

Le public éclata de rire à ces répliques clin d'œil et ce fut sous un tonnerre d'applaudissements que Belmondo quitta la scène. S'il n'était pas encore sûr d'avoir convaincu le jury, il savait déjà qu'il avait enthousiasmé les spectateurs.

Jean-Jacques Gautier, célèbre critique dont la plume faisait trembler le monde du théâtre, savoura fort cette prestation : « M. Belmondo, fait pour Feydeau et le vaudeville, pratique avec ravissement le clin d'œil et l'aparté. Il reste néanmoins jeune, frais, charmant [1]. » Et André Ransan dans *L'Aurore* trouva ce jeune acteur « fort drôle ». Cette fois tout portait à croire que le prix, sans doute un deuxième, ne lui échapperait pas. Toutefois certains observateurs peu avisés accusèrent, à tort, Belmondo d'avoir réécrit lui-même la pièce, ce qui aurait au moins dénoté un indéniable talent d'auteur.

« C'était une pièce en un acte, rétorque Jean-Paul, et j'avais pris toutes les répliques drôles pour les mettre sur mon personnage. Alors, forcément, ça devenait un personnage complétement fou qui parlait sans arrêt au public parce qu'il n'arrêtait pas de faire des apartés. J'avais une camarade qui me donnait la réplique : ''Vous connaissez ma mère ?'' Et moi je répondais : ''Oui, je ne l'ai jamais vue !'', ce qui faisait rire la salle. Et après il y avait la fameuse réplique qu'on m'a reprochée, mais qui est vraiment dans la pièce. La fille croyait que j'étais professeur de piano et je répondais : « Je suis passé devant le Conservatoire. » Et ça, ça avait fait un tabac, inutile de vous le dire ! »

A la fin des épreuves, après délibération, les 16 membres du jury rendirent leur verdict. Cette fois, Robert Manuel s'affirma un peu moins enthousiaste :

---

1. *Le Figaro* du 5 juillet 1956.

« *Amour et piano* c'était moins évident à défendre, dit-il, c'est plutôt une gauloiserie, alors que son Scapin avait été exceptionnel. »

Premier prix : Jean-Claude Arnaud et Michel Aumont.

Deuxième prix : Michel Beaune et Bernard Woringer (quatre jurés avaient tout de même voté pour accorder un deuxième prix à Belmondo).

Premier accessit : Dominique Rozan.

Deuxième accessit : Jean-Pierre Bernard.

Rappel du premier accessit de 1955 : Michael Garland et Jean-Paul Belmondo.

Concrètement, le jury soulignait, un peu perfidement, que les deux jeunes gens n'avaient pas été trop mauvais l'année précédente. En fait, la provocation de Belmondo avait été fort mal perçue dans les rangs des officiels. Cette proclamation des résultats ne se fit pas sans heurts, beaucoup s'en fallut. Il est d'usage, lorsque le président du jury prononce le nom d'un récompensé, que celui-ci s'avance sur scène pour saluer le public. Lorsque Belmondo fut appelé, il refusa purement et simplement de sortir de la coulisse. Pendant ce temps, des sifflets provenant de toutes parts accueillaient ce verdict jugé infamant et faisaient pâlir d'inquiétude Roger Ferdinand, le président. Voyant que Belmondo demeurait obstinément caché, en dépit d'un double appel de M. Ferdinand, les sifflets laissèrent peu à peu la place à une clameur : « Belmondo ! Belmondo ! » Toute la salle Richelieu vibra sous les appels de centaines de jeunes qui spontanément scandèrent son nom. « Belmondo ! Belmondo ! » L'acteur, qui avait refusé de répondre à l'appel officiel, ne pouvait demeurer insensible à cet enthousiasme populaire d'autant que les machinistes de la Comédie-Française vinrent le chercher pour le pousser sur scène. Arrivé près du rideau de scène, Jean-Paul se trouva face à trois de ses camarades de Conservatoire : Michel Beaune, Dominique Rozan et Victor Garrivier qui venaient de recevoir leurs prix. Tous trois, comme la plupart des élèves du Conservatoire, étaient indignés par la douche écossaise dont venait d'être victime leur ami. Alors, spontanément, ils le portèrent sur leurs épaules. Et ce fut un Belmondo porté en triomphe par trois de ses camarades lauréats — tel un boxeur vainqueur — qui reparut face à un public l'applaudissant à tout rompre. Le comédien leva les bras en guise de remerciement et de victoire. Peu sensible à cette manifestation de mauvaise humeur, le jury, impassible, se leva pour quitter la salle. Jean-Paul Belmondo leur adressa alors un magnifique bras d'honneur sous les vivats, un geste qui entra dans la petite histoire... Lorsqu'il regagna la coulisse, Belmondo fut pris à part par Henri Rollan qui depuis toujours appréciait ses extravagances, et lui déclara : « Le professeur ne t'approuve pas mais l'homme te dit bravo ! »

En définitive, la toute petite récompense que le jury lui accorda fut perçue par l'ensemble du public comme la goutte d'eau qui fait déborder le vase car cet incident s'inscrivait dans un ensemble d'injustices qui avait débuté deux jours plus tôt, lors du concours de Tragédie. Ce jour, en effet, Dominique Rozan, bien qu'applaudi par le public, repartit les mains vides, ce qui irrita spectateurs et élèves. Le lendemain, le refus de récompenser Belmondo augmenta le courroux des observateurs qui explosa littéralement en cette dernière journée.

Le temps rendit justice puisque Beaune, Woringer et Rozan entrèrent, plus tard, à la Comédie-Française. Finalement, de ce quatuor turbulent, seul Belmondo ne joua plus jamais dans la Maison de Molière.

La réaction pour le moins vive de ses amis et du public avait également pris ces proportions en raison de la place que Jean-Paul occupait au sein du Conservatoire.

« S'il a été pris sur les épaules de ses copains, c'est aussi en réponse à la sympathie qu'il témoignait aux autres, explique Henri Tisot. Quand il a été à terre à cause de ce concours, ils se sont tous dit : "Merde, ça n'est pas possible." Comme un mec qui passerait son temps à vous défendre dans les bagarres et qui se retrouve KO : tout à coup les autres, ceux qui ont été défendus par lui, se lèvent et vont se bagarrer pour lui. C'est le retour de la sympathie qu'il portait aux autres... Le fait qu'il n'ait pas eu le concours, c'est un peu comme un séminariste qui fait toutes ses années de séminaire et puis, juste avant d'être admis dans l'ordre, on lui dit non. Mais on le lui dit au moment où il attend l'eucharistie. Alors il prend l'eucharistie de force, il l'avale et dit merde au curé ! »

Pour beaucoup de proches de Jean-Paul, il avait réellement, ce jour-là, donné le meilleur de lui-même.

Claude Brasseur :

« J'étais dans la salle car j'étais aussi élève du Conservatoire. J'ai assisté à ce concours et, effectivement, Jean-Paul a passé un concours absolument extraordinaire qui pouvait ne pas plaire aux membres du jury encore attachés à une certaine tradition. Jean-Paul allait largement au-delà des traditions. »

Jean-Pierre Bernard :

« Il avait été très drôle. La salle avait hurlé de rire mais le jury avait jugé qu'il n'était pas assez classique, qu'il faisait le gugusse. Alors ces messieurs un peu coincés ont fait la fine bouche et lui ont donné ce rappel d'accessit. Moi, j'étais dans la salle et j'étais content pour lui, j'applaudissais. Mais tout ça n'était pas bien méchant. Il faut dire que Jean-Paul était un gars qui nous amusait beaucoup dans les cours et en dehors des cours. Il faisait l'imbécile et il nous faisait beaucoup rire. Il était un peu le fantaisiste du Conservatoire. »

François Chaumette :

« Attention, ce ne fut tout de même pas l'émeute dans les rues de Moscou mais il y eut, effectivement, des gens qui ont manifesté très fort, principalement les propres camarades de Jean-Paul qui se sont insurgés contre cette injustice flagrante. Car c'était une injustice. Quand on voit une nature pareille, même s'il y avait des défauts techniques, des choses qui n'étaient pas parfaites, il faut savoir apprécier. Des candidats de théâtre comme celui-là, il faut savoir les repérer ! Mais, pour avoir moi-même, plus tard, fait partie du jury du Conservatoire, je sais très bien comment il a dû réagir : ''Bon, bon, ils ne savent pas, ils n'ont pas la science infuse. C'est nous qui décidons et les autres n'ont rien à dire !'' »

Jacques Ciron :

« Il a été formidable. Qu'on ne veuille pas lui donner un premier prix parce que c'était très insolite, pas très classique, à la limite. A l'époque, les jurys étaient très classiques. Mais lui donner un rappel d'accessit, c'était vraiment lui donner une médaille en chocolat. Il aurait fallu lui donner un second prix voire même un premier accessit qui aurait été perçu comme un encouragement à persévérer. Dans l'absolu, il le méritait son premier prix par l'originalité de sa démarche, par son interprétation. Il avait une fantaisie peu classique. »

Georges Descrières :

« Je me souviens avoir assisté à son concours de fin d'année. A la suite de la lecture des résultats, les camarades de Jean-Paul l'ont estimé sous-coté, et l'ont littéralement soulevé de terre pour le porter sur leurs épaules. Cela dans un tel brouhaha du public que personne ne pouvait comprendre ce que disaient Jean-Paul et ses amis. Un peu plus tard, j'ai rencontré des jurés dans les couloirs du Conservatoire, ils estimaient honteux qu'un étudiant puisse ainsi contester les résultats ! »

Quant à Jean-Pierre Marielle, il déclare :

« Je n'étais pas à Paris, c'est pour cela que je n'y ai pas assisté. Il me semble que ce qui a meurtri Belmondo, c'est surtout l'humiliation. Car lui donner un rappel d'accessit, c'est humiliant. Il a eu un succès public extraordinaire et c'eût été normal de lui donner un second prix et ça lui aurait fait vraiment plaisir. Il n'aurait rien eu, cela aurait été moins grave mais un rappel d'accessit, c'était vraiment dur. »

« Le fait d'avoir été porté en triomphe ne valait pas le prix qu'il ambitionnait, conclut Henri Tisot. Il en avait pris un coup sur la carafe quand même. »

Retrouvant la coulisse, Jean-Paul fut pris pas le flot de ses amis qui décidèrent de fêter l'événement dans des bistrots voisins. En quittant la salle de l'Odéon, Belmondo regretta amèrement une absente : sa mère.

« Ce concours du Conservatoire était très important pour moi, mais j'avais la trouille d'être mauvais, déclare-t-il. J'ai eu peur que ma mère me voie me ramasser, c'est pourquoi je lui ai dit : "Je ne veux pas que tu viennes voir le concours." Très obéissante, elle n'est pas venue... Et ça a été le regret de ma vie parce que là-bas, j'ai fait un triomphe, tout le monde était debout, les gens scandaient mon nom, ce qui, à vingt-trois ans, est une chose absolument merveilleuse, et j'aurais voulu partager cela avec ma mère... »

Dans l'un des bistrots proches du Conservatoire, Jean-Paul et ses amis retrouvèrent Marcel Achard, membre du jury. L'auteur aux lunettes rondes expliqua qu'il avait beaucoup apprécié la prestation de Belmondo. Figurait-il parmi les quatre qui votèrent en faveur d'un second prix ? Nul ne le saura jamais. En tout cas, tout porte à croire que ce soit le cas puisque Marcel Achard aurait déclaré à un journaliste avant de quitter le Conservatoire : « C'est un petit imbécile, il ne méritait pas la voix que je lui ai donnée »... De toutes les façons, Jean-Paul ne nourrissait strictement aucune animosité envers ces jurés qui lui avaient refusé ce prix tant espéré. Une grande déception, c'était tout. C'était déjà énorme. Pendant ce temps, les journalistes présents dans la salle écrivaient leurs papiers. Certains passèrent l'incident sous silence, d'autres lui consacrèrent une ou deux lignes agacées mais une petite poignée s'amusa à rapporter cette manifestation inhabituelle dans la salle Richelieu. Sous le titre « Il a fallu la révolte d'un candidat malheureux pour réveiller le public et le jury », le quotidien *Paris Presse*, par l'intermédiaire de Christian Bretagne, consacra un long article à cette journée mémorable, et publia même une photo de Belmondo porté en triomphe. Même Jean-Jacques Gautier écrivit un encadré spécial intitulé « Belmondo couronné malgré lui ». Finalement, le soutien du public eut plus d'écho qu'un éventuel prix...

Puis, lorsque la nuit commença à poindre, Jean-Paul retourna dans son appartement de la rue Victor-Considérant. Immédiatement, il téléphona à ses parents pour leur annoncer la nouvelle. Son père décrocha le combiné :

— J'ai reçu une ovation, s'empressa de raconter Jean-Paul, une joie exagérée dans la voix.

— Bien, très bien, lui répondit son père d'un ton très calme.

— Et mes copains m'ont porté en triomphe devant un public déchaîné !

— Bien mais ensuite ?

— Ensuite quoi ?

— Tu as eu quel prix ?

— Le prix ?... Ah, eh bien, je n'ai rien obtenu... Mais j'ai fait un bras d'honneur au jury !

— Pas de prix ? Dommage... dommage.

Les parents Belmondo étaient désolés parce qu'ils savaient pertinemment que Jean-Paul tenait à ce prix qui aurait constitué l'apothéose de ses cinq années de Conservatoire mais aussi parce qu'ils savaient que sans prix, son avenir s'annonçait beaucoup plus problématique.

Une chose apparut certaine au jeune acteur : jamais il ne donnerait de cours d'art dramatique.

« Pour être professeur, je crois qu'il ne faut faire que ça, affirme-t-il. Les bons professeurs que j'ai connus comme Raymond Girard ou Georges Le Roy étaient des types qui avaient plus ou moins fini leur carrière d'acteur et se consacraient uniquement au cours. Ça me semble difficile de répéter, d'aller le soir dire deux trucs à ses élèves et de s'en aller. Je pense qu'il faut s'y consacrer entièrement. Je ne me sens pas de donner des cours. De plus, j'ai toujours eu des difficultés avec mes professeurs et je ne veux pas me retrouver dans ce rôle-là. Cela dit, je finirai peut-être ma carrière comme professeur à la mairie du quatorzième arrondissement pour me faire un peu de revenu !... Et puis, de toutes les façons, il faut bien savoir qu'il y a une chose que personne ne peut vous apprendre, c'est d'avoir des tripes. Comme me le disait un professeur au Conservatoire : "l'intérieur, c'est vous"... »

Une page était tournée, un épais livre se refermait. Les lauréats et les déçus du Conservatoire allaient devoir réellement affronter leur métier. Tous, par la suite, Belmondo le premier, furent unanimes pour dire que le métier d'acteur ne s'apprend pas d'une façon précise et mathématique avec un professeur mais bien plutôt sur le « terrain ». Mais le Conservatoire leur apporta des bases qui leur furent souvent très utiles...

Ce fameux concours de juillet 1956 terminé par un incident peu banal exerça-t-il une quelconque influence sur Pierre Dux ? Officiellement non. Toujours est-il qu'à la fin de cette année scolaire, il démissionna de son poste de professeur au Conservatoire... Il céda sa place à Robert Manuel qui resta vingt-huit ans au Conservatoire. Par la suite, Pierre Dux sympathisa avec Paul Belmondo qui lui dessina même son épée d'académicien lorsque l'acteur fut reçu à l'Académie des beaux-arts...

Personne n'osait encore l'affirmer haut et clair mais ce concours avait fait des ravages bien plus profonds qu'il n'y paraissait. Meurtri plus que déçu, Belmondo voulut sa revanche et décida de conquérir les plus hautes marches sans plus jamais faire confiance à aucun jury quel qu'il soit. Le seul auquel il acceptait de rendre des comptes serait le public. Ce fut aussi ce jour de juillet 1956, inscrit en lui à jamais, qui le conforta dans cette idée.

Dans le même temps, un autre élève emportait avec lui une blessure jamais complétement refermée : Michel Aumont qui, ce jour-là, reçut le premier prix. Il avoua, plus tard, à Dominique Rozan — qui le rejoignit à la Comédie-Française —, qu'il n'avait jamais véritablement accepté sa récompense, craignant d'avoir « volé » le prix à Belmondo, ce qui n'était absolument pas le cas. Rozan eut beau tenter de le convaincre que Jean-Paul ne lui avait, à aucun moment, tenu rigueur de son prix, Michel Aumont en conserva une certaine gêne.

« Je me souviens, en 1986, d'un voyage en Russie avec la Comédie-Française, raconte Dominique Rozan. J'ai dit à Michel Aumont : "Ça fait trente ans que nous avons eu notre prix le même jour. Ce serait sympa que l'on fasse une réunion de tout le groupe." Il m'a demandé : "Tu inviteras Belmondo ?" Je lui ai répondu : "Bien sûr, il ne s'est rien passé entre Jean-Paul et toi !" Mais j'ai senti une telle réticence de sa part que je n'ai pas fait la réunion à cause de cela. C'est dommage... Tout cela paraît peut-être une gaminerie mais ça n'en est pas une. Ce concours reste une blessure chez Aumont, un regret chez Jean-Paul parce qu'il en parle tout le temps et malgré sa réussite formidable, il lui reste cette épine dans le pied qui lui fait douleur... »

8

HUMOUR CÔTÉ JARDIN

La première chose que fit Jean-Paul Belmondo après cette immense déception née de cette absence de récompense fut de prendre de longues vacances avec son ami Pierre Vernier.

« J'avais une petite voiture, une 4 CV Renault à toit ouvrant, raconte Pierre Vernier. Jean-Paul ne savait pas conduire. Pour lui changer les idées j'ai décidé de l'emmener en vacances. J'ai retiré le siège avant droit de manière qu'il pût s'installer à l'arrière et étendre ses jambes. Quand on se baladait il se mettait debout, dépassant par le toit ouvrant. Nous sommes descendus dans le Midi et notre première étape fut chez Henri Tisot. »

Non loin de Toulon, Belmondo découvrit la pâtisserie de Félix, le père de son camarade de Conservatoire.

« Félix, raconte Tisot, disait à Jean-Paul : ''Tout le monde me dit que tu es le comique de Paris, qu'on t'a porté en triomphe, mais moi tu ne me fais pas rire ! Je ne sais pas ce qu'ils te trouvent à Paris mais moi, tu ne me fais pas rire !'' Et alors je disais à mon père : ''Laisse-le, tu ne vois pas qu'il est en vacances.'' En même temps je me disais : ''Mais merde, il ne peut pas le faire un peu rire, pour lui en foutre plein la vue, à mon père ?'' Mais Belmondo s'en foutait royalement, il avait enlevé sa défroque de comédien, il était en vacances. C'était un peu Kean après le service. »

Quittant Henri Tisot, Pierre et Jean-Paul reprirent leur route. Ils s'arrêtèrent chez leur ex-professeur Georges Le Roy et dormirent même, tous les deux, dans le lit où se reposait habituellement Gérard Philipe. Mais si le gîte était bon le couvert laissait plutôt à désirer. Mme Le Roy ne dînait jamais et son mari se contentait d'un très frugal repas. A la fin de celui-ci, Belmondo et Vernier étaient toujours aussi affamés. Le soir, lorsque la maisonnée parut calme, ils tentèrent de s'éclipser pour aller chercher à manger à l'extérieur. Mais Georges Le Roy avait barricadé sa maison de telle sorte que si les intrus ne pouvaient y pénétrer, les invités ne pouvaient s'en échapper ! Dès le lendemain, les deux jeunes gens remercièrent leur hôte, coururent acheter un beefsteak et se précipitèrent chez Bernard Woringer qui habitait à quelques pas de là, pour qu'il le leur fasse cuire. Plus tard, le trio décida d'aller, clandestinement, faire trempette dans la piscine du restaurant Beaumarchais. Mais ils furent surpris et renvoyés avec pertes et fracas. Quelques années après cela, Belmondo, star, retourna dans cet endroit et raconta sa mésaventure au directeur qui lui offrit le champagne. Alors, l'acteur envoya une carte postale représentant le restaurant à chacun de ses deux amis et y écrivit simplement : « Je nous ai vengés !... »

Jean-Paul et Pierre reprirent ensuite leur périple vacancier. Ils s'arrêtèrent chez des amis des Belmondo à Sisteron et vécurent l'humiliation de leur vie en perdant aux boules.

« Jean-Paul et moi, explique Vernier, prétendions — et nous prétendons toujours — être très forts aux boules. Lui est un très bon tireur et moi un bon pointeur. Mais ce jour-là nous avons été battus. Je crois que c'est ce jour-là aussi que Jean-Paul a touché pour la première fois de sa vie une raquette de tennis. »

Après ces vacances reposantes, Jean-Paul envisagea l'avenir et se rendit compte que la hargne le tiraillait. Jamais il n'avalerait complètement le verdict de ce jury.

« Toute ma vie, j'ai voulu me venger, c'est vrai, confie-t-il. J'ai voulu prouver qu'ils avaient eu tort, et montrer aux gens qui étaient là qu'ils s'étaient trompés. Je crois que c'est bien d'avoir la hargne. C'est ça qui me l'a donnée, d'ailleurs. »

De retour à Paris, Belmondo retrouva les rues animées, les bistrots et ses copains. Il retrouva également une foule de jeunes gens tous plus ou moins artistes, en herbe ou dilettantes, à la recherche d'un avenir encore flou. Parmi eux Jean-Paul sympathisa avec un jeune homme fraîchement démobilisé d'Indochine — après quatre ans d'armée dont onze mois de prison. Ce beau garçon commençait à faire parler de lui. Il découvrait avec un étonnement ravi le monde de Saint-Germain-des-Prés et ne pouvait imaginer qu'il deviendrait acteur. Il se nommait Alain Delon... Jean-Paul, lui, tâchait, comme tout le monde, de se tenir au courant des futures pièces, sans même imaginer que le septième art pourrait constituer une porte de sortie. La plupart des copains de Jean-Paul couraient chez les producteurs de cinéma afin d'y caser leurs photos dans l'espoir de décrocher un rôle. Belmondo lui ne s'intéressait qu'au théâtre et passait l'essentiel de ses auditions en vue de pièces, rarement en vue de films.

« Un jour, raconte Belmondo, nous faisions les imbéciles avec des copains devant le café la Régence qui, à l'époque, était le café de la Comédie-Française et de tous les acteurs. Nous jouions au football avec une vieille valise en carton. Un type s'approche de moi et me dit : "Vous ne voudriez pas faire du cinéma ?" J'ai cru à une plaisanterie. Nous avons tous rigolé ! Mais c'était sérieux. Le type c'était Henri Aisner. »

Ce cinéaste méconnu avait été chargé par la CGT de filmer une œuvre intitulée *Les Copains du dimanche* — primitivement baptisée *Demain nous volerons* —, sorte d'ode à la fraternité ouvrière. Le thème en était simple : des jeunes amis travaillant dans la même usine décident de réparer un vieil avion pour le faire voler, surmontant en chemin embûches mécaniques et administratives. Aisner cherchait donc de jeunes comédiens pour épauler les vétérans qu'étaient Marc Cassot (qui avait débuté en 1945), Paul Frankeur et Yves Deniaud. Jean-Paul, son éclat de rire terminé, fut effectivement engagé et côtoya sur le plateau son amie Evelyne Ker et Michel Piccoli. Trois ans après son premier essai dans *Molière*, cette production constituait la véritable première expérience cinématographique de Belmondo. De la sorte, le jeune comédien put percevoir les différences essentielles séparant le cinéma du théâtre, deux aspects du même métier de comédien.

« Quand on joue au théâtre, analyse Belmondo, on imagine ce que l'on fait sans le voir réellement. Le seul miroir est la salle et le public. D'après ses réactions vous devinez si vous êtes bon ou non. Quand j'ai commencé au cinéma, je pouvais enfin me voir, et, des fois, je pensais avoir été bon alors que j'étais complètement à côté de la plaque. Cela m'arrive encore quand, après une journée de tournage, je vais voir les rushes et je me dis : "Tiens, j'aurais dû accentuer ici" ou "J'en ai trop fait là". Je pense que c'est la même chose pour tous les gens qui ont des professions artistiques. Je me souviens de mon père : je l'ai vu jeter à terre des bustes que je trouvais formidables mais qui, pour un petit détail, ne le satisfaisaient pas. »

Hormis le fait, bien sûr, que l'acteur de cinéma ne travaille jamais face à un public et doit se fier à l'œil du metteur en scène pour délimiter son jeu, il existe des points de divergence qui prouvent que face à une caméra ou sur une scène, l'acteur ne puise pas dans les mêmes ressources. Certes, sur un plateau, il peut recommencer indéfiniment la même scène mais il lui faut aussi être bon dès l'instant où le metteur en scène lui dit « Moteur ». Contrairement au théâtre il ne dispose pas de la longue répétition ni du soutien des premières scènes. Il doit s'investir immédiatement et non progressivement. De plus, au cinéma, l'acteur doit se plier à des contingences techniques bien plus nombreuses et bien plus contraignantes qu'au cinéma, il ne peut en aucun cas, par exemple, sortir de ses marques. Mais surtout au cinéma la caméra enregistre à jamais la moindre petite imperfection. Un gros plan est plus dangereux que toute une salle de théâtre bien que, comme le souligne fort justement Françoise Fabian, « au théâtre la personne qui est au dernier rang doit vous voir en gros plan ». Et puis le cinéma c'est l'école de l'attente car pour un comédien il lui faut patienter entre chaque prise le temps que l'équipe technique ait mis en place projecteurs, caméras et accessoires.

A son grand étonnement, sachant que le Conservatoire formait beaucoup plus au théâtre classique qu'au cinéma, mais aussi à son plus grand plaisir, Jean-Paul Belmondo constata qu'il se trouvait à l'aise face aux caméras. Lui qui bouillait toujours de l'envie de jouer se tenait tranquille entre les prises même si réapparut sa propension au chahut. Finalement cet autre aspect du métier d'acteur lui plaisait bien et avec quelques amis comédiens il se prit à rêver que ce film bon enfant allait les lancer sur le marché du septième art. Hélas tel ne fut pas véritablement le cas. En effet *Les Copains du dimanche* ne fut jamais projeté en salles, non pas en raison d'un manque de qualité du film mais parce que son commanditaire, la CGT, le réservait pour ses propres meetings. Impossible pour le grand public, dans ces conditions, de « découvrir » Belmondo. Retour à la case départ.

A peine ce tournage terminé, Jean-Paul revint à ses premières amours et retrouva sur les planches un grand classique de Feydeau : *L'Hôtel du libre-échange*. Ce vaudeville truculent à base de cocufiage qui n'avait pas été repris dans un théâtre parisien depuis 1920 — date à laquelle Pauline Carton avait incarné une inoubliable Mme Pinglet — était monté par la compagnie Grenier-Hussenot, Olivier Hussenot lui-même tenant l'un des principaux rôles. Grâce à cette pièce Belmondo intégra donc l'une des plus prestigieuses troupes théâtrales des années 50. La compagnie Grenier-Hussenot aimait tous les styles de pièces et affichait un éclectisme jamais exempt d'un professionnalisme rigoureux. Pour un jeune acteur comme Belmondo, travailler avec elle signifiait un bon tremplin pour l'avenir et une forme de sûreté de l'emploi dans l'immédiat. Certes, il ne disposa pas dans *L'Hôtel du libre-échange* d'un grand rôle, beaucoup s'en fallait, mais Grenier et Hussenot lui firent bien comprendre qu'avoir un pied dans la troupe était déjà un atout primordial. En signant son contrat d'engagement, Jean-Paul pensa donc sceller sa carrière pour les quelques années à venir, d'autant que la compagnie avait le vent en poupe. Il pensa également confirmer son appartenance au « renouveau » du théâtre, lui qui n'avait pu entrer à la Comédie-Française. Double erreur. Certes, *L'Hôtel du libre-échange* ravit le public parisien et tint l'affiche pendant de longs mois. Mais Belmondo s'y ennuyait ferme. Il n'avait guère plus de trois répliques à lancer et disposait d'un gag, avec une pièce de monnaie, qui ne fit jamais rire personne. Aussi lorsque, seulement quelques semaines après la première, il reçut une proposition de jouer un rôle plus important dans *César et Cléopâtre*, il n'hésita pas une seconde. Jean-Paul alla donc voir Olivier Hussenot pour lui signifier son proche départ. Hussenot, qui n'aurait même pas dû sourciller, entra dans une rage folle. « Comment oses-tu nous faire cela, éructa-t-il. Tu nous trahis ! Nous te sabrerons ta carrière, tu ne pourras plus jouer nulle part. » Belmondo tenta bien de lui expliquer que sa présence dans *L'Hôtel du libre-échange* s'apparentait plutôt à de la figuration, cela ne diminua en rien le courroux d'Hussenot qui continua : « Nous avions pour toi les plus grands espoirs, nous comptions te confier de grands rôles. » Laissant Hussenot à ses promesses de Gascon, Jean-Paul Belmondo rejoignit la troupe de *César et Cléopâtre*. Or, à cette époque la compagnie Grenier-Hussenot comptait dans ses rangs un jeune talent du nom de Jean Rochefort. Tandis que Belmondo participait furtivement à *L'Hôtel du libre-échange*, lui défendait déjà *L'Amour des quatre colonels*, pièce qu'il joua pendant cinq ans. Rochefort regrette que son ami Belmondo ne se soit pas mieux entendu avec ses employeurs.

« Ça n'a pas collé avec Hussenot, constate-t-il, alors que je pense qu'ils auraient dû s'entendre. Mais il y avait une espèce de jésuitisme chez Grenier-Hussenot qui a fait qu'ils se sont un peu coincés devant cette apparence de débraillé de Jean-Paul. Il était un peu comme un loubard avant la lettre quand il débarquait dans un théâtre. Il fallait un peu de marginalité pour humer Jean-Paul, à l'époque. »

Belmondo se retrouva donc de la distribution de *César et Cléopâtre*. Cette grande production théâtrale avait été rodée au festival de Saint-Malo avec Henri Guisol dans le rôle principal. A Paris il céda sa place à Jean Marais, absolument ravi de jouer un homme de cinquante ans, lui qui n'en affichait que quarante-trois, pendant que Jacques François, Tsila Chelton et William Sabatier étaient respectivement remplacés par François Chaumette,Mona Dol et Bernard Noël. Pour le jeune Belmondo, jouer aux côtés de Jean Marais représentait une énorme chance. Il admirait beaucoup cet acteur et dès les premières répétitions constata qu'en dépit de son immense notoriété il demeurait d'une extraordinaire simplicité.

« Nous n'avions pas de scène ensemble, Belmondo et moi, se

souvient Jean Marais, mais je voyais ce jeune homme avec un talent fantastique et quand je sortais de scène je restais en coulisse pour le voir jouer. Il n'avait pas un très grand rôle mais il était tellement drôle, il avait une telle singularité, il était tellement formidable que j'étais en admiration devant lui. Et j'étais déjà certain qu'il ferait une grande carrière. »

La mise en scène était assurée par Jean Le Poulain qui connaissait Jean-Paul pour avoir assisté à son concours de sortie du Conservatoire et, l'appréciant énormément, lui avait proposé un rôle.

Dans cette comédie, Belmondo eut pour fonction de jouer une sentinelle romaine qui bénéficiait de son moment de gloire au cours du deuxième acte durant lequel il combattait au glaive Appolodore joué par François Chaumette. Entre les deux acteurs s'instaura une sympathie immédiate.

« Nous avions ensemble une scène rigolote où nous nous battions, raconte Chaumette. Le combat était relativement rapide, c'était un combat dans l'humour. Nous avions beaucoup répété parce qu'on faisait les choses très professionnellement. Jean-Paul était très doué physiquement, moi je n'étais pas encore trop racorni et nous nous en donnions à cœur joie. Jean-Paul était mince et gracile parce que c'était un jeune homme affûté mais il était très très en forme. Les répétitions et les représentations se passaient dans une ambiance très sympathique. D'abord on aimait tous Jeannot Marais qui nous le rendait bien. Cela suffit à créer une bonne ambiance dans une troupe. »

Parmi la quarantaine d'acteurs participant à ce *César et Cléopâtre* se trouvait un adolescent de quinze ans qui se nommait encore Jacques Simonet et qui devint célèbre sous le pseudonyme de Jacques Perrin.

Sur la scène du théâtre Sarah-Bernhardt, Jean-Paul put laisser libre cours à son sens inné du comique. Quelques rares critiques soulignèrent la performance de ce quasi-inconnu. Ainsi Jean Nepveu-Degas nota : « L'on applaudit (...) à l'épanouissement d'une nature comique que le Conservatoire nous avait déjà laissé entrevoir chez Jean-Paul Belmondo [1]. » Article qui faisait écho à celui d'un journaliste suisse, Frank Jotterand : « Nous remarquons, à côté d'excellents acteurs chevronnés comme Palau, des jeunes d'un talent remarquable qui ont pour nom Jean-Paul Belmondo ou Jacques Simonet [2]. »

Toute l'équipe de la pièce s'en donnait à cœur joie, que ce soit sur scène ou dans les coulisses.

« Jean-Paul et moi partagions la même loge, raconte Jacques

1. *France Observateur* du 24 janvier 1957.
2. *La Gazette de Lausanne* du 19 janvier 1957.

Ciron, et nous avions une habilleuse charmante. Elle se prénommait Lucie et était une dame d'un certain âge. Je me souviens que nous n'avions jamais l'habilleuse quand nous voulions. Alors comme nous avions un très grand placard dans notre loge, nous y avons installé une petite chaise, de la lumière et quand Jean-Paul et moi descendions sur scène, nous l'enfermions dans le placard que nous fermions à clef ! Quand nous remontions, nous étions sûrs de l'avoir sous la main. Tout le monde râlait mais peu nous importait. Et Lucie était morte de rire. Heureusement, comme nous avions des rôles secondaires, nous ne restions pas longtemps en scène. »

Chaque soir Jean-Paul en rajoutait un peu plus pour arracher des rires, qui cette fois répondaient bien à l'ambiance générale de la scène. Il fit tant et si bien qu'après les représentations quelques spectateurs vinrent frapper à la porte de sa loge pour lui demander un autographe. Il signait là les premiers de sa carrière avec un étonnement enchanté. Puis, après que les rares admirateurs avaient quitté le théâtre, Belmondo retrouvait la nuit, complice et témoin de toutes ses folies. Il s'était lié d'amitié avec François Chaumette d'abord parce qu'ils partageaient le même sens de l'humour mais aussi parce que Chaumette était un grand amateur de boxe. Ensemble, ils allaient applaudir les combats de boxe. Il ne s'agissait pas seulement de rencontres sportives mais de véritables spectacles hauts en couleur. Ainsi étaient-ils souvent coupés par des annonces publicitaires du style : « Et maintenant une prime de deux cents francs offerte par le soutien-gorge Jetiens ! » Un soir, à la plus grande stupéfaction, les deux copains de *César et Cléopâtre* entendirent le speaker annoncer : « Par les deux anciens du ring de Pantin, Belmondo et Chaumette, une prime de six cents francs ! » Il ne leur fallut pas longtemps pour découvrir quelques-uns de leurs amis, auteurs de la blague, morts de rire. Bref il régnait dans ces endroits une ambiance de fête populaire bon enfant. Au sortir de ces réunions, les amis se rendaient du côté de Saint-Germain-des-Prés ou, de bistrot en bistrot, Belmondo s'amusait à s'interposer dans les innombrables querelles émaillant la nuit. C'était son côté « redresseur de torts »...

Professionnellement, François Chaumette se trouvait à un cap décisif de sa carrière : alors qu'il jouait *César et Cléopâtre* il signa son engagement pour la Comédie-Française. Il espérait y rester un an ou deux, il y brilla finalement trente-deux ans. La Comédie-Française, qui avait fait rêver tous les élèves du Conservatoire, paraissait fermée à Belmondo du fait de son absence de prix, et voilà que l'un de ses amis allait y entrer.

« Je ne me souviens pas que le fait de ne pas être entré à la Comédie-Française ait été une douleur pour Jean-Paul, témoigne

Chaumette. C'est certain que cela a dû provoquer une déception mais moi quand je l'ai connu il semblait avoir très bien surmonté cette déception, il menait une vie de jeune homme tout à fait normale. Je ne pense pas que cela ait constitué un vrai grand problème pour lui. Et puis nous ne parlions presque jamais métier, nous parlions plutôt de boxe ! »

Les représentations de *César et Cléopâtre* s'arrêtèrent en février 1957. Le démarrage avait été plutôt calme, du point de vue des recettes, mais le succès n'avait cessé de grandir. Hélas, dès le départ, la programmation avait été limitée du fait des engagements de Jean Marais. La dernière donna lieu à quelques blagues inédites.

« Chaque soir, raconte Jacques Ciron, la grande maîtresse de la Maison de la Reine attrapait Belmondo et le pendait parce qu'il n'avait pas correctement rempli sa mission. Et le soir de la dernière lorsqu'elle s'est approchée de lui, Jean-Paul a sorti un drapeau blanc pour faire la paix. L'actrice était morte de rire... Le décor était constitué en deux étages avec un grand écran, genre cinémascope, qui montait et descendait pour masquer les gens du dessus quand ceux d'en dessous jouaient et vice versa. A la dernière, Marais, Jean-Paul et toute la smala avaient préparé leur coup. Quand ce fut à nous de jouer, en bas, ils nous ont jeté des casseroles d'eau froide alors que nous étions torse nu. J'ai poussé un cri de paon et je les entendais qui gloussaient au-dessus de nous ! »

Cette pièce eut une autre conséquence sur la carrière de Belmondo. L'auteur Jean Marsan avait reçu la mission d'adapter l'œuvre originale signée George Bernard Shaw. De ce fait il fut présent à de nombreuses répétitions. Là il remarqua la fougue et le talent du jeune Jean-Paul. Or, dans le même temps, Marsan travaillait sur le scénario d'un film de Marc Allegret, *Sois belle et tais-toi*. Il parla du jeune acteur au cinéaste qui le rencontra et promit de lui confier un petit rôle dès les premières prises de vue. Il tint parole.

En attendant ce tournage, Jean-Paul cherchait des engagements. Il en trouva un petit du côté du cinéma dans *A pied, à cheval et en voiture*, une comédie de Maurice Delbez, avec Noël-Noël, qui obtint un très gros succès. Mais Belmondo n'y apparaissait que dans quelques scènes ! Il ne fut pas le seul Belmondo à traverser ce film puisqu'il entraîna son frère Alain à y faire de la figuration. La principale scène à laquelle participa le cadet des Belmondo consistait en un banal échange de courtes répliques entre lui, Jean-Pierre Cassel et Sophie Daumier, trois bons amis. Cela n'aurait dû occuper l'équipe technique que quelques minutes. Tout un après-midi s'avéra finalement nécessaire car le trio ne cessa de chahuter...

Tandis que sa carrière progressait lentement, Jean-Paul continuait à espérer. Au courant de tout ce qui bougeait autant dans le monde du cinéma que dans celui du théâtre, il ne cessait de se présenter à d'innombrables auditions souvent même sans savoir précisément ce que recherchait la production. A force de pousser des portes pour lire une scène, réciter un passage ou simplement répondre à des questions saugrenues, Jean-Paul se retrouva face au jeune Louis Malle qui préparait *Ascenseur pour l'échafaud*, un polar ambitieux. Malle disposait déjà, à la base, d'une distribution solide : Maurice Ronet dans la peau de l'assassin, Jeanne Moreau dans celle de la femme volage et Lino Ventura dans le costume du flic têtu. Restait à trouver l'acteur qui personnifierait le jeune homme, voleur de voiture. Jean-Paul passa donc une audition dans ce but mais Louis Malle lui préféra Georges Poujouly, l'autre ex-enfant vedette des *Jeux interdits*. Exit le cinéma pour le fils du sculpteur. En définitive le théâtre lui apportait plus de possibilités et ce fut avec une joie indicible que, après une longue période sans travail, il signa son contrat pour *La Mégère apprivoisée* au théâtre de l'Athénée, dont les vedettes seraient Pierre Brasseur et Suzanne Flon.

La joie de Belmondo se situait à bien des niveaux. D'abord le texte de Shakespeare revu par Jacques Audiberti — qui ne s'était pas contenté de traduire le dramaturge mais avait transformé complètement le texte initial, apportant aux deux personnages centraux une même densité et, selon ses propres termes, ajoutant « calembredaines et facéties » — s'annonçait plaisant et apte à emballer le public. Ensuite, Belmondo endossait un second rôle important, celui du valet de Petrucchio. De plus il allait retrouver son ami Michel Galabru qui, lui, interprétait le valet de Catherine.

« Je donne ma démission du Français et nous nous retrouvons, Jean-Paul et moi, dans la même pièce, raconte Galabru. Je lui demande : ''Combien tu touches ?'' Il me répondit : ''Quarante francs !'' Mais, après, j'ai appris qu'il n'en touchait que trente. Moi, en tant qu'ancien du Français, j'en avais cinquante... Jean-Paul et moi étions emmerdés parce que nous avions tous les deux signé pour la durée de la pièce. Or Brasseur avait joué *Kean* pendant plus de deux ans et Suzanne Flon était la championne de la durée. Alors nous nous disions : ''Mon Dieu, nous voilà coincés pour plusieurs années !'' Et moi je n'avais pas quitté le Français pour rester aussi longtemps dans une même troupe... »

Mais le fait qu'il allait donner la réplique à Pierre Brasseur rendait le sourire à Belmondo. Lui qu'il admirait depuis son enfance, lui qu'il avait adoré dans *Kean*, il allait être confronté à son talent... et à son caractère. Car Pierre Brasseur était tout sauf un homme facile. Durant les répétitions il était capable de pousser des hurlements de colère et de repousser d'une phrase toute proposition qui lui déplaisait. Ne connaissant pas toujours son texte il refusait d'avouer ses fautes et mettait tout sur le dos de ses partenaires. Si quelqu'un lui faisait une remarque désobligeante, il pouvait fort bien quitter le théâtre sans autre forme d'explication. De plus il ne s'adressait guère aux « nouveaux » dont faisait partie Jean-Paul et semblait peu enclin à lier connaissance. Pourtant Jean-Paul, par rapport à la plupart des autres acteurs, jouissait d'une position légèrement privilégiée puisqu'il était un proche de Claude Brasseur et que Pierre Brasseur lui-même était un ami de Paul Belmondo. Mais cela ne changea rien à l'affaire. Brasseur savait que *La Mégère apprivoisée* reposait sur ses épaules et sur celles de Suzanne Flon, toujours remarquable. Il devait relever l'un des défis les plus difficiles du théâtre : faire rire. Au fond de lui-même il était angoissé par la première représentation qui approchait à grands pas mais plutôt que de l'avouer il préférait râler quitte à faire preuve d'une évidente mauvaise foi. Et puis, parfois, Brasseur allait jusqu'à se considérer comme le metteur en scène de la pièce, ce qui ne mettait guère à l'aise Georges Vitaly. Donc, Belmondo observait tout cela, étonné et intrigué. Il aurait aimé faire plus ample connaissance avec ce monument mais Brasseur semblait s'y refuser.

« Un jour, raconte Galabru, après les répétitions, devant l'Olympia, Brasseur m'a pris à part. Il me dit : ''Bebel, Bebel, mon fils me parle toujours de Bebel, mais tu vois quelque chose, toi ?'' Je lui ai répondu : ''Je le connais, il est un peu feignasse mais ne vous inquiétez pas, dès qu'il y aura le public, il sera bon.'' Son fils, Claude, lui avait effectivement dit que Belmondo avait une cote extraordinaire. Le lendemain, comme nous partagions la même loge, j'ai dit à Belmondo : ''Mon vieux, fais gaffe quand même parce qu'il y a des effets comiques élémentaires que tu ne fais pas. Moi je ne suis peut-être pas un travailleur mais avec toi j'ai trouvé mon maître !'' Et ça le faisait rire. Il me regardait en riant... Quand nous sommes passés devant le public tout a changé. C'était très curieux. Il était totalement inconnu, il était habillé de façon clownesque avec une perruque rousse et un foulard qui lui donnaient une tronche insensée mais moi qui aime observer les gens j'avais remarqué que les femmes le regardaient. Incontestablement il avait un succès personnel. Devant le public ça marchait ! »

Effectivement durant les répétitions Brasseur paraissait soucieux du jeu de Belmondo. La première phrase que l'aîné adressa au jeune homme tomba la veille de la générale. Après avoir distribué des encouragements à tous les acteurs de la troupe, Brasseur laissa planer un silence glacial, et s'adressant à Belmondo, il lui lança d'une voix de stentor : « Toi, tu es mauvais ! » Cette sentence eut pour effet de mettre Jean-Paul hors de lui. Il pouvait supporter bien des choses mais pas les propos sans fondement d'un râleur, fût-il Pierre Brasseur. Alors Jean-Paul se leva et quitta le théâtre non sans avoir répliqué : « On verra bien demain lequel des deux fera rire le public ! » Le lendemain, jour de générale, Belmondo était dans ses petits souliers : se mettre à dos la vedette de la pièce pouvait avoir des conséquences fâcheuses, surtout pour un second rôle. Mais il partait néanmoins confiant. Tout de même, Jean-Paul chercha à savoir dans quel état d'esprit se trouvait Brasseur. Il s'en approcha discrètement et fut sidéré : Brasseur, en nage, était rongé par le trac ! Lui, le monstre qui avait tout vu, tout fait sur une scène, angoissait à l'idée d'affronter le public constitué le soir de cette première par des personnalités du spectacle dont Edith Piaf, Jean Cocteau, Marcel Achard, Pierre Blanchar, Simone Signoret, Yves Montand, Kirk Douglas, Valentine Tessier, Annie Girardot. Puis le brigadier frappa les trois coups. Le rideau se leva sur un luxueux décor et *La Mégère apprivoisée* démarra. Brasseur ne fut pas au faite de son talent, Belmondo, par contre, brilla dans son personnage de valet. Les applaudissements, nourris, vinrent saluer la fin de la représentation. Une fois dans sa loge, Jean-Paul vit sa porte s'ouvrir sur un Brasseur imposant. A n'en pas douter, il allait se faire massacrer. Mais Brasseur lui lança : « Tu as été formidable ! Quand tu te seras démaquillé, viens avec moi, on ira boire un coup. » Les deux hommes se retrouvèrent dans un bistrot où ils se lièrent d'une amitié définitive. Belmondo en profita pour demander pourquoi Brasseur l'avait pratiquement injurié la veille en le traitant de mauvais. Brasseur de répondre : « J'ai voulu te secouer, te faire sortir de toi-même en te provoquant. » Il avait pleinement réussi.

La critique salua la prouesse comique de Jean-Paul. L'exigeant Jean-Jacques Gautier, réputé pour sa sévérité, écrivit : « Le jeune Jean-Paul Belmondo c'est ''le-comédien-qui-marche-à-la benzédrine'', une sorte de Gilbert Bécaud du théâtre [1] », ce qui faisait suite au point de vue de Jean Nepveu-Degas : « Nous pouvons applaudir sans réserve (...) les qualités de cocasserie, de brio, d'un Michel Galabru et d'un Jean-Paul Belmondo, pour ne mentionner que les deux meneurs de jeu d'une distribution où la vie circule de toutes parts [2]. » Georges Lerminnier parla d'un « très clownesque Biondello [3] » dans un article

1. *Le Figaro* du 12 octobre 1957.
2. *France Observateur* du 10 octobre 1957.
3. *Le Parisien Libéré* du 14 octobre 1957.

accompagné d'une caricature sur laquelle figurait Belmondo dont le nez cassé se trouvait particulièrement mis en évidence.

A compter de ce jour Brasseur — invariablement vêtu d'un pantalon vert gazon et de talonnettes — et Belmondo sillonnèrent les rues de Pigalle et de Saint-Germain-des-Prés pratiquement après chaque représentation. Ils fréquentèrent moult bistrots dans lesquels Brasseur prouvait que sa réputation de grand buveur n'était en rien usurpée. Souvent il jetait des répliques cinglantes aux visages d'autres consommateurs qui prenaient la mouche. Jean-Paul était alors obligé de s'interposer, tour à tour conciliant et menaçant, pour éviter une bagarre. Brasseur était aussi un homme de cœur. Un samedi soir qu'exceptionnellement il ne passait pas avec Belmondo, il apprit que celui-ci s'était retrouvé dans une bagarre dans laquelle il avait entraîné Hubert Deschamps, autre acteur de *La Mégère apprivoisée*. Les forces de l'ordre étaient promptement intervenues et avaient placé tous les belligérants sous les verrous pour au moins vingt-quatre heures. L'apprenant, Brasseur s'emporta. Il s'emporta d'autant plus qu'il avait besoin de « ses » deux comédiens pour une représentation dominicale en matinée, c'est-à-dire en début d'après-midi. Sans hésiter Brasseur téléphona personnellement au préfet de police auquel, d'un ton qui ne supportait pas de réplique, il expliqua la gravité de la situation. Belmondo et Deschamps furent libérés juste à temps pour rejoindre le théâtre de l'Athénée. A leur arrivée ils furent accueillis par Pierre Brasseur qui de sa voix grave annonça : « Tiens, voilà les taulards !... »

« Parmi les rencontres nocturnes que nous avons faites à cette époque, témoigne Jean-Paul Belmondo, je me souviens des Platters qui passaient alors à l'Olympia. C'étaient vraiment leurs débuts et nous étions devenus très copains. Moi, je n'étais pas du tout connu et eux démarraient très fort. Or, des années plus tard, j'ai été à Las Vegas avec Ursula Andress et je suis tombé nez à nez avec le plus petit des Platters, celui qui avait la voix la plus grave. Il avait complètement abandonné le métier et était tombé dans les oubliettes. Il m'appelle et me dit : ''Jean-Paul, comment vas-tu ?'' Il ne savait absolument pas que j'étais devenu une vedette et m'a demandé : ''Qu'est-ce que tu deviens ?'' Le voyant comme cela, au bas de la pente, je n'ai pas osé le lui avouer et je lui ai dit que j'étais dans les affaires. »

Chaque nuit, à une heure très avancée, Jean-Paul raccompagnait Brasseur à son appartement. Un soir bien arrosé, Brasseur se plaça au bas de l'escalier de son immeuble et demanda à Belmondo de gueuler qu'il était son Scapin. Interloqué le jeune homme s'exécuta. « Plus fort », s'énerva Brasseur. Et un tonitruant : « Je suis ton Scapin ! » fit vibrer les murs de l'immeuble. Un locataire, réveillé en sursaut, sortit et alluma la cage d'escalier. D'un geste large, Brasseur désigna la lumière et dit : « Regarde, ils ont allumé la rampe !... » Brasseur s'inquiétait beaucoup de l'avenir de ses deux poulains, Galabru et Belmondo. Aussi quand il apprit qu'ils avaient envie de se lancer dans le cabaret il décida de leur donner un coup de main. Mais plutôt que les aider à travailler il les plantait sur les Champs-Élysées et s'en allait courir la gueuse.

Grâce à Pierre Brasseur, Jean-Paul accumula les rencontres de tous ordres. Certaines le marquèrent à vie. En tout premier lieu Édith Piaf.

« J'ai eu la chance de connaître Édith Piaf, constate Belmondo. C'était une grande amie de Brasseur. Elle était venue voir la pièce et ensuite nous avons été dîner chez elle, boulevard Lannes. Ça s'est terminé à sept heures du matin ! Plus tard, quand je suis devenu un peu connu, je l'ai revue. J'ai été à deux ou trois soirées chez elle. Alors qu'elle n'allait pas beaucoup au cinéma, elle avait vu *A bout de souffle* qui lui avait beaucoup plu et elle m'en avait parlé. Puis, quand elle a fait ses adieux à l'Olympia j'étais présent... Comme tout le monde j'étais fasciné par ce petit bout de rat qui avait une vitalité incroyable. Si vous alliez vous coucher avant trois heures du matin vous vous retrouviez tricard ! »

Tout au long des cinq mois que durèrent les représentations de *La Mégère apprivoisée*, Jean-Paul assista à toutes les extravagances de Pierre Brasseur, et elles furent nombreuses, tant dans les rues de Saint-Germain-des-Prés qu'à l'intérieur du théâtre de l'Athénée. Cet acteur, sans doute du fait de sa trop grande passion pour la dive bouteille, connaissait des problèmes de mémoire. Parfois, sur scène il sautait des passages ou déclamait la réplique d'un autre pour remplacer celle qu'il avait oubliée. Dans tous les cas cela créait un vent de panique parmi ses partenaires qui devaient récupérer le coup tant bien que mal. Le public, lui, n'y voyait que du feu. Ses fréquentes sautes de mémoire plaçaient le souffleur, ou plus précisément la souffleuse, Mlle Rose, en bien mauvaise posture : lorsqu'elle soufflait trop tôt le texte elle se faisait pratiquement engueuler en pleine représentation — « Taisez-vous, je ne vous ai rien demandé » —, mais quand elle tardait trop à glisser la réplique elle se faisait également prendre à parti — « Alors, Mlle Rose, on tricote ? » Bien entendu la salle, croulant de rire, se ralliait invariablement à Brasseur qui avait un talent sans pareil pour mettre le public de son côté. A chaque représentation, il domptait les spectateurs, prouvant qu'il était bel et bien un grand monsieur du théâtre.

« Certains soirs, ajoute Belmondo, en le voyant arriver, j'étais convaincu qu'il ne pourrait pas jouer. Et puis il entrait sur scène et le dieu de la scène descendait... Il pouvait tout se permettre, y compris de parler au public, le public acceptait tout de lui. »

Jean-Paul s'amusait beaucoup avec son personnage de Biondello, le valet, même si certaines exigences du metteur en scène Georges Vitaly le déconcertaient.

« Vitaly lui faisait faire un gag, explique Galabru. Il lui disait : ''Tu vas faire Cot, cot, cot, cot, comme une poule, tu auras un œuf dans la main et tu diras au public : ''Voilà, j'ai pondu un œuf.'' Jean-Paul l'a fait une première fois : un bide. Tous les soirs le bide. Il a été trouver Vitaly pour lui dire que son gag ne marchait pas. ''Si, si c'est insolite, il faut le garder'', lui a répondu Vitaly. Alors Jean-Paul le faisait à une vitesse incroyable : ''Cot, cot'', il sortait l'œuf et c'était fini. Personne n'y comprenait rien ! »

En plein succès de *La Mégère apprivoisée*, Jean-Paul Belmondo vit Marc Allégret tenir sa promesse et lui offrir un petit rôle au cinéma dans *Sois belle et tais-toi*, titre faussement provocateur qui était aussi la dernière réplique du film. Dans le même temps Allégret engagea un autre débutant : Alain Delon. Cette production, comédie policière tournant autour de jeunes impliqués dans un trafic et s'en sortant grâce à l'aide d'un inspecteur, servait surtout à mettre en valeur les plastiques d'Henri Vidal et de Mylène Demongeot. Belmondo, lui, participa essentiellement aux séquences de groupe mais bénéficia tout de même d'une petite scène avec Delon autour d'un billard électrique — terme qui désignait alors le flipper — et d'une scène plus importante ou, se faisant passer pour un représentant, il utilisait ce slogan imagé : « Plumaton, le plumeau qui fait chanter la poussière ! » En définitive *Sois belle et tais-toi* portait presque en germe quelques traits saillants qui déterminèrent les carrières à venir de Delon et Belmondo. Le premier, qui endossait un rôle légèrement plus étoffé, apparut comme un « dur », se chargeant du transport des appareils vers la Suisse et, surtout, participant activement aux bagarres et aux recherches finales. Parallèlement, Belmondo, lui, appartenait plutôt au clan des comiques même si, vu la petitesse de son rôle, il ne pouvait rivaliser dans ce domaine avec Darry Cowl, placé d'ailleurs dans ce film dans l'unique but d'apporter une note d'humour. Cette prestation n'occupa Jean-Paul que quelques jours payés chacun trois mille six cents francs. Mais l'acteur comptait plus sur *La Mégère apprivoisée* que sur *Sois belle et tais-toi* pour propulser véritablement sa carrière. Tous comptes faits, *La Mégère apprivoisée* marcha un peu moins bien que prévu en dépit de la présence de Pierre Brasseur. Elle fut retirée de l'affiche début 1958, ce qui éloigna les deux amis et renvoya Jean-Paul dans les marécages de la chasse aux rôles. Alors qu'il continuait de traîner dans les rues de la ville, une comédie étonnante se montait au théâtre de l'Athénée qu'il venait à peine de quitter : *Oscar*, de Claude Magnier.

Les rôles des deux parents étaient tenus par Pierre Mondy, qui avait déjà participé à une vingtaine de films et autant de pièces, et Maria Pacôme. Le masseur était campé par le musclé Mario David, la fille du couple par la fraîche Jacqueline Huet. Quant au personnage essentiel du jeune homme qui vient, par sa demande en mariage, perturber un bel édifice, il échut à Claude Rich, ami de Jean-Paul depuis le Conservatoire. Les premières répétitions se passèrent bien et le metteur en scène Jacques Mauclair fut convaincu de tenir un succès. Pourtant, après quelques jours, Rich fut purement et simplement remercié. La pilule fut d'autant plus dure à avaler qu'il avait, pour préparer *Oscar*, arrêté de jouer une pièce qui marchait bien. Pendant ce temps on lui chercha un remplaçant. Maria Pacôme, qui connaissait bien Belmondo, avança son nom et le chercha à travers tout le quartier des Halles pour lui signifier son engagement. Rich, lui, était tenu à l'écart.

« Le lendemain, donc, je n'ai pas été à la répétition, dit-il. Et le surlendemain j'ai reçu une lettre de Jean-Paul m'écrivant : ''Claude, stupéfaction de ma part, j'arrive aux répétitions, je vois les acteurs qui me disent : Mais qu'est-ce que tu fais là, c'est Claude Rich qui joue le rôle ! Je croyais que c'était le premier jour des répétitions alors que les répétitions ont déjà commencé. Je ne jouerai pas le rôle après ce qu'on t'a fait !'' Je lui ai répondu : ''Écoute, Jean-Paul, fais la pièce puisque de toutes les façons, moi je ne la ferai pas.'' Tout ça pour dire que Jean-Paul a été formidable. »

Jean-Paul plut non seulement à Claude Magnier et Jacques Mauclair mais également à tous les acteurs qui le considérèrent presque instantanément comme un « bon copain ». Mario David devint un ami et Pierre Mondy apprécia son sens de l'humour.

« Nous nous sommes tout de suite très très bien entendus, souligne Mondy. Nous riions des mêmes choses et Dieu sait si on s'est payé des fous rires sur ce spectacle. Nous appartenons, lui et moi, à la même famille dans ce métier : nous avons la même façon de nous comporter, d'être à l'intérieur. Déjà, je trouvais évident qu'il réussisse. Il a ce qu'on appelle le ''sens inné du jeu''. Il sait instinctivement même si, bien sûr, il a appris et même si le Conservatoire l'a aidé à dire des textes. Pendant toutes les répétitions et pendant toutes les représentations nous n'avons eu strictement aucune espèce de problème avec Jean-Paul. Il est arrivé le premier jour, il s'y est mis tout de suite et il n'y a eu aucun problème. »

Jean-Paul, qui possède une excellente mémoire, n'eut aucun mal à apprendre le texte de la pièce en quelques jours. Texte su, il participa aux répétitions qui baignaient dans une bonne humeur générale.

La première représentation balaya les habituelles incertitudes : ce fut un triomphe. Du côté de la critique, plus qu'enthousiaste dans l'ensemble, Belmondo recueillit son lot de lauriers. André Ransan écrivit « Jean-Paul Belmondo dont la fantaisie jaillissante, débridée, fait merveille [1] », Jean Guignebert nota : « Jean-Paul Belmondo a été, lui aussi, acclamé et ce n'était que justice car il a du talent. Il joue sobrement et impose sa drôlerie par petites touches discrètes voire délicates [2] », Jean Nepveu-Degas souligna, en se trompant étrangement sur le prénom : « Citons (...) dans un personnage de Scapin de 1958 travaillant pour son propre compte Jean-Pierre Belmondo qui, depuis ses premiers pas devant des jurys réticents, a fait son chemin — et pourrait aller loin [3]. » Et Pierre Marcabru parla dans *Arts* d'un « Jean-Paul Belmondo malin comme un singe ». Dès lors, tous les soirs le théâtre de l'Athénée se remplissait d'un public avide de rires francs qui s'amusait tout au long de la pièce et applaudissait à tout rompre. Parmi les innombrables spectateurs qui se bousculèrent pour rire aux éclats se trouvait un jeune homme répondant au nom de Philippe de Broca.

« Ce qu'il y a d'amusant, déclare le cinéaste, c'est que j'ai été voir *Oscar* dans les premiers jours. J'y ai vu Jean-Paul et j'ai été ébloui. Je me suis dit : "Voilà un acteur fantastique, j'ai envie de faire plein de films avec lui." Plus tard, une amie me dit : "Tu devrais aller voir le type qui a remplacé Jean-Paul dans *Oscar*. Il s'appelle Jean-Pierre Cassel." J'y vais et je me suis dit la même chose : "J'ai envie de faire plein de films avec lui." Finalement j'ai fait cinq films avec Belmondo et cinq films avec Cassel ! »

Les acteurs se trouvaient galvanisés par le soutien inconditionnel du public et prirent le parti de ne jamais cesser de s'amuser.

« Jean-Paul, raconte Mario David, avait sa loge à côté de la mienne. J'avais fait un trou dans la cloison et j'avais été chercher une poire à lavements que j'avais remplie d'eau. Pendant qu'il se maquillait, j'avais enfilé la canule dans le trou et je lui en ai balancé une giclée. Il s'est baissé un peu et le jet a traversé sa loge pour aller mouiller son

1. *L'Aurore* du 22 mars 1958.
2. *Libération* du 24 mars 1958.
3. *France Observateur* du 10 avril 1958.

blouson de daim vert. Jean-Paul était furieux. ''Putain, qu'est-ce que c'est que ce con ! Regarde mon blouson, tu l'as taché. La flotte sur du daim, tu ne te rends pas compte ?'' Moi, j'étais emmerdé parce que se payer un blouson en daim, à l'époque, ça représentait quelques économies. En fait, Jean-Paul n'a jamais pu le remplacer. Depuis, il n'a plus jamais porté de blouson en daim ! »

Souvent les acteurs étaient secoués par des fous rires qui entraînaient dans leurs cascades toute la salle. La plupart du temps, ils étaient dus aux blagues de Jean-Paul et ses amis.

« Nous chahutions la charmante Jacqueline Huet, rapporte Pierre Mondy. Elle avait à deux ou trois moments des exclamations un peu hautes, alors nous les lui parodions, nous les refaisions en scène à des moments complètement incongrus. »

Fidèle à son habitude, Jean-Paul profitait des « après-spectacle » pour retrouver la chaleur de la nuit parisienne.

« Nous fréquentions énormément Saint-Germain-des-Prés, avoue Mario David. Un soir que Jean-Paul n'avait pas beaucoup de fric, moi non plus, nous avons rencontré le jeune Alain Delon qui en avait encore moins. Nous nous sommes dit : ''Les mecs, si on veut boire un coup faudrait qu'on trouve du fric.'' Alors nous nous sommes mis à faire les cons : des équilibres sur les tables, moi je faisais des sauts périlleux sur les tables des cafés, Jean-Paul arrêtait les voitures, les empêchait de partir, se couchait devant, bref, du délire. Tout ça se passait rue Saint-Benoît. Et, après, nous avons fait la quête parmi les gens. Nous avons réussi à récolter suffisamment de fric pour passer la soirée sans mourir de soif... »

Oscar fut le premier grand rayon de soleil dans la carrière naissante de Jean-Paul Belmondo. Il s'amusait énormément sur scène, le public riait aux éclats sans fausse honte, la pièce triomphait — sans doute pour de longs mois — et il était entouré d'une bande de copains qui partageaient son sens de l'humour. Que demander de plus ? Rien. Si ce n'est que cela continuât.

9

EN ATTENDANT GODARD

Jean-Paul Belmondo nageait dans le bonheur des répétitions d'*Oscar* quand il reçut différentes propositions du milieu du cinéma. Tout d'abord Marcel Carné s'affirma tout à fait passionné à la suite de son audition en vue des *Tricheurs*, film qui se penchait sur la jeunesse dorée de Saint-Germain-des-Prés. Pour cette œuvre ambitieuse, Carné s'inspira notamment d'un jeune homme qu'il avait croisé et dont nul ne savait de quoi il vivait. Il traînait d'appartement en appartement, usant et abusant de la crédulité de ses amis. Marcel Carné en parla au scénariste Charles Spaak qui, de son côté, affirma qu'il avait connu une jeune fille qui elle aussi semblait ne suivre aucune règle de vie et ne subsister qu'aux crochets de son entourage. Ils décidèrent donc de faire de ces deux personnages pas si inhabituels que cela les « héros » des *Tricheurs*. Le réalisateur des *Visiteurs du soir* et des *Enfants du paradis*, au vu de la prestation de Belmondo, annonça donc qu'il lui confierait l'un des rôles principaux de son film. Entre-temps, un autre comédien apparut : Laurent Terzieff. Carné le remarqua à la télévision et fut troublé par la perfection de son jeu aux antipodes de celui de Jean-Paul et par le mystère qui se dégageait de sa personne. Il lui fallait fixer son choix, il hésita longuement. Les deux acteurs attendirent de longues journées sa décision. Au bout du compte Marcel Carné confia la tête d'affiche de son film à Laurent Terzieff. En fait, bien plus tard, Marcel Carné avoua que Belmondo avait alors une apparence un peu trop « gouape » pour interpréter un philosophe, fût-il de pacotille. En compensation le cinéaste confia, moyennant quatre mille francs par jour, un second rôle à Jean-Paul qui l'accepta. La distribution donna d'ailleurs beaucoup de fils à retordre à Marcel Carné. Durant tous le mois de février 1958 il vit des dizaines de jeunes comédiens et comédiennes. Ainsi pour le quatrième rôle au générique il envisagea

Andréa Parisy, Cathia Caro et Isabelle Corey et retint finalement Parisy. Deux autres personnages importants furent confiés à Jacques Charrier, que Carné avait remarqué au théâtre dans *Le Journal d'Anne Frank* — et qui supplanta Alain Delon, lui aussi pressenti pour le rôle — et Pascale Petit, vue par Carné dans *Une vie*, film d'Alexandre Astruc. Si le rôle que joua Belmondo s'avéra tout à fait négligeable sur le plan de l'intrigue il apparaissait souvent dans les scènes de groupe, ce qui obligea Jean-Paul, dès le 15 mars, à se trouver fréquemment présent sur le plateau. Là, le jeune acteur et le cinéaste vétéran ne s'entendirent pas vraiment. Carné entendit Belmondo le traiter de vioque et en fut choqué. Aux yeux du cinéaste le malaise s'était installé du fait de son choix en faveur de Terzieff.

« Carné a toujours été persuadé que je lui en avais voulu de ne pas m'avoir engagé pour le premier rôle, remarque Belmondo. Ce qui est entièrement faux parce qu'à l'époque beaucoup de metteurs en scène ne me prenaient pas et je ne pouvais leur en vouloir à tous. Je suis bien placé pour savoir que l'on ne peut pas en vouloir comme cela aux gens. D'ailleurs, au moment de la préparation des *Tricheurs*, Terzieff et moi nous nous étions dit : "Celui qui gagne le rôle paye un repas à l'autre !" Donc je n'ai eu absolument aucune haine envers Carné. Ce qui s'est passé sur le tournage est très différent. Moi j'étais très chahuteur — d'autant plus que je jouais *Oscar* le soir au théâtre. Et là sur le plateau il y avait toute la rue Saint-Benoît en figuration. Alors c'était formidable : nous faisions les idiots, l'ambiance était très bonne et j'ai énormément ri. De plus Carné qui voulait faire vrai avait donné du vrai whisky, alors tous les mecs de Saint-Germain finissaient ivres et c'est vrai que plus d'une fois Carné s'est fait remballer. Il n'arrivait plus à les tenir et recevait des "Ta gueule, Marcel". C'est pour cela qu'il a pensé que je lui en voulais. »

Jean-Paul qui, comme tous les jeunes comédiens, rêvait d'un véritable démarrage sur grand écran, aurait pu bénéficier du formidable impact des *Tricheurs* si Carné l'avait choisi à la place de Terzieff. Car le film, qui divisa la critique, attira des foules considérables (près de cinq millions de spectateurs en France) et fit naître moult polémiques quant au regard que le cinéaste portait sur la jeunesse des années 50. Des ligues de parents s'insurgèrent contre le portrait de la jeunesse tel qu'il était brossé dans cette œuvre, des maires interdirent la projection du film dans leur commune et de nombreuses personnes s'indignèrent officiellement de l'ambiance malsaine et pernicieuse qui se dégageait des *Tricheurs*.

Tout cela n'empêcha pas le film d'obtenir le Grand Prix du

Cinéma français en novembre 1958. Mais pendant que Terzieff, Petit et Charrier voyaient l'intérêt des médias se braquer sur eux, Belmondo, lui, restait dans l'ombre. Finalement il n'apparaissait dans *Les Tricheurs* qu'au cours des scènes de groupe, lançant quelques réflexions sans grand intérêt et quittant l'écran sans avoir le temps d'y être véritablement remarqué. Le recul du temps rendit toutefois certaines de ses répliques presque savoureuses. Ainsi déborda-t-il de naturel lorsque, regardant une Jaguar accidentée, il s'exclama : « Une Jaguar dans cet état-là, ça me fout le cafard ! » Belmondo ne disposa que d'un passage légèrement plus important : vers la fin du film lorsqu'il participa au jeu de la vérité face à Laurent Terzieff. Mais les véritables centres d'intérêt de ce film demeuraient indubitablement Terzieff et Charrier qui eurent même droit à leur « cascade » lorsqu'il leur fallut aller chercher un chat bloqué sur une mince corniche ! Toutefois quelques rares critiques remarquèrent le jeu original de Belmondo. Ainsi Robert Chazal dans *France Soir* porta son nom à l'attention du public en même temps que ceux de Dany Saval et Jacques Portet.

Au sortir de ce tournage, Jean-Paul demeurait de plus en plus convaincu que le cinéma n'était pas pour lui. Et pourtant, Marc Allégret, qui ne l'avait pas oublié depuis *Sois belle et tais-toi*, lui confia un rôle non négligeable dans *Un drôle de dimanche*, durant l'été 1958. Cette comédie était surtout construite autour de la personnalité de Bourvil et de Danielle Darrieux jouant un couple qui se séparait et se retrouvait, mais aussi autour de celle d'Arletty, toujours en forme.

« C'est un souvenir formidable pour moi, raconte Belmondo. Grâce à ce film j'ai connu Arletty, Danielle Darrieux et Bourvil. En plus c'était la première fois que je descendais dans un hôtel luxueux, le Noailles. Moi j'étais un inconnu et Bourvil s'est montré adorable avec moi. J'adorais Bourvil. C'était l'époque où il chantait *Les Cartes postales*, tout ça, et moi je n'arrêtais pas de l'imiter. Il me faisait énormément rire. J'étais très fier de tourner avec lui qui était un homme charmant et qui adorait faire la leçon dans la vie. Il ne racontait que des histoires volontairement idiotes qui le faisaient rire comme un fou et qui faisaient rire tout le monde. Bourvil était toujours gai, toujours prêt à dire une connerie. Il était aussi un très grand acteur, comme Fernandel. Tous deux ont cette réputation de comique alors qu'ils n'ont pas fait que cela. Mais même n'auraient-ils fait que cela, je trouve ça énorme. Des types comme eux c'est fantastique. Mais le défaut de la France a toujours été de mal traiter les comiques. Aujourd'hui Coluche a une auréole parce qu'il a fait les Restos du Cœur. S'il n'avait été que le mec qui fait rire et qui a joué dans *Tchao*

Pantin, il n'aurait pas l'aura qu'il a. Ce que je dis n'est pas méchant vis-à-vis de Coluche que j'aime beaucoup mais Coluche a cette auréole alors que des comiques comme Bourvil et Fernandel ne l'ont pas parce qu'ils n'avaient que la prétention de faire rigoler. C'est ce que les gens leur reprochent inconsciemment : être des comiques. Les grands comiques sont toujours un peu dédaignés. Regardez De Funès : il était formidable et refusait de faire autre chose que de faire rire. Il disait : "Je veux faire rire." Moi, je trouve ça formidable ! Un acteur comme Fernandel a bercé ma jeunesse avec des films comme *Les Dégourdis de la 11ᵉ* qui me faisaient pleurer de rire. Et tous sont des grands acteurs car c'est très dur de faire rire comme ça. Donc pour moi *Un drôle de dimanche* a été l'occasion de découvrir Bourvil au naturel. Arletty aussi, d'ailleurs. Elle aussi a été adorable. Arletty pour moi c'était un rêve d'enfant. Je me rappelle qu'un jour où nous tournions en extérieurs nous avions tous les deux fini à cinq heures et j'avais été lui demander une voiture pour la raccompagner à son hôtel. Le type de la production m'a dit : "Elle attendra comme tout le monde !" Alors, sans se démonter elle a été faire du stop et c'est comme cela que nous sommes repartis. »

Pour Jean-Paul ce fut un fort agréable tournage encore agrémenté par le fait qu'il toucha un million de francs. C'était la première fois qu'il gagnait une telle somme. L'argent lui brûlant les mains, il décida de tout dépenser dans une gigantesque virée qui l'entraîna à Marseille. Avec lui il emmena Renée Constant, dite Élodie, sa compagne avec qui il envisageait sérieusement le mariage. A la sortie du film, en novembre 1958, Jean-Paul, pour la première fois, se fit véritablement remarquer par la critique cinématographique. Ainsi *Le Monde*, sous la plume de Jean de Baroncelli, notait : « Signalons, enfin, dans le rôle du trompettiste, le jeune Belmondo. Il devrait faire une belle carrière. » Le journal *Arts*, par contre, s'il sauva Belmondo du lot, procéda à une attaque en règle : « *Un drôle de dimanche*, donc, est d'un inintérêt total. Le texte est lamentable, les acteurs aussi. Quand le rôti ne vaut rien, on se rattrape sur la sauce ; mais ce n'est pas avec Bourvil qu'on sauve un scénario de Serge de Boisac, ni avec Cathia Caro des dialogues de Jean Marsan. Avec Jean-Paul Belmondo, peut-être, puisque c'est le Michel Simon et le Jules Berry de demain, mais encore faudrait-il utiliser ce génial acteur autrement et ailleurs. » L'auteur de cette diatribe, qui n'était autre que Jean-Luc Godard, savait de quoi il parlait puisqu'il venait de faire tourner Jean-Paul Belmondo !

Tout avait commencé à l'époque de *Sois belle et tais-toi*. Anne Colette, qui y jouait également un second rôle, présenta Jean-Luc

Godard à Jean-Paul Belmondo. Depuis quelque temps déjà Godard cherchait à entrer en contact avec cet étonnant acteur. Les deux hommes ne fréquentaient absolument pas le même monde même si tous deux frayaient dans les quartiers de la rive gauche. Godard avait appartenu au mouvement intellectuel cinéphile de la Sorbonne dont le grand lieu de rendez-vous était la cinémathèque de l'avenue de Messine, celle-là même que Belmondo et Marielle avaient si souvent visitée durant leurs études au Conservatoire. Par la suite, Godard avait continué sur sa voie et rencontré un groupe de jeunes intellectuels qui comme lui se retrouvèrent aux *Cahiers du cinéma*. Godard était donc, déjà, un homme de livres, d'écrits et d'analyses filmiques. Pourtant il avait soif de liberté et son envie de réaliser un film naquit de son refus d'appliquer les règles pesantes en vigueur dans les cinémas français et hollywoodien. Il était convaincu qu'il était possible de réaliser une œuvre hors contrainte, hors norme même, et voulait se servir des règles en usage pour mieux les contourner. Or, tandis qu'il effectuait cette démarche audacieuse, Jean-Paul Belmondo et ses amis prenaient un malin plaisir, tout en affichant un réel talent, à contourner les règles du Conservatoire et, plus généralement, celles du théâtre. Godard ne pouvait donc qu'être attiré par cette affirmation constante de liberté, d'autant qu'elle s'épanouissait chez un acteur qui affichait un refus de toute analyse intellectuelle et prenait volontairement des allures de voyou.

C'est donc bel et bien cette notion de liberté totale qui intéressa Godard lorsqu'il observa, car il l'observa, Belmondo. Pourtant, lors du premier contact entre les deux hommes, le courant ne passa absolument pas. L'acteur apprécia peu que son interlocuteur n'enlève jamais ses lunettes noires, il trouvait que ça lui donnait un air un peu louche et que, en tous les cas, cela manquait singulièrement de franchise. Il ne goûta pas plus son accent traînant. Un temps, Belmondo fut convaincu que Godard faisait exprès de parler avec cette lenteur quasi exaspérante et ces intonations inhabituelles, mais, renseignements pris, il découvrit que le journaliste traînait avec lui un accent suisse directement issu du canton de Vaud, sa contrée natale. Et puis ce que lui racontait Godard d'un air triste n'intéressa guère Belmondo le bouillant. Ils ne parlaient pas tout à fait du même cinéma en dépit du fait qu'en ce domaine leurs cultures se rejoignaient sur bien des points.

Belmondo était alors un acteur des boulevards, Godard un journaliste de l'intelligentsia des *Cahiers du cinéma*. Lorsque les deux hommes se quittèrent, l'acteur demeurait convaincu qu'ils ne se reverraient jamais. Pourtant quelques semaines plus tard, alors qu'il se restaurait à la brasserie Lipp, en plein Saint-Germain-des-Prés,

Belmondo vit réapparaître ce drôle de petit bonhomme, toujours porteur de ses lunettes noires. Cette fois il lui proposa carrément de faire un film avec lui, un court métrage, précisa-t-il. Cela parut un peu étrange à Jean-Paul car Godard n'avait pas une attitude à convaincre des producteurs de parier de l'argent sur lui, et puis un court métrage c'était relativement inhabituel. Les doutes se renforcèrent lorsque Godard précisa que le court métrage serait entièrement tourné dans sa chambre. Cette fois Belmondo en était sûr : ce Godard était un homosexuel qui n'avait trouvé que cette méthode pour entraîner Jean-Paul dans sa chambre ! A la fin de l'entrevue, le comédien laissa une réponse évasive et se demanda comment diable il allait se débarrasser de ce journaliste un peu trop collant.

Un peu plus tard, Jean-Paul parla de cet entretien déroutant à sa compagne, Élodie. Moins abrupte que l'acteur, la jeune femme analysa la situation de manière différente : si Godard disait vrai, Belmondo, en refusant, risquait de passer à côté d'une collaboration intéressante avec un jeune metteur en scène original ; si, par contre, Belmondo avait raison, il ne risquait pas grand-chose à se rendre dans la chambre d'hôtel de Godard qui ne possédait guère une carrure à lui attirer des ennuis. Jean-Paul, ramené à la raison, finit donc par accepter la proposition de Jean-Luc Godard, qui, bien entendu, s'avéra être tout ce qu'il y a de plus sérieux. Le court métrage en question s'intitulait *Charlotte et son jules*, il durait une vingtaine de minutes et se déroulait, effectivement, en totalité dans une chambre d'un hôtel situé boulevard Raspail où Godard logeait. Le personnage central, Jean, voyant revenir Charlotte, en profitait pour dire tout ce qu'il pensait d'elle et des femmes. Mais Charlotte n'était présente que pour récupérer sa brosse à dents, son nouvel amant l'attendant dans sa voiture. Pour autant, Jean-Luc Godard ne présenta à aucun moment de scénario précis. Il laissa ses interprètes, Belmondo et Anne Colette, largement improviser tandis que lui, avec une équipe technique des plus réduites, inventait de son côté les mouvements de caméra. Par manque de moyens financiers, Godard ne tourna pas en son direct, c'est-à-dire que le texte de *Charlotte et son jules*, soit le long monologue de Jean-Paul ponctué de « Oh » et de « Ah » de sa partenaire, serait enregistré par la suite. Cette fois le courant entre Godard et Belmondo passa beaucoup mieux. L'acteur aimait la façon de travailler du cinéaste et appréciait énormément le fait qu'il lui laisse la bride sur le cou. Lorsque les prises de vues furent terminées, Godard annonça à son interprète : « Le jour où je ferai mon premier long métrage ce sera avec toi. » Jean-Paul, convaincu qu'il n'y parviendrait jamais, se contenta de répondre : « Oui, oui, d'accord » avant de retrouver ses soirées du théâtre de l'Athénée où *Oscar* continuait de triompher

Mais une très mauvaise surprise survint.

Un soir qu'il regagnait sa loge, après avoir donné le meilleur de lui-même sur scène, Jean-Paul vit arriver deux individus à la mine pas très engageante et à la coupe de cheveux plutôt rase. Les deux hommes lui demandèrent : « Comment vous sentez-vous ? » Étonné, l'acteur répondit dans un sourire : « En pleine forme, pourquoi ? » Pourquoi ? Tout simplement parce que ces deux hommes étaient des militaires appartenant à une commission de contrôle médical. Car depuis qu'il avait quitté l'armée, Jean-Paul, puisqu'il avait fait croire à une invalidité, continuait de percevoir une pension. Or il était évident que le jeune homme bondissant d'*Oscar* n'avait nul besoin d'une telle pension. De plus, au moment de son engagement, Belmondo avait signé pour trois ans, or ce contrat n'avait été dénoncé que parce que le soldat était handicapé, ce qui n'était plus le cas. En conséquence, les deux hommes sommèrent Jean-Paul Belmondo de se présenter quatre jours plus tard à une caserne proche. Il ne fallait pas plaisanter avec l'armée : la France était en pleine guerre d'Algérie...

Sidéré, Jean-Paul annonça l'étonnante nouvelle à ses camarades : il allait devoir repartir sous les drapeaux et, donc, abandonner *Oscar*. La consternation et même la tristesse passées, il fallut, en catastrophe, lui trouver un remplaçant, ce fut Jean-Pierre Cassel. Par la suite Jean-Paul demeura un inconditionnel de cette pièce de Claude Magnier. Lorsque Louis de Funès la reprit dès 1961, il alla l'applaudir trois fois alors qu'il en connaissait toutes les répliques, tous les rouages. *Oscar*, par sa réussite totale, est une œuvre rare et cela Belmondo l'avait très vite compris.

Quittant, la mort dans l'âme, *Oscar*, Belmondo se retrouva bientôt en Afrique du Nord.

« Quand je suis arrivé en Algérie, le capitaine appela individuellement chacun d'entre nous, raconte Jean-Paul. Lorsque je suis entré dans son bureau il m'a demandé : ''Qu'est-ce que vous faites dans le civil ?'' Je lui ai répondu : ''Je suis acteur.'' Et il m'a dit : ''Vous ne devez pas être très bon pour qu'on vous ait envoyé ici !'' Belle réplique ! »

Jean-Paul se retrouva incorporé dans un régiment de cavalerie. Contrairement à ce que son titre un peu pompeux peut laisser supposer, ce régiment ne disposait pas d'un seul cheval et Jean-Paul se souvient essentiellement de longues et interminables marches près d'Oran.

« Je faisais Alger-Hussen Dey-Surcouf pratiquement tous les jours, affirme Belmondo. Ça et du maniement d'armes et des patrouilles, beaucoup de patrouilles. Mais je n'étais vraiment pas un militaire acharné. Pour moi c'était un véritable cauchemar... Je me souviens qu'un jour j'ai reçu une très gentille lettre de Godard qui m'écrivait pour me demander l'autorisation de me doubler dans *Charlotte et son jules*. Il finissait sa lettre en me disant : "Un jour, je ferai un grand film et je t'engagerai." Cela m'a fait sourire. Assis là-bas, au fin fond de l'Algérie, je ne pensais pas qu'un jour il m'engagerait. »

Jean-Paul donna son autorisation, bien entendu, pour le doublage de *Charlotte et son jules* et cela eut une conséquence étonnante. Godard colla son accent suisse sur la silhouette de Belmondo. Or, au moment où Jacques Becker préparait *Le Trou* et cherchait des acteurs inconnus, quelqu'un lui parla de Belmondo. « Non, pas Belmondo, répondit Becker, je l'ai vu dans un court métrage. Physiquement ça va, mais il a une voix impossible ! »

Dans cette Algérie déjà plus tout à fait française, cette Algérie qui avait vu naître son père, Belmondo se sentait loin de tout. Loin d'Élodie, la femme qu'il aimait. Loin de son métier alors que sa carrière, grâce au succès d'*Oscar*, semblait prête à démarrer sur les chapeaux de roue. Loin de ses amis et de ses chahuts. Loin de Paris et de ses rues animées. Seule compensation dans cet amas de tristesse, la présence de son frère Alain qui travaillait déjà en Algérie depuis quelque temps et que Jean-Paul revit à différentes reprises. Après deux mois de présence en Algérie, Jean-Paul fut, à nouveau, victime d'un accident. Il se retrouva à l'hôpital où il passa deux autres mois à attendre que les médecins statuent sur son sort. Ils s'affirmaient perplexes car avec ses deux accidents au sein de l'armée, Jean-Paul Belmondo constituait un sujet « à risques ». Finalement, comme il était visible que ce jeune homme ne souhaitait aucunement rester sous les drapeaux, ils le renvoyèrent définitivement dans son foyer, mais cette fois sans aucune pension...

Rentré à Paris, l'une des premières choses que fit Jean-Paul Belmondo fut de programmer son mariage. La cérémonie se déroula le 17 janvier 1959 en la mairie du quatorzième arrondissement et en l'église Saint-Dominique, l'église même où bien des années auparavant avait été baptisé Jean-Paul. Le jeune marié avait pour témoins ses amis Pierre Vernier et Hubert Deschamps. Le couple et Patricia, leur premier enfant — née le 2 septembre 1953 —, s'installèrent dans un petit appartement prêté par les parents de Jean-Paul. De plus, constatant que leur fils tirait quelque peu le diable par la queue, les Belmondo lui allouèrent une petite rente afin de subvenir aux besoins les plus élémentaires de sa vie de famille.

Lorsque Jean-Paul Belmondo commença à être très connu, des journalistes demandèrent à sa femme de parler de lui au quotidien. Si la plupart du temps elle repoussait ces questions, en 1964, pour *Cinémonde*, Elodie accepta de sortir de son silence :

« J'aime sa franchise, sa bonne humeur, sa tendresse, ses goûts identiques aux miens. Nous aimons aller à la campagne avec les enfants, vivre librement, sans contrainte. J'aime sa personnalité qui est très forte et son talent dont je suis fière. Il a des goûts très simples. La réussite, le gain, la renommée ne l'ont absolument pas grisé. Il aime dormir, il se plaît au grand air. Il est d'un optimisme réconfortant. Quand ça va mal, il est persuadé que ça ne va pas tarder à s'arranger. Et, en effet, ça s'arrange toujours. Je lui reproche des colères subites pour un rien. Cela ne dure jamais très longtemps. Dix minutes de silence et la colère tombe... Il lit tout ce qui concerne le théâtre, en outre, de temps à autre, des policiers de la Série noire, du James Hadley Chase ou du Agatha Christie. Il s'intéresse aussi aux ouvrages de science-fiction, aux voyages de cosmonautes... Il a une prédilection pour les costumes blancs. C'est chez lui une manie. Pendant un de nos voyages à Venise, il s'est commandé un complet de fresco blanc. Mais comme il n'allait pas très bien, il l'a donné à retoucher. Le jour même où nous devions partir, on lui a rapporté le costume : le pantalon était trop court, les manches trop longues ! Jean-Paul, pris d'une rage folle, a précipité le costume dans le canal, sous les yeux d'un gondolier éberlué [1] ! »

En dépit de ce bonheur familial, au fond de lui-même, Jean-Paul s'interrogeait. Professionnellement, hormis quelques contacts épars, il se rendait bien compte que la plupart des portes auxquelles il frappait demeuraient obstinément fermées. Lui qui avec *Oscar* était promis aux plus hautes sphères devait, du fait de son départ pour l'armée, presque repartir à zéro. Prenant les choses très à cœur, et peut-être même un peu trop, il se mit à s'interroger sur son devenir d'acteur. Pourtant, il n'avançait aucune exigence insurmontable : il voulait simplement vivre de sa passion. Alors, sentant son avenir lui filer entre les doigts, il commença à envisager sérieusement la possibilité de se lancer dans une autre voie. Maintenant qu'il était marié, il devait éviter de constituer un poids pour ses parents et entrer de plain-pied dans une vie d'adulte. Pourtant il trouva deux soutiens qui le rassurèrent. Élodie tout d'abord.

« Sans Élodie et son admirable confiance en moi, peut-être aurais-je tout laissé tomber pour rejoindre mon frère Alain qui travaillait

1. *Cinémonde* du 21 avril 1964.

dans les entreprises pétrolières du Sahara, déclara Jean-Paul plus tard. Peut-être aurais-je tout perdu par impatience. C'est Élodie qui me poussa à faire face à l'adversité, quoi qu'il puisse arriver, à tenir tête. ''Si tu abandonnes ce métier, me disait-elle, tu ne seras qu'une épave et notre ménage s'effondrera du même coup car une femme a besoin d'admirer son mari pour l'aimer.'' [1]. »

Paul Belmondo ensuite. Le sculpteur, toujours clairvoyant, s'affirma lui aussi un soutien de tous les instants. Lorsqu'il vit son fils douter, lorsqu'il le voyait revenir bredouille après une chasse aux rôles, il ne cessait de lui répéter : « Ne désespère jamais. Travaille et tu y arriveras. »

Fort de ces soutiens, Jean-Paul put donc sérieusement envisager son avenir. Il lui fallait impérativement et rapidement travailler, c'est pourquoi il envisagea de renouer avec les cabarets qu'il avait fréquentés durant le Conservatoire. Il songea à placer un numéro de duettistes avec Guy Bedos, les deux amis souhaitant, en quelque sorte, assurer la succession de Jean Poiret et Michel Serrault mais ce projet tourna court. Par ailleurs, grâce à ses contacts dans les milieux théâtraux, il apprit qu'une comédie était en train de se monter au théâtre La Bruyère : *Trésor Party*. Cette pièce écrite par Bernard Régnier, fils de Max, était inspirée d'un roman de P.G. Woodehouse, auteur britannique plein d'humour qui situe la plupart de ses histoires dans de riches et strictes familles anglaises. Jean-Paul se présenta aux auditions. Il se rendit compte qu'il n'était pas du tout un inconnu. Mieux, la production acceptait de lui confier un des rôles principaux, celui de Jeff Miller. Les heureuses retombées d'*Oscar*. Bouillant de mille envies, sûr de conquérir à nouveau Paris, Belmondo, heureux, retrouva les joies des répétitions face à Jean-Roger Caussimon, Evelyne Ker, Micheline Luccionni, Jacques Ciron. Au moment des représentations Jean-Paul recueillit la plupart des critiques laudatives. Ainsi dans *Le Monde*, Robert Kemp nota : « L'œuvre repose sur M. Belmondo, jeune comédien plein de feu, volubile, clair de sourire, trépignant. Il est doué. Il a un tempérament. » Du coup des journalistes vinrent frapper à sa porte et Jean-Paul accorda les premières interviews de sa carrière.

« La pièce n'a pas très bien marché, constate-t-il, mais, personnellement, j'avais fait un tabac en tant qu'acteur. Alors les gens ont commencé à s'intéresser à moi. Il y a eu beaucoup de journalistes, mais ça n'a pas eu véritablement de suite. »

Effectivement, *Trésor Party* ne connut pas la destinée magique et rarissime de *Oscar* et la pièce dut être retirée de l'affiche après deux

1. *Ciné Revue* du 3 janvier 1967.

mois et demi de représentations. Même la critique louangeuse de Jean-Jacques Gautier ne parvint pas à inverser la tendance. Ce célèbre journaliste qui, disait-on, faisait la pluie et le beau temps sur les théâtres parisiens nota : « Tout cela ne peut tenir en équilibre — fût-il instable — que par la vertu d'un comédien exceptionnel. Oui, exceptionnel de verve, de drôlerie, d'abattage. Il possède le bagout du camelot. Il bonimente son rôle. Il brûle les planches. Il porte la comédie à bout de bras. En ouvrant la bouche, il déclenche les rires des spectateurs, et ce rire ne cesse que s'il se tait ; mais je dois convenir que son personnage parle tout le temps. Cet acteur se nomme Jean-Paul Belmondo. Ô désopilant Belmondo "sans qui les choses ne seraient pas ce qu'elles sont" ! »

Un œil rivé sur cet éloge, l'autre pointé vers la salle désespérément peu remplie du théâtre La Bruyère, le jeune acteur commença à se poser des questions sur la réelle importance de la critique...

Comme habituellement dans le monde du théâtre, la dernière de *Trésor Party* donna lieu à une surenchère de gags.

« C'était encore l'époque où au début de la représentation on annonçait que c'était la dernière et que les gens veuillent bien excuser les choses inhabituelles qu'ils pourraient voir, explique Jacques Ciron. Tout était possible le soir d'une dernière, un copain pouvait très bien venir déguisé et surgir sur scène. Ce soir-là Jean-Paul et moi nous étions armés de pinces coupantes et nous nous sommes mis derrière le décor. Pendant qu'Evelyne Ker et Micheline étaient en scène, nous avons cisaillé les fils de fer qui reliaient les tableaux et une tête de cerf accrochés au décor. Ils tombaient les uns après les autres ! »

Suite à l'arrêt de *Trésor Party*, Jean-Paul se retrouva, comme beaucoup d'acteurs de son âge, à courir le cachet. Le théâtre lui faisant grise mine et n'ayant guère envie de s'enfoncer dans le cinéma, il s'estima dans une sorte d'impasse.

10

LONGS SOUFFLES

Perdu dans ses pensées, se souvenant de ses triomphes et rêvant à ses espoirs, Jean-Paul Belmondo rencontra Henri Vidal avec lequel il avait largement sympathisé sur le tournage de *Sois belle et tais-toi*. Vidal, grande vedette du septième art dont la liaison avec Michèle Morgan passionnait la France entière, venait d'être convié à assumer le principal rôle masculin d'une coproduction internationale, *Mademoiselle Ange*, comédie sentimentale un peu niaise. Ce film, en fait, servait à profiter de l'immense notoriété dont jouissait Romy Schneider depuis ses *Sissi* qu'elle venait de terminer. Romy, teinte en blonde pour l'occasion, se retrouva dans un double rôle d'ange et d'hôtesse de l'air. Henri Vidal expliqua alors que le metteur en scène, Geza Radvanyi, recherchait un acteur pour camper le mécanicien copain du héros. Jean-Paul serait sans nul doute parfait pour ce rôle guère compliqué. Du coup Vidal le présenta à la production et, à son grand étonnement, Belmondo se retrouva sur la Côte d'Azur où était filmé ce *Mademoiselle Ange*. Ce qu'il vit le consterna. A tous les niveaux cette œuvrette ne présentait strictement aucun intérêt : intrigue nulle, romance mièvre, mise en scène lourde. Quant au personnage qu'avait à défendre Belmondo il était d'un conventionnel achevé. De toutes les façons, Jean-Paul ne disposait que de quelques scènes. Seul attrait du tournage pour Jean-Paul : Henri Vidal lui-même avec lequel il resta en excellents termes. Malheureusement ce fut le dernier film d'Henri Vidal : quelques mois après les prises de vue de *Mademoiselle Ange* il mourut d'une crise cardiaque. Globalement ce tournage laissa, donc, à Jean-Paul une fort mauvaise impression et lorsque, pour son plus grand soulagement, il quitta définitivement le plateau de *Mademoiselle Ange*, il affirma que si c'était cela le cinéma il ne voulait plus rien avoir à faire avec lui. Cette fois sa décision était définitive : le théâtre ou rien.

Puis, un jour qu'il se promenait sur les Champs-Élysées, Belmondo croisa Jean-Luc Godard qui persévérait dans l'univers du septième art. Godard, pour une fois, parut un peu affolé et annonça à l'acteur : « Cours vite aux bureaux des frères Hakim, il y a un rôle pour toi ! » Jean-Paul, avec un large sourire, lui répliqua qu'il n'avait plus aucune envie de faire du cinéma, précisant même : « C'est trop con ! » Heureusement Godard le convainquit de revenir sur sa décision et l'envoya dare-dare chez les frères Hakim, producteurs de leur état. Jean-Paul fut rapidement reçu et apprit qu'on le cherchait depuis plusieurs jours pour participer à *A double tour* de Claude Chabrol. En réalité, au départ, Chabrol avait engagé Jean-Claude Brialy, son acteur fétiche. Hélas, quelques jours avant le début des prises de vues, Brialy tomba malade et dut déclarer forfait. Paniqués, les producteurs lui cherchèrent un remplaçant et envisagèrent Gérard Blain. Chabrol, lui, préféra Jean-Paul Belmondo qu'il avait vu dans *Charlotte et son jules* de son ami Godard. Seulement Belmondo demeurait introuvable. Normal : il était sur la Côte. A peine eut-il le temps de s'asseoir face aux frères Hakim qu'ils lui firent signer un contrat. Puis ils lui confièrent le scénario, qui ne dépassait pas cinq pages. Par bonheur, Jean-Paul fut séduit par le personnage d'un jeune homme un peu prétentieux qui bouleverse complètement le calme d'une famille bourgeoise.

« J'avais connu des tas de gars dans ce genre à Saint-Germain-des-Prés, confie-t-il, des types qui traînent, qui vivent chez les gens, se disent artistes, partent sur la Côte en été, empruntent de temps en temps dix mille francs, disparaissent, reviennent, roulent dans des bagnoles invraisemblables. Je me rappelais leur manière de manger, de parler, je n'avais plus qu'à prendre quelque chose à chacun d'eux. »

La signature du contrat, qui s'effectua un samedi, s'assortit d'une condition *sine qua non* : partir dès lundi pour Aix-en-Provence où Chabrol avait déjà débuté son tournage. Au passage les frères Hakim précisèrent qu'ils ne pouvaient pas payer Belmondo le prix fort car Chabrol, dirent-ils, ne voulait de lui sous aucun prétexte. Donc la seule manière de l'imposer était de dire qu'il était moins cher que les autres ! C'est pourquoi, lorsqu'il arriva en Provence, Jean-Paul regarda Chabrol comme une bête curieuse : d'abord parce qu'à cause de lui son cachet avait été revu à la baisse et, en plus, parce qu'il craignait que le metteur en scène ne l'aimât pas. Tout était faux. Les frères Hakim, pour grappiller quelques sous, avaient monté cette histoire de toutes pièces. Chabrol et Belmondo rirent de bon cœur de cette plaisanterie d'un goût douteux et devinrent d'excellents amis. Jean-Paul découvrit alors un tournage enchanteur sur lequel il retrouva son copain Mario David et fit la connaissance de Jacques Dacqmine et Madeleine Robinson.

« C'est un souvenir formidable, rapporte Mario David, parce que avec les techniciens et les acteurs nous ne formions qu'un même groupe. Parfois, le soir, nous allions souper ensemble à de grandes tables où l'alcool accomplissait quelques dégâts. Une ou deux fois nous nous sommes retrouvés en train de nager la brasse papillon dans le bassin d'Aix sur la grande place !... Moi, j'avais fait un film qui venait de sortir et qui avait énormément de succès : *Le Triporteur*, avec Darry Cowl. Ce qui fait que dans la rue j'étais reconnu. Un jour, je monte le cours Mirabeau, je signe deux, trois autographes, les gens me saluent, me désignent du doigt et Jean-Paul me dit : "Tu sais que tu as de la chance : toi on te reconnaît dans la rue !"... »

Toute l'équipe du film est restée soudée sur et hors des plateaux de tournage. Lorsque Belmondo organisait des matchs de football, tout le monde y participait et cela virait le plus souvent à la pagaille la plus complète où la mauvaise foi servait de règle. Parmi les compagnons de virée de Belmondo et ses amis figurait en bonne place un jeune homme qui exerçait les fonctions d'assistant metteur en scène : Philippe de Broca. Finalement, la seule à se tenir un peu à l'écart de ces joyeux drilles fut Antonella Lualdi. Non pas qu'elle n'eût pas envie de s'amuser mais elle était suivie pas à pas par son Italien de mari. Cela donna à Jean-Paul l'idée d'un nouveau canular. En confidence il glissa à l'oreille du jaloux mari que la belle Antonella allait prochainement tourner une scène très chaude avec Jacques Dacqmine, tellement chaude, ajouta-t-il, que toute personne non indispensable serait refoulée du plateau. Bien entendu, le mari inventa des ruses de Sioux pour se glisser près des caméras, observé par Belmondo et ses amis, hilares. Quant à la crise de jalousie qu'il préparait, l'Italien la conserva par-devers lui.

Le tournage connut des moments inoubliables comme la scène où Jean-Paul, qui étrennait un permis de conduire tout récemment acquis, monta dans une vieille Delahaye qui tenait mal la route et brinquebalait sur ses roues. Belmondo lança le moteur, fit quelques mètres et, incapable de contrôler la direction, termina sa course dans un mur, des potiches s'écroulant sur le capot. Les techniciens effectuèrent alors des réparations de fortune et au bout du compte, au moment des prises de vues, tandis que Jean-Paul tenait le volant, un assistant s'occupa d'actionner, tant bien que mal, les pédales. Les choses auraient été rendues plus simples si Belmondo n'avait refusé de se faire complètement doubler et insisté pour apparaître à l'image. Sa carrière de « cascadeur » commençait à se profiler ! D'ailleurs, pour se maintenir dans une excellente forme physique, il suivit Mario David dans une salle de culture physique d'Aix. « Il était maladroit, se souvient David, mais petit à petit il est devenu un athlète en pleine forme. »

Quand il ne chahutait pas, Belmondo parlait. Pas de son métier, ni de considérations oiseuses, mais de sa famille. Il s'inquiétait de la santé de ses parents et affirmait que l'idée de les voir vieillir lui était fort douloureuse. Mario David, qui a en commun avec Belmondo des origines italiennes, partagea ce sentiment...

Grâce à ce film et grâce à la très grande complicité qui l'unissait à Claude Chabrol, Belmondo perfectionna son approche de l'art cinématograhique. Il étonna son entourage par le fait que bien qu'il ne s'agît que de son troisième grand rôle important, il se montrait constamment à l'aise.

Au cours du tournage de *A double tour*, le 3 juin 1959, naquit la deuxième fille de Jean-Paul : Florence. La nouvelle l'émut et l'enthousiasma et donna lieu à une fête de tous les diables. Lors de son baptême le bébé eut pour parrain Pierre Reynal, membre du TNP, et pour marraine la femme de Jean-Pierre Marielle.

Mais après deux mois, la dernière image du film enregistrée, toute l'équipe dut se séparer. Un vent de tristesse souffla.

A double tour sortit sur les écrans parisiens en novembre 1959 et par son sujet très acerbe déclencha une vive polémique du côté de la critique.

L'étiquette qui commença à coller à la peau de Jean-Paul Belmondo fut celle du jeune homme un peu anarchiste qui menait sa vie à sa guise et bousculait allègrement tabous et traditions. Il symbolisait, de la sorte, les personnages de la Nouvelle Vague sans savoir qu'il était en passe d'en devenir l'un des fleurons. De fait, à peine eut-il quitté le plateau aixois de Chabrol qu'il retrouva Jean-Luc Godard qui voulait l'engager pour son premier long métrage. Eh oui, le cinéaste suisse, l'homme aux lunettes noires, l'auteur de *Charlotte et son jules* avait, grâce au soutien de François Truffaut et de Claude Chabrol justement, trouvé le financement nécessaire à son premier grand film : *A bout de souffle*. L'idée de base appartenait à Truffaut. Il avait écrit une histoire et, bien avant qu'il ne réalise *Les Quatre Cents Coups*, avait même envisagé de la mettre en images. Il souhaitait alors avoir pour acteur Philippe Lemaire mais celui-ci n'étant pas libre, le projet fut reporté *sine die*. Truffaut finit par s'en désintéresser et, après qu'Édouard Molinaro eut lui aussi étudié la possibilité d'en tirer un film, accepta que Godard le reprît. Plus tard Godard affirma avoir choisi cette histoire pour l'unique raison qu'il ne l'aimait pas... Comme il le lui avait promis, Godard alla donc voir Belmondo et lui parla de son futur long métrage. Il ne s'étendit pas longtemps sur le sujet, se contentant de dire : « C'est l'histoire d'un type amoureux d'une fille. Il vole une voiture pour aller la retrouver et puis il tue un policier. Et puis... on verra bien ! » Ça avait l'air d'un polar mais Jean-Paul connaissait désormais trop Godard pour savoir que ça n'en serait pas tout à fait un. Ça ressemblait à une histoire d'amour mais le cinéaste suisse ne se laisserait sûrement pas aller à filmer une bluette. Godard avait déclaré qu'il souhaitait réaliser une œuvre sur l'obsession de la mort mais pour aussitôt ajouter qu'il se laisserait porter par son intuition du moment. Alors quoi ? Que pouvait donner ce film ? Intrigué, Belmondo confirma son accord de principe et promit d'être présent le 16 août, jour où démarraient les prises de vues.

En offrant cet accord, Belmondo mit fin à un tout autre projet. En effet à la sortie de *A double tour*, se retrouvant pratiquement sans projet immédiat, chose qu'il ne supportait pas, il renoua avec son ami Michel Galabru avec lequel il envisagea une énième fois de monter un numéro de cabaret loufoque destiné à la Galerie 55. Au cours de ce numéro, Belmondo interpréterait un singe et Galabru son dompteur ! Michel proposa à son ami de commencer les répétitions durant l'été afin d'être prêts pour la rentrée. Mais aucun des deux ne vint à ces répétitions. Jean-Paul venait d'accepter ce drôle de travail face à la caméra de Godard... Cette fois, Belmondo ne commit par l'erreur de *A double tour* et obtint du producteur Georges de Beauregard la somme rondelette de quatre cent mille francs — sur un budget total de quarante-cinq millions — que l'acteur s'empressa de dépenser sur la Côte d'Azur en huit jours, juste avant le début du tournage. Mais ce contrat de Jean-Paul entraîna une vive polémique avec son agent Blanche Montel qui ne voulait absolument pas que son poulain s'embarquât pour une telle aventure. Elle alla même jusqu'à lui dire : « Vous faites la plus grosse erreur de votre vie ! »

« Blanche Montel voulait à tout prix que je fasse *Boulevard*, un film de Julien Duvivier qu'a fait Pierre Mondy, explique Belmondo. Elle me disait : "Vous êtes fou d'aller tourner avec ce type !" Si je l'avais écoutée j'aurais fait ce film-là et non *A bout de souffle*. Mais la vérité est que je me suis dit que ce serait sans doute plus facile avec Godard qui me semblait plus proche de moi que Duvivier qui représentait, à mes yeux, tout un monde qui me faisait un peu peur. J'étais plus rassuré par Godard. »

Exactement au même moment, Jean-Paul fut pressenti pour un rôle important dans un autre film Nouvelle Vague : *L'Eau à la bouche* de Jacques Doniol-Valcroze. Un rôle qui lui aurait permis de donner la réplique à Bernadette Lafont et Alexandra Stewart et de retrouver ses amis Michel Galabru et Françoise Brion.

« Mon mari, qui était Jacques Doniol Valcroze, souligne Françoise Brion, voulait beaucoup Belmondo pour jouer le jeune premier du film. Jacques connaissait très bien Belmondo et je lui avais dit : "Ce serait formidable que ce soit lui qui joue mon amoureux." Mais un des producteurs lui a dit : "Non, on n'imaginera jamais Belmondo tenant une femme dans ses bras !" Nous avons donc fait le film sans lui. Et *L'Eau à la bouche* s'est tourné en même temps qu'*A bout de souffle*. Et tous les soirs Jacques et Godard qui étaient les meilleurs amis se téléphonaient pour savoir comment allaient leurs films puisque c'était leur premier long métrage à tous les deux. »

Il fallait que Belmondo eût une solide confiance en Godard pour accepter un tel film car, en définitive, le cinéaste ne savait apparemment pas trop comment aborder cette fausse histoire policière, simili-romance tragique qu'il avait récupérée de Truffaut. Un temps il avait envisagé très sérieusement de rendre un hommage au *Grand Sommeil* et de filmer un polar très noir.

« J'ai renoncé, expliqua-t-il, un peu par paresse : s'exprimer soi-même à travers les conventions demande une très longue élaboration et je n'avais pas envie de travailler. Si je voulais montrer des personnages consistants, il fallait les faire agir, parler comme les gens que je connais agissent et parlent, et ça on l'avait guère fait auparavant, c'était donc en dehors des conventions [1]. »

C'était décidé : *A bout de souffle* serait un film anticonventionnel, ce qui ravissait Belmondo, lui-même considéré comme un acteur anticonventionnel. Pour cerner la personnalité de son personnage principal, Godard s'inspira d'un de ses amis qu'il soupçonnait de trafic en raison de voyages constants et dont la principale caractéristique, outre de prôner des idées anarchistes, était de penser quasi constamment à la mort. Mais le film brisa les règles sur bien des niveaux : par son sujet qui laissait la part belle à un tueur de flics et utilisait une idylle pour mieux dégager un certain pessimisme mais également par le tournage pour le moins inhabituel.

A côté de Belmondo, acteur encore méconnu du grand public, Godard fut dans l'obligation de placer une vedette réputée ayant si possible une aura internationale. Il choisit Jean Seberg dont il avait apprécié la prestation dans *Bonjour tristesse* et dont il était secrètement amoureux. Comme elle vivait en France depuis son mariage avec François Moreuil, il la rencontra, lui demanda de faire quelques bouts

1. *Arts* du 23 mars 1960.

d'essai et obtint assez facilement son accord. Mais Jean était sous contrat avec la Columbia. Godard envoya alors aux États-Unis un télégramme de douze pages expliquant pourquoi il avait absolument besoin de cette actrice et proposant à la Columbia douze mille dollars immédiatement où un important pourcentage sur les bénéfices futurs du film. Les pontes américains, qui n'avaient jamais entendu parler de Godard, sautèrent sur les douze mille dollars, réalisant là une catastrophique opération financière ! Puis autour de ce couple, Belmondo-Seberg, Godard engagea Daniel Boulanger, Roger Hanin, Van Doude, Claude Mansart et, pour un second rôle important, Henri-Jacques Huet.

Le 16 août 1959, comme convenu, Belmondo fut présent au café le Français sur les Champs-Élysées pour retrouver la minuscule équipe d'*A bout de souffle*. Godard n'avait pas plus de script à proposer à son acteur principal que quelques semaines auparavant. La première chose qu'il demanda à Jean-Paul fut de s'asseoir à une table du café, de commander un demi, de le boire et de partir sans payer. Le tout pendant que la caméra, tenue par Raoul Coutard à quelques mètres de là, immortalisait la scène. L'acteur, très amusé, s'exécuta comme s'il accomplissait une blague. Puis Godard l'entraîna dans une cabine téléphonique, en plein Paris.

— Qu'est-ce que je dis ? s'enquit l'acteur.

— Tu dis ce que tu veux !

Jean-Paul improvisa un texte qu'aucun micro ne put enregistrer puisqu'il n'y en avait pas, puis quitta la cabine :

— Et maintenant qu'est-ce qu'on fait ? demanda-t-il.

— On s'en va, on va tourner ailleurs, rétorqua Godard qui, sans aucun préavis, emmena toute sa petite équipe tourner dans une autre rue.

Fidèle à ce qui constituait déjà une habitude, Godard ne remit à aucun moment à ses acteurs un scénario précis. Il s'inspirait du canevas écrit par François Truffaut pour mener son tournage à sa guise et laisser une entière liberté à ses acteurs. D'ailleurs pour leur faciliter la tâche, autant que pour des raisons techniques, il tourna sans son direct, préférant, comme pour *Charlotte et son jules*, enregistrer les dialogues définitifs ultérieurement. Pour autant, il tint toujours à préciser qu'il ne s'agissait pas d'improvisation :

« Ce n'est pas de l'improvisation, c'est de la mise au point de dernière minute (...). Jamais le dialogue de Belmondo n'a été inventé par lui. Il était écrit, seulement les acteurs ne l'apprenaient pas, le film était tourné en muet et je soufflais les répliques (...). Dans *A bout de souffle,* j'ai cherché le sujet pendant tout le tournage. Finalement je me suis intéressé à Belmondo. Je l'ai vu comme une espèce de bloc qu'il fallait filmer pour savoir ce qu'il y avait derrière [1]. »

C'est pourquoi Godard refusa que l'on parlât de son film comme d'une improvisation.

« Je n'ai rien improvisé, ajouta-t-il. J'avais pris une multitude de notes inorganisées et écrit des scènes et des dialogues. Avant de commencer le film j'ai classé ces notes et j'avais un plan général. Cette armature m'a permis ensuite de rédiger, chaque matin, les huit pages correspondant à la séquence que je devais tourner dans la journée. A l'exception de certaines scènes déjà élaborées, je me suis tenu à ce plan de travail et j'ai écrit mes quelques minutes de film par jour. L'opérateur Raoul Coutard a tourné la caméra sur l'épaule, sans lumière artificielle et en décors naturels. Les prises de vues ont duré quatre semaines. Comment je dirige les acteurs ? Je donne beaucoup de petites indications de détail et j'essaie de retrouver les gestes essentiels. Ce film est un documentaire sur Jean Seberg et Jean-Paul Belmondo [2]. »

« Honnêtement, confirme Belmondo, il n'y avait pas tellement d'improvisation dans la mesure où Godard écrivait le texte et nous le soufflait, car le film a été tourné sans son direct. Alors il me soufflait. ''Dis lui ça, dis lui ci.'' Contrairement à ce que l'on peut penser c'était très précis. Il avait un petit cahier d'écolier où tout était écrit. Il ne disait pas comme Lelouch : ''Continue'', car Lelouch donne le thème sur lequel on improvise. Godard arrivait le matin sur le lieu de tournage avec, en poche, quelques feuilles de cahier encombrées de notes et de petits dessins qu'il avait consignés pendant la nuit et dont il ne se servait jamais, du reste. Il avait en tête la psychologie de ses deux personnages. A partir de là il pouvait tout se permettre. Il lui suffisait de leur insuffler la vie et ils vivaient. Godard a été un moment unique parce que, à aucun instant, je ne me suis senti enfermé par la caméra, par la technique, par les problèmes matériels. La liberté de tournage était stupéfiante : je n'ai jamais eu l'impression que je tournais un film. J'étais libre de faire, de dire, d'aller où je voulais. Incroyable ! Avec Godard cela créait une ambiance très bizarre et c'est pour cela que je pensais que le film ne sortirait jamais. »

Le plus souvent Godard s'installait hors caméra près de ses interprètes et leur expliquait la situation. Par exemple, s'adressant à Jean Seberg : « Jean, à ce moment-là Jean-Paul te dit : ''Les Américains sont des cons, parce qu'ils aiment La Fayette et Maurice Chevalier

---

1. *Les Cahiers du cinéma*, décembre 1962.
2. *Le Monde* du 18 mars 1960.

qui sont les deux Français les plus cons !'' Comment tu réagirais ? » Alors l'Américaine lançait une phrase qui inspirait Godard pour écrire la réplique définitive. Toute cette ambiance perturba quelque peu Jean Seberg qui aurait aimé disposer d'un scénario plus consistant.

Lorsque l'actrice comprit que son personnage trahissait son amant campé par Jean-Paul Belmondo et que, de plus, elle lui dérobait sa serviette contenant tout l'argent, elle alla voir Godard en lui disant qu'elle refusait de jouer un être aussi ignoble. Au terme d'une très longue discussion, Godard accepta une concession : Jean ne volerait plus la serviette... mais continuerait à trahir ! Si elle ne s'entendit guère avec son metteur en scène, qu'elle comprit mal, Jean Seberg trouva en son principal partenaire, Jean-Paul Belmondo, un compagnon charmant, capable, parfois, des plus grandes folies. Pourtant, la plupart du temps, lorsque sa présence n'était pas indispensable, Jean Seberg s'installait dans une somptueuse Cadillac blanche que Georges de Beauregard avait fait mettre à sa disposition. Là l'actrice s'endormait immanquablement à toute heure du jour. Cette Cadillac représentait d'ailleurs l'un des ultimes investissements que pouvait se permettre Georges de Beauregard car ses finances se trouvaient au plus mal et l'échec d'*A bout de souffle* signifierait sa déroute.

Pour l'anecdote, Belmondo avait dû puiser dans sa propre garde-robe pour jouer dans cette production quelque peu fauchée. La veste qu'il arbora tout au long du tournage de *A bout de souffle* est vraisemblablement celle que Jean-Pierre Marielle hérita de son beau-frère et que, parce que trop petite pour lui, il donna à Jean-Paul !

Godard aimait installer sa caméra dans la rue à l'insu des passants. Il cachait l'appareil dans une camionnette et filmait ses acteurs évoluant au milieu d'une foule d'anonymes qui ne comprenaient pas toujours très bien ce qui se passait. Pour certaines scènes de travelling, nécessitant donc des mouvements de caméra, Godard plaça son opérateur Raoul Coutard dans une petite voiture à bras des PTT que Godard lui-même poussait ou tirait en s'efforçant de marcher à la même vitesse que ses acteurs. Il sut également profiter de l'actualité. Ainsi filma-t-il toute une séquence de filature au milieu de la foule venue applaudir le président Einsenhower qui descendait les Champs-Élysées aux côtés de Charles de Gaulle. Il filma également une séquence dans les locaux des *Cahiers du cinéma* qu'il connaissait particulièrement bien, et une autre à travers la fenêtre du bureau du producteur Pierre Braunberger, non loin de l'avenue George-V. Les idées ne vinrent pas toujours à Godard au moment idéal. Ainsi certains jours, soucieux de la manière dont il allait continuer les prises de vues, il arrêtait purement et simplement son tournage. Toute l'équipe s'installait alors à la terrasse d'un café en attendant qu'il revînt avec une idée lumineuse, ce qui pouvait prendre plusieurs heures.

Jean-Paul vécut ce tournage un peu moins détendu que celui de *A double tour* même s'il s'entendit admirablement avec Godard, car sous ses allures un peu revêches ce cinéaste aime profondément les acteurs et aime les voir évoluer devant sa caméra. Henri-Jacques Huet constata que Belmondo était souvent fatigué, et fut même surpris, un soir où il dînait avec lui, de le voir s'allonger pour dormir en plein milieu du repas.

Un jour, pendant le tournage, Jean-Paul retrouva son ami Galabru avec lequel il commença à évoquer leurs numéros de cabaret avortés puis, inévitablement, ils parlèrent d'*A bout de souffle*.

— Quand reprend-on nos répétitions ? demanda Galabru.

— Je ne peux pas venir répéter, je tourne un film, répondit Belmondo.

— Tu tournes, où, comment, quoi ?

— Ah, je ne sais pas !

— Quoi, tu ne sais pas ?

— Je tourne aux Champs-Élysées.

— C'est tout ? Qu'est-ce que tu fais ?

— Je marche !

— Tu marches ? Tu marches, mais tu dis bien quelque chose !

— Non, pas vraiment.

— Et où est la caméra ?

— Dans un triporteur !

Tout cela parut complètement extravagant au cartésien Galabru.

Effectivement, Belmondo se posait légitimement quelques questions quant à l'issue du film, comme le rapporte son ami Henri Poirier. Tandis que l'un tournait *A bout de souffle*, l'autre jouait dans *Paris nous appartient* de Jacques Rivette. Les deux amis se rencontrèrent sur les Champs-Élysées et parlèrent de leur actualité.

« Les films n'étaient sortis ni l'un ni l'autre, dit Poirier, et Belmondo me dit textuellement : ''Je suis en train de tourner avec un fou ! Un mec complètement bargeot qui ne m'a pas donné de scénario. On tourne n'importe quoi, je rentre, je sors... Ce ne sera pas montable !'' Et moi, je lui dis : ''Moi, c'est un peu la même chose. Il y a un scénario mais il n'y a pas un rond ! On reste des journées entières à attendre... C'est pareil, ça ne va pas être montable !'' Et nous nous sommes quittés en nous disant : ''Ah mon pauvre vieux, quelle vie !'' »

Tout au long du tournage, et même après, Belmondo demeura

convaincu que ce film ne sortirait jamais. D'abord parce que Godard ne pourrait jamais retrouver une unité de tous les petits bouts de scène qu'il filmait, et ensuite parce qu'aucun distributeur n'accepterait le risque de le présenter en salles. Mais ne voulant à aucun moment remettre en cause son accord, l'acteur participa activement aux prises de vues qui, chaque jour, réservaient leur nouveau lot de surprises. Parfois du fait de l'attitude de Godard, parfois du fait des badauds. Ainsi, quand ils tournèrent l'une des scènes finales, avec un Belmondo poursuivi par une voiture d'où jaillissaient des hommes armés de pistolets, la foule, bien loin de hurler ou s'affoler, contempla l'action sans aucune réaction apparente !

Cette séquence provoqua des répercussions au moment de son enregistrement et plus tard. Godard, installé dans une voiture, filmait Belmondo qui, poursuivi, s'enfuyait en courant et en titubant pour s'écrouler en bout de course, à bout de souffle. Lors de l'une des prises de vues, Jean Le Poulain, qui passait par là et qui, pas plus qu'un autre, n'avait compris que l'on tournait un film, vit son ami Belmondo courir d'une bien singulière manière au milieu de la chaussée, en chemise. Il s'en approcha prestement et voulut le tirer vers le trottoir, convaincu que Jean-Paul était ivre mort !... Bien plus tard, au moment des projections, des critiques et des exégètes du cinéma virent une symbolique dans le fait que Poiccard-Belmondo s'écroule sur un passage clouté, à l'entrée du boulevard Raspail. Mais le comédien expliqua que la seule symbolique qu'il y avait était qu'il ne voulait pas se faire écraser ! En effet, en arrivant à proximité du boulevard Raspail, il nota un flot de voitures qui aurait sans doute peu apprécié de voir un type courir sur la chaussée, alors il préféra s'écrouler juste à l'entrée du boulevard, sur le passage clouté.

Pour une autre séquence, Godard avait fait imprimer un faux journal avec en première page la photo de Belmondo, alias Michel Poiccard, en « ennemi public numéro un ». Or quelques exemplaires de ce journal traînèrent sur les tables d'un bistrot. Lorsque Jean-Paul entra pour consommer, plusieurs habitués le regardèrent d'un très sale œil, chuchotèrent et annoncèrent qu'ils allaient appeler la police. Belmondo et Godard durent leur expliquer calmement qu'il ne s'agissait que de cinéma !

Au bout du compte, Godard termina les prises de vues de *A bout de souffle* à la mi-septembre et commença le montage de son œuvre qui lui prit beaucoup de temps. A l'issue d'un premier montage, il disposait d'un film de plus de trois heures ce qui, commercialement, était difficilement exploitable. Godard demanda alors conseil à Jean-Pierre

Melville qui, en bonne logique cinématographique, lui suggéra de supprimer toutes les scènes sans rapport direct avec l'action. Mais Godard ne suivit aucunement ce conseil et, au contraire, ôta tout ce qui faisait trop ressembler son film à un polar traditionnel ! Bien plus tard, une fois la dernière version achevée, Godard proposa une projection à ses interprètes et à l'équipe technique qui ne savaient, en définitive, pas trop à quoi s'attendre.

« J'ai adoré le film, affirme Belmondo. Ce que je trouvais formidable c'est que le personnage était un voyou, un voyou raté, un type complètement paumé qui assomme un type dans les toilettes pour payer une consommation à son amie, et, en même temps, il avait un côté perdu, un air de paumé. A la fin, quand la fille le livre à la police, on est ému par son anéantissement. Il n'a rien d'un dur. En fait, il était complètement paumé dans ce monde, pas du tout adapté. Il avait espéré que cette fille aurait pu être un lien entre lui et le monde mais elle l'abandonne. A la fin il ne lui reste plus rien. »

L'apparition d'*A bout de souffle*, en mars 1960, coïncida avec une période charnière du cinéma français. En janvier était sorti *La Fièvre monte à El Pao*, dernier film de feu Gérard Philipe, et en même temps que le film de Godard sortait *Plein soleil* qui confirma le talent d'Alain Delon. Une star venait de s'éteindre et vivait ses dernières heures sur grand écran, deux jeunes loups pointaient leurs museaux et allaient s'imposer en même temps qu'un nouveau style de cinéma. En 1960 le public français plébiscita diverses familles cinématographiques : les super-productions américaines comme *Ben Hur*, les traditionnelles comédies Audiard-Gabin (*Le Baron de l'écluse*), le cinéma italien (*La Dolce Vita*), les films de cinéastes réputés avec de jeunes vedettes (*La Vérité*) et la Nouvelle Vague (*A bout de souffle*).

Le public français se révéla donc, finalement, apte à accueillir tous les styles de cinéma sans aucun parti pris. Mais dans ce ciel cinématographique d'une étonnante richesse, la venue d'*A bout de souffle* claqua comme un coup de tonnerre. Le jour de sortie du film, ne connaissant pas encore le point de vue de la critique, Jean-Paul voulut savoir comment réagissait le public et envoya sa femme Élodie s'approcher des salles projetant *A bout de souffle* afin d'y recueillir les réactions des premiers spectateurs. Las, ceux-ci décortiquaient le film d'une manière tellement chirurgicale qu'Élodie se montra incapable de dire s'ils avaient aimé ou non ! Belmondo avait tort de s'inquiéter car dès le départ la critique, dans son ensemble, fut immédiatement enthousiaste, poussant le public dans les salles. La plupart des articles plaçaient *A bout de souffle* dans la lignée de *Hiroshima mon amour*.

Dans *Le Figaro littéraire*, Claude Mauriac affirma notamment :

« Lorsque j'écrivais ici même que le cinéma de la nouvelle école ne nous avait pas encore donné, à l'exception d'*Hiroshima mon amour*, le film véritablement novateur et révolutionnaire que l'on espérait de lui, je n'avais pas encore vu l'extraordinaire et admirable *A bout de souffle* de Jean-Luc Godard. » François Nourissier ajouta, dans *Les Lettres françaises : « A bout de souffle* est le meilleur des films réalisés depuis quelques années par de jeunes auteurs. Il ne souffre pas des outrances verbales de *Hiroshima mon amour*, il est plus drôle et plus subversif que *Les amants*, cent fois plus audacieux et plus vif que les films d'Astruc, de Vadim. »

Tout le monde parla du « nouveau langage cinématographique » de Godard et beaucoup soulignèrent la performance de Jean-Paul Belmondo. L'acteur fut même qualifié de « plus doué des jeunes comédiens » par Georges Charensol dans *Les Nouvelles littéraires*. Les termes « chef-d'œuvre » et « révélation » revinrent sous bien des plumes ce qui, au passage, irrita certains observateurs qui ironisèrent sur ce soudain déchaînement de passions. Toutefois, dans ce concert de louanges, quelques notes discordantes tentèrent de briser l'ambiance. Ainsi les milieux catholiques firent savoir qu'ils jugeaient « immoral » *A bout de souffle* et demandèrent pratiquement son boycott, ce qui n'eut aucun effet. Car le public se ruait dans les salles : 2 025 032 spectateurs en France à la fin de sa première exploitation. Jean-Paul reçut des témoignages admiratifs de toutes parts. L'un de ceux qui le touchèrent le plus émana de Pierre Brasseur. Dans une longue lettre cet acteur pourtant peu connu pour ses compliments expliqua qu'il avait trouvé Belmondo excellent et avoua qu'il en était sincèrement heureux pour lui. Ses amis du Conservatoire furent, eux aussi, ravis du succès qu'il remportait soudainement.

« Je lui ai écrit une lettre, à l'époque d'*A bout de souffle*, dans laquelle je lui disais qu'il jouait cela comme un seigneur, déclare Jean Rochefort. Et ça c'est l'imprégnation du Conservatoire et du milieu artistique dans lequel il a grandi. Il avait le terreau absolument idéal. Il s'est nourri de beaucoup de choses. Il a su regarder autour de lui et ce qu'il avait autour de lui était tout à fait passionnant : sa famille, les amis de sa famille, le Conservatoire, Georges Le Roy... Et puis parlons d'une forme de génie parce que je crois qu'être en prise directe avec son temps c'est une forme de génie pour un acteur. Être ce que le public attend, chapeau !... Belmondo nous a ouvert la voie à nous tous. Si je suis devenu, à ma manière, une sorte de jeune premier avec le label séducteur alors que j'avais un physique largement aussi ingrat que le sien et que j'ai été longtemps réfugié dans les rôles de valets cocasses et clownesques derrière lesquels j'abritais ma sensibilité de jeune homme, c'est à lui que je le dois. Des physiques plus "particuliers", entre guillemets, sont devenus plausibles grâce à lui. Après lui nous avons pu étreindre des jeunes premières. »

Avec *A bout de souffle* commencèrent à apparaître quelques-unes des « composantes Belmondo », c'est-à-dire cette décontraction teintée de laisser-aller, cette pointe de provocation baignant dans un humour constant. Il était visible que Belmondo ne se prenait pas au sérieux sans pour autant verser dans le n'importe quoi. Il apportait tout simplement une autre façon de jouer qui correspondait à la fausse insouciance de la fin des années 50. Point besoin de rouler des mécaniques ni de se donner des allures de gravure de mode pour rendre crédible un personnage et occuper efficacement l'écran. Il valait mieux le rendre le plus naturel possible. Belmondo, de ce fait, ne s'inscrivait pas dans la lignée de la plupart des vedettes de son époque et suivait plutôt la voie dégagée par des Jules Berry et des Pierre Brasseur. D'ailleurs, comme eux, il utilisait un ton de voix sensiblement différent lorsqu'il se produisait devant les caméras, usant d'un accent légèrement gouailleur et d'intonations inhabituelles chez lui qui, par la suite, furent si souvent imitées.

« Jean-Paul a trouvé au cinéma cette voix si particulière qui n'est pas du tout celle qu'il avait au Conservatoire, constate Henri-Jacques Huet. Parce que tout de même, quand le fils de M. Belmondo est entré au Conservatoire, il savait articuler normalement et sans accent ! Or il a pris cet accent faubourien et ça a marché. »

A bout de souffle obtint le prix Jean Vigo et fut annoncé comme l'un des films français partant favoris pour le festival de Cannes au même titre que *Le Dialogue des carmélites, Recours en grâce, Les Scélérats* et *Le Voyage en ballon*. Jusqu'au dernier moment chacun crut en la sélection du film de Godard. Mais en raison du fait que cette œuvre avait déjà été présentée au public, elle fut finalement écartée. Et la France fut représentée par *L'Amérique insolite* de François Reichenbach, *Le Trou* de Jacques Becker et *Moderato Cantabile* de Peter Brook, avec pour acteur principal... Jean-Paul Belmondo.

Le succès de *A bout de souffle* propulsa Belmondo parmi les acteurs de cinéma en vue, l'amenant sans qu'il s'en rendît véritablement compte à abandonner progressivement le métier d'acteur de théâtre. Pour beaucoup ce ne sont que les deux facettes d'une même passion, pour d'autres ce sont deux univers fondamentalement différents, voire antagonistes. Le théâtre possède, aux yeux de ces derniers, des lettres de noblesse auxquelles le cinéma n'oserait point prétendre. La preuve : certains grands noms du théâtre n'ont jamais brillé au septième art.

Belmondo, pour sa part, défend un point de vue sensiblement différent, arguant qu'au cinéma le talent pur, aussi immense soit-il, ne saurait suffire. Le physique entre pour une large part en jeu. Lui était, dès *A bout de souffle*, bien placé pour en parler puisque son physique qui lui avait valu des condamnations de la part de professionnels du spectacle explosait grâce au film de Godard. Les spectateurs, et en tout premier lieu les jeunes, n'étaient absolument plus avides de visages parfaits à la Gérard Philipe. En fait ils avaient envie de héros qui leur ressemblaient et avec lesquels ils pouvaient s'identifier. Belmondo était de ceux-là. Enfant d'artistes installés, il donnait l'impression d'être issu de la rue sans en présenter le mauvais côté. Son physique lui avait servi tout autant que son talent et ses expériences.

En raison de l'impressionnant engouement autour de *A bout de souffle* les journalistes se bousculèrent aux portes du domicile de Belmondo. Véritablement du jour au lendemain son téléphone n'arrêta plus de sonner. Une interview pour un journal par ci, un entretien pour une radio ou un reportage pour la télévision par là. *L'Express* donna le ton avec un long article s'interrogeant sur le « cas » Belmondo comme s'il s'agissait d'un étrange animal venu d'ailleurs. La très populaire émission *Cinq colonnes à la une* consacra même un reportage aux trois jeunes révélations de la Nouvelle Vague : Belmondo, Brialy et Cassel. Comme Belmondo l'expliqua par la suite, *A bout de souffle* fut son Prix Goncourt.

« Il fallait presque que je me barricade parce que les gens me téléphonaient tous les jours chez moi, me poursuivaient, rapporte Belmondo. J'ai même dû changer mon numéro de téléphone. Et, depuis ça n'a jamais arrêté ! Mais je ne m'en plains pas, parce que le jour où il n'y aura plus de journalistes à ma porte, plus de public, cela voudra dire que je n'intéresserai plus personne ! »

Des chroniqueurs commencèrent alors à se pencher sur le passé de Jean-Paul, et, constatant qu'avant le Conservatoire il n'avait pas été un élève des plus assidus, décidèrent de lui tailler un costume de cancre, ce qui était pour le moins exagéré. Ils allèrent encore plus loin en soutenant que même au Conservatoire, le jeune acteur se laissait aller. Grossière erreur qui marque une incompréhension totale de Belmondo. En fait il a toujours travaillé assidûment ses rôles et ce dès le cours Girard. A de très nombreuses reprises il expliqua que dans le métier d'acteur comme dans tout autre, la vraie réussite, celle qui dure, est rigoureusement impossible sans une base solide : le travail. Il alla même parfois jusqu'à glisser une comparaison avec le monde des truands, soulignant que ceux qui réussissent les gros coups sont des bosseurs, les autres ne sont que des amateurs réduits à terroriser avec une arme les caissiers de petites banques. Cette vertu du travail, indéniablement, Jean-Paul Belmondo l'a héritée de son père. Ce père qui en cette même année 1960 connaissait lui aussi une forme de consécration puisqu'il fut élu à l'Académie des beaux-arts, section sculpture bien entendu, par vingt-trois voix sur trente-six.

La soudaine popularité de Jean-Paul sembla ne plus avoir de limites. Lui, pratiquement inconnu la veille, hormis par le public du théâtre, était reconnu dans la rue et assailli par des dizaines de demandes d'autographes. Cette popularité justifia même la création d'un Fan Club Belmondo dont le siège fut installé à Brunoy !

Le fait que *A bout de souffle* de Godard avait suivi de relativement près *A double tour* de Chabrol semblait classer Belmondo parmi les acteurs attitrés de la Nouvelle Vague — terme apparu en 1959. Mais, en réalité, Jean-Paul ne côtoyait absolument pas le milieu intellectuel qui avait favorisé l'émergence de cette école. Il n'était pas un assidu des *Cahiers du cinéma*, ne participait à aucun colloque et n'entamait jamais aucune discussion officielle sur ce phénomène incroyable qui permit entre 1958 et 1962 à une centaine de jeunes cinéastes de tout poil de réaliser leur premier film. Le chemin de Belmondo avait croisé celui de la Nouvelle Vague parce que tous deux se rejoignaient au carrefour de la liberté. Toutefois, le comédien, parfaitement conscient des gloires et incertitudes de son métier, commença à craindre de n'être porté que par une mode qui, s'il se laissait enfermer par elle, l'amènerait, *ipso facto*, à passer de mode et, donc, à être oublié. De fait, profitant de la masse de projets qui lui furent soumis après *A bout de souffle*, il se mit à chercher d'autres genres de films, tout en évitant toute forme d'étiquetage. L'avenir devait donner raison à son flair puisque, seulement cinq ans après son jaillissement, la Nouvelle Vague retombait brusquement, laissant sur la berge un nombre considérable d'acteurs et de cinéastes qui n'avaient pas su amorcer le tournant de l'évolution. Pourtant, dans la suite de sa carrière, Belmondo travailla avec la plupart des principaux cinéastes de la fin des années 50 et considérés comme appartenant à cette Nouvelle Vague : François Truffaut, Louis Malle, Alain Resnais, François Reichenbach, Édouard Molinaro, Philippe de Broca.

Mais le triomphe d'*A bout de souffle* ne survint que sept mois après la fin des prises de vues. Entre-temps Jean-Paul Belmondo, encore inconnu, avait participé à différents tournages tant au cinéma qu'à la télévision.

Au moment du tournage du film de Godard, Jean-Paul avait été contacté par Claude Sautet qui mettait sur pied son premier long métrage, et faisait face à un monceau de problèmes. Cette œuvre, basée sur une histoire policière écrite par José Giovanni, était inspirée de la vraie vie du truand Abel Danos — renommé Davos dans le film. Si Sautet envisagea immédiatement de confier le rôle principal à Lino Ventura qui, désireux de sortir de son image de « gorille », s'orientait vers des polars plus durs, il dut batailler pour imposer Belmondo dans le principal second rôle, Éric Stark. Initialement, Stark ne devait apparaître qu'en fin de projection pour récupérer Abel Davos dont le film racontait exclusivement ses aventures italiennes. Dans l'histoire définitive, intitulée *Classe tous risques*, Stark aide Abel, abandonné par ses amis, à remonter sur Paris et à fomenter sa vengeance. Stark était désigné comme un jeune truand non encore marqué par le milieu. Il fallait donc un acteur frais émoulu plausible dans la peau d'un voyou. Les producteurs voulurent imposer Laurent Terzieff, révélation des *Tricheurs*, ou Gérard Blain, l'un des héros de la Nouvelle Vague naissante ou même Alain Delon qui commençait à être fort connu. Mais Sautet n'était pas de cet avis. Au cours d'une balade à Saint-Germain-des-Prés il avait fait la connaissance, grâce à un ami commun, de Jean-Paul Belmondo qu'il avait beaucoup apprécié. Puis il l'avait remarqué dans *Les Tricheurs* où, sans disposer d'un rôle fort, il ne passait pas inaperçu aux yeux des plus observateurs. Belmondo était exactement l'acteur qu'il cherchait pour Stark. Sautet le convoqua donc et lui parla du livre de Giovanni que l'acteur, en grand amateur de polars, adora. Dans le même temps les producteurs repoussèrent fermement et définitivement le choix de Belmondo. Claude Sautet, qui ne voulut pas en démordre, décida de demander l'avis au principal acteur qui, dans tous les sens du terme, possédait un certain poids : Lino Ventura. Le cinéaste les réunit dans son bureau et constata qu'immédiatement le contact s'établit entre les deux hommes. Lino en grand sportif repéra immédiatement « l'animal de compétition », selon sa propre formule, qu'était Jean-Paul qui, de son côté, fut frappé par le sens inné du naturel de Ventura qui le faisait ressembler à Gabin. Comme, de plus, tous deux adoraient le sport et l'ambiance des rings, la sympathie ne pouvait que les unir.

Ventura soutint donc Sautet dans sa volonté d'imposer Belmondo. Mais les producteurs tinrent bon. Les discussions durèrent des semaines, Ventura menaça de quitter le film, des proches de Sautet, dont son propre agent, lui déconseillèrent de camper sur ses positions et lui annoncèrent qu'en conservant Belmondo il commettait une grave faute. Au bout du compte les producteurs cédèrent et *Classe tous risques* fut tourné avec Lino Ventura et Jean-Paul Belmondo dans les principaux rôles. Claude Sautet aurait également bien voulu engager Michel Constantin pour le personnage de Raymond Naldi, l'ami d'Abel, qui meurt au début du film. Mais Constantin, remarqué dans *Le Trou*, repoussa l'offre. Dans la distribution intervint également Jacques Dacqmine en rival d'Abel. Il constata que l'ambiance sur *Classe tous risques* n'était plus du tout la même que celle d'*A double tour*. Cette fois, ce fut la personnalité de Ventura, plus que celle de Belmondo, qui apposa son sceau sur le tournage.

Classe tous risques fut tourné à Nice, dans les rues de Paris et en studio dans cette ambiance plutôt concentrée. Lino Ventura comptait beaucoup sur cette production pour relancer sa carrière, Claude Sautet espérait pouvoir démarrer pleinement les longs métrages et José Giovanni envisageait de ne se consacrer qu'à l'écriture de scénarios. Quant à Jean-Paul il pensait que ce polar traditionnel ferait plus pour sa notoriété que le fac-similé de polar qu'il venait de tourner avec Godard. Les deux films devaient d'ailleurs sortir à quelques mois d'intervalle en 1960. Dans l'attente, Jean-Paul essaya de décrocher d'autres rôles.

Ainsi il se présenta pour une audition à *La Vérité*, film qu'Henri Georges Clouzot devait réaliser dans le second semestre de 1960. En fait, il n'y aurait jamais dû y avoir d'audition pour trouver le jeune amant de Brigitte Bardot puisque cette blonde star avait demandé à Clouzot l'engagement de Jean-Louis Trintignant, son partenaire de *Et Dieu créa la femme*, ou éventuellement de Philippe Leroy-Beaulieu. Mais Clouzot n'était pas homme à céder aux caprices des stars, fussent-ils entièrement fondés. Il procéda donc à une série d'auditions au cours desquelles il exigea la présence de Bardot. Pour cette actrice ce fut une bien rude épreuve puisque la plus grande partie de l'audition consistait en un baiser échangé entre elle et les postulants. Parmi beaucoup d'autres, Jean-Paul Belmondo se présenta aux bureaux de la société de Raoul Lévy qui finançait le film. Clouzot était présent, de même que Bardot, bien sûr. Après quelques mots de présentation, le cinéaste demanda à l'acteur de prendre Brigitte dans ses bras, de l'enlacer très tendrement et de l'embrasser amoureusement. Finalement, Jean-Paul préférait de beaucoup cela plutôt que de lire quelques lignes de dialogue. Il s'en sortit tant et si bien que Clouzot commença à envisager la possibilité de l'engager. Les deux hommes, restés seuls, discutèrent quelques minutes et Jean-Paul comprit rapidement que le rôle visé était celui d'un chef d'orchestre. Il expliqua alors qu'il ne possédait vraiment pas une oreille musicale et qu'il n'avait strictement aucune idée de la manière de diriger un orchestre. Jean-Paul préférait donc s'en tenir là, d'autant qu'il était attendu pour une audition de *Moderato Cantabile* avec Jeanne Moreau. Seulement Clouzot, têtu comme une mule, ne voulut pas le laisser sortir, soutint mordicus que Jean-Paul était l'interprète idéal et qu'il ne rencontrerait aucune difficulté majeure à incarner ce chef d'orchestre. Le ton monta rapidement. De moins en moins attiré par la personnalité de Clouzot, Belmondo se dirigea vers la porte, mit la main sur la poignée et s'aperçut que le réalisateur les avait tout bonnement enfermés ! Jean-Paul haussa la voix, demanda à sortir et menaça Clouzot de le passer par la fenêtre s'il n'obtempérait pas immédiatement. Vociférant et pronostiquant l'échec de la carrière du comédien, Clouzot sortit la clef de sa poche et laissa le jeune homme se présenter à l'audition de *Moderato Cantabile*...

Un peu plus tard, Belmondo fut contacté par Claude Barma qui mettait en scène pour le petit écran une nouvelle version des *Trois Mousquetaires*. En fait, plus que le roman initial, il s'inspira de la pièce de théâtre qui en avait été tirée. Depuis qu'il avait vu la prestation de Belmondo dans *Oscar*, Barma, après avoir un temps envisagé Jean-Pierre Cassel, avait envie de travailler avec lui, d'où ce contact. L'acteur fut convaincu que le cinéaste allait lui proposer le rôle de Planchet ou d'un sbire quelconque. Pas du tout : Belmondo était envisagé pour d'Artagnan, pas moins. La distribution s'avéra des plus prestigieuses puisque autour du rôle principal furent réunis Daniel Sorano, Hubert Noël, Robert Hirsch, Michel Galabru, Georges Descrières, Bernard Dhéran et bien d'autres. En cette année 1959 la télévision disposait de peu de moyens, surtout au niveau de l'enregistrement. Ainsi la plupart des téléfilms, alors dénommés « dramatiques », étaient diffusés en direct, sans aucun montage, comme du théâtre filmé. *Les Trois Mousquetaires* fut diffusé un dimanche. La semaine précédente les acteurs répétèrent leurs rôles dans des pièces entièrement vides où l'emplacement des décors et des meubles était marqué sur le sol, à la craie.

« C'était l'époque héroïque de la télé, constate Belmondo. Nous avons répété trois semaines dans un endroit qui n'avait rien à voir avec le décor. Il n'y avait que quelques séquences enregistrées, celles en extérieurs avec les chevaux, mais le reste de la pièce se jouait absolument en direct. Le matin même de la diffusion, à sept heures du matin, nous répétions dans le vrai décor et le soir nous jouions en direct. C'était une école effrayante. ''1,2,3, partez !'' et on n'avait pas le droit à l'erreur car il n'y avait personne pour vous souffler. Et miracle, tout s'est bien passé. Mais j'avoue que quand on est là et qu'on sait que ça va démarrer on a le trac. Je m'en souviens comme si c'était hier, je me suis dis : ''Je ne vais jamais arriver jusqu'au bout !'', d'autant plus qu'il y avait des changements de plateaux. Je finissais par ne plus savoir chez qui je rentrais, si c'était chez le duc de Buckingham ou chez la reine ! Il y avait l'assistant qui me disait :

"Vous rentrez chez Buckingham !" et qui me poussait ! Je me souviens aussi d'une scène de bagarre au cours de laquelle je devais assommer un des gardes du Cardinal avec un tabouret. Barma m'avait dit que le tabouret serait en balsa mais le soir de la diffusion le tabouret ne s'est pas brisé et le type s'est écroulé. Il était KO ! »

En dépit de la bonne ambiance qui régna entre les acteurs, Jean-Paul s'affirma fort déçu par cette première incursion à la télévision. Les méthodes de travail ne comportaient aucun des avantages du cinéma ni du théâtre : pas assez de répétitions et des techniciens qui semblaient se désintéresser de leur métier. Il jura donc qu'on ne l'y reprendrait plus et tint parole, allant même, parfois, jusqu'à tenir des propos assez durs contre le petit écran.

« Il n'est pas question pour moi de tourner pour la télévision, que ce soit une série ou un téléfilm, déclare Belmondo aujourd'hui. Ça ne m'attire vraiment pas. Je reçois pourtant beaucoup de propositions mais c'est non. Je n'aime pas non plus voir des films à la télévision, le cadre ne me convient pas. Je trouve que les films sont faits pour être vus dans des grandes salles. Le petit écran c'est quand même le petit écran. Je trouve qu'un film perd en passant à la télé. Je ne juge pas les acteurs qui jouent à la télévision mais ça ne m'attire vraiment pas. Quand on a eu la chance d'atteindre les sommets comme moi il n'est pas utile d'aller se mettre dans ce timbre poste. Mais je n'ai rien contre la télé ni contre les acteurs qui ont besoin d'en faire. Par contre je ne comprends pas quand Delon en fait une. Moi, la télé, ça ne fait pas partie de mon rêve. Et puis vous savez à la télé moi j'ai un film qui passe toutes les semaines ou presque, alors si je vais mettre en plus une série télé ça va faire beaucoup. »

Les Trois Mousquetaires fut diffusé, en noir et blanc, à l'approche de Noël sur l'unique chaîne de télévision française et connut un fort beau taux d'écoute. A tel point que, le lendemain, se baladant dans son quartier de Denfert-Rochereau, Jean-Paul fut interpellé par des commerçants qui le connaissaient depuis des lustres : « Dites, monsieur Jean-Paul, on ne savait pas que vous étiez acteur ! » Le début de la gloire...

Mais la vraie gloire intervint trois mois plus tard, en mars 1960, avec la sortie de *A bout de souffle*.

11

LES JALONS DÉCISIFS

En décembre 1959, juste après la diffusion des *Trois Mousquetaires*, Jean-Paul Belmondo fit la connaissance d'Henri Verneuil qui sortait tout droit de l'énorme succès de *La Vache et le prisonnier*. Verneuil était alors considéré comme un cinéaste de comédies, non encore comme un spécialiste du polar, genre qu'il n'aborda réellement que plus tard. Cette rencontre s'effectua dans le cadre d'un sketch de *La Française et l'amour*, super-production qui reposait sur une authentique enquête au cours de laquelle plus de mille jeunes femmes furent interrogées par des psychologues. Au départ, pourtant, Jean-Paul n'avait absolument pas été envisagé pour ce sketch à trois personnages puisque le rôle de l'amant devait être tenu par Daniel Gélin qui aurait donné la réplique à Annie Girardot et Henri Vidal. Mais le décès de Vidal bouleversa cet ordre et Belmondo fut donc engagé face à Dany Robin et Paul Meurisse.

« J'avais entendu parler de Belmondo, mais je n'avais rien vu de ce qu'il avait fait, confie Henri Verneuil. J'ai toujours un petit instinct qui m'a beaucoup servi dans ce métier, je crois qu'il faut toujours se fier à sa première impression et là elle était excellente. Dès que je l'ai vu, j'ai cru en lui. J'ai dit : "Ça c'est de la graine d'acteur." Nous nous sommes tout de suite entendus. Ça s'est tellement bien passé que j'avais envie de retravailler avec lui. Dans le film que j'ai fait ensuite je n'avais pas trente-six idées : c'était lui et personne d'autre. »

Au cours du tournage de *La Française et l'amour*, Jean-Paul concrétisa l'un de ses rêves d'enfant : rencontrer Fernandel.

« Il tournait je ne sais plus quel film sur le plateau d'à côté, raconte-t-il. J'ai été le voir. Je débutais dans le vedettariat et il s'est montré très sympathique. Nous avons parlé de choses et d'autres et, à la fin, il m'a dit : "Je vais te donner un conseil : amasse, amasse, amasse..." ! »

Ce sketch fut également l'occasion pour Jean-Paul de goûter les dialogues de Michel Audiard. L'auteur s'en était donné à cœur joie dans cette courte histoire d'un jeune amant ridiculisé par le mari de sa maîtresse. Ainsi Belmondo, pour parvenir à ses fins, préfère se faire passer pour un novice car, disait-il, « mieux vaut passer pour un chérubin que pour un Casanova. Le manuel du petit séducteur elles le connaissent de A à Z, il est paru chez Gallimard ! ». Cette fois, du fait d'un bon texte et d'un réalisateur avec lequel il s'entendit parfaitement, Jean-Paul Belmondo retrouva les plaisirs du cinéma. Il s'y sentait véritablement comme chez lui, plus sans doute qu'au théâtre où le trac le tiraillait avant chaque représentation, ce qui n'arrivait jamais sur un plateau de tournage. *La Française et l'amour* le réconcilia donc avec le septième art. Belmondo se retrouvait sur une belle lancée.

Peu avant que, aux yeux de certains, *A bout de souffle* révolutionnât le monde du cinéma, son principal interprète, la « vedette » dont tout le monde allait bientôt parler, se trouvait au théâtre où il répétait *Château en Suède*, une pièce de Françoise Sagan, dans une mise en scène d'André Barsacq, grand « monument » de la scène parisienne qui, avec Jouvet et Dullin, avait fait partie du fameux Cartel. Le cinéma n'ayant pas encore happé le jeune acteur, il en revenait à ses premières amours. Mais Jeanne Moreau avait assisté à une projection partielle de *A bout de souffle* au moment de sa réalisation et, séduite par le jeu de Belmondo, le voulut absolument comme partenaire pour le film que Marguerite Duras préparait et que Jeanne allait interpréter : *Moderato Cantabile*. Jean-Paul avait donc été invité à faire des essais devant la caméra de Peter Brook, réalisateur du film. Brook mit quelque temps avant de donner sa réponse, poussant, par incidence, Belmondo à jouer pour Barsacq. Puis, au début des répétitions, Jean-Paul fut recontacté : il était engagé. L'acteur hésita. Il ne croyait guère en ses chances de carrière au cinéma et préférait creuser son sillon sur les planches. Finalement, pourtant, à l'idée de jouer face à Jeanne Moreau, il accepta *Moderato Cantabile* et abandonna *Château en Suède*. André Barsacq eut alors cette phrase quasi prémonitoire : « Tu ne reviendras jamais au théâtre ! »

Belmondo partit sur le tournage de *Moderato Cantabile* qui, d'après un roman de Marguerite Duras, racontait une histoire d'amour entre une femme d'industriel et un ouvrier. La Gironde servait de décor et toute l'équipe y subissait l'influence de Peter Brook. Il était reconnu comme un très grand metteur en scène de théâtre et réalisait là son deuxième long métrage. Mais Brook était aussi réputé pour être très exigeant et nul, sur son plateau, n'envisageait le moindre écart ni le moindre chahut. Cela handicapa fortement la nature débordante de Belmondo. Lorsque le cinéaste, par exemple, lui annonça que l'équipe devait former une communauté vivant pratiquement repliée sur elle-même, Jean-Paul eut le sentiment de se sentir enfermé dans un monastère, ce qui correspondait assez peu à son caractère. Alors, dès qu'il le pouvait, il faussait compagnie à Peter Brook. En définitive, Belmondo ne se sentait pas complètement à l'aise et cela risquait de le fâcher à nouveau avec le cinéma. Lui qui avait déjà l'habitude d'entrer dans ses personnages d'instinct devait, selon la volonté de Brook, analyser et presque psychanalyser chacun de ses mouvements.

« Avec Peter Brook nous ne nous sommes vraiment pas compris, explique Belmondo. Marguerite Duras compliquait tout et Brook parlait très mal le français. Des fois il me demandait si je comprenais ce que je disais alors que c'est lui qui ne comprenait rien ! Ça n'est pas un très bon souvenir. Heureusement il y avait Jeanne Moreau qui était une bonne vivante, qui aimait s'amuser et rigoler. C'est une actrice merveilleuse qui a énormément d'humour et qui est capable de toutes les audaces comme de monter sur les toits ou de déménager des hôtels comme elle le fit avec nous, plus tard, sur le tournage de *Peau de banane*. C'est Peter Brook que je ne comprenais pas et il ne devait pas me comprendre non plus. Je crois que nous étions dans des mondes trop différents. »

Pour s'aérer un peu l'esprit, Jean-Paul profita du fait que sa présence n'était pas indispensable pour remonter quelques jours sur Paris. Lorsqu'il revint en Gironde, il se dit qu'il disposait encore de longues heures de liberté avant de replonger dans le tournage. Las, à la gare l'attendait Peter Brook qui le submergea de paroles et de questions parmi lesquelles : « Jean-Paul est-ce que tu sais ce qu'est un train ?... »

Durant le mois de février 1960, en plein tournage, Jean-Paul emmena Jérôme, le fils de Jeanne Moreau, âgé de dix ans, dans sa Dauphine Gordini pour une promenade vers la mer. Près de Saint-Dizant, sur l'asphalte mouillée par des pluies récentes, la voiture fit une embardée et heurta très violemment un arbre. Le conducteur et son passager, fortement commotionnés, furent emmenés à l'hôpital de Saintes. Si Jean-Paul s'en tira avec quelques contusions et un poignet brisé, qu'il fallut plâtrer, Jérôme, lui, sombra dans un coma dont il ne ressortit que treize jours plus tard. Durant tout ce temps, l'inquiétude glaça les esprits, le pire étant à craindre à chaque instant. Finalement après un séjour de quarante jours à l'hôpital, Jérôme sortit sans aucune séquelle. Jeanne Moreau ne fit jamais de commentaire sur cet accident et ne retira à aucun moment son amitié à Jean-Paul Belmondo qui lui en fut éternellement reconnaissant. Par contre, certains journaux s'en donnèrent à cœur joie et firent l'amalgame entre le voyou de *A double tour*, sa dernière prestation visible à l'écran, et l'acteur dans sa vie privée. Au bout du compte, tous durent ranger leurs plumes trempées dans le venin puisqu'en novembre 1961, lors d'une reconstitution de l'accident, des experts confirmèrent que Jean-Paul ne roulait pas à vive allure et qu'il avait heurté un caniveau non signalé. Le tribunal de grande instance le dégagea de toute responsabilité et prouva par la même que l'acteur n'était en rien un casse-cou.

Finalement, Jean-Paul regretta de n'avoir pu mieux profiter de la présence de Jeanne Moreau sur ce film et souhaita ardemment qu'ils se retrouvent sur un tournage un peu plus détendu. Ce sera chose faite. Sur ce, pratiquement au moment où se terminaient les prises de vues de *Moderato Cantabile*, sortit sur les écrans parisiens la version définitive de *A bout de souffle*. Ce film connut un succès colossal qui perturba le petit monde des distributeurs et des producteurs. Ainsi les financiers de *Classe tous risques*, non encore sorti, comprirent qu'ils disposaient d'un atout de valeur en la personne de Belmondo. Seulement les arrangements précédemment signés prévoyaient que le nom de Ventura figurerait seul en haut de l'affiche au-dessus du titre, celui de Belmondo étant relégué dans le bas. Comme les producteurs souhaitaient rehausser le nom de la nouvelle vedette ils contactèrent Ventura pour lui demander s'il verrait un inconvénient à partager l'affiche avec Belmondo. Lino, qui aimait beaucoup Jean-Paul, répondit par la négative et ne fit absolument aucune difficulté. De la sorte *Classe tous risques* apparut comme le deuxième film mettant en vedette Jean-Paul Belmondo. Étonnamment ce film sortit flanqué d'une interdiction aux moins de dix-huit ans qui handicapa quelque peu sa carrière. Quant à *Moderato Cantabile*, dont le montage fut terminé *in extremis*, il alla représenter la France au festival de Cannes 1960, en même temps que *L'Amérique insolite* de François Reichenbach et *Le Trou* de Jacques Becker. L'œuvre de Brook ne déchaîna pas l'enthousiasme des festivaliers, tous voués à la passion enivrante de *La Dolce Vita*. Tout de même, le jury présidé par Georges Simenon décerna son prix d'interprétation féminine à Jeanne Moreau, ex aequo avec Melina Mercouri pour *Jamais le dimanche*.

Grâce à *A double tour, A bout de souffle* et *Moderato Cantabile*, Jean-Paul Belmondo s'affirmait comme l'une des valeurs sûres du cinéma français. C'est pourquoi Unifrance Films, organisme chargé de la promotion des films français à l'étranger, le convia à participer à un voyage en Amérique du Sud en faveur du septième art made in France.

Jean-Paul y eut notamment pour compagnons de route Philippe de Broca et François Truffaut. L'acteur, qui rencontrait Truffaut pour la première fois, fut étonné de la facilité qu'il affichait dès qu'il s'agissait de prendre la parole en public. Puits de science cinématographique, Truffaut répondait avec une précision sans faille à chacune des questions posées. Les trois hommes profitèrent, d'autre part, de leur passage en Argentine pour tenter de rencontrer Robert Le Vigan. Ce remarquable second rôle s'était fortement compromis sous l'Occupation, baignant dans une collaboration fort mal venue. Ainsi avait-il pris la parole sur Radio-Paris pour affirmer ses convictions antisémites. A la Libération, Le Vigan, comme beaucoup d'autres, fut traduit devant les tribunaux. Condamné à dix ans de travaux forcés et à l'indignité nationale, il parvint à s'évader et gagna l'Argentine via l'Espagne.

« A l'occasion de cette tournée d'Unifrance Films, raconte Belmondo, De Broca, Truffaut et moi avons cherché Le Vigan mais nous n'avons pas réussi à le joindre. A l'époque je pense que Le Vigan avait encore peur des Français et dès que des gens tentaient de l'approcher, il partait. On nous avait dit qu'il avait une laverie automatique ou quelque chose comme ça, qu'il avait été chauffeur de taxi... Je sais qu'il a tourné un ou deux films argentins que personne n'a vus et qu'après il a définitivement laissé tomber le cinéma. Nous ne l'avons donc pas vu et c'est mon grand regret parce que j'avais une grande admiration pour lui. Il fait partie des acteurs qui m'ont énormément marqué. Il est dommage que ses aventures politiques aient fait oublier qu'il était un grand acteur et, surtout, qu'il avait encore plein de grands rôles à jouer. »

De retour à Paris, Jean-Paul fut à nouveau contacté par le théâtre. On lui proposa le principal rôle masculin de *Irma la douce*, pièce qui connaissait un fort succès aux États-Unis. L'acteur accepta d'emblée et aida les producteurs à trouver la comédienne ayant suffisamment de personnalité et de culot pour camper Irma, la prostituée parisienne. Malheureusement toutes les recherches demeurèrent vaines. Jean-Paul qui, du fait de la sortie de *A bout de souffle*, se trouvait sollicité de toutes parts et ne pouvait plus attendre renonça à *Irma la douce*. Finalement, l'interprète féminine idéale fut trouvée en la personne de Colette Renard.

En ce printemps 1960, Belmondo ne savait plus où donner de la tête tant les scénarios s'accumulaient, presque du jour au lendemain, sur sa table de travail. Il en venait de partout, pour tous les sujets dont beaucoup de très mauvais qui avaient visiblement été écrits dans la hâte pour copier *A bout de souffle*. Certaines propositions émanaient d'Italie où on proposait déjà à la jeune vedette de donner la réplique à des stars comme Sophia Loren et Gina Lollobrigida. Jean-Paul fut fortement intéressé par un voyage sur la terre de ses ancêtres mais participa auparavant à une production française.

L'acteur fit, effectivement, confiance à un spécialiste des documentaires exotiques qui n'avait signé que deux longs métrages : Jacques Dupont. Dans l'évidente lignée de *A bout de souffle* celui-ci voulait évoquer la destinée de deux amis dont l'un est pourchassé par la police. Autour de Jean-Paul, Dupont plaça Claude Brasseur ainsi que Alexandra Stewart et Sylvia Koscina. Le tournage débuta en juin 1960 et pratiquement immédiatement, Jean-Paul comprit que Dupont n'était pas l'homme de la situation. Semblant vouloir appliquer les règles de Godard, ce cinéaste ne préparait rien et laissait libre cours à sa propre improvisation et à celle de ses interprètes. Mais là où Godard tenait les rênes de son film du fait qu'il savait où il allait, Dupont, lui, se laissait déborder par ses techniciens, ses acteurs et tous les impondérables qui entravent une réalisation. Au lieu d'une improvisation sur des bases précises, cela tourna vite à une pagaille quasi indescriptible qui provoqua des heurts entre acteurs et réalisateurs. Pourtant, sur le plateau, Jean-Paul s'efforça de conserver sa bonne humeur, signant des dizaines d'autographes chaque jour et répondant patiemment aux questions des journalistes. Ceux-ci avaient constaté qu'une grande partie du public comparait Belmondo à James Dean, mort cinq ans plus tôt. D'ailleurs les deux acteurs ne partageaient-ils pas le même amour des voitures de sport, puisque Jean-Paul avait remplacé sa Gordini accidentée par une Sunbeam flambant neuve ?

« Je crois que tout cela est dû au film de Godard, répondit alors l'intéressé. Il y a des points communs entre le héros de *A bout de souffle* et celui de *La Fureur de vivre*. Dans les deux cas il s'agit d'un jeune révolté, inadapté à la société au sein de laquelle il se sent paumé, d'un jeune qui va jusqu'au bout. Ce type correspond aux aspirations secrètes de beaucoup de jeunes dont la vie est parfois terne, banale, grise, mais qui, eux, aussi, souhaiteraient être des durs... et n'osent pas. Ces jeunes se retrouvent en James Dean et en moi-même — je veux parler des personnages que nous avons interprétés — non pas tels qu'ils sont mais tels qu'ils rêvent d'être [1]. »

Ce qui rendait la bonne humeur à Jean-Paul était aussi qu'il débordait de projets. Au moment du tournage des *Distractions* il avait déjà signé pour *La Novice* et *La Ciociara* en Italie, *Une femme est une femme* pour Godard et envisageait le tournage d'un nouveau Chabrol,

1. *Cinémonde* du 14 juin 1960.

Lamiel. Finalement la sortie des *Distractions* s'effectua dans l'indifférence la plus complète et n'eut aucune répercussion sur la carrière de Jean-Paul. Il faut dire qu'au même moment les salles de cinéma proposaient *La Vérité, Zazie dans le métro* et *Psychose.* Néanmoins, Belmondo considéra honnêtement qu'il avait commis une erreur, qu'il assuma complètement.

Abandonnant sans regret Jacques Dupont, Jean-Paul Belmondo partit donc pour l'Italie. Première étape : Rome. Là, la nouvelle vedette française qu'il était fut littéralement assaillie par les paparazzi. Il ne pouvait faire un pas dans la rue sans être entouré par une meute de photographes qui épiaient ses moindres faits et gestes. Invité dans d'innombrables soirées, Jean-Paul se voyait présenter les plus belles femmes de la capitale transalpine sous les flashs incessants des appareils photos. Il goûtait au privilège et aux inconvénients d'être une star. Les films qui justifiaient sa présence à Rome n'avaient pourtant rien de super-productions hollywoodiennes, bien au contraire. *La Novice*, réalisé par Alberto Lattuada, racontait l'histoire d'une jeune femme qui, après avoir découvert que son plus proche ami est l'amant de sa mère, se sent obligée de prendre le voile. Jean-Paul n'y tenait pas un rôle très important puisque le film servait de véhicule à Pascale Petit pour atteindre les cimes. Les deux comédiens ne s'entendirent d'ailleurs pas très bien. En définitive Jean-Paul n'apparut à l'écran que fort tardivement. Il incarnait un riche héritier sûr de son charme, courant après les femmes, refusant ouvertement de travailler et affichant un cynisme à toute épreuve. Belmondo n'eut véritablement à défendre qu'une scène : celle où dans un restaurant il répète sa future rupture. Belmondo regretta quelque peu la façon dont Alberto Lattuada avait adapté le roman initial de Roger Vailland et se dit que sa première prestation italienne n'apparaissait guère concluante.

Il eut incontestablement plus de chance avec son film suivant, *La Ciociara*, mis en scène par Vittorio de Sica. Cette œuvre évoquait la difficile survie d'une mère de famille durant la guerre. Réfugiée dans la montagne elle y fait la connaissance d'un jeune intellectuel qui finit fusillé par les Allemands. Repartant pour la ville, la mère se fait violer en même temps que sa fille par des soldats. Il s'agissait là aussi bel et bien d'un drame typiquement italien qui laissait plutôt la part belle à l'actrice principale, Sophia Loren, qui obtint d'ailleurs un prix d'interprétation au festival de Cannes. Dans *La Ciociara*, Jean-Paul joua un jeune homme timide et foncièrement idéaliste dont les propos résonnent parfois comme des slogans pro-communistes. Le personnage, qui faillit devenir curé mais renonça parce qu'il avait « trop la vocation pour faire un bon prêtre », affirmait n'avoir eu aucune petite amie. Bref, un véritable rôle de composition pour Belmondo...

Jean-Paul fut fasciné par le travail de Vittorio de Sica et par la présence quasi animale de Sophia Loren. Vittorio de Sica comptait parmi les grands seigneurs du cinéma italien au même titre que Luchino Visconti, par exemple. Celui que l'on surnommait le « commandatore » avait longtemps joué les séducteurs avant de passer à la réalisation et conservait une manière de travailler très spectaculaire avec de grands gestes, des tenues étonnantes et une allure majestueuse. De Sica, aux yeux de Belmondo, semblait d'ailleurs moins se passionner pour son film que pour ses soirées au casino. Cela n'empêchait pas l'acteur français d'assister aux effets de manche du réalisateur italien avec un réel plaisir. Le cinéma transalpin ne procédant jamais en son direct, chacun parlait dans sa langue natale, tous les dialogues seraient enregistrés plus tard. Ainsi Sophia Loren disait son texte en italien, Belmondo lui répondait en français et parfois certains seconds rôles glissaient leurs répliques en serbo-croate, le tout sous la direction d'un Vittorio de Sica qui continuait de lancer ses indications durant les prises. Bref cela tournait presque à la cacophonie... Un jour pourtant, Belmondo vécut l'une des plus étonnantes surprises de sa carrière. Vittorio de Sica, la veille, comme tous les soirs, avait flambé au casino mais cette fois-là la séance s'était prolongée jusque tard dans la nuit. Arrivé sur le plateau le metteur en scène n'afficha pas une forme resplendissante et parut plutôt désireux de s'assoupir dans un coin. Il lança néanmoins le tournage et s'installa confortablement dans son fauteuil de réalisateur. Jean-Paul Belmondo et Sophia Loren jouèrent leur scène et à la fin de celle-ci attendirent que le cinéaste annonçât le traditionnel « Coupez ». Rien ne se produisit. Un silence glacial enveloppa le plateau. Discrètement chacun se retourna vers Vittorio de Sica qui s'était tout bonnement assoupi. Pour le réveiller un technicien fit volontairement tomber l'un de ses outils et, ouvrant un œil, de Sica retrouva illico toute son énergie et cria : « Excellent, excellent, inutile de la refaire !... »

Belmondo s'entendit très bien avec Sophia Loren pourtant réputée pour son caractère difficile. Les choses, toutefois, auraient pu démarrer fort mal. En effet, pour sa première scène, à six heures et demie du matin, le Français devait embrasser voluptueusement l'Italienne. Loren, qui avait déjà joué ce genre de scène des dizaines de fois, mit Belmondo à l'aise et tout se passa agréablement. Néanmoins l'Italienne ne manquait pas une occasion de rappeler que c'était elle et personne d'autre la star du film, alors pour la titiller Jean-Paul passait à côté d'elle en chantant « Vous n'aurez pas l'Alsace et la Loren ». Il surnomma, par ailleurs, « la » Loren : « une femme de fer dans une peau de velours ». Derrière ce comportement désinvolte, Belmondo était fortement impressionné par le talent et l'érotisme de la voluptueuse Sophia Loren. Lorsqu'elle devait pleurer pour une scène, l'actrice se plaçait devant les caméras et les larmes naissaient spontanément sans qu'à aucun moment elle ne se départît de son extraordinaire sex-appeal.

Après ce film, Jean-Paul Belmondo eût dû participer au deuxième long métrage de Jean-Luc Godard, *Une femme est une femme*, mais, croulant sous les propositions italiennes, il avait accepté une autre proposition et il demanda à Godard de décaler ses dates de tournage. Ainsi l'acteur put jouer dans *La Mer à boire* de Renato Castellani qui lui permit de faire la connaissance de Gina Lollobrigida, l'« autre star » italienne qui déclara qu'avec son nez cassé, ses oreilles décollées, ses rides et ses grosses lèvres, Belmondo avait un charme extraordinaire !

De nouveau Belmondo joua ses répliques en français tandis que Gina parlait italien. Jean-Paul eut alors la surprise de constater que certains acteurs, sachant qu'ils seraient doublés par la suite, se contentaient de prononcer « uno, duo, tre » à la place de leur texte !

« Jouer avec Lollobrigida et Loren c'était un rêve, convient aujourd'hui Belmondo. En plus c'étaient des stars dans le vrai sens du terme : avec les Rolls-Royce et tout l'arsenal. Quand je tournais avec elles il fallait faire des barrages dans les rues parce que les gens devenaient hystériques. »

Malheureusement, *La Mer à boire* fut un cuisant échec public sans doute en raison du fait que le film, initialement prévu pour être un sketch s'intégrant dans une plus vaste production, fut, au moment du tournage, artificiellement et inexplicablement « gonflé » pour devenir un long métrage, ce qui ne fit qu'accentuer les faiblesses du scénario... Ensuite, Jean-Paul joua *La Viaccia* qu'il avait tout d'abord refusé ! En effet l'acteur souhaitait souffler un peu. Il n'arrêtait pas d'enchaîner tournage sur tournage et rêvait de partir en vacances. Il renonça d'ailleurs, purement et simplement, à lire le scénario. Mais Mauro Bolognini, son auteur, poursuivit Belmondo jusqu'à Paris où il le retrouva en train d'assister à un match de boxe.

« Je venais de faire trois films en Italie et je voulais absolument revenir en France, explique l'acteur. C'est pour cela que j'étais rentré. Mais Bolognini a eu des arguments convaincants et je suis redescendu en Italie. »

L'entêtement du cinéaste s'expliquait par plusieurs raisons. D'abord l'existence d'un accord de coproduction avec la France l'obligeait à confier le rôle masculin à une vedette française, face à l'Italienne Claudia Cardinale, choisie dès le départ du projet. De plus, il fallait un nom connu des Italiens. Or, au moment des premiers contacts, Belmondo tournait *La Ciociara* qui le propulserait sans aucun doute auprès des spectateurs transalpins. D'où son choix. Jean-Paul fut donc contacté mais son planning hyper-chargé prévoyait son retour en France pour jouer *Une femme est une femme* de Godard. Alfredo Bini, producteur de *La Viaccia*, décida, à contrecœur de se passer de ses services. Il tenta sa chance auprès de Sami Frey mais celui-ci venait d'entrer en clinique pour une durée indéterminée. Alain Delon, lui, était retenu par le tournage de *Quelle joie de vivre* qui se prolongeait plus que prévu. Bini et Bolognini avaient beau retourner le problème dans tous les sens, personne n'était disponible. Comme ils tenaient beaucoup à Belmondo ils firent le forcing auprès de lui. L'acteur expliqua alors qu'il comptait consacrer les trois semaines à venir à la remise en ordre de ses affaires. Trois semaines ? C'était juste le temps dont Bolognini avait besoin pour boucler les scènes avec le personnage masculin central. Trois jours après cet entretien Belmondo retraversa les Alpes et fit la connaissance de la jeune Claudia Cardinale.

« Belmondo, je l'ai rencontré pour la première fois à la sauvette, dit Claudia. J'avais commencé à tourner lorsqu'il est arrivé. Nous nous sommes vus sur le seuil du studio et personne n'a pensé à nous présenter, croyant que nous nous connaissions. J'étais un peu embarrassée, d'autant plus qu'en le voyant j'avais été déçue, je l'imaginais plus grand, plus imposant, plus "vilain". Mais tout a été facile. Dès que nous avons commencé à parler français nous sommes devenus des amis. J'ai eu la preuve de sa gentillesse tout de suite. La caméra était dirigée sur moi et j'avais le trac car la scène n'était pas commode. Lui l'a immédiatement compris. Il m'a dit : "Je sais que ce n'est pas agréable de tourner la première scène avec un acteur qu'on ne connaît pas, surtout quand elle est difficile. Allez, courage, aidons-nous chacun notre tour." (...) C'est un grand acteur je crois, mais c'est un ami encore plus exceptionnel. En Italie il est difficile de rencontrer quelqu'un comme lui qui sache créer une atmosphère de camaraderie. Un acteur italien, sous prétexte qu'il travaille avec vous et qu'il vous trouve jolie, se croit autorisé à envisager des rapports différents. Jean-Paul, au contraire, vous fait tout de suite comprendre qu'il veut être votre ami et qu'il n'a pas d'autre idée derrière la tête. Je ne l'ai jamais entendu dire du mal de quelqu'un, jamais un gros mot. Il faut l'entendre parler de ses amis, surtout de ceux, comme le pauvre Henri Vidal, qui l'ont aidé alors qu'il crevait de faim et lui ont procuré des petits rôles. S'il ne parle pas de ses amis, il parle de sa famille, de sa femme, de ses filles, de sa voiture neuve, tout comme un fils de bourgeois [1]. »

Au départ, Jean-Paul n'avait pas cru au texte de *La Viaccia* mais il se laissa prendre par la détresse de son personnage, faux dur envahi par un immense amour pour une prostituée qui le berne, et découvrit un nouveau type de rôle. Au final il s'affirma très satisfait du tournage et du résultat même si le film ne connut guère de succès. Plus tard, Jean-Paul déclara à différentes reprises que sa prestation dans *La Viaccia* comptait parmi ses meilleurs rôles. A travers cette œuvre, Mauro Bolognini s'attacha à recréer la Florence de 1880 (au lieu de la ville de Sienne dans le roman initial), mission rendue difficile par le fait que l'Italie possède peu d'archives sur cette époque. Finalement Bolognini s'inspira essentiellement du *Voyage en Italie* de Stendhal qui décrit Florence en hiver. De plus, dans la mesure du possible l'équipe technique utilisa au maximum des éléments datant du début du siècle, y compris des costumes. Ainsi Belmondo se retrouva-t-il affublé d'une authentique paire de caleçons en laine brodés d'un grand A qui, par coïncidence, correspondait à l'initiale du prénom de son personnage, Amerigo... Ce film fut sélectionné pour représenter l'Italie au festival de Cannes 1961, en même temps que... *La Ciociara* ! Ainsi Belmondo se retrouvait en lice pour deux films italiens dans lesquels il avait été doublé. Comme l'année précédente ce fut une de ses partenaires qui décrocha la récompense, en l'occurrence Sophia Loren pour *La Ciociara*.

En fait, tout ce que Jean-Paul dénomma sa « campagne d'Italie » ne fit que l'éloigner du public français. En effet trois des quatre films tournés de l'autre côté des Alpes ne passionnèrent guère le public de l'Hexagone qui les bouda. Seul *La Ciociara* tira son épingle du jeu en obtenant un gros succès en France mais les spectateurs se déplacèrent plus pour Sophia Loren que pour Jean-Paul Belmondo. De plus, trois de ces quatre films italiens étaient essentiellement construits pour et autour des femmes. Il n'y eut que *La Viaccia* pour permettre au jeune Français de véritablement défendre un rôle mais le film fut un échec commercial. Belmondo devait songer à allier ses goûts avec ceux des spectateurs. Mais Jean-Paul tournait, tournait, tournait à en perdre la tête. Intimement convaincu que sa carrière cinématographique ne durerait pas longtemps, il se montrait avide de films, de projets, de nouvelles expériences. C'est pourquoi sans temps mort il quitta l'Italie et *La Viaccia* pour Paris et *Une femme est une femme*.

De même qu'il avait centré *A bout de souffle* sur Belmondo, Godard

1. Cité dans *Le Mauvais Chemin* par Pietro Bianchi. Ed. Buchet-Chastel, 1961.

centra *Une femme est une femme* sur Anna Karina, ex-mannequin de chez Cardin. En conséquence les deux rôles masculins, tenus par Belmondo et Jean-Claude Brialy, parurent presque relégués au second plan. La jeune femme fut d'ailleurs auréolée par bon nombre de louanges et le festival de Berlin la récompensa pour « la révélation d'une personnalité prometteuse qui possède un échantillonnage de qualités rares chez une débutante ». Mais, plus que l'interprétation, les critiques jugèrent le style de Godard qui, une nouvelle fois, bousculait les traditions. Sous prétexte d'une comédie romantique avec une femme qui change d'amant parce que le premier refuse de lui faire un enfant, Godard signa une œuvre déroutante ponctuée d'apartés à la caméra, d'images soudainement fixes, de coups de sifflet intempestifs, de répliques couvertes par le bruit ou la musique et d'échanges de propos uniquement composés de titres de romans policiers. Godard s'amusa à glisser des clins d'œil comme celui montrant Belmondo décidé à ne pas manquer une diffusion télévisée de *A bout de souffle* ou demandant à Jeanne Moreau si « ça marche avec ''Jules et Jim'' ! » Cette fois le public ne suivit pas. Autant il avait adoré *A bout de souffle*, autant il se désintéressa quasi complètement de *Une femme est une femme* dont le ton, sans doute trop novateur, lui échappa. La critique, elle, dans l'ensemble savoura cette production et les jurés du festival de Berlin lui décernèrent un prix spécial pour « l'originalité, la jeunesse, l'audace et l'impertinence du film qui secoue les normes de la classique comédie filmée ».

Jean-Paul quitta l'univers étrange et fascinant de Godard pour celui plus classique de Jean-Pierre Melville. Révélé par *Bob le flambeur* et par *Deux hommes dans Manhattan*, Melville était considéré, à bien des égards, comme l'un des grands précurseurs de la Nouvelle Vague. D'ailleurs tous les jeunes cinéastes, de Truffaut à Chabrol, adoraient ses films et sa maîtrise de la technique qui reposait pourtant sur des acquis traditionnels. Pour autant il n'était pas un homme à succès puisque ces deux précédentes œuvres s'étaient soldées par des échecs. Depuis huit ans ce cinéaste rêvait de porter à l'écran le roman de Béatrix Beck, *Léon Morin, prêtre*, prix Goncourt 1952.

« L'idée principale, expliqua Melville, était de montrer un prêtre allumeur qui aime exciter les filles et ne les baise pas. Léon Morin c'est Don Juan, il rend toutes les femmes folles de lui. Sûr de son physique et de son intelligence, il se sert au maximum de ces atouts[1]. »

Mais le cinéaste aux lunettes noires et au Stetson buta sur le choix des interprètes. Qui allait rendre sensible la détresse intérieure d'une femme qui s'éprend d'un prêtre durant la guerre ? Qui allait

---

1. In *Le Cinéma selon Melville* par Rui Nogueira. Ed. Seghers, 1973.

Le 4 juillet 1956, après quatre ans passés au Conservatoire, Jean-Paul reçoit du jury un « rappel de premier accessit ». Jugeant cette récompense infamante, trois de ses camarades, Dominique Rozan *(à sa droite)*, Bernard Woringer *(à sa gauche)* et Michel Beaune (derrière) le portent en triomphe sous l'œil amusé d'Irène Montagne. Belmondo passe la langue et lève les bras, puis exécutera un splendide bras d'honneur en direction des jurés !
(Ph. Paris Match/Garo Falo.)

L'unique photo de classe sur laquelle apparaît Jean-Paul Belmondo *(troisième à gauche, au 2e rang)*. Prise fin 1943, à l'Ecole alsacienne, elle représente la classe de neuvième placée sous l'autorité de M. Josset. Belmondo restera dans cette école jusqu'au 23 mai 1944, date à laquelle il se fera renvoyer. *(Coll. Ecole alsacienne.)*

Les deux frères Belmondo, Alain *(à gauche)* et Jean-Paul, durant la guerre, dans la propriété familiale de Clairefontaine où Jean-Paul, déjà, s'amusait à monter des petits spectacles prétextes à toutes sortes d'improvisations. *(Coll. J.-P. Belmondo.)*

Sous l'œil étonné de Jean-Paul, Alain, l'aîné, prend les outils de son père et fait mine de travailler un buste. Mais, en dépit des souhaits de leur sculpteur de père, aucun ne prendra sa succession et si Jean-Paul restera dans un métier artistique il ne manifestera strictement aucun don pour le dessin.
(Coll. J.-P. Belmondo.)

Paul et Jean-Paul dans l'atelier de sculpture, non loin de l'appartement familial de Denfert-Rochereau. Du temps de son adolescence, l'acteur aimait rendre visite à son père, non seulement pour ses œuvres mais aussi pour admirer les modèles qui posaient dénudés ! Plus tard, Jean-Paul se battra pour sauvegarder cet atelier.
(Ph. Paris Match/Gragnon.)

Les élèves dans la cour du Conservatoire avec leur professeur, Raymond Girard, qui remplaçait Georges Le Roy. *De gauche à droite :* Claude Rich, Girard, Jean Rochefort (caché), Eliane Zucchini, Bruno Cremer, Chantal Courrier, Jean-Paul Belmondo, René Camoin, Michel Beaune et Marie-Claire Achard.
(Coll. Christian Asse.)

Juillet 1954, au moment du concours du Conservatoire, quelques élèves à la terrasse du Petit Suisse, leur bar favori situé près de l'entrée des artistes du théâtre de l'Odéon : Jean-Pierre Marielle, Françoise Fabian, Jean-Paul Belmondo, Pierre Vernier et Pierre Hatet. Cette année-là, Belmondo récolte un premier accessit. *(Ph. Lipnitzki-Viollet.)*

L'un des nombreux exercices d'élèves auxquels participa Jean-Paul mais l'un des rares rôles dramatiques qu'il tint à cette époque : Horace.
(Coll. Christian Asse.)

Toute la troupe de *La Reine blanche* réunie sur la scène du théâtre Michel en septembre 1953. *De gauche à droite :* Raymond Cordy ; *en haut :* Christian Asse, Claudette Emy et Jean-Paul Belmondo ; *en bas :* Claire Gérard, Madeleine Suffel, Marcelle Parisys, Germaine Risse, Robert Hommet, Jacqueline Gauthier et Michel Nastorg. *(Coll. Christian Asse.)*

En 1958, remplaçant Claude Rich au pied levé, Jean-Paul crée *Oscar* aux côtés de Pierre Mondy. La pièce connaît aussitôt un succès époustouflant mais Belmondo devra l'abandonner pour servir sous les drapeaux en Algérie. *(Ph. Bernand.)*

En 1959, pour son rôle dans *Tresor Party*, aux côtés de Jean-Roger Caussimon, Jean-Paul, qui joue l'un des premiers rôles, obtient une critique dithyrambique, mais la pièce ne remporte pas le succès escompté. Belmondo quitte le théâtre. Il n'y reviendra que vingt-huit ans plus tard. *(Ph. Lipnitzki-Viollet.)*

15 août 1965 : à Villefranche, face aux anciens professionnels du football, Jean-Paul tient son habituel poste de gardien de but des Polymusclés. Son talent ne l'empêchera pas d'encaisser un but ! *(Ph. Keystone.)*

Jean-Paul à l'Avia-Club, le club de sa jeunesse situé porte Saint-Martin. Bien qu'il ait disputé son dernier match en 1950, l'acteur revint souvent sur les lieux de ses exploits. Ainsi, en 1961, alors qu'il tourne *Léon Morin prêtre* sous la direction de Melville, il continue à s'entraîner. Melville sera, d'ailleurs, l'un des rares cinéastes à lui confier un rôle de boxeur dans *L'Aîné des Ferchaux*. *(Ph. Keystone.)*

17 avril 1974 : Le Capitan et Cartouche côte à côte. Jean Marais est venu soutenir Belmondo qui joue dans l'Union des Artistes face à l'AS Coupole, au stade de Saint-Ouen. *(Coll. Jean-Paul Belmondo.)*

En mai 1984, non loin du festival de Cannes, à Puget-Théniers. Jean-Paul exécute les cascades automobiles préparées par Rémy Julienne pour *Joyeuses Pâques*. La Fiat arrivant à toute allure emprunte un tremplin puis atterrit sur deux voitures de gendarmerie placées côte à côte avant de finir sa course dans des cartons. *(Coll. Philippe Durant. Ph. Vincent Rossell.)*

Pour *Peur sur la ville*, en 1975, Jean-Paul Belmondo, parmi d'autres cascades, est suspendu sous un hélicoptère de la gendarmerie en plein Paris. Ajoutant les fonctions de cadreur à celles d'acteur-cascadeur-producteur, il filme quelques plans de plein air pour le compte d'Henri Verneuil. *(Ph. Vincent Rossell.)*

Jean-Paul Belmondo n'aurait jamais dû sortir de l'habitacle. Il effectuait un vol de reconnaissance avec Jean Salis. Pour *L'As des as*, quand, avisant le photographe proche, il décida de sortir sans aucune protection pour le saluer. Il restera dans cette position lorsque l'avion effectuera un vol en rase-mottes, à la grande frayeur de Gérard Oury. *(Ph. G. Schachmes/Sygma.)*

Jean-Paul — qui vient de terminer le tournage du *Doulos* — et sa femme Renée Constant — dite Elodie — accompagnent une délégation du cinéma français lors du douzième festival de Berlin en juin 1962.
(Ph. Keystone.)

Novembre 1966, Jean-Paul profite des fêtes de la Toussaint pour emmener ses trois enfants — Florence, Paul et Patricia — au Cirque d'Hiver, se souvenant que lui-même, gamin, rêvait de devenir clown.
(Ph. Archive Photos.)

donner vie à ce prêtre charmant sans être charmeur ? La Nouvelle Vague apporta des réponses à ces deux questions. En effet, après avoir vu *Hiroshima mon amour* d'Alain Resnais, Melville sut qu'Emmanuelle Riva serait une actrice idéale. Puis en participant au tournage de *A bout de souffle* où il jouait le romancier Parvulesco, il découvrit le talent de Belmondo et fut convaincu que sous ses allures de jeune homme constamment décontracté il pouvait fort bien incarner un prêtre compréhensif.

Fondamentalement Melville savait que Belmondo valait mieux que les personnages de voyous qu'on lui proposait trop souvent depuis *A bout de souffle*. De plus, il ne voulait pas que ce jeune acteur s'enfonçât dans cette voie qui était une impasse. Nombre de comédiens, parce qu'ils s'étaient cantonnés dans les polars de facture classique, étaient progressivement tombés dans l'oubli. Melville alla donc à la rencontre de l'acteur sur le plateau de *La Ciociara*. Il lui fit part de son projet mais l'acteur ne donna aucune réponse définitive. Melville le relança alors sur le tournage de *Une femme est une femme* et poussa même le culot jusqu'à venir avec une soutane sur le bras. Il demanda à Belmondo de l'enfiler ne fût-ce que pour voir comment il se sentait dans un tel costume. Toute l'équipe assista à cette séance étonnante et demeura convaincue que Jean-Paul allait en profiter pour faire une blague. Pas du tout. A peine apparut-il déguisé en curé qu'il devint très calme, ne faisant aucune plaisanterie. Le silence s'imposa sur le plateau et chacun assista à la transformation. Melville avait gagné : Belmondo se « sentait » dans le costume du prêtre et accepta le rôle. Avant le tournage, toutefois, Jean-Pierre Melville demanda à Belmondo de rencontrer un authentique prêtre.

« Melville m'a mis entre les mains de l'abbé Lepoutre qui a été absolument parfait, raconte Belmondo. La première chose qu'il m'ait dite c'est : "Je n'ai rien à vous apprendre, chaque prêtre marche comme il a envie de marcher, il n'y a pas un prêtre qui agisse comme un autre prêtre !" Alors je l'ai remercié et je suis parti. »

Finalement, l'acteur préféra puiser dans sa propre expérience et se souvint particulièrement de l'abbé Graziani, ce curé que Jean-Paul avait connu à Clairefontaine durant la guerre et avec lequel il avait récupéré les effets des pilotes américains.

Melville emmena son équipe du côté de Grenoble où le film fut entièrement tourné. Là, le cinéaste se rendit compte que son principal interprète masculin ne conservait pas systématiquement le sérieux propre à sa fonction ecclésiastique. En effet, fidèle à son habitude, Jean-Paul chahutait entre les prises et s'amusait comme un fou, allant jusqu'à jouer au football en soutane. Cela perturba un peu Melville qui ne parvenait pas à comprendre comment un comédien pouvait se concentrer, pénétrer dans son rôle, en ne cessant de faire des pitreries. Cela perturba également Emmanuelle Riva qui avait besoin de calme et de temps pour interpréter chacune de ses scènes. Alors un jour où Emmanuelle Riva devait jouer une scène clef, celle de sa déclaration d'amour au prêtre, Melville, constatant que Belmondo ne tenait pas en place, l'envoya se concentrer dans sa loge. L'acteur s'exécuta et quitta le plateau. Quelques minutes plus tard, Melville le fit chercher pour la scène qui était enfin prête. Un assistant frappa à la porte de Jean-Paul et n'obtenant aucune réponse risqua un œil à l'intérieur. Surpris il y vit un Jean-Paul Belmondo dormant à poings fermés !... Un autre jour fut tournée une scène durant laquelle Belmondo/Morin devait réciter des litanies en latin dans un confessionnal. Jean-Paul a beau posséder une excellente mémoire et bénéficier d'une longue expérience d'enfant de chœur, il ne parvenait pas à retenir ces passages en latin. C'est pourquoi il eut l'idée d'écrire son texte sur des petits bouts de papier qu'il colla sur les parois du confessionnal, hors du champ des caméras. Cela ne fut pas du tout du goût de Melville qui entra dans une colère noire et menaça d'arracher tous ses aide-mémoire. Belmondo, stoïque, ne cilla pas et expliqua que, dans ces conditions, il refusait de tourner. Jean-Pierre Melville céda... En dépit de ces quelques incidents sans réelle gravité, cette première rencontre professionnelle entre Melville et Belmondo confirma tout le bien que le cinéaste pensait de l'acteur. Il affirma que Belmondo était le comédien le plus extraordinaire de sa génération et remarqua : « Je crois que, depuis la mort de Gérard Philipe, c'est la plus grande révélation de notre cinéma... J'ajoute que, si demain il fallait refaire *Les Liaisons dangereuses*, il serait un prodigieux Valmont [1]. »

Le 23 février 1961, c'est-à-dire en plein tournage de *Léon Morin, prêtre*, Jean-Paul Belmondo prit un avion pour se rendre à Grenoble où l'attendaient Melville et son équipe. Dans la carlingue, le jeune acteur fut placé à côté de Jean Cocteau. Grâce à Jean Marais et à *César et Cléopâtre* les deux hommes avaient déjà eu l'occasion de bavarder mais jamais celle de deviser à bâtons rompus. Ils profitèrent donc de ce vol pour évoquer mille et un sujets au milieu desquels la boxe tint une place privilégiée. Cocteau, en effet, avait toujours été fasciné par le monde de la boxe et comptait plusieurs pugilistes professionnels parmi ses proches amis. Lorsque l'avion se posa, trop rapidement au goût des deux hommes, Jean Cocteau dessina en quelques coups de

1. Propos recueillis par Claude Beylie et Bertrand Tavernier et cités par Jacques Zimmer dans *Jean-Pierre Melville*. Edilig, 1983.

crayon d'une précision infaillible le portrait de Belmondo et le lui offrit accompagné de cette dédicace : « A Belmondo, l'ami Jean Cocteau. » Un des plus beaux cadeaux jamais faits à l'acteur...

La première mouture de *Léon Morin, prêtre* dépassait les trois heures. Melville la réduisit à un peu plus de deux heures en recentrant son film sur les rapports entre Léon et Barny, la jeune femme, et en effaçant tout ce qui, autour, constituait une chronique d'un village français sous l'Occupation. Lorsque ce film apparut sur les écrans en septembre 1961, il divisa la critique et dérouta le public. Certains observateurs applaudirent tout de même bien fort à la prestation de Belmondo. Claude Mauriac écrivit par exemple : « Il nous faut bien saluer en lui le grand acteur qu'il n'a cessé d'être » (*Le Figaro littéraire*) et Louis Chauvet : « Belmondo n'a jamais été meilleur » (*Le Figaro*). Mais les spectateurs ne se ruèrent pas vraiment en masse. En définitive, le temps se révéla le meilleur allié de *Léon Morin, prêtre*. Quelques années après sa sortie, il allait être considéré comme un « classique » du cinéma français et un film référence dans la carrière de Belmondo.

Jean-Paul n'avait pas encore totalement terminé le tournage de ce film de Melville qu'il endossa le flamboyant costume du marquis de Lauzun durant quelques jours pour les prises de vues d'un sketch des *Amours célèbres*, réalisé par Michel Boisrond. Derrière ce titre se cachait une super-production réunissant une pléiade de vedettes dont Brigitte Bardot, Edwige Feuillère, Alain Delon, Annie Girardot. Belmondo, pour sa part, eut pour principaux partenaires Dany Robin et Philippe Noiret. La sortie des *Amours célèbres*, accompagnée d'une publicité fracassante, donna lieu à une prestigieuse soirée de gala à l'Opéra de Paris, le 26 octobre 1961. Si Jean-Paul n'y participa point il fut bel et bien présent le lendemain à la grandiose première bruxelloise où il fut accueilli en star au même titre que Marie Laforêt.

12

« MÔME, T'ES MES VINGT ANS »

La soutane de Léon Morin à peine déposée au magasin des habillements, Jean-Paul prépara un grand numéro de cirque pour le Gala de l'Union de mars 1961 présidé par Charles Vanel. Belmondo y fit un étonnant exercice de cabriole qui ravit les spectateurs. Quelques semaines plus tard, fin avril 1961, Jean-Paul participa à une manifestation d'un tout autre style dont il ne fut pas, cette fois, l'un des points de mire. A la suite du pronunciamiento d'un « quarteron de généraux en retraite », en Algérie, le ministre André Malraux appela la population parisienne à descendre dans la rue pour déjouer toute tentative de prise de pouvoir par des parachutistes venus d'Afrique du Nord. Des milliers de personnes entamèrent alors une interminable nuit blanche levant la tête vers un ciel désespérément vide. Jean-Paul fut parmi elles. Vers une heure du matin, après avoir largement participé à la surveillance des « points stratégiques » de Saint-Germain-des-Prés, il gagna, en compagnie de son ami Michel Beaune, les locaux du Syndicat français des acteurs restés ouverts rue Monsigny. Là, les deux amis passèrent le reste de la nuit à guetter les nouvelles et firent notamment la connaissance de Robert Sandrey avec lequel Jean-Paul allait être amené à travailler.

En cette même année Jean-Paul Belmondo participa à une œuvre semi-documentaire intitulée *Un cœur gros comme ça*. Filmée par François Reichenbach, cette production racontait l'aventure d'un jeune Sénégalais venu à Paris pour percer dans le monde de la boxe. Jean-Paul, par amour pour le noble art, accepta d'apparaître dans une scène où jouant son propre rôle il encouragea le jeune Noir à l'entraînement. *Un cœur gros comme ça* obtint le prix Louis Delluc.

Sitôt après, toujours sans temps mort, il se retrouva face aux caméras de Jean Becker pour *Un nommé La Rocca*. A la base de ce premier long métrage du fils de Jacques Becker se trouvait un scénario de José Giovanni, spécialiste incontesté du polar depuis *Classe tous risques*. Dans la France d'avant-guerre, La Rocca, un truand, prend momentanément la succession de son meilleur ami à la tête d'affaires peu recommandables. Pour s'être débarrassé définitivement de racketteurs américains, il est envoyé en prison où il retrouve son ami. Quelques années plus tard tous deux recouvrent la liberté, mais l'un a été blessé et l'autre constate que le milieu a profondément changé. Roberto La Rocca fut interprété par Belmondo et son ami Xavier Adé par Pierre Vaneck, ancien du Conservatoire. Le principal rôle féminin échut à Christine Kaufmann, future Mme Tony Curtis, dont l'étrange particularité était de ne jamais faire un pas sans sa mère. L'un des principaux seconds rôles fut tenu par Mario David qui, après *Oscar* et *A double tour*, retrouvait son ami Belmondo et ses facéties qui eurent cette fois pour cadre la ville de Marseille. Tout le monde organisait ou était victime des blagues, parfois même dans les moments les plus inattendus. Au cours d'une scène où trois comédiens devaient apparaître l'un derrière l'autre face aux caméras, Jean-Paul, au dernier moment, fila un coup de poing sur le chapeau de Mario David, qui s'enfonça jusqu'au bas des yeux. Ce qui fait que si l'on regarde bien le film on le voit en train de remettre son chapeau tandis que Belmondo arrive derrière lui comme si de rien n'était… L'équipe du film logeait dans un hôtel sur la Canebière, point de départ pour des virées nocturnes où les chahuts rappelaient irrésistiblement ceux du Conservatoire. Pour un petit rôle, celui du chef des racketteurs américains, Jean Becker était parvenu à convaincre son ami Michel Constantin, vu dans *Le Trou*, de renouer avec le cinéma. Constantin accepta avec d'autant plus de plaisir qu'il apprit que le film se tournerait dans le Midi en plein été.

« J'avoue que je ne connaissais pas Jean-Paul avant *Un nommé La Rocca*, affirme Michel Constantin. Pour mon premier contact avec Belmondo, nous nous sommes engueulés ! La presse marseillaise s'attaquait alors à lui : ''Pourquoi M. Belmondo, qui a du talent, se confine dans des rôles de truands'' ?, etc., et il n'avait pas du tout apprécié. Mais moi qui étais journaliste, je lui avais dit : ''Nous, les journalistes, nous avons le droit d'écrire ce qu'on pense, nous sommes payés pour cela ! Que tu ne sois pas d'accord avec eux, peut-être, mais en tant que journalistes ils ont le droit d'écrire ce qu'ils veulent, s'ils le pensent.'' Ce fut l'un des rares accrochages que j'eus avec lui… »

En plein milieu du tournage de *Un nommé La Rocca*, Jean-Paul Belmondo apprit une nouvelle qui lui glaça les sangs : l'armée le rappelait pour un troisième séjour sous les drapeaux ! L'acteur reçut, en effet, une convocation qui ressemblait à s'y méprendre à un ordre impératif lui enjoignant de se présenter dans une caserne sise à Bourges. Jean-Paul annonça la nouvelle à l'équipe de tournage et chacun s'affirma catastrophé : sans Belmondo inutile de continuer le film. José Giovanni, scénariste de cette production, décida d'accompagner l'acteur afin de s'expliquer avec les autorités militaires et tenter de leur faire comprendre qu'il était rigoureusement impensable de stopper ainsi un tournage. Jean-Paul et José prirent, de nuit, la route qui relie Marseille à Bourges à bord de la Daimler de l'acteur. Ni l'un ni l'autre ne cachèrent leur inquiétude et le voyage se déroula dans cette ambiance réfrigérante. Au matin le comédien et le romancier rencontrèrent des colonels chargés d'étudier le cas Belmondo. Ils écoutèrent les deux hommes, épluchèrent le dossier militaire de l'acteur et relevèrent que ses accidents militaires l'empêchaient de repartir en Algérie et que, surtout, il avait, tout compte fait, effectué son temps légal, dix-huit mois. La loi se trouvait respectée. Les officiers décidèrent donc de classer définitivement le dossier au grand soulagement des deux professionnels du cinéma qui sautèrent dans la Daimler afin d'annoncer la bonne nouvelle à l'équipe qui, à Marseille, se morfondait. Le voyage du retour fut étonnamment plus mouvementé et plus joyeux...

Pour son retour au polar traditionnel, Jean-Paul Belmondo n'eut guère de chance avec *Un nommé La Rocca*. Giovanni avait écrit un film dur, sans concession sur l'univers des prisons qu'il connaissait bien, qu'il s'attacha à retranscrire avec fidélité, et sur la fausse solidarité entre truands. Mais la productrice du film demanda à Jean Becker d'amoindrir la violence de son œuvre afin qu'elle ne provoque aucune réaction hostile de la part de la censure. Cela déçut tout le monde : Giovanni qui se sentait trahi, Belmondo qui espérait un film plus « coup de poing » et Becker qui se retrouvait les mains liées. Nul ne fut vraiment surpris, dès lors, de constater que *Un nommé La Rocca* passa complètement inaperçu dans les salles de cinéma.

La sortie de cette production survint vingt mois après celle de *A bout de souffle* qui avait littéralement propulsé Jean-Paul Belmondo au firmament. Or, durant cette période, il était apparu dans dix films à l'affiche — ce qui constituait probablement un record —, et aucun n'avait rencontré le succès escompté, à l'exception, peut-être, de *La Ciociara*. La plupart de ces œuvres s'apparentaient au drame, sauf *Une femme est une femme* et les films tirés des scénarios de José Giovanni. Il devenait évident que le héros de la Nouvelle Vague qu'était Belmondo ne parvenait pas à s'imposer totalement. Si nul ne remettait en cause ses capacités d'acteur, au contraire, chacun constatait qu'il ne réussissait plus à séduire le grand public. Allait-il suivre le lot de bien des acteurs de la Nouvelle Vague qui sombrèrent dans un relatif oubli ? Pour éviter cela, Jean-Paul changea son fusil d'épaule et s'orienta vers les films à costumes, alors très populaires. Il rejoignit les productions Ariane pour un projet d'envergure : *Les Trois Mousquetaires* réalisé par Philippe de Broca. Comme Jean Marais qui après les œuvres de Cocteau avait acquis une notoriété considérable avec des films de cape et d'épée, Belmondo s'attaqua avec panache aux grands spectacles.

L'idée des *Trois Mousquetaires* avait germé dès le lendemain de la diffusion de la dramatique homonyme à la télévision et du succès de *A bout de souffle*. Pour beaucoup Jean-Paul représentait un d'Artagnan des plus crédibles. C'est pourquoi les films Ariane avec à leur tête les producteurs Alexandre Mnouchkine et Georges Dancigers mirent sur pied un vaste projet. Les deux hommes rêvaient de réitérer l'exploit de *Fanfan la Tulipe* auquel ils avaient étroitement collaboré et pensaient qu'une nouvelle adaptation du roman de Dumas avec Belmondo dans le personnage de d'Artagnan aurait sans aucun doute un impact considérable. La distribution envisagée fut prestigieuse puisque autour de Jean-Paul étaient regroupés Alain Delon, Charles Aznavour, Sophia Loren, Jean-Claude Brialy, entre autres. Mais, tandis que se montait l'affaire, un autre producteur fit savoir qu'il souhaitait depuis plusieurs années filmer sa version des aventures du Gascon et de ses compagnons. Il contacta les productions Ariane pour une association… qui lui fut refusée. Face à l'entêtement de ce personnage, Alexandre Mnouchkine préféra renoncer aux *Trois Mousquetaires*. « Mais nous avions déjà engagé les acteurs, souligne Mnouchkine, et en abandonnant l'idée nous avons dû payer des dédits. Nous avons tout de même gardé le contrat de Jean-Paul parce que nous avions envie de travailler avec lui. »

Avant de payer ces dédits, les producteurs étudièrent toutes les possibilités de réutiliser les vedettes. Sophia Loren et Jean-Paul Belmondo se retrouvèrent ainsi associés à l'adaptation de *Lamiel*, roman inachevé de Stendhal. Jean Aurenche, célèbre scénariste, en commença l'adaptation et Claude Chabrol fut prévu pour la mise en scène. Ariane Films mit tout en branle pour mener à bien cette production d'autant que Sophia Loren se montrait très enthousiaste. Des repérages furent effectués en Corse et des dates de tournage arrêtées. Mais, pendant ce temps, Aurenche ne parvenait pas à se dépêtrer des méandres de l'histoire. Le scénario qu'il proposa ne plut à personne et d'un commun accord tous les participants abandonnèrent le projet. Retour à la case départ. Finalement, *Lamiel* fut tourné en 1967 par Jean Aurel avec

Jean-Claude Brialy et Anna Karina. Le contrat de Belmondo restait toujours à honorer. Dans quel film employer cet acteur ?

Georges Dancigers appela Philippe de Broca en vacances aux Baléares. Il lui expliqua la situation. Nullement démoralisé, le cinéaste répondit : « Ça ne fait rien, avec les contrats des acteurs on va faire autre chose… Je ne sais pas moi : Mandrin, Cartouche… De toutes les façons tout le monde connaît *Les Trois Mousquetaires* ! » Dancigers fut attiré par le nom de Cartouche qu'en fait de Broca avait lancé à la volée sans précisément se souvenir de l'histoire de ce personnage. A peine le téléphone raccroché, Dancigers parla de cette idée à son associé, et les deux hommes se précipitèrent dans le dictionnaire pour y lire les grandes lignes de l'histoire de Cartouche. Cela parut bon. Le film fut mis en chantier…

Philippe de Broca demeura à la réalisation et participa à l'écriture du script. Pour interpréter le héros, tous pensèrent à Jean-Paul Belmondo qui reçut vingt-cinq millions, mais qu'il fallut imposer aux coproducteurs. Les aventures du célèbre et méconnu Cartouche avaient déjà fait l'objet de deux adaptations cinématographiques françaises : l'une en 1934 avec Paul Lalloz, l'autre en 1948 avec Roger Pigaut.

Le second rôle important de La Fleur, l'un des complices de Cartouche, fut offert à Jean-Pierre Marielle qui l'accepta. Mais, en dernière minute, engagé pour un premier rôle dans une autre production il demanda à quitter *Cartouche*. Alexandre Mnouchkine accepta à condition qu'il lui trouvât un remplaçant. Ce fut Jean Rochefort. Pour le présenter, Marielle et Belmondo dirent : « On a un copain formidable », sans préciser que Rochefort n'avait tourné qu'un obscur film en Russie… Le rôle du « méchant », lui, échut à Marcel Dalio qui subjugua autant Belmondo que Rochefort.

Quant au projet des *Trois Mousquetaires*, il fut finalement repris par le réalisateur-producteur Bernard Borderie, l'auteur des *Angélique* au cinéma. Disposant lui aussi d'un budget important, il engagea Gérard Barray pour camper d'Artagnan et l'entoura notamment de Mylène Demongeot, Georges Descrières, Bernard Woringer, Jacques Toja et Daniel Sorano, déjà présent dans la version télévisée. Cette nouvelle adaptation du chef-d'œuvre d'Alexandre Dumas, réalisée à compter d'avril 1961, filmée en deux époques, connut un succès considérable.

Lorsque Georges Dancigers, qui s'occupait personnellement de *Cartouche*, parla de Belmondo à de Broca, celui-ci fut aux anges. Les deux hommes se connaissaient depuis *A double tour* où Philippe avait exercé les fonctions d'assistant de Claude Chabrol. Il avait pu ainsi assister aux pitreries de l'acteur et l'accompagner dans ses virées nocturnes. De plus tous deux partageaient le même sens de l'humour.

Le tournage de *Cartouche* débuta le 17 juillet 1961 et eut pour cadre les villes de Pézenas et de Béziers. A Pézenas, le décorateur François de Lamothe reconstitua le Paris du XVIIIe siècle grâce à de fausses façades masquant le modernisme et à un énorme travail de camouflage. Le repaire de l'ignoble Malichot, lui, fut entièrement reconstitué en studio. Une des scènes les plus grandioses du film prévoyait l'utilisation de toutes sortes d'animaux, y compris d'un éléphant. Tous furent empruntés au zoo de Jean Richard et le tournage s'effectua en bordure de la forêt d'Ermenonville. Malheureusement l'éléphant, s'affolant aux aboiements d'un petit chien, tourna casaque et s'enfuit à toute vitesse au cœur de ladite forêt où il disparut comme par enchantement. Toute l'équipe épaulée par des gendarmes et les spahis de Senlis procéda à une battue en règle, mais le pachyderme semblait s'être volatilisé. L'animal ne fut retrouvé que fort tard dans la nuit non loin de l'écurie où tous les soirs les chevaux du film étaient ramenés... Philippe de Broca, soutenu par ses producteurs avaient pu voir les choses en grand et réunir une distribution de premier ordre : Jean-Paul Belmondo, Claudia Cardinale, Odile Versois, Jess Hahn, Marcel Dalio, Jean Rochefort, Philippe Lemaire, Noël Roquevert, Jacques Charon. Au milieu de ce beau monde, Belmondo apparut dans une forme exceptionnelle, laissant vagabonder sa joie d'interpréter un pur héros et faisant parfois paraître dans son jeu l'influence que provoquait son admiration pour Jules Berry. Ainsi dans une séquence où il se retrouvait dans la chambre d'Odile Versois eut-il des effets de manche dignes de Berry lui-même ! Pour autant son jeu n'avait pas énormément changé par rapport à ce qu'il était déjà au Conservatoire.

« Belmondo avait gardé cette fraîcheur, ce jeu sans l'ombre d'une cérébralité qu'il avait déjà au Conservatoire, témoigne Jean Rochefort. Il avait un tel don, un tel charisme. Ce n'était pas du vérisme d'amateur parce qu'il avait quand même eu une éducation dans un milieu artistique, il y avait eu l'empreinte du Conservatoire, mais il avait intégré tout cela, digéré tout cela pour être d'une spontanéité, d'une authenticité, d'un amateurisme travaillé, si j'ose dire, qui étaient pour moi absolument magiques et après lesquels j'ai essayé de courir longtemps, parce que moi je m'abritais souvent derrière la convention. Au Conservatoire, Jean-Paul a appris les bases, la diction mais le jeu lui-même n'a pas changé. »

Cartouche étant un héros hautement dynamique, Jean-Paul Belmondo dut apprendre à batailler, à croiser le fer et à monter à cheval. Il suivit les consignes du maître d'armes Claude Carliez, et, au dire de celui-ci, devint un escrimeur très doué. Par contre son aptitude à évoluer à cheval fut nettement moins remarquable et il fallut des heures d'entraînement pour qu'il se tînt correctement en selle. A ses côtés, Jean Rochefort, lui, affichait une frousse bleue de ces animaux, alors que plus tard il devint un cavalier émérite...

Philippe de Broca tenait à faire de cette grosse production une tragi-comédie, c'est-à-dire inclure derrière des scènes de pure drôlerie des passages plus émouvants. Plus que le côté épique du personnage ce que le cinéaste-scénariste appréciait était son côté anarchiste renversant les traditions et agissant un peu à sa guise. Cela l'amena à faire passer son film de la farce à la tragédie antique avec la mort de l'héroïne et son carrosse d'or qui s'enfonce lentement dans les flots. Pourtant ce changement de ton dérouta quelque peu le public bien que *Cartouche* fût très favorablement reçu.

« Ça a été un énorme succès, confirme Alexandre Mnouchkine. Ç'aurait pu être un succès beaucoup plus grand si nous n'avions pas tenu — ce que nous ne regrettons pas d'ailleurs — à la fin du film où Claudia est tuée. Ça a beaucoup déçu les jeunes, alors que cette fin est très belle. Nous ne pouvions pas résister à cette beauté, alors nous l'avons gardée mais ça nous a fait du tort. Nous aurions sûrement fait 50 % d'entrées en plus avec une autre fin ! Nous avons reçu des lettres. "Mais comment osez-vous détruire ce merveilleux couple ?" Nous nous faisions engueuler à la radio, partout. "Ce merveilleux film qui se termine comme ça !" C'était en 1961, les gens ne réagissaient pas de la même manière qu'aujourd'hui. Il leur fallait un happy-end avec le baiser final du vainqueur. »

Pour sa part, au contraire, Philippe de Broca regrette de n'avoir pas traité tout son film de manière lyrique, lui trouvant un aspect trop « léger ». Avec le recul du temps il estime le côté *Fanfan la Tulipe* du début peu en rapport avec le lyrisme de la fin. Au-delà du succès et des doutes, *Cartouche* concrétisa une rencontre décisive : Belmondo-de Broca.

« J'ai eu un plaisir fou à tourner avec Jean-Paul, ajoute le cinéaste. Il a une tonicité rare et une grâce pour jouer la comédie. Le film reposait sur ses épaules, en tant que vedette, et sur les miennes en tant que réalisateur. Or, nous étions comme deux gamins face à un gigantesque arbre de Noël. Nous rigolions tout le temps et j'avoue que je ne sais plus très bien comment j'ai fait ce film... Il y a un plan, à la fin, où Jean-Paul voit l'amour de sa vie, Claudia Cardinale, mourir un peu par sa faute. J'avais repris une phrase d'Henri Decoin : "Il est beaucoup plus facile de faire jouer une scène dramatique qu'une scène comique. Il suffit de dire à l'acteur : 'Ne pense à rien ou pense à un autobus ! »'.'' Je me souviens très bien avoir dit à Jean-Paul : ''Pense à un autobus''. Je ne sais pas s'il l'a fait, mais toujours est-il qu'il était filmé en gros plan et qu'il avait visiblement du chagrin alors que deux secondes avant il faisait une connerie. »

La sortie de *Cartouche* fut également l'occasion, à la demande de la production, de l'enregistrement d'un disque racontant l'histoire du film. Si le scénario fut dans ses grandes lignes, respecté, la distribution subit quelques modifications puisque Jean-Pierre Marielle remplaça Philippe Lemaire dans le rôle de M. de Ferussac et Evelyne Dandry remplaça Claudia Cardinale. Ce travail d'enregistrement qui n'excéda pas une journée s'effectua dans une ambiance de délire absolu que l'on perçoit encore à l'écoute du disque qui, parce que l'un des rares enregistrés par Belmondo, est devenu une pièce de collection.

Avec ses 3 596 422 spectateurs en France, *Cartouche* confirma le fait que Jean-Paul Belmondo était bel et bien une vedette populaire. Or, au cours de ce même mois de mai 1962 qui vit la sortie du film de Philippe de Broca, une autre production parut sur les écrans et confirma la diversité du talent de Belmondo : *Un singe en hiver*.

Avant de participer à ce film, dont le tournage débuta en janvier 1962, Jean-Paul aurait dû revenir au théâtre. Jean Vilar lui avait proposé de jouer *Le Mariage de Figaro* de Beaumarchais au TNP, mais Jean-Paul préféra renoncer, craignant que la critique n'établisse un parallèle inutile entre sa popularité naissante et celle glorifiée de Gérard Philipe, mort trois ans plus tôt. Le retour sur les planches du héros de *A bout de souffle* n'était pas pour tout de suite.

Un singe en hiver fait partie de ces projets qu'un jeune acteur ne refuse pas. D'abord il reposait sur un roman succulent d'Antoine Blondin. Ensuite il bénéficiait des dialogues de Michel Audiard. De plus, il profitait du savoir-faire d'Henri Verneuil. Enfin, et peut-être surtout, il permettait d'affronter Jean Gabin. Belmondo, qui connaissait personnellement Antoine Blondin dit « oui » sans hésiter.

« Antoine, avoue Belmondo, je l'ai connu au temps de l'Echaudé, où nous allions tous, les acteurs, après le théâtre, et les écrivains. Tout le monde se réunissait dans ce café et on entamait des nuits qui se finissaient souvent au Bar-bac, rue du Bac. C'est comme ça que j'ai connu Antoine. Il était un fêtard extraordinaire qui allait jusqu'au bout de la nuit. Je le revois dans des disputes dans des bars et il se montrait d'un courage formidable, il était capable de s'attaquer à six types et de leur tenir tête ! Il y a ce côté-là aussi de Blondin qui me fascinait. *Un singe en hiver* a été la plus belle chose qu'il ait écrite sur l'alcool. C'était un peu le rôle d'Antoine que je jouais dans ce film parce qu'on l'avait vu faire la corrida avec les voitures, comme je le fais. J'avais vu Antoine faire ça devant la Rhumerie martiniquaise. »

Henri Verneuil, Michel Audiard et François Boyer, qui s'étaient enfermés à trois pour écrire l'adaptation, développèrent deux personnages hors du commun. Alcooliques, mais jamais ivrognes, tous deux parcouraient le monde accoudés au zinc des bistrots. L'aîné remontait le Yang-Tseu-Kiang et le cadet retrouvait la chaleur de l'Espagne. Ils voyagaient le cœur léger mais la tête lourde de souvenirs.

« Nous sommes restés très fidèles à Blondin qui a fait des déclarations formidables à la fois à la sortie du film et chaque fois que le film repassait à la télévision, souligne Henri Verneuil. Il avait la gentillesse de dire que nous avions mieux réussi le film que lui son livre, ce qui était entièrement faux parce que son roman était superbe. »

Pourtant, il s'en fallut de peu que *Un singe en hiver* ne vit jamais le jour. En effet, au départ, Gabin, Verneuil et Audiard étaient associés sur une autre histoire inspirée d'un roman de Roger Vercel, *Au large d'Eden*, dans laquelle l'acteur devait interpréter un patron de chalutier en partance pour la pêche à la morue.

« Nous avions signé — Gabin, Audiard, Verneuil — trois films avec la Metro Goldwyn Mayer France, explique Henri Verneuil. Nous étions donc en pleine préparation de ce film avant lequel nous avions déjà proposé *Un singe en hiver.* Mais les Américains n'ont pas très bien compris l'histoire et ont pris ça pour une histoire d'ivrognes et l'ont refusée. Nous sommes donc partis sur cette aventure racontant l'une des premières expéditions de la pêche à la morue. Le contrat de Gabin précisait une date impérative de tournage. Et nous avons eu à faire face à de grosses difficultés en raison des icebergs, des décors. C'était un film qui dépassait très largement les possibilités françaises. Et puis amener Gabin dans ces endroits relevait de l'exploit parce que pour lui Paris-Nice c'était déjà une expédition. D'un commun accord, tous, nous avons décidé d'arrêter la préparation de ce film. Mais la date de tournage de Gabin approchait et nous n'avions pas le temps d'aller chercher un autre sujet. Alors nous sommes revenus à la charge et j'ai dit aux Américains : ''Écoutez, il n'y a qu'une chose de prête, c'est *Un singe en hiver.*'' Ils ont accepté pour ne pas avoir à payer de dédit à Gabin. Ça a été notre plus beau jour aussi bien pour Gabin, pour Audiard, pour moi que pour François Boyer, parce que nous tenions beaucoup à ce film. Et ça a été une de nos plus belles aventures. Pour l'autre rôle principal j'ai parlé de Belmondo. Gabin a tout de suite dit : ''Belmondo c'est la bonne idée'', sans hésiter une seconde. Lorsque j'ai contacté Jean-Paul il m'a simplement dit : ''C'est toi qui fais l'adaptation avec ton équipe, c'est toi qui vas mettre en scène alors dis-moi simplement : est-ce que je sers la soupe à Gabin ?'' Comme il y avait deux rôles face à face je comprends très bien qu'un acteur se pose cette question. J'ai dit à Jean-Paul : ''Regarde-moi bien dans les yeux : on peut mentir à quelqu'un à court terme mais je ne me mettrai jamais dans cette situation et je te dis : Vous avez deux rôles à égalité totale. Alors il m'a dit : ''Je fais ce film''... »

Ainsi, par un tranquille hiver normand, Belmondo se retrouva face au monstre sacré. Gabin ne possédait pas la réputation d'être un homme chaleureux et à aucun moment il ne s'approcha de Jean-Paul pour lui souhaiter la bienvenue. Intrigué et timide, le cadet décida de respecter son intimité et, en dehors des prises de vues, évita de lui adresser la parole, préférant s'installer dans un coin pour lire *L'Équipe*. Remarquant que cette jeune gloire ne se prenait aucunement au sérieux et paraissait authentiquement passionnée de sport, Gabin finit par s'asseoir à côté de Belmondo et engagea la conversation sur le football. La glace était brisée, les deux hommes sympathisèrent et l'ambiance du tournage fut constamment au beau fixe. Ils parlaient très peu métier mais toujours de sport. Le football, bien sûr, mais aussi la boxe car Gabin avait un beau-frère ex-champion de France poids plume. Gabin traitait Belmondo comme un fils, lui prodiguant des conseils et s'inquiétant dès qu'il le voyait grimper dans sa voiture de sport flambant neuve. Il préférait que Jean-Paul effectuât ses déplacements dans sa propre voiture avec son chauffeur. Belmondo, pour sa part, fut étonné du naturel qui émanait de son aîné. Qu'il évoque le sport en dehors des caméras où qu'il retrouve son rôle sur le plateau, Gabin parlait toujours de la même manière, sans rien changer à son naturel, conservant la même voix, les mêmes gestes, les mêmes intonations. Jamais Belmondo n'avait vu un acteur aussi à l'aise, autant capable de tirer un personnage vers lui jusqu'à lui prêter sa propre voix sans la modifier d'un iota. De plus, sous ses allures bourrues, Gabin se montrait un professionnel remarquable, arrivant toujours sur le plateau tôt le matin et ne le quittant qu'à la fin de la journée, même les jours où il ne tournait pas. L'amitié entre les deux hommes fut telle que Belmondo réussit à convaincre Gabin de participer aux matchs de football qu'il organisait sur la plage ! Mais les choses pouvaient aller plus loin et un jour Gabin et Belmondo se retrouvèrent dans un véritable combat à coups de lance à incendie qui mouilla toute l'équipe.

« Dans *Un singe en hiver*, ajoute Henri Verneuil, nous avons à un moment donné ce face-à-face de nuit devant cette pension de famille où se trouve la fille de Belmondo. Ils sont saouls tous les deux et Gabin dit : ''Viens je t'embrasse, t'es mes vingt ans.'' Eh bien Gabin a toujours pensé cela. Combien de fois il m'a dit : ''Maintenant vous ne me direz plus 'Il nous faudrait un Gabin d'il y a trente ans' : il est là !'' Gabin a adopté Jean-Paul. Il l'a senti. Et Jean-Paul avait la notion du respect sans être un lèche-bottes. Ils se marraient beaucoup tous les deux, ils nous faisaient des blagues. Ce tournage en extérieurs sur la côte normande représente une somme énorme de souvenirs. Je me souviens que tous les hôtels étaient fermés et que Gabin s'occupait personnellement de trouver des restaurants, parce qu'en ce qui concerne la bouffe il savait y faire. Tous les soirs nous avions droit à un festin. J'ai dû prendre dix kilos dans ce film ! »

Un jour, Jean-Paul fut pris d'une inhabituelle inquiétude : il devait tourner une scène d'ivresse en compagnie de Gabin. Or Belmondo, bien qu'il ait beaucoup imité les poivrots dans ses farces, craignait de ne pas être crédible à l'écran surtout face à un Gabin qui avait déjà brillé dans *Archimède le clochard*. Les prises de vues se déroulèrent toutefois sans difficulté majeure, Belmondo se sortant admirablement de son rôle, mais, sans fausse modestie, il devait convenir plus tard que, dans cette scène, Gabin l'avait battu. Une autre fois ce fut au tour de Gabin d'avoir des sueurs froides mais pour une tout autre raison. Belmondo, déjà risque-tout, avait décidé de tourner lui-même la scène des corridas avec les voitures. Ce qu'il fit. Gabin assistait au spectacle et à la fin de la prise prit à partie son cadet : « Tu es fou ! ? Ne refais jamais ça, Jean-Paul. On paie des gens pour prendre ces risques. » Gabin ne pouvait savoir que, par la suite, Belmondo prendrait des risques bien plus grands !... Le soir, les deux acteurs aimaient se retrouver dans des petits bistrots où Belmondo écoutait Gabin évoquer ses innombrables souvenirs et lui parler de toutes les personnalités qu'il avait rencontrées, racontant par l'autre bout de la lorgnette les tournages des grands classiques auxquels il avait participé. Certains soirs, lorsque sa bonne humeur explosait, Gabin entonnait des chansons de sa jeunesse qui amusaient tous les clients du bistrot.

Au sortir de ses soirées, Gabin s'amusait à lancer des défis, poussant les jeunes de l'équipe à faire des courses avec les vélos empruntés au personnel du Normandy. Il les encourageait comme un supporter du Vel d'Hiv et leur conseillait même parfois des coups pendables pour arracher la victoire. L'un des témoins de ces courses sympathiques ne fut autre qu'Alain Belmondo, le propre frère de Jean-Paul. Lui aussi avait fait du chemin depuis l'appartement familial. Après avoir travaillé dans une usine de joints à découper, après avoir exercé les fonctions de répétiteur à Madrid, il était parti s'occuper de pétrole en Algérie, dès 1951. Ainsi, lui, l'amoureux de la mer avait passé dix ans dans ce pays, la plupart du temps dans le désert dont il ne cessa de sillonner les pistes. Il était même resté deux mois entièrement seul, abandonné de tous sous un soleil écrasant. En effet, Alain travaillait avec un grutier sur un point stratégique d'une piste saharienne. Le grutier ne supportant pas l'isolement partit à bord d'un camion laissant l'aîné des Belmondo entièrement seul. Au même moment, sans prévenir Alain, il fut décidé par les autorités locales que les camions emprunteraient une autre piste. Alors le jeune homme passa deux mois isolé avant que quelqu'un ne se souvînt de son existence. Mais à aucun moment il ne paniqua et passa ses journées à effectuer des fouilles archéologiques. Si bien que lorsqu'on vint enfin le chercher il était convaincu que seulement une quinzaine de jours s'étaient écoulés. Plus tard lorsqu'il sentit que l'OAS allait bouleverser le visage du pays, Alain Belmondo préféra quitter l'Algérie et regagner la France. Là il entama divers petits boulots dont celui de représentant. Puis, à l'invitation de son frère il effectua un stage de régisseur sur le plateau de *Un singe en hiver*. L'ambiance du cinéma lui plut tellement qu'il décida d'en faire son métier.

La sortie de *Un singe en hiver* n'eut malheureusement pas le succès grandiose que le film méritait et, surtout, pas celui de *Cartouche*. Il faut dire que cette année-là les spectateurs se ruaient vers les super-productions américaines comme *Le Jour le plus long* et *West Side Story*. De plus le film de Verneuil eut quelques démêlés avec la commission de censure. Une représentante du ministère de la Santé, Mme Cron, s'indigna qu'un film pût faire l'apologie de l'alcool, plus encore elle s'affirma offusquée que les marques des apéritifs fussent parfaitement visibles à l'écran. Suivant sa propre logique elle tenta d'interdire le film mais, heureusement, n'y parvint pas. Sous la patine du temps, *Un singe en hiver* devint néanmoins un classique largement apprécié. Il reste également l'unique rencontre professionnelle de Gabin et de Belmondo.

Celui-ci, grâce au triomphe de *Cartouche* et aux bonnes critiques de *Un singe en hiver*, se retrouvait bien en selle, prêt à galoper vers le succès.

13

LE FAÎTE DU CINÉMA

Un an après *Léon Morin, prêtre*, en mai 1962, Jean-Paul Belmondo se trouvait devant les caméras de Jean-Pierre Melville pour *Le Doulos*. Cette production se monta un peu dans la panique. En effet, le producteur, Georges de Beauregard, devenu l'une des personnalités les plus importantes du cinéma français grâce au succès de *A bout de souffle*, contacta Melville et lui laissa carte blanche pour lancer un film à la double condition que le tournage démarrât rapidement et que l'intrigue reposât sur une histoire policière. Melville sortit alors de ses étagères un roman de Pierre Lesou qu'il connaissait et appréciait depuis 1957. Un soir de janvier de cette année-là, en effet, son ami Jean Rossignol lui avait envoyé « les bonnes feuilles » de ce roman à paraître. Melville, emballé, chercha l'occasion de le porter à l'écran mais n'y parvint pas. Cette fois était la bonne. En seulement huit jours il écrivit un scénario et pensa immédiatement à Belmondo pour le rôle principal. En fait, le cinéaste restait en contact avec l'acteur pour un tout autre projet : *Les Ames du Purgatoire* d'après une nouvelle de Prosper Mérimée. Ce devait être une œuvre au ton libertin dans laquelle Belmondo aurait été associé à Anthony Perkins. Mais ni Jean-Paul ni Jean-Pierre n'avait réellement envie de s'embarquer dans cette aventure. Alors Melville travailla sur *Le Doulos*. Ce terme inhabituel désigne en argot le chapeau et a pour équivalent « doul » ou « doule ». Il désigne également celui qui « porte le chapeau » et, plus précisément, celui qui est soupçonné d'être un indicateur de police. Le décor était planté : les flics, les truands et entre eux un étrange personnage, Silien, dont nul ne sait véritablement s'il trahit ses amis ou non.

« Je voudrais faire découvrir ce qui se cache derrière l'apparence des honnêtes gens, raconta Melville. C'est en ce sens que j'essaie de réaliser un film shakespearien, car la tragédie de Shakespeare est tout le contraire de la tragédie grecque. C'est pour cela que j'ai supprimé dans les dialogues ce qui pouvait être argotique, faire preuve de laisser-aller. Je veux que mes personnages parlent bien [1]. »

Melville aimait beaucoup cette histoire un peu ambiguë et décida de la filmer en hommage aux grands polars américains, mais aussi en cherchant à construire « l'équivalent urbain d'un western », selon ses propres termes, alors que Lesou l'avait plutôt écrite comme un documentaire sur Montmartre. Ainsi Melville demanda à son décorateur, Daniel Gueret, de lui construire le bureau du commissaire comme réplique exacte de celui des *Carrefours de la ville*, classique du cinéma policier américain réalisé par Rouben Mamoulian en 1931. Dans la même optique le cinéaste refusa toutes les fenêtres à la française et exigea des fenêtres à guillotine si typiquement américaines. Côté acteurs, Melville confia le rôle du commissaire Clain à Jean Desailly et celui de Nuthecio, un truand, à Michel Piccoli. Restait un personnage : Maurice Faugel, l'ami de Silien. Melville avança le nom de Serge Reggiani qui venait de triompher au théâtre avec *Les Séquestrés d'Altona* mais dont la carrière cinématographique piétinait quelque peu.

« Melville m'avait parlé de plusieurs acteurs pour ce rôle, raconte Belmondo, j'étais un peu réticent sur la plupart, mais quand il m'a demandé : "Qu'est-ce que tu penses de Reggiani ?" J'ai dit tout de suite oui. »

Quant à Silien, élément clé, il fut interprété par Jean-Paul Belmondo. Melville conçut ce personnage comme un truand de grande classe, sorte d'aristocrate de la pègre évoluant dans un monde de voyous. Une sorte d'Humphrey Bogart à la française.

En renouant avec Jean-Pierre Melville, Belmondo retrouvait une ambiance fort différente de celle qu'il aimait établir sur un plateau de tournage et très lointaine de celle de *Un singe en hiver*, par exemple. Melville ne supportait décidément pas les extravagances de son principal acteur et, pratiquement, lui interdit tout écart. Conséquence directe : Jean-Paul s'ennuya. Il aimait son rôle, il aimait le film et son atmosphère très sombre, mais il supportait mal l'ambiance et le fait qu'il dût se tenir tranquille entre chaque prise. Les relations entre l'acteur et le réalisateur commencèrent à se dégrader sur le plateau du *Doulos* et touchèrent le fond quelques mois plus tard lors des prises de vue de *L'Aîné des Ferchaux*. Cette tension se ressentit dans certains propos du réalisateur qui, à différentes reprises, déclara que Belmondo aurait pu être meilleur dans son film. Un film qui ne rencontra pas véritablement les faveurs du grand public mais qui, lui aussi, devint à

---

1. *La Tribune de Genève* du 9 novembre 1962.

sa manière un classique. Ainsi, grâce à Melville, Belmondo inscrivait une nouvelle œuvre majeure dans sa filmographie.

En février 1962, Jean-Paul Belmondo annonça qu'il effectuerait sa rentrée au théâtre dès l'automne, c'est-à-dire dès la fin du tournage de cet *Aîné des Ferchaux*. Après avoir refusé la création d'une pièce de Tennessee Williams, il souhaitait revenir sur les planches dans une pure comédie : *La Puce à l'oreille* de Georges Feydeau. Malheureusement les héritiers du célèbre auteur n'eurent aucune envie de céder les droits de la pièce à un théâtre privé et lui préférèrent de beaucoup la Comédie-Française, plus prestigieuse. En conséquence, le retour de Belmondo derrière le rideau rouge fut reporté *sine die*. Avant de retrouver Melville, Jean-Paul s'octroya quelques jours de vacances en famille. Il emmena ses trois femmes, c'est-à-dire Élodie et ses deux filles, à Beauvallon où ils profitèrent du soleil et du farniente.

L'Aîné des Ferchaux, comme beaucoup d'œuvres dans la longue histoire du septième art, avait connu un périple tout à fait surprenant avant de se transformer en film. Au départ se trouvait un homme, Fernand Lumbroso, grand producteur de théâtre qui s'attaquait pour la première fois au cinéma. Séduit par le roman de Simenon écrit en 1943, il avait décidé de le porter à l'écran. Avant même de penser à un metteur en scène, il engagea Alain Delon, star. Delon possédant un droit de regard sur le choix du réalisateur, proposa Jean Valère, cinéaste méconnu auteur de *La Sentence* en 1959, avec Robert Hossein et Roger Hanin, qui avait obtenu de bonnes critiques. Il suggéra d'autre part Michel Simon et Romy Schneider pour jouer à ses côtés. Des scénaristes planchèrent sur l'adaptation, mais pratiquement au dernier moment, Alain Delon préféra tourner, en Italie, sous la direction de Michelangelo Antonioni, *L'Eclipse* — sur lequel Belmondo avait hésité — et abandonna le projet. A la recherche d'un nouvel interprète, Lumbroso contacta Belmondo qui, intéressé, fit savoir qu'il n'acceptait l'aventure qu'à la condition expresse que Melville, avec lequel il tournait *Le Doulos*, le mît en scène. Lumbroso fut alors présenté à Melville qui daigna reprendre l'ensemble s'il pouvait écrire lui-même l'adaptation du roman. Pendant que le réalisateur ne mettait que huit jours à construire un scénario, Lumbroso chercha une actrice et contacta Annie Girardot qui refusa. Elle fut remplacée par Michèle Mercier. Belmondo campa donc un ancien boxeur qui se retrouve secrétaire d'un vieux banquier obligé de fuir en Amérique. Entre les deux hommes s'établit une relation mi-filiale mi-haineuse créatrice d'innombrables tensions. Si Belmondo accepta avec enthousiasme ce rôle ce fut d'abord parce qu'il avait été écrit par Simenon, auteur qu'il appréciait beaucoup, et parce qu'il lui permettait de jouer un boxeur pour la seconde fois de sa carrière. En effet, dans *Classe tous risques*, Sautet et Giovanni avaient imaginé faire d'Eric Stark un ancien boxeur, mais nul ne le voyait jamais combattre. Cette fois Melville avait décidé de démarrer son film sur un match opposant Belmondo à son vieil ami de l'Avia Club, devenu sa doublure-lumière sur tous ses films : Maurice Auzel. Pourtant le rôle qu'endossa Jean-Paul sortait pour le moins des voies qu'il avait suivies jusqu'alors. En effet, en dépit de ses allures de boxeur, ce personnage n'apparaissait jamais sûr de lui et passait son temps à hésiter et, surtout, à mentir. Nouveau rôle et nouvelle ambiance pour un film qui ne manqua pas de réserver des surprises.

Comme convenu, Melville retoucha considérablement l'histoire initiale de Simenon intitulée *Un jeune homme honorable*. « Après des années de métier, expliqua Melville, il est difficile d'adapter les histoires des autres sans y apporter un peu de soi. C'est pourquoi j'ai soudain décidé de réécrire complètement l'histoire avec la bénédiction de Simenon qui se désintéresse absolument de ce que deviennent ses sujets après qu'il les a mis sur le papier. J'ai d'ailleurs l'habitude de tout superviser dans mes films ; je voudrais tout faire par moi-même : je m'occupe des décors, je rêve d'écrire moi-même la musique [1]. »

Pour son script, Melville s'inspira notamment de la vie du milliardaire Howard Hughes qui disparut cinq années durant après avoir engagé un jeune secrétaire. Au moment de sa préparation, Belmondo apprit que le réalisateur rencontrait des difficultés pour trouver l'acteur idéal en vue du rôle du vieux banquier. Comme le film se passait presque exclusivement aux États-Unis et se trouvait sous l'influence de l'histoire de Howard Hughes, Melville rêvait de lui conférer une dimension authentiquement américaine en engageant Spencer Tracy. Mais Tracy fut jugé trop vieux. Melville envisagea alors Charles Boyer qui avait l'avantage de posséder l'aura américaine — il était très connu outre-Atlantique — et les racines françaises. Mais Boyer était indisponible. Alors Melville accepta de changer son point de vue et fit de son héros un Français ayant passé de nombreuses années aux États-Unis. Il prit contact avec un vétéran du cinéma français : Charles Vanel. L'acteur lui aussi grand amateur de Simenon accepta d'emblée. Ce fut à ce moment que naquirent les premiers vrais problèmes. Vanel, en effet, ne s'entendit nullement avec Melville auquel il reprocha deux choses : d'une part, de vouloir absolument s'occuper de tous les aspects du film, ce qui lui paraissait une hérésie,

1. *Les Lettres françaises* du 7 février 1963.

et, d'autre part, d'avoir beaucoup trop retouché le roman de Simenon, seconde hérésie.

« Je n'aimais pas son scénario, confia Charles Vanel. Il cultivait l'invraisemblance. Par exemple, un type comme Ferchaux n'allait pas, en un après-midi, faire de Belmondo son homme de confiance. Il n'y avait pas de rigueur dans sa construction. Pas davantage dans son dialogue. Quand je ne suis pas d'accord, avant de commencer un film, je discute pour que tout soit clair avant le tournage. Avec Melville la discussion était impossible. Il avait la science infuse. On s'est donc engueulés. Cela commençait mal [1]. »

De son côté, Jean-Pierre Melville affirma : « Nous nous sommes heurtés presque tout de suite. Une clause imbécile de son contrat m'a mis en colère et j'ai même fini par être grossier avec lui, ce que je regrette. Je n'aurais pas dû. L'impresario de Vanel, une femme (...), avait fait mettre dans son contrat un paragraphe (au bout duquel) Charles Vanel devenait, en somme, mon superviseur. Quand j'ai appris ça, je suis devenu comme fou [2]. »

La suite fut du même tonneau. *L'Aîné des Ferchaux* ayant pour décor essentiel les États-Unis, il était logique que le film fût tourné là-bas. De fait, au départ du projet un grand voyage était prévu. Vanel, qui n'avait aucune envie de se retrouver seul à l'autre bout du monde, annonça qu'il emmenait sa femme avec lui. L'apprenant Melville entra dans une rage folle et sur le thème de « toutes les femmes de comédiens sont des emmerdeuses » tenta de dissuader Vanel de son projet. Le ton monta très haut, Vanel menaçant même d'abandonner le film, mais les choses s'arrangèrent d'elles-mêmes puisque pour des raisons budgétaires *L'Aîné des Ferchaux* fut entièrement tourné en studios à Paris. Seule une petite équipe technique alla aux États-Unis filmer quelques décors naturels, qui servirent de toile de fond. Lorsque arriva le premier jour de tournage, Vanel gardait une sérieuse dent contre Melville et décida de ne plus lui adresser la parole en dehors des échanges strictement professionnels. Sur ces entrefaites arriva Belmondo qui avait eu vent des démêlés entre l'acteur et le réalisateur. Jean-Paul s'entendit tout de suite avec Vanel qui, au contraire de Gabin, était un homme immédiatement affable et chaleureux. L'aîné lui rendit son amitié.

« C'est un type sans détours, affirma Vanel en parlant de Belmondo. Il a le sens de ce métier. Lui aussi voyait bien des choses qui clochaient, qui heurtaient la logique. Ce qu'on avait en commun

1. Cité par Jacqueline Cartier dans *Monsieur Vanel*. Ed. Robert Laffont, 1989.
2. *Le Cinéma selon Melville* par Rui Nogueira. Ed. Seghers, 1973.

c'était de ne pas se prendre au sérieux, contrairement à Melville. C'est intéressant de jouer avec Belmondo parce qu'on a son fond d'œil. Il ne fabrique pas, il est. Je sais que, par la suite, il a beaucoup amené les personnages à être Belmondo ; mais, en fait, il peut se fondre, lui, dans des personnages très différents. Il l'a démontré d'ailleurs. Et il a un plaisir fou à jouer[1]. »

Sur le plateau Jean-Paul constata très rapidement que Melville s'en prenait ouvertement à Vanel, lui reprochant mille et une petites choses et faisant souvent preuve d'une mauvaise foi éhontée. Belmondo ne put le supporter et décida de déclencher une guerre ouverte contre le cinéaste. Prenant à plein le parti de Vanel, qu'il estimait victime d'une grave injustice, il décida à son tour de ne plus adresser la parole à Melville. Et le tournage se déroula ainsi avec les deux principaux acteurs, complices, qui ignoraient complètement leur réalisateur.

« En tant qu'acteur ça ne me dérangeait pas du tout, souligne Belmondo. Au contraire je trouve que ça aide plutôt : on rentre dans son monde à soi et on fait moins de concessions. Parce que des fois on se dit qu'on va faire plaisir au metteur en scène. Il veut que l'on fasse quelque chose et on finit par le faire. Mais quand il y a un rapport un peu plus dur, on écoute, mais on a moins tendance à céder. C'est pourquoi, de telles situations avec un metteur en scène ne me gênent pas vraiment. Comme je peux être fâché avec un acteur avec qui je joue, ou une actrice. Remarquez, ça ne m'est jamais arrivé avec des acteurs, par contre avec des actrices… »

Les rapports entre les différents comédiens, eux, ne subirent aucune détérioration sur le plateau de *L'Aîné des Ferchaux*. Et Andrex, par exemple, affirma avoir rencontré un Belmondo familier, amical, joyeux, chaleureux, bref, adorable. *L'Aîné des Ferchaux* se déroula dans une telle ambiance que Jean-Paul décida qu'il marquerait sa dernière collaboration avec Melville. Et il tint parole. Par la suite certains projets associèrent Jean-Paul à Jean-Pierre, mais aucun ne se concrétisa. Il y avait quelque chose de cassé entre eux, même si le comédien reconnaissait le savoir-faire du réalisateur.

« Maintenant, je suis beaucoup plus souple, affirme Belmondo. C'est peut-être le privilège de l'âge. A l'époque je ne l'étais pas du tout et Melville non plus. Il ne fallait pas me dire un truc de travers, je me mettais en pétard. Lui était emmerdant. Ça serait aujourd'hui, peut-être que nous nous serions disputés, mais huit jours après ça aurait été fini. »

Ces deux films de Melville, *Le Doulos* et *L'Aîné des Ferchaux*,

1. Cité par Jacqueline Cartier dans *Monsieur Vanel. Op. cit.*

sortirent à huit mois d'intervalle. Le premier fut agréablement salué par la critique, mais n'obtint qu'un demi-succès public. Le second fut complètement rejeté par le public et par une partie de la critique. Lumbroso estima que sa sortie, à une époque d'attentats de l'OAS, avait été handicapée par l'actualité, mais probablement qu'à un tout autre moment *L'Aîné des Ferchaux* n'aurait guère mieux marché.

Entre ses deux prestations melvilliennes, Jean-Paul avait répondu à l'invitation d'un excellent ami, Guy Bedos. Celui-ci connaissait un énorme succès avec sa partenaire Sophie Daumier grâce à des sketches qui alliaient la dérision à la caricature et ridiculisaient les contemporains avec une belle allégresse. Poussé par des producteurs, Bedos transposa son univers sur grand écran et concocta *Dragées au poivre*, suite de sketches plus ou moins réussis. Belmondo eut la tache d'apparaître dans *Adieu Raymond*, histoire spécialement écrite pour lui par Bedos, où il incarna un légionnaire un peu borné répondant à une bourgeoise se remettant à peine d'une nuit d'extase. Belmondo aurait aimé que cette femme mûre fut jouée par Marlène Dietrich. Bedos la contacta en ce sens, mais la star ne souhaitait guère revenir au cinéma. Simone Signoret la remplaça. Les prestations de Jean-Paul et de Simone furent enregistrées à des jours différents, ce qui fit que les deux comédiens ne se rencontrèrent absolument pas. En fait, ce fut Guy Bedos qui, les deux fois, remplaça le partenaire absent. Au final, *Dragées au poivre* apparut comme un agréable fourre-tout mêlant la parodie (*L'Année dernière à Marienbad, West Side Story*...), les pochades, les scènes déshabillées — dont celle avec la ravissante Rita Renoir — et les caricatures finement dessinées.

A *L'Aîné des Ferchaux* eût dû succéder, dans la filmographie de Belmondo, le très attendu *Fahrenheit 451* réalisé par François Truffaut. Depuis qu'ils avaient sympathisé lors de leur voyage en Amérique du Sud, les deux hommes souhaitaient ardemment travailler ensemble. Lorsque Truffaut parla à Belmondo de son souhait de transposer sur grand écran le roman de Ray Bradbury, l'acteur donna aussitôt son accord de principe et le tournage en fut fixé à la fin 1962. Mais, entretemps l'acteur signa pour *Peau de banane* qui le bloqua jusqu'en avril 1963. Truffaut, de son côté, rencontrait d'immenses difficultés pour concrétiser son projet. Les producteurs répugnaient à le suivre dans ce qui s'annonçait « le premier film de science-fiction français ». En avril 1963, toujours pas prêt, il ne put entamer la réalisation. Lorsque le cinéaste parvint enfin à réunir les fonds, en 1965, Jean-Paul se trouvait à nouveau embarqué dans une spirale de projets et ne put, dès lors, confirmer sa présence. Il fut remplacé par Oskar Werner, l'un des interprètes de Truffaut dans *Jules et Jim*.

Peau de banane, auquel Belmondo participa dès février 1963, reposait sur un roman policier plein d'humour de Charles Williams. Le scénario avait été écrit par Claude Sautet et Marcel Ophuls — ex-assistant de John Huston, Julien Duvivier et Anatole Litvak — qui mettait également le film en scène. Toute la production avait été montée autour de Belmondo. Pour l'entourer il proposa divers amis. D'abord Jeanne Moreau avec laquelle il rêvait absolument de retravailler depuis *Moderato Cantabile* qui l'avait laissé insatisfait. Puis Claude Brasseur et Jean-Pierre Marielle, qui n'avaient pas encore véritablement gravi les échelons de la gloire. Toutefois, les producteurs refusèrent véhémentement Marielle en qui ils ne croyaient pas du tout, et il fallut toute la force de persuasion de Belmondo et de Moreau pour l'imposer.

Avec toute cette équipe, à laquelle vint s'adjoindre Henri Poirier, compagnon de Conservatoire de Jean-Paul, le tournage de *Peau de banane* se déroula dans une excellente ambiance qui servit le film, comédie policière dans laquelle une femme convainc son ancien mari de l'aider à escroquer des escrocs. La Camargue servit de cadre à la fois au tournage et à quelques-unes des élucubrations de la bande.

« Une partie du tournage se déroulait à Martigues, confirme Marielle. Dans l'hôtel où nous logions nous avions foutu un tel bordel que le patron, totalement excédé, nous a mis en joue sur le toit avec un fusil de chasse. Nous étions cachés derrière une cheminée ! »

Chaque matin, Jean-Paul enfourchait un cheval pour partir, seul ou avec des amis, à la découverte de la nature encore sauvage. Le soir, toute l'équipe se réunissait à l'hôtel Les Amphores aux Saintes-Maries-de-la-Mer. Là, Belmondo et Marielle se lançaient dans d'hilarants numéros de duettistes, puis Jean-Pierre imitait Louis Armstrong tandis que Jeanne Moreau chantait à la manière d'Ella Fitzgerald, et Jean-Paul montait sur les tables pour danser ! Le film sortit en août 1963, une date fort difficile parce que au même moment surgissait *La Grande Evasion*. Néanmoins *Peau de banane* fit une honorable carrière commerciale.

Un peu après la fin des prises de vues de *Peau de banane*, Belmondo fêta son trentième anniversaire en compagnie de tous ses copains.

« J'ai reçu une invitation de Jean-Paul pour fêter ses trente ans chez Maxim's, raconte Dominique Rozan. Il a invité tous les gars du Conservatoire et Jean-Paul m'a dédicacé le menu en mettant : "De la cantine de l'Opéra à Chez Maxim's en passant par tes épaules." Ce souvenir d'amitié, je trouve ça très beau. Nous nous sommes beaucoup marrés ce soir-là, et Jean-Paul a donné un pourboire à l'orchestre pour qu'il joue ''Tiens voilà du boudin'' à deux heures du matin. Nous étions tous restés les gamins du Conservatoire. »

Puis, une poignée de jours plus tard, Jean-Paul Belmondo se retrouva dans les journaux pour deux raisons fondamentalement différentes. Le 20 avril 1963 à un carrefour de Boulogne-sur-Seine, l'acteur, accompagnés par ses amis Dominique Zardi et Maurice Auzel, s'approcha d'un attroupement qui se créait autour d'un cyclomotoriste grièvement blessé par une voiture. Les prémisses d'une ténébreuse affaire.

« Nous étions en voiture, raconte Belmondo. Nous avons vu un mec renversé sur la chaussée. Je me suis arrêté. Le chauffeur qui avait heurté le motocycliste était assis par terre, en larmes, convaincu d'avoir tué l'autre. J'ai appelé la police et nous avons attendu. Un attroupement s'est formé parce que la police a mis une demi-heure à venir. Quand les flics sont arrivés, les gens étaient tellement énervés qu'ils voulaient pratiquement les lyncher ! Moi, j'avais les mains dans les poches. Le chauffeur du car de police est descendu. Il a commencé à dire : ''Ta gueule'', et moi je lui ai répliqué : ''La tienne, remonte dans ton fourgon.'' A ce moment-là j'ai reçu un coup sur la tête. Je me suis écroulé les mains dans les poches. Il n'y a eu aucune bagarre. Ce n'est pas le type du car qui m'a frappé puisqu'il était en face de moi à pousser les gens, mais quelqu'un d'autre, derrière, probablement avec une matraque. Le choc a été d'autant plus rude que je ne m'y attendais absolument pas. Parce que, dans une bagarre, votre cerveau est prêt à recevoir les coups, mais, là, ça m'est littéralement tombé dessus. »

L'un des témoins privilégiés de la scène, Dominique Zardi, raconte la suite des événements, suite dans laquelle Jean-Paul Belmondo constitua un élément clé bien que totalement inconscient :

« Jean-Paul est tombé sur un flic qui s'est dit : ''Je ne sais pas si ce mec-là est un acteur, mais ce que je sais est qu'il m'emmerde.'' Il a étendu Jean-Paul. Moi je lui suis rentré dedans dans le même mouvement, mais nous avons eu une armée de pèlerines sur le dos et nous sommes retrouvés emballés. Comme j'avais l'habitude de ce genre de situations, je suis resté très calme. Le flic n'avait frappé Jean-Paul qu'un coup en pleine tempe. Il est tombé par terre. Je ne sais pas si sa tête a heurté le sol, mais il a été foudroyé, et dans le car de police il était dans un état lamentable proche du coma. On l'a emmené à l'hôpital mais là personne n'a voulu s'en occuper. Le flic a signé une décharge. Alors nous nous sommes retrouvés au commissariat ; on nous a jetés dans une cellule où Jean-Paul était malade comme une bête. C'était un vendredi soir et dans ce commissariat il n'y avait aucun responsable, il n'y avait que des flics de quartiers. J'avais beau leur dire : ‘‘C’est Belmondo’’, ils s’en foutaient et répondaient : ‘‘C’est ça, et moi je suis le shah d’Iran.’’ Quand j’ai vu que Jean-Paul ne revenait pas à lui après plusieurs heures, j’étais convaincu qu’il allait mourir. J’ai supplié, j’ai hurlé comme un fou en disant : ‘‘Il va mourir, faites quelque chose’’, mais j’étais tombé sur les buveurs de bière du vendredi soir. J’ai essayé de soigner tant bien que mal Jean-Paul, et ce n’est que très longtemps après qu’il a commencé à se réveiller. Sa vie aurait très bien pu s’arrêter là, dans cette cellule. Nous y sommes finalement restés dix-huit heures. Les flics voulaient nous déférer au parquet, mais, heureusement, le samedi soir, l’avocat de Jean-Paul est venu en robe. Je ne sais pas qui l’avait prévenu, mais toujours est-il qu’il a fait un foin de tous les diables et nous a fait sortir de là. »

Cette affaire passionna immédiatement la presse. Jamais un fait divers relativement banal n’avait tenu une telle place dans les journaux. *Paris-Jour, L’Aurore, Le Parisien libéré* et *Paris-Presse* en firent leur une, *Le Figaro, France-Soir, Libération, L’Humanité* en parlèrent très longuement. Même un journal comme *Le Monde* qui avait pourtant d’autres chats à fouetter consacra plusieurs colonnes à l’incident. Dans la majorité des cas les journalistes prenaient le parti de l’acteur ce qui leur permettait de critiquer les méthodes musclées de la police. Certains firent l’amalgame entre l’homme privé et l’acteur redresseur de torts. Tous s’intéressèrent à cette affaire du fait de la personnalité de la victime qui était alors à l’affiche du *Doulos*. L’affaire fit tellement de bruit qu’elle fut même évoquée officiellement à l’Assemblée nationale où des députés s’interrogèrent sur l’organisation des secours aux accidentés de la route. Ce subit engouement médiatique prouvait que Belmondo comptait parmi les personnalités populaires, dans tous les sens du terme. Bien que ses derniers films n’aient pas connu un fort retentissement national, il restait sur le faîte de sa notoriété, preuve de son formidable impact.

Cette affaire faussement sensationnelle se termina devant les tribunaux un peu moins de deux ans plus tard, en juin 1965. A nouveau, les médias se ruèrent sur ce procès qui eût ravi Courteline.

« Quand je suis arrivé au Palais de justice, poursuit Jean-Paul Belmondo, il y avait la télé, ainsi qu’une meute de photographes. C’était devenu une affaire d’État dans laquelle les gens prenaient parti pour ou contre moi. Je me souviens qu’Henri Jeanson, qui ne portait pas la police dans son cœur, m’avait envoyé un épais dossier concernant les gens frappés par la police. On parlait de tout cela comme d’une affaire ‘‘Belmondo contre la police’’, ce qui n’était pas du tout le cas. C’était simplement ‘‘Belmondo contre un policier’’. Mon agresseur aurait pu être charcutier ou pâtissier, le problème aurait été rigoureusement le même pour moi. Sur ce, le procès a commencé. On a lu ma fiche de présentation : ''Revenus irréguliers, travaille au cachet, vit actuellement au Brésil.'' Cela faisait tout à fait mafioso ! Ensuite, il a été prouvé que, d'après la position des hématomes, je n'avais pu être frappé que par derrière. Mais le policier affirmait qu'il m'avait asséné une droite. Je lui ai rétorqué : ''Essayez en face-à-face, de me mettre un crochet du droit derrière mon oreille droite !'' De plus, la police soutenait que j'avais reçu un simple coup de poing. J'ai répondu qu'il est pratiquement impossible d'assommer quelqu'un de cette façon, à moins de s'appeler Marcel Cerdan, ce qui avait fait beaucoup rire. On a également essayé de soutenir que j'avais bu. Mais l'affaire s'était déroulée à huit heures du soir, je venais de quitter un plateau de tournage et j'étais en route pour synchroniser un film, je ne sortais pas d'un bar !... Au cours de ce même procès, la juge m'a demandé : ''C'est parce que vous jouez les gangsters que vous nous autorisez de tels comportements ?'' Je lui ai répondu : ''Écoutez, madame, j'ai joué *Léon Morin, prêtre* et je n'ai aucune envie de donner l'extrême-onction à qui que ce soit !'' Cette réplique avait fait un tabac mais avait beaucoup énervé le juge. Plus tard, le brigadier a été interrogé. ''Est-ce que vous aviez reconnu Belmondo ?'' Il a répondu : ''Oui, je l'ai reconnu parce que ma fille a toutes ses photos dans sa chambre !'' Là, il s'est arrêté puis a ajouté : ''Elle avait ! Parce que depuis cette affaire, je les lui ai fait retirer !'' Ça aussi ça avait fait un triomphe. Pour ma défense il y avait un général en retraite qui avait tout vu et qui a témoigné en ma faveur. Finalement je n'ai pris qu'une injure à agents pour avoir répondu : ''La tienne'' à l'agent qui me disait : ''Ta gueule.'' Je n'avais même pas eu le temps d'être plus grossier ! »

Effectivement, le tribunal trancha. Il fut bien établi que Belmondo avait été frappé par un gardien de la paix. Ce dernier fut condamné à un mois de prison avec sursis, deux cents francs d'amende et un franc de dommages et intérêts, mais les juges retinrent contre l'acteur ces « outrages à agents » qui lui coûtèrent mille francs d'amende.

Durant tout cet imbroglio journalistique, Jean-Paul se passionna pour tout à fait autre chose : la naissance de son fils Paul, le 23 avril 1963. Trois ans plus tard, pour la première fois, l'acteur accepta de parler de son fils et tint ces propos étonnamment prémonitoires :

« Quant à Paul, je ne désire de lui qu'une chose : qu'il soit franc et courageux. Le défaut que je hais le plus c'est la lâcheté, mère de tous les vices. C'est par lâcheté que les hommes mentent, volent, tentent de se rouler, se massacrent. Si mon fils grandit sous l'aspect dont je rêve, le principal sera accompli. Il choisira une carrière d'homme courageux : pilote, capitaine au long cours, sculpteur[1]... »

Mais Jean-Paul ne put profiter que quelques semaines de la venue de son dernier enfant. Dès le 16 mai il dut partir pour le Brésil du fait d'un film original : *L'Homme de Rio*. Quelque temps auparavant, à l'occasion d'une tournée mondiale de présentation de *Cartouche*, Philippe de Broca et Jean-Paul Belmondo avaient effectué une délicieuse escale sous le soleil brésilien.

« Nous étions au Copacabana Palace devant la plage, se souvient de Broca, et nous nous sommes dit : ''Pourquoi ne profiterait-on pas de notre métier pour tourner dans des pays comme celui-ci ?'' Nous voulions absolument revenir là. »

Dès leur retour à Paris, les deux amis contactèrent le producteur Alexandre Mnouchkine en se contentant de lui annoncer : « Nous allons faire un film à Rio. Belmondo sera en costume blanc, il descendra de l'avion et il lui arrivera plein d'aventures ! » Derrière cette idée presque saugrenue, se cachait chez de Broca le désir profond de renouer avec les bandes dessinées d'aventures qui avaient bercé son enfance.

« Je devais faire un *Tintin* que j'ai abandonné parce que je trouvais idiot de transformer cette bande dessinée en film avec des acteurs, et le film s'est fait sans moi, explique-t-il. J'avais ce goût de l'aventure drôle dans l'esprit de Tintin avec un héros plus drôle, que Tintin. Parce que Tintin n'est pas drôle. Haddock est drôle mais pas Tintin. Donc j'avais envie de faire un film comme j'aurais rêvé d'en voir un à l'âge de douze ans. »

En dépit de la minceur du propos, Mnouchkine fut séduit et demanda à sa fille Ariane d'écrire une première ébauche de scénario avec Philippe de Broca lui-même. L'idée maîtresse que suivait ce dernier était celle-ci : utiliser tous les moyens de transport, cacher un trésor et faire intervenir les Indiens ! Puis l'ensemble revêtit cette apparence de loufoquerie et d'aventure trépidante avec un personnage central casse-cou.

« L'écriture a été difficile, rapporte de Broca. Bizarrement ce scénario qui a l'air très Tintin, nous avons eu du mal à l'écrire. J'ai commencé avec Ariane Mnouchkine puis j'ai fait intervenir Rappeneau et j'ai terminé avec Boulanger. Nous avions vraiment tout : les Indiens, les fléchettes, une fille emmerdeuse, un type qui lui court après, une intrigue très compliquée. Mais il nous manquait la base même. Finalement la base c'est ce type qui a une permission de huit jours. Ça a été le déclic. »

1. *Ciné-Revue* du 24 mars 1966.

De Broca, soutenu par Belmondo et les producteurs Mnouchkine et Dancigers, procéda alors à l'engagement des acteurs. Face à Jean-Paul il fallait une actrice suffisamment belle pour lui faire tourner la tête et justifier son escapade à Rio, et possédant un potentiel comique indéniable pour entraîner le film vers la comédie la plus débridée. Cette perle rare se nommait Françoise Dorléac. Malheureusement, du fait de la présence de coproducteurs italiens, il fut demandé à Philippe de Broca d'engager une Italienne. Refus catégorique et définitif du cinéaste.

« J'avais connu Françoise Dorléac au théâtre puisqu'elle était la petite amie de Jean-Pierre Cassel, dit-il. Je l'avais trouvée épatante. Je me suis beaucoup bagarré pour que ce soit elle. Elle a été très bonne même si elle était souvent un peu inutilement exigeante. Mais les choses se sont bien passées. En plus, je crois que Françoise était un peu amoureuse de Jean-Paul. »

Au bout du compte et face à l'entêtement du réalisateur, même les Italiens acceptèrent effectivement l'engagement de Françoise Dorléac. En contrepartie ils glissèrent Adolfo Celi dans un important second rôle. Une fois tout préparé, l'équipe française partit pour la grande expédition : le Brésil. L'équipe française cela signifiait... pas grand monde !

« Nous sommes partis à treize, raconte Alexandre Mnouchkine, acteurs compris. Jean-Paul portait les bagages ! C'était une époque merveilleuse. C'est un film qui s'est fait de manière artisanale. Nous n'avions aucun projecteur là-bas, nous nous baladions avec un reflex qu'on promenait partout. Nous partions dans des endroits où personne n'allait jamais. Pas question d'avoir quoi que ce soit là-bas. Par exemple, à la fin du film, quand on devait faire sauter des trucs, nous préparions nos propres explosifs sur place parce qu'il était interdit de transporter des explosifs. Alors nous avions trouvé un type qui savait fabriquer des explosifs. C'était vraiment la grande aventure. Nous étions à la merci d'un incident. Nous nous demandions chaque jour comment nous allions nous en sortir et puis tout s'arrangeait. »

De nombreuses séquences du film furent tournées à Manaus et dans les environs. Le Brésil n'étant pas encore un haut lieu touristique il n'y avait en tout et pour tout qu'un seul hôtel à quinze cents kilomètres à la ronde dans lequel toute la petite équipe logea. Ce fut l'occasion pour Belmondo de s'en donner à cœur joie et de laisser son imagination délirante vagabonder sans frontière. Chaque jour était prétexte à de nouveaux gags. Une fois il acheta de petits crocodiles d'une vingtaine de centimètres qu'il installa dans sa propre salle de bains. Lorsque le personnel de l'hôtel les remarqua il hurla et refusa obstinément d'entrer dans la chambre de l'acteur. Le lendemain, Jean-Paul, aidé par Philippe de Broca, plaça ces mêmes crocodiles dans les salles de bains des autres clients pour la plupart américains, ce qui provoqua des cris à n'en plus finir. Une autre fois, les deux compères glissèrent du talc dans les conduits d'aération ce qui faisait que dès que quelqu'un mettait son appareil de climatisation en marche, geste rendu quasi obligatoire du fait de la chaleur environnante, il se retrouvait recouvert d'une épaisse couche de talc... Ce genre de blagues ne tarda pas à venir aux oreilles du directeur de l'hôtel qui exigea le départ immédiat de tous les Français. Alexandre Mnouchkine puisa dans les ressources de sa patience pour lui expliquer qu'il ne s'agissait que de plaisanteries de collégiens sans aucune arrière-pensée et sans conséquences véritablement graves. Sous l'œil inquiet du directeur l'équipe put rester ! Cela ne perturba pas outre mesure Belmondo et de Broca qui, constatant qu'ils ne pouvaient plus délirer dans l'hôtel, emmenèrent leur folie dans les artères de Manaus ou, par exemple, ils s'amusaient à faire claquer des pétards dans la rue. Attention pas des petits pétards qui ne provoquent qu'un faible claquement. Non, des pétards énormes qui firent carrément croire à des explosions et provoquèrent la panique parmi les passants.

Sur place, l'équipe manquait de tout et quand elle parvenait à trouver enfin ce qu'elle attendait elle se heurtait à des surprises pas toujours plaisantes. Ainsi les Français avaient réussi à dénicher un petit avion pour les différentes séquences aériennes que comportait le film. Mais un beau jour ils apprirent que le pilote était parti avec son appareil pour la Bolivie. Il fallut impérativement lui trouver un remplaçant dans la journée. Ils finirent par mettre la main sur un pilote porté sur l'alcool qui n'avait aucune envie de participer à une entreprise cinématographique. Après quelques heures de palabres, Belmondo et de Broca emmenèrent le pilote dans une boîte où ils le firent boire jusqu'à ce qu'il accepte définitivement. Pendant ce temps Alexandre Mnouchkine, aidé de quelques techniciens, repeignait l'avion !

Durant les neuf semaines de prises de vues au Brésil, l'équipe apprit à faire avec les moyens du bord.

« Nous avons fait des choses incroyables avec deux bouts de ficelle, constate Philippe de Broca. Jean-Paul était complètement disponible. Je me rappelle que nous avions deux combis Volkswagen en tout et pour tout. Dans l'un il y avait le chef électricien et un machiniste, dans l'autre le reste de l'équipe avec Jean-Paul toujours assis sur la caisse de la caméra. Il s'habillait le matin avec son costard et ne le quittait pas de la journée. Comme il chahutait tout le temps il le déchirait et mon assistant le recousait sans cesse. Jean-Paul portait aussi des chaussures noires trouées. Et comme nous étions très isolés, nous n'avions rien pour les réparer. Finalement, à Brasilia, nous avons trouvé des espadrilles que nous avons peintes en noir. »

L'équipe apprit notamment à profiter des lieux existants. Ainsi la fête censée se dérouler chez le milliardaire interprété par Adolfo Celi fut réalisée dans la cour du musée d'Art moderne de Rio.

A l'occasion de ce tournage, Jean-Paul Belmondo démontra ses grandes capacités de cascadeur. Toutes les scènes périlleuses étaient préparées par Gil Delamare qui aurait dû remplacer l'acteur si ce dernier n'avait tenu à tout faire lui-même. Cette décision provoqua le courroux de Mnouchkine qui tenta d'opposer son veto. Parce qu'il ne connaissait absolument pas les possibilités physiques de son acteur, ni sa témérité, il le croyait incapable de réussir tous ces exploits. Il se trompait. Plus encore que sur *Cartouche*, Jean-Paul révéla pour la première fois ses dons de cascadeur.

« Jean-Paul avait une confiance totale en Gil Delamare qui était un inventeur de cascades fabuleux, déclare Philippe de Broca. Nous nous sommes très vite aperçus que Jean-Paul savait faire presque tout parce qu'il était très sportif. D'ailleurs, Delamare, qui s'entendait admirablement avec Jean-Paul m'avait dit, comme Claude Carliez sur *Cartouche* : ''C'est le meilleur cascadeur que j'ai formé. Il est bien meilleur que moi.'' Pourtant Jean-Paul ne préparait pas vraiment ses cascades : il arrivait le matin, demandait le plan de travail et se lançait. La grâce. Ce n'est pas par gloriole que Jean-Paul faisait cela mais parce qu'il avait un don. S'il se précipitait sur un mur de pierre, il faisait péter le mur, mais il ne se cassait pas une épaule ! Il avait une force, une souplesse, une grâce et une facilité apparente rares. Il était comme Noureev. Lorsque Noureev faisait un entrechat et sautait en l'air, il sautait à un mètre cinquante et donnait l'impression de pouvoir sauter à cinq mètres. Pas d'effort apparent. Jean-Paul, c'était la même chose : je ne l'ai jamais vu faire un effort. Il avait une musculature, une énergie, des élans peu communs. »

L'une des scènes les plus dangereuses de *L'Homme de Rio* fut quand le héros, poursuivi par des tueurs, passait du sommet d'un immeuble en construction à un autre immeuble grâce à un câble tendu au-dessus du vide. Delamare avait testé la résistance du câble en y attachant des sacs de pierre d'un poids total de soixante-dix kilos, le poids de Jean-Paul à l'époque. Mais cela s'avéra insuffisant.

« Lorsque Jean-Paul s'est avancé sur le câble, on s'est rendu compte qu'il n'était pas assez tendu, raconte Alexandre Mnouchkine. Normalement Jean-Paul aurait dû passer d'un côté à l'autre, mais quand il s'est retrouvé au milieu du câble, celui-ci a fait comme une flèche vers le bas ce qui faisait que Jean-Paul ne pouvait plus ni avancer ni reculer. Il était coincé et ses mains commençaient à fatiguer. A ce moment-là, Gil Delamare lui a dit : "Laisse tes mains. Accroche-toi avec les jambes autour du câble et repose-toi." Ça a duré exactement douze minutes. Je m'en souviens puisque la caméra continuait de tourner et la bobine de film de quatre cents mètres y est passée. Nous étions au quarantième étage, il faisait une chaleur suffocante et Jean-Paul a mis douze minutes pour venir vers nous. Il n'était pas question d'aller le chercher. Alors Gil Delamare lui parlait tranquillement : "Sois calme, repose-toi. Ne t'accroche pas trop. Repose-toi avec les jambes. Repose tes mains l'une après l'autre, attention qu'elles ne deviennent pas blanches. Remonte tranquillement. Repose-toi. Ne continue pas. Arrête..." »

Pour une autre séquence, Jean-Paul devait se rattraper *in extremis* sur le bord d'un toit. Lors de la prise il effectua la cascade sans problème, mais un technicien entré dans le champ de la caméra l'obligea à la refaire en entier. Jean-Paul se prépara, se lança et... réussit à nouveau ! Une autre fois, Jean-Paul se retrouva suspendu par un parachute au-dessus d'une rivière infestée de piranhas. Officiellement ces charmantes bestioles ne sont dangereuses que s'il y a du sang à proximité, mais les indigènes, à l'idée que quelqu'un pût se baigner dans cette rivière infestée de piranhas et survolée par des millions de moustiques, avaient tout de même dit : « Nous n'y mettrions pas un cochon ! »

Jean-Paul accomplit d'autre part la difficile séquence où il doit courir entre des voitures lancées à toute allure. A l'issue de la première prise, Edmond Séchan, le directeur de la photographie, s'était rendu compte que la caméra avait bougé : il fallut tout recommencer. Jean-Paul fulmina mais s'exécuta ! Pour un passage où il escaladait un immeuble, Jean-Paul, à nouveau, effectua toute la cascade sans l'ombre d'une difficulté. Revenu à terre il confia à Delamare et à de Broca que, du fait d'une soirée trop arrosée, il souffrait d'une terrible crise de foie !

Si Belmondo pouvait accomplir toutes ces cascades, c'était bien entendu grâce à une excellente condition physique, mais aussi parce qu'il n'a jamais souffert du vertige, ce qui aide beaucoup. Finalement Gil Delamare, outre le fait qu'il préparait chacune des cascades, ne remplaça Jean-Paul Belmondo qu'une seule fois : pour un saut en parachute. Le film dut d'ailleurs beaucoup à la personnalité de Delamare, non seulement parce qu'il était un compagnon très sympathique et extrêmement professionnel, mais aussi parce qu'il avait conseillé Philippe de Broca au moment de l'écriture du scénario, lui signalant si telle action était possible ou non et en suggérant, éventuellement, d'autres en remplacement. Puis au Brésil il s'arrangeait pour que les idées devinssent réalité.

Gil Delamare, de son vrai nom Gilbert Yves de la Mare de Villenaise de Chenevarin, fut un des premiers cascadeurs français à sortir ce métier de l'ornière « casse-cou » dans lequel il se trouvait trop souvent confiné. Etudiant en droit, il avait décidé dès l'âge de vingt-trois ans de tout plaquer pour entrer comme trapéziste dans un cirque. De là il s'orienta vers le parachutisme (plus de deux mille sauts) puis vers la cascade où il fit vraiment de tout. Par son professionnalisme et sa gentillesse, Gil Delamare fut sans aucun doute pour beaucoup dans la percée de plus en plus nette de Jean-Paul Belmondo dans l'univers de la cascade.

Lorsque tout fut en boîte, la majeure partie de l'équipe quitta le Brésil pour Paris.

« Pendant tout le tournage, qui s'est déroulé à 97 % au Brésil — il n'y a eu que trois ou quatre jours à Paris —, nous n'avons pas vu une seule projection, pas une seule image, rappelle Mnouchkine. Nous recevions simplement des télégrammes du laboratoire en nous disant : "C'est bon." On n'avait rien vu. C'est en arrivant à Paris que Philippe a pu voir les premiers rushes. Il m'a téléphoné au Brésil où j'étais resté pour ranger les affaires et il m'a dit : "Il me manque trois trucs. Sois gentil, tu me les tournes là-bas." Alors, moi, j'ai tourné trois scènes. Je suis allé sur la plage chercher quelqu'un qui ressemblait de loin à Jean-Paul pour avoir quelqu'un qui court dans deux endroits, on l'a habillé dans le costume, plus deux ou trois trucs d'avion. »

Philippe de Broca procéda au montage de *L'Homme de Rio* et présenta un produit fini aux producteurs, techniciens et acteurs. De Broca lui-même s'affirma atterré par le résultat. A ses yeux cela ressemblait plus à un délire de voyage destiné aux enfants qu'à un film structuré. Mais Alexandre Mnouchkine, le producteur, partait confiant.

« Quand le film a été prêt, dit-il, j'étais sûr que ça allait marcher. Il devait marcher ! Nous avions tellement eu de plaisir à le faire, nous avions été tellement heureux, c'était une si belle aventure, ça se voyait sur l'écran, ça ne pouvait pas ne pas marcher. C'était trop merveilleux. Et puis il y avait le dépaysement, les Français ne bougeaient pas à cette époque. »

Il ne se trompait pas. *L'Homme de Rio* connut immédiatement un succès colossal dans toute la France. A Paris les spectateurs commençaient à faire la queue dès dix heures du matin pour des projections en début d'après-midi. Nombreux étaient ceux qui retournaient voir le film emmenant amis ou parents. Ce fut véritablement la fête du cinéma et le rayon de soleil de l'hiver 1964. 4 788 900 spectateurs en France : un triomphe. Mais ce succès dépassa le cadre de la France et toucha jusqu'aux Etats-Unis. Là-bas il fut propulsé par une amusante anecdote. Robert Kennedy, le frère du président en place, avait entendu parler de *L'Homme de Rio* et décida d'emmener sa famille voir le film. Lorsque la projection débuta, la femme de Kennedy se rendit compte que l'œuvre était en français. Sachant que ses enfants n'en comprenaient pas un mot, elle se leva, se dirigea vers la caisse et exigea d'être remboursée. Appelé, le directeur de la salle fit la sourde oreille. Il rechignait à restituer l'argent des places. Pourtant, face à l'insistance et à la notoriété de Mme Kennedy, il céda après de longues minutes de palabres. La femme retourna dans la salle pour récupérer son mari et ses enfants. Ceux-ci lui annoncèrent : « Mais on ne s'est jamais autant amusés. On reste ! » Le lendemain cette anecdote figura en bonne place dans la plupart des journaux de la côte Est assurant à *L'Homme de Rio* une publicité colossale. Dans la seule ville de New York ce film de Philippe de Broca totalisa quatre-vingt-dix mille dollars de recettes en cinq semaines et décrocha des critiques dithyrambiques dont profita largement Belmondo. Par le *World Telegraph* il fut qualifié de « glorieusement drôle » et par le *Time* d'« idiot touchant, incroyablement athlétique ».

« Ce film, analyse de Broca, a été la conjonction entre un truc qui était prémonitoire de tout ce qu'a fait Spielberg — il m'a d'ailleurs envoyé une lettre me disant qu'il avait vu *L'Homme de Rio* neuf fois — et d'un héros qui était Jean-Paul Belmondo, parfait dans sa juvénilité, son insolence, sa sportivité. »

L'Homme de Rio se classa en tête du box office en Italie, en Espagne, en Allemagne et fut bel et bien l'un des plus gros succès de l'année 1964. Il n'eut, finalement, pour principal rival au box-office que *Cent Mille Dollars au soleil* avec... Jean-Paul Belmondo !

Cette production devait tout à Henri Verneuil qui avait décidé de tirer un grand spectacle d'un roman de Claude Veillot, *Nous n'irons pas en Nigeria*. En fait, Verneuil voulait tout bonnement réaliser un western dans lequel les chevaux seraient remplacés par d'énormes camions et l'Ouest américain par le Nord africain. Comme le dit Verneuil : « Nous avions enfermé les chevaux des westerns sous les capots ! » De plus il voulait saupoudrer le tout d'une certaine dérision d'où la présence de Michel Audiard aux dialogues. L'histoire d'un routier qui enlève un camion de trente-cinq tonnes, poursuivi par ses ex-collègues, devenait, dès lors, prétexte à des scènes spectaculaires et à des répliques cinglantes. Henri Verneuil aurait bien aimé tourner ce « western nouveau style » en couleurs, ce qui aurait sensiblement augmenté le budget du film. Mais la Metro Goldwyn Mayer, associée à la production, apposa son veto, ce qui fut une décision fort regrettable. En grand amoureux des acteurs qu'il a toujours été, Verneuil tailla les deux principaux rôles aux mesures de Jean-Paul Belmondo et de Lino Ventura, et confia un inénarrable second rôle à Bernard Blier. Ce fut, à nouveau, une fine équipe qui gagna, dès le 27 août 1963, Ouarzazate, ville autour de laquelle seraient tournées la plupart des séquences. Là, la principale source de difficulté fut la chaleur. Lorsque l'équipe partait loin des bourgs tourner les séquences de camion, il régnait constamment cinquante degrés, et aucun coin de fraîcheur où se reposer. Pour ces mêmes séquences, Verneuil fit construire des plates-formes en surplomb des ravins afin de filmer le passage des poids lourds au plus près. La plupart du temps Belmondo et Ventura conduisaient eux-mêmes ces énormes engins, mais pour des scènes de poursuite à grande vitesse il fallut les remplacer.

« Dans 80 % des plans les camions sont conduits par les acteurs, précise Verneuil. Petit à petit ils ont pris vraiment les camions en main et les ont conduits. Sauf dans certains cas bien précis où ils étaient remplacés par les chauffeurs. Les acteurs ont conduit particulièrement dans la séquence où les deux camions descendent le djebel avec le vide total sur le côté. Nous avions installé une planche au bord du précipice pour y mettre les caméras. C'est dire que cela était dangereux pour les acteurs et pour nous. S'ils avaient fait le moindre écart nous nous retrouvions tous sept cents mètres plus bas ! »

Pour Lino Ventura et Jean-Paul Belmondo, la séquence la plus déroutante du film fut la bagarre finale. Entièrement réalisée dans la résidence d'été d'Hassan II, elle nécessita une journée entière de tournage. Durant tout ce temps les deux acteurs se tapèrent dessus allègrement et, pour ne pas trop truquer, approchaient leurs coups au plus près. Il y eux quelques dérapages et Ventura, qui possède une puissance peu commune du fait de son passé de lutteur, fit parfois plus qu'effleurer le menton de Belmondo. Mais il n'y eut pas de dégâts majeurs.

« Nous avons filmé cette bagarre finale pendant toute une journée, se souvient Verneuil. A la fin les deux acteurs finissaient dans le bassin. Moi j'étais sur un praticable et quand tout a été terminé, comme j'avais fait recommencer sept fois le plan où ils tombent à l'eau, Lino Ventura m'a dit : ''Écoute Riton, je voudrais te poser une question. Descends.'' Je suis descendu et il m'a attiré près du bassin. ''Je voudrais que tu m'expliques pourquoi tu nous as fait recommencer tel mouvement.'' Jean-Paul qui était derrière moi et Lino qui était sur le côté m'ont pris, m'ont soulevé et m'ont jeté dans le bassin en disant : ''Il n'y avait pas de raison que toi aussi tu ne prennes pas un bain !'' A ce moment-là j'ai mis ma main dans la poche et j'ai dit : ''C'est très marrant ce que vous venez de faire, mais vous auriez dû me prévenir pour que j'enlève les billets de ma poche. J'en ai pour deux cent mille francs, ils sont foutus !'' Lino et Jean-Paul sont devenus verts alors que je n'avais rien du tout dans la poche ! »

Si Ventura et Belmondo se connaissaient et s'appréciaient depuis *Classe tous risques*, Jean-Paul, par contre, découvrit tout l'humour de Bernard Blier sur le plateau de *Cent Mille Dollars au soleil*.

« Bernard adorait blaguer à froid avec un air sinistre, raconte Belmondo. Quand on répétait une scène ensemble, il me regardait avec son air menaçant et me disait : ''Tu ne vas pas jouer comme ça ?'' Ceux qui n'étaient pas prévenus pouvaient penser qu'il était sincère alors que c'étaient des blagues. Nous tournions au sud de Ouarzazate et à l'époque il y avait juste un hôtel où la nourriture était loin d'être excellente. Le midi, comme nous étions en extérieurs, nous mangions des sandwiches. Mais, dès le matin, lorsque nous arrivions sur le tournage, Bernard et Lino commençaient à faire le menu de ce qu'ils rêvaient de manger à midi. Bernard avait une invention extraordinaire : il décrivait la baguette qui croquait sous la dent, les rillettes, puis il passait au boudin formidable et rien qu'à l'écouter on faisait un gueuleton extraordinaire. Et à midi quand arrivaient les paniers froids avec les sandwichs nous avions l'impression d'avoir déjà mangé ! Lino adorait faire des pâtes là-bas, le soir, et Bernard le charriait avec son comique à froid. Il lui disait que l'eau était trop bouillie, les pâtes trop dures ou trop tendres, et ça rendait Lino furieux ! »

Le tournage de ce film se révéla riche en anecdotes de tous genres dont certaines auraient pu se terminer tragiquement. Un jour, en effet, Bernard Blier, le producteur Alain Poiré et leurs épouses décidèrent d'aller se promener en voiture en plein désert. Hélas, sous la chaleur conjuguée du soleil et du sable brûlant, deux pneus explosèrent pratiquement simultanément. Impossible de réparer. A Ouarzazate, l'équipe du film commença à s'inquiéter de ne plus voir le quatuor reparaître. Alors Belmondo grimpa dans l'un des camions tout terrain de la production et se lança dans une vaste chasse à l'homme. Au bout de quelques heures il localisa, hors des pistes, l'équipe peu fanfaronne et lui prêta main-forte.

Bien qu'il s'agisse d'une comédie, *Cent Mille Dollars au soleil* conformément au vœu de son créateur gardait toutes les apparences du western. D'ailleurs dans le film, le personnage campé par Lino Ventura reprochait à celui joué par Belmondo de jouer au cow-boy ce à quoi il répondait que l'autre se prenait pour un shérif ! Lorsque *Cent Mille Dollars au soleil* apparut sur les écrans français en avril 1964, Jean-Paul Belmondo était encore dans le succès de *L'Homme de Rio* sorti trois mois plus tôt, Lino Ventura dans celui des *Tontons flingueurs*. La réunion de ces deux gloires associée au talent de Verneuil propulsa le film vers le sommet et enchanta le public (3 436 161 entrées en France, soit le deuxième succès au box-office de l'année derrière *L'Homme de Rio* !). Finalement il n'y eut que les jurés du festival de Cannes 1964, qui apprécièrent peu le film. *Cent Mille Dollars au soleil* y fut, en effet, présenté en compétition, mais n'y gagna aucun prix.

Ce dédain provoqua cette réaction d'Henri Jeanson : « Une journaliste de la radio, rendant compte, pardon, "explicitant" ce film, reconnaît honnêtement, non sans regret, que le film a beaucoup plu, qu'il a été très applaudi, que le public riait et trépignait de joie. Il se croyait... au cinéma. Bref, un vrai triomphe. Et d'ajouter, avec un dédain superbe : mais ce n'est pas un film de festival ! Tiens, donc ! Instruisez-moi, mon cœur ! Qu'est-ce qu'un film de festival ? Est-ce un film qui ne serait projeté qu'une fois et en petit comité devant vos amis. Un film interdit au public, ce monstre indésirable sans qui Chaplin et Orson Welles, Bergman et Buster Keaton, René Clair et John Ford auraient fait un autre métier, sans qui le cinéma serait mort, faute de sang. Molière traqué par les critiques de son siècle disait : "C'est une chose étrange de vous autres, Messieurs les poètes, que vous condamniez toujours les pièces où tout le monde court et ne disiez jamais de bien que de celles où personne ne va." Molière, il est vrai, n'était pas un auteur de festival, c'étaient Boursault, Desmarch, Saint-Sorlin, Colletet et, bien entendu, l'immortel Montfleury [1]. »

Sur le plan cinématographique, Jean-Paul fut alors contacté par Claude Sautet qui venait de terminer un scénario intitulé *César et Rosalie*. Sautet comptait en confier les deux principaux rôles masculins à Vittorio Gassman et à Belmondo, mais, suite au refus de l'Italien, il annula son projet et ne le ressortit que neuf ans plus tard. En lieu et place de *César et Rosalie*, Sautet tourna *L'Arme à gauche* avec Lino Ventura.

Jean-Paul Belmondo termina l'année 1963 par une nouvelle prestation au Gala de l'Union. Perché sur un fil d'acier il conduisit une moto sous laquelle fut placé un ballant. Là s'installèrent Guy

1. Cité par Alain Poiré dans *200 films au soleil*. Ramsay, 1988.

Bedos et Sophie Daumier qui servirent de contrepoids. En effet, à dix mètres du sol, Jean-Paul lâchait le guidon de la moto et montait sur les pédales arrière d'où il se redressait, les bras en croix.

« Les organisateurs, raconte Belmondo, voulaient placer quatre types en bas, tenant les quatre coins d'un filet. Je leur ai fait remarquer : ''Nous sommes trois avec une moto, je peux vous assurer que si nous tombons ce ne sont pas vos quatre individus qui vont y changer quoi que ce soit ! Au contraire, on risque de les écraser comme des crêpes. Mais si nous ne tombons pas, ce que j'espère, tout le monde dira · C'est du chiqué, ils avaient un filet !'' Finalement, nous l'avons fait sans filet. »

Ce numéro à haut risque avait été mis au point par un artiste yougoslave qui assista, bien évidemment, aux répétitions. Au cours de la dernière ce professionnel grimpa sur le câble pour montrer, une ultime fois, à Jean-Paul comment s'y prendre. Hélas, perdant l'équilibre, l'homme s'écrasa lourdement sur le sol. Belmondo en fut interloqué. Le Yougoslave se relevant difficilement conseilla à Jean-Paul de remonter aussitôt sur la moto sinon la chute resterait gravée en sa mémoire et l'empêcherait de réussir son numéro. Mais l'acteur avait beau être téméraire, il n'était nullement inconscient. Il préféra s'éclipser rapidement du cirque et alla dévorer une bonne choucroute avec ses amis afin de réellement se changer les idées. Le lendemain, jour de représentation, le trio réussit ce numéro d'équilibre sans aucune anicroche.

14

VOYAGE AU BOUT DE L'ASIE

Grâce à *L'Homme de Rio* et *Cent Mille Dollars au soleil*, Jean-Paul Belmondo était devenu une grande star, l'une des rares valeurs sûres du cinéma français. Il était aussi un acteur très apprécié par ses pairs. La preuve en fut donnée le 5 novembre 1963 lorsque les membres du comité exécutif du Syndicat français des acteurs l'élurent président à l'unanimité. Jean-Paul avait déjà participé à quelques réunions de travail au sein de ce syndicat et notamment à celles de la branche cinéma-synchro dont il était l'un des membres en compagnie de Jean-Pierre Cassel, Henri Djanik et Bernard Woringer. Le SFA était alors le seul syndicat défendant, autant que faire se pouvait, les droits des comédiens, c'est-à-dire des saltimbanques. Reconstruit en 1957 sous la présidence de Gérard Philipe qui avait regroupé, après neuf mois de négociations, le Syndicat national des acteurs et le Comité national des acteurs, ce SFA bénéficiait de son affiliation à la CGT, syndicat alors très puissant. Après le décès de Gérard Philipe, en 1959, Michel Etcheverry fut élu à sa succession à la présidence du SFA. Six ans plus tard, de sa propre volonté, il abandonnait ce poste auquel Jean-Paul Belmondo prit place.

« Après la mort de Gérard Philipe, explique Robert Sandrey, Michel Etcheverry est devenu président du SFA, j'en étais délégué général. Au bout de quelques années, Michel a souhaité s'éloigner de sa charge, et nous nous sommes demandé ce que nous pouvions faire pour rajeunir un peu les cadres. Or, Jean-Paul avait toujours été syndiqué, il payait régulièrement ses cotisations. Nous avons tout de suite pensé à lui. Il était alors en pleine ascension et, à ce moment-là, il m'avait expliqué qu'il souhaitait faire une carrière tous publics alternant les Godard et les Verneuil. Il représentait la génération souhaitable, une vedette déjà arrivée, presque au sommet et un éventail de choix. De plus nous l'aimions tous beaucoup, c'est un personnage extrêmement sympathique. Alors, nous nous sommes dit : "Pourquoi pas ?", même si dans son entourage des gens nous ont dit : "Vous ne le verrez pas souvent !" Je suis allé voir Belmondo à Epinay où il tournait et je lui ai posé la question de confiance. "Qu'est-ce que tu en penses ? Est-ce que tu crois que tu peux ?" Il a demandé à réfléchir un peu et puis il nous a dit : "Si vous croyez que je peux vous être utile : d'accord !" Et cela s'est fait comme ça. Il a donc accepté le principe, puis il a été élu par tout le monde. »

Le héros de *L'Homme de Rio* adressa alors un communiqué à la presse dans lequel il expliqua notamment : « J'ai accepté d'être président du SFA pour défendre la profession. Si c'est un inconnu qui est président, il manque de poids. Si moi je demande une audience au Premier ministre, il me reçoit. Le métier d'acteur a besoin d'être défendu. »

Pour Belmondo ce ne fut absolument pas une fonction honorifique et il alla plus d'une fois discuter avec le ministre de la Culture André Malraux de la mise en place de règlements nécessaires pour la protection des comédiens. Son champ d'activité dépassait le cinéma puisque dès le 23 novembre 1963 il participa, au nom du SFA, au comité de sauvegarde du Théâtre-Français. Au sein du syndicat, Jean-Paul était soutenu par cinq vice-présidents : Michel Piccoli (chargé des problèmes cinéma-télévision), Jean Michaud (théâtre), Dominique Tirmont (droits de l'interprète), Xavier Depraz (problèmes lyriques) et Catherine Sauvage (variétés). Au sein de la section Cinéma, Belmondo travailla plus spécifiquement avec Nicole Courcel, Jean-Pierre Cassel, Bernard Woringer et Michel Piccoli. Il bénéficia également de l'appui d'un comité composé des présidents d'honneur du syndicat à savoir Michel Etcheverry, André Luguet, Jacques Dumesnil, Jean Darcante et Fernand Gravey. Pourtant, dès la première réunion, Belmondo se fit remarquer... par son absence ! En effet, pris par des rendez-vous professionnels, il ne put, le 8 novembre, présider le premier conseil d'administration nouvellement constitué.

Le SFA était en ce début des années 60 un syndicat bien en vue puisque constitué de plus de 2 500 adhérents. C'était le grand syndicat à la fois pour les acteurs qui, de toutes façons, n'en avaient pas d'autre, et pour les artistes en général. La tâche du syndicat s'effectuait alors dans un monde en pleine mutation. Le cinéma français connaissait un regain de popularité considérable et commençait à voir l'émergence d'acteurs-producteurs, chose rarissime jusqu'alors en France.

Fernandel, Gabin, Bourvil, Constantine et même le jeune Delon étaient devenus producteurs de leurs propres films, cassant le monopole des maisons de production françaises. Les acteurs voulaient plus et mieux. Ils voulaient notamment suivre de plus près la carrière commerciale d'un film et, éventuellement, être intéressés aux bénéfices. Mais, plus que cela, les acteurs se montraient inquiets par la toute-puissance de la télévision qui, non seulement modifiait les règles du jeu du spectacle français, mais de plus imposait, en dehors de tout règlement, des conditions de travail tout à fait inacceptables, loin de ce que l'on trouvait alors au cinéma et au théâtre. L'une des principales préoccupations du SFA résidait dans la négociation avec la télévision en vue du paiement aux acteurs pour toute rediffusion. Belmondo participa à diverses réunions et présida notamment une délégation qui, en présence de Simone Signoret, Nicole Courcel, Michel Piccoli, rencontra les représentants des producteurs.

Bien qu'affilié à la CGT, le SFA agissait en toute autonomie et ne pouvait, dès lors, être considéré comme un syndicat politique. En décembre 1964, un an après l'élection du nouveau président, *La Vie ouvrière*, l'hebdomadaire de la CGT, consacra un numéro entier au SFA, faisant figurer Jean-Paul Belmondo en couverture. Celui-ci déclara :

« Les acteurs sont comme tous les autres corps de la société. Pour qu'on s'occupe d'eux, pour qu'on entende leur voix, il faut qu'ils soient groupés. J'ajouterai même que l'action du Syndicat des acteurs profite à tout le monde aussi bien aux vedettes qu'aux autres. Car on ne se bat pas seulement pour les salaires, il y a aussi les conditions de travail. Tenez, moi, par exemple, quand je signe un contrat pour l'étranger, je ne manque jamais de faire inscrire la clause, travail quotidien : huit heures, sans ça certaines personnes en prendraient à leur aise. C'est un syndicat comme les autres. Je sais que vous allez penser aux vedettes, aux gros cachets, que la presse à sensation lance souvent aux quatre vents sans savoir de quoi elle parle. Mais je vous répondrai tout de suite : laissez de côté ces cas exceptionnels. Nous sommes quoi, une dizaine peut-être ? N'en parlons pas, car là il ne s'agit plus à proprement parler de notre métier d'acteur. Nous sommes traités à ce niveau non pas comme des comédiens, mais comme des marques de pâte dentifrice. Ce n'est pas ça le spectacle. Le spectacle ce sont les quelque vingt mille comédiens, acteurs de cinéma, de théâtre, de télé, qui travaillent quand on veut bien leur en donner l'occasion et dont beaucoup ont bien du mal à vivre de leur métier, ce métier qu'ils ont choisi et qu'ils aiment. Et ceux-là je vous assure ils ont besoin d'être syndiqués et de se battre pour la vie. J'ai des tas d'amis qui travaillent trois mois par an, et moins parfois. Mais il faut manger pendant douze mois. Les sources d'emploi voilà le problème. Notre syndicat doit étudier ces problèmes et avancer des solutions. D'abord, bien sûr, nous devons exiger que la télé paye correctement le service des acteurs, car on n'exagère vraiment pas en disant que parfois ils se moquent de nous à la direction des programmes. D'ailleurs les salaires minimaux fixés en accord avec le syndicat n'ont pas bougé depuis 1962. Or nous avions signé seulement pour un an. Et puis, nous veillons au respect du droit de l'interprète pour le paiement des redevances à toutes les rediffusions. Bref, je vous disais bien, nous sommes un syndicat comme les autres. L'ouvrier a besoin de son syndicat à l'usine, au chantier, l'acteur, le comédien ont besoin du leur sur le plateau, au studio, sur la scène. Vraiment, j'ai beau chercher, pas de problème, c'est bien pareil... »

En février 1964, Jean-Paul retrouva sa partenaire de *A bout de souffle*, Jean Seberg, pour *Echappement libre*. Hormis cela, les deux films n'avaient rien à voir, d'abord parce que Jean Becker ne possédait que peu de points communs avec Jean-Luc Godard, mais aussi parce que le sujet d'*Echappement libre*, qui, une nouvelle fois, se rapprochait de la comédie policière, ne pouvait s'apparenter avec *A bout de souffle*. Ce tournage permit à toute l'équipe d'effectuer un beau voyage, ce qu'adorait Jean-Paul. En effet, les extérieurs furent filmés à Brême, Almeira, Grenade, Barcelone, Genève, Athènes, Beyrouth, Damas, Naples, Rome, Gênes et Paris. Les acteurs découvrirent des paysages enchanteurs sous un soleil radieux et apprirent à aimer le Liban qui vivait ses dernières heures de tranquillité. Dans une forme extraordinaire, Jean-Paul rivalisa d'audace dès qu'il s'agissait d'organiser des chahuts. Malheureusement son humour ne fut pas toujours du goût des commerçants locaux. Ainsi dans un hôtel espagnol, Jean-Paul cloua les chaussures des clients à la porte de leurs chambres. Cela provoqua un gigantesque tollé qui se termina fort mal : le directeur de l'hôtel, absolument furieux, ordonna le renvoi immédiat de toute l'équipe du film. Pour surveiller l'évacuation de tous ces chahuteurs il appela même la gendarmerie locale. Et ce fut sous l'œil méfiant de la maréchaussée espagnole que les Français transportèrent leurs valises vers un autre hôtel où ils promirent de faire amende honorable !... Une journée, une seule journée, Jean-Paul revit son ami Jean-Pierre Marielle qui faisait également partie de la distribution.

« Je jouais au théâtre avec François Périer à ce moment-là, explique Marielle. J'étais parti pour l'Espagne, mais j'avais oublié mon passeport. Mon père me l'a fait faire en une heure et je suis reparti. Je suis arrivé à Madrid dans la nuit. J'ai traversé toute l'Espagne en voiture pour arriver sur les lieux de tournage. J'ai tourné avec Belmondo après avoir vidé une bouteille de Johnnie Walker pour nous réveiller. Nous avons tourné entre trois heures et sept heures du matin. Je suis reparti à sept heures, j'ai retraversé l'Espagne, j'ai repris un avion et je suis arrivé le soir pour jouer au théâtre. C'était hallucinant. »

Le film de Becker reposait sur une trame assez tenue, qui inspira également Gérard Oury pour son illustrissime *Corniaud* : une voiture habilement transformée en coffre-fort roulant. Parce qu'il se trouvait soutenu par Belmondo, *Echappement libre* rencontra un beau succès sans connaître, certes, les sommets de *L'homme de Rio*. Il se classa en quatorzième position au box-office parisien de l'année 1964, ce qui était fort honorable. Alors qu'il était encore en plein tournage d'*Echappement libre*, Jean Becker affirma être en train d'écrire une comédie destinée à Jean-Paul Belmondo, Jean-Pierre Marielle et Jean Rochefort, trois amis complices dans la vie. L'histoire en était celle de trois hommes mariés qui décident un jour de constituer une cagnotte pour organiser une « bringue d'enfer ». Hélas ! le scénario n'aboutit pas et, donc, ce film ne vit jamais le jour.

Dès son retour de Genève, en mars 1964, Jean-Paul participa à la fin des prises de vues de *La Chasse à l'homme* d'Edouard Molinaro, dont le tournage avait débuté deux mois plus tôt. « Participer » est le terme juste puisque, même s'il disposa d'un rôle relativement important sa présence au générique fut signalée de la sorte : « Avec la participation exceptionnelle de Jean-Paul Belmondo ». Les Américains appellent cela « special guest-star » *La Chasse à l'homme* était une agréable comédie sur les relations entre les hommes et les femmes, et plus particulièrement sur les rapports que deux célibataires entretenaient avec la gent féminine. La distribution en fut brillante : Jean-Claude Brialy, Claude Rich, Mireille Darc, Catherine Deneuve, Françoise Dorléac, Marie Dubois, Marie Laforet, Bernadette Lafont, Micheline Presle, Francis Blanche, Bernard Blier et Michel Serrault.

Puis, en juillet 1964, Jean-Paul apprit qu'un festival intitulé « Belmondorama » lui était consacré à Paris. Il n'avait que trente et un ans et cinq ans d'expérience cinématographique dans des rôles de premier plan, bénéficiait d'une véritable rétrospective comme peu de cinéastes en avaient eu, y compris en fin de carrière. Après une première de prestige, le Cinévog, près de la gare Saint-Lazare, proposa au grand public de voir ou revoir, dans l'ordre : *A bout de souffle, Léon Morin, prêtre, La Viaccia, Peau de banane, Le Doulos, L'Aîné des Ferchaux* et *Un singe en hiver.*

Durant cet été 1964, Jean-Paul participa à un énorme projet signé Henri Verneuil, *Week-end à Zuydcoote*. Il s'agissait de l'adaptation du roman de Robert Merle, prix Goncourt 1949 racontant la débâcle franco-anglaise de Dunkerque en 1940, pour lequel Verneuil plaça tous les atouts de son côté. Avec un budget frisant le milliard de centimes, il partit pour le nord de la France, sur les lieux de l'action, où il réunit deux mille figurants composés de soldats, d'ouvriers des usines environnantes et de dockers de Dunkerque. Il récupéra dans tous les coins de France du matériel militaire, mais ne put mettre la main sur d'authentiques Messerschmitt, indispensables pour plusieurs scènes. Verneuil opta alors pour des Nord 1000 au fuselage pratiquement identique mais nettement moins puissants. Les séquences avec les avions nécessitèrent d'ailleurs une mise en place fort complexe qui obligea Verneuil à se tenir en contact avec une dizaine d'assistants répartis sur plusieurs kilomètres ; certains s'occupant des avions, d'autres des figurants, d'autres des camions et d'autres enfin des effets spéciaux. Pour les scènes d'incendie, Verneuil dispersa dans les dunes cinq mille pneus qui, enflammés, dégagèrent une épaisse fumée noire.

« Ce film ne pouvait être tourné qu'avec des budgets américains, estime Henri Verneuil. Notre budget nous obligeait à tourner en huit semaines. On a mis des pneus dans Dunkerque et on les faisait flamber pour faire croire que la ville brûlait. Il y avait une fumée âcre. Les gens qui ont passé leur vacances dans la région cette année-là doivent encore se souvenir de *Week-end à Zuydcoote* ! Nous avons tourné dans un coin où il y a très peu de figurants, il a donc fallu traiter avec une usine où les gens ne travaillent pas le dimanche pour avoir des figurants. Nous avons d'ailleurs eu tort de les payer avant le tournage car, quand j'ai dit : "Moteur, levez-vous tous !", ils étaient tous ronds comme des Polonais. Tout le film était dessiné plan par plan. J'avais en tout dix-sept voitures d'époque qui ne roulaient pas. Quand je filmais Belmondo qui marchait le long des camions, je filmais un plan puis, dans la nuit, les grues prenaient les voitures et les déplaçaient pour qu'on continue à avoir des voitures sur l'image. Avec dix-sept voitures, j'en ai montré cinq mille ! Nous avons même gagné deux jours sur les huit semaines. J'étais soutenu par deux producteurs qui aimaient le film, les frères Hakim. C'étaient des producteurs difficiles mais qui aimaient le produit qu'ils faisaient. Ils étaient avec moi et j'aurais démoli des montagnes. »

Pour cette œuvre de prestige fut réunie une pléiade de bons acteurs : Jean-Paul Belmondo, Jean-Pierre Marielle, Pierre Mondy, François Périer, Catherine Spaak, Georges Geret, Marie Dubois, Albert Rémy, Jean-Paul Roussillon, Pierre Vernier... Grâce à cette étonnante équipe et, en dépit de la relative noirceur de son sujet, le tournage se passa dans des conditions idéales même si quelques incidents furent à regretter comme ce cargo soviétique qui, traversant la Manche, vit débouler sur lui deux avions peints aux couleurs du Troisième Reich et lança un SOS désespéré ! Belmondo, Marielle, Mondy, Perier, Geret n'arrêtèrent pas une seconde de chahuter.

« Je me souviendrais toujours de la scène de la mort de Perier, raconte Henri Verneuil. Marielle, qui jouait un prêtre, prenait son portefeuille et disait : "Je vais envoyer ses papiers à sa femme." Marielle ouvrait le portefeuille dans lequel j'avais mis une photo de femme qui irait bien avec Perier. Et pendant cette scène il y avait des soldats qui passaient derrière, un avion qui piquait, une explosion dans le fond... Quand tout fut prêt j'ai dit "Moteur !" Marielle a joué merveilleusement la scène, il a ouvert le portefeuille et a hurlé "Oh non ! Arrêtez !" A la place de la photo que j'avais mise, il y avait une photo porno d'une femme à poil avec un mec ! J'ai crié : "Jean-Paul !" Et lui, innocemment : "Mais pourquoi tu me regardes comme ça ?" Et ça a été comme ça tout le long du tournage. »

Chaque jour, chaque séquence, chaque scène même était prétexte à des blagues. A tel point que, pour se concentrer, Pierre Mondy en était arrivé à se glisser du coton dans les oreilles ! Mais il n'était pas non plus le dernier à manifester son humour. Mondy, comme les autres, participa avec joie aux innombrables batailles d'eau. Les acteurs empoignaient des seaux bien remplis et se poursuivaient à travers les dunes. Le must pour le poursuivi était de se réfugier derrière l'un des gendarmes qui contenaient les curieux. Inévitablement le poursuivant balançait son seau d'eau sur le militaire, quitte à s'excuser ensuite.

Le soir, les acteurs principaux se réunissaient pour déguster des langoustes amoureusement préparées par la scripte. Point de départ d'une soirée qui démarrait toujours dans une excellente humeur et se terminait inévitablement dans des chahuts de potaches, le plus souvent à grand renfort de casseroles d'eau.

Dans cette ambiance pour le moins délirante fut tourné *Week-end à Zuydcoote*. Au final le film apparut comme une série « d'anecdotes » présentant la vie de Dunkerque au moment de la débâcle plus que comme une grande fresque militaire. L'une de ces anecdotes devint, presque, un leitmotiv dans la carrière de Belmondo : elle le montrait fouillant précautionneusement le sable afin d'y ôter un obus non explosé. Déjà présente dans *Un nommé La Rocca*, cette séquence se retrouva également dans *La Scoumoune* !

Week-end à Zuydcoote emballa les spectateurs français : plus de trois millions d'entrées sur l'ensemble du territoire, Belmondo restait au sommet.

Un film « miracle » sur tous les plans. « Il y a eu une grâce formidable sur ce film, conclut Jean-Pierre Marielle. Mais il y a eu aussi le très beau travail de Verneuil et un Belmondo dans une forme éblouissante. C'est ça la réussite d'un film : un scénario qui fonctionne bien, un tournage où le metteur en scène est totalement inspiré, porté par son sujet, et des acteurs qui jouent sans fausse note. Là c'était le grand orchestre de Count Basie ! Il y a eu en même temps de vrais contacts entre tous ces gens. Et puis cet été miraculeux... »

Après les plages du nord de la France, l'acteur enchaîna dès septembre 1964 avec le sud de l'Espagne pour *Par un beau matin d'été*, film tiré d'un roman policier de James Hadley Chase, qui permit à Jean-Paul de rencontrer le cinéaste Jacques Deray. Chase, auteur connu et reconnu de polars, avait déjà vu une dizaine de ses romans adaptés au cinéma français, mais jamais dans des œuvres majeures. Dans *Par un beau matin d'été* il racontait l'enlèvement d'une fille de milliardaire par un petit malfrat et sa sœur. Grand amateur de littérature noire et de films policiers, Deray s'était déjà fait remarquer par ses deux précédentes réalisations, *Du riffifi à Tokyo* et *Symphonie pour un massacre*, pour lesquelles il avait notamment bénéficié du savoir-faire de Claude Sautet et de José Giovanni, autres spécialistes du polar. Cette fois, Deray se pencha sur l'univers si particulier de James Hadley Chase.

« J'étais fasciné par le policier et par Chase et j'avais envie d'adapter le roman, explique Deray. Je connaissais très peu Jean-Paul et pour moi c'était un personnage assez lointain. Ce film a été une rencontre. Le producteur, Decharme, m'a fait rencontrer Belmondo. Je suis allé le voir en Espagne où il tournait alors *Échappement libre* de Jean Becker et nous avons commencé à parler. Et puis il y a eu Michel Audiard qui s'est greffé sur le projet et que je connaissais bien puisque j'avais été assistant des films de Gilles Grangier avec Gabin, pendant des années. Avec Jean-Paul nous nous sommes mis assez vite d'accord sur le sujet et sur la distribution, parce que Jean-Paul aime être à l'aise avec ses partenaires. L'avantage avec lui c'est qu'il connaît bien les comédiens, qu'il est très curieux des autres, de ce qui se passe au théâtre, au cinéma. »

Le réalisateur et l'acteur se mirent d'accord sur des noms en provenance de toute l'Europe : la France avec Sophie Daumier, amie de longue date de Jean-Paul, et Georges Geret, l'Italie avec Gabriele Ferzetti et Adolfo Celi. Il y eut même une touche américaine en la personne d'Akim Tamiroff — grand second rôle qui tourna par deux fois sous la direction d'Orson Welles — et une touche anglaise avec Géraldine Chaplin. Cette jeune femme n'avait pas encore vingt ans et tournait son premier film depuis *Les Feux de la rampe* où son génial père lui avait offert un petit rôle d'enfant. Du fait de sa minorité, elle ne pouvait travailler sans une autorisation écrite de son père. Contacté par écrit, celui-ci refusa. Il fallut de longs échanges de courriers pour convaincre Charles Chaplin de laisser sa fille évoluer face aux caméras de Deray et par là même lui donner le feu vert pour une brillante carrière d'actrice.

Quelques semaines seulement après *Week-end à Zuydcoote*, Jean-Paul Belmondo renouait avec Georges Geret. Tous deux constatèrent que le « miracle » qui avait auréolé le film de Verneuil, ne se produisait plus D'abord, contrairement à ce que le titre du film annonçait, il plut beaucoup, ensuite l'ambiance générale portait moins au délire. Il y eut néanmoins quelques blagues épiques orchestrées par Belmondo, Daumier et Guy Bedos, venu rejoindre sa compagne. Ainsi, un soir qu'il regagnait sa chambre d'hôtel, Georges Geret eut la surprise de la trouver entièrement vide. Toutes ses affaires et tout le mobilier avaient été savamment éparpillés dans l'établissement !

Jacques Deray, qui en était à son quatrième long métrage, découvrit grâce à Jean-Paul une toute nouvelle façon de travailler. « J'ai connu un Jean-Paul chahuteur mais très professionnel, confie-t-il. Une fois, à Madrid, dans un restaurant Jean-Paul fit un tel numéro que nous nous sommes retrouvés accompagnés par les carabiniers à la frontière. Tout cela était très inhabituel pour moi. Cela ne retire rien à la profonde admiration que j'ai pour l'homme. Il a une lucidité extraordinaire par rapport aux autres comédiens et aux gens de spectacle : il assume toujours ce qu'il fait, ce qu'il a entrepris, jamais il ne va critiquer un film qu'il a fait. A partir du moment où il a fait un choix, il s'y tient. Il est très lucide, il sait très bien si le film est réussi ou non, s'il a eu tort ou raison. »

Jacques Deray découvrit également un comédien casse-cou. Pour les quelques séquences spectaculaires de *Par un beau matin d'été*, Jean-Paul refusa, en effet, d'être doublé. Du coup Georges Geret décida à son tour d'exécuter lui-même les scènes de bagarre. L'une d'elles l'opposait à Belmondo. Les deux acteurs tinrent leurs rôles à merveille. Un peu trop, sans doute puisque, comme le dit Geret lui-même, à la fin du combat, il fallut lui faire respirer de l'éther ! Hors plateau, Jean-Paul continuait de chatouiller le risque avec un plaisir indicible comme ce jour où il surgit dans la chambre de Deray par la fenêtre. Une fenêtre tout de même située au trente-troisième étage !

Les prises de vue de ce film s'étalèrent sur deux mois. Pratiquement chaque soir Georges Geret dînait avec Jean-Paul Belmondo, l'occasion pour les deux amis de parler de tout et de rien. « Jean-Paul m'a fait un très beau cadeau, raconte Georges Geret. Il faut vous dire qu'on s'emmerdait quand même un peu. Un jour il m'a dit : ''Tiens, lis ça''. C'était un livre de Paul Léautaud, *Le Théâtre de Maurice Boissard*. Et il a ajouté : ''Tu verras c'est déjà tout ce qu'on pense du théâtre.'' Et, depuis, j'ai lu tout Paul Léautaud et c'est Jean-Paul qui me l'a fait découvrir. Ce qui prouve que nous avions d'autres styles de discussion. On ne peut pas passer son temps à chahuter, on peut aussi parler littérature. Par contre nous ne parlions jamais de notre avenir professionnel. Ce n'était pas notre souci, notre souci c'était de bien faire le film, et aussi de se distraire un peu. »

Pour son retour au polar pur et dur, genre qu'il avait pratiquement délaissé depuis *Un nommé La Rocca*, cinq ans plus tôt, Jean-Paul se retrouva dans un film qui ne correspondait pas tout à fait aux attentes du public.

« Le roman était très noir, explique Jacques Deray, mais Jean-Paul représentait déjà une vedette très proche de la comédie. Alors j'ai été tiraillé entre le sujet très noir et la volonté du producteur de faire un film rose. C'est ce qui fait que le film est entre deux chaises. Par la suite, j'ai appris qu'il faut toujours donner un ton à un film et le garder. Là, le fait d'avoir Jean-Paul dans une histoire de Chase, et moi qui n'avais pas osé imposer ce ton très dur, ça a fait que le film n'a pas été ce que l'on escomptait. Il y a un manque de parti pris. Mon tort a été d'aller vers la personnalité et la sensibilité de Jean-Paul, mais de vouloir garder le ton très noir de Chase. Et puis il y avait Audiard aussi qui tirait le film vers la comédie. J'ai fait un film qui allait un peu dans tous les sens. Il aurait fallu que je suive un même chemin. Mais Jean-Paul n'a fait aucun commentaire. Lorsqu'il y a un échec ce n'est pas son échec, ce n'est pas l'échec du metteur en scène, c'est l'échec du film, c'est tout. »

Comme à son habitude, Belmondo ne croulait pas seulement sous le travail mais aussi sous les projets. En cet automne 1964 celui qui lui tenait le plus à cœur était l'adaptation de *Voyage au bout de la nuit* de Louis-Ferdinand Céline. A l'origine de ce projet : Michel Audiard. Depuis longtemps ce scénariste cultivé comptait parmi ses livres de chevet le roman de Céline. Il rêvait de le mettre en images et, à ses heures perdues, dessinait l'ossature d'un éventuel scénario. Lorsqu'il découvrit que *Voyage au bout de la nuit* figurait parmi les œuvres préférées de Belmondo, Audiard sentit qu'il approchait du but. Contacté, Jean-

Paul ne cacha pas son enthousiasme et en parla avec Jean-Luc Godard qui ne dit pas non. Pour compléter la distribution Georges Geret accepta de jouer Robinson, et Audiard envisagea sérieusement d'engager Shirley MacLaine pour interpréter Madly. Au bout du compte, hélas, ce *Voyage au bout de la nuit* devint l'un des serpents de mer du cinéma français. Durant des années il surgit dans la liste des projets pour disparaître aussitôt sans avoir été vu par personne. Le film ne se fit jamais.

« C'est le seul film que je regrette de ne pas avoir fait, confie Belmondo. Il y a des films que j'ai refusés et qui ont marché, mais pour ceux-là je n'ai aucun regret puisque je n'avais pas envie de les faire. Michel Audiard tenait beaucoup au *Voyage au bout de la nuit*, le projet était parti de lui. C'est mon livre de chevet, j'adore ce livre. Or avec Audiard nous étions tous deux des enfants du quatorzième ce qui augmentait notre complicité. Nous devions donc faire *Le Voyage au bout de la nuit* avec Godard sur des dialogues d'Audiard. Je crois que c'était vraiment une bonne combinaison, un mélange détonnant, qui nous aurait permis de nous rapprocher vraiment de Céline. Beaucoup de gens avaient été pressentis, c'était très avancé. Et puis l'affaire ne s'est pas faite pour une question de production uniquement, pas du tout pour une autre question. C'était très lourd pour l'époque et le producteur ne s'en est pas sorti. De plus il y a eu une sombre histoire de droits. Alors Audiard a laissé tomber, le projet est tombé à l'eau. Après, il est revenu à la surface, mais plus avec moi, quand Sergio Leone voulait le faire, mais là aussi il est retombé à l'eau. Je crois que c'est très difficile à faire. Il y a aussi un gros problème d'adaptation, car il est impossible de faire un film de huit heures. »

A la fin de l'année 1964, au moment du tournage de *Pour un beau matin d'été*, Jean-Paul Belmondo, à travers une longue interview, publia un véritable pamphlet qui sonnait à bien des égards comme un règlement de comptes. Le fait fut d'autant plus remarquable que Belmondo n'avait pas l'habitude de « partir en guerre » et, surtout, qu'il continuait d'exercer les fonctions de président du Syndicat français des acteurs. Dans le viseur : les cours d'art dramatique, la télévision et le succès. Les premiers furent jugés inaptes à préparer des personnalités aux innombrables subtilités du cinéma. « Former des acteurs c'est prendre les mecs qui en veulent et leur apprendre la boxe, la cuisine, l'escrime, la boucherie, la machine-outil, c'est leur faire avoir leur permis poids lourd, leur permis de pilote, c'est leur apprendre à cirer les chaussures et à découper un jambon, à faire marcher un bulldozer et à couper les pages d'un livre, à plonger de quinze mètres et à causer anglais », déclarait Belmondo. La télévision, « c'est la mort des acteurs de cinéma », soutint-il également en développant la théorie selon laquelle un acteur trop vu à la télévision n'a aucune chance d'attirer le public dans les salles. Moralité : « Je répète qu'un acteur de cinéma ne doit pas faire de télé, qu'il doit refuser de faire des dramatiques. » Quant au succès, selon Belmondo, il transforme les stars en savonnettes, « Le jour où ça ne mousse plus, on ne se donne même pas la peine de te finir : on la fout en l'air et on en prend une autre, une autre qui rapporte cinq fois ce qu'on lui donne[1]. »

Moins d'un mois après la parution de cette mise au point au vitriol, Jean-Paul Belmondo retrouva Philippe de Broca pour une nouvelle aventure qui s'annonçait au moins aussi délirante que *L'Homme de Rio : Les Tribulations d'un Chinois en Chine* lointainement inspiré du roman homonyme de Jules Verne, qui permit à toute l'équipe de tourner à Katmandou, Kuala Lumpur, Bombay, Karachi, Calcutta, Hong Kong, dans la jungle de Malaisie et dans les Alpes. De plus, pour la première fois des acteurs occidentaux jouèrent au Népal. D'ailleurs la ville de Patan fut partiellement vidée de ses habitants durant une semaine pour permettre à l'équipe de travailler dans des conditions optimales.

L'idée de départ émana d'Alexandre Mnouchkine qui avait déjà souhaité l'exploiter en Italie, sans succès. Suite au triomphe de *L'Homme de Rio*, il décida de se lancer dans *Les Tribulations d'un Chinois en Chine*, avec, de nouveau, un fabuleux voyage à la clé.

Philippe de Broca, pour sa part, décida de surpasser son film précédent. « J'ai été sidéré, et même un peu agacé, par le succès de *L'Homme de Rio*, souligne-t-il. Et je me suis retrouvé avec cette commande. Nous avons écrit le scénario à toute vitesse avec Daniel Boulanger et je me suis dit : ''Vous trouvez *L'Homme de Rio* bien alors que ce n'est pas terrible. Là, je vais vous montrer ce qu'est le super-cirque avec la plus belle fille du monde, quatre cascades toutes les trois minutes, le Népal, la Malaisie, Hong Kong...'' Mais c'était épuisant. D'abord parce que nous déconnions beaucoup et ensuite parce que c'étaient des choses très difficiles à mettre en place, il m'est arrivé de passer quarante-huit heures pour un seul plan ! Cela reste néanmoins un souvenir de tournage hallucinant. Ce fut l'idylle avec Jean-Paul. »

« Nous avons eu de bons et de mauvais moments, ajoute Mnouchkine. La grande difficulté c'était Hong Kong, c'était terrible. Hong Kong, c'est bon pour deux jours, trois jours, mais travailler là-bas c'est se retrouver entre les mains de Chinois qui nous détestent.

1. *Le Nouvel Observateur* du 17 décembre 1964.

J'ai eu la chance de leur résister, de ne pas perdre la face, parce que ce qui est terrible c'est de perdre la face parce que alors là ils vous humilient. J'ai tenu le coup et nous en sommes sortis vivants, ce qui n'est déjà pas mal ! Après ça on a eu des moments superbes en Malaisie. Nous sommes arrivés dans un endroit paradisiaque, une île, qui se nomme Lang Kaoui. A cette époque c'était vraiment le paradis, tel qu'on imagine qu'était probablement il y a cent ans Tahiti. Il n'y avait que deux cents habitants à Lang Kaoui. C'était une île absolument merveilleuse. A la fin du tournage, nous devions partir le lendemain, une délégation de techniciens et d'acteurs est venue me voir et m'a demandé deux jours de vacances sur cette île : "Vous ne nous payez pas", m'ont-ils dit. Jean-Paul aussi a demandé à ne pas être payé et il a ajouté : "Même si tu ne veux pas : je ne bouge pas !" Ils étaient tous tombés amoureux de cette île. » Lang Kaoui restera pour tous les participants au film un souvenir inoubliable et une terre riche en anecdotes.

« Nous avions repéré l'endroit six mois auparavant, raconte Philippe de Broca. C'était une île avec quatre palmiers, la mer de corail et pas un chat. Le paradis. C'était compliqué pour y aller. Les acteurs et moi y avons été avec un avion privé, mais l'équipe technique suivait dans un petit rafiot qui a navigué une nuit entière. Je suis arrivé là-bas la veille du tournage. J'ai marché sur cette île et, en passant un coin, j'ai vu un skieur nautique. J'ai continué à marcher et j'ai vu trois autres skieurs. Un peu plus loin j'ai vu plein de gens sur la plage et toute la 7e Flotte américaine qui faisait escale là. Il y avait femmes et enfants, ce qui donnait une plage pire que celle de Juan-les-Pins en plein mois d'août ! Finie notre île déserte. Impossible de tourner. Alors Mnouchkine a été voir l'amiral et lui a dit qu'Ursula Andress était là. Il a négocié avec l'amiral le fait qu'Ursula viendrait prendre un verre au milieu des officiers et signerait des autographes à condition que la flotte se déplace de quelques milles. Ils sont venus chercher Ursula en hélicoptère — les pales touchaient les palmiers —, elle a été boire une coupe de champagne californien et, après, toute la flotte est partie ! »

Une nouvelle fois, les productions Ariane ne lésinèrent pas sur les moyens et débloquèrent un budget de six cents millions de francs. De plus, sur place, les Français eurent de nombreux soutiens comme celui d'un prince népalais qui mit à leur disposition sa garde personnelle.

Côté acteurs, Philippe de Broca avait eu l'idée d'engager Ursula Andress comme principale interprète féminine. Cette Suissesse de vingt-neuf ans, d'une beauté à couper le souffle, avait été révélée trois ans plus tôt par *James Bond contre Dr No* où sa sortie de l'eau entra dans les annales cinématographiques. Depuis elle avait donné la réplique à Frank Sinatra, Dean Martin, Elvis Presley, Peter Sellers, Peter O'Toole, Woody Allen, Christopher Lee et Marcello Mastroianni. Elle était indéniablement une star possédant un considérable impact international. Autour du duo Belmondo-Andress vint se greffer une pléiade d'amis de Jean-Paul : Jean Rochefort, Maria Pacome, Mario David, Paul Preboist, Jess Hahn et Darry Cowl. Une troupe qui n'engendrait pas la mélancolie.

Ces messieurs, après avoir, la journée, organisé sur les plages des sprints, fréquentaient, le soir, des établissements typiquement chinois appelés les « boolrooms ». Le boolroom était un endroit où les clients pouvaient danser avec des Chinoises souvent de toute beauté. Mais, interdiction de boire de l'alcool, seulement du thé ou des orangeades. Le client payait au quart d'heure une maîtresse de maison qui avait sur le ventre un appareil du style de ceux qu'arboraient, autrefois, les receveurs d'autobus. Donc, tous les quarts d'heure, un ticket. Ça faisait cher la soirée. Alors Jean-Paul et ses amis eurent l'idée de se présenter dans les boolrooms peu avant la fermeture, vers minuit moins le quart. Ils payaient un quart d'heure puis emmenaient leur partenaire danser ailleurs !

Le tournage des *Tribulations d'un Chinois en Chine* fut, bien entendu, l'occasion d'innombrables blagues orchestrées par Jean-Paul Belmondo et ses amis. L'une d'elle eut pour victime Philippe de Broca. Un soir qu'il dînait à l'hôtel Hilton de Hong Kong, un assistant se précipita vers lui pour lui annoncer que, dans la discothèque de l'hôtel située au sous-sol de l'immeuble, Belmondo et Gil Delamare se battaient comme des chiffonniers. Seul de Broca pouvait espérer les séparer. Le metteur en scène se rua dans l'ascenseur et eut l'idée de surprendre ses deux amis en apparaissant nu. Il ôta tous ses vêtements dans la cabine et arriva à l'étage inférieur dans la tenue d'Adam.

« J'avais tout de suite compris que cette histoire n'était pas vraie, explique de Broca. Je m'étais dit : "Ils font semblant de se battre pour m'emmerder, alors moi je vais leur rentrer dans le lard nu comme un gladiateur !" Cela correspondait à l'inflation de blagues qui existait entre nous. Je me suis donc déshabillé entièrement et je suis entré dans la boîte en hurlant : "Arrêtez !" Il n'y avait personne. Je me suis retrouvé comme un con tout nu et tout seul. Je pense que Jean-Paul et Gil devaient être planqués derrière les rideaux à me regarder. »

Chaque jour l'équipe improvisait de nouveaux chahuts dans ce luxueux hôtel Hilton, allant jusqu'à vider l'eau de la piscine avant de plonger dedans ! Une autre fois, Jean-Paul ôta son pantalon, le plia soigneusement et le mit sur son avant-bras. Puis il entra dans l'ascenseur et appuya sur les boutons de tous les étages. Chaque fois que la porte s'ouvrait il saluait le plus élégamment du monde. Les touristes furent offusqués. Tout cela consterna le directeur de l'établissement qui, un beau jour, prit à partie Alexandre Mnouchkine et lui tint ce langage : « Je suis le directeur de cet hôtel, je n'en suis pas le propriétaire, j'ai huit enfants et si on me met à la porte, je ne sais pas ce que je vais devenir. Je vous en supplie : faites quelque chose, arrêtez ces monstres ! » Et Mnouchkine, ému, de demander à sa troupe de mettre la pédale douce...

Le tournage ne fut pas qu'une partie de rigolade, loin de là. Fidèle à ce qui constituait presque une habitude depuis *L'Homme de Rio*, Jean-Paul Belmondo tint à accomplir lui-même toutes les cascades. Elles lui furent préparées par son complice Gil Delamare. Pour une séquence où l'acteur devait évoluer comme un gymnaste à travers un échafaudage de bambous, Delamare fit répéter Belmondo dans une salle de sports. Tout allait bien. Malheureusement, Jean-Paul, parce qu'il disposait de beaucoup de place, faisait systématiquement de grands mouvements de bras. Lorsqu'il se retrouva au milieu de l'échafaudage il ne put, la première fois, se retenir d'effectuer de tels mouvements. Il se cogna violemment un bras, se foula les doigts, dut être pansé et repartit presque aussitôt dans l'action ! Gil Delamare était de tous les coups y compris des plus dangereux. Un jour il lança un défi à Jean-Paul : celui qui effectuerait le plus long parcours sur la corniche du soixante-cinquième étage du Hilton. Aucun d'eux ne se dégonfla et ils furent déclarés ex-aequo ! Entre les deux hommes existait une confiance absolue qui se retrouvait sur le tournage lui-même.

Ces cascades, pour aussi préparées qu'elles fussent, rencontraient parfois l'impondérable grain de sable. « Un jour, raconte Jean Rochefort, nous étions, Jean-Paul et moi, accrochés sous un pont de lianes au Népal. Il y a eu un problème avec une poulie en aluminium. Nous sommes restés assez longtemps suspendus dans le vide, à quarante ou cinquante mètres. Il y avait du vent, il commençait à faire froid, et Jean-Paul, qui était très maigre à l'époque, avait le harnais qui lui rentrait dans les côtes, ce qui le faisait souffrir. Il était à la fois énervé et fâché. Pour lui remonter le moral, accroché à un harnais au-dessus de lui, je lui ai crié : "Pense que je gagne trente mille francs de moins que ton impresario !" Cela l'a fait tellement rire qu'il en a oublié ses douleurs. »

Lorsque Philippe de Broca ramena sa joyeuse troupe en France, il lui restait encore des scènes à tourner dont celles de l'avion qui furent en grande partie filmées à Villacoublay. Il aurait, de plus, bien aimé filmer des séquences de dirigeable au Népal, mais les neiges se situaient trop en hauteur et auraient nécessité un très difficile transport de matériel. Le cinéaste décida donc de filmer ces séquences dans les environs de Chamonix, ce qui ne fut pas tâche aisée.

Sous une cabine de téléphérique fut installée une nacelle. Non sans mal, Jean-Paul Belmondo, Jean Rochefort, Mario David et Paul Preboist grimpèrent à l'intérieur, au-dessus du vide. Dans une autre cabine, Philippe de Broca filmait avec ses techniciens. Le parcours durait vingt minutes et les acteurs jouaient la scène. La nacelle en osier tressé était censée être retenue par quatre cordes. En fait, pour plus de sécurité ce furent quatre chaînes enveloppées dans une toile de sac qui donnait une impression de corde. Le quatuor commença à jouer la scène lorsque, tout à coup, à peu près à mi-parcours, un grand « clac ! » le surprit. La nacelle tangua fort dangereusement. Les quatre acteurs se regardèrent apeurés et s'inquiétèrent. Mario David tâta les cordes et se rendit compte que, sous un sac, une chaîne avait éclaté. La nacelle ne tenait plus que par trois chaînes au-dessus des précipices. « Inutile de vous dire que plus personne ne bougeait, raconte Mario David. Nous avons fini le parcours osant à peine respirer parce que si une autre chaîne pétait la nacelle se serait retournée. Nous avons vraiment eu très peur ! »

Une autre fois ce fut Alexandre Mnouchkine qui, du fait de « l'inconscience » de ses acteurs, eût pu prendre peur. Belmondo et David jouaient dans l'équipe de football des Polymusclés. Or une rencontre était organisée à Reims contre d'anciens professionnels. Le tout en lever d'un match Stade de Reims-Équipe de France. Quarante mille personnes étaient attendues. Mais la production refusa de modifier son planning pour permettre aux deux acteurs d'aller jouer. Alors ils rusèrent. Ayant mis le chef-opérateur dans la confidence, celui-ci, vers seize heures trente, déclara que la lumière du jour baissait trop vite et qu'il ne pouvait plus travailler. Le tournage fut arrêté. Jean-Paul et Mario annoncèrent qu'ils rentraient à leur hôtel. Là les attendait Gil Delamare. Dès que les acteurs furent changés, le cascadeur les conduisit, à tombeau ouvert, jusqu'à l'aéroport de Genève, à une centaine de kilomètres, où ils sautèrent dans un avion privé. En vol la fine équipe essuya une tempête terrible, apocalyptique. Pendant ce temps, pour ne pas faire trop attendre le public, les organisateurs avaient décidé de faire jouer le match des Polymusclés après celui de l'Équipe de France. Et tandis que se déroulait cette rencontre, un speaker annonçait au micro le périple aérien de Belmondo. Presque seconde par seconde le public suivait le combat de l'avion contre les éléments déchaînés.

Au bout de ce suspense digne des plus grands films fantastiques, l'appareil atterrit enfin. Il était plus de vingt-deux heures. Belmondo et David quittèrent l'habitacle sous une pluie battante, s'engouffrèrent dans une voiture et se retrouvèrent au stade où ils n'eurent que le temps d'enfiler leurs tenues et de chausser leurs crampons. Lorsque l'équipe des Polymusclés apparut sur le terrain elle fut accueillie par une ovation phénoménale par un public chauffé à blanc depuis plusieurs heures. « Nous avons perdu le match, mais ce fut un match somptueux », se souvient Mario David. A la fin des quatre-vingt-dix minutes réglementaires, les joueurs se retrouvèrent dans un hôtel de Reims où ils mangèrent de très bon appétit. Puis, à une heure fort avancée de la nuit, les acteurs firent le parcours inverse : voiture jusqu'à l'aérodrome de Reims, vol au milieu des éléments toujours déchaînés, et retour en voiture jusqu'à Chamonix. Lorsqu'ils arrivèrent, Jean-Paul et Mario eurent juste le temps de se rafraîchir pour rejoindre le plateau de tournage. Ils souhaitèrent que Mnouchkine ne sût rien de leur odyssée. Mais Mnouchkine le sut. Dès le lendemain. Il entra dans une colère spectaculaire, certes, mais largement tardive.

Ces tribulations asiatiques ne rencontrèrent pas le même succès que les aventures brésiliennes d'un certain homme de Rio. La critique fit la fine bouche et le public se montra peu enthousiaste. De Broca lui-même convint qu'il y eut une erreur de distribution et que, finalement, le bon rôle est celui du valet, non celui du milliardaire.

« C'est un film mal fait, estime Jean Rochefort, parce que les situations étaient si fausses, si gratuites que Jean-Paul, Ursula et moi avions beau faire des galipettes phénoménales, le public ne fonctionnait pas. Les situations n'étaient pas tendues, n'étaient pas crédibles. Dans les films d'Hitchcock si le jeune premier se tord la cheville en traversant à un feu rouge, toute la salle se soulève d'émotion. Là, Jean-Paul dégringolait dix-huit étages et le public ne bougeait pas. J'avais senti ce problème dès la lecture du scénario. Comme l'a dit de Broca, plus tard, nous aurions peut-être dû intervertir nos deux rôles, Jean-Paul et moi, les cartes auraient peut-être été mieux distribuées, mais il aurait fallu améliorer le rôle du valet. »

Les Tribulations d'un Chinois en Chine amena, d'autre part, un grand changement dans la vie de Jean-Paul Belmondo. Sur le tournage il fit la connaissance d'Ursula Andress. C'était une femme pleine de vie et d'humour qui participait allègrement aux chahuts et dont le rire agrémentait le plateau de tournage. Les blagues de Jean-Paul la faisaient pleurer de joie. Un soir, au bout d'une semaine de tournage à Hong Kong, Jean Rochefort et Jean-Paul Belmondo, constatant qu'Ursula était souvent seule, décidèrent de l'inviter à leur table. Comme le dit Rochefort lui-même, au hors-d'œuvre, il n'existait déjà plus. Le coup de foudre. Ursula et Jean-Paul devinrent amis, complices et se rapprochèrent de plus en plus. Lorsqu'ils se retrouvèrent sur le site enchanteur de Lang Kaoui ils goûtèrent toutes les joies de la vie et devinrent amants. Leurs amis présents en ce coin retiré de la planète, hors du temps, hors du bruit, comprirent aussitôt qu'il s'agissait de beaucoup plus qu'une simple passade. Ursula et Jean-Paul ne partageaient pas que le rire, ils avaient aussi en commun le succès, la gloire et le goût du sport. Mais tous deux ne souhaitaient pas que leur liaison naissante fît la une des journaux. Bien que stars, ils n'étaient pas Elizabeth Taylor et Richard Burton et le plateau des *Tribulations* n'était pas celui de *Cléopâtre*. Ils décidèrent donc de se montrer discrets et purent cacher leur idylle durant quelques semaines. Mais les journalistes ne demeurèrent pas dupes très longtemps et bientôt l'union Belmondo-Andress éclata au grand jour pour la plus grande joie d'une certaine presse spécialisée. Bien des années plus tard, Ursula confia :

« J'ai toujours adoré rire, mais je crois que Jean-Paul Belmondo m'a plus fait rire que n'importe qui. C'est comme ça qu'il m'a séduite. Avec lui j'ai connu la grande folie, la passion. J'avais l'impression de vivre dans l'œil d'un cyclone qui attirait un ouragan. Sept ans de bonheur, de passions, de drames [1]. »

Derrière les gros titres et les photos faussement révélatrices, les deux acteurs continuaient de mener leur carrière. Si Ursula vécut une longue pause avant d'entamer un nouveau tournage, Jean-Paul avait déjà prévu de retrouver Jean-Luc Godard, six ans après *A bout de souffle*.

1. *Photo* de septembre 1987.

15

LE DRAPEAU NOIR

Il ne s'écoula que quelques jours entre les dernières prises de vues des *Tribulations d'un Chinois en Chine* et le premier tour de manivelle de *Pierrot le Fou*, le nouveau film de Godard. Le cinéaste suisse avait de plus en plus de mal à concrétiser ses projets. Il faut dire qu'il reculait sans cesse les limites de la démesure. Ainsi avait-il songé à adapter à l'écran le célèbre roman de Nabokov *Lolita* avec Sylvie Vartan dans le rôle principal et Michel Piccoli. Puis il avait envisagé une histoire avec Anna Karina, sa femme, et Richard Burton. Mais rien n'aboutissait bien que certains de ses films, considérés comme des œuvres majeures, obtinssent l'aval de la critique et du public, en tout premier lieu *Le Mépris*. Un jour qu'il rencontra Jean-Paul Belmondo avec lequel il était toujours resté en contact, Godard lui fit part de son envie de retravailler avec lui et lui tendit un roman policier de Lionel White. Aussitôt il précisa qu'après tout ce n'était peut-être pas la peine de le lire puisque lui, Godard, filmerait sans doute tout autre chose. Finalement il expliqua à l'acteur qu'il rêvait de mettre en scène le dernier couple romantique mais se trouvait dans la quasi-incapacité de trouver un financement. Belmondo donna son accord de principe et aussitôt l'argent afflua. *Pierrot le Fou* put voir le jour... Bien entendu le titre n'eut que peu de rapport avec le contenu réel. D'ailleurs, pendant longtemps ce film fut annoncé sous l'appellation *Le Démon de onze heures*. Ceux qui s'attendaient à l'authentique histoire d'Émile Buisson dit « Pierrot le Fou » célèbre gangster de l'après-guerre, en furent pour leurs frais. Le « héros » du film, si héros il y eut, se nommait Ferdinand Griffon. Certes il était entraîné dans une sombre histoire de gangsters qui partaient à sa recherche, mais, en définitive, il était surtout embringué dans une histoire d'amour avec la baby-sitter de ses enfants. Cette drôle d'aventure s'élabora au fur et à mesure des prises de vues exactement dans le même état d'esprit que *A bout de souffle*. Pour Belmondo qui, après quelques mauvaises surprises, exigeait habituellement d'avoir un script écrit de la première à la dernière image, ce fut presque un pari osé. Il fonça en toute confiance sans script établi. Mais il connaissait Godard, il savait que dans sa tête il avait imaginé la ligne directrice de son film et il savait surtout que Godard avec un script rédigé ce n'aurait plus tout à fait été du Godard.

« Deux jours avant de commencer, je n'avais rien, explique Belmondo, rien du tout. Enfin, si j'avais le bouquin et un certain nombre de décors, je savais que ça se passerait au bord de la mer et c'était à peu près tout. Mais, une nouvelle fois, tout s'est bien passé, comme sur *A bout de souffle*. J'ai retrouvé Godard avec ses petits cahiers ! Je n'ai connu qu'un Godard agréable. Il a toujours été charmant avec moi, avec ses acteurs, même si sur *Pierrot le Fou*, il était peut-être un peu plus inquiet du fait de son histoire avec Anna Karina. »

Le tournage, de mai à juillet 1965, s'effectua sans heurt dans une ambiance détendue. Jean-Paul redécouvrit le savoir-faire de Godard et son improvisation qui n'en était pas tout à fait une. Ce film inclassable et surprenant était truffé de références tous azimuts parmi lesquelles *L'Histoire de l'art* d'Élie Faure, la Cinquième Symphonie de Beethoven, les œuvres de Samuel Fuller, la bande dessinée *Les Pieds nickelés*, les poèmes de Federico Garcia Lorca, *Une saison en enfer* d'Arthur Rimbaud, *Pépé le Moko*, la publicité (« Mettez un tigre dans votre moteur ! »). Il y eut même des références aux propres films de Godard puisqu'à un moment le personnage campé par Belmondo retrouvait l'homme à qui il devait de l'argent dans *Une femme est une femme* ! Mais parmi toutes ces références, une dominait : *Le Voyage au bout de la nuit* de Céline qui justifiait le prénom du héros, Ferdinand. Et cette référence-là n'était sûrement pas pour déplaire à Jean-Paul Belmondo. Au final, comme le souligna l'un des arguments publicitaires du film, « *Pierrot le Fou* c'est l'intrusion du ciné-roman policier dans le tragique de la ciné-peinture ».

Pierrot le fou fut présenté au festival de Venise, le 29 août 1965, où il fut fort diversement accueilli. Certains laudateurs crièrent au génie, affirmant par exemple que ce film constituait une date dans l'histoire du cinéma, ou, plus sobrement, qu'il s'agissait du meilleur film de Godard. D'autres avouèrent honnêtement n'y avoir rien compris et jetèrent le film aux orties, considérant parfois que Godard se surpassait dans le mépris ! Lors de sa sortie en salles, un mois avant *Les Tribulations d'un Chinois en Chine*, le même état d'esprit régna. Mais la dithyrambe se fit telle d'un côté que cela finit par troubler certains observateurs qui plongèrent dans une analyse approfondie non point de l'œuvre elle-même mais des critiques qu'elle avait engendrées. Pendant ce temps *Pierrot le Fou* démarrait sa carrière estampillé d'un étonnant « interdit aux moins de 18 ans ». La commission de censure, en effet, avait jugé le ton du film trop marqué par un « anarchisme intellectuel et moral » qui risquait d'avilir la jeunesse française. Mais quelles que furent les incompréhensions et les inepties affichées face à cette œuvre, le temps, une nouvelle fois, usa de sa rassurante quiétude pour effacer les scories, donnant entièrement raison à Jean-Luc Godard. En effet *Pierrot le Fou* s'inscrivit parmi les rares authentiques « grands films » du cinéma français. En 1978 à l'occasion de la cérémonie des Césars, les professionnels du cinéma dressèrent la liste des meilleurs films du cinéma français : *Pierrot le Fou* y figura en sixième place derrière, respectivement, *Les Enfants du paradis, La Grande Illusion, Casque d'or, La Règle du jeu* et *La Kermesse héroïque*. En se plaçant devant *Hiroshima mon amour* et *Quai des brumes*, la réalisation de Godard pouvait être considérée comme le deuxième meilleur film du cinéma français de l'après-guerre. Par ailleurs, en 1982, les rédacteurs de la revue de cinéma *Positif* classèrent les meilleurs films des trente dernières années et situèrent *Pierrot le Fou* en sixième place ex-aequo avec *Apocalypse Now*.

Pour Belmondo, *Pierrot le Fou* fut une victoire personnelle puisque ce film de Godard sortit pratiquement en même temps que celui de De Broca. Jean-Paul prouvait par là qu'il comptait parmi les très rares acteurs en France à être capable de briller dans deux œuvres apparemment aux antipodes. Belmondo était bel et bien la star du moment. Il l'était d'autant plus que les journaux avaient découvert son union avec Ursula Andress. De toute façon les deux amoureux ne se cachaient plus depuis belle lurette. Ils étaient même devenus inséparables, à tel point que Jean-Paul, autant qu'il le put, suivait Ursula sur ses tournages de films en divers points du monde.

A cette époque, un petit événement se produisit à Paris : la fermeture de l'Avia Club. Pierre Dupain, l'entraîneur, prenait sa retraite et Maurice Auzel, le champion et ami de Jean-Paul, raccrochait les gants. Le club de la porte Saint-Martin qui, un matin de septembre 1948, avait assisté amusé à l'arrivée d'un jeune gringalet passionné de boxe, fermait définitivement ses portes. Les sacs de sable furent offerts à d'autres clubs, les rings démontés et les affiches jaunies devant lesquelles tant d'espoirs avaient rêvé, arrachées. Ce vieil écrin de tant de souvenirs et de tant de sueur plongeait irrémédiablement dans l'oubli. Plus personne ne gravirait l'escalier en fer, plus de coups ne seraient échangés entre ces murs poussiéreux. De même que la fermeture d'un cinéma de quartier marque la fin d'une belle époque, la fermeture d'une salle comme l'Avia Club prouvait que la boxe en avait terminé avec ses heures de gloire peuplées de matchs populaires. Le grand public se dirigeait insensiblement vers d'autres sports, vers d'autres stades, et la télévision après avoir assassiné les hauts lieux du cyclisme sonnait le glas des salles de boxe. Jean-Paul Belmondo, en voyage à Londres, n'apprit la nouvelle que bien plus tard, lors de son retour à Paris. Il regretta amèrement ne pas avoir été prévenu de cette fermeture définitive, il aurait tout fait pour que l'Avia Club ne finisse pas sous les coups de bulldozers indifférents, il aurait même racheté la salle, s'il avait fallu. Mais il était trop tard. l'Avia Club n'était plus qu'un souvenir.

Belmondo effectua, ensuite, une participation dans *Paris brûle-t-il ?* de René Clément. Ce metteur en scène de talent s'était lancé dans une gigantesque opération qui occupa plus de deux ans de sa vie, lui fit diriger quatre cents techniciens et vingt mille figurants, l'obligea à gérer un énorme stock de matériel fort de cent tanks, trente-cinq tonnes de munitions et à filmer pas moins de trente-trois vedettes internationales. Chacune de ces dernières n'effectuait donc qu'une assez courte prestation. Belmondo, lui, se retrouva à interpréter Yvon Morandat, dit « Pierrelot », un résistant chargé d'aller « occuper » l'hôtel Matignon au nom du gouvernement provisoire de la République française. Censé conduire quarante résistants, Morandat se retrouve seul en compagnie d'une amie. Ne reculant pas pour autant, il accomplit sa mission et se dirige vers Matignon. Alors qu'il s'attendait à rencontrer une certaine hostilité, il est très poliment accueilli par un huissier qui lui remet les clés et lui fait visiter les locaux en lui servant des « Monsieur le Ministre » longs comme le bras. En définitive ce passage constituait une des rares notes d'humour de cette super-production. Ce n'était pas un hasard si Belmondo en avait hérité. Bien qu'il ait prouvé à de maintes reprises qu'il était aussi à l'aise dans le drame que dans l'humour il restait pour beaucoup l'Adrien Dufourquet de *L'Homme de Rio*, c'est-à-dire un jeune homme détendu et amusant. Le tournage de *Paris brûle-t-il ?* fut l'occasion pour Jean-Paul de donner brièvement la réplique à Alain Delon et à son ancien professeur de Conservatoire, Pierre Dux.

Un peu plus tard, Jean-Paul absent de Paris ne put une nouvelle fois présider le congrès du Syndicat français des acteurs et fut remplacé par Pierre Terrasson. Cette absence ne diminua en rien la popularité de Jean-Paul au sein du SFA. C'est pourquoi, le 26 novembre 1965, après deux ans de mandat, il fut réélu président du Syndicat français des acteurs. Ce même mois, autre consécration, il figura en couverture du très important magazine américain *Life* qui, de la sorte, consacrait internationalement la réussite de l'acteur qualifié de « The new style hero, sexy crazy and cool ! ». Quelques semaines plus tard il présida le trente-sixième Gala de l'Union des artistes puis alla passer Noël en famille dans une station suisse. Au moment où les rumeurs de divorce commençaient à filtrer un peu partout, sournoises et trompeuses, le comédien prouvait par ce simple fait qu'il demeurait extrêmement attaché à ses enfants et qu'il restait en bons termes avec sa femme Élodie. Les journalistes qui espérèrent des déclarations fracassantes et des événements à sensation en furent pour leurs frais. Dans sa vie de tous les jours, M. Belmondo n'avait rien d'un casse-cou ni d'un provocateur. Le père de famille et l'acteur s'il leur arrivait de se rejoindre sur certains points ne pouvaient aucunement être juxtaposés.

Belmondo demeurait l'une des grandes stars françaises et à ce titre la société nationale Unifrance, chargée de la promotion des films français dans le monde entier, décida de consacrer un court-métrage autour de ce comédien. De la sorte les publics de différents pays pourraient découvrir ou mieux connaître l'une des valeurs sûres du cinéma hexagonal. Unifrance demanda à un jeune cinéaste peu connu, bien que déjà auteur de cinq longs métrages, de réaliser ce portrait : Claude Lelouch.

« A l'époque je faisais des longs métrages qui ne marchaient pas et je faisais des scopitones, des petites chansons, ce qu'on appelle aujourd'hui des clips, raconte Claude Lelouch. Unifrance m'a demandé si j'étais intéressé pour faire des portraits de vedettes française pour l'exportation. Ils m'ont demandé : ''Belmondo ça vous va ?'' J'ai dit : ''Écoutez, c'est parfait parce que c'est un acteur qui est tout à fait dans mes cordes. On parlera plus de sport que d'autre chose, ça va bien nous aller.'' C'est comme ça que j'ai fait la connaissance de Jean-Paul. Je l'ai suivi pendant quelques jours pour faire ce portrait. J'ai été troublé de voir que cet homme parlait avec un cinéaste inconnu, sans aucun prestige, comme il aurait parlé à Melville ou à un autre grand. C'est-à-dire qu'il y avait une relation normale qui a fait que je me suis senti tout de suite en confiance alors qu'il aurait pu me mettre dans un sentiment d'infériorité. J'ai remarqué qu'il mettait à l'aise n'importe qui. J'ai plus que sympathisé avec lui, mais nous n'avons pas du tout envisagé de futur projet en commun. Nous avons eu tout simplement une relation de copains contents d'avoir passés trois, quatre jours ensemble à tourner des bêtises. Car ce portrait, il ne le prenait pas au sérieux, et moi non plus. Notre rencontre s'est faite dans les meilleures conditions puisque ça ne l'engageait à rien et moi non plus. Quand des gens se disent bonjour sans avoir d'enjeu, ça rend le bonjour encore plus authentique et encore plus sympathique. Nous avons donc fait un truc qui ne se prenait absolument pas au sérieux. C'est le portrait d'un homme qui ressemblait à un homme plus qu'à une star. Le portrait d'un homme qui savait vivre, faire du sport, le portrait d'un homme qui vivait comme M. Tout-le-Monde et non pas comme l'idée qu'on a des stars. Ça durait dix, douze minutes. Nous cherchons partout une copie de ce film, car ni lui ni moi ne nous souvenons précisément du contenu et ça nous ferait marrer de le revoir ! »

Ensuite, en raison de son planning toujours trop chargé, Jean-Paul renonça à jouer dans *Le Deuxième Souffle* que lui proposait Melville et qui fut filmé dans les premiers mois de 1966. Son rôle échut à Paul Meurisse. « Je n'ai pas de regret, remarque Belmondo, parce que Meurisse était absolument formidable dans ce film. »

Au début de 1966, Jean-Paul Belmondo participa à une nouvelle aventure pleine de soleil : *Tendre Voyou*. Réalisée par Jean Becker, qui travaillait pour la troisième fois avec Belmondo, cette comédie racontait les mésaventures d'un séducteur qui passe d'une femme à l'autre mais qui face à leurs appétits finit par prendre la fuite. Côté femmes la distribution regroupait Nadja Tiller, Mina von Strasshofer, Mylène Demongeot, Maria Pacôme, Stefania Sandrelli, Geneviève Page, Micheline Dax et, côté hommes, Jean-Pierre Marielle, Philippe Noiret et Robert Morley. A cette prestigieuse distribution, Jean Becker et Jean-Paul Belmondo eussent souhaité ajouter le nom et la plastique impeccable d'Ursula Andress, mais l'actrice qui elle aussi croulait sous les projets ne put se libérer. *Tendre Voyou* fut en partie tourné à Tahiti où l'équipe passa trois semaines et à Megève. Jean-Paul connaissait la plupart de ses partenaires pour leur avoir plus ou moins brièvement déjà donné la réplique. Il connaissait même la jeune Stefania Sandrelli, âgée de vingt ans, puisqu'elle avait tenu un petit rôle dans *L'Aîné des Ferchaux*. Mais cette ex-danseuse ne pouvait profiter de la bonne ambiance du tournage, car elle était fiancée à un jeune homme qui, en bon Italien, se montrait d'une jalousie féroce et l'empêchait presque de regarder un homme dans les yeux. Comme le souligne Belmondo, « à côté de lui, Othello était un enfant de chœur ! ».

Au cours du tournage de *Tendre Voyou*, Jean-Paul Belmondo et Mylène Demongeot commirent une blague à leur insu. L'une des scènes tournées près de Megève prévoyait un dialogue entre les deux acteurs à l'intérieur d'une voiture tirée par une dépanneuse. Cette prise de vue nécessita une très longue préparation qui occupa tous les techniciens. Attendant dans le froid, Jean-Paul finit par suggérer à sa partenaire de prendre un café dans un petit troquet sis à seulement quelques mètres du lieu de l'action. Tandis que les deux acteurs se réchauffaient, l'équipe du film continuait de s'affairer et de vérifier la mise en place du matériel. Jean Becker supervisait et mettait le plus souvent la main à la pâte. Quand tout fut terminé, le metteur en scène lui aussi gêné par le froid lança le traditionnel : « Moteur ». La caméra ronronna et à cette seconde tout le monde s'aperçut que la voiture était vide. Il manquait le principal : les deux acteurs qui, non loin de là, assistaient, goguenards, à la scène. A Megève, Jean-Paul eut, d'autre part, la désagréable surprise d'apprendre que son contrat lui interdisait absolument de faire du ski, afin d'éviter tout risque d'accident qui aurait retardé la production. Belmondo dut se contenter de regarder ses partenaires dévaler les pentes neigeuses et demeura dans une inactivité qui le rongeait. Quant aux prises de vues tahitiennes, elles furent longuement perturbées par une pluie incessante qui fit baisser le moral de l'équipe y compris celui de Jean-Paul Belmondo et de son ami Jean-Pierre Marielle. A Tahiti, de plus, une triste nouvelle endeuilla Jean-Paul. Son ami Gil Delamare venait de mourir. Cet intrépide cascadeur avait trouvé la mort dans des conditions presque stupides. Pour un film, il devait effectuer un simple dérapage avec une voiture décapotable. Banal. Malheureusement la voiture, mal contrôlée, se retourna dans un tonneau qui coûta la vie à son chauffeur. Belmondo, qui ne put se rendre à l'enterrement de son ami, se rappela leurs parties de rigolade de *L'Homme de Rio*, leurs défis des *Tribulations d'un Chinois en Chine* et, surtout, il comprit à quel point Gil Delamare lui avait été utile dans ses propres débuts de cascadeur.

Dans *Tendre Voyou*, Jean-Paul campa un séducteur, infatigable baratineur qui laissait présager des personnages comme celui de *L'Incorrigible*, d'autant que dans les deux cas les dialogues furent signés par Michel Audiard. Belmondo qui, durant toute la projection n'arrêtait vraiment pas une seconde, s'amusa même à la parodie en offrant une courte imitation de Groucho Marx. *Tendre Voyou* ne rencontra néanmoins pas le succès escompté pour une star de la dimension de Belmondo.

Fin mars 1966, pendant qu'il tournait *Tendre Voyou*, Jean-Paul Belmondo ajouta une nouvelle corde à son arc : négociant en vins ! « Je me suis lancé dans le vin parce que j'avais un copain, René, le frère de Michel Beaune qui était lui-même dans le vin, explique Belmondo. C'était un excellent représentant en vins et il m'a signalé qu'il y avait une maison de négoce à vendre. Comme je souhaitais placer mes sous quelque part, je l'ai écouté et j'ai acheté la maison. Cela s'appelait Les établissements André Morey et avait été créé en

1868. Mais je n'étais pas du tout fait pour cela. Ça n'a duré que trois ans. Ça ne s'est pas très bien terminé, nous nous sommes disputés avec les autres associés. Je crois qu'il faut faire ce pour quoi on est fait. Si vous vous imposez restaurateur alors que vous n'êtes pas dans le restaurant tout le temps, ça ne peut pas aller. Il y a des exceptions, bien sûr, mais pour moi cette entreprise, ça n'était pas bon. De plus, j'ai beau adorer le vin je ne suis pas expert en vins. Dommage parce que celui-là n'était pas mauvais ! Depuis, j'ai toujours mis mes sous dans le spectacle, ce qui ne m'a pas trop mal réussi ! »

Puis brièvement, en juillet 1966, Jean-Paul participa au tournage loufoque de *Casino Royale*. Ursula Andress, la première des James Bond Girls, retravaillait en effet pour une production mettant en scène le célèbre agent 007. En fait *Casino Royale* bien qu'inspiré par un roman de Ian Fleming s'orienta résolument du côté de la parodie avec un sir James Bond (David Niven) obligé de quitter sa retraite dorée pour multiplier les faux James Bond (dont Peter Sellers) afin de mieux piéger ses ennemis (Orson Welles et Woody Allen). Le tout baignait dans une atmosphère des plus farfelues et des plus réjouissantes. Le tournage proprement dit fut confié à pas moins de cinq réalisateurs dont John Huston. Aux côtés d'Ursula, Jean-Paul suivit presque pas à pas l'élaboration de ce vaste projet sous la houlette du producteur Charles K. Feldman.

« J'étais très ami avec Feldman, raconte l'acteur, et j'allais souvent en vacances chez lui. Un jour qu'il préparait *Casino Royale*, nous avons mangé ensemble, lui, Ursula Andress et moi. Au cours du repas, Feldman m'a dit : "Il y a un personnage marrant de légionnaire pris dans une bagarre à la fin du film. Tu devrais le jouer !" J'ai trouvé le clin d'œil amusant et je l'ai joué en copain. »

Ainsi Belmondo, porteur d'une moustache se déguisa en légionnaire et s'inclut dans cette bagarre générale. Il eut quelques courtes répliques avec David Niven, traduisant avec un accent à couper au couteau « Les Français sont arrivés » dans un anglais très simpliste et tentant même de traduire ses gros mots. Cette simple participation valut la présence de Jean-Paul Belmondo en grand et même en très grand au générique.

« Ils ont mis mon nom en énorme au générique, confirme Belmondo, comme si j'avais un rôle important alors que ma prestation a à peine duré deux minutes ! Il n'y avait vraiment aucune raison de marquer mon nom en aussi énorme. Comme j'étais copain avec Feldman je ne lui ai pas fait de procès d'autant qu'il m'a assuré qu'il enlèverait mon nom du générique, ce qu'il n'a pas fait. Les spectateurs en voyant ce film doivent se dire que mon anglais était tellement mauvais qu'on a coupé toutes mes scènes ! »

Le planning de Belmondo prévoyait qu'au sortir des prises de vues de *Tendre Voyou* il retrouverait Claude Chabrol pour une nouvelle adaptation des *Cinq Sous de Lavarède*, le roman de Paul d'Ivoi et Henri Chabrillat, qui avait déjà donné naissance à deux films, l'un datant de 1927 avec Georges Biscot, l'autre plus célèbre de 1939 avec Fernandel. En ce milieu des années 60, Chabrol voulait utiliser le thème de l'héritier forcé d'effectuer un tour du monde avec seulement cinq sous en poche pour filmer une aventure délirante et exotique dans la veine des *Tribulations d'un Chinois en Chine*. Mais ces *Cinq Sous de Lavarède* ne virent jamais le jour, pour de banales raisons de production. Qu'à cela ne tienne, Belmondo croulait une nouvelle fois sous les projets.

« A cette époque-là, remarque-t-il, le cinéma français produisait beaucoup de films, alors quand l'un ne se montait pas on passait à autre chose et c'était terminé. » Parmi ces projets : *La Chamade* d'après le roman de Françoise Sagan qui eût dû lui permettre de retrouver Brigitte Bardot plus longuement que lors de l'audition de *La Vérité*. Mais les deux vedettes repoussèrent l'offre — Jean-Paul estimant que le rôle n'était pas pour lui —, et le projet attendit alors trois ans pour prendre forme avec, cette fois, Michel Piccoli et Catherine Deneuve dans les rôles principaux. Décidément la rencontre Belmondo-Bardot sur grand écran avait du mal à se concrétiser. Parmi les autres projets pour lesquels le nom de Belmondo fut avancé figurait un film italien que Dino Risi envisageait de réaliser. Sur le ton de la comédie *Le Trésor de San Gennaro* évoquait la rivalité de deux bandes de malfrats tentant de s'approprier le trésor d'une église napolitaine. Jean-Paul déclina cependant cette offre, car elle coïncidait avec les dates d'un autre tournage, cédant sa place à Nino Manfredi. Il repoussa également *Grand Prix* que lui proposait John Frankenheimer pour la simple raison qu'il refusait de jouer en anglais. Cette superproduction évoquait le monde de la course automobile et réunissait une distribution internationale : James Garner, Toshiro Mifune, Eva Marie Saint, Adolfo Celi. Finalement la tenue du pilote français fut endossée par Yves Montand. La défection de Jean-Paul fit, à retardement, au moins un déçu : son fils Paul qui aurait aimé voir son acteur de père dans la tenue d'un pilote de Formule 1 ! Quant à *Frenchy*, un scénario que Jean-Loup Dabadie tailla aux dimensions de Belmondo et que devait réaliser Louis Malle, il fut simplement abandonné. Cette histoire d'un grand champion de boxe qui s'en va disputer un match important aux États-Unis n'était pas sans rappeler l'épopée de Marcel Cerdan et à ce titre avait de quoi séduire Jean-Paul. Mais le film ne se fit pas. Enfin, dans la longue liste des projets qu'étudia Belmondo figura en bonne place *La Bande à Bonnot* filmé par Jean-Luc Godard. En fait, cette production lui tenait très à cœur, mais l'acteur se trouvait déjà engagé sur un autre film de Louis Malle, *Le Voleur*, qui, incidemment, sonna le glas de cette *Bande à Bonnot*. En effet, Belmondo hésitait à enchaîner ces deux films, car leurs histoires se situaient sensiblement à la même époque. Alors le projet *Bonnot* fut retardé et finit par tomber entre d'autres mains. Jacques Brel devenant au bout du compte le célèbre Bonnot.

Dans le même temps, Jean-Paul envisagea de plus en plus sérieusement de revenir au théâtre. Jean-Louis Barrault lui suggéra d'interpréter *Les Fourberies de Scapin* à la Comédie-Française mais, pris par d'autres projets, et en dépit d'une longue hésitation, Belmondo refusa. Certes la Comédie-Française le tentait énormément, mais le cinéma français l'accaparait beaucoup trop. « La Comédie-Française lui avait proposé de jouer Scapin, résume François Chaumette, sociétaire de la Maison de Molière, et il a refusé. Ça a été dommage pour le Français, beaucoup plus que pour Jean-Paul ! »

Mais l'envie de refaire du théâtre ne cessait de titiller Belmondo. En 1966, il avoua qu'il était à la recherche d'une comédie lui permettant de jouer en compagnie de ses amis Jean-Pierre Marielle, Jean Rochefort, Guy Bedos et Jeanne Moreau. Recherche malheureusement infructueuse. Renonçant au théâtre, Jean-Paul s'orienta vers le disque. Non, il ne se prit pas pour Sinatra et n'envisagea aucunement une carrière de crooner. En fait, il répondit favorablement à l'invitation de Jacques Canetti qui lui proposa d'enregistrer le texte de *Charlotte et son Jules*, chose que Belmondo n'avait pu faire huit ans plus tôt. Cette fois ce fut Marie-José Canovas qui lui donna, fort brièvement, la réplique, en remplacement d'Anne Colette. L'enregistrement de ce disque ne prit qu'un après-midi.

Dans tout ce lot de projets plus ou moins avancés dans lesquels le nom de Belmondo se trouvait annoncé, un seul vit le jour. Il ne s'agissait ni d'une comédie, ni même d'un polar, mais d'une œuvre d'un ton nouveau se déroulant au XIXe siècle et mettant en scène un voyou anarchiste, *Le Voleur*. Cette production était inspirée d'un roman de Georges Darien, auteur anarchiste de la fin du XIXe siècle dont le comportement résolument antimilitariste lui avait valu quelques déboires avec les forces armées et un séjour du côté du bagne de Biribi. Pour son roman *Le Voleur*, paru en 1898, Darien s'était rendu à Londres où il rencontra la fine fleur de la pègre locale spécialisée dans les fric-frac. De mauvaises langues rapportèrent qu'il avait personnellement participé à plusieurs cambriolages. Lorsque Malle parla à Belmondo de son projet il trouva en face de lui un acteur qui connaissait parfaitement bien le roman, puisque Jean-Paul adore cet ouvrage et le classe parmi ses lectures favorites juste derrière *Voyage au bout de la nuit*. L'idée d'en faire un film l'enchantait terriblement. *Le Voleur* présentait un héros pas comme les autres : Georges Randal, anarchiste devenu voleur par mépris du monde plus que par besoin d'argent. Louis Malle fut convaincu très tôt par la nécessité de Belmondo pour ce rôle. Le cinéaste savait que, finalement, l'acteur n'avait strictement rien à voir avec le voyou qu'il interprétait sur les écrans depuis *A bout de souffle*. Au contraire il est le fils d'une respectable famille bien installée dans sa bourgeoisie. Dès lors cette dichotomie voyou à l'écran/racines familiales lui permettrait de mieux percevoir et, donc, de mieux restituer les motivations de ce Randal lui aussi issu de la bourgeoisie mais, au bout du compte, en rupture totale avec celle-ci. Pour Malle qui venait de diriger Brigitte Bardot et Jeanne Moreau dans *Viva Maria*, la collaboration avec Jean-Paul lui permit de découvrir une nouvelle façon de travailler.

« Pendant le tournage, affirma le cinéaste dès la sortie du film, Jean-Paul est particulièrement attentif. Il tenait au rôle, Jean-Paul donne l'impression de s'en foutre. C'est faux. Sa déconcentration apparente est un truc qui lui permet de donner ensuite son maximum. Par exemple, le film se termine sur un regard de Jean-Paul qui résume toute l'histoire. Eh bien ce regard il l'a trouvé entre deux fous rires [1] ! »

Grâce au *Voleur*, Jean-Paul retrouva son amie du Conservatoire, Françoise Fabian. L'actrice qui, pour la première fois, travaillait avec Belmondo face à une caméra fut quelque peu désarçonnée par les méthodes de son ami.

« Jean-Paul a quelque chose que je n'ai pas du tout, constate-t-elle : il fait le fou avant chaque prise. Moi, j'ai plutôt besoin de concentration alors que lui la concentration ça l'angoisse. Jusqu'au dernier moment il fait des blagues, il rigole, il va, il vient, il fait du bruit et quand on dit "Moteur !" il est à l'aise parce qu'il s'est déchargé de tout. Ça peut décontenancer certains acteurs qui ont besoin du contraire, mais Jean-Paul est toujours prêt, toujours accessible aussi. Jean-Paul c'est une force dynamique extraordinaire. Il peut faire n'importe quoi, il aura toujours cette grâce qu'il n'a jamais perdue et ce pouvoir de sympathie inaltérable. »

Les spectateurs qui s'attendirent, plus ou moins, à un Belmondo dans une sorte de démarquage d'Arsène Lupin, furent presque

1. *Le Nouvel Observateur* du 1er mars 1967.

déboussolés. En effet *Le Voleur* préférait le cynisme au panache, le noir de l'anarchie à l'éclat de vols audacieux. Le personnage principal déclarait d'ailleurs : « Il y a des voleurs qui prennent mille précautions pour ne pas abîmer les meubles. Moi pas. Il y en a d'autres qui remettent tout en ordre après leur visite. Moi, jamais. Je fais un sale métier mais j'ai une excuse : je le fais salement. » Et Louis Malle d'ajouter qu'à ses yeux tout un aspect du film reposait sur la notion de défaite pour déboucher sur une conclusion désespérée.

« C'est l'histoire d'un échec, d'une défaite, déclara-t-il notamment. Le personnage essaie de s'extraire d'un certain système, d'un certain milieu, d'un certain mode de vie mais, à la fin, se retrouve pratiquement à son point de départ, après une période faste liée à la jeunesse, liée aussi à l'exercice d'une passion, à un métier qui est beau en soi mais qui à trente-trente-cinq ans ne lui suffit plus et ne débouche plus sur quelque chose de réellement positif[1]. »

Entouré par cette ambiance lourde et assez inhabituelle au sein du cinéma français, la sortie du *Voleur* dérouta le public qui ne découvrit les réelles qualités du film que bien des années plus tard à l'occasion de rediffusions ou de passages à la télévision. Jean-Paul, lui, demeure trop attaché au livre pour juger le film objectivement.

« Il y avait des choses dans le livre qu'on ne retrouve pas dans le film, dit-il, bien que le film soit formidable. Mais c'est comme *Voyage au bout de la nuit*, je crois que finalement l'adapter au cinéma c'est infaisable pour qui a lu le livre et l'aime. C'est vrai que le film *Le Voleur* est formidable mais, honnêtement, le livre est mieux ! Aujourd'hui tout le monde me parle du *Voleur*, mais à l'époque la critique n'a pas été très tendre avec moi. Mais je crois que c'est un film qui était un petit peu en avance. Je pense que c'est un film qui plairait énormément s'il sortait maintenant. Si vous aviez sorti *Tous les matins du monde* à cette époque-là il aurait fait trois spectateurs ! C'est pourquoi je pense que *Le Voleur* était en avance. Il y a une évolution qui se fait dans le public qui est prêt à recevoir certaines choses ou pas. A cette époque-là, le public n'était pas du tout prêt. Ça n'a aucun rapport avec le fait de dire : « Le public a été déçu parce que Belmondo n'y faisait pas de cascades », mais c'est parce que le public n'était pas prêt à voir des films comme celui-là. Il n'y avait pas cette envie qu'il a eu après sur des films du même genre. »

En septembre 1966 durant le tournage du film de Louis Malle, Jean-Paul Belmondo connut des bouleversements dans sa vie privée. D'abord, le 29 septembre fut notifiée sa séparation officielle d'avec

1. *Combat* du 21 février 1967.

Élodie, la mère de ses enfants. Concrètement cela signifiait qu'une demande en divorce avait été déposée par Élodie. Certes, chacun jusque dans le fin fond du Landerneau savait que le couple n'existait plus, mais cette fois les faits s'officialisaient. L'annonce de ce divorce fit saliver certains journaux qui publièrent de longs articles sur les rapports entre Belmondo, sa femme et sa nouvelle compagne. Certains allèrent très loin, trop loin, comme *Paris-Jour* qui sous le titre « Belmondo divorce, mais Ursula n'a pas gagné » multipliait les sous-entendus. Alors Jean-Paul prit sa plume et exigea un droit de réponse qu'il obtint :

« Cet article relatif à ma vie privée que vous vous croyez autorisé à décrire de la façon la plus fantaisiste et la plus désobligeante ne m'entraînera pas à engager avec vous une polémique sur les appréciations que vous portez d'autre part sur mes qualités ''d'artiste de hasard'', le public en est seul juge. Je crois cependant devoir faire toutes les réserves sur les conséquences judiciaires qui s'attachent à votre immixtion dans ma vie intime au risque d'affecter la sensibilité de mes enfants. »

Voilà ce que Jean-Paul Belmondo tenait à tout prix à sauvegarder : ses enfants. Il savait que pour eux le divorce ne serait pas facile à vivre mais il s'efforcerait, en complète harmonie avec Élodie, de les préserver des coups du sort et des assauts de certains calomniateurs. A partir de ce moment, bien qu'Élodie eût la garde des enfants, confirmée par un jugement du tribunal, le père et la mère s'occupèrent conjointement de l'éducation de Patricia, Florence et Paul. Ainsi quand Jean-Paul refusait quelque chose à l'un d'eux il téléphonait à Élodie pour qu'elle ne le lui accorde pas, et vice-versa. L'éloignement ne modifia pas les choses. En effet Élodie finit par partir vivre, un temps, à Londres, auprès de Hugh Hudson, futur réalisateur des *Chariots de feu*. Elle emmena ses enfants, et Paul entra au lycée français de Londres. Cela n'empêcha pas Jean-Paul, où qu'il se trouvât, d'appeler sans cesse pour prendre des nouvelles et pour surveiller le cheminement scolaire de son cadet.

A cette même époque, en septembre 1966, au cours d'une promenade avec Ursula Andress, Belmondo découvrit une magnifique propriété à vendre à Saint-Maurice, à seulement quelques kilomètres de la porte de Charenton : le moulin de l'Ile-aux-Corbeaux. Cet endroit qui respirait le calme et la tranquillité reposait tranquillement sur les bords de la Marne, un havre de paix à quelques encablures de la folie parisienne. Jean-Paul en fit l'acquisition et décida de s'y retirer pour dresser les bilans. Car il se trouvait à un tournant de sa vie.

En premier lieu, il repoussa la plupart des projets cinématographiques qu'on lui proposait. En fait, Jean-Paul Belmondo n'aspirait qu'à une chose : prendre le large. Lui qui adorait depuis toujours les vacances, le soleil et les voyages avait trop longtemps vécu sur un rythme trépidant. Il lui fallait faire une pause. C'est pourquoi, dès le mois de juillet 1966, il envoya une lettre au Syndicat français des acteurs lui demandant de bien vouloir accepter sa démission :

« Chers Camarades,

J'ai suivi de loin, de trop loin, hélas, mes occupations professionnelles m'ayant appelé à m'expatrier durant de longs mois, mais avec la plus grande attention, les difficultés rencontrées par mes camarades du conseil syndical pour mener à bon port la barque du syndicat. Les échanges de correspondance que j'ai eus avec notre délégué général m'ont convaincu que la profession, dans la période de trouble grave qu'elle traverse depuis quelque temps, avait le plus grand besoin d'un président plus actif, et surtout plus présent.

Je suis sûr que les profondes réformes entreprises et particulièrement la création de l'Union des Artistes sont nécessaires et que cette nouvelle évolution exige du président du Syndicat des acteurs et de celui de l'Union des Artistes une participation effective.

Mes projets professionnels ne me laissent aucune possibilité d'assurer une telle participation.

Trop pris par mon travail d'acteur j'ai dû, en plein tournage du film *Tendre Voyou*, refuser et cela dès le moment où l'on m'a pressenti de participer au dernier Gala de l'Union. Toutefois, malgré ce refus, je ne crois pas avoir démérité, car, pour ma part, je tiens à vous rappeler que j'ai fait trois Galas de l'Union dans lesquels, je peux le dire, je n'ai ménagé ni ma peine ni le côté danger.

Parce que je ne veux pas être un simple prête-nom pour le syndicat — ce qui ne serait pas honnête pour mes camarades — je donne définitivement ma démission de président.

Croyez, en tout cas, que je resterai un simple adhérent toujours prêt à aider la cause des acteurs.

Je vous prie, mes chers Camarades, de croire en mes meilleurs sentiments et je souhaite bonne chance à mon successeur.

Jean-Paul BELMONDO »

Ainsi, après trois ans, Jean-Paul cessait d'être président.

« Je pense que, finalement, c'est très difficile de syndiquer les acteurs, précise-t-il aujourd'hui, parce que tous sont soumis constamment à la loi de l'offre et de la demande plus que dans n'importe quel autre métier. Et puis moi je me trouvais dans une situation un peu ambiguë parce que quand vous êtes très connu il y a quelque chose de faussé quelque part. Quand je disais quelque chose on me répondait : "Mais vous, dans votre position, ça vous est facile." Mais ce fut tout de même une période très enrichissante pour moi. »

A dire vrai, cette démision, qui ne fut entérinée qu'en septembre 1966, ne surprit pas grand monde au sein du SFA tant il était devenu évident que Jean-Paul qui avait participé à une douzaine de films depuis son élection à la présidence se trouvait handicapé par un emploi du temps trop chargé. « Dans la faible mesure de ses possibilités il a fait loyalement et bien son travail », conclut Robert Sandrey.

Ce départ ne signifia pas le désintérêt de Jean-Paul Belmondo de la cause syndicale puisque en diverses reprises il participa, dans les années suivantes, à de très importantes manifestations organisées par le SFA. Ainsi, entre autres, le 20 janvier 1975, lorsque se posa le problème de la diffusion massive d'œuvres cinématographiques sur les trois chaînes de télévision nées de l'éclatement de l'ORTF (508 films prévus pour 1975), il figura en bonne place à une vaste conférence de presse organisée par le SFA criant au danger d'étouffement du septième art français à moyen terme.

Une fois toutes ces affaires réglées, une fois tous les projets reportés *sine die* ou simplement annulés faute d'intérêt, Jean-Paul Belmondo put partir pour un gigantesque tour du monde en compagnie d'Ursula Andress. Le couple passa beaucoup de temps à Los Angeles, dans la propriété de l'actrice, puis partit pour l'Irlande où, en janvier 1967, Ursula joua dans *Le Crépuscule des aigles*, son premier film depuis *Casino Royale*. Cette œuvre marquait le retour d'Ursula sur les écrans. Dans la foulée elle joua dans une comédie italienne, *Pas folles les mignonnes*. Puis le couple revint à Hollywood où Jean-Paul multiplia les rencontres : Kirk Douglas, Lee Marvin, Frank Sinatra — qui, dans un bar, se leva spécialement pour saluer le Français — et Dean Martin, grand ami d'Ursula. Belmondo fut même contacté pour donner des cours au célèbre Actor's Studio. Mais il ne se sentait pas du tout l'âme d'un professeur, et surtout pas dans le cadre de l'Actor's Studio où les comédiens doivent fouiller en eux-mêmes pour interpréter un rôle alors que lui, Belmondo, agit d'instinct, créant ses personnages à partir de ses pulsions et de sa spontanéité. Beaucoup de journaux américains s'intéressèrent également à la star française. Parmi eux le magazine *Life* qui, avec ses onze millions de lecteurs, comptait parmi les principaux du pays, publia un long article sur Jean-Paul Belmondo. Cigarettes aux lèvres, casquettes à carreaux enfoncée sur la tête, l'acteur y affichait un sourire désabusé et des yeux rieurs qui prouvaient bien que contrairement à beaucoup de ses homologues d'outre-Atlantique, il ne se prenait nullement au sérieux.

Au terme de son périple mondial, ce fut un Belmondo frais et dispos, prêt à repartir à l'assaut du cinéma qui revint en France. Le 8 décembre 1967 il fut convié à une vaste réception à l'Élysée en l'honneur des artistes français et en présence du général de Gaulle. De très nombreuses personnalités du spectacle furent conviées parmi lesquelles Fernandel, Louis de Funès, Bourvil, Noël Noël, Brigitte Bardot, Michèle Mogan, Gérard Oury, René Clair, Romain Gary. Paul Belmondo, en tant que sculpteur de renom, compta aussi parmi les invités. Comme il est de tradition dans ce genre de cérémonie, tous les artistes furent présentés, un à un, au chef de l'État. Lorsque le général de Gaulle se trouva face aux deux Belmondo, il congratula longuement le sculpteur lui affirmant qu'il admirait beaucoup son œuvre. Puis se tournant vers Jean-Paul il lui serra la main en déclarant : « J'admire beaucoup votre père, et vous, ça commence ? » Bien loin de considérer cela comme un affront, l'acteur fut ravi de cette excellente remise en place des choses : d'abord le talent de son père et ensuite le sien.

L'année 1968 commença pour Jean-Paul Belmondo par la concrétisation de son divorce qui fut prononcé aux torts réciproques des deux époux. La garde des enfants fut confiée à la mère avec droit de visite libre pour le père, qui, de plus, devait verser une pension alimentaire mensuelle de sept mille cinq cents francs.

De nouveau la star ne manquait pas de projets et avait décidé de faire sa rentrée dans un polar : *Ho !*

16

HUMAINS, TROP HUMAINS

Le scénario de *Ho !* était fondé sur un roman de José Giovanni. Depuis *Le Trou* qui l'avait fait connaître, et *Classe tous risques* qui avait confirmé son talent de scénariste, Giovanni s'était illustré dans différents domaines, connaissant notamment un beau succès avec *Les Grandes Gueules* qui opposaient Bourvil à Lino Ventura. *Les Grandes Gueules* avaient été réalisé par Robert Enrico. Or, en 1968 l'association Enrico-Giovanni se reforma pour ce *Ho !*. Le roman initial avait intéressé l'acteur-réalisateur Roger Coggio dès 1964. Il avait souhaité Serge Reggiani et Pascale Audret comme acteurs principaux, mais devant l'impossibilité de mener ce projet à bien il abandonna. Enrico reprit l'idée et très rapidement contacta Belmondo. Le comédien aimait beaucoup l'univers de Giovanni et appréciait le travail de Robert Enrico dont il avait vu la plupart des films, c'est pourquoi il donna son accord avec une envie d'autant plus grande qu'il souhaitait effectuer son retour dans un polar. La rencontre entre Belmondo et Enrico fut facilitée par Gérard Lebovici, leur agent commun. En effet, après le départ en retraite de Blanche Montel, son imprésario depuis longtemps, Jean-Paul avait décidé de placer sa carrière entre les mains de ce jeune loup aux dents longues.

« Pendant toutes les premières années où j'étais au théâtre, je n'avais personne pour s'occuper de ma carrière, résume Belmondo. Puis, après mon concours au Conservatoire je suis entré dans l'agence Cimura, mais ça n'est pas Blanche Montel qui s'est occupé toute de suite de moi, ce fut d'abord Dominique Rozan, qui n'a rien à voir avec l'acteur et qui, après, est devenue directrice des Bouffes du Nord. Ensuite, donc, j'ai eu Blanche Montel jusqu'à Lebovici. Blanche était une ancienne actrice du muet qui a fait des films jusqu'à la guerre. Elle avait également joué au théâtre avec Jules Berry et aussi avec

Michel Simon dans *La Poule*, en 1936. C'était un personnage assez étonnant. »

Ex-acteur lui même, Gérard Lebovici — qui s'était présenté au concours d'entrée du Conservatoire en même temps que Belmondo —, après avoir brièvement travaillé comme représentant, avait créé au début des années 60 une agence artistique qui devint rapidement l'une des plus importantes d'Europe : Artmédia. Lebovici allait devenir un ami de Jean-Paul et participer à l'élaboration de bien des films à venir. *Ho !* souda leur première collaboration.

Pour l'acteur cette production qui redémarrait sa carrière après une pause de plus d'un an fut, d'ailleurs, l'occasion de nombreuses nouvelles rencontres dont la plupart durèrent des décennies. Ainsi, outre Lebovici, Jean-Paul travailla pour la première fois avec René Chateau. Depuis leur rencontre sur le plateau de *Pierrot le Fou*, où il était venu interviewé Belmondo pour le journal *Lui*, Chateau s'était chargé du lancement de *Bonnie and Clyde* auquel, personne, en France ne croyait. Petit à petit, non sans difficulté du fait de l'opposition de certains professionnels, René Chateau devint l'attaché de presse personnel et exclusif de Belmondo. Auparavant l'acteur avait travaillé avec différentes personnalités au coup par coup.

De plus, grâce au tournage de *Ho !*, Jean-Paul découvrit le savoir-faire du cascadeur Rémy Julienne, l'un des meilleurs spécialistes mondiaux pour toutes les scènes à risques comportant des voitures. Julienne avait été à bonne école puisqu'il avait été amené dans le milieu du cinéma par Gil Delamare.

« Belmondo voyait que techniquement j'étais au point par rapport à ce qui se passait habituellement dans le domaine de la cascade automobile, explique Julienne. Alors, ça lui a donné le goût, ça lui a donné l'idée. Lui était techniquement déjà très capable... et gonflé — n'en parlons pas : à l'époque déjà il fallait continuellement le freiner. Alors il a donc décidé qu'il pouvait y aller. Et, tout naturellement, il a commencé par prendre le volant pour faire certaines choses puis, après, d'autres et puis, après, il n'a plus voulu lâcher le volant ! »

Enfin, Jean-Paul Belmondo profita de *Ho !* pour engager un nouveau maquilleur, Charly Koubesserian, qui devint son ami intime.

« Nous nous connaissions un peu depuis le début des années 60, raconte Charly Koubesserian. Nous étions des dingues de la boxe et nous faisions tout le ''parcours'', c'est-à-dire le Cirque d'Hiver, le Palais des Sports, le Central, bref, toutes les salles. Nous nous voyions à l'entracte, nous parlions combat, mais nous ne parlions jamais de notre métier. Un jour, je pense qu'il a découvert que j'étais maquilleur, il me demande : ''Comment se fait-il qu'on ne se soit jamais rencontrés professionnellement ?'' Je lui réponds : ''Je n'ai jamais été dans votre axe !'' Et quand il a fait *Ho !*, il m'a fait demandé. Je suis arrivé et il a été vachement content de me voir. Sur *Ho !*, nous parlions une langue qui échappait aux autres : le sport. Nous en arrivions à parler tout bas pour préparer nos escapades du soir : nous partions avec un sandwich dès la fin du tournage pour assister aux matchs de foot et aux combats de boxe. Une complicité professionnelle et amicale s'est installée dès le départ. Il y a eu un coup de foudre d'amitié. »

Ho est le diminutif de Holin, nom du héros gangster de Giovanni qui commence sa carrière comme chauffeur de truands et finit voleur de petite envergure. Solitaire, il ne fait confiance qu'en sa compagne Bénédicte, une cover-girl.

Le tournage débuta en février 1968 mais, rapidement, Belmondo et Giovanni se rendirent compte qu'Enrico entraînait le film dans une direction qu'ils ne souhaitaient pas. Le réalisateur voyait son héros comme un personnage un peu raté qui, après avoir loupé sa carrière de coureur automobile, se traîne dans une vie remplie d'humiliations et d'espoirs déçus. De ce fait François Holin apparaissait plus comme un « looser » que comme un héros solitaire et fragile dans la lignée de l'Abel Davos de *Classe tous risques*. D'ailleurs dans le dialogue, Holin avouait lui même qu'il ne possédait pas la classe suffisante pour devenir un authentique gangster. Lorsqu'il vit le montage final, Jean-Paul Belmondo s'affirma un peu désappointé et regretta que le roman initial de José Giovanni n'ait pas été plus fidèlement suivi. Quant à Giovanni, il désavoua complétement *Ho !* et fut conforté dans l'idée qu'il valait mieux mettre en images soi-même ses propres romans ! Tout ceci explique en partie le semi-échec du film. Le retour de Belmondo au cinéma ne fut pas tonitruant.

A la fin de ce tournage, Jean-Paul Belmondo et Charly Koubesserian se saluèrent comme il est d'usage en de telles occasions puis se séparèrent. Le maquilleur fut presque aussitôt appelé sur le plateau de *La Prisonnière* que filmait Henri Georges Clouzot. Ce cinéaste avait en effet, au cours d'un accès de fureur dont il était coutumier, renvoyé le maquilleur primitivement engagé. Koubesserian reçut, à cette époque, un appel d'Ursula Andress qui lui expliqua que Belmondo le voulait désormais comme maquilleur personnel dans tous ses films à venir.

Sitôt *Ho !* terminé, Jean-Paul Belmondo rejoignit Ursula Andress au Sénégal pour *L'Étoile du Sud*. Cette super-production internationale réunissait George Segal, Orson Welles, Ian Hendry, Harry Andrews, mais aussi Georges Geret et Michel Constantin. La venue de Belmondo sur les lieux de tournage lui donna l'occasion de s'initier au tennis, l'un des rares sports qu'il n'avait jamais réellement pratiqués. Ursula

Andress étant également une grande sportive, tous deux partaient quotidiennement pour de longues randonnées en footing. Sur le tournage de cette *Étoile du Sud*, le couple fut également victime d'une blague d'un goût douteux dont il ne sut probablement rien.

« Jean-Paul était venu rejoindre Ursula à Dakar, raconte Michel Constantin, puis il a logé avec elle dans un hôtel dans la brousse. Or, l'accessoiriste du film avait imaginé un truc : il avait creusé un trou dans les volets de leur chambre et faisait payer la vue à toute l'équipe. Ce qui fait que dès que Jean-Paul est arrivé, et ça il ne l'a jamais su, c'était le défilé des gars pour mater ses ébats amoureux avec la belle Ursula ! »

Ensuite Belmondo et Andress repartirent pour Palm Springs, en Californie où il goûtèrent à trois semaines de vacances. Puis Jean-Paul revint en France pour une super-production comique : *Le Cerveau*. Depuis quelques années, Gérard Oury avait redonné ses lettres de noblesse à la comédie à la française en défendant des aspects quelque peu oubliés ces dernières années. D'abord il prenait le soin d'écrire des scénarios ultrasolides, contenant des situations originales et une multitude de gags. Ensuite, soutenu par Gaumont, il avait sorti la comédie des petites productions fauchées où elle végétait plus ou moins jusque-là pour la lancer dans l'univers des films à gros budgets. Enfin, il sut choisir ses interprètes. Cette recette, que lui seul savait appliquer, avait permis à Oury de pulvériser tous les records du box-office avec *Le Corniaud* et, surtout, avec *La Grande Vadrouille*, le film le plus vu en France de toute l'histoire du cinéma. Cela lui permit de disposer pour *Le Cerveau* de vingt-quatre millions, l'un des plus imposants budgets du cinéma français d'alors. Gérard Oury, lui même ancien brillant acteur, avait en outre la passion des comédiens et un sens de l'humour jamais pris en défaut. Enfin, il savait puiser dans l'actualité pour construire ses scénarios. En l'occurrence, pour *Le Cerveau*, qu'il coécrivit avec sa fille Danièle Thompson et avec Marcel Jullian, Oury s'inspira du célèbre vol dans le train postal Glasgow-Londres.

« L'idée de base, raconte Gérard Oury, était d'intégrer deux ringards dans un remake du vol du train postal fait par des spécialistes. J'ai notamment parlé de cette idée à Jean-Paul Belmondo dont j'appréciais énormément les qualités de comédien. Il faut dire qu'il est l'un des rares acteurs possédant une gamme aussi étendue de possibilités qui lui permettent de passer du rire à l'émotion. J'apprécie Jean-Paul parce que nous avons un peu connu le même parcours : nous avons tous deux fait le Conservatoire et nous avons été figurants à la Comédie-Française. D'ailleurs, après, sur le tournage, lorsque Jean-Paul s'adressait à moi pour évoquer des souvenirs ou pour discuter d'un plan, il me disait : "Toi qui étais acteur, tu peux comprendre ça !" Et puis Jean-Paul est le seul homme que je connaisse — avec le producteur Alain Poiré, mais c'est un peu différent — qui me fasse rire à chaque fois que je le vois. Il possède un pouvoir comique extraordinaire. Une fois que Jean-Paul Belmondo m'a donné son accord, et sachant que Bourvil avait accepté de jouer l'autre Français, j'ai construit mon scénario. Il y avait deux autres personnages importants dans le film : le colonel anglais qui était "le cerveau" et un truand italien. Pour le premier j'ai contacté David Niven qui a accepté. Pour le second j'avais envisagé un acteur italien et j'avais même contacté Nino Manfredi. Mais pour des raisons de coproduction avec les États-Unis nous avons dû engager une vedette américaine. Ce fut Eli Wallach, qui se révéla excellent. »

Pour ces mêmes raisons de coproduction *Le Cerveau* fut tourné en deux langues : français et anglais. Les Américains, en effet, refusaient de doubler le film et encore plus de le sous-titrer. Pour la première fois de sa carrière Jean-Paul joua toute une production dans la langue de Shakespeare avec, bien entendu, un accent français à couper au couteau. Cette obligation alourdit considérablement le tournage : il fallut multiplier toutes les prises par deux, tirer deux négatifs puis effectuer deux montages rigoureusement identiques.

Au moment de l'élaboration du *Cerveau* une difficulté inattendue surgit : l'affiche. Quatre vedettes pour une même affiche cela faisait beaucoup, cela faisait surtout un ordre à respecter. Au départ il avait été établi qu'en France, Belgique et Suisse les noms apparaîtraient dans l'ordre Belmondo-Bourvil-Niven-Wallach, et dans le reste du monde Niven figurerait en premier. Or Niven exigea d'être également en tête d'affiche en Suisse, l'un de ses lieux de résidence, sinon il ne participerait pas au tournage. Contactés, les deux acteurs français acceptèrent ce changement impromptu. Ce ne fut pas la seule difficulté. Une autre portait sur le titre. *Le Cerveau*, auquel tenait Oury, faisait un peu penser à un documentaire médical peu en rapport avec le ton de la comédie. Fut alors envisagée *La Grosse Tête* qui fut à de nombreuses reprises annoncé comme le titre officiel. Mais *La Grosse Tête* avait un côté un peu trop « populaire », dans le mauvais sens du terme. Le film redevint donc *Le Cerveau*.

Le tournage du *Cerveau* eût dû débuter en mai 1968, mais des événements sociopolitiques bien connus en perturbèrent considérablement sa mise en place. Pour sa part Jean-Paul, bien qu'ancien président du SFA, ne participa en aucune manière aux soubresauts de mai 1968. Et pour cause : il était hors de France !

« En mai 1968, raconte-t-il, je me suis retrouvé coincé dans un hôtel au Sénégal. Je dis coincé parce qu'il y a eu une longue grève de je ne sais plus quoi, qui a fait que nous ne pouvions plus partir. Quand, enfin, j'ai pu retourner en France, mai 1968 était pratiquement terminé. Donc, je n'ai pas eu à me justifier face à ceux qui disaient qu'ils en avaient marre des vedettes et autres choses du même acabit. Cela dit, si j'avais été à Paris en mai 1968 je me serais sûrement retrouvé sur une liste d'acteurs indésirables. En tous les cas je ne serais probablement pas descendu dans la rue pour manifester. »

En raison de ces perturbations, il fut impossible de filmer les scènes de train qui auraient dû impérativement être terminées avant le 25 juin. Elles ne purent, non plus, être filmées en été du fait de l'encombrement des réseaux au moment des départs en vacances. Elles furent, donc, mises en boîte au début de l'hiver dans des conditions assez pénibles. Les dirigeants de la SNCF avaient pourtant tout fait pour faciliter le tournage. Ils mirent à la disposition de la production une motrice avec deux wagons capables de rouler à 150 kilomètres/heure. De plus ils prêtèrent huit wagons supplémentaires, deux Pullman, deux trains blindés et laissèrent à Gérard Oury et à son équipe l'utilisation exclusive de plusieurs lignes du réseau de l'Est. Quant à la Gendarmerie nationale elle fournit motards, voitures-radio et hélicoptères ! D'autre part, Gérard Oury put tourner quatre jours sur le paquebot *France* et disposa d'une réplique fidèle de la statue de la Liberté en polystyrène expansé haute de treize mètres. Enfin les décorateurs construisirent dans les studios de Saint-Maurice une prison plus vraie que nature ainsi qu'un système de souterrains. Bref, le budget investi, faramineux pour une comédie, trouva une utilisation justifiée. Le report considérable du début du tournage posa un grave problème à la Gaumont : les contrats avec les quatre principaux acteurs. Tous quatre, en tant que vedettes, croulaient sous les propositions et avaient signé d'autres engagements à des dates impératives. Il fallut donc jongler avec le plan de travail et négocier avec d'autres maisons de productions pour que Bourvil, Belmondo, Niven et Wallach, qui tenaient à faire *Le Cerveau* puissent demeurer disponibles. Finalement le premier tour de manivelle du *Cerveau* fut donné le 10 juillet 1968, avec deux mois de retard, point de départ de trente semaines de tournage au cours desquelles Gérard Oury apprit à mieux connaître Belmondo.

« Jean-Paul fonctionne par cercles concentriques dont il représente le centre, explique le metteur en scène. Le premier cercle, celui qui le touche le plus, c'est sa famille, avec son père qu'il vénérait, sa mère qu'il adore, et ses enfants. Le deuxième cercle est constitué par ses amis intimes, ceux qu'il voit tout le temps depuis le Conservatoire, et puis ses proches comme son maquilleur Charly Koubesserian, ou son habilleuse, Paulette Breil. Puis vient le cercle, plus large, de ses amis, ceux qu'il aime revoir. Suivent le cercle de ses relations, celui des rencontres de travail et, enfin, plus généralement l'immense cercle des gens qui l'admirent. Jean-Paul a besoin des premiers cercles pour vivre, c'est le fondement de son moral. »

L'entente entre Bourvil et Jean-Paul, comme l'entente entre les quatre comédiens, fut excellente. Il n'y eut aucun heurt, jamais. Entre les prises, Jean-Paul aimait à parler avec Bourvil, plus et mieux qu'au temps de *Un drôle de dimanche*. Ils échangeaint leurs souvenirs à leur manière, racontant leurs débuts difficiles et pimentant chaque phrase de leur humour ou les agrémentant de leurs mimiques. Durant le tournage, Jean-Paul n'hésitait pas à organiser des parties de foot hors des studios, parties auxquelles, hélas, Gérard Oury, trop pris par son emploi du temps, ne pouvait participer. Personne ne sut véritablement fut que Bourvil était déjà gravement malade. Sur le plateau du *Cerveau*, il ne se plaignit que deux fois de douleurs intenses : lorsqu'il dut rester plié des heures pour les scènes de tunnel, toutes tournées en studio, et, plus tard, lorsqu'il dut courir après le train et attraper la main de Jean-Paul pour sauter sur la marche.

Gérard Oury construisit son film comme une montre : simple comme un cadran à l'extérieur et compliqué comme un mécanisme à l'intérieur. Cette étonnante complexité, alliée à des impératifs de superproduction fit que les acteurs ne se sentirent pas toujours à l'aise. Belmondo, notamment, s'estima quelque peu au service de la mécanique, étouffé par l'ampleur des moyens mis en place et par le nombre incalculable d'accessoires.

« La difficulté, alors, était de répartir le ''gâteau'' que représentait le scénario non pas sur un ou deux acteurs mais sur quatre, admet Gérard Oury. Or, à cette époque, Jean-Paul Belmondo était déjà habitué à jouer en solo, en vedette. Cela explique pourquoi il a pu se sentir relativement frustré par le tournage du *Cerveau*. »

Pour autant, Jean-Paul Belmondo ne s'ennuya à aucun moment et s'amusa comme un fou dans toutes les scènes de train. De plus, Gérard Oury, connaissant parfaitement son penchant pour la cascade, lui avait réservé ces scènes avec une panthère. En réalité il y eut deux panthères, Panthérus et Rita. Pour préparer les scènes, Jean-Paul leur rendit diverses visites en compagnie du dompteur. De la sorte les bêtes s'habituèrent à sa présence. Comme l'acteur n'éprouvait absolument aucune crainte, les choses furent rendues plus faciles. Puis les panthères furent amenées sur le plateau, où Jean-Paul commença à mimer les scènes. Enfin les caméras furent lancées et les panthères manifestèrent d'indéniables dons d'actrices ne causant aucune difficulté à leur partenaire Belmondo.

La sortie du *Cerveau* déclencha un enthousiasme indescriptible. Le film grimpa très haut au box-office, totalisant 5 539 933 entrées en France, et se classa en tête des films français de l'année devant *Le Clan des Siciliens*. Les États-Unis ne demeurèrent pas insensibles à l'esprit du film et, en novembre 1969, New York, par exemple, lui réserva un succès inattendu, appréciant particulièrement tous ces Français parlant avec un accent irrésistible !

Sitôt quitté le plateau de Gérard Oury, Jean-Paul se retrouva face aux caméras de François Truffaut.

« Nous n'avions jamais eu l'occasion de travailler ensemble, déclara, plus tard, le cinéaste, mais je connaissais Jean-Paul depuis plusieurs années. Pour moi, cela ne fait aucun doute, Jean-Paul Belmondo est le meilleur "jeune premier" actuel, le meilleur et le plus complet. Belmondo peut jouer avec autant de vraisemblance et de naturel un aristocrate ou un garçon du peuple, un intellectuel ou un gangster, un prêtre ou un clown. Cette disponibilité est telle que Jean-Paul pourrait même jouer un homme aimé des femmes, un séducteur, ou au contraire un homme rejeté par elles, et ces deux rôles contradictoires il serait capable de les conduire vers le drame ou vers la comédie, "à la demande". Sa voix, superbe, pas Comédie-Française pour un sou, mais nette, basse et naturelle, lui permet de prononcer des dialogues éventuellement tristes, sans être jamais ennuyeux ou banal. Belmondo sait admirablement se faire écouter, se faire regarder, il est toujours intéressant, de même que Jean-Pierre Léaud. L'un et l'autre sont mes acteurs favoris, j'aime penser à eux en écrivant un dialogue, je ne suis jamais déçu lorsqu'ils le prononcent et, le soir, après le travail, il m'arrive de me dire que le film, grâce à eux, est en train de devenir meilleur que le scénario. Cela c'est le meilleur stimulant, le grand critère. »

Truffaut était alors l'un des cinéastes les plus en vogue de la défunte Nouvelle Vague. Ses deux derniers films, *La mariée était en noir* et *Baisers volés* venaient de prouver qu'il pouvait passer d'un genre à l'autre sans jamais trahir son style si particulier. Cela faisait près de dix ans qu'il rêvait de travailler avec Belmondo. Pour lui il avait imaginé divers projets dont, en 1964, une comédie dramatique racontant les séparations et les réconciliations d'un couple. Projet pour lequel Truffaut aurait aimé associer Romy Schneider et Belmondo. Le film qui réunit enfin Truffaut et Belmondo s'intitulait *La Sirène du Mississippi*. La première fois que Truffaut en parla longuement avec l'acteur remontait au 16 novembre 1966. Belmondo avait lu soigneusement le livre et hormis quelques réserves concernant l'âge du personnage masculin, nettement plus vieux que lui, il se montra séduit. Le cinéaste fut d'ailleurs étonné de découvrir que Jean-Paul n'attendit pas le scénario final pour confirmer son accord. Il était visible que l'acteur lui faisait entièrement confiance. A cette époque la partenaire de Belmondo dans *La Sirène* devait être Brigitte Bardot. Malheureusement, ce projet eut énormément de mal à se monter. D'abord les producteurs, les frères Hakim, préférèrent Alan Bates ou Alain Delon à la place de Belmondo. Ensuite il y eut des dissensions entre Truffaut et ces financiers. Le projet traîna en longueur et Bardot l'abandonna. Catherine Deneuve fut alors contactée et accepta l'idée de travailler avec Truffaut. Mais le cinéaste qui ne s'entendait pas du tout avec les Hakim rendit son tablier. Les deux frères tentèrent de monter le projet avec d'autres réalisateurs, mais Deneuve leur expliqua que sans Truffaut elle ne ferait pas le film. Et le projet fut abandonné ! L'apprenant, Truffaut revint à la charge, recontacta Belmondo, et fort de la confirmation de son accord et de celui de Deneuve, trouva d'autres producteurs. Pour Truffaut, grand cinéphile, le couple Belmondo-Deneuve évoquait les couples Spencer Tracy-Katharine Hepburn, Cary Grant-Grace Kelly, et même Humphrey Bogart-Lauren Bacall. Quand à Jean-Paul s'il accepta *La Sirène du Mississippi* ce fut volontairement pour casser son image. Il déclara, au moment du tournage, qu'il ne voulait pas se laisser enfermer dans un personnage déterminé afin de ne pas s'essouffler.

La Sirène du Mississipi était inspiré d'un roman noir de William Irish. En le transposant à l'écran, François Truffaut avait effectué quelques changements. D'abord il situa l'action dans le présent et non au siècle dernier. Ensuite il préféra installer le cadre de la première partie de l'action dans l'île de la Réunion et non plus à La Nouvelle-Orléans, parce qu'il lui fallait une terre lointaine, quoique française, dans laquelle le personnage masculin se sente comme au bout du monde, loin de ses racines. De plus, il supprima de nombreux passages qui l'auraient entraîné à faire un film de plusieurs heures et, enfin, il concentra son histoire autour des deux personnages principaux : Louis et Julie. Lui est un riche planteur de la Réunion qui utilise les petites annonces pour rencontrer sa future épouse. Une femme se présente. Il l'épouse. Elle s'enfuit avec tout son argent. Il la poursuit, la retrouve et, toujours amoureux d'elle, la suit dans sa fuite. Dans les premiers jours de décembre 1968 l'équipe de *La Sirène* s'envola, donc, pour le site enchanteur de la Réunion.

Selon la propre volonté de Truffaut, Louis se révéla tout sauf un dur. Déjà le fait qu'il ait recours aux petites annonces prouvait son manque d'assurance et son immense solitude. Le fait que, tout entier prisonnier de son amour, il se retrouve incapable de se venger de sa femme, prouvait sa fragilité et même sa détresse intérieure. De plus, Louis n'avait aucun penchant pour l'action. Ainsi lorsqu'il retrouve Julie, il la menace de son arme, mais ne peut tirer.

« Hier, par exemple, raconta François Truffaut sur le tournage, j'ai filmé une scène où Belmondo a un revolver dans la main. Des scènes de ce genre, on en a vu des centaines. Et pourtant j'ai fait dire à Jean-Paul les phrases que je dirais moi, si j'avais une arme à la main : "Depuis que je vous cherchais, je ne pensais qu'à vous tuer et maintenant que je suis devant vous, je m'aperçois que c'est très difficile. Un revolver n'est pas un objet magique. Il y a là une gâchette et je ne peux appuyer dessus." [1] »

Un personnage perturbé et attachant que ce Louis, mais un personnage qui ne pouvait convenir à Jean-Paul Belmondo. Non que l'acteur qu'il était ne pût interpréter Louis, mais le public attendait une autre attitude de la part du héros bondissant de *L'Homme de Rio* et du bagarreur infatigable de *Cent Mille Dollars au soleil*. Le Louis de *La Sirène du Mississippi*, cet homme qui aime une femme au point de se faire berner, rappelait le personnage de *La Viaccia,* mais *La Viaccia*, qui n'avait connu aucun succès, c'était très loin dans toutes les mémoires. En fait sur le plateau de Truffaut, Jean-Paul ne se sentit pas complètement à l'aise. Il comprenait bien qu'il était en train d'endosser un contre-emploi et n'aimait pas toujours l'idée de se retrouver statique face à une femme qui le trahissait et le ridiculisait. Mais Belmondo avait accepté le rôle et il s'y tint à la ligne surmontant son propre embarras.

« C'est un erreur que nous avons faites, Truffaut et moi, admet Belmondo. Je ne parle pas du film, que le film ait été bon ou mauvais, que j'y ai été bon ou mauvais, il est certain que les gens ne m'ont pas accepté dans la peau de ce personnage qui subissait tout sans la moindre réaction. Là, il s'agissait d'un homme complétement passif et je crois que c'est ce que le public n'a pas accepté. Le public n'a pas envie de me voir prendre des baffes dans la figure et ces choses-là. Moi je sais qu'en tant que spectateur je n'aurais pas aimé voir les idoles de ma jeunesse prendre des baffes sans réagir. Même John Wayne, sur la fin de sa vie, continuait à se défendre dans ses films ! Quand il mourait dans un film cela virait au scandale. »

Ce public fut également quelque peu dérouté par le rôle tenu par

1. *L'Aurore* du 6 février 1969.

Catherine Deneuve. Pour la première fois elle abandonnait son aura romantique pour incarner une aventurière apparemment sans scrupule qui s'enfonce dans une histoire pathétique.

Le tournage de cette *Sirène* procura toutefois une autre source de grande satisfaction à Belmondo : les voyages. Une grande partie de prises de vue eut pour décor le site enchanteur et ensoleillé de la Réunion ce qui ne pouvait que le ravir. Il loua une villa sur le bord de mer à une trentaine de kilomètres de Saint-Denis où Ursula Andress vint le rejoindre. En ce mois de décembre 1968, l'équipe ne souffrit nullement des rigueurs de l'hiver et afficha un moral au beau fixe.

Si Belmondo avait accepté le film c'était d'abord pour travailler avec François Truffaut dont il savait qu'il adorait les acteurs et prenait un plaisir infini à les voir évoluer. L'entente sur le plateau fut d'ailleurs marquée par le fait que les deux hommes n'avaient pas besoin de longs discours pour se comprendre et aimaient se lancer rapidement dans l'action. De plus Truffaut tourna son film dans l'ordre chronologique ce qui permit aux acteurs de mieux entrer dans leurs personnages. Le cinéaste avait également concocté des dialogues d'une étonnante justesse et d'une qualité d'écriture assez rare dans le cinéma français ce qui ravit Belmondo toujours amateur de belle prose. Étonnamment Truffaut, dans la même optique que Godard, n'avait pas écrit ces répliques longuement à l'avance. Il attendait de se faire porter par l'ambiance du tournage pour, la nuit, prendre sa plume et coucher sur le papier les répliques qui uniraient et déchireraient Louis et Julie. L'une des séquences les plus mémorables de ce film reste la scène d'amour au coin du feu avec un dialogue d'une précision d'orfèvre :

LUI

Tu vas voir, je ne te parlerai plus de ta beauté et même, si tu préfères, je veux bien dire que tu es moche ; je vais te décrire comme si tu étais une photo ou une peinture... Tais-toi... Ton visage... Ton visage est un paysage, tu vois, je suis neutre et impartial... Oui, un paysage. D'abord il y a les deux yeux, ce sont deux petits lacs... marron...

ELLE

Marron-vert...

LUI

Deux petits lacs marron-vert, le front est une plaine et le nez... Là... C'est une petite montagne... Petite. La bouche est un volcan... Ouvre un petit peu parce que j'aime voir les dents. Non, pas tant... Juste un peu... Voilà... Quand tu es méchante, tu sais ce qui sort de ta bouche, hein ? Des crapauds, parfaitement, et des colliers de perles quand tu es gentille. Attends...

ELLE

J'attends.

LUI

Parlons un peu de ton sourire maintenant... Fais voir... Non, celui-là n'est pas formidable, c'est celui que tu fais dans la rue ou chez les commerçants, donne moi l'autre, ton vrai sourire, celui du bonheur... Voilà... Formidable... Non, c'est trop... Ça me fait mal aux yeux de te regarder... (*Il ferme les yeux*) Attends... Attends.

ELLE

J'attends.

LUI

J'ai les yeux fermés et pourtant je te vois complétement... Je vérifie... Si j'étais aveugle, je passerais mon temps à te caresser le visage... Comme ça... Le corps aussi... Et puis si j'étais sourd, j'apprendrais à lire sur tes lèvres avec mes doigts... Comme ça. (*Elle s'incline vers lui, elle met sa tête sur son épaule, elle se blottit*). Même si tout ça doit finir mal, je suis enchanté de vous connaître, Madame... »

Une nouvelle fois, au sortir de cette production, Belmondo voyait son planning se remplir à grande vitesse comme si scénaristes, réalisateurs et producteurs souhaitaient combler le vide causé par son année sabbatique. L'acteur n'avait pas encore terminé. *La Sirène du Mississippi* qu'il savait qu'il enchaînerait sur *Un homme qui me plaît* puis sur *Les Mariés de l'an II*. La suite était nettement plus hypothétique. Parmi les projets à l'étude se trouvait *Sombre Vendredi* sur un scénario de Sébastien Japrisot. Cette histoire nécessitant la présence d'un Américain, le nom d'Henry Fonda fut avancé, mais le projet ne se concrétisa jamais pour cause de scénario non abouti. Par contre *L'Américain* auquel tenait Marcel Bozzuffi vit bel et bien le jour, mais avec Jean-Louis Trintignant dans le rôle destiné à Jean-Paul Belmondo. Cette histoire d'un homme qui revient en France après avoir longtemps vécu en Amérique, Bozzuffi, dit Bozzu, la destinait en effet à Belmondo. Sa compagne Françoise Fabian raconte :

« J'avais commencé à raconter les grandes lignes du scénario à Jean-Paul, alors que nous tournions *Le Voleur*. Mais Bozzu n'avait pas fini d'écrire le scénario. Alors Jean-Paul m'a dit : "Quand il aura fini qu'il vienne me voir." Bozzu a finalement rejoint Jean-Paul sur le tournage de *La Sirène du Mississippi* à Lyon. Il lui a lu le scénario et Jean-Paul a dit : "Donne-moi trois jours pour réfléchir." Mais au bout de trois jours, il a dit non. C'est dommage parce que le rôle était tellement pour lui. »

En fait, le refus de Belmondo fut motivé par des engagements à venir déjà signés. Quant à *L'Ours et la poupée* Belmondo fut à deux doigts de l'accepter. Le scénario alerte recelait de petits trésors d'humour et ce film lui permettrait enfin de donner la réplique à Brigitte Bardot. Quand Jean-Paul en eut terminé la lecture, il alla, comme à son habitude, baguenauder du côté de Saint-Germain-des-Prés pour se changer les esprits. Dans un bistrot il croisa Alain Delon. Les deux hommes parlèrent de leur carrière et Delon affirma alors qu'il venait de recevoir un scénario intitulé *L'Ours et la poupée*. Comme Belmondo ! Un même scénario envoyé au même moment chez deux acteurs pour un même rôle voilà qui allait contre toutes les règles déontologiques en usage dans la profession ! Alors, d'un commun accord Jean-Paul et Alain convinrent que ni l'un ni l'autre ne feraient ce film. Et Jean-Pierre Cassel devint l'ours de la poupée ! Michel Deville, toutefois, s'étonna du fait que la presse ait rapporté son souhait de travailler avec Belmondo sur *L'Ours et la poupée*. Dans une interview, le cinéaste précisa que cette œuvre n'avait été destinée qu'à Alain Delon. Par contre, ajouta-t-il, il réfléchissait à l'idée d'un remake de *Circonstances atténuantes*, film avec Michel Simon, pour Jean-Paul Belmondo. Ce dernier répondit à ces assertions par une lettre ouverte :

« M. Deville n'aurait-il plus de mémoire ? Ou aurais-je des hallucinations ? Il se demande comment j'ai pu avoir le script de *L'Ours et la poupée* ? Mais, tout simplement, parce qu'il me l'a apporté lui même (le 14 janvier), à Aix-en-Provence, qu'il a dîné avec moi pendant de longues heures pour me parler de ce script et j'ai cru entendre durant ces longues heures que, pour me convaincre, il m'avait dit (comme à Alain Delon) : "Je l'ai écrit pour vous." M. Deville aurait-il honte de mon refus ? Qu'il se rassure : si j'ai refusé son script c'est uniquement parce qu'il n'était pas dans la ligne des choses que je veux faire. Ou M. Deville jouerait-il sur les deux tableaux ? Ce qui est son droit. Mais, que diable, un peu de courage ! Voulez-vous être assez aimable pour dire à M. Deville que je tiens à sa disposition la mini cassette qu'il m'a laissée (preuve que je n'ai pas rêvé) et qui contient le final de son film. Par la même occasion, je signale à M. Deville que j'ai trop d'admiration pour Michel Simon pour reprendre ses rôles. Cela lui évitera de faire encore "double jeu" et de se déplacer une fois de plus pour rien.

Jean-Paul Belmondo

P.S. : Alain Delon étant un ami, M. Deville devrait se douter que nous savons ce que l'on nous propose, à l'un comme à l'autre [1]. »

Dans le même temps, Jean-Paul refusa un scénario que Philippe

1. *Le Figaro* du 11 février 1969.

de Broca avait pourtant spécialement écrit pour lui. Intitulée *La Poudre d'escampette*, cette histoire se déroulait en grande partie en plein désert et racontait l'odyssée d'une femme et de deux hommes durant la guerre mondiale. Jean-Paul ne jugea pas le scénario très bon et laissa Michel Piccoli partager l'affiche avec Michael York et Marlène Jobert. Enfin, Belmondo fut annoncé dans un autre projet tout à fait étonnant dû à Philippe de Broca et à Daniel Boulanger :

« Il s'agissait de l'histoire d'un homme qui voit ce que pensent les gens quand il a bu un coup, raconte de Broca. Ça commençait dans une boîte de nuit et on voyait des bulles sortir des gens comme dans une bande dessinée. Dans chaque bulle apparaissaient les véritables pensées. On voyait que les types qui dansaient avec des filles avaient soit envie de faire l'amour soit de se disputer parce que la danse peut être dans les prémisses comme dans les ruptures. Le héros travaillait dans une ville d'eau et tombait sur un gang de mafiosi. J'avais écrit cela avec Daniel Boulanger et ça a été abandonné par paresse ou par précipitation, je ne sais plus. »

Deux mois après la sortie de *La Sirène du Mississippi* apparut sur les écrans un film intitulé *Dieu a choisi Paris*, mettant en vedette Jean-Paul Belmondo, du moins c'est ce qu'affirmait l'affiche. En fait il s'agissait d'un excellent documentaire évoquant grâce aux activités d'un reporter-filmeur, le Paris de 1895 à 1945. Pour ce travail titanesque, les auteurs, Gilbert Prouteau et Philippe Arthuys, fouillèrent partout, à la recherche du document rare, réunissant trois cent cinquante kilomètres de pellicules d'où ils ont extrait mille cinq cents mètres d'images. Tous les grands événements y apparaissaient à travers ces documents d'époque, mais aussi quelques figures des arts et lettres comme Apollinaire, Renoir, Zola, Saint-Saëns. Le travail de Prouteau et Arthuys avait débuté en janvier 1963 et, plus de six ans plus tard, le 30 juin 1969, ce film fut officiellement présenté au théâtre des Champs-Élysées avec le soutien de la mairie de Paris qui avait participé à son financement. Le grand public dut toutefois attendre le 5 septembre pour admirer *Dieu a choisi Paris*, projeté dans quatre salles de la capitale. Toute la critique salua cette œuvre comme un événement majeur et Claude Mauriac, dans *Le Figaro littéraire* nota : « *Dieu a choisi Paris* est le film le plus passionnant, le plus émouvant, le plus poétique et le plus pathétique qui se puisse voir. »

Jean-Paul avait personnifié ce reporter, sorte de fil rouge du film, qui apparaissait dans quelques courtes séquences. L'acteur avait également lu la majorité du commentaire. Fait positivement étonnant : sur les images de la création de *Cyrano de Bergerac*, Belmondo déclama quelques vers avec un fort accent gascon. Prémonition ? Quoi qu'il en fût, Jean-Paul avait participé aux prises de vues de *Dieu a choisi Paris* en juin 1964, juste avant de rejoindre Henri Verneuil sur le plateau de *Week-end à Zuydcoote*. Or, entre-temps sa popularité avait fait un bond. Cela poussa les publicitaires au moment de la sortie de ce film à faire imprimer en grand le nom de Belmondo sur les affiches. L'acteur apprécia peu cette audace d'autant que s'il était le seul acteur connu à jouer dans *Dieu a choisi Paris* il n'en était pas le seul narrateur, puisque Michel Bouquet et Julien Betheau prêtèrent aussi leur voix. Jean-Paul décida donc de porter l'affaire devant les tribunaux afin que son nom apparut dans de plus justes proportions sur les affiches. Il obtint gain de cause.

« Je ne peux accepter de duper le public, déclara-t-il alors. Je ne veux pas d'un vedettariat usurpé. Dans ce film, d'ailleurs d'excellente qualité, je dis à peine quelques mots. Mon nom ne peut en aucun cas supplanter ceux de mes camarades comédiens [1]. »

Après avoir voyagé du côté de la Réunion avec Truffaut, Jean-Paul Belmondo s'envola pour les États-Unis en compagnie de Claude Lelouch et de toute l'équipe de *Un homme qui me plaît*, initialement intitulé *Histoire d'aimer*. Depuis qu'il était venu filmer l'acteur pour un documentaire destiné à Unifrance, le jeune Lelouch avait fait bien du chemin et gravi les échelons de la popularité. *Un homme et une femme* avait prouvé qu'il savait raconter les histoires d'amour et leur donner un ton fait de mille et une émotions puisées dans la palette de la vie. *Vivre pour vivre* avait confirmé son talent et renforcé l'idée qu'il comptait parmi les rares cinéastes à savoir filmer les romances modernes sans jamais verser dans le sentimentalisme outrancier. Continuant sur sa lancée, Claude Lelouch décida de mettre en scène une autre passion unissant un homme et une femme dans *Un homme qui me plaît*.

« J'ai été voir Jean-Paul et, comme toujours, je n'ai pas donné de scénario à lire, raconte Lelouch. Jean-Paul m'a fait totalement confiance. Il a découvert l'histoire au fur et à mesure qu'on la tournait. Moi, je propose toujours à mes comédiens de vivre une aventure. C'est une des raisons qui font que les gens aiment bien tourner avec moi ou n'aiment pas tourner avec moi, selon le tempérament de chaque comédien. Donc, ce jour-là, je lui ai proposé de vivre une aventure. Les choses avec Jean-Paul sont d'une simplicité extrême parce que c'est un acteur qui ne se pose pas de questions s'il a confiance. »

Sachant simplement qu'il interpréterait un compositeur de musique qui allait vivre une formidable idylle avec une actrice, jouée par Annie Girardot, Jean-Paul Belmondo suivit Lelouch dans l'aventure.

---

1. *Paris-Jour* du 13 mars 1969.

« S'il a confiance en quelqu'un il lui fait vraiment confiance, poursuit Lelouch. Jamais il ne m'a refusé quoi que ce soit. C'est le rêve pour un metteur en scène. J'ai toujours eu avec lui un climat de confiance et dès que vous êtes en confiance avec quelqu'un vous ne pensez qu'à une chose : ne jamais le trahir. »

La confiance de l'acteur fut telle qu'à aucun moment il ne demanda à connaître la fin du film. Tout reposait sur la question : après leur escapade américaine, les deux amants vont-ils se retrouver en France ? L'homme fixe rendez-vous à l'aéroport de Nice à une date précise. Elle est présente. Mais lui ?

« Jean-Paul a accepté le jeu jusqu'au bout, confirme Lelouch. J'ai eu l'idée de la fin en cours de tournage. J'ai hésité. C'est celle-là qui m'a tenté, mais si elle ne m'avait pas plu, nous en aurions tourné une autre. Et puis Girardot était tellement étonnante dans cette fin que je l'ai gardée. Cette fin est arrivée le matin du tournage. J'avais l'intention de tourner autre chose dans la journée et les choses se sont faites comme ça, au dernier moment. »

Finalement Lelouch opta pour la solution la plus pathétique : l'amant ne viendrait pas. Pour cette histoire-passion, Lelouch emmena son équipe dans un formidable voyage à travers six États de l'Ouest américain — la Californie, le Nevada, l'Utah, le Colorado, le Nouveau-Mexique et l'Arizona — filmant au passage Monument Valley, lieu symbolique pour tous les amateurs de western.

Jean-Paul Belmondo fut entièrement satisfait des méthodes de travail de Claude Lelouch qui, par certains côtés lui rappelaient celles de Jean-Luc Godard. Plutôt que de faire répéter longuement les scènes, Lelouch préfère donner des indications à ses comédiens, ne pas trop dévoiler la suite de l'action et regarder les acteurs improviser à l'intérieur d'un cadre préalablement défini. Pour des personnalités de la trempe de Belmondo et de Girardot ce fut un régal. Le summum fut atteint lors de la scène de fou rire dans un snack américain.

« C'était prévu qu'il y ait un fou rire, mais tourner un fou rire ce n'est jamais évident, souligne Claude Lelouch. Il faut tout préparer, mais au tournage il se passe des choses qui dépassent la préparation. Le tournage, pour moi, est un moment magique. C'est le match. Il y a l'entraînement qui est une chose — on sait qu'un athlète qui n'est pas entraîné ne peut gagner une course. Donc on fait un entraînement sérieux, mais on sait que tout va se décider au moment de la course. Et la course c'est le tournage. Cette course a des secrets que nous ne connaissons pas. Au moment du tournage je suis toujours un peu spectateur de la course que j'ai organisée, je n'arrive jamais à dire qui va la gagner, et je ne veux pas le savoir. Tant que j'arrive à rester spectateur de mon propre film, c'est délicieux. Je ne cherche pas à trop en savoir, sinon je vais perdre la fraîcheur du spectateur. Si je ris ou je pleure sur un tournage, c'est gagné, ou, en tous cas, c'est bon signe. Et là, pour la scène du fou rire, je dois avouer que j'ai énormément ri, et toute l'équipe avec moi. »

Le travail fut facilité par l'étroite complicité qui unit Belmondo à Girardot. Ils se connaissent depuis le Conservatoire et ont partagé les mêmes « galères » à leurs débuts. De plus ils possèdent un sens de l'humour comparable et une façon identique de se détendre.

« Belmondo et Girardot sont des gens qui ont besoin de faire quelque chose d'autre, confirme Claude Lelouch. Ce ne sont pas des acteurs de concentration permanente, ils ont besoin de relâcher leurs muscles comme le ferait un athlète. Quand les athlètes se décontractent c'est pour être plus performants. Je crois que Jean-Paul se décontracte avant les prises pour être vraiment performant. On est sûr d'avoir un tournage détendu avec Jean-Paul : il est client pour toutes les bêtises. »

Si Belmondo fit preuve d'un humour débridé sur le plateau, il emmena aussi son humour loin des caméras, jusque dans les cérémonies officielles. Ainsi un jour les autorités de La Nouvelle-Orléans invitèrent le réalisateur et son interprète masculin à une remise des clés de la ville. Les deux Français furent assis à une grande table un peu à l'écart de la tribune où les différents notables de la cité se succédaient pour des discours à n'en plus finir. La Nouvelle-Orléans avait bien fait les choses et les fastes avaient attiré un large public. Mais pour Jean-Paul et Claude, écouter ainsi des palabres pour le moins inutiles relevait plus de la corvée que de la satisfaction profonde. Les deux amis se regardèrent du coin de l'œil et, alors que le gouverneur de La Nouvelle-Orléans prononçait un énième discours, se glissèrent discrètement sous la table et quittèrent la salle à quatre pattes. Personne ne remarqua leur absence... jusqu'au moment où ils furent appelés pour recevoir les clés de la ville !

Contrairement à ce que l'on eût pu croire, le tournage aux États-Unis, pourtant patrie de Hollywood, ne fut pas tous les jours chose aisée. Comparativement à son homologue américain, le cinéma français fait figure de travail d'artisans éclairés dans lequel chacun se donne à fond avec passion.

Belmondo lui-même fut frappé par le manque de décontraction des équipes de tournage des studios Universal — où fut filmée une partie du film. Dans la Mecque du cinéma, le terme « artiste » s'apparente plus à une notion commerciale qu'à une manière d'être. De plus, outre-Atlantique un tournage est toujours une grosse machinerie dans laquelle ne cessent d'intervenir les syndicats. Sans des autorisations dûment tamponnées aucune image ne peut être enregistrée. Lelouch dut donc remplir des tonnes de papiers officiels chaque fois qu'il déplaçait sa caméra. En tant que non-résidents, les Français devaient, en plus, posséder une foule de documents officiels pour filmer dans une ville ou à l'extérieur. Un vrai casse-tête.

Mais, de même que le tournage de *La Sirène du Mississippi* s'était plutôt déroulé dans une bonne ambiance pour déboucher sur un échec public, *Un homme qui me plaît*, en dépit de l'humour complice dans lequel baigna le tournage, ne passionna pas les spectateurs de la fin des années 60. Probablement voyaient-ils plus Belmondo et Girardot comme des amis chahuteurs que comme des amants complices.

« Nous avons été déçus par l'insuccès d'*Un homme qui me plaît*, avoue Claude Lelouch. Il y a quelque chose qui n'a pas fonctionné. J'en suis triste, encore aujourd'hui, même si aujourd'hui le film reprend de sa vigueur puisque les gens le trouvent passionnant et intéressant. A l'époque, Belmondo et Girardot étaient vraiment les deux comédiens importants de leur génération. C'était parce qu'ils n'étaient pas faits l'un pour l'autre que j'ai eu envie de faire ce film. Je voulais montrer comment deux personnes qui ne sont pas faites l'une pour l'autre pouvaient s'aimer. C'était le vrai sujet du film : on peut avoir de grandes histoires d'amour avec des gens qui ne sont pas préparés pour. Le couple Girardot-Belmondo n'a pas marché parce que le public n'était pas prêt à le recevoir. C'est toujours intéressant d'éviter le couple évident, facile, et de voir jusqu'où on peut aller. Il est probable qu'avec les années ce couple Girardot-Belmondo va être de mieux en mieux accepté. »

Peut-être que le personnage campé par Belmondo dérouta lui aussi quelque peu le public. Il s'agissait, en effet, d'un incurable menteur qui multipliait les tromperies vis-à-vis de toutes les femmes qui l'entouraient. Il était, en définitive, comme un enfant égaré dans le monde des adultes, riant de tout, arborant un sourire aussi éclatant que son bronzage, mais incapable de se rendre compte de la véritable portée de ses actes. Aux yeux de Lelouch il s'agissait d'un « séducteur-arnaqueur » et le cinéaste avait envisagé d'intituler son film *L'Arnaqueur*, mais ce titre était déjà pris pour une célèbre production américaine avec Paul Newman. Là où le personnage joué par Belmondo paraissait comique dans *Tendre Voyou* il devenait presque pathétique dans *Un homme qui me plaît* parce que cette fois il faisait naître un amour sincère et profond chez une femme aux frontières du désespoir.

Restait que parmi les quatre films qui marquaient son retour sur les grands écrans, Jean-Paul Belmondo n'avait connu qu'un succès, énorme certes : *Le Cerveau*. Mais ce succès il le devait autant à Oury et aux trois acteurs qui l'entouraient qu'à sa propre popularité. Parallèlement son retour dans le polar (avec *Ho !*) — même si ce polar n'en était pas tout à fait un — n'avait pas brillé au box-office. Quant à ses deux incursions dans des histoires d'amour, l'une dramatique (*La Sirène du Mississippi*) et l'autre plutôt gaie (*Un homme qui me plaît*), elles n'avaient guère convaincu le grand public. Tout compte fait, le dernier grand triomphe personnel de Jean-Paul Belmondo remontait aux *Tribulations d'un Chinois en Chine* sorti très précisément quatre ans avant *Un homme qui me plaît*. Quatre années durant lesquelles l'acteur continuait de figurer parmi les vraies stars françaises, mais quatre années qui n'avaient pas confirmé son impact sur les foules. Comparativement celui que beaucoup de journalistes considéraient, à tort, comme son rival, s'en sortait bien mieux. Alain Delon depuis sa mise sur orbite avec *Mélodie en sous-sol* avait récemment joué dans *La Piscine* et dans *Le Clan des Siciliens* qui avaient été des triomphes. Or ce même Delon caressait un projet ambitieux : donner la réplique à Jean-Paul Belmondo dans un film à grand spectacle. Delon étant homme à concrétiser toujours ses propres défis, il parvint à mettre sur pied *Borsalino*.

17

BELLES ÉPOQUES

Durant l'été 1968, Alain Delon interprétait l'envoûtant personnage principal de *La Piscine* de Jacques Deray. Le soir, à la fin des prises de vues, l'acteur parlait souvent au réalisateur avec lequel il entamait une amicale et fructueuse collaboration. Ils échangeaient des propos sur le film, leurs envies, leurs projets, leurs goûts, bref ils parlaient de tout, calmement, tranquillement. Or un soir, Deray s'approcha de Delon qui, immédiatement lui parla du livre qu'il était en train de lire : *Bandits à Marseille* du journaliste Eugène Saccomano. Depuis toujours Delon était intéressé par le monde des truands et lisait beaucoup de livres reportages s'y rapportant. Il dévora celui-ci avant d'autant plus d'appétit qu'une des photos de l'ouvrage le représentait, lui Delon, en compagnie de Mémé Guérini. Voyant approcher Deray il lui dit : « Je viens de lire un chapitre sur Carbone et Spirito et il y a une phrase que je trouve extraordinaire : ''Carbone et Spirito ont fait rire et pleurer la France entière.'' Ce serait quand même formidable de faire une grande fresque avec ces deux personnages. » Les deux professionnels du cinéma commencèrent à évoquer les célèbres gangsters que furent Paul-Bonnaventure Carbone et François Spirito. Car, pour qui s'intéresse un peu à la pègre, comme Delon, ces deux noms évoquent quelques souvenirs liés au Marseille des années 30. Partis de rien les deux truands avaient, en effet, littéralement conquis la ville, compromettant fortement le pouvoir politique en place et faisant régulièrement la une des journaux pour le plus grand plaisir des Français qui adoraient, alors, ces histoires de voyous sympathiques.

A force de discuter de ce Carbone et de ce Spirito, Delon et Deray tombèrent d'accord pour essayer d'en tirer un film que Delon produirait par l'intermédiaire de sa société Adel Productions. A ce moment, Alain Delon lança l'idée : « Si on demandait à Belmondo de jouer l'un des deux personnages ! » Delon n'avait jamais caché au cours d'innombrables interviews qu'il avait réellement envie de se confronter à Jean-Paul, non pas parce que de nombreux journalistes peu imaginatifs ne cessaient de les comparer, mais parce qu'il voulait jouer avec un adversaire à sa taille. L'idée de réunir Delon et Belmondo dans un même film flottait dans les airs depuis bien longtemps. Parmi d'autres cinéastes, Jean-Pierre Melville avait envisagé d'offrir deux rôles forts aux deux stars. Ainsi, lorsqu'il commença à imaginer la distribution du *Cercle rouge* il songea très sérieusement à Lino Ventura, Paul Meurisse, Alain Delon et Jean-Paul Belmondo dans les rôles principaux. Mais au moment de préparer son tournage il chamboula ses projets, conserva uniquement Delon et plaça à ses côtés Bourvil, Yves Montand et Gian Maria Volonte. Ainsi grâce à ce projet inspiré de *Bandits à Marseille*, Delon serait le premier producteur à réunir véritablement les deux stars en tête d'affiche. Mais qu'allait en penser Belmondo ? Lui aussi avait, à maintes reprises, souligné qu'il aimerait travailler avec Alain Delon, mais pas dans n'importe quelles conditions et, surtout, pas sur n'importe quel scénario. S'il s'agissait seulement d'associer leurs deux noms sur un même générique, cela ne présentait guère d'intérêt à ses yeux. Mais Delon fut convaincu que l'idée de jouer Carbone ou Spirito le tenterait.

« Jean-Paul a été contacté, explique Jacques Deray qui le connaissait pour l'avoir dirigé dans *Par un beau matin d'été*. Il n'a pas dit non, mais il n'a pas dit oui. Nous avons écrit une dizaine de pages puis une quinzaine avec Jean Cau et Claude Sautet, mais Jean-Paul n'a toujours pas accepté véritablement. C'est là où Delon a fait un vrai travail de producteur parce qu'il a continué. Nous avons alors engagé Jean-Claude Carrière qui a fait avec moi les différentes adaptations pendant que les conversations avec Jean-Paul continuaient jusqu'à son acceptation définitive. »

A ce stade de l'écriture du scénario, le projet s'appelait tout simplement *Carbone et Spirito*. Parce qu'il voulait recréer au mieux l'ambiance de l'époque, Jacques Deray effectua un véritable travail de fourmi, réunissant une impressionnante documentation sur le Marseille de l'avant-guerre, rencontrant des gens qui vécurent là-bas à cette époque. Bref, Jacques Deray se retrouva à la tête d'un énorme matériau de base qui lui permit de mieux travailler sur les personnages eux-mêmes, mais aussi sur l'ambiance.

La première fois que Delon et Deray parlèrent de *Carbone et Spirito* à Belmondo, ce dernier tournait *Le Cerveau*. Puis il reçut différentes ébauches de scénario et, en 1968, au moment où il s'apprêtait à partir pour l'île de la Réunion afin d'y tourner *La Sirène du Mississippi*, Jean-Paul fit savoir qu'il acceptait le film.

« Quand Belmondo a donné son accord, continue Deray, le scénario était en train de se terminer. Mais je pense que Jean-Paul avait l'intention de faire le film depuis le départ. Il a attendu son moment à lui pour dire oui parce qu'il ne se précipite jamais sur les choses, il attend que les choses viennent à lui. »

L'accord de Belmondo transforma *Carbone et Spirito* en l'un des projets les plus suivis par la presse française. Au final l'histoire du film racontait l'ascension de deux jeunes garçons, rivaux au départ puis amis intimes, qui devinrent les maîtres de Marseille. Il ne s'agissait pas dans l'esprit de Delon et de Deray de faire un compte rendu historique précis mais de s'inspirer des aventures des deux truands pour élaborer un film brillant, plein d'humour et de rebondissements. A la fin de *La Sirène du Mississippi*, Belmondo après avoir lu la dernière mouture du scénario confirma son acceptation et, le 15 mars 1969, signa le contrat qui le liait à Adel Productions.

Les scénaristes avaient largement taillé les costumes des deux personnages principaux aux dimensions des deux stars. L'un apparaissait plein de gouaille, de débordement, usant et abusant de tous les côtés de la vie. L'autre étant décrit plus froid, plus calculateur et plus exigeant. En quelque sorte l'un s'inscrivait dans la lignée d'Humphrey Bogart, acteur fétiche pour Belmondo et l'autre dans celle de John Garfield, l'un des acteurs préférés de Delon.

Alain Delon, en tant que producteur, réussit à réunir quatorze millions de francs pour mener cette entreprise à bien. Adel Production investissait, pour sa part, six millions. La somme était justifiée par la nécessité d'une reconstitution minutieuse. Ainsi dix assistants de Jacques Deray parcoururent la France entière pour trouver des voitures d'époque encore en état de marche. La plupart furent dénichées dans des fermes. Côté décors il fallut reconstruire le quartier le plus typique de Marseille détruit pendant la guerre par l'armée allemande, avec en toile de fond ses tramways et ses bateaux à voile. Côté costumes vingt complets furent exécutés pour Alain Delon et vingt autres pour Jean-Paul Belmondo. Mais le budget ayant tout de même ses limites, Jacques Deray dut renoncer à sa scène finale.

« Il devait y avoir une très belle scène à la fin qui s'inspirait de faits véridiques, regrette-t-il : un train déraillait avec le personnage de Belmondo à l'intérieur. Nous n'avons pas pu la tourner pour des raisons financières, mais elle était complètement écrite. »

Cette scène s'inspirait directement de la mort de Carbone en décembre 1942. Le truand était monté dans un train surchargé de permissionnaires allemands que les résistants firent dérailler. Le sleeping dans lequel se trouvait Carbone s'écrasa contre la locomotive. A son enterrement se bousculèrent trois mille personnes dont Mistinguett et Tino Rossi. Finalement, dans le film, le personnage joué par Belmondo disparut sous d'anonymes balles de mitraillette ce qui donna un final très émouvant.

En septembre 1969, Jacques Deray flanqué de ses deux stars et de toute son équipe commença les prises de vues à Marseille. Très rapidement il se rendit compte que d'étranges problèmes surgissaient.

« Nous avions demandé à des gens du cru de venir nous aider à construire des décors, à participer à l'équipe, raconte Deray, et à mesure que nous engagions quelqu'un, le lendemain il venait nous dire qu'il ne pouvait plus travailler pour nous. Nous avons très bien senti qu'il y avait une volonté délibérée pour ne pas nous aider dans notre entreprise. Je pense que cela venait de la famille Carbone qui avait encore des influences sur Marseille. Delon, en tant que producteur, a dû aller s'expliquer, dialoguer et on lui a fait comprendre qu'il ne fallait pas appeler ce film *Carbone et Spirito*. »

A partir du moment où Delon accepta le changement de titre toutes les entraves disparurent comme par enchantement et les choses furent largement facilitées. Seulement il fallait bien que ce film eut un titre ! L'action se situant dans le Marseille d'avant-guerre, les responsables optèrent tout simplement pour *Marseille 1930*. Puis, un jour, Alain Delon lança une idée originale : *Borsalino*, du nom des chapeaux utilisés à l'époque. Toute l'équipe du film accepta ce titre d'emblée. Mais l'impossibilité d'utiliser les noms de Carbone et Spirito obligeait aussi à modifier les patronymes de deux héros. Paul Carbone, joué par Belmondo, devint François Cappella, et François Spirito, interprété par Delon, devint Roch Siffredi du nom du régisseur travaillant sur le film. Mais ce changement de titre n'empêcha pas Jacques Deray de conserver des références historiques précises notamment au point de vue décors, costumes et plus généralement au niveau de l'ambiance. Au bout du compte, pour définitivement écarter tout risque de comparaison directe avec les deux gangsters, la projection de cette œuvre en salles fut précédée de l'avertissement d'usage : « Les événements et personnages de ce film sont purement imaginaires. Toute ressemblance avec des faits réels ou des personnes ayant existé ou existantes serait purement fortuites. » Lors du tournage, pourtant, il ne fut pas rare de voir des individus dont l'allure et les costumes trahissaient la fonction sociale peu conforme aux règles de la loi visiter plus ou moins discrètement le plateau.

De nombreux autres observateurs, plus officiels, furent dépêchés sur les lieux de tournage de *Borsalino* pour épier les relations entre les deux stars. Ces journalistes constatèrent que chacune vivait avec sa propre équipe un peu à l'écart de l'autre sans qu'il n'y eut jamais ni rivalité, ni jalousie, ni animosité. Il faut dire que les deux acteurs avaient des façons nettement différentes de se concentrer. Autant Belmondo s'offre le luxe incroyable de chahuter avant les prises, autant Delon a besoin de s'isoler. Très rapidement s'établit entre les deux hommes une sorte de « gentlemen agreement » : Belmondo irait se dépenser loin du plateau, ne perturbant pas Delon dans sa concentration. Ainsi entre chaque plan, Alain Delon tournait en rond en réfléchissant à son personnage ou s'asseyait dans un coin, sans mot dire, et se plongeait dans des magazines de l'époque de *Borsalino*. Belmondo, lui, s'éloignait, retrouvait ses amis et partait dans d'immenses parties de rigolade. En définitive la différence essentielle qui existe entre les deux acteurs est que l'un reste dans son personnage y compris hors des caméras alors que l'autre l'oublie sitôt les lumières éteintes. D'un côté Delon continue de penser à son rôle, de l'autre Belmondo peut évoquer n'importe quel sujet, surtout le sport, dès qu'il a mis un pied hors du plateau.

Lorsque Jacques Deray criait « Moteur », les deux acteurs constataient qu'ils possédaient la même façon d'exécuter leur métier. En effet tous deux aiment se donner dès les premières prises sans hésiter une seule seconde pour bien pénétrer dans l'ambiance de la scène, dans la peau de leur personnages. Mais tous deux acceptaient sans rechigner les prises supplémentaires dues à des erreurs de la part de certains seconds rôles, fortement impressionnés de se retrouver face à ces « monstres », ou de la part des techniciens. Pour Jacques Deray, témoin privilégié, le tournage de *Borsalino* se déroula dans des conditions professionnelles optimales.

A la fin de la journée les deux stars se côtoyaient relativement peu sans jamais se fuir. Delon avait loué une maison à proximité d'Aix-en-Provence et y rentrait tous les soirs. Belmondo, lui, logeait avec ses amis dans un hôtel de Marseille. Fidèle à son habitude, Jean-Paul se retrouvait victime de fous rires tant au moment du tournage qu'hors plateau. La plupart des sorties de Jean-Paul et de ses amis se faisaient sans Delon, mais parfois ce dernier participait à des blagues en dehors des prises de vues.

« Une fois, raconte Mario David, nous déjeunions à Cassis et, après s'en être mis plein la lampe, nous avons marché sur le port. Là, exprès pour provoquer Jean-Paul, je marchais en bordure du quai en me disant qu'il allait essayer de me pousser à l'eau. Mon idée c'était de m'effacer pour que lui tombe à l'eau. Je voyais qu'il essayait de me surprendre, mais je le surveillais du coin de l'œil. Finalement, je lui ai dit : ''Écoute, cherche plus, donne moi cinquante sacs et je saute dans l'eau, tout habillé.'' Il n'avait pas fini de me taper dans la main que je sautais dans l'eau ! Mais ce genre de blagues pouvait nous jouer des tours. Nous plongions souvent, comme ça, dans le port de Marseille où l'eau était très froide. Un jour des flics sont venus, et l'un d'eux a voulu faire le malin : ''Moi aussi si vous me payez je suis prêt à plonger tout habillé.'' Jean-Paul a parié cinquante sacs, Delon a parié cinquante sacs. Le flic quand il a vu les cent sacs il a plongé aussitôt avec le képi, le revolver et tout ! Malheureusement pour lui un supérieur est arrivé et a menacé de le signaler. Ça s'est arrangé parce que sur les cent sacs qu'il avait touchés il en a donné une bonne partie aux orphelins de la police. »

Les week-ends tandis que Delon restait fréquemment sur place, Belmondo, lui, prenait un avion pour Paris ou pour Londres où il rejoignait Ursula Andress. Quant au fait que Delon fut également le producteur du film cela ne gêna à aucun moment le travail de personne. Jacques Deray lui-même disposa des pleins pouvoirs et ne reçut aucunement ni influence ni critique de la part de la star.

Lorsqu'il en eut terminé avec les prises de vues proprement dites, Jacques Deray rentra sur Paris pour procéder au montage de *Borsalino*. Un bruit commença à courir soutenant que le réalisateur devait offrir le même nombre de gros plans et de scènes à chacune des deux stars.

« La légende veut qu'il y ait eu un travail comptable sur le découpage, au tournage et au montage, déclare Jacques Deray. Mais c'est absolument faux. Il est certain que je m'étais engagé en tant que metteur en scène à trouver un équilibre sur le plan de l'importance des personnages mais pour qu'il y ait un travail comptable il aurait fallu qu'il y ait une mésentente totale entre le metteur en scène et les acteurs, ce qui n'a pas été le cas. »

En fait, cette « légende » provenait en droite ligne de la grande époque des studios hollywoodiens. En effet quand deux superstars se retrouvaient au générique d'un même film des contrats draconiens et épais comme un dictionnaire prévoyaient le minutage exact de chacune des scènes ainsi que le nombre de gros plans, le tout en vue de parvenir à une égalité parfaite entre les deux parties. Mais le Marseille de 1969 n'avait plus rien à voir avec le Hollywood de la grande époque.

Tandis que Deray s'attaquait en toute liberté au montage, Alain Delon préparait la promotion de *Borsalino*. La date de sortie avait été fixée au 20 mars 1970. Une première bande-annonce fut diffusée dans les salles trois mois avant la sortie du film. Trois énormes affiches furent placardées sur les Champs-Élysées : l'une avec un portrait de

Delon, une autre avec celui de Belmondo et la dernière avec celui de Deray. C'était la première fois qu'un metteur en scène avait ainsi sa photo sur les Champs-Élysées ! C'était aussi la première fois que Jean-Paul bénéficiait d'un si énorme gros plan sur la plus belle avenue du monde. Un rêve d'enfant qui se réalisait. Une campagne de presse intensive démarra à la radio avec la diffusion de la musique du film, signée Claude Bolling, qui fit un malheur. Mais de toute façon la France entière savait que *Borsalino* existait et l'attendait non sans une certaine impatience. Hélas, pendant ce temps une cassure vint briser l'entente Belmondo-Delon. En mars 1970, coup de tonnerre dans un ciel apparemment serein, Jean-Paul saisit le tribunal de Paris et demanda la saisie immédiate des affiches. Que se passait-il ? En fait, par contrat Alain Delon s'était engagé à ce que son nom, comme celui de Belmondo, n'apparût qu'une fois tant au générique du film que sur les affiches. Or le texte fut, dans les deux cas : « Alain Delon présente : Alain Delon et Jean-Paul Belmondo dans *Borsalino* ». Certes, Delon était bel et bien le principal producteur du film, mais sa société s'appelait Adel Productions. Sur ces bases, Belmondo estima que son contrat n'était pas respecté et porta l'affaire devant les tribunaux. Le juge, statuant en référés, nota toutefois qu'il n'y avait aucune urgence et renvoya les deux parties devant le tribunal civil. Mais un procès Belmondo-Delon à quelques jours de la sortie d'un des films français les plus attendus de l'année, voilà qui suffisait pour aiguillonner l'attention de la presse. Belmondo s'expliqua :

« J'ai eu Alain Delon comme partenaire. Nous nous sommes très bien entendus, c'est un charmant camarade. Mais je ne m'entends pas du tout avec la maison de production qui m'a engagé. Moi, j'estime avoir respecté mes engagements et Adel Productions ne les respecte pas avec moi. Il était stipulé dans mon contrat qu'aucun nom ne devait être au-dessus du mien et au-dessus de celui de Delon comme acteur. Si on le faisait on devait au moins me le demander. Il y a beaucoup de choses qu'on devait me présenter et qu'on ne m'a pas présentées. A travers moi c'est toute la profession qui est concernée : si je me laisse faire mes camarades ne pourront rien faire dans l'avenir [1]. »

Suite à cette déclaration quelque peu fracassante, la grande question qui tirailla toute la presse, outre l'issue du procès reporté à une date ultérieure, était de savoir si Jean-Paul Belmondo serait présent à la première de *Borsalino* le 19 mars au soir, au cinéma Paramount. A la date dite les observateurs relevèrent la présence d'Omar Sharif, Louis Malle, Henri Verneuil, Robert Enrico, Gérard Oury, Michèle

1. *France-Soir* du 5 mars 1970.

Morgan, Jean Marais, Jean-Pierre Aumont, Lino Ventura, Elvire Popesco, Marie Bell, Michel Duchaussoy, Marlène Jobert et bien d'autres. Mais de Belmondo point. En fait il était parti pour Londres avec Ursula Andress.

Cet incident, qui n'avait pas fini de faire couler l'encre, ne gêna en rien le foudroyant démarrage de *Borsalino*. Tandis qu'une partie de la critique faisait la fine bouche, le public applaudit des deux mains et se rua en masse dans les salles. Au cours de sa première semaine d'exploitation, *Borsalino* totalisa le chiffre alors record de 199 271 entrées sur la seule ville de Paris. Les semaines suivantes le film continua sur cette formidable lancée réunissant 850 096 spectateurs sur Paris et 4 705 630 sur l'ensemble de la France, s'imposant comme le plus gros succès de l'année à égalité avec *Le Passager de la pluie* et *Le Gendarme en balade* et devant *Le Voyou* et *Le Cercle rouge* autre film avec Delon.

« C'était un des premiers films français sur cette époque, constate Jacques Deray. Nous aurions pu nous faire taper sur les doigts du fait que les deux personnages étaient quand même, à la base, des voyous et des traîtres. Mais nous aurions sans doute eu plus de problèmes à la sortie si nous avions continué à les appeler Carbone et Spirito. Quand nous avons raconté l'histoire de ces deux petits voyous qui deviennent les maîtres de Marseille c'était ''Il était une fois''. Le thème même du film était une raison de la réussite. Et puis filmer avec autant d'esthétisme l'époque a contribué au succès. C'est un film qui était riche non pas par l'argent, mais par la présence des filles, des bordels, des vieux quartiers de Marseille, des mitraillettes à camembert, des vieilles voitures. Il y avait toute la panoplie qu'attendait le public. Et puis, quand même Belmondo-Delon dans un film c'est quelque chose, cela crée un phénomène qui correspondait à l'envie des gens. » Cinq années plus tard, Alain Delon mit en chantier une suite, *Borsalino and Co* que réalisa Jacques Deray.

« Quand Delon m'a demandé de faire *Borsalino and Co*, raconte le cinéaste, je suis allé demander à Jean-Paul si je pouvais commencer le film sur sa photo. J'ai éprouvé le besoin d'aller lui demander. Il m'a donné son accord pour que le premier plan du film soit sur sa photo au cimetière de Marseille. »

Pendant ce temps, l'affaire Delon-Belmondo suivait son long cours judiciaire. Trente mois après la sortie triomphale de *Borsalino*, le tribunal de commerce de Paris se pencha sur le différend qui opposait Jean-Paul Belmondo acteur à Alain Delon producteur, donnant raison au premier. Cela réveilla les passions et fit naître cette réaction d'Alain Delon :

« M. Belmondo a été horrifié parce que en haut des affiches de

Borsalino, il y avait ‘‘Alain Delon présente’’. C’est Alain Delon producteur qui présentait son film et c’était normal. Belmondo m’a fait un procès où il demandait le retrait des affiches dans tout Paris et il a massacré comme il a pu la sortie du film à Paris en refusant d’assister à la première et en refusant de faire une télévision ; ce qui s’est retourné contre lui parce que tout cela a fait un énorme battage autour du film. Depuis, Belmondo mène sa vie comme il l’entend, sans prendre de risque de producteur que je sache, mais ça le regarde [1]. »

L’intéressé ne tarda pas à répliquer : « J’accepte toujours la critique, jamais la diffamation. Voilà pourquoi je te réponds publiquement aujourd’hui. Il me semble d’abord très présomptueux de déclarer que tu es le seul acteur français qui investisse de l’argent dans ses films. J’en connais beaucoup d’autres, mais sans doute ont-ils plus de pudeur, considèrent-ils que cela ne regarde pas le public : aussi bien, ils n’en parlent pas et ne déclarent pas ainsi à tous vents que le cinéma leur doit tout. Certes, il en existe d’autres qui ne touchent que leur cachet, seulement soucieux de distraire et d’émouvoir le public, et qui vont, en effet, se reposer entre deux films sur les plages ou ailleurs. Pourquoi pas ? Pierre Brasseur, Jules Berry, Michel Simon n’étaient ‘‘que des acteurs’’, mais ce n’est pas si mal que cela. Je pense sincèrement que le cinéma français leur doit beaucoup, mais si, en fin de compte, ils n’ont jamais reçu de ‘‘médaille en chocolat’’, ils n’étaient que des artistes, une race noble qui ne devrait pas disparaître au profit des ‘‘businessmen’’ du spectacle. En ce qui me concerne, je n’ai jamais honte d’être acteur, au contraire, j’en éprouve une grande fierté. Mais reparlons de *Borsalino* puisque ce sujet semble provoquer chez toi une telle aigreur. Non, monsieur Delon, je ne vous ai pas intenté un procès parce que j’étais, pour reprendre vos propres termes, ‘‘horrifié’’ de lire votre nom au-dessus du mien sur l’affiche. Dieu merci, il m’en faut beaucoup plus pour m’horrifier. Si je vous ai ainsi poursuivi c’est parce que vous invoquez toujours votre ‘‘professionnalisme’’. Vous avez signé avec moi un contrat que vous n’avez pas respecté jusqu’au bout. D’ailleurs un jugement du tribunal de commerce en date du 16 juin 1972 assorti de l’exécution provisoire a fait droit à l’intégralité de ma demande à l’encontre de votre société de production et a ordonné la publication de cette décision. Tu prétends, par ailleurs, que j’ai saboté la sortie de *Borsalino*. Connais-tu un acteur qui ait jamais souhaité l’insuccès d’un film dont il était la vedette ? Il faut être bien léger pour oser déclarer qu’une absence à une première, en tenue de

1. *Paris-Match* du 9 décembre 1972.

soirée, puisse avoir une incidence quelconque sur la carrière commerciale d'un film. Puis-je, par la même occasion te rappeler que je suis, comme on dit, "intéressé" aux bénéfices et que je n'en ai toujours pas vu le premier centime. Mais passons là-dessus... Une dernière fois, cher Alain Delon, tes informations sont décidément bien incomplètes. J'ai coproduit cette année *Docteur Popaul* de Claude Chabrol. Je n'étais pas présent à la première de ce film et je n'ai convoqué personne pour faire connaître la part financière que j'y avais prise. *Docteur Popaul* a fait une excellente carrière, merci, je souhaite la même à tes futures productions.

Attentivement[1]. »

Fort heureusement les choses n'allèrent pas plus loin. Plus tard, Alain Delon revint une dernière fois sur cet incident : « Cette brouille était bien réelle, déclara-t-il. Ce n'était pas publicitaire et encore moins une brouille capricieuse. Elle était basée sur des erreurs commises de ma part, ou d'incompréhension de la part de Jean-Paul, peu importe maintenant. J'étais aussi producteur du film, alors disons qu'il y a eu des erreurs de compréhension sur les termes contractuels. Cette querelle n'était pas une rupture de caprice. Elle était fondée. On a discuté un jour pour finalement se rendre compte qu'on n'allait pas rester brouillés toute sa vie pour des bêtises pareilles[2]. »

Les deux acteurs redevinrent en excellents termes et se rencontrèrent fréquemment... et facilement, puisque les bureaux de leurs maisons de production respectives sont installés à seulement quelques dizaines de mètres, dans Paris.

A l'été 1970, peu après le tournage de *Borsalino*, Jean-Paul Belmondo repartit dans ses voyages. Il passa plusieurs semaines à Hammamet puis se rendit à Los Angeles et à Ibiza où Ursula Andress s'était fait construire une villa. Puis l'acteur emmena ses enfants à Monte-Carlo pour quelques jours de vacances. S'il souhaitait ainsi profiter de son bon temps c'est qu'il savait que son prochain film le bloquerait longtemps loin de France et l'empêcherait pour de nombreuses semaines de se promener dans le monde. *Les Mariés de l'an II* allait, en effet, entraîner toute l'équipe en Roumanie pendant quatre mois et demi. Avant de s'envoler pour l'autre côté du rideau de fer, Jean-Paul fit savoir qu'il repoussait l'offre d'un cinéaste italien, Bernardo Bertolucci. Il s'agissait du *Dernier Tango à Paris*, œuvre qui allait faire sensation. Si Jean-Paul ne souhaita pas jouer dans ce film ce ne fut

1. *Paris-Match* du 23 décembre 1972.
2. *Ciné-Revue* du 28 novembre 1977.

nullement en raison d'une quelconque faiblesse du scénario, mais par principe. Mieux : par pudeur. Jamais il n'avait tourné nu et même lorsqu'il devait se glisser dans un lit face à des caméras il conservait immanquablement son caleçon. Alors l'idée de se promener nu comme un ver sur un plateau de Bertolucci et, de plus, d'interpréter des scènes à l'érotisme des plus poussés, n'était tout simplement pas faite pour lui. Bertolucci contacta alors Marlon Brando qui, lui, accepta.

Les Mariés de l'an II étaient une œuvre qui devait tout à Jean-Paul Rappeneau. Cet auteur-réalisateur s'offrait le temps de bien faire. La preuve, il avait laissé s'écouler cinq ans entre son précédent film, *La Vie de château* et celui-ci. Cette fois il situa son action au temps de la Révolution française et entraîna son héros, Nicolas Philibert, dans une succession d'aventures toutes plus mouvementées les unes que les autres. L'écriture du scénario, truffé de références historiques, prit dix-huit mois. La plupart des personnages furent directement inspirés par des protagonistes de l'histoire de France. Deux historiens de la Révolution relurent d'ailleurs le script et convinrent que si rien n'était vrai dans les faits, rien n'était inexact dans leur reconstitution et dans l'esprit de l'époque. Pour des raisons budgétaires, et notamment du fait que l'on ne trouvait plus beaucoup de chevaux de cavalerie en France, la Gaumont, qui produisait le film, décida de pratiquement tout filmer de l'autre côté du rideau de fer. D'ailleurs si la possibilité de tourner en Roumanie à moindre frais n'avait pu être trouvée l'œuvre n'aurait sûrement pas vu le jour. Cela arrangeait Rappeneau. Il n'aurait pu, par exemple, tourner dans l'estuaire de la Loire, du fait de la prolifération de cheminées d'usines et des grues du port de Saint-Nazaire. Aussi l'estuaire du Danube, qui, lui, n'a pas changé depuis des siècles le remplaça avantageusement.

Ne reculant pas devant la dépense Gaumont réunit une distribution de prestige puisque autour de Belmondo se regroupèrent Marlène Jobert, Laura Antonelli, star du cinéma italien, Michel Auclair, Sami Frey, Julien Guiomar, Mario David, Charles Denner, Marc Dudicourt, Paul Crauchet, Sim, Patrick Préjean et, dans un petit rôle, le jeune et inconnu Patrick Dewaere. De plus, Jean-Paul Belmondo demanda que le rôle de son père — initialement prévu pour Georges Wilson — fût tenu par Pierre Brasseur qu'il ne cessait d'admirer et qu'il retrouvait professionnellement treize années après *La Mégère apprivoisée*.

Durant les quelque vingt semaines qu'il passa en Roumanie, Jean-Paul Belmondo fit une double découverte : le travail de Rappeneau et celui des techniciens locaux. De son propre aveu, Rappeneau conçut *Les Mariés de l'an II* comme un opéra, alternant action, émotion et lyrisme. Sur le tournage il se révéla d'une précision extrême, fignolant son film comme un bijoutier taille ses pierres précieuses. Il ne laissait rien au hasard et surtout pas à l'improvisation. Chaque scène, chaque plan était préparé avec une extrême minutie qui faisait qu'à chaque instant les acteurs savaient très précisément ce qu'ils avaient à faire.

Mais, face à cela, les techniciens roumains se montrèrent d'une compétence des plus relatives. Fonctionnaires jusqu'au bout des ongles, ils ne se passionnèrent à aucun moment pour ce film que des Français venaient tourner dans leur pays et traînaient les pieds dès qu'il s'agissait de mettre en place un plan. La conscience professionnelle étant alors une denrée rare en Europe de l'Est, ces techniciens travaillaient à leur rythme très loin des cadences du stakhanovisme, respectant à la seconde les pauses obligatoires. Tout cela fit que les acteurs disposaient de beaucoup de temps libre. Plutôt que d'attendre paisiblement dans son fauteuil, Belmondo en profita pour organiser des matchs de football, gardant fréquemment les buts en costume. L'acteur parvint même à mettre sur pied un match opposant les techniciens français à leurs homologues roumains qui, pour une fois, firent preuve d'une étonnante vivacité.

Pour la plupart des acteurs, en raison des multiples scènes d'action, dans tous les sens du terme, *Les Mariés de l'an II* se révélèrent un tournage mouvementé. Jean-Paul Belmondo suite à une mauvaise chute se démit l'épaule et se foula une cheville. Il refusa bien entendu d'être remplacé et ne laissa jamais travailler sa doublure qui, pourtant, lui ressemblait de façon étonnante. Ce fut donc bien Belmondo lui-même qui effectua les cavalcades, tomba d'un toit, plongea dans un fleuve glacé et sauta dans les flammes d'un incendie. Pour se maintenir en forme, l'acteur-cascadeur avait fait venir de Paris un équipement sportif complet. Quant à Marlène Jobert, elle resta plusieurs heures sans connaissance après être tombée de cheval. De plus certains cascadeurs se blessèrent dans les scènes de chevauchée brisant parfois des caméras.

Le tournage des *Mariés de l'an II* fut aussi l'occasion des plus grands délires de toute la carrière de Jean-Paul Belmondo et ce pour plusieurs raisons. D'abord il n'aimait pas rester aussi longtemps loin de Paris. Ensuite cette Roumanie tout entière soumise à l'autoritarisme de Ceaucescu dégageait une pesante atmosphère de tristesse. Certes les Roumains se montrèrent dans l'ensemble des gens charmants et accueillants mais dès qu'ils sortaient de leur hôtel, les Français se rendaient compte qu'il n'y avait pratiquement aucune source de distraction. En conséquence l'hôtel devint le lieu de tous les chahuts. Par exemple, pour tuer le temps, Jean-Paul et ses amis jouaient au boules ou à chat perché dans les couloirs, sautant parfois au-dessus des statues des dirigeants roumains, ce qui ne fut guère du goût de la direction. Mais cela ne fut rien comparé à d'autres actions.

Dans ce palace de Bucarest où toute l'équipe logeait, Belmondo et ses amis organisèrent une blague qui eût pu les mener loin, très loin. Comme il l'avait fait en différentes occasions, Jean-Paul suggéra à ses compagnons d'intervertir toutes les chaussures qui traînaient dans les couloirs, en vue d'être cirées. La bande se lança dans cette aventure. Soudain un fonctionnaire haut placé qui logeait dans l'hôtel surprit Belmondo dans sa coupable action. L'acteur avait encore à la main une paire de chaussures. Le Roumain l'interpella. Le Français cacha les chaussures derrière son dos.

« Qu'est-ce que vous faites, s'enquit l'officiel sur un ton qui ne supportait pas la plaisanterie.

— Rien !

— Faites voir vos mains !

— Pourquoi ? »

Pendant ce temps, Mario David, sentant que les choses allaient se gâter, passa comme si de rien n'était derrière Belmondo et, le plus discrètement du monde, lui prit les chaussures accusatrices. Mais Jean-Paul ne modifia en rien son attitude.

« Faites-moi voir vos mains, s'énerva le fonctionnaire.

— Je n'ai pas à vous faire voir mes mains ! »

Et le ton monta, monta. Le Roumain qui n'avait visiblement pas l'habitude que quelqu'un lui tînt tête était au bord de l'explosion. Alors, grand seigneur, Belmondo consentit par lui dire :

« Bon, puisque vous y tenez tant que cela, les voilà mes mains. Vous voyez bien que je n'ai rien ! »

L'officiel se dégonfla comme une baudruche crevée. Il se confondit en excuses, manquant de se liquéfier sur la moquette par son attitude. Lorsqu'il fut reparti, la bande reprit la mise en place de sa blague !

Une autre fois, ces joyeux lurons déménagèrent quatre chambres et placèrent les meubles dans les quatre ascenseurs de l'hôtel. Ce qui fit que les clients voyaient les portes s'ouvrir sur des monceaux de meubles et de bagages...

Une autre fois, encore, ils s'amusèrent à enfermer des jeunes mariés dans leur chambre et à glisser la clé dans le lit de Patrick Préjean. Cette fois ils avaient bien calculé leur coup puisqu'ils avaient remarqué que cet hôtel ne possédait ni passe-partout ni double de clés. Lorsque après une longue journée de travail toute l'équipe du film revint dans l'établissement, Patrick Préjean fut pris à partie par le directeur qui voulait l'expulser, Belmondo s'interposa, offusqué.

« M. Patrick Préjean a enfermé un couple, lui expliqua le Roumain.

— Réfléchissez, tempéra la star. Avez-vous vu quelqu'un qui enferme quelqu'un mettre la clé dans son propre lit ? Il les mettrait dans le lit de quelqu'un d'autre. Ne commettez pas d'imprudence. »

Le doute passa sur le visage du directeur qui en vint à se demander si l'auteur de cette blague n'était pas en face de lui. Mais sans preuve d'aucune sorte, il laissa tomber les poursuites.

Certaines plaisanteries des *Mariés de l'an II* eurent pour victimes de très hautes personnalités. Quelques acteurs du film, dont Belmondo, furent invités à un mariage typiquement roumain auquel participait Elena Ceaucescu. Au beau milieu de la cérémonie il fut demandé aux Français de prononcer un discours. Tous se regardèrent et ce fut Mario David qui hérita de la corvée. N'ayant rien préparé il décida de parler de manière incompréhensible. Tout le monde l'écoutait dans un silence religieux jusqu'à ce qu'il lance un « Viva la Francia ! » aussitôt repris par l'assistance. David continua sur sa lancée mêlant les mots inventés à des « Viva la Roumania ! » puis des « Viva Belmondo ! ». Il fut très applaudi. « Les gens m'ont acclamé pendant que Jean-Paul était écroulé de rire, remarque-t-il. Mais quand il a fallu danser des danses traditionnelles roumaines, nous sommes partis ! »

Et tout le séjour se déroula dans la même ambiance. « Les Roumains avaient été très contents de nous voir arriver, conclut Charly Koubesserian, mais encore plus contents de nous voir partir ! »

L'ambiance n'était pas toujours aussi détendue du fait d'un climat politique extrêmement difficile. Ainsi un Français de l'équipe technique s'amouracha-t-il d'une jeune et belle Roumaine. Tout se passa bien jusqu'au jour où la jeune femme disparut purement et simplement. En dépit de recherches réitérées de la part des Français, nul ne put retrouver sa trace. Une autre fois, Jean-Paul se rendit compte que l'équipe roumaine mangeait beaucoup moins bien que l'équipe française pour qui la nourriture laissait déjà à désirer. Il alla voir les autorités locales qui s'occupaient du ravitaillement et exigea que tout le monde fût logé à la même enseigne.

La plupart des extérieurs des *Mariés de l'an II* furent filmés en pleine forêt des Carpates. Là, un matin, Jean-Paul découvrit un chien victime d'un piège à loup. Il le libéra et entreprit de le soigner mais ne put sauver sa patte blessée. Les jours suivants, le chien trotta sur trois pattes et suivit l'équipe du film dans tous ses déplacements. Lorsque sonnait la pause déjeuner l'animal se collait à Belmondo et refusait toute nourriture offerte par une autre main que la sienne.

Comprenant que ce chien risquait de mourir de faim dès son retour en France et, s'attachant à lui, Jean-Paul annonça son désir de le ramener à Paris. L'apprenant, les autorités roumaines s'interposèrent. Si M. Belmondo désirait emporter un chien roumain pas de problème, mais plutôt que ce bâtard sur trois pattes les officiels étaient prêts à lui offrir un magnifique animal de race au pelage étincelant. Mais Jean-Paul tint bon et s'efforça d'expliquer qu'il n'y était pour rien puisque c'était le chien qui l'avait choisi et non le contraire. Il parvint à ramener l'animal en France où il le baptisa tout simplement Béquille. Débuta une formidable amitié qui s'étala sur quatorze ans.

Au bout du compte Jean-Paul Rappeneau put mener à bien *Les Mariés de l'an II* qui se révéla un excellent film plein de rebondissements et remporta un fort joli succès. Ravie, toute l'équipe rentra en France. Pour Jean-Paul Belmondo ce ne fut qu'une étape : Henri Verneuil l'attendait en Grèce. Quant à Marlène Jobert elle partit pour l'Afrique du Nord tourner *La Poudre d'escampette* qu'avait refusé Belmondo. Avant de partir pour Athènes, Jean-Paul fit savoir qu'il aimerait remonter sur les planches dès la rentrée et lança une proposition du côté de la Comédie-Française : trente représentations.

« Je pense que la Maison de Molière devrait faire comme l'Old Vic Theatre de Londres, expliqua alors Belmondo, et tout en gardant une troupe de base composée de sociétaires et de pensionnaires, appeler temporairement des comédiens de boulevard ou d'ailleurs. Ça rajeunirait le texte et ça permettrait aussi de rajeunir le public [1] ! »

Mais, à la Comédie-Française, personne ne releva cette proposition inhabituelle.

1. *France-Soir* du 30 janvier 1971.

18

HÉROS HORS-SÉRIE

Depuis *Week-end à Zuydcoote*, Henri Verneuil était revenu au cinéma policier en réalisant deux œuvres de grande qualité : *Le Clan des Siciliens* avec le trio Gabin-Delon-Ventura et *Le Serpent* avec Henry Fonda, Yul Brynner et Philippe Noiret. Porté par cette vague policière Verneuil eut l'idée d'adapter un roman de David Goodis, *The Burglar*. En 1963 ce même roman avait déjà inspiré François Truffaut qui envisagea de le porter à l'écran avec Jean-Paul Belmondo et Jane Fonda dans les rôles principaux. Cette histoire d'un hold-up audacieux et d'un policier véreux avait déjà fait l'objet d'une production américaine avec Dan Duryea et Jayne Mansfield, mais Verneuil voulut la réactualiser et la pimenter de scènes d'action tout à fait spectaculaires. Finalement le cinéaste, aidé par Vahé Katcha, s'inspira essentiellement des premières pages du roman de Goodis, c'est-à-dire du casse audacieux, qu'il réécrivit complètement, et de l'apparition d'un policier pas comme les autres, ripoux avant la lettre. La première mouture du scénario resituait l'action à Hambourg, car Verneuil cherchait une ambiance de port international. Lorsqu'il lut le script, Jean-Paul Belmondo se montra enthousiasmé par le personnage du voleur sympathique et débrouillard et donna son accord bien avant de partir en Roumanie pour *Les Mariés de l'an II*. Verneuil fignola alors son scénario et, recherchant une personnalité internationale pour camper le flic corrompu, répondant alors au nom de Stork, envisagea Lee Marvin qui déclina la proposition. Au bout du compte, après diverses hésitations, Henri Verneuil changea complétement son fusil d'épaule, tourna son film à Athènes et engagea Omar Sharif.

« J'ai regardé Hambourg, explique Verneuil, j'ai tout photographié et quelque chose n'allait pas. Une nuit je me suis demandé. "Est-ce que ça ne serait pas plus formidable si ça se passait au soleil ?" Car le film est plutôt une blague qu'une série noire. Je suis allé au Pirée et j'ai été emballé. Et je ne regrette pas du tout ce changement parce que ça a donné une couleur au *Casse*. Et le fait de faire le film en Grèce, Omar Sharif s'est imposé à moi immédiatement. »

Autour du duo vedette le cinéaste plaça une Française, Nicole Calfan, une Américaine, Dyan Cannon, un Italien, Renato Salvatori et pour jouer l'un des complices du voleur il fit appel à Robert Hossein. Cet acteur, en dépit de plusieurs rencontres avec lui — ils avaient eu le projet de tourner ensemble un film inspiré de la vie de Dillinger — travaillait avec Jean-Paul Belmondo pour la première fois et devint, selon ses propres termes, un « inconditionnel de Belmondo ».

« Jean-Paul est un mec formidable, s'enthousiasme Hossein. C'est un grand professionnel qui a le talent d'en trouver aux autres. Il a compris qu'on ne joue jamais seul, alors il fait la part belle aux comédiens : il ne compte pas les plans, il ne compte pas les lignes, il est extraordinaire. »

Toute l'équipe partit donc en Grèce tourner *Le Casse*, titre choc pour un film choc d'un budget de quinze millions. Tout le monde logea au Hilton où furent d'ailleurs tournées certaines scènes. L'une des particularités de ce film était de comporter un grand nombre de séquences d'action dont des cascades automobiles, toutes préalablement écrites. Verneuil avait fait appel à l'un des spécialistes mondiaux de cette discipline, le Français Rémy Julienne. Lorsqu'il arriva sur le plateau du *Casse* il apprit que Belmondo, qu'il connaissait depuis *Ho !*, exigeait de réaliser lui-même toutes les cascades. La liste en était pourtant impressionnante : courir sur des voitures, passer d'un bus à un camion en pleine vitesse, sauter d'un camion en marche, conduire des bolides dans les rues d'Athènes et sauter du haut d'un énorme monticule dans une décharge.

« Je savais très bien qu'il pouvait faire toutes ces cascades, remarque Verneuil, mais je lui en ai tout de même parlé avant. Et il me disait : ''Vas-y, écris-le, je fais ça les doigts dans le nez !''

Ainsi pour la première fois, plus encore que pour *L'Homme de Rio* et *Les Tribulations*, Belmondo se glissa véritablement dans la peau d'un cascadeur, sans jamais oublier de rester acteur. Parmi les séquences à risques, l'une occupa les cascadeurs et toute l'équipe technique pendant plusieurs jours. Il s'agissait d'une poursuite entre Abel, le flic, et Azad, le voyou. Au bout du compte treize minutes de cinéma à couper le souffle.

« On sortait de *Bullitt*, explique Henri Verneuil, alors j'ai fait venir Rémy Julienne à Athènes et je lui ai dit : ''Rémy, ou je fais une poursuite comme on n'en a jamais faite, ou je n'en fais pas du tout, parce qu'elle n'est pas vraiment indispensable à l'intrigue. Qu'a fait Steve McQueen dans *Bullitt* ? Il a profité des rues de San Francisco mais, si tu as bien regardé, tu as remarqué qu'il n'y a pas une seule voiture dans les rues pendant toute la poursuite. Alors, moi je le fais si tout ça se passe dans la circulation ! » Nous avons loué des voitures et nous avons préparé la cascade. Mais tous les chauffeurs étaient prévenus et rien n'a pu être tourné parce qu'ils avaient peur. Comme ils savaient que les voitures allaient débouler, ils ralentissaient. Ça n'étaient donc plus une circulation normale. J'ai pris la décision de renvoyer tout le monde et de faire la poursuite dans la vraie circulation. J'ai pu le faire parce que nous avions un contrat avec la ville stipulant que nous pouvions utiliser les feux rouges à notre gré. J'ai donc dit : « On va bloquer la circulation avec des feux rouges et quand nous serons prêts nous allons tous les mettre au vert.'' Et Rémy Julienne s'est lancé là-dedans avec un assistant. C'est d'ailleurs la seule fois où Belmondo n'a pas participé à la cascade. Elle a vraiment été tournée dans des conditions réelles grâce au savoir-faire de Julienne et de son assistant. Je leur avais même demandé de prendre en sens contraire une rue à sens unique. Nous avons donc filmé ça avec les gens qui étaient affolés de voir ces deux dingues rouler comme ça. Mais tout avait été soigneusement répété, plan par plan. »

Effectivement, Jean-Paul Belmondo ne participa à cette partie de la cascade pour la bonne raison qu'il se trouvait en voyage aux États-Unis et n'avait pas encore rejoint le plateau du *Casse*. Cette poursuite spectaculaire sidéra les Américains eux-mêmes.

« Les rushes allaient directement aux États-Unis pour la Columbia, ajoute Rémy Julienne. Là-bas ils ont trouvé ce que nous avions fait tellement formidable qu'ils en ont mis, qu'ils en ont remis, allant même à l'encontre d'Henri Verneuil qui a dû accepter. En fait, nous nous efforcions de présenter un maximum de choses en ayant conscience que beaucoup seraient sabrées et ils ont tout gardé ! Nous avions besoin de cinq minutes, six minutes, grand maximum, et nous nous sommes trouvés avec treize minutes, ce qui est totalement dément ! »

Pour une autre scène Jean-Paul Belmondo devait tomber d'une benne et rouler le long d'une pente jusqu'à une décharge. L'acteur, en compagnie des cascadeurs Rémy Julienne et Daniel Vérité, vérifia personnellement l'état des lieux, faisant enlever les grosses pierres qui pouvaient présenter un danger. Il étudia soigneusement le parcours et nota qu'il ne lui fallait surtout pas s'écarter de la voie tracée, car à l'extérieur se trouvaient encore une multitude de dangers dont les moindres n'étaient pas d'énormes barres de fer. Après avoir bien étudié la chute, Belmondo jeta un ultime regard à la pente puis, se tournant vers Verneuil lança : « Je peux le faire. » Il grimpa dans le camion et exécuta à deux reprises la cascade, sans l'ombre d'une difficulté.

Lorsqu'il n'était pas en train de risquer sa vie pour flirter avec le danger, Jean-Paul Belmondo redevenait le chahuteur et le compagnon idéal qu'il n'a jamais cessé d'être. En Omar Sharif il trouva non seulement un partenaire de haute classe, mais aussi un amoureux de la boxe. Les deux hommes parlaient des champions du moment et salivaient à l'idée du combat du siècle qui, le 8 mars 1971, allait opposer le massif Cassius Clay à Joe Frazier, roi de la technique. Il n'était, malheureusement, pas question d'assister au match sur place, les deux vedettes ne pouvant se permettre d'interrompre le tournage pour un voyage vers les États-Unis. De toute façon les télévisions du monde entier retransmettaient l'événement. Du monde entier ? Pas tout à fait ! A leur stupéfaction, Belmondo et Sharif apprirent que la Grèce ne diffuserait pas le match. Horreur ! Ne pas assister en direct à cette rencontre revenait, pour les deux acteurs, à manquer un événement aussi important que le premier pas de l'homme sur la Lune. Que faire ? Jean-Paul et Omar trouvèrent rapidement la solution : ils louèrent un petit avion et, dès la fin de la journée de tournage, s'envolèrent pour l'Italie où la RAI retransmettait le combat à cinq heures du matin. Sitôt la victoire de Frazier arrachée, les deux acteurs sautèrent dans l'avion en direction d'Athènes où ils devaient se trouver tôt le matin pour redémarrer le tournage. Par mesure de précaution ils avaient emmené leurs maquilleurs et habilleurs et purent ainsi arriver tout prêts, mais non tout frais sur le plateau du *Casse* ! Par ailleurs, durant tout ce tournage grec, Jean-Paul se sentit loin de Paris et loin de tout. Aussi, afin de garder le contact avec ses proches téléphonait-il tous les soirs entre dix-neuf et vingt-deux heures à Londres où se trouvaient ses enfants, simplement pour prendre de leurs nouvelles. Il avait d'ailleurs prévu qu'au lendemain du dernier jour de tournage du *Casse*, fixé au 9 avril, il les emmènerait tous trois en vacances. L'éloignement se faisant d'autant plus sentir qu'en cette année 1971, la Grèce se trouvait encore et toujours soumise au régime des colonels, ce qui limitait singulièrement le nombre des distractions nocturnes et obligeait les Français à rester au Hilton. Là, Belmondo et Hossein se lancèrent dans d'interminables conversations où le sujet essentiel, pour ne pas dire unique, restait le théâtre. Belmondo fut, ainsi, le premier à apprendre de la bouche même d'Hossein qu'il était prêt à tenter sa chance dans la mise en scène théâtrale à Reims, repartant, pratiquement, à zéro. Par contre, si l'équipe française eût pu craindre une quelconque immixtion dans son travail, elle constata une excellente tenue de la part des officiels.

« J'avais demandé à l'équipe d'avoir une certaine dignité, rapporte Henri Verneuil. Les autorités grecques nous avaient invités, un soir, pour une réception et j'avais fait répondre que les acteurs étaient très fatigués, mais que nous les remerciions beaucoup. Ils ont tout de suite compris et je n'ai vu personne ayant un rapport avec les dirigeants sur le tournage, hormis la police de la circulation. »

Lorsque Henri Verneuil en eut terminé avec les prises de vues en Grèce il emmena toute son équipe à Paris, et plus précisément dans les studios de Saint-Maurice où furent tournées la plupart des scènes d'intérieur. L'occasion pour Belmondo de renouer avec les cascades. Pour la scène finale il devait sauter au milieu des cages de poulets. La production ne lésina pas sur les moyens et plaça pas moins de six mille volatiles, ce qui créa une cacophonie inimaginable. Jean-Paul exécuta une première fois sa cascade mais, se recevant mal, il se planta dans la cuisse un morceau de fer pointant d'une cage. Après un passage à l'hôpital, il revint sur le plateau, bondissant comme si de rien n'était. Quant à la séquence, elle aussi tournée à Paris, où le policier félon meurt enfoui sous des tonnes de grains, elle avait été inspirée à Verneuil par un authentique fait divers survenu aux États-Unis.

La sortie du *Casse*, en octobre 1971, constitua l'un des événements cinématographiques de la rentrée au même titre que *La Veuve Couderc* (Signoret-Delon), *Boulevard du rhum* (Ventura-Bardot), *Le Drapeau noir flotte sur la marmite* (Gabin-Audiard). Pour renforcer ce côté « événement », Belmondo et Verneuil réalisèrent pratiquement une première : ils invitèrent les journalistes de la presse de province, jusqu'alors mal considérés par la profession cinématographique, à assister à une projection du *Casse* à Paris, en leur présence, tous frais payés. Le film de Verneuil balaya le box-office avec ses 4 444 000 spectateurs français et s'imposa dans le classement de tête prouvant que depuis *Borsalino*, Jean-Paul Belmondo avait le vent en poupe comme très peu d'acteurs avant lui.

Le succès qu'il ne cessait de côtoyer commençait à devenir une charge pour Jean-Paul Belmondo. L'acteur était devenu une valeur marchande d'un poids considérable. S'il ne souhaitait pas que cette valeur fût galvaudée, voire bradée, il lui fallait gérer au plus près sa carrière, défendre au mieux ses intérêts et, en un mot, devenir producteur. Alain Delon, par exemple, l'avait fait avant lui, ce qui lui avait permis de mieux participer à la construction des films. Sous l'influence de Gérard Lebovici et d'Henri Verneuil, Jean-Paul, qui ne se sentait pourtant pas du tout l'âme d'un homme d'affaires, créa sa société de production. Il l'appela Cerito Films en souvenir de sa grand-mère, Rosine Cerrito, la mère de Paul. Au passage, suite à une banale erreur typographique dont personne ne se rendit compte à temps, la société de production de Belmondo perdit un « r » !

« En fait, je suis devenu producteur de mes films parce que j'en avais assez d'entendre que j'étais trop cher, explique Belmondo. Quand j'ai débuté au théâtre, je touchais six cents anciens francs par soirée, juste de quoi faire un repas frugal, et on trouvait déjà que c'était trop ! Puis, j'ai fait *A bout de souffle* pour presque rien. Ensuite j'ai pu demander un peu plus. Mais depuis ce moment on n'a jamais cessé de me dire : ''Vous êtes un acteur cher !'' j'ai donc décidé de me produire moi même, histoire d'en avoir le cœur net. Et maintenant, je sais : pour un producteur, même au prix que je demande, il est toujours très intéressant d'avoir Belmondo ! »

Jusque-là Jean-Paul Belmondo combinait deux méthodes : le fixe et le pourcentage sur les bénéfices. Dans le second cas, beaucoup plus rare, il touchait un salaire confortable et au prorata du succès du film percevait un complément, un peu comme des droits d'auteur. Mais, comme il l'expliqua à maintes reprises, les mécanismes de la production et de la distribution sont d'une telle complexité que les bénéfices dans un pays peuvent être engloutis par les investissements dans un autre pays et, qu'à moins d'avoir son nez dans les comptes du début à la fin de l'élaboration du film puis de l'exploitation, il est difficile de connaître le montant réel des bénéfices comme il est difficile de bien définir ce que sont les bénéfices. Cela fit qu'à plusieurs reprises, y compris pour des films qui obtinrent d'énormes succès, Belmondo ne vit jamais venir la part qui lui était due. Pour toutes ces raisons, mais aussi parce que devenir producteur lui laissait une plus grande marge d'action dans la création des projets et de liberté dans le choix de ceux-ci, Belmondo passa le cap. Au moment de la création de Cerito Films, Jean-Paul fit appel à son frère Alain pour occuper le poste de directeur de production. L'annonce de la création de Cerito Films ne surprit aucunement Alain qui, en fait, pensait que son frère aurait franchi le pas beaucoup plus tôt. Depuis son stage de régisseur sur *Un singe en hiver*, Alain avait fait bien du chemin et connaissait tous les aspects de l'administration du film.

La création de Cerito eut une incidence sur le comportement professionnel de Jean-Paul. En effet en ajoutant la casquette de producteur à celle d'acteur, il franchissait imperceptiblement la frontière très nette séparant les employeurs des employés. Cela l'amena petit à petit à s'éloigner du Syndicat français des acteurs qu'il avait pourtant présidé. Plus il s'investit dans la production, moins il se passionna pour les causes de ce syndicat et il finit même, dans les années 80, par ne plus en faire partie. Belmondo, producteur tout frais émoulu, se fit les dents sur un livre d'Hubert Monteilhet, *Meurtres à loisir*, que lui proposa Gérard Lebovici. Le sujet d'un médecin qui trompe sa femme et devient la victime de celle-ci pouvant être traité sur un ton très caustique, Belmondo fit appel à Claude Chabrol qu'il n'avait plus côtoyé, professionnellement, depuis *A double tour*. Côté production l'acteur s'associa à moitié à André Genoves, routier du cinéma. Paul Gégauff, complice de Claude Chabrol, écrivit l'adaptation de ce *Meurtres à loisir* et l'intitula *Pièges à loup*. Mais le titre ne convint pas à l'ensemble des participants et Chabrol envisagea *Le Grand Popaul* ou *Docteur Popaul*. Ce dernier fut accepté. Avant de partir pour Bordeaux où débuta le tournage en janvier 1972, Jean-Paul passa quelques jours de vacances en Suisse, auprès d'Ursula Andress avec laquelle il assista, en décembre, au match de boxe Clay-Blin.

Le tournage, qui réunissait Mia Farrow, Daniel Ivernel et Laura Antonelli, s'effectua dans les meilleures conditions, et Chabrol fut ravi de retrouver un Belmondo toujours aussi détendu que treize années auparavant.

Grâce à *Docteur Popaul*, Jean-Paul put donner libre cours à son pur talent comique en se glissant brièvement dans divers costumes : un avocat précieux, un juge menaçant mais souriant, un évêque beau parleur, un gendarme ronchon, un greffier et un loubard, imitant au passage Michel Simon. Mais le tournage de ce film lui permit surtout de retrouver la belle Laura Antonelli. Alors âgée de trente ans, cette pulpeuse italienne, née en Yougoslavie, avait déjà joué dans une dizaine de films dans son pays d'origine plus *Les Mariés de l'an II* de Jean-Paul Rappeneau et *Sans mobile apparent* de Philippe Labro. Juste avant d'être engagée par Claude Chabrol elle avait tourné *Malicia* considéré comme l'un des rares chefs-d'œuvre du cinéma érotique. Laura et Jean-Paul qui se connaissaient un peu, s'apprécièrent, sympathisèrent, se plurent et s'aimèrent. Naturellement, la presse s'intéressa de très près à cette idylle naissante. Dès le mois de juin 1972 des journaux anglais et français soulevèrent le lièvre, soutenant que rien n'allait plus entre Ursula et Jean-Paul et que ce dernier s'était lié d'une « vive sympathie » avec Laura Antonelli. Cet étalage de la vie privée fut peu du goût de Belmondo qui souhaitait mener sa vie loin des appareils photo des paparazzi. Subitement il prit le mors aux dents et assigna le journal *Ciné-Revue* devant les tribunaux pour « atteinte intolérable à sa vie privée ». Ce journal reprenait des photos déjà publiées sans avoir fait naître le courroux de l'acteur. L'affaire ne fut jugée par le tribunal de Paris qu'un an plus tard et fit, à sa manière, jurisprudence. Le tribunal estima en effet, qu'une vedette peut, à son gré, accepter ou refuser la divulgation de documents et informations concernant la vie privée qualifiée de « prolongements de sa personnalité ».

En clair cela signifiait que la vedette pouvait « laisser passer » des articles selon son gré et en refuser d'autres du même acabit. De quoi perturber sérieusement une certaine presse. Néanmoins le tribunal se montra moins exigeant que ce que l'acteur souhaitait puisque Belmondo obtint six mille francs de dommages-intérêts au lieu des cent mille réclamés. Quoi qu'il en soit, ces informations dévoilaient au grand jour la liaison entre Jean-Paul et Laura. Toutefois, de même que Belmondo et Andress n'avaient pas complétement vécu ensemble, le Français et l'Italienne ne partagèrent pas véritablement le même foyer. En effet Laura tint à garder son domicile romain et à travailler en Italie tandis que Jean-Paul menait sa carrière en France et vivait au Moulin des Corbeaux dans le Val-de-Marne. Ainsi prolongeaient-ils leur sentiment de liberté et d'indépendance auxquels ils tenaient. Fréquemment la star française sautait dans un avion pour rejoindre la vedette italienne. Ils n'hésitèrent plus à s'afficher ensemble, pour la plus grande joie des reporters transalpins. Pressant Laura Antonelli de questions au sujet de son « boy-friend », ces derniers apprirent qu'elle était fascinée par sa vitalité et son extraordinaire goût du sport. Pour vivre pleinement cette union, Laura divorça d'Enrico Piacentini, un éditeur, et jura ses grands dieux que plus jamais elle ne se remarierait. Côté carrière elle travailla pratiquement exclusivement en Italie, jouant dans des films érotiques mais, surtout, travaillant sous la direction de maîtres comme Luigi Comencini, Luchino Visconti, Ettore Scola...

A la fin du montage de *Docteur Popaul*, Jean-Paul Belmondo en tant que jeune producteur assista à la première projection avec plus d'anxiété que lorsqu'il n'était qu'acteur. Le résultat le sidéra. Là ou il aurait dû voir une comédie alerte il ne vit qu'un film étonnant qui ne le fit guère rire. Les réactions autour de lui furent similaires. Le producteur allait-il connaître l'échec dès son premier film et devrait-il immédiatement mettre la clef sur la porte ? De toute façon il était trop tard pour reculer. Chacun avait cru sincèrement en ce film au moment de sa préparation et nul ne voulut le renier. Pour Jean-Paul l'angoisse fut étouffante. Il se sentait beaucoup plus responsable de ce film en tant que producteur, et un échec pouvait avoir des répercussions considérables sur son comportement professionnel et personnel. *Docteur Popaul* sortit en septembre 1972 et, en dépit d'une critique généralement hostile et une interdiction aux moins de 13 ans, connut un très beau succès (plus de deux millions de spectateurs en France). Il battit le record du nombre de spectateurs parisiens en première semaine portant la barre à 207 300 ! Les gens riaient effectivement à chaque séance, preuve que pour bien savourer une comédie il faut la voir en salles avec le public. Belmondo connaissait bien sûr ce principe vieux comme le cinéma lui-même, mais le producteur découvrit que seul le verdict du public compte et que nul ne peut préjuger ses réactions. Désormais, il était rassuré. A compter de *Docteur Popaul*, Belmondo s'enfonça dans son fauteuil de producteur et finança tout ou partie de la plupart de ses films à venir. Mais bien qu'arborant cette nouvelle casquette il demeurait avant tout un acteur, son premier et même son seul métier. Ainsi l'idée d'abandonner la comédie pour se consacrer exclusivement à ses fonctions de producteur l'aurait rendu profondément malheureux, alors que cesser de produire tout en restant acteur ne l'aurait pas gêné outre mesure. Pratiquement au moment où il s'investissait dans la production, Jean-Paul Belmondo décida de se consacrer aux chevaux avec son ami Pierre Vernier.

« Sa fille Florence aimait beaucoup les chevaux, raconte Vernier. Alors Jean-Paul m'a demandé. ''Est-ce que tu ne peux pas m'acheter deux ou trois chevaux pour Florence ?'' c'est ce que j'ai fait. J'ai acheté une poulinière, Beligosa, qui venait de la succession de l'écurie du directeur du Châtelet. Et nous avons gardé les produits de cette poulinière, mais jamais plus de deux ou trois. Tous ont porté un nom commençant par B, comme Bleu de Lune et Bulles qui est la mère de Boudu qui a gagné quelques courses en province. »

Lorsque, au cours du premier trimestre 1972, le tournage de *Docteur Popaul* fut terminé, Jean-Paul s'offrit de belles vacances en sachant qu'il allait devoir revenir très prochainement devant les caméras. En avril, en effet débutait le tournage de *La Scoumoune*. Ce film — dont le titre signifie la malchance ou le porte-poisse — n'était ni plus ni moins qu'un remake de *Un nommé La Rocca*. Il était, d'ailleurs, écrit et réalisé par José Giovanni, l'auteur de ce même *La Rocca*. Giovanni, en effet, ne s'était jamais caché pour dire qu'il appréciait peu, en général, les adaptations cinématographiques de ses romans. Cela l'avait d'ailleurs poussé à passer à la mise en scène, reprenant le roman qui avait servi de base aux *Aventuriers* pour en faire un film avec Michel Constantin, *La Loi du survivant*. Sur sa lancée Giovanni signa quatre autres films et eut l'idée de renouer avec le personnage de La Rocca qu'il appréciait particulièrement. Il y tenait d'autant plus qu'il avait connu ce tueur qui portait la guigne à tous ceux qui l'affrontaient, mais qui refusait d'admettre les changements de la société et même les modifications fondamentales au sein du milieu.

Antoine La Rocca était né le 17 juillet 1897 en Italie, près de

Naples, mais avait débarqué très jeune à Marseille. En 1923, pour venger un ami il abattit froidement les femmes de deux tueurs dans un restaurant. Forcé de s'exiler il partit pour Le Caire puis pour l'Amérique du Sud en traînant une étrange réputation qui lui valut le surnom de « l'excommunié » (titre du roman initial de Giovanni). A l'autre bout du monde il n'hésita pas à affronter les souteneurs sud-américains, leur causant pertes et dégâts considérables. Puis, pourchassé par des tueurs de toutes parts, il revint en France où il fut immédiatement arrêté et condamné à quinze ans de prison dont il ne sortit qu'en 1946. Moins d'un an plus tard, alors qu'il travaillait comme videur dans un bar, il fut abattu de quatorze balles par des tueurs spécialement venus d'Amérique du Sud. L'histoire de *La Scoumoune* couvrait une dizaine d'années, démarrait avant la Seconde Guerre mondiale et se terminait à une époque où les codes d'honneur n'existaient plus et où tous les coups étaient permis. Giovanni voulut présenter le gangster « héros » de *La Scoumoune* comme un personnage qui continue à suivre sa propre voie hors du temps. Ce thème lui était cher depuis longtemps et se trouvait déjà en filigrane de *Classe tous risques*. L'idée plut beaucoup à Jean-Paul Belmondo qui, lui aussi, restait sur un certain sentiment de frustration avec *Un nommé La Rocca*.

José Giovanni retravailla de fond en comble son scénario, apportant des détails qui ne se trouvaient pas dans le premier film. Il réunit Claudia Cardinale et Michel Constantin autour de Belmondo. Le tournage qui se passait du côté de Nice et de Saint-Tropez — où furent filmées les scènes de déminage — puis de Perpignan et de la frontière espagnole — où furent réalisées les séquences de prison — se déroula globalement dans d'excellentes conditions. Toujours en pleine forme, Jean-Paul laissa libre cours à son chahut, sur et hors plateau.

« Jean-Paul est toujours décontracté, confirme Michel Constantin. Nous faisions des concours, notamment des concours sur cinquante mètres avec Charly Koubesserian qui est un ancien sprinter, mais Jean-Paul remportait tout. Ma grande passion ce sont les villages de vacances. Je suis un peu un des fondateurs du Club Méditerranée et je me suis beaucoup occupé de villages de vacances pendant trente-cinq ans. Alors sur le tournage je jouais un peu les GO, j'organisais des tournois de volley, des éliminatoires à la course mais Jean-Paul battait tout le monde ! Comparés à certains acteurs qui pendant tout le film sont pénétrés par leur rôle, ne veulent pas déconner avant le tournage, lui n'arrête pas une seconde ! Il est toujours vachement décontracté quelle que soit la scène à tourner. Il se marre toujours. »

L'une des premières choses que Belmondo fit, arrivé à l'hôtel de l'Écluse, sur la Côte d'Azur, fut de « déménager » toutes les chambres, c'est-à-dire d'enlever tous les meubles et de les placer dans les couloirs. Il ne s'arrêta pas là.

Un soir qu'ils rentraient d'un repas bien arrosé, Jean-Paul Belmondo et Charly Koubesserian remarquèrent des chaussures d'homme devant la porte d'une chambre de leur hôtel. Rien là de bien anormal si ce n'était que cette chambre était celle d'une jeune femme travaillant sur la production et vivant seule. Les deux amis décidèrent d'en savoir plus. Ils se faufilèrent dans la chambre et virent le lit vide. Un homme était en train de se doucher, la femme était absente. Belmondo et Koubesserian se glissèrent dans la penderie pour faire une farce. Sur ce la femme revint. Dans le couloir elle avait croisé quelqu'un qui lui avait annoncé que Jean-Paul et Charly rôdaient dans le secteur. Méfiante, elle décida de fouiller sa chambre. Lorsqu'elle ouvrit la penderie elle ne vit pas les deux amis qui pourtant se pinçaient mutuellement pour faire craquer l'autre. Puis le couple illégitime s'apprêta à reprendre ses ébats. A ce moment, il y eut un tel raffut dans la penderie que la femme hurla. Les deux trublions furent découverts et l'amant, un technicien du film, ne leur adressa plus la parole pendant plus d'un mois !

Une autre fois, les deux infatigables blagueurs déménagèrent la chambre d'un individu dont il savait qu'il avait un rendez-vous galant. Ils vidèrent tout, absolument tout, sauf un pot de chambre installé au beau milieu de la pièce vide. Lorsque le séducteur amena sa conquête dans sa chambre il déclencha l'hilarité de Belmondo et Koubesserian.

Ils n'en restèrent pas là, bien sûr, et, une autre nuit, rendirent visite à Paulette Breil, l'habilleuse personnelle de Jean-Paul. Sachant qu'elle avait le sommeil lourd, très lourd, ils transportèrent son lit, sur lequel elle dormait, en plein couloir. Le lendemain matin, Paulette se réveilla au milieu des clients qui sortaient de leurs chambres.

A la fin de *La Scoumoune*, José Giovanni caressa de nouveau l'idée de travailler avec Jean-Paul et dans les années à venir le contacta à diverses reprises. Tel fut particulièrement le cas à la fin des années 70 lorsque Giovanni envisagea, déjà, de filmer *Le Musher* d'après son propre roman. Une histoire de course de traîneaux à chiens dans le Grand Nord. Un homme confronté à une nature sauvage. Le film ne se fit pas et ce projet, cher à son cœur, Giovanni le transporta par-delà les années, le proposant successivement à Lino Ventura, Jean-Paul Belmondo, Claude Brasseur puis Bernard Giraudeau. Peu après *La Scoumoune*, Jean-Paul reçut d'autre part une proposition tout à fait sidérante de la part de Pierre Dux. Son ancien professeur de Conservatoire, promu une nouvelle fois administrateur de la Comédie-Française, lui demanda d'entrer dans la Noble Maison. Le rêve du Belmondo étudiant se concrétisait enfin. Mais un décret signé par Napoléon, et encore en vigueur, prévoyait que pour jouer à la Comédie-Française un acteur devait en être sociétaire, pensionnaire ou, à la rigueur, stagiaire. Il n'était donc pas possible qu'un acteur vînt y jouer une pièce pour repartir aussitôt. Alors Pierre Dux tenta de contourner le décret Napoléon.

« Dux m'a proposé de jouer non seulement *Les Fourberies de Scapin*, ce qui m'enchantait, raconte Belmondo, mais en plus une pièce que la Comédie-Française choisirait elle-même. C'est ce qui m'a fait dire non. Cela signifiait concrètement qu'ils pouvaient me demander de jouer quelque chose dont je n'avais aucune envie. Je voulais jouer au Français, certes, mais je ne voulais pas faire partie de la troupe de la Comédie-Française. Or la Comédie-Française n'acceptait pas que je joue *Les Fourberies* et que je reparte. Mais je suis très lucide je sais que Dux était venu me trouver non pas parce que j'étais subitement devenu un acteur génial à ses yeux, mais parce que j'étais une valeur commerciale sûre. Mais c'est vrai que pour moi le fait qu'il fasse cette demande c'était un peu une revanche. Comme quoi il ne faut jamais avoir de jugement définitif sur les jeunes acteurs. Moi quand j'en vois un je fais très attention parce que l'avenir peut me détromper. »

Quelques semaines après *La Scoumoune*, Jean-Paul Belmondo collabora avec un cinéaste journaliste qui réalisait son troisième film, Philippe Labro. Passionné par les États-Unis, Labro eut envie de tailler un héros français aux dimensions américaines. Il inventa un homme d'action bardé de diplômes qui revient en France pour reprendre en main l'empire industriel dont il a hérité de son père, récemment disparu dans des circonstances mystérieuses. Labro baptisa ce personnage peu banal Bart Cordell et s'inspira de grandes figures aussi différentes qu'El Cordobes, John Fitzgerald Kennedy, Jean-Jacques Servan-Schreiber, Jean-Claude Killy, Pierre Trudeau, Marcel Dassault, Sylvain Floirat, Marcel Boussac, Jean Prouvost et même Enrico Mattei pour brosser son portrait. Il puisa également beaucoup dans les traits de caractère de Bobby Kennedy pour définir ce Cordell, qui n'était pas sans rappeler *L'Homme pressé* de Paul Morand, qu'Alain Delon personnifia plus tard au cinéma. Pratiquement immédiatement vint à l'esprit de Labro le nom du comédien idéal pour personnifier cet *Héritier* : Jean-Paul Belmondo.

Labro connaissait Belmondo depuis l'époque où tous deux avaient commencé à fréquenter Saint-Germain-des-Prés. Plus précisément, Labro connaissait Belmondo de vue, l'ayant croisé à différentes reprises. « Personne ne savait qui il était, souligne Labro, moi je n'avais aucune idée de qui était ce garçon et pourtant il projetait déjà une espèce de lumière, de charisme, il y avait autour de lui comme de l'électricité dans l'air. Ça m'avait beaucoup frappé. » Plus tard, sur le tournage du *Cerveau*, Labro, alors journaliste à *Lui*, réalisa une longue et passionnante interview de la star. Les deux hommes se jugèrent et s'apprécièrent. Un contact privilégié commença à s'établir entre eux.

« Quand je me suis mis à écrire le scénario de *L'Héritier* avec Jacques Lanzmann, poursuit Labro, tout de suite, en l'écrivant, il était clair dans ma tête que c'était au Jean-Paul de l'époque que je voulais confier le rôle principal. En gros j'ai voulu donner à une star un rôle de star, parce que Bart Cordell est une star. Si Belmondo avait refusé il aurait fallu trouver une star équivalente pour le faire parce que le film n'était pas crédible avec quelqu'un qui n'aurait pas eu ce charisme. A l'époque il n'y avait pas grand monde à ce niveau dans le cinéma français. Il y avait quelqu'un comme Alain Delon mais, à mon avis, Jean-Paul était beaucoup plus adéquat. Avec Lanzmann nous n'avions pensé qu'à lui et les répliques étaient écrites pour lui. Le cinéma américain, lui, avait beaucoup plus de personnages correspondant à ce rôle-là : Redford, le McQueen de *L'Affaire Thomas Crown*... Ce rôle aurait pu être confié à un Spencer Tracy jeune, à Clark Gable à toute cette génération d'hommes qui lorsqu'ils poussent une porte, la lumière entre dans la pièce. »

Pour Labro il fallait un homme imposant le respect mais aussi capable de séduire d'un sourire, un tempérament de fer apte à prendre des risques. D'où sa définition de Bart Cordell, au moment du tournage : « un aventurier en costume trois-pièces ». Contacté, Jean-Paul hésita quelque peu avant d'accepter, car Bart Cordell, qui, en apparence, se situait à mille lieues des personnages qu'il avait l'habitude de personnaliser.

« Jean-Paul, souligne Labro, est une autre nature que celle de ce personnage un peu sec, un peu froid, cachant ses sentiments parce qu'ayant peur de se faire gruger par tout le monde, obsédé par le mystère de la mort de son père. Il sait qu'il est menacé tout le temps tout en donnant l'impression de s'en foutre. Il est sous tension permanente, ce qui n'est évidemment pas le cas de Jean-Paul Belmondo à la ville. »

Par contre Gérard Lebovici, l'agent et ami de Jean-Paul, s'affirma un fervent défenseur du script ce qui joua beaucoup en sa faveur. Ça et le formidable talent de persuasion de Labro qui, en ce domaine, rejoint Jean-Pierre Melville.

« Je ne proposais pas seulement à Jean-Paul de jouer un personnage en costume trois-pièces, ajoute Philippe Labro, mais un univers dans lequel il n'avait pas encore pénétré avec des gestes, des comportements, une façon de parler qu'il n'avait pas, jusqu'alors, approchés. C'était une personnalité, un rôle très différent de ce qu'il faisait à l'époque. Ça l'intriguait et peut-être même l'inquiétait mais en même temps ça l'attirait. Je suis allé le voir à Nice où il tournait. Il avait lu le scénario, il voulait en parler avec moi. Certaines scènes le dérangeaient, il avait marqué des choses au crayon rouge. Nous en avons discuté, j'ai fait une ou deux concessions, une ou deux contre-propositions mais je crois que, surtout, il voulait me connaître un peu mieux. Jean-Paul aime travailler avec des gens qu'il aime bien, non pas dans le sens copain-copain, mais avec lesquels il se découvre des affinités. Nous avons passé une soirée ensemble à Nice, nous avons fait les clowns. Avec Charly il m'a fait toutes sortes de farces, ils ont mis le Negresco sens dessus dessous, ce qui m'amusait beaucoup. Nous avons aussi été dans des boîtes où nous avons évoqué nos souvenirs de vingt ans auparavant et nous nous sommes rendu compte que nous avions connu la même fille. C'était très amusant. C'est comme cela que les dernières barrières se sont brisées. Marielle avec qui j'avais tourné *Sans mobile apparent* avait dû aussi parler de moi et je crois que ça a joué dans son choix parce qu'il a très confiance dans le jugement de Jean-Pierre. Mais ce qui comptait, c'était le scénario. »

Toutefois, avant le premier tour de manivelle et même après, Belmondo se demanda constamment s'il serait crédible dans le costume de ce chevalier d'industrie. Lui qui, depuis quelques années, avait enchaîné les rôles de voyous ou de marginaux, allait devoir personnifier l'archétype de l'homme d'affaires, retaillé toutefois à ses dimensions. Finalement le challenge l'intéressa et il se lança dans l'aventure soutenu par Labro qui le convainquit que cette fois, contrairement à *La Sirène du Mississippi*, le public ne serait pas désorienté et l'accepterait pleinement puisque Bart Cordell était à sa manière, un aventurier.

A bien y regarder, par sa complexité même, Cordell n'était pas systématiquement aux antipodes de Belmondo. L'acteur et l'homme de fiction se rejoignaient sur plus d'un point, dont l'un essentiel concernait la famille. Car Cordell se battait en souvenir de son père.

« A l'époque c'était moins évident qu'aujourd'hui, cet amour filial, remarque Labro. On savait ça quand on le connaissait un peu dans sa vie, mais c'était moins évident dans la mesure où son père était vivant et que tout allait bien. Donc, quand j'ai écrit le scénario de *L'Héritier*, je n'ai pas pensé à cela mais je ne peux pas exclure que ça l'a attiré. Bart Cordell est un personnage très complet, à la fois loin de Jean-Paul dans la vie, mais avec des correspondances. C'est un type, par exemple, qui n'hésite pas à faire le coup de poing, qui donne de sa personne physique, qui a un contact direct, qui balaie les choses — on voit bien comment il entre dans les conseils d'administration ou dans les salles de rédaction. En fait, dans beaucoup de situations, Jean-Paul s'est retrouvé assez à l'aise. Bart Cordell est un macho parce qu'il essaie de se protéger, Jean-Paul n'était pas loin de cela : le macho sympathique. »

De plus, Jean-Paul s'aperçut vite que ce scénario était d'une précision inouïe, gage de qualité. Tout y était noté jusqu'à la marque de l'eau de toilette utilisée par Cordell. Sur le tournage, Labro fit preuve du même esprit de précision, et, par exemple, pour le personnage interprété par Jean Desailly, il fit acheter cinq cents paquets de cigarettes blondes, se souvenant que du temps de Cinq colonnes à la une, Pierre Desgraupes fumait cigarette sur cigarette ! Lanzmann et Labro, les deux scénaristes inclurent également des trouvailles tout à fait originales comme « la pierre maya » qu'utilise Cordell tout au long du film pour s'endormir. La presse, subitement passionnée, rapporta que, nullement inventée, cette pierre n'existait qu'en quatre exemplaires et valait une véritable fortune. Elle serait issue d'un temple maya au pouvoir bénéfique. Celle utilisée pour le film étant, bien sûr, une reproduction. Belle histoire, et pourtant entièrement fausse puisque inventée par Lanzmann et Labro. Ce dernier, affichant un visage de poker devant les journalistes, jura ses grands dieux qu'ils avaient puisé dans la réalité, ce qui suffit à authentifier toute l'histoire !

« De toute façon, explique Labro, *L'Héritier* est un film bourré de références, de clins d'œil, de "private-jokes". Certains sont des clins d'œil à des copains, à des maîtres — j'en ai fait plusieurs à Melville, à Chandler —, à ce que je savais des Kennedy, de Jean-Jacques Servan-Schreiber, flamboyant patron de presse, à mes propres tics, à mes fantasmes de l'époque, à ceux de Lanzmann. Ce film est comme un œuf : il est plein de choses. Et Jean-Paul avait la faculté extraordinaire d'assumer tout cela et même parfois d'en rajouter. Il n'a jamais refusé. »

La présence de Belmondo en tête de générique permit à Labro de réunir une distribution prestigieuse : Charles Denner, Jean Rochefort, Carla Gravina, Maureen Kerwin, Michel Beaune, Jean Desailly et Marcel Cuvelier.

« Le tournage du film était extrêmement ennuyeux, rapporte Jean Rochefort, car nous avions l'impression de faire quelque chose d'un peu dénué d'intérêt et à la limite du ridicule. Mais il y avait de bons acteurs, dont ce merveilleux Charles Denner. Et puis nous avons tourné dans une région dont je suis tombé amoureux et où j'ai décidé de vivre. Quant à Jean-Paul, c'est sa grande force, il ne parle jamais de son rôle. Avec lui nous faisions des gags très lourds. Il entretient constamment son humeur ludique qui lui permet dès qu'on dit ''Moteur'' d'entrer très facilement dans la fiction. Et, entre les prises, il déconne tout le temps. J'admire beaucoup cela. C'est aussi une forme de concentration : être tout le temps dans le jeu. »

Un important second rôle fut, d'autre part, confié à François Chaumette qui n'avait pas retravaillé avec Jean-Paul depuis le temps lointain de *César et Cléopâtre*.

« Nous nous étions très peu vus durant toutes ces années, témoigne François Chaumette. Quand j'ai fait partie de la distribution de *L'Héritier*, je dois dire — et j'ai trouvé ça extraordinaire — que le jour où je suis arrivé sur le plateau, où je me suis retrouvé face à Jean-Paul Belmondo c'était exactement comme si je l'avais quitté la veille ! Je m'étais demandé comment il allait être, s'il allait jouer les stars. Rien du tout : j'ai retrouvé le copain. Je n'ai pas tourné tellement longtemps dans *L'Héritier*, mais nous avons recommencé à déconner comme on déconnait vingt-six ans auparavant. Je veux dire qu'il ne se prenait pas au sérieux. Il prenait son travail au sérieux, très au sérieux même, mais lui ne se prenait pas pour Jean-Paul Belmondo. Ça c'est vachement sympathique. J'ai été tourner à Rome et là-bas nous ne nous sommes pas lâchés. Moi je voulais lui foutre la paix, je pensais bien qu'il était très sollicité, mais lui voulait toujours que je l'accompagne. C'est avec ce genre de comportement qu'on garde pour lui une affection énorme en dépit de la star qu'il est et qui est impressionnante. »

A Rome, Belmondo prouva une nouvelle fois qu'il avait le goût de la plaisanterie. L'une de ses cibles préférées fut Philippe Labro lui-même. En guise de bizutage, si l'on peut dire, il déplaça, en compagnie de son ami Charly Koubesserian, toutes les plantes vertes de l'hôtel Excelsior, à commencer par les palmiers géants, tous les meubles installés dans les couloirs, toutes les chaises pour les placer en un gigantesque assemblage devant la chambre du cinéaste. Si bien qu'au matin, lorsqu'il ouvrit sa porte, Philippe Labro ne put faire un pas et dut patiemment attendre que tout fût remis à sa place ce qui prit quelques dizaines de minutes. Mais Labro n'en était pas au bout de ses surprises. Une nuit, il fut réveillé par un coup de téléphone d'un Belmondo affolé. L'acteur, affirmait-il, avait un peu trop forcé sur l'alcool et se trouvait au poste de police pour tapage nocturne. Seul Labro pouvait le sortir de cette mauvaise passe. Mais le cinéaste ne fut pas dupe et affirma qu'il ne tomberait jamais dans le panneau. Il raccrocha. Aussitôt Jean-Paul rappela. Même scénario et même réaction de la part du réalisateur qui reposa le combiné. Après cinq nouveaux appels ce fut un policier italien qui téléphona à Philippe Labro. Ce dernier se demanda s'il s'agissait d'un véritable agent ou d'une des imitations dont Belmondo a le secret. Pris d'un doute il se leva, s'habilla et se rendit en pleine nuit dans ce commissariat de la lointaine banlieue romaine. Lorsque le taxi déposa Labro il se rendit compte qu'il avait été la victime d'un gigantesque canular !

Autre canular, d'une facture plus classique dans la carrière de Belmondo : il vida entièrement la chambre de Charly Koubesserian, en passant tous les objets par la fenêtre. Le directeur de l'hôtel entra dans une rage folle et s'en prit au maquilleur. « Monsieur, lui répondit ce dernier, pourquoi voulez-vous que je jette mon propre lit ? J'aurais peut être jeté le lit d'un autre mais pas le mien. » Le directeur n'en avait pas fini avec ces deux lascars puisque, à l'approche de Noël, ils s'amusèrent à faire tomber en spirale du papier hygiénique sur l'immense sapin qui trônait dans le hall de l'hôtel. L'arbre se retrouva ainsi joliment décoré avec du papier toilette !

Cet humour constant ne devait pas faire oublier les incertitudes qui tiraillaient Belmondo, car même après avoir accepté le personnage de Bart Cordell il continua de se poser des questions.

« Il a eu des réticences pendant tout le tournage, rapporte Labro. Il s'interrogeait. Il n'était pas certain d'employer le ton qui convenait, il se demandait s'il était bien dans son rôle, car effectivement il avait été habitué à un certain genre de rôles qui étaient, en gros, les voyous sympathiques dans des polars bien faits ou les clowns dans des comédies échevelées. Il s'est posé des questions jusqu'au dernier jour, jusqu'à la sortie. Il a attendu avec beaucoup d'anxiété qu'on lui dise que c'était un triomphe et alors il a commencé à être soulagé. Moi, en revanche, j'ai toujours été certain de la réussite de Belmondo. Ça me semblait une évidence. »

Philippe Labro ne s'était pas trompé en annonçant que le public suivrait Belmondo dans son costume de *L'Héritier*. Si le film ne connut pas les envolées au box-office de *Borsalino*, ni du *Casse*, il séduisit une très large frange de spectateurs qui furent plus de deux millions, en France à l'apprécier en salles. Depuis, le film a été à de nombreuses reprises diffusé à la télévision, atteignant à chaque fois des « audimats » remarquables.

« C'était un film un peu en avance sur son temps, constate le cinéaste, parce que au fond j'y décrivais ce que sont devenus, vingt ans plus tard, certains patrons d'entreprise français. Mais à l'époque, la Jaguar avec le téléphone, les jets privés, cette façon de vivre, tout ce luxe, toute cette aisance, cette rapidité dans les déplacements étaient très inusités et les gens y ont même vu une caricature, une bande dessinée, alors que c'est comme cela que vivaient déjà les magnats du Texas et autres patrons de presse américains. On m'a aussi beaucoup reproché la mort de Bart Cordell à la fin du film ; j'ai même eu la réflexion de quelqu'un qui m'a dit : ''Tu le fais mourir, tu perds 100 000 entrées !'' Pour moi Bart Cordell était un héros tragique et comme tel il devait mourir. » Parmi les inconditionnels du film : Jean-Pierre Melville.

« Jean-Pierre Melville était l'un de mes amis les plus intimes, raconte Labro. Je peux vous dire authentiquement que Jean-Pierre adorait Belmondo, qu'il l'admirait et qu'il a été amicalement jaloux que j'ai pu faire *L'Héritier* avec lui. Il était passionné par cette personnalité unique qu'est Jean-Paul. Ma plus grande joie de cinéaste a été le jour où j'ai montré la copie zéro de *L'Héritier* à Melville. Nous étions seuls dans une salle de projection de la rue de Ponthieu, personne n'avait vu la copie finale avant lui. C'était un cadeau que je lui faisais tellement cet homme m'avait aidé et aimé. Je voulais l'épater, l'étonner. Quand la lumière s'est rallumée dans cette salle, je m'en souviendrai longtemps, Melville était muet, interloqué, fou de joie pour moi et pour Jean-Paul. » Philippe Labro conclut : « *L'Héritier* demeurera l'un des plus beaux souvenirs de ma vie de cinéaste. »

Avant d'enchaîner sur son film suivant, Jean-Paul Belmondo étudia un scénario d'Alain Jessua intitulé *Le Vieux Gamin*. Il s'agissait d'un personnage de quadragénaire farceur et cavaleur qui ne cesse de chahuter parce qu'il se sent incapable de vieillir. Un personnage qui collait littéralement à la peau de l'acteur qui, séduit, attendit de lire le scénario définitif avant de donner son accord. Lorsqu'il lui parvint, Jean-Paul s'aperçut bien vite que le rôle manquait quelque peu de consistance et l'histoire d'assises solides. Dans le même temps le persévérant Jean-Michel Rouzière, directeur de plusieurs théâtres parisiens, le contacta pour interpréter sur les planches *Vol au-dessus d'un nid de coucous*. Créée aux États-Unis, une dizaine d'années auparavant, cette pièce qui se déroulait exclusivement dans un asile d'aliénés avait connu un gros succès grâce notamment à la performance de Kirk Douglas (avant que Jack Nicholson ne reprenne le rôle au cinéma). Rouzière insista auprès de Belmondo pour qu'il crée la pièce à Paris, mais l'acteur répondit que s'il devait effectuer son retour sur scène, ce qu'il espérait sincèrement, il choisirait une comédie. Le rôle fut alors repris par Michel Creton.

L'infatigable sens de l'humour, dont Jean-Paul Belmondo avait fait preuve sur *L'Héritier*, n'avait guère eu l'occasion de s'exprimer sur grand écran dans une pure comédie ces dernières années. Grâce à l'auteur Francis Veber, arriva sur son bureau un scénario en or qui lui permettrait d'interpréter à la fois François Merlin, un petit écrivain amoureux de sa voisine et Bob Saint-Clar, un superbe agent secret que rien n'arrête, ou presque. L'idée de base, diaboliquement amusante, avait transité par les productions Ariane c'est-à-dire par Alexandre Mnouchkine qui y vit aussitôt l'occasion d'un nouveau film pour Philippe de Broca. Le producteur et le metteur en scène venaient en effet de tourner deux films ensemble et se trouvaient à la recherche d'une comédie alerte et originale. Philippe de Broca remania le scénario de Veber changeant, par exemple, le décor de l'univers de Merlin qui, d'un appartement moderne passa à un vieux logement dans le Marais. De Broca et Jean-Paul Rappeneau retravaillèrent la plupart des gags non dans leur nature même mais dans leurs prolongements, voire dans leur mise en situation. Puis de Broca hésita sur son titre. *Raconte-moi une histoire* fut un temps envisagé, mais chacun préféra de beaucoup *Comment détruire la réputation du plus célèbre agent secret du monde ?*, la mode étant aux titres longs. Hélas ! il fut abandonné au profit du plus clinquant *Le Magnifique*. De Broca fut ravi d'avoir enfin mis la main sur un scénario qui lui permettrait de retravailler avec Belmondo. Depuis six ans ils n'avaient pas arrêté d'échafauder des projets ensemble, mais aucun n'avait vu le jour soit parce que l'acteur n'était pas emballé soit parce que les dates de tournage ne convenaient pas. Cette fois *Le Magnifique* semblait promis à un bel avenir.

« C'était vraiment un scénario très astucieux qui reposait entièrement sur l'idée de Veber, remarque Philippe de Broca. Le rôle était vraiment écrit pour Jean-Paul ravi de jouer ce crétin au sourire étincelant et ce pauvre type d'écrivain. »

Le 26 mars 1973 démarrait le tournage. Pour Jean-Paul il s'agissait de son troisième film en douze mois alors qu'il avait assuré qu'il ne souhaitait pas tourner plus d'une production par an. Interrogé, il s'amusa à répondre que sachant son percepteur malheureux il avait accepté ce nouveau film afin que le pauvre homme vît ses caisses se renflouer ! Alexandre Mnouchkine eut l'idée de placer face à Belmondo une belle actrice de dimension internationale : Jacqueline Bisset.

« C'est moi qui ai insisté beaucoup sur Bisset, explique Mnouchkine, et Jean-Paul était tout à fait d'accord, alors que Philippe on a dû le violer un peu, mais après ça s'est admirablement passé. Ils étaient très copains. Elle a été charmante. Il n'y avait pas beaucoup de femmes comme elles, c'était une vedette en Amérique et j'avais espoir de distribuer le film en Amérique, et en plus de cela elle venait de faire un film avec Truffaut où elle était admirable. C'était une vedette qui me plaisait bien et qu'on pouvait mettre à côté de Jean-Paul sans qu'elle soit ridicule. »

Une grande partie des prises de vues eut lieu dans le cadre enchanteur du Mexique : Acapulco et Mexico — notamment le splendide hôtel Princesse, refuge des milliardaires américains —, mais aussi les pyramides de Teotihuacan et la gigantesque plage déserte de Puerto Vallarta. Les Films Ariane et Cerito Film qui coproduisaient cette œuvre mirent le paquet financièrement et laissèrent Philippe de Broca aller jusqu'au bout de ses envies. Mais en dépit de ces sites enchanteurs, le tournage eut du mal à trouver ses marques.

« J'avais repéré Acapulco la saison des pluies avec des fleurs partout, avec des palaces américano-mexicains où les piscines étaient transformées en jungle qui sentait l'eau de Javel, explique Philippe de Broca. Tout ce côté James Bond me plaisait énormément. Mais quand nous sommes retournés là-bas pour filmer, j'étais effondré parce que nous étions en saison sèche : il n'y avait plus que des palmiers avachis, une végétation toute grise, moche, assoiffée. Je ne savais plus où foutre la caméra. En plus, le laboratoire qui nous développait la pellicule a rayé le négatif. Là-dessus, Jean-Paul s'est fait une entorse grave. Il y a eu un moment de déprime. Mnouchkine a envoyé le chef-opérateur régler les problèmes de pellicule à Mexico, il a fait se reposer Jean-Paul, et moi je suis parti à Puerto Vallarta préparer la suite. Quand nous nous sommes retrouvés ça a été formidable, tout a été bien ensuite. »

Effectivement au cours d'une cascade Jean-Paul dut sauter d'une voiture en marche et atterrir sur une pile de cartons destinés à amortir sa chute. Malheureusement les cartons avaient été mal placés et Belmondo se reçut fort mal. Il souffrit d'une foulure à la cheville gauche et d'une élongation du tendon qui l'obligèrent à marcher plâtré quelques jours.

Regonflée à bloc après cette pause forcée, l'équipe s'en donna ensuite à cœur joie. Pour les scènes de fusillade le cinéaste utilisa pas moins de dix mille balles de mitrailleuse et de revolver et plus d'une demi-tonne d'explosifs, presque autant que pour *Le Jour le plus long* !

Le Mexique donna des ailes à la folie dévastatrice de Jean-Paul Belmondo. Comme au bon temps de *L'Homme de Rio*, il ne se passa pas une journée sans qu'il fît une plaisanterie comme celle de ramasser une vieille femme ivrogne dans la rue, de la placer dans le lit de Charly Koubesserian, de pousser celui-ci dans la pièce et ensuite de fermer la porte à clef et même, pour plus de sécurité, de clouer carrément la porte.

« Jean-Paul sait quand ses chahuts peuvent être dangereux pour le film, souligne néanmoins Alexandre Mnouchkine. Il sait s'arrêter. C'est un homme très professionnel. Quand cela risque de gêner le tournage il ne fait aucune blague, il est très sérieux. Il connaît admirablement son texte. Il se fâche si par hasard il se trompe. Il peut être très furieux contre lui-même. »

Au Mexique, Jean-Paul Belmondo fêta son quarantième anniversaire. L'occasion pour une java qui entraîna toute l'équipe du film. Après un repas déjà fortement détendu, vers trois heures du matin, le délire commença à s'installer : les assiettes volèrent dans la piscine, puis les chaises, puis les tables, puis tout ce qui tombait sous la main des noceurs. Le lendemain, la star alla voir le directeur de l'hôtel et lui signa un chèque pour le rembourser de tous les dégâts provoqués par cet anniversaire mémorable. Le directeur, sans aucune ironie, le remercia et ajouta : « J'espère que vous vous êtes bien amusé, monsieur Belmondo... » Ce tournage au Mexique consolida les liens professionnels, amicaux et admiratifs unissant Belmondo et de Broca.

« C'est un vrai plaisir d'imaginer une scène pour Jean-Paul et de la lui voir jouer parce que quand il la tourne elle est vingt fois mieux, explique Philippe de Broca. Le nombre de fois où, alors que je connaissais le texte pour l'avoir écrit, il parvenait à m'étonner en le jouant, me faisant éclater de rire ! Car avec lui ce sont des éclats de rire constants. Je me souviens d'un cadreur qui se tordait de rire en regardant Jean-Paul, à tel point qu'il loupait des plans. Il me disait, par ailleurs, que Jean-Paul est fabuleux parce qu'il se cadre tout seul. Il a un sens très technique pour placer ses répliques, il ne pose aucune question sur l'endroit où se mettre et se place toujours à l'endroit exact. En plus de tout cela Belmondo a un charme fou. Il me fait rire parce que dans la vie il se moque beaucoup de lui même. Il est à hurler de rire. Dès que je le vois, je fonds. »

Plus tard, à Paris, où furent tournées, notamment dans le Marais, toutes les séquences avec François Merlin, Jean-Paul dut sauter de toit en toit dans le quartier de la Bastille pour finir par traverser une verrière. La vitre d'origine avait été préalablement remplacée par du verre chirurgical réputé moins tranchant. Mais l'acteur ne savait pas que la seule manière de ne pas se blesser en traversant du verre chirurgical est de sauter les talons bien en avant. Une leçon qui lui valut dix-sept points de suture à la cuisse ! En studio furent également filmées diverses scènes dont la fameuse montrant des centaines de litres de sang couler le long d'un décor typique des films de James Bond. Pour ce passage de Broca utilisa du sang animal ce qui, vu la quantité nécessaire, dégagea une tenace odeur pestilentielle. A tel point qu'il fallut plusieurs mois pour la faire disparaître totalement. L'équipe de tournage qui occupa les studios à la suite du *Magnifique* fut, à son tour, fortement incommodée pendant quelques semaines. En dépit de ces incidents, le tournage du *Magnifique* baigna dans une bonne humeur constante rappelant la belle époque de *L'Homme de Rio*.

En parodiant l'univers clinquant de James Bond et en caricaturant la solitude de l'écrivain, les auteurs du *Magnifique* firent feu de tout bois, décochant parfois quelques flèches trempées dans l'acide particulièrement bienvenues. De plus, comme chacun le sentit avant même les premières prises de vue, Jean-Paul Belmondo était fait pour ces deux rôles, poussant chacun d'eux dans ses extrêmes avec un suave ravissement. Pourtant, lorsque Francis Veber vit le montage final, il estima que son scénario avait été trahi et, sans pour autant porter de jugement sur le film lui-même, demanda que son nom fût retiré. En conséquence le générique du *Magnifique* est l'un des rares de l'histoire du cinéma français à ne comporter aucun nom de scénariste !

Le Magnifique sortit soutenu par une vaste campagne de promotion d'un budget de cinq cents mille francs (au même moment sortait *Mon nom est personne*, production Sergio Leone, bénéficiant d'un budget publicitaire d'un million de francs). *Le Magnifique* avec ses 2 803 412 entrées en France se classa parmi les plus gros succès de l'année 1973 derrière *L'Emmerdeur* et… *Mon nom est personne*. L'année se trouvait d'ailleurs placée sous le signe de l'humour puisque le grand triomphateur fut *Les Aventures de Rabbi Jacob*.

19

HAUT VOL

Depuis plusieurs années, Jean-Paul Belmondo caressait l'envie d'interpréter un escroc de haute volée, sorte de gentleman cambrioleur agissant avec brio et une certaine pointe de cynisme. Bien entendu il pensa à Arsène Lupin, mais, en ces années 1970, le célèbre héros inventé par Maurice Leblanc connaissait une forte notoriété sur le petit écran, et Belmondo n'avait aucune envie de rivaliser avec la télévision Son imprésario et ami Gérard Lebovici lui parla alors de Stavisky, personnage énigmatique de l'entre-deux-guerres qui escroqua des fortunes sans jamais se servir d'une arme.

Stavisky était né à Slobodka, en Russie, le 20 novembre 1886 et avait monté un véritable empire sur du vent en utilisant toute une foule de pseudonymes puis en agissant à visage découvert. En décembre 1933, avait éclaté un scandale financier sans précédent provoqué par la découverte de faux bons du Crédit municipal de Bayonne. De nombreuses personnalités, députés, ministres, journalistes, furent impliquées dans cette gigantesque affaire. Au cœur de l'énigme : l'étrange Alexandre Stavisky. Or, ce même Stavisky fut retrouvé « suicidé » le 8 janvier 1934, un trou dans la tempe droite, mais le revolver dans la main gauche ce qui fit écrire au *Canard enchaîné* « Suicidé d'un coup de revolver qui lui a été tiré à bout portant ! » Jean-Paul fut séduit par l'idée de personnifier ce personnage hors du commun et voulut en savoir plus sur cet homme à la fois célèbre et méconnu. Une historienne, Georgette Elgey, avait compulsé une imposante documentation d'où elle avait tiré un résumé pertinent qui pouvait servir d'inspiration à un scénario. D'ailleurs, Sergio Leone lui même avait envisagé de se servir de cette base pour monter une grosse production dont il comptait confier la responsabilité à Francesco Rosi, Damiano Damiani, voire Vittorio de Sica. Belmondo, à son tour, ayant vent de cette base historique, racheta au producteur Pierre Hebey, le premier qui avait envisagé de transformer cette histoire en film, le travail de l'historienne et fut conforté dans son idée que Stavisky constituait un personnage passionnant à suivre et à interpréter. L'acteur-producteur décida de prendre toutes les choses en main et de monter lui-même le projet de A à Z, même s'il demanda l'aide d'Ariane Films.

Le budget total du film, réparti à 80 % pour Cerito et 20 % pour Ariane, fut fixé à neuf millions de francs dans lesquels ne fut pas comptabilisé le cachet de Jean-Paul. Le tournage, quant à lui, fut programmé pour dix-sept semaines. Au nom de Belmondo, Gérard Lebovici contacta Jorge Semprun, remarquable scénariste, dont Lebovici était par ailleurs l'agent, et lui transmit le travail effectué par Georgette Elgey en vue d'écrire une histoire solide autour de Stavisky et de son époque. Semprun s'attela à cette tache avec passion, repoussant dès le départ l'idée de faire une biographie de l'escroc c'est-à-dire de couvrir toute sa vie. Au contraire Semprun souhaita parler des dix derniers mois de l'existence de Stavisky qui au faîte de sa carrière se retrouva victime d'une succession de complots qui le poussèrent à se réfugier dans une cabane de montagne où la police le retrouva « suicidé ». A cette même époque, le 15 juin 1972, Semprun rencontra son ami Alain Resnais de retour des États-Unis. Tous deux parlèrent projets.

« J'ai demandé à Semprun : "Qu'est-ce que vous faites en ce moment ?", raconte Alain Resnais. Il m'a répondu : "Je vais sans doute écrire un scénario sur Stavisky." J'ai dit, un peu comme une plaisanterie : "C'est un sujet pour moi ! Stavisky est un personnage que je connais bien." Nous avons parlé d'autre chose mais ça a alerté sans doute l'esprit de Semprun qui a téléphoné à Gérard Lebovici qui m'a fait venir et m'a demandé : "Vous accepteriez de faire un film sur Stavisky ?" J'ai dit : "A priori oui, s'il y a un producteur qui est d'accord et si Semprun en est le scénariste." Ça a démarré là-dessus. Mais je dois préciser qu'à ce moment-là personne ne m'avait encore parlé de Jean-Paul Belmondo. C'était un projet sans nom d'acteur derrière. Très rapidement, nous avons commencé à parler distribution. Et Gérard Lebovici m'a demandé : "Belmondo, ça vous plairait de travailler avec lui ?" J'ai répondu : "Évidemment, si lui m'accepte comme metteur en scène, si on s'aime, cela m'intéresse." Mon élan de cinéphile me poussait vers Belmondo dont j'aime beaucoup le jeu et dont j'avais aimé beaucoup de films. Cela dit, je continuais à chercher très sérieusement l'interprète du film. J'ai des cahiers dans lesquels je mets tous les noms des gens avec qui j'ai envie de travailler. Je consulte toujours ce cahier avant un tournage parce que dans les conversations on oublie toujours des noms et, souvent, le principal ! Je procède toujours à cette vérification. Et je suis arrivé à la conclusion que Stavisky était quelqu'un à qui on ne pouvait pas dire non, c'était pour moi la clef du personnage. Stavisky était extrêmement sympathique et personne ne pouvait lui refuser quelque chose quand il le demandait avec sa main tendue et son sourire. Donc Jean-Paul Belmondo arrivait dans ma tête en position numéro un. C'est devenu mon choix tout à fait délibérément. Jean-Paul, quand il sourit, on ne peut rien lui refuser, c'est pour cela qu'il était l'interprète idéal pour le rôle. J'ai pensé aussi à Delon, bien sûr, mais, à mon avis, Delon aurait imposé l'idée d'un personnage dangereux, dont on se méfie alors que Stavisky doit inspirer confiance. Je sais que Delon, quand il sourit, peut être très sympathique, mais je ne le sentais pas dans le rôle alors que je sentais très bien Jean-Paul. »

Dès que Resnais eut donné son accord de principe, Semprun et Lebovici décidèrent d'organiser une rencontre entre l'auteur de *Hiroshima mon amour* et l'acteur de *Docteur Popaul*. Pour beaucoup cela s'annonçait comme une union contre nature, et personne ne donnait très cher d'une éventuelle association Belmondo-Resnais.

« Je me souviens de la première rencontre avec Jean-Paul, rapporte Resnais. Nous étions tous les deux assez intimidés. C'était vraiment comme une demande en mariage où on est là en train de se demander à qui on a été fiancé et si ça va marcher. Mais au bout de dix minutes je me sentais très heureux d'être près de lui. »

Jean-Paul avoue qu'il avait ressenti une certaine anxiété à l'idée de bavarder avec Resnais dont tout le monde lui avait dit que l'univers se trouvait à mille lieues du sien. Mais tout le monde se trompait. Les deux hommes commencèrent à parler cinéma et virent qu'en fait ils possédaient de nombreux îlots communs dont Sacha Guitry et Jules Berry et le même amour du spectacle. Puis ils parlèrent bandes dessinées, chacun trouvant en l'autre un spécialiste éclairé. Enfin, bien sûr, ils en vinrent à parler de Stavisky lui-même. Tous deux étaient fascinés par son côté « grand faiseur », bluffeur de génie, escroc de haut vol. Mais tous deux avaient également relevé l'aspect « comédien » de Stavisky, le fait qu'il arrivait à se mouler dans différents personnages et là aussi, d'une certaine manière, on en revenait à Jules Berry. Stavisky avait, enfin, un côté qui le rendait sympathique aux yeux des deux hommes de cinéma : il aimait le spectacle, avait participé à la production de films en 1927 et 1928 puis alla même jusqu'à acheter le théâtre de l'Empire. Posséder son propre théâtre, quel beau rêve ! se dit Jean-Paul. La discussion continua, détendue, Resnais ne se cacha pas pour dire que s'il n'avait pas aimé tous les films auxquels avait participé Belmondo il gardait une tendresse toute particulière pour *A bout de souffle* qui l'avait bouleversé mais aussi pour *Léon Morin, prêtre* et *Le Voleur*. A l'issue de cette entrevue capitale tout allait pour le mieux et le film se trouvait désormais sur des rails.

« C'était courageux pour Jean-Paul de m'engager alors que je n'avais pas tourné depuis trois ans », souligne Alain Resnais. Semprun et Resnais peaufinèrent le scénario, puisant notamment des anecdotes dans le livre de souvenirs de Joseph Kessel, *Stavisky, l'homme que j'ai connu*, publié en 1934. D'ailleurs Semprun et Resnais envisagèrent de démarrer le film sur Kessel qui servirait de narrateur. Mais le romancier qui ne souhaitait pas voir son visage apparaître sur grand écran repoussa l'offre. Parmi les sources d'inspiration figurèrent également les écrits de Colette qui côtoya l'escroc. Dans un article tout à fait passionnant Colette avait ainsi expliqué que ce qui caractérisait Stavisky était son extraordinaire jeunesse qui émanait de tout son corps, de tous ses actes. Aux yeux de l'écrivain, la mort n'avait d'autre choix que de venir le cueillir dans la force de l'âge, car Stavisky était un homme qui aurait refusé de vieillir. Une autre des caractéristiques propres à Stavisky, l'une des facettes de son charme, était de pouvoir fréquenter des artistes, des écrivains et même de sympathiser avec eux, tout autant que des hommes d'affaires et des politiciens de haut rang.

« Semprun s'est beaucoup documenté, remarque Alain Resnais. Il a fait venir toutes les minutes des procès qui ont suivi la mort de Stavisky, ce qui représentait une pleine malle de photocopies. Moi, j'ai lu la documentation fournie par Jean-Michel Charlier qui préparait un documentaire sur Stavisky pour la télévision. Je me suis axé sur le côté sentimental de Stavisky et notamment cet article de Colette qui disait que cet homme était obsédé par la perte de sa jeunesse. Il dormait avec des escalopes de veau sur les joues parce que ça régénère les tissus. Je l'ai vu d'une manière romantique et non sous l'aspect "l'affaire Stavisky". »

Constatant, dès lors, que Stavisky se tenait au centre du Paris des années 30, Semprun avança l'idée audacieuse d'introduire dans la narration le personnage de Trotski. Non point que Trotski et Stavisky se fussent rencontrés mais le fait qu'ils vécurent à la même époque à quelques kilomètres l'un de l'autre permettait de tracer un fort intéressant parallèle. De plus, le propre destin de Trotski fut, aux yeux du scénariste, influencé par toute l'affaire Stavisky. Semprun alla même plus loin et estima que cette affaire se trouvait étroitement liée aux origines du Front populaire. Un passage du dialogue du film établit bien ce rapport : « Sans Stavisky pas de 6 février. Sans l'émeute fasciste du 6 février, devant laquelle Daladier capitula, pas de gouvernement d'Union nationale. Sans gouvernement d'Union nationale, pas d'expulsion de Trotski. Donc sans Stavisky... » Auparavant l'auteur de ces propos, interprété par Jacques Spiesser, déclarait : « Voilà, ils vont expulser Trotski. Mais c'est en France que la bataille contre le fascisme va se décider. Trotski ne sera plus là. Sans lui nous allons nous éparpiller ! C'est fou quand même que Stavisky ait provoqué cela ! »

« L'idée de Trotski, explique Resnais, venait de Semprun qui savait que j'aimais les films à deux vitesses, deux récits qui s'interpénètrent, comme la fugue ou le prélude en musique. Semprun m'a demandé si j'acceptais que la seconde histoire soit celle de Trotski. J'ai dit oui. Ça me plaît bien cette idée que telle personne fait tel geste à tel endroit et transforme la vie d'un autre qu'elle ne connaît absolument pas. »

Semprun et Resnais se détachaient sensiblement de la simple biographie d'un escroc de haute lignée pour écrire un film d'une plus grande envergure sans jamais tomber dans la démonstration politique. Lorsque, à la demande de Resnais, Semprun chercha une phrase à placer en exergue du film, il opta pour celle-ci signée Jean-Paul Sartre : « Les aventuriers feront flamber l'énorme entrepôt de marchandises qu'est la société bourgeoise et pour finir ils se jetteront dans les flammes. » Semprun et Resnais élargirent tellement leur propos que leur script put être lu comme une fable sur le mensonge de la bourgeoisie, un pamphlet sur la corruption à tous les niveaux, une dénonciation sur la collusion entre l'argent et le pouvoir, une mise à nu des rapports ambigus entre la police et la pègre, un réquisitoire contre l'hypocrisie installée, mais aussi une histoire d'amour, sans oublier l'aventure personnelle d'un homme passionné et solitaire. Semprun et Resnais signèrent un scénario d'une richesse infinie, un outil de haute valeur.

Tandis que le projet se montait, Jean-Paul commença à lire pratiquement tous les livres consacrés à Stavisky et à son époque. Il ne s'agissait pas pour lui de coller à la réalité et encore moins d'essayer de singer l'escroc mais de se tremper dans l'atmosphère de l'avant-guerre.

« Pour le rôle, les documents historiques ne m'intéressaient pas, déclare Belmondo. Savoir si Stavisky se grattait l'oreille ou clignait de l'œil, rencontrer des témoins : quel intérêt ? Le métier d'acteur ce n'est pas de copier, c'est d'inventer, de recréer un personnage. Si on veut une copie conforme de la réalité, il faut prendre un imitateur, il fera ça très bien. »

Alain Resnais partageait complètement cette conception. Lui non plus ne souhaitait pas faire un film historique au sens strict du terme. De toute façon, hormis le charme qui émanait de leurs personnes, Stavisky et Belmondo se ressemblaient fort peu. L'escroc mesurait sept centimètres de moins que l'acteur et n'avait pas sa carrure athlétique, bien au contraire. Semprun expliqua pour sa part à différentes reprises qu'il n'avait aucunement souhaité effectuer un travail rigoureusement historique, précisant au passage que le scénario et le film ne sont que des œuvres de fiction articulées sur le réel.

« Je suis parti du principe que la ressemblance physique n'avait aucune importance, commente Alain Resnais. J'étais influencé en cela par les films américains où la ressemblance physique avec le personnage est toujours très lointaine. De plus, dès le départ, je pensais bien qu'avec Semprun nous ne ferions pas une biographie de Stavisky et encore moins un documentaire. »

En fait au lieu de filmer l'histoire de Stavisky, Alain Resnais chercha à filmer la légende Stavisky. Jean-Paul Belmondo et Alain Resnais établirent ensemble la composition de la distribution qui comprit Charles Boyer, François Périer, Claude Rich, Michael Lonsdale, Pierre Vernier, Michel Beaune, Jacques Spiesser, Marcel Cuvelier et même, dans un court rôle, Gérard Depardieu. Pour incarner Arlette, la femme de Stavisky, Alain Resnais pensa immédiatement à Anny Duperey qu'il avait remarquée au théâtre dans *Le Misanthrope* et au cinéma dans *Deux ou trois choses que je sais d'elle* de Jean-Luc Godard. En définitive l'une des seules exigences du cinéaste dans ce domaine fut la présence de Charles Boyer, ce qui enthousiasma Belmondo.

« La rencontre Boyer-Belmondo m'intéressait beaucoup, me stimulait sans doute plus encore que l'histoire de Stavisky elle-même, explique Alain Resnais. Jean-Paul tournait en extérieur et j'allais lui proposer ses partenaires, comme je fais toujours avec un acteur central. Lui m'a suggéré quelques personnes qui me plaisaient bien et tout s'est fait d'un commun accord. Je ne me souviens pas d'un quelconque désaccord sur un nom. En ce qui concerne Anny Duperey, il s'est laissé le temps de la réflexion et m'a rappelé le lendemain pour me dire d'accord. De son côté il m'a proposé Michel Beaune et j'étais enchanté parce qu'il était dans mon cahier de noms depuis longtemps. Nous avons choisi ensemble quelques acteurs italiens que nous ne connaissions ni l'un ni l'autre. Quant à Gérard Depardieu c'est moi qui l'ai proposé. Je me servais déjà de Depardieu quand je faisais des bouts d'essai : il venait donner la réplique aux gens que j'auditionnais en sachant que lui ne ferait pas le film. »

Sur le plan de la musique, Resnais avait exigé par contrat la présence du compositeur Stephen Sondheim qui n'avait pourtant jamais travaillé pour le cinéma mais qui signa une partition en harmonie complète avec le ton du film. Puis arriva la préparation du tournage. Resnais souhaita lire et relire le scénario en compagnie de ses principaux acteurs.

« J'ai été voir Jean-Paul chez lui pour deux ou trois séances de lecture, se souvient le cinéaste. J'ai fait la même chose avec les six acteurs principaux. C'est souvent dans ces séances-là que l'on peut voir un acteur buter ou ne pas aimer une réplique. Et, selon les cas, je sers de courroie de transmission avec le scénariste. Souvent, on découvre d'ailleurs que ça n'est pas la réplique elle-même qui est mauvaise, mais que cela vient du fait qu'on avait oublié de préciser quelque chose dans une scène précédente. Le comédien doit être heureux avec son rôle, il ne s'agit pas de lui donner le texte le matin et de lui dire de le jouer comme ça. »

Lorsque tout fut soigneusement mis en place, les prises de vues démarrèrent. Resnais trouva un Belmondo tout à fait disponible sur le plateau. Il trouva également un Belmondo chahuteur ce qui fut pour lui une nouveauté. L'ensemble du tournage de *L'Empire d'Alexandre* — titre sous lequel fut annoncé le film — se déroula dans une excellente ambiance. Car si Resnais ne participait pas personnellement aux blagues il appréciait énormément l'humour dont faisaient preuve la plupart des acteurs. Certaines scènes furent toutefois plus délicates à filmer que d'autres. Ainsi en fut-il d'un passage apparemment fort banal au cours duquel Belmondo/Stavisky devait évoquer des chiffres en rapport avec son escroquerie des bons de Bayonne. A plusieurs reprises il se trompa sur les nombres, ce qui l'énerva passablement. Au bout du compte il finit par s'en sortir.

De manière tout à fait étonnante, depuis qu'il avait commencé à travailler sur le projet et même au moment du tournage proprement dit, Alain Resnais ne savait absolument pas que son acteur central, Jean-Paul Belmondo, était également le producteur du film.

« Jean-Paul a eu un geste très élégant, souligne Alain Resnais : il s'est arrangé pour que je ne sache absolument pas qu'il mettait un sou dans le projet. Pour moi la production c'était Ariane Films, donc Alexandre Mnouchkine. Et tout le monde a été impeccable puisque personne, ni Lebovici, ni Semprun, ni Mnouchkine n'a jamais fait la moindre allusion à cela. Pendant tout le film, donc, Jean-Paul ne m'est apparu que comme acteur. J'ai su, après, par des assistants, que Mnouchkine allait de temps en temps le voir en lui disant. " Jean-Paul, quand même, tu devrais parler à Alain Resnais et lui demander telle ou telle chose'', mais Jean-Paul a toujours refusé d'intervenir. Il disait. ''Non, j'ai fait le pari. Il est le metteur en scène, s'il voit les choses comme ça, ça le regarde, je ne veux pas m'en mêler. J'ai accepté le rôle, j'ai accepté le script, j'ai accepté le type de mise en scène.'' Je n'ai su que vers les trois ou quatre derniers jours de tournage, sans doute par Mnouchkine, que Jean-Paul était le producteur, mais nous n'avons jamais abordé ce problème. Cela m'a fait admirer Jean-Paul encore plus parce que c'est difficile de tenir sa langue. Pourtant, peu auparavant, mon oreille s'était un peu dressée, mais nous devions être à huit jours de la fin. C'était dans la scène avec Gérard Depardieu. Ni Depardieu, ni Jean-Paul ne savait cette scène parce qu'elle avait l'air simple. Mais il n'y avait pas moyen d'y arriver. Alors nous sommes tous partis d'un fou rire nerveux parce que quand l'un arrivait à la dire, l'autre n'y arrivait plus. En rigolant, vers cinq heures du soir, Jean-Paul a dit : ''Voilà une journée qui me coûte cher !'' Mais ça pouvait être interprété de plusieurs manières et, d'ailleurs, je n'ai pas cherché à savoir. »

Là ou certains observateurs avaient un peu rapidement pensé que Belmondo serait obligé d'abandonner son sens de la farce pour mieux se pénétrer du rôle, tous notèrent un Jean-Paul constamment pétulant et jamais avare de canulars. En définitive la seule concession que Belmondo fit par rapport à ses précédents films fut au niveau du maquillage. En effet, afin d'atténuer le bronzage resplendissant de l'acteur qui risquait de trancher avec le ton du film, Charly Koubesserian lui concocta volontairement un visage plus pâle qu'habituellement et conseilla à Jean-Paul ne plus s'exposer au soleil. Hormis cela, Jean-Paul resta tel qu'en lui-même et ce tournage fut d'ailleurs l'objet de l'une des plus célèbres blagues de toute sa carrière de chahuteur. Alors que toute l'équipe se trouvait à Biarritz, Jean-Paul, revenant d'une soirée bien arrosée, réunit autour de lui son ami Charly Koubesserian et son frère Alain Belmondo pour un canular de très grande envergure. En pleine nuit ils portèrent leur choix sur une énorme armoire à glace se trouvant au deuxième étage et décidèrent de la monter au quatrième. Vu la dimension du meuble il était impossible de la mettre dans l'ascenseur. Alors le trio dut passer par l'escalier, ce qui se révéla un travail herculéen. Les trois amis tâchèrent de ne pas faire trop de bruit afin de ne pas réveiller des clients et risquer d'éventer leur blague. Au bout du compte, ils amenèrent le volumineux objet jusque devant la porte de la chambre où François Perier logeait avec sa femme. Là ils collèrent l'armoire de telle sorte que la glace se trouvât exactement en face de la porte. Puis les trois compères grimpèrent sur le sommet du meuble et à l'aide d'un morceau de bois tapèrent à la porte. Il était trois heures du matin. Alertée, la femme de François Perier réveilla l'acteur. Un peu hébété Perier se leva, se dirigea vers la porte, l'ouvrit et se retrouva face à son propre reflet. Après un moment d'étonnement il referma calmement la porte. « Qui était-ce ? » s'enquit sa femme depuis son lit. « Ne t'inquiète pas, ce n'était que moi », répondit François Perier en se recouchant !

Bien entendu cet hôtel de Biarritz connut les inévitables déménagements de chambres, celles du deuxième étage se retrouvant au troisième et vice versa, ce qui fit que personne ne savait plus où il habitait. « Ce n'était pas du vandalisme, souligne Charly Koubesserian, mais un chahut de galopins. »

Les élucubrations de ces professionnels du cinéma ne furent pas trop appréciées par le veilleur de nuit qui, agacé par le bruit qui régnait dans l'hôtel chaque nuit, finit par décrocher son fusil de chasse et par menacer la fine équipe. Alain Belmondo, habile négociateur, parlementa au nom du groupe et parvint à ramener le brave homme à de plus sages résolutions.

Dans cette ambiance à la fois professionnelle et bon enfant avança plan par plan le tournage de *L'Empire d'Alexandre*. Chose rare dans le cinéma français, Alain Resnais filma toutes les scènes qu'il avait préalablement imaginées au moment de l'écriture du scénario. Toutes sauf une, très courte, qui devait intervenir dans les dernières minutes de projection. Elle montrait un ouvrier du musée Grévin installant la statue de cire de Stavisky. Mais Resnais dut renoncer à cette scène car, si effectivement Belmondo se trouvait représenté par une statue de cire au musée Grévin c'était tous les traits d'un truand sympathique et souriant, ce qui ne correspondait pas tout à fait à la gravité que recherchait Resnais. Durant toutes les prises de vues, ce dernier s'était attaché à un parti pris de mise en scène qu'il suivit jusqu'au bout, essayant de retrouver un découpage technique proche des films de l'époque de Stavisky, donc des années 30, avec beaucoup de plans éloignés.

En cinéaste pointilleux et méthodique, il alla à fond dans certaines de ses envies comme celle de filmer une hermine blanche dans la neige, ce qui, techniquement, relève du casse-tête, ou de réaliser la mort de Stavisky sur les lieux de l'action.

« Nous avons tourné dans le vrai chalet, confirme Resnais, ce qui d'ailleurs n'était pas très spectaculaire. Pour avoir l'image dramatique souhaitée, il aurait sans doute mieux valu un autre chalet, mais ça nous plaisait l'idée d'être dans l'endroit réel. »

Finalement le film représenta exactement ce que le cinéaste avait espéré jusque et y compris dans l'interprétation de Jean-Paul.

« J'ai le souvenir, commente Resnais, que, chaque fois que je demandais une autre orientation à une phrase ou un autre regard, il me le donnait. Jamais Jean-Paul ne m'a demandé de prendre tel ou tel angle. Une seule fois il m'a dit : "Là, je manque de présence à cause de l'angle de la caméra", et il avait absolument raison. Nous avons retourné la scène sous un autre angle et au montage j'ai utilisé l'angle qu'il voulait. Des gens m'avaient dit que Belmondo était difficile, qu'il avait mauvais caractère, mais j'avais entendu les mêmes choses, et même bien pire sur Yves Montand qui a été un ange d'un bout à l'autre de *La Guerre est finie*. »

L'Empire d'Alexandre fut achevé de tourner en janvier 1974, c'est-à-dire quatre mois avant le festival de Cannes. La presse ayant déjà beaucoup parlé de ce film, il semblait partir gagnant pour représenter la France à la célèbre compétition cinématographique. Alain Resnais boucla son montage en un temps record. Entre-temps *L'Empire d'Alexandre*, titre légèrement sibyllin, devint tout simplement *Stavisky*. Bizarrement, ce titre ne plut pas à tous les exploitants qui, trouvant qu'il sonnait trop russe, le jugeaient anticommercial.

« *L'Empire d'Alexandre* n'était pas, à mes yeux, un bon titre, estime Alain Resnais. Jean-Paul disait : "Les gens vont croire qu'il s'agit d'un péplum !" Moi j'aurais apprécié *Alexandre le bien-aimé*, mais il y avait déjà eu *Alexandre le bienheureux* d'Yves Robert, qui était une comédie. Un autre titre me plaisait bien, mais était un peu trop en avance sur son temps : *Biarritz-Bonheur*. A l'époque on ne pouvait pas défendre sérieusement ce titre et le distributeur a dit, à huit jours de la fin du tournage. "Je ne le prends que si ça s'appelle *Stavisky*." Comme je n'avais rien d'autre à défendre, j'ai accepté. Mais j'ai alerté tout le monde sur les dangers d'appeler un film *Stavisky* alors que nous ne traitions pas de "l'affaire". D'ailleurs des critiques dans leur article parlaient du film en l'intitulant *L'Affaire Stavisky*. Jean-Paul, lui, me répondait : "De toute manière, on se fera descendre, *Stavisky* ou pas !" »

Cette production d'envergure fut bel et bien sélectionnée pour représenter la France à Cannes, en même temps que *Les Autres* d'Hugo Santiago et *Les Violons du bal* de Michel Drach. Cette année-là le jury fut présidé par René Clair et comptait dans ses rangs Jean-Loup Dabadie et Monica Vitti.

Ce fut avec une impatience non feinte que les festivaliers cannois attendirent la venue de ce film. Le 14 mai 1974, veille de la sortie nationale, *Stavisky* fut, donc, officiellement présenté à Cannes. Jean-Paul Belmondo se déplaça pour défendre « son » film. En fait, il ne passa que quelques heures sur la Croisette, au bras de Laura Antonelli. Claude Rich, Anny Duperey et, bien entendu, Alain Resnais vinrent également soutenir ce film. Belmondo, avant même son arrivée sur la Côte d'Azur, fit savoir qu'il serait « incoinçable » pour reprendre un terme fréquemment utilisé par les reporters de l'époque. C'est-à-dire que s'il accepta de se plier au jeu des photographes, il ne donna pratiquement aucune interview en tête à tête, mais fut présent à la conférence de presse. Au sortir de la première projection la critique ne cacha pas son amertume et commença à dire pis que pendre du film de Resnais. La rumeur gonfla durant toute la journée et lorsque les journaux publièrent les premières critiques ce fut rien moins que catastrophique. Le film était pratiquement traîné dans la boue et nombreux étaient les journalistes qui s'en prenaient personnellement à Alain Resnais, sous-entendant fréquemment qu'il s'était « mis au service » de Belmondo, ce qui, bien entendu, était entièrement faux

« Ce que je n'ai pas compris, remarque Belmondo, c'est la réaction des critiques. Ils avaient le droit de me trouver mauvais, mais Resnais, qui n'avait pas tourné depuis cinq ans, j'ai trouvé inadmissible que la critique l'ait attaqué à ce point. Je crois que si Resnais avait fait ce film avec un autre, la critique aurait accepté. Elle s'est déchaînée parce que Belmondo était derrière. Belmondo, grosse vedette qui, en plus, se "payait" Resnais. On a même dit que j'avais influencé Resnais. Il paraît que sur le plateau je lui disais ce qu'il fallait faire ! Oui, j'ai même entendu ça. Enfin... »

Alain Resnais estime pour sa part : « Ce n'était pas un film à montrer à Cannes. On s'imaginait que c'était un film de prestige alors qu'il s'agissait d'un film plutôt intérieur. Et puis à Cannes il y a nettement eu une cabale contre Jean-Paul, c'est très clair. La conférence de presse a été très violente et personne ne supportait qu'il se soit intéressé à un projet qui ne soit pas exactement dans la lignée habituelle de ses films. On lui reprochait même d'avoir engagé un metteur en scène disons intellectuel. Les gens de Cannes ne l'ont vu que comme producteur, ce que moi, je n'avais pas envisagé. Je me souviens très bien de Jean-Paul disant : "Ah, Alain si au moins on avait pu se disputer, si au moins il y avait eu un grand éclat sur le tournage, aujourd'hui nous jouerions sur du velours !" Mais c'est vrai qu'il n'y avait rien à raconter puisque le tournage s'était passé sans aucune anicroche. A Cannes, beaucoup ont reproché le fait que Belmondo ne ressemble pas à Stavisky. Comme Jean-Paul le disait assez drôlement : "On croirait vraiment que j'ai incarné Jeanne d'Arc ou un héros national !" Quand Paul Newman joue Billy The Kid, personne ne va dire : "Comment Arthur Penn a-t-il osé faire cela ?" Idem pour

Bonnie et Clyde qui ne ressemblaient pas du tout à Faye Dunaway et à Warren Beatty. Nous aurions peut être dû changer tous les noms, y compris celui de Stavisky et alors nous n'aurions peut-être pas reçu des critiques aussi violentes. Mais, sur le moment, ça ne nous a pas paru très courageux d'utiliser des faux noms. »

Alexandre Mnouchkine, quant à lui, avance une explication concernant la soudaine flambée de la critique : « Les gens qui étaient chargés des relations avec la presse se sont mal conduits à Cannes, ont été arrogants. Jean-Paul était une énorme vedette et, sans nommer personne, je crois qu'ils se sont mis à dos tous les journalistes parce qu'ils ne voulaient pas laisser Jean-Paul parler. Ils jouaient à cache-cache, à la vedette américaine. Et Jean-Paul n'est pas fait pour ça. C'est complètement contraire à sa nature. C'est un homme qui va en avant, qui sourit. Il traverse une foule d'une façon extraordinaire. J'ai eu la chance de me balader dans le monde entier avec Jean-Paul, d'aller dans les pays les plus lointains, et c'est un homme qui arrive à séduire tout le monde. Il accepte tout, il comprend tout et il a un sens de l'humour extraordinaire. Par contre je ne sais pas pourquoi la critique a voulu prouver que Jean-Paul ne pouvait pas faire des films de Resnais. La critique a esquinté le film terriblement et méchamment. »

La présentation de *Stavisky* à Cannes s'effectua dans un cadre assez insolite. D'abord la France vivait le débat des élections présidentielles et le film de Resnais, parce que injustement considéré comme politisé, fut mal perçu. Ensuite Claude Stavisky, le fils d'Alexandre et d'Arlette Stavisky tenta de faire interdire la sortie de cette production estimant qu'elle portait atteinte à sa vie privée et à la mémoire de ses parents. Le tribunal de grande instance de Grasse statuant en référé précisa le 22 mai 1974 que « contrairement à ce que l'histoire a retenu de cet escroc, dont les agissements ont conduit la République française au bord de la guerre civile, le film dont il s'agit, grâce au talent de Resnais, Belmondo et de leurs partenaires, est une véritable réhabilitation de cet individu qu'il rend sympathique. » Non seulement les juges déboutèrent l'héritier Stavisky mais, de plus, ils s'improvisèrent, une fois n'est pas coutume, critiques de cinéma ! Finalement Cannes ne « servit » pas *Stavisky*, bien au contraire, et le seul film français qui sortit du palmarès avec les honneurs fut *Les Violons du bal* qui valut à Marie-José Nat le prix d'Interprétation féminine.

Ce festival de Cannes ne fut, toutefois, pas entièrement négatif pour Jean-Paul Belmondo. D'abord il eut la joie d'apprendre que son partenaire Charles Boyer reçut un lot de consolation, pas tout à fait un prix : un hommage spécial du jury pour son interprétation dans

Stavisky. Ensuite son court séjour cannois permit à Belmondo de retrouver avec plaisir Jack Nicholson qu'il avait connu à l'occasion du tournage de *Un homme qui me plaît* aux États-Unis et avec lequel il avait fortement sympathisé. Nicholson était venu défendre *La Dernière Corvée* qui lui valut le prix d'Interprétation masculine.

Entouré par les critiques cannoises catastrophiques *Stavisky* sortit sur les écrans français. D'un côté le public se trouvait dérouté par le fait que le film de Resnais n'utilisait nullement le mythe de Belmondo pour en faire une sorte de super Arsène Lupin et d'un autre il fut décontenancé par le fait que la critique tirait à boulets rouges sur cette production. Apparemment il ne s'agissait ni « d'un » Belmondo, ni « d'un » Resnais, alors qu'en définitive, il s'agissait à la fois « d'un » Belmondo et « d'un » Resnais, ce qui représentait déjà une énorme originalité.

« Je n'ai pas senti, en faisant ce film, que je changeais de ligne, affirme Alain Resnais. Pour moi il n'est pas du tout un film différent des autres que j'ai faits. Mais il n'y a aucun doute : dans l'oreille des gens Stavisky est strictement attaché à "l'affaire". Or l'affaire Stavisky cela implique de la traiter mais pour bien la traiter il faut commencer par la mort de Stavisky parce qu'il n'y pas d'affaire Stavisky avant. C'est donc un tout autre scénario dans lequel on tue Jean-Paul dès la première bobine. Mais nous n'avons pas voulu traiter l'affaire Stavisky. Nous aurions pu également décider de montrer comment on monte une escroquerie, mais une escroquerie Stavisky ça se faisait par des dizaines de repas. Dramatiquement il n'y avait pas grand-chose à raconter. Donc nous avons préféré pousser le film vers un côté feuilleton romanesque avec la perte de la jeunesse et l'arrivée de la vieillesse. »

Stavisky, sans être un cuisant échec, ne connut pas un gros succès en France (1 017 182 entrées). Par contre à l'étranger et particulièrement aux États-Unis et en Italie il rencontra un succès retentissant.

« Pour les Américains, souligne Resnais, *Stavisky* est un film très important. Ils en parlent toujours. Pour eux, Stavisky est un nom comme un autre, donc ils n'ont aucun a priori sur le côté historique du film. »

Contrairement à la légende qui colla très rapidement au film, Belmondo producteur ne perdit pas d'argent sur *Stavisky*. Certes cette production lui rapporta bien moins que d'autres films, mais la tendance fut nettement aux bénéfices ce qui n'était pas chose si courante dans le cinéma français. En fait, en France, le film fut redécouvert grâce à la télévision.

« C'est bizarre, confesse Alexandre Mnouchkine, j'ai vu ce film pour la dernière fois il y a une dizaine d'années et puis, lors de son passage à la télévision, récemment, je me suis accroché. J'ai commencé à jeter un coup d'œil sur les premières images et je suis resté. C'est vraiment un film superbe, c'est un film formidable et, à mes yeux, le meilleur film de Resnais et l'un des meilleurs films de Jean-Paul. J'ai découvert des choses que je n'avais pas vues à l'époque. Ce qui est extraordinaire c'est que mes petits-fils de dix-huit ans qui n'avaient jamais vu ce film l'ont regardé lors de son passage à la télévision et m'ont dit : ''Mais pourquoi tu ne nous a jamais montré ce film ? C'est un des meilleurs films que tu aies jamais produits !'' Ce qui est exact. C'est un film qui a admirablement vieilli et qui reste très émouvant. »

Le temps sembla d'ailleurs jouer au profit de *Stavisky* puisque au grand étonnement de Belmondo dans les années suivantes de nombreux critiques, parfois ceux-là mêmes qui l'avaient traîné dans la boue lors du festival de Cannes, lui reprochèrent de ne plus faire de films dans le style de *Stavisky* !

« J'imagine très bien que si le film ne s'était pas fait après que le projet eut existé on serait tombé sur Jean-Paul en lui disant : ''Comment ? Vous aviez la chance d'avoir Resnais et vous avez laissé passer l'occasion !'' remarque Alain Resnais. Ou : ''Resnais était au chômage et vous n'avez pas pu lui tendre la main ?'' etc. Alors que là on lui a dit : ''Vous vous êtes payé Resnais !'' »

En guise de conclusion, Alain Resnais avoue aujourd'hui que s'il devait se relancer dans l'aventure *Stavisky*, il choisirait indubitablement Jean-Paul Belmondo comme acteur.

20

LA PUISSANCE DU JEU, LE JEU DE LA PUISSANCE

Les réactions nettement hostiles provoquées par la sortie de *Stavisky* échaudèrent quelque peu Belmondo qui, en conséquence, manifesta moins d'enthousiasme dans la concrétisation d'un autre projet : *M. Klein*. Cette histoire d'un homme paisible pris pour un juif durant l'Occupation et arrêté lui avait été proposée par Costa-Gavras qui en avait écrit le scénario avec Franco Solinas. Costa-Gavras souhaitait d'ailleurs la mettre lui-même en scène, mais, face aux problèmes de coût de production auxquels fit face *M. Klein*, préféra se consacrer à *Section spéciale* qui traitait de la même époque. *M. Klein* finit par atterrir sur le bureau d'Alain Delon qui passa deux ans à tenter de le mettre sur pied avant de trouver le réalisateur idéal en la personne de Joseph Losey.

Début juin 1974, Jean-Paul, en bon fils de sculpteur qu'il était, occupa, à titre bénévole, les fonctions de commissaire-priseur le temps d'un après-midi. En effet il procéda à une vente aux enchères d'œuvres de peintres, graveurs et sculpteurs originaires de quarante pays. Les fonds récoltés servirent à la construction d'un centre culturel, la cité des Arts.

Puis pour la première fois de sa déjà longue carrière qui comportait plus d'une quarantaine de films, Jean-Paul Belmondo campa un policier. Lui qui, depuis *A bout de souffle* avait joué les truands, les malfrats, les tueurs, les escrocs de toute envergure passa de l'autre côté de la loi grâce à Henri Verneuil qui en fit le commissaire Letellier héros de *Peur sur la ville*. En ce milieu des années 70 les voyous de tout poil qui avaient illustré le cinéma français voyaient leur cote fondre comme neige au soleil tandis que le septième art retrouvait les vertus des méthodes policières pas toujours orthodoxes. Pratiquement durant la même période des piliers du cinéma français se retrouvèrent du bon côté de la loi : Lino Ventura (*Adieu poulet*), Alain Delon (*Flic Story*), Yves Montand (*Police Python 357*), Serge Reggiani (*Le Chat et la souris*)...

« J'avais envie de faire un policier classique, commente Henri Verneuil, et j'ai imaginé toute l'histoire. Je n'ai pris d'un roman noir que le coup de téléphone qui réveille une femme seule dans la nuit, qui l'affole et lui rend la vie impossible. J'ai payé 15 000 dollars *Night Calls* et c'est tout ce que j'y ai pris. Tout le reste est un scénario inventé. »

De plus, pour la première fois depuis qu'il le connaissait, Verneuil trouva face à lui non pas seulement un Belmondo acteur mais aussi un Belmondo coproducteur.

« Cela ne change absolument pas son comportement, constate le cinéaste. Il n'est pas du tout du genre "Je suis le producteur, alors attention à ce qu'on dépense !" Il ne regarde même pas. C'est le producteur le plus tranquille que je connaisse. »

Dans la grande tradition des polars américains, Letellier est un marginal qui applique des méthodes tout à fait personnelles pour progresser dans ses enquêtes et qui n'hésite ni à faire le coup de poing, ni à payer de sa personne pour pourchasser les criminels. En l'occurrence il doit courir sur les toits de Paris, effectuer une spectaculaire poursuite en voitures, se suspendre sous un hélicoptère et pourchasser un assassin dans le métro. La plus difficile de ces cascades fut indéniablement celle du métro. Lorsque Jean-Paul lut le script il suggéra à Henri Verneuil de filmer non pas une poursuite *dans* le métro mais une poursuite *sur* le métro. C'est-à-dire qu'au lieu de placer les deux personnages à l'intérieur des wagons il fallait que le commissaire soit au-dessus et l'assassin en dessous. Le cinéaste accepta l'idée et concocta une cascade se déroulant en deux temps. D'abord dans les tunnels et ensuite sur le pont Bir-Hakeim, donc en plein air, où elle s'achevait. L'équipe s'attaqua d'abord aux séquences dans les couloirs du métro. Belmondo accomplit les exploits sportifs demandés. Mais...

« Il y a eu un accident, raconte Henri Verneuil, parce que, dans le métro, il y a un tas de choses qui dépassent de partout et qui ne servent plus à rien — probablement il y a quarante ans elles servaient à je ne sais quoi. Là, il y avait un bout de fer qui pendait. Et, en montant, Jean-Paul s'est pris le fer dans le bras. C'était le seul point de la cascade que nous n'avions pas répété, vérifié. »

Le métro allant plus loin que prévu, Belmondo se fêla un os, se fit mettre un plâtre de sécurité et repartit de plus belle. Ensuite, l'acteur se lança dans la longue et difficile course sur les toits du métro. Il grimpa au-dessus de la rame et à peine celle-ci pénétrait-elle dans une station, Belmondo se levait, courait de wagon en wagon puis se plaquait in extremis avant l'entrée dans le tunnel. Car, pour corser la difficulté, Henri Verneuil avait imaginé que le métro ne s'arrêterait pas et continuerait sa course à grande vitesse. Pour immortaliser cet exploit, le cinéaste disposa diverses caméras : certaines placées dans les stations afin de filmer la course proprement dite, et une autre, sans cadreur, fixée sur le toit d'un wagon pour immortaliser la reptation de l'acteur. Dès les premiers essais Belmondo se rendit compte qu'une nouvelle difficulté surgissait. A peine s'était-il plaqué contre le toit du wagon qu'il lui fallait se reporter bien au milieu afin de ne pas être entraîné par la vitesse et risquer de tomber. De plus il ne pouvait en aucun cas laisser traîner une jambe, car d'un côté il risquait de heurter la paroi du tunnel et de l'autre il pouvait toucher un câble à haute tension.

« Ce qui a été le plus dur pour moi, confia Belmondo à la fin du tournage, c'est le métro. Non pas sur le pont de Bir-Hakeim à cause du vent, mais surtout dans le souterrain. J'étais aplati dans le tunnel qui n'est qu'à dix ou vingt centimètres au-dessus de ma tête. Et quand le métro démarre — et le métro, maintenant, démarre à toute pompe — d'un coup vous êtes à 50 ou 60 à l'heure dans un tunnel tout noir. Je veux dire que l'on n'y voit rien. Il y a de petites lampes qui vous arrivent dans la figure et on a une sensation de vitesse encore plus grande. Vous êtes accroché là-dessus, le métro entre dans la station et là dans la fraction de seconde où il entre dans la station il fallait que je me lève, que je coure sur le toit, que je saute sur l'autre wagon, le métro repartait et je replongeais. C'est-à-dire que si vous vous levez trop tard vous foutez tout par terre [1]. »

Pour de strictes questions d'éclairage, Henri Verneuil décida de filmer à nouveau en studio les séquences montrant le commissaire rampant dans les tunnels. Jean-Paul s'affirma hostile à une telle reconstitution en studio car, selon lui, si elle gagnait en netteté sur le plan de l'image, perdait en authenticité sur le plan de la cascade. Finalement, l'acteur se rangea aux vues du cinéaste.

Enfin la cascade se terminait sur le pont Bir-Hakeim où, debout, Belmondo courait sur le toit du wagon. Là, Verneuil s'autorisa l'unique petit trucage de la cascade.

« La seule tricherie, avoue-t-il, est que j'ai mis le bruit d'un métro à 80 à l'heure alors qu'il roulait à 60 à l'heure. Il y avait un grand vent ce jour-là et nous avons longuement répété. Nous avons d'abord envoyé le métro à 15/20 km à l'heure. Jean-Paul était debout. Il me disait : "Augmente". 30 à l'heure. "Augmente". 40 à l'heure.

1. *France-Soir* du 8 avril 1975.

''Augmente''. 60 à l'heure. ''Augmente''. Là, je lui ai répondu : ''Merde, tu le feras comme ça et je n'augmente plus rien du tout !'' »

Pendant trois semaines, toutes les nuits, jusqu'à cinq heures du matin, l'équipe de *Peur sur la ville* réalisa ces scènes chocs dans les couloirs, sur les quais et sur les toits du métro.

Pour la cascade sur les toits de Paris, Henri Verneuil fit construire quatre cents mètres carrés de vrais toits en zinc et en tuiles afin de pouvoir mieux filmer et mieux contrôler l'exécution des diverses cascades.

« Nous avions trouvé des toits, précise Verneuil, mais je ne pouvais pas demander à Jean-Paul de faire ce que je voulais qu'il fasse parce que les toits ne sont pas faits pour un tournage et je ne pouvais pas installer les sécurités nécessaires. J'ai dit : ''Nous allons prendre dans Paris une superficie plate et nous allons construire dessus des toits.'' Ce fut le sommet des Galeries Lafayette où nous avons donc construit des toits. »

Autour de ce toit furent aménagés des filets, non pas pour prévenir les chutes de Jean-Paul — les filets se seraient vus à l'écran —, mais celles de l'ensemble des techniciens. Pour l'acteur, en dépit des innombrables précautions prises et de plusieurs répétitions, le risque demeurait présent. Preuve en fut donnée quand au cours d'une tentative, Jean-Paul se rattrapa mal à la gouttière et se déchira la main droite. Plus tard, Jean-Paul avait à marcher sur une étroite poutrelle au-dessus d'une verrière sous laquelle avaient été placés des cartons de sécurité. L'acteur cascadeur glissa et tomba à travers la verrière qui vola en éclats. Heureusement les mesures de protection s'avérèrent efficaces et Jean-Paul s'en sortit avec seulement quelques coupures. Le tournage de cette séquence donna par ailleurs lieu à une anecdote significative. Tandis que Belmondo évoluait sur les toits, une foule compacte se réunit dans la rue et observa l'ensemble. Au milieu des badauds se trouvaient Charly Koubesserian qui, lui aussi, voulait assister à la cascade en bonne place. Inévitablement un passant se croyant plus futé que les autres commença à affirmer : « Le type qui est là-haut, ça n'est pas Belmondo, c'est sa doublure ». Cela énerva passablement le maquilleur et ami de Jean-Paul. Il agrippa le « monsieur je-sais-tout » et quand Belmondo descendit des toits il le lui montra et lui dit : « Alors, vous voyez bien que c'est lui ! » Le pauvre passant qui se demandait ce qui lui arrivait, se confondit en excuses et ajouta un « Oh ! ça alors, j'aurais pas cru ! » Ce même jour un badaud enthousiasmé par l'exploit sportif de Belmondo fendit la foule et manifesta son admiration en ces termes : « Bravo ! Moi, je ne le ferais pas pour cent millions ! » Ce à quoi, dans un large sourire, l'acteur répondit : « Moi non plus ! »...

La séquence de l'hélicoptère « déposant » le flic musclé face à un appartement sis presque au sommet d'une tour fut une des plus complexes à mettre sur pied.

« L'hélicoptère n'acceptait de venir que s'il n'y avait personne dans la tour, explique Verneuil. Or, dans les tours que nous avions choisies, il y avait tout de même sept cents locataires à l'intérieur. Je ne pouvais pas tous les envoyer chez leurs belles-mères à la campagne au même moment ! Alors j'ai pensé à une tour de bureaux où le samedi il n'y a personne. Mais, en plus, la gendarmerie exigeait qu'à côté de la tour il y ait un terrain libre pour pouvoir se poser en cas d'incident. Et l'hélicoptère ne peut que longer la Seine, il ne peut survoler Paris que dans des cas d'urgence. Enfin, nous avons tout de même fini par trouver une tour. Ensuite, le pilote avait précisé qu'il fallait que le vent souffle en dessous de je ne sais plus combien. Nous avions fait installé un appareil sur l'immeuble où nous allions tourner et un assistant me disait trois fois par jour à combien soufflait le vent. Nous étions toujours hors de l'autorisation accordée. Et les samedis passaient, parce que je ne pouvais tourner que le samedi. Le dernier samedi j'ai été obligé de prendre la décision de tourner. Nous avons commencé avec un vent au-dessus de celui autorisé mais tout à coup le vent s'est calmé. Comme il y avait un ballant formidable, le pilote a dit : « Je ne peux pas descendre Jean-Paul à plus de dix mètres ». Mais avec dix mètres il ne pouvait pas arriver devant la fenêtre de l'immeuble ! Alors j'ai tourné le début de sa descente au bout du filin au-dessous de l'hélicoptère. Puis nous avons installé une grue énorme sur le toit de l'immeuble avec le même filin, le même crochet et nous avons descendu Jean-Paul. Cela fait que pour la caméra on a l'impression que Jean-Paul est toujours accroché sous l'hélicoptère. Je l'ai filmé sous la grue jusqu'au moment où il commence son mouvement de balancier. Mais la fin de ce mouvement a été tournée en studio où il casse les vitres et entre dans l'appartement. »

Belmondo assumait tous les risques, soutenu par la Gendarmerie nationale qui avait organisé, à de nombreuses reprises, dans la réalité ou à l'entraînement, ce genre d'opération. Une autre difficulté, plus inattendue, vint de l'administration. En effet pour filmer un hélicoptère en plein Paris il ne fallut pas moins de cinq autorisations dûment estampillées et signées par le ministère de la Défense, la police de l'Air, la Gendarmerie nationale, la police municipale et le ministère de l'Intérieur !

« J'ai même été voir le ministre de l'Intérieur, confirme Verneuil.

Il m'a dit : ''Écoutez, monsieur, supposez qu'il arrive un pépin à votre Belmondo, moi j'ai aussitôt une interpellation à la Chambre et il vaut mieux que je fasse mes valises !'' Je lui ai répondu : ''Oh, monsieur le Ministre, on trouverait bien quelqu'un pour vous remplacer''... »

Dans le même ordre d'idées, Henri Verneuil rencontra une résistance inhabituelle lorsqu'il s'agit de filmer quelques scènes dans une tour parisienne. En effet le syndic de l'immeuble lui fit savoir qu'il ne pouvait rien autoriser sans l'aval des innombrables copropriétaires qui devaient se réunir dans plusieurs semaines. Afin d'activer les choses, Verneuil invita les personnes intéressées à un dîner auquel participa Jean-Paul Belmondo qui, charmant son auditoire, n'eut aucun mal à obtenir l'accord d'une vaste majorité. Comparativement il fut beaucoup moins compliqué de tourner à l'intérieur des Galeries Lafayette. Ces séquences furent toutefois pour Belmondo l'occasion de se replonger dans une atmosphère de tournage « à la Godard » puisque Verneuil cacha ses caméras et filma un Letellier déboulant dans la foule sans qu'aucun client ne fût prévenu !

Si Henri Verneuil inventa toutes ces cascades pour Jean-Paul Belmondo c'est parce qu'il savait pertinemment qu'il pourrait les accomplir avec brio.

« Dans tout ce que Jean-Paul a fait physiquement, souligne Verneuil, il n'a toujours utilisé que 50 % de ses possibilités. Par conséquent quand vous avez encore une marge de 50 % vous êtes très à l'aise dans ce que vous faites. Ensuite, il ne sait pas ce qu'est le vertige, c'est une chose qu'il ignore complètement. Les cascades sont répétées avec les gens qui ont installé le matériel, elles sont ensuite testées par Jean-Paul qui, après, se donne complètement. Ceci dit, même tout préparé, je ne fais pas 0,1 % de ce qu'il fait ! Il a fait des choses qu'aucun autre ne peut faire, c'est sûr. »

Mais *Peur sur la ville* ne fut pas seulement un film d'action, ce fut également un film d'acteurs. Autour de Belmondo, Verneuil réunit Charles Denner, Lea Massari, Rosy Varte et Henri-Jacques Huet, vieille connaissance de Jean-Paul du temps de leurs débuts à Montparnasse.

Si, tout au long de la journée, Jean-Paul affichait un caractère largement détendu, offrant des cigares à toute l'assistance, vers seize heures il commençait à se crisper et à adopter le comportement du lion en cage. L'Europe vivait alors dans la crainte des enlèvements de personnalités et tous les jours Belmondo s'inquiétait pour son fils Paul. Il envoyait son chauffeur-garde du corps, un Chinois, chercher Paul et ne se sentait pas véritablement tranquille tant que tous deux n'étaient pas réapparus. Dès que Paul arrivait au studio, son père l'installait dans le fond du restaurant réservé aux vedettes, pour qu'il pût faire ses devoirs calmement, et repartait à l'assaut du tournage, galvanisé comme jamais.

Parce qu'il réunissait une nouvelle fois le duo choc du *Casse*, Verneuil-Belmondo, parce qu'il bénéficiait d'un budget des plus coquets (douze millions), parce qu'il s'agissait d'un film policier musclé, genre alors très en vogue, *Peur sur la ville* constitua l'un des événements cinématographiques de la saison. Impression renforcée par une campagne publicitaire de grande ampleur reposant notamment sur une affiche due à René Château qui s'était ouvertement inspiré de la célèbre affiche de *Bullitt*. Le budget publicitaire du film s'éleva à un million et demi de francs. De fait, *Peur sur la ville* marcha très fort au box-office, réunissant 3 948 746 spectateurs en France, c'est-à-dire plus que *Le Vieux Fusil* et *La Tour infernale*, autres succès de l'année.

Après *Peur sur la ville*, Jean-Paul participa au court métrage de son ami Jean Rochefort portant sur Marcel Dalio que tous deux avaient connu sur *Cartouche*. Jean-Paul aimait beaucoup cet éternel second rôle du cinéma français mais aussi du cinéma américain et fut frappé de voir que Dalio, plutôt que d'évoquer ses innombrables rencontres avec toutes sortes de stars, ne parlait que des femmes. Il adorait les femmes, ne vivait que pour elles et s'affirma un don Juan des plus redoutables.

« J'ai décidé de faire un film sur Dalio, explique Jean Rochefort, quand je me suis aperçu qu'avant la guerre avec son physique sémite, il passait son temps à prendre des claques dans la gueule, ce que je trouvais annonciateur de bien des choses, de tous les cataclysmes que nous avons connus ensuite. J'ai donc fait ce film qui dure une cinquantaine de minutes et qui, derrière la tendresse que j'ai pour Marcel, n'est pas dénué d'une certaine cruauté. Dalio était la gaieté désespérée type. Il était vraiment une marionnette tirant elle-même sur ses propres fils pour qu'elle se secoue en permanence. Car il était toujours en activité, en passions, en émotions mais avec, derrière, des abîmes de solitude et de mal être. J'ai tourné ce film en quatre nuits sur les grands boulevards parce que ça me semblait être un lieu qui lui convenait tout à fait. Et puis Dalio ne voulait jamais aller se coucher, il n'aimait pas rentrer chez lui parce qu'il avait peur de se retrouver seul dans son appartement. Il avait une extrême coquetterie : il n'aimait pas parler des films anciens qui avaient fait sa gloire pour ne pas avoir l'air d'avoir vieilli. Quand une dame le félicitait en lui disant, par exemple, "Je vous ai adoré dans *Pépé le Moko*", il répondait "Ce n'est pas moi c'était mon père"... Ses relations avec les femmes ont été quelque chose de très important, mais c'était aussi pour ne pas se retrouver seul et combattre l'angoisse de la solitude. Il avait, à l'époque, une petite amie qui devait avoir vingt-cinq-trente ans et qui n'avait pas dans l'œil une générosité folle. Je lui demandai : ''Tu ne t'emmerdes pas avec elle ?'' et il me répondit : ''Mon petit Jean, je ne bande plus, mais je me frotte'', ce qui est bouleversant... Ce moyen métrage n'a jamais été proposé au public. La télévision l'a repoussé avec horreur parce qu'il était un peu noir, un peu dur. Et puis sa durée, cinquante minutes, était considérée comme bâtarde. Mais je suis fier d'une chose : à la sortie de la projection privée, Marcel Dalio était en larmes, il sanglotait comme un enfant, c'était un grand bonheur pour lui que ce film existât. »

Dans ce *T'es fou Marcel*, Belmondo apparaît face à Dalio à une table de billard, écoutant Marcel lui raconter les derniers jours d'Humphrey Bogart.

En 1974, Belmondo ajouta une nouvelle corde à son arc : dirigeant sportif. Constatant que la capitale manquait d'un vrai grand club de football, l'acteur et quelques amis, réunis chez Edgar, décidèrent d'en monter un de toute pièce. Ils lui donnèrent le nom du quartier favori de Jean-Paul : Saint-Germain. « J'ai été un des membres fondateurs de l'équipe de football du Paris-Saint-Germain, avec Borelli et Hechter, explique l'acteur. C'était une activité très prenante,mais j'ai dû l'arrêter en cours de route parce que je n'avais pas le temps de m'en occuper vraiment. De plus il y a eu des histoires et Just Fontaine, que j'aimais beaucoup, a été renvoyé. Sans lui l'aventure me tentait moins. Je suis donc parti et ils ont été très honnêtes avec moi puisque j'ai récupéré tout mon argent. Par la suite, bien sûr, j'ai continué à suivre les résultats du PSG de très près. »

Jean-Paul Belmondo reste l'un des rares comédiens en France capable d'alterner les styles. Passer du *Magnifique* à *Stavisky* puis de *Stavisky* à *Peur sur la ville* révélait un savoir-faire indéniable et une volonté de ne pas se laisser enfermer dans un genre. Preuve en fut une nouvelle fois donnée avec son film suivant, *L'Incorrigible* qui, comme son titre l'indiquait, était une comédie permettant à Belmondo d'effectuer un brillant numéro d'acteur. Il devint donc un sympathique escroc, sorte de Fregoli, qui ne cesse de changer d'identité, de costume et presque même de personnalité. Il passe ainsi du menteur aux larges gestes à la Jules Berry au simple d'esprit à la Fernandel. Le tout produit par Cerito et les Films Ariane, et écrit par Philippe de Broca et Michel Audiard.

« Au départ, raconte de Broca, nous avions envisagé le rôle pour Lino Ventura. Je me souviendrai toujours de notre entrevue. Nous l'avons vu, avec Audiard, à neuf heures du matin dans un petit bistrot de la rue Mac-Mahon. Audiard a commencé à raconter : ''C'est l'histoire d'un ancien truand qui s'est retiré et qui va faire un gros coup. Ça va être drôle.'' Audiard, qui était un malin, allait dans le plus conventionnel pour rassurer Ventura. A ce moment, moi, j'ai gaffé et j'ai dit à Ventura : ''Au début du film, tu es dame pipi avec une soucoupe devant toi !'' Ventura s'est levé et a dit : ''Messieurs, si vous êtes venus pour vous foutre de ma gueule, je préfère partir. Ventura en dame pipi, arrêtons de déconner !'' Et il est parti. Nous, ça nous faisait beaucoup rire d'imaginer Ventura en dame pipi. Après le départ de Ventura nous ne savions plus trop où nous allions. Nous avions un livre d'Alex Varoux, *Ah ! mon pote !*, avec une idée marrante de vol de tableaux et c'est tout. Alors j'ai été voir Jean-Paul pour lui en parler. Il m'a dit : ''Ce serait bien de faire un film où je me déguise tout le temps, une sorte de Fregoli.'' Je lui ai amené une ébauche et il m'a dit : ''D'accord, ça part dans la bonne direction''. Cette fois j'avais Belmondo qui se déguisait, le vol de tableaux et pas grand-chose d'autre. Je suis alors parti pour Dourdan chez Michel Audiard pour écrire *L'Incorrigible*. »

Leur script fut bouclé dans des circonstances particulières puisqu'un triste jour Audiard apprit que son fils s'était tué dans un accident de la route. De Broca et Mnouchkine pensèrent qu'il renoncerait à *L'Incorrigible* mais, au contraire, dès qu'il revint du lieu de l'accident il s'enferma pour travailler et ne fit aucun commentaire sur ce drame qui le déchirait.

Jean-Paul Belmondo, estimant qu'il y avait dans l'idée de départ un énorme potentiel comique, demanda effectivement à pouvoir se déguiser et même à pouvoir aller au bout de ses envies, jusqu'à se travestir. Ce goût du déguisement, très prononcé chez Belmondo, ne l'a jamais quitté depuis que, enfant, il commença à se passionner pour les clowns. Mais tout au long de sa carrière il n'eut, finalement, que peu l'occasion de le mettre au profit sur grand écran. *Docteur Popaul*, dans une séquence onirique, lui permit de s'amuser en ce sens, mais cela comptait finalement bien peu dans une carrière riche d'une quarantaine de premiers rôles. Dans la tradition de la commedia dell'arte, Belmondo aime virevolter, étonner et amuser en s'amusant, bref persévérer dans la veine de Scapin, son personnage fétiche. De Broca et Audiard taillèrent donc l'histoire en ce sens, s'éloignant sensiblement du roman initial.

Philippe de Broca voulut commencer son film par un gros plan de Jean-Paul Belmondo ôtant un à un des masques cachant son visage et terminant sur le masque de la mort. Mais cette entrée en matière fut jugée macabre pour une comédie alerte.

De Broca et Belmondo se connaissaient depuis plus de quinze ans et tournaient leur cinquième film ensemble. Chacune de leurs précédentes expériences communes avait débouché sur un gros succès commercial. Tout portait à croire que *L'Incorrigible* prolongerait cette règle et entrerait dans le vaste tiroir aux bons souvenirs. Tel ne fut pourtant pas le cas.

« Nous avons eu pas mal de litiges au sujet de la taille de nos noms sur l'affiche, sur le rétablissement de plans coupés, rapporte Philippe de Broca. Au tournage, il y avait eu certaines scènes où Jean-Paul ne me plaisait pas. Je lui avais demandé de me les rejouer, mais il les avait refaites de la même manière. C'est pourquoi j'ai coupé ces scènes au montage. Comme, à l'époque, j'avais des problèmes personnels, je n'étais pas marrant. Je me suis donc énervé parce que tout metteur en scène a envie de se prendre pour Napoléon. Nous nous sommes braqués tous les deux et je peux dire qu'avec le recul du temps je regrette de ne pas avoir cédé pour ne pas avoir à me fâcher avec lui. Car nous ne nous sommes plus reparlé pendant cinq ans. »

A sa sortie cet *Incorrigible* connut néanmoins un vif succès et fit même un triomphe en Allemagne. Pourtant, Philippe de Broca avoue relever des faiblesses dans le scénario, des longueurs avec le vol du triptyque et, selon lui, une fin tout à fait bâclée.

Jean-Paul était sur le tournage de *L'Incorrigible* lorsque, le 30 mai 1975, il apprit le décès de Michel Simon à l'âge de quatre-vingts ans. Depuis son adolescence, Belmondo nourrissait une tendresse particulière et une admiration sans borne pour ce génial acteur au visage ingrat. Par la suite, les deux hommes n'eurent jamais l'occasion de travailler ensemble sur grand écran, mais se croisèrent à différentes reprises. En 1965, déjà, Jean-Paul avait été saluer le grand acteur dans sa loge de théâtre à l'issue d'une représentation de *Du vent dans les branches de sassafras*. Michel Simon, de son côté, avait entendu parler du jeune homme et lu en différents endroits que Belmondo avec son nez cassé et ses allures j'men-foutistes ne correspondait pas précisément aux canons de beauté de l'époque. Lorsque Jean-Paul s'avança ce soir-là dans la loge, Michel Simon le regarda et lui lança en guise de bienvenue : « Mais vous n'êtes pas si laid qu'on le dit, mon garçon ! » Un jour, bien plus tard, Michel Simon fit une confidence à Belmondo. Lui dont personne n'osait compter ni les films ni les pièces, lui qui avait côtoyé les plus grands de la profession cachait un regret : n'avoir jamais joué *Hamlet*. Son physique ne collait pas du tout, a priori, à l'image que le public se fait du héros shakespearien, alors Michel

Simon n'osa même jamais proposer à des directeurs de salles un projet aussi fou. Pourtant ce Hamlet, il le sentait et s'annonçait prêt à le faire exploser de toute sa détresse. Mais en quittant le monde des vivants Michel Simon emportait avec lui une façon d'aborder la tragédie shakespearienne qui, à coup sûr, aurait bouleversé nombre d'idées reçues. Ce jour-là Belmondo aussi se mit à regretter que Simon n'ait pas eu sa chance et que pour une banale raison de physique il n'ait pu réaliser son rêve.

A l'issue du tournage de *L'Incorrigible*, Philippe de Broca annonça qu'il préparait pour Belmondo une version cinématographique de *Cyrano de Bergerac* que, finalement, l'acteur repoussa.

« *Cyrano* était un film que je voulais faire depuis longtemps, explique Philippe de Broca, mais que je ne savais comment aborder. Jean-Paul était intéressé même s'il m'avait dit qu'il ne voulait pas porter un faux nez en permanence. Avec Daniel Boulanger et un auteur italien nous avions décidé de faire une adaptation en reprenant les thèmes de Rostand — l'amour impossible, le sacrifice de soi-même — et en nous replongeant dans la vie du vrai Cyrano, l'écrivain — qui n'était pas du tout gascon. Ce qui nous avait fasciné c'est que Cyrano avait vécu au moment de la Fronde, que Rostand évoque peu, en fin de compte. Nous avions donc repris le vrai Cyrano et pour le thème de Rostand nous avions remplacé la laideur par l'âge. Il s'agissait d'un homme d'un certain âge amoureux d'une jeune femme qui suscitait l'amour d'un autre plus jeune. Il s'est passé deux choses : je pense que Jean-Paul ne voulait pas jouer un homme qui commence à vieillir et comme nous nous sommes disputés avec *L'Incorrigible*, l'affaire a été arrêtée. Finalement, j'ai fini par renoncer à mon vieux rêve de *Cyrano* quand Rappeneau, qui est mon ami, m'a dit qu'il allait le faire. D'ailleurs, je ne crois pas que j'aurais fait aussi bien que lui. »

Jean-Paul aurait dû enchaîner avec *Diamants*, un important film d'aventures réalisé par Claude Pinoteau. Les dates et les lieux de tournage avaient été arrêtés — onze semaines aux Caraïbes durant l'été 1975 —, le scénario écrit par Pinoteau et Jean-Loup Dabadie d'après un roman de Charles Williams, *La Mare aux diams*, était terminé, la tête d'affiche choisie — Jean-Paul Belmondo-Laura Antonelli —, mais le film ne se fit pas.

« J'avais acheté les droits du roman et je regrette que nous ne l'ayons pas tourné parce que ça aurait été une bonne histoire, explique Belmondo. Mais nous nous sommes rendus compte que le scénario débouchait sur un film trop cher et nous ne pouvions pas nous lancer là-dedans. Ça m'a coûté beaucoup d'argent tout cela... »

Alors, une nouvelle fois, Belmondo passa du coq à l'âne et, en l'occurrence, en octobre 1975, quatre mois après *L'Incorrigible*, renoua avec le polar grâce à *L'Alpagueur* de Philippe Labro. Ce journaliste-cinéaste voulait filmer une œuvre musclée ayant pour vedette Belmondo. Il conçut une histoire primitivement intitulée *Les Animaux dans la jungle* qu'il fit lire à l'acteur. Jean-Paul trouva qu'elle contenait de bonnes idées, mais que le caractère du personnage central n'était pas suffisamment marqué. Il demanda donc à Labro de renforcer son aspect solitaire, dans la tradition des grands héros de polars. Petit à petit ce héros devint une machine d'une redoutable efficacité agissant en marge des gouvernements, un peu comme un agent de *Mission impossible*. Il a pour mission de faire arrêter des truands qui ne cessent de se glisser entre les mailles des filets de la police. Pour ce faire, il est royalement payé mais sa dernière mission il accepte de l'exécuter gratuitement : il lui faut stopper un dangereux tueur. Afin de mieux s'investir dans cette histoire, Belmondo produisit le film à 100 %, c'est-à-dire, pour la première fois, sans le soutien d'aucun associé. Ainsi naquit *L'Alpagueur*.

« Jean-Paul, explique Labro, a adoré le scénario et le personnage, la preuve c'est qu'il a racheté toute l'entreprise au producteur avec qui j'avais commencé à monter l'affaire et il a voulu en être le producteur à 100 %. Psychologiquement, ça change tout, évidemment. Ça n'est pas forcément désagréable ni contraignant, mais vous savez que votre star est aussi votre employeur. Je savais que je travaillais non plus *avec* Belmondo mais *pour* Belmondo. Je ne dis pas que ça a changé les choses. Il n'a jamais fait peser de façon négative son poids de producteur sur le film. En revanche, comme il était producteur, il voulait que ça aille à terme, c'est pourquoi il a sacrifié sa santé pour qu'il n'y ait pas d'interruption de tournage. De plus il m'a donné tous les moyens que je désirais. C'est sur ce film que nous avons encore plus soudé notre lien affectif, Jean-Paul et moi. Il a été exquis, patient, très patient. Il n'a eu qu'un moment d'impatience, une de ces colères d'acteurs comme les grands comédiens en ont souvent. Je ne me souviens plus à propos de quoi, d'ailleurs, puisque les colères d'acteurs naissent souvent pour une raison futile. Il m'a fait une scène invraisemblable, devant toute l'équipe du tournage dans le décor de l'auberge où il y a le traquenard avec les fusils à pompe. Nous étions un peu stupéfaits, mais je me suis dit : ''C'est une colère, laissons la passer.'' Jean Negroni, qui jouait dans le film, m'a dit : ''Philippe, il ne faut pas vous en faire, ça existe les colères d'acteurs'', c'est lui qui m'a donné cette expression parce que je fréquentais peu les comédiens et surtout pas le monde du théâtre. Negroni m'a dit : ''Ça arrive souvent. C'est presque une tradition théâtrale. C'est une façon de se libérer, de se décharger.'' »

En tant que polar mouvementé, cette production contenait un certain nombre de scènes d'action qui mirent à contribution la forme physique de Jean-Paul Belmondo. Pour une séquence, il devait courir derrière un poids lourd en pleine montée et sauter dessus. Cette cascade fut tournée en automne dans des conditions climatiques plutôt réfrigérantes. Comme cela est souvent le cas au cinéma, il fallut la filmer plusieurs fois, sous différents angles. Ainsi à quatre reprises, Jean-Paul Belmondo courut dans le froid sur une distance d'à peu près quatre cents mètres. Les quatre fois il se donna à fond, les quatre fois il rattrapa le camion, les quatre fois il grimpa dessus. A la fin de la journée, Philippe Labro apprit que son acteur souffrait depuis la veille d'une crise aiguë de sciatique. Mais Belmondo avait refusé de le signaler pour ne pas gêner le tournage. Il ne s'était d'ailleurs pas plaint une seule seconde, exécutant son travail comme un grand professionnel.

« Il s'est donné comme rarement j'ai vu quelqu'un se donner, déclare Labro. Il a sacrifié sa santé pendant au moins trois semaines parce qu'il avait une hernie discale et il ne voulait pas me le dire afin de pouvoir continuer à faire tout ce qu'il a fait au point de vue physique. Il m'a démontré ce que j'ai compris après et qui m'a beaucoup ému : un extraordinaire courage physique et mental. Il a une persévérance et une volonté de fer qui m'ont épaté. »

Comme pour *L'Héritier*, Labro avait puisé dans la réalité pour construire quelques éléments de son scénario. Ainsi le réseau d'évasion qui permet à des truands chevronnés de prendre la poudre d'escampette d'une prison était inspiré d'un fait divers similaire découvert trois ans plus tôt à la prison de Fleury-Merogis. Mais ce qui caractérisa *L'Alpagueur*, outre ses racines authentiques et ses clins d'œil appuyés — tout un passage du film est un hommage à *Getaway* de Sam Peckinpah avec Steve McQueen — ce fut la multiplicité et l'originalité des décors. Le film démarrait à Rotterdam, se prolongeait du côté de Port-Leucate, sur la côte languedocienne — avec au passage un paquebot à sec, le *Lydia* —, puis évoluait dans une sombre banlieue parisienne pour se terminer dans un avion soigneusement reconstitué dans les studios de Boulogne-Billancourt. Le tout, selon la volonté de Labro, baigna dans une atmosphère de « western contemporain ». Malheureusement *L'Alpageur* ne rencontra pas tout à fait le succès escompté.

« Le scénario était attirant, analyse Labro, mais, à mon avis, il avait des lacunes et des erreurs que je n'ai pas réussi à corriger sur le tournage. Je n'ai pas réussi à mettre sur l'écran tout ce qu'il y avait comme intentions sur le papier. J'ai pêché par une certaine lourdeur. Jean-Paul a été d'une honnêteté extraordinaire avec moi — c'est là que j'ai testé sa fidélité et sa loyauté parce qu'il aurait pu avouer non pas sa déception mais, disons, son sentiment que c'était moyen. Pas du tout ! Il a toujours défendu le film. »

De fait, *L'Alpagueur* ne bouleversa pas le box-office, ce qui ne ternit en rien les relations entre Belmondo et Labro.

« Je peux dire aujourd'hui que j'ai des relations très amicales, très fidèles, très loyales avec Jean-Paul, même si nous ne nous voyons pas beaucoup, souligne Labro. Je ne me suis pas fait tellement d'amis dans le monde du cinéma parce qu'on ne garde pas beaucoup d'amis dans cet univers-là puisqu'on se déplace de film en film. D'autre part, depuis sept ans, j'ai complètement abandonné cet univers, mais Jean-Paul fait partie des rares personnes avec lesquelles, ayant vécu des aventures de cinéma, j'ai pu conserver un rapport vrai, sans fausseté. »

De Broca, Labro, avec eux, Jean-Paul Belmondo se trouvait en pays de connaissance. Avec Henri Verneuil, plus encore. Pourtant le projet que ce cinéaste lui soumit n'avait strictement rien à voir avec tous ceux qu'ils avaient faits ensemble précédemment. Loin du *Casse* et de *Peur sur la ville*, Henri Verneuil proposa l'histoire d'un homme pris dans une machination au beau milieu d'une ville du nord de la France.

« J'avais dit : ''Je ferai le film si je trouve la solution du problème : comment montrer Belmondo quinze ans plus jeune sans le maquiller ? explique Verneuil. Et, un matin, en me rasant, je pensais à quelque chose qui m'était arrivé vingt ans auparavant et, curieusement, en revoyant cette scène, je revoyais tout le monde à l'âge qu'ils avaient et moi je me voyais avec mon visage de ce matin-là. On ne se voit jamais vingt ans plus jeune. »

Effectivement, pour éviter d'avoir recours à des maquillages outranciers marquant les sept années séparant les deux périodes du film, Verneuil trouva une habile parade résumée en une simple phrase du dialogue : « Dans ce bric-à-brac de la mémoire, chaque fois que l'on essaie de se souvenir du jeune homme que l'on était, on se revoit avec la tête de l'homme d'aujourd'hui. » Ce problème résolu, Verneuil put se lancer dans l'écriture de son script tiré d'un roman de Félicien Marceau, paru en mars 1975, *Le Corps de mon ennemi*.

« J'ai lu le livre, se souvient Verneuil, j'ai été très touché, impressionné par ce personnage qui traverse ces cités du Nord. Il y avait une très belle étude de tous ces gens du textile, toutes ces familles hypocrites. J'avais beaucoup aimé ça et je voulais le tourner. Jean-Paul, lui, a mis un peu de temps avant d'accepter. Il a fini par me dire : “J'ai tellement vu dans ton œil que tu allais le faire avec un autre, que je le fais avec toi !”... »

René Chateau envisagea bien de trouver un autre titre à cette production, jugeant que le mot « ennemi » risquait d'aller à l'encontre de l'image de marque de Belmondo mais, n'y parvenant pas, renonça, ce qu'il regretta par la suite. Au passage le titre *Number One*, du nom de la discothèque (Number Five dans le livre) que dirige le personnage central fut également envisagé pour être finalement repoussé.

Pratiquement dès la parution du livre, Henri Verneuil en acquit les droits. Dès janvier 1976 le scénario sur lequel Félicien Marceau lui même collabora était achevé ce qui permettait à Michel Audiard de commencer à écrire les dialogues. Puis, dès juillet 1976, démarra le tournage. *Le Corps de mon ennemi* reposait sur un machiavélique complot qui engendrait une vengeance : parce qu'il bouscule les habitudes de la bourgeoisie du Nord, François Leclerc se retrouve piégé dans une affaire de meurtre. Reconnu coupable il passe sept ans en prison. A sa sortie Leclerc sème la zizanie du côté des gens en place, brisant un édifice qui avait pourtant résisté aux assauts du temps.

« Jean-Paul a compris ce personnage d'une façon merveilleuse, souligne Verneuil. Nous ne nous parlions pas tellement, nous nous disions l'essentiel, mais il a joué ce personnage remarquablement. »

Aux yeux de Belmondo comme à ceux de Verneuil cette trame ressemblait à s'y méprendre à celle d'un western dans la pure tradition du genre : le héros bafoué et exilé revient dans le pays qui l'a injustement traité pour se venger. Un thème cher à Clint Eastwood, par exemple. Mais, à la différence du western traditionnel, *Le Corps de mon ennemi* ne comportait aucune scène d'action, aucun coup de feu, aucune cascade — si ce n'est une tentative de meurtre en voiture — ce qui le faisait plus ressembler à un western psychologique. Au-delà de cet aspect purement western, Henri Verneuil sentit, derrière l'intrigue de base, une autopsie au vitriol d'une grande cité industrielle française et ce ne fut pas une coïncidence si, à un moment du film, sa caméra dévoila l'affiche des *Raisins de la colère*, que Verneuil considère comme le « plus grand film sur la classe ouvrière, paradoxalement tourné par un réactionnaire ». Henri Verneuil tourna son film à Lille et dans les villes avoisinantes, profitant du gigantisme des grandes usines textiles pour mieux renforcer l'impression d'isolement de son héros. Le film coûta quinze millions, somme relativement peu élevée due au fait que Verneuil et Belmondo, tous deux coproducteurs, ne touchaient aucun salaire.

A sa sortie, *Le Corps de mon ennemi*, en dépit d'indéniables qualités, ne déplaça pas d'énormes foules. Le public savait qu'il ne s'agissait ni d'un policier musclé ni d'une comédie légère (en dépit de la présence de Michel Audiard au générique) et il en fut un peu dépité. En fait, cette œuvre descendait en droite ligne de toutes les productions interprétées par Gabin dans la seconde partie de sa carrière : des personnages monolithiques évoluant dans un monde fourbe et comptant plus sur leur forte personnalité et leur sens de la répartie que sur leurs muscles pour parvenir à leurs fins.

« J'avais prévenu Jean-Paul que nous ferions la moitié des entrées de *Peur sur la ville*, affirme Verneuil. Mais j'ai dit : "Il faut le faire". J'ai voulu "casser" *Peur sur la ville* par *Le Corps de mon ennemi*. J'ai toujours pensé que c'est ça qu'il faut faire au cinéma : passer de *Mélodie en sous-sol* à *Week-end à Zuydcoote*, de *La Vache et le prisonnier* à *Des gens sans importance*, en sachant parfaitement que vous ne ferez pas le même nombre d'entrées avec *Le Casse* et avec *Un singe en hiver*. Quand vous acceptez cela il n'y a aucune amertume, aucune déception, vous savez ce que vous faites. »

Retour à la comédie avec *L'Animal* de Claude Zidi. Dans le sillage de Gérard Oury, ce réalisateur était devenu l'un des spécialistes de la comédie à gros budget. Lancé en même temps que la vague des *Charlot*, il avait su rapidement suivre sa propre voie, sans jamais tourner le dos au succès. Avec *La moutarde me monte au nez* puis *L'Aile ou la cuisse*, qui marquait le retour au cinéma de Louis de Funès, il avait atteint les sommets du box-office. Se souvenant, sans nul doute, du *Magnifique*, Claude Zidi eut envie d'écrire un double personnage pour Belmondo : d'un côté un cascadeur tête brûlée et de l'autre une star de cinéma style grande folle. La ressemblance entre les deux se révèle tellement frappante que le premier se retrouve à doubler la star. L'idée de départ devait autant à Zidi qu'à Belmondo lui-même qui accepta d'entrer dans la production. Puis arriva Christian Fechner, producteur habituel de Zidi, qui prit à sa charge la majorité du financement s'élevant tout de même à vingt-cinq millions. Pour Jean-Paul ce fut bien un rôle rêvé puisqu'il lui permit de miser à la fois sur l'action et sur la comédie pure. Au moment du tournage il déclara :

« J'aime bien faire alterner les styles, et un peu de mouvement de temps en temps ça fait du bien. Mais cette fois la partie action et la partie comédie sont à égalité et je vais pouvoir me donner à fond dans les deux genres puisque je joue un double rôle, celui d'un cascadeur et celui d'une grande vedette dont il est la doublure. Le cascadeur est courageux, audacieux, mais pas veinard. Il réussit les acrobaties les plus dangereuses mais les termine en catastrophe. Il se débrouille tout aussi mal dans sa vie privée, ayant des problèmes avec Jane, sa belle partenaire qu'il fatigue quelque peu. Elle finit par le quitter et ce n'est pas sans mal qu'il arrivera à la reconquérir. En revanche, mon autre moi-même, celui dont je suis la doublure, Bruno Ferrari, la superstar, vaniteux, peureux, est un héros de légende, le chéri de ces dames. Un double rôle en or, comme on peut s'en rendre compte, la synthèse idéale pour moi. Il y avait longtemps que j'avais envie d'un film où il y aurait en même temps beaucoup d'action et autant de vraie comédie. »

Un temps, Claude Zidi envisagea un clin d'œil supplémentaire en engageant le sosie de Jean-Paul Belmondo qui traverserait le film l'espace d'une séquence. En avril 1971, quelques semaines avant le début des prises de vues, un avis de recherche fut diffusé par voie de presse, mais face au manque de ressemblance des prétendus sosies, Zidi renonça à son idée.

D'un côté Jean-Paul s'en donna à cœur joie dans un personnage de star digne de *La Cage aux folles*. De l'autre, tout en continuant dans le domaine de la comédie — se faisant, par exemple, passer pour un débile mental afin de toucher les allocations de la Sécurité sociale ou se déguisant, brièvement, en Napoléon et en général Patton — il multiplia les cascades de tous styles repoussant les limites du danger. *L'Animal* comporta très précisément vingt-quatre cascades. Entre autres exploits, Belmondo dut dévaler les marches du Sacré-Cœur, à Paris, au volant d'une Rolls-Royce, traverser une salle de bal longue de quatre-vingt-deux mètres suspendu à un lustre, se battre avec un tigre, dégringoler à de nombreuses reprises un escalier de quatre-vingts marches, passer d'un hélicoptère à un avion en plein ciel. Pour toutes ses scènes d'action, Belmondo s'était adjoint le savoir-faire de trois spécialistes : Rémy Julienne pour les cascades automobiles, Jean Salis pour les cascades aériennes et Claude Carliez pour les séquences purement physiques. Cette équipe ne parvint pas à éviter certains incidents.

Alors qu'il devait descendre à plusieurs reprises un immense escalier, Jean-Paul se foula la cheville, ce qui le fit souffrir. Il ne renonça pas pour autant au tournage et ce fut dans cet état qu'il participa aux autres cascades. Pour l'une d'elles il devait affronter un tigre. Deux semaines avant les prises de vues, il alla donner à manger à deux félins — le candidat à la cascade serait choisi en dernière minute — afin qu'ils s'habituent à son odeur. Puis le tournage eut lieu de nuit. Le tigre choisi se lança dans l'action, mais fit montre d'un peu trop de zèle puisqu'il lacéra l'oreille de Jean-Paul. L'acteur parvint à se sortir de ses griffes et tout le monde poussa un ouf de soulagement : d'un coup de patte, le tigre aurait pu faire des dégâts bien plus considérables.

La cascade aérienne fut une des plus étonnantes de toutes celles exécutées par Jean-Paul Belmondo. Elle débuta au petit matin, vers six heures trente, à l'aérodrome de La Ferté-Allais. L'acteur monta dans un hélicoptère, quitta l'habitacle en plein vol, à trois cents mètres d'altitude, descendit sur une échelle de corde et marcha sur les ailes d'un avion biplan volant, en dessous, à 80 à l'heure. Cet exploit fut préparé par Jean Salis, as de l'aviation.

« Ça n'était pas une cascade facile pour deux raisons, explique Jean Salis. La première c'est que quand vous descendez sur une échelle mobile, avec le vent, vous êtes déporté. Car l'avion en dessous ne s'arrête pas. Vous vous retrouvez donc sur quelque chose de très flottant et si vous bougez un bras ou une jambe cela crée un mouvement de balance, comme s'il s'agissait d'une gouverne. Ensuite vous avez le balisage de l'hélice de l'hélicoptère qui est super-dangereux. Passer d'un avion à un autre comme ça se faisait beaucoup dans le temps, il n'y avait pas de gros risques, alors que là il y avait le risque de l'hélice. Nous sommes tout de même arrivés à glisser l'aile de l'avion sous l'échelle suspendue sous l'hélicoptère. Mais Jean-Paul n'a pas fait le passage complet pour des raisons de sécurité. Il s'est tout de même pendu à l'échelle sous l'hélicoptère, il a touché l'avion, il a marché sur l'aile. Plus tard, nous avons filmé le passage de la sortie de l'avion pour monter sur l'aile. Dans les deux cas c'étaient des moments très difficiles. Mais la vraie partie risquée était de venir marcher sur les ailes d'un avion. Or, Jean-Paul comme tous les grands acteurs, est une personne qui a peu de temps pour s'entraîner. Toutefois il compense ce manque d'entraînement en étant quelqu'un de nettement plus doué que la moyenne. Pour faire ce même travail avec un type qui n'a pas sa forme physique il aurait fallu trois, quatre jours d'entraînement sérieux alors que Jean-Paul n'a répété que quelques fois dans la matinée. Puis il est parti, il a fait sa cascade. »

La seconde partie de la cascade qui montre Jean-Paul debout sur l'avion fut donc filmée à part. Belmondo sortit de l'habitacle de l'appareil, grimpa sur les ailes et se maintint à la verticale en agrippant d'une seule main une courte ficelle attachée à l'avion.

« J'étais dévoré par la peur, raconte Belmondo. Je suis monté dans l'avion, nous avons décollé et quand je suis sorti, en plein vol, ça a été incroyable. J'étais comme au cœur d'une tempête. J'avais les yeux qui me sortaient du visage. J'étais à genoux pour trouver mes appuis et j'en prenais "plein la gueule", comme on dit. Et puis je me suis mis debout. Et là — ça va paraître idiot — j'ai eu l'un des plus grands plaisirs de ma vie. Un bonheur complet. Très égoïste, mais très exaltant. J'ai découvert un monde étrange, un mélange de silence bizarre et de bruit. C'était pour moi la réalisation de tout un rêve d'enfant. Je m'étais enthousiasmé, jadis, pour les exploits aéronautiques de Roland Toutain et j'avais toujours espéré faire un numéro d'acrobatie aérienne. J'y suis arrivé à quarante-quatre ans. C'est chouette d'être une star ! »

Les cascades n'occupèrent toutefois pas la majeure partie du temps de tournage, *L'Animal* demeurant avant tout une comédie. Comme toute comédie elle reposait sur des acteurs et notamment sur le couple vedette. Face à Belmondo il fallait une actrice belle et sportive capable de suffisamment de caractère pour tenir tête au personnage campé par Jean-Paul. La perle rare fut trouvée aux États-Unis, comme pour *Le Magnifique*. Il s'agissait de Raquel Welch qui venait d'achever une tournée mondiale triomphale où elle avait prouvé qu'elle savait aussi chanter. Raquel Welch se révéla une femme charmante, mais commença le tournage avec un comportement de star typiquement américain. En effet, durant les premiers jours, elle arriva systématiquement en retard sur le plateau, faisant ainsi attendre toute l'équipe. Après répétitions de ces retards, Jean-Paul Belmondo accueillit personnellement Raquel Welch dès son arrivée, un matin, et lui expliqua qu'en France être une star ne permet pas une telle désinvolture et que, par respect pour l'ensemble de l'équipe, elle se devait de se conformer aux horaires. S'il lui fallait plusieurs heures pour se préparer et se maquiller elle n'avait tout simplement qu'à arriver plus tôt aux studios. Dès le lendemain, et jusqu'à la fin du tournage, Raquel Welch fut d'une ponctualité admirable, digne de la SNCF. Par ailleurs, pour elle le tournage de *L'Animal* fut à marquer d'une pierre blanche puisqu'il lui permit de rencontrer son futur mari.

Charles Gérard, Mario David, Charly Koubesserian, Maurice Auzel... se retrouvèrent au générique de *L'Animal*, comme à celui du *Corps de mon ennemi*, quelque-uns des amis de Jean-Paul Belmondo. Avec eux, il avait organisé mille chahuts, fait mille farces.

« Nous avons eu une période, Jean-Paul et moi, raconte Charly Koubesserian, où il m'humiliait devant toute l'équipe, les acteurs, le metteur en scène. C'était un jeu entre nous pour voir où sont les faux-culs ! Là nous découvrions une tonne de faux-culs. Nous nous engueulions, je claquais la porte en disant : ''Si vous avez besoin d'un raccord je suis dans le couloir, je ne suis pas la bonne'' et je partais. Des fois, lui cassait des peignes condamnés, des crayons, jetait ma boîte de raccord par terre. Je ramassais tout en disant : ''Mais qu'est-ce que c'est que ce malade ? Je suis maquilleur, moi, je ne suis pas une

Novembre 1979, l'Italienne Laura Antonelli est venue à Venise rendre visite à Jean-Paul sur le plateau du *Guignolo* de Georges Lautner. Leur idylle, qui dure depuis sept ans, vit là ses dernières semaines. *(Ph. Daniel Simon/Gamma.)*

La Brésilienne Carlos Sottomayor, qui partagea la vie de Jean-Paul pendant sept années, joua par trois fois à ses côtés : dans *Le Marginal*, *Joyeuses Pâques* et *Le Solitaire*. *(Ph. Gamma.)*

Le 22 février 1967, au cinéma Georges V, Belmondo et la Suissesse Ursula Andress assistent à la première du *Voleur* de Louis Malle. Quelque temps plus tard, le couple s'envolera pour un vaste tour du monde qui tiendra Jean-Paul éloigné des plateaux de cinéma pendant une année entière. *(Ph. Keystone.)*

Octobre 1991, Jean-Paul et la Française Nathalie Tardivel sont à Milan pour la triomphale tournée de *Cyrano de Bergerac*, escortés par les yorkshire Maya et Calypso. Pendant la durée des représentations de la pièce, Belmondo ne se sépara jamais d'un chapeau et d'un cache-nez destinés à lui éviter tout refroidissement fatal à ses cordes vocales, fort sollicitées par la pièce. *(Ph. Images Diffusion/Orop.)*

Août 1959. Saint-Germain-des-Prés. Jean-Paul Belmondo, Jean-Luc Godard et le producteur Georges de Beauregard se détendent sur le tournage de *A bout de souffle*, dont le retentissement considérable lancera leurs carrières. *(Ph. Productions Georges de Beauregard.)*

1960. Il y a encore un an, bien peu osaient imaginer que Belmondo pourrait connaître un impact international. Or, il se voit confier le premier rôle masculin face à la plus grande star du cinéma italien, Sophia Loren, dans *La Ciociarra* de Vittorio de Sica. Le début d'une « campagne d'Italie » qui amènera le Français à serrer dans ses bras Gina Lollobrigida et Claudia Cardinale. *(Ph. Archive Photos.)*

1961. Léon Morin, prêtre, marquera la première collaboration entre Jean-Pierre Melville et Jean-Paul Belmondo. Le cinéaste est étonné par la décontraction de ce diable d'acteur, capable de jouer au football en soutane. *(Ph. Productions Georges de Beauregard.)*

Le 6 janvier 1962, Gabin et Belmondo tournent la scène du feu d'artifice de *Un singe en hiver* d'Henri Verneuil. Alors que certains craignent un affrontement de personnalités, les deux acteurs, que vingt-neuf ans séparent, s'entendent comme larrons en foire. *(Ph. Keystone.)*

Pour tourner *Moderato Cantabile* aux côtés de Jeanne Moreau, qu'il admire, Jean-Paul renonce à son rôle dans *Château en Suède* au théâtre. S'il est satisfait de sa rencontre avec l'actrice, il gardera un souvenir mitigé du cinéaste Peter Brook et des écrits de Marguerite Duras. *(Ph. Keystone.)*

13 septembre 1962, Charles Vanel et Jean-Paul Belmondo tournent *L'Aîné des Ferchaux* qui porte alors pour titre *Un jeune homme honorable*. Les deux acteurs s'apprécient énormément et font bloc face à un Jean-Pierre Melville qui mène la vie dure à Vanel. *(Ph. Keystone.)*

Guy Bedos, Jean-Paul Belmondo, Georges Geret, Sophie Daumier et Jacques Deray fêtent l'anniversaire de l'actrice sur le plateau de *Par un beau matin d'été*. Une ambiance particulièrement détendue dans laquelle baigne tout le tournage, même si le ton du film sera plutôt dur. *(Coll. Jacques Deray. Ph. J. Falloux.)*

Un souvenir inoubliable pour tous ses participants : le tournage de *Week-end à Zuydcoote*. Si le résultat donnera des allures de production hollywoodienne, la réalité est tout autre et Henri Verneuil doit faire preuve d'imagination pour se servir au mieux des moyens mis à sa disposition... et pour jongler avec les innombrables blagues de Belmondo et ses amis. *(Ph. Sygma.)*

Si *A bout de souffle* a fait connaître Belmondo, *L'Homme de Rio,* de Philippe de Broca — avec Françoise Dorléac — propulse sa popularité vers les sommets. Tournée dans des conditions épiques, cette œuvre rencontrera un succès mondial qui lancera le mythe du « Belmondo jovial et cascadeur ». *(Ph. Archive Photos.)*

Dans le sillage de *L'Homme de Rio,* Philippe de Broca, le producteur Alexandre Mnouchkine et Belmondo décident de se lancer dans *Les Tribulations d'un Chinois en Chine.* L'occasion d'un voyage en Asie et d'une rencontre importante : la sculpturale Ursula Andress. *(Ph. Sygma.)*

Six ans après *A bout de souffle*. Jean-Paul retrouve Jean-Luc Godard pour *Pierrot le fou*. Anna Karina remplace Jean Seberg et le film, qui déclenche une controverse lors de sa sortie, entre dans la liste des œuvres majeures du cinéma français. *(Ph. Sygma.)*

Août 1966, Jean-Paul tourne *Le Voleur* de Louis Malle. Un fim tiré d'un de ses romans favoris (de Georges Darien) — avec *Voyage au bout de la nuit* —, et un étonnant rôle de bourgeois qui vole plus par goût de l'anarchie que par nécessité. Belmondo estimera cette œuvre en avance sur son temps.
(Ph. Archive Photos.)

Après avoir associé Bourvil à Louis de Funès, Gérard Oury a l'idée de l'associer à Jean-Paul Belmondo dont il savoure énormément l'humour. Les deux acteurs s'étaient connus sur le plateau de *Un drôle de dimanche*, dix ans plus tôt, mais devinrent véritablement complices grâce au *Cerveau*. Résultat probant : le film réunit plus de cinq millions de spectateurs en France lors de sa sortie ! *(Ph. Keystone.)*

Sur l'île de la Réunion, François Truffaut dirige Catherine Deneuve et Jean-Paul Belmondo dans *La Sirène du Mississipi*. Le cinéaste veut exploiter le côté sensible et délicat des deux stars mais le public ne suivra pas. *(Ph. Sygma.)*

« Le » film de l'année 1970 : *Borsalino*. Alain Delon a l'idée de cette histoire de gangsters complices et de confier l'autre premier rôle à Belmondo. Contrairement à la « légende » les deux acteurs ne connaissent aucun heurt durant tout le tournage et, par-delà les années, continueront à entretenir des liens amicaux. *(Ph. Archive Photos.)*

18 novembre 1976, lors d'une exposition de ses œuvres au musée de la Monnaie, Paul Belmondo présente l'unique buste de son fils Jean-Paul. Âgé de six ans, le turbulant gamin avant accepté à contrecœur de tenir en place pour les séances de pose qui s'étaleront sur plus d'un mois. Par la suite, Paul réalisera des médailles de l'acteur mais à partir de photos. *(Ph. Keystone.)*

1985. Trois ans après la mort du sculpteur, une exposition lui est consacrée au pavillon des Arts, à Paris. Autour de Madeleine, sont réunis Alain, Paul, Jean-Paul et Florence. *(Ph. Keystone.)*

Jean-Paul Belmondo et Gérard Oury préparent une scène de *L'As des as*. Tourné quatorze ans après *Le Cerveau*, cette production connaîtra un succès similaire, preuve que les deux professionnels sont passés maîtres dans l'art de l'humour.
(Coll. Gérard Oury.)

1972, Philippe Labro propose à Belmondo un rôle fondamentalement nouveau : celui d'un jeune empereur industriel. *L'Héritier*, à sa manière, annonce le monde des affaires des années 80 et 90. *(Ph. Sygma.)*

20 janvier 1975. Bien qu'il ait démissionné de son poste de président depuis neuf ans, Jean-Paul Belmondo soutient toujours le Syndicat français des acteurs. En compagnie de Marie Dubois. Robert Sandrey et Michel Piccoli, il participe à une importante conférence de presse soulevant le problème de la surabondance de films à la télévision après l'éclatement de l'ORTF. *(Ph. Keystone.)*

Dans *Stavisky*, Jean-Pa
Belmondo n'apparaît à aucu
moment moustachu. Et pourta
il s'est fait poser ce postiche po
une photo destinée à la ficl
signalétique de l'escroc, un d
nombreux détails qui prouvent
sens de la perfection d'Ala
Resnais. *(Coll. Charly Koubesseria*

Un double rôle en or pour Belmondo : celui de l'argent secret du *Magnifique ;* lointain alter ego d'un romancier sans envergure. En prime, une partenaire de charme : Jacqueline Bisset. *(Ph. Michel Ginfray/Gamma.)*

Sixième collaboration Belmondo-Verneuil : *Peur sur la ville,* en 1975. Pour la première fois, Belmondo joue un commissaire de police. Succès sur tous les plans. *(Ph. Vincent Rossell.)*

En 1975. *L'Incorrigible* constitue le cinquième film que tournent ensemble Belmondo et Philippe de Broca et bénéficie de la présence de Geneviève Bujold. Cinq succès au box-office. Jean-Paul demande au cinéaste de lui concocter un personnage délirant mâtiné de Scapin et de Frégoli. *(Ph. Joe Richard/Sygma.)*

Bien qu'ils partagent un même sens de l'humour, Georges Lautner et Jean-Paul Belmondo n'avaient jamais travaillé ensemble. *Flic ou voyou,* en 1978, scelle une fructueuse collaboration. Ici, l'auteur jette un œil à la caméra avant de se lancer dans la cascade de la carrière de pierres. *(Ph. Sygma.)*

Jacques Deray et Belmondo sur le plateau du *Marginal,* en 1983, leur troisième film en commun. Jean-Paul retrouve un personnage de flic musclé et multiplie les cascades, pour le plus grand plaisir du public qui se rue en masse.
(Coll. Jacques Deray/ Ph. Vincent Rossell.)

1988, Zimbabwe. Jean-Paul profite d'une pause dans les prises de vues d'*Itinéraire d'un enfant gâté* pour jouer avec un lionceau. Plus tard, Claude Lelouch lui demandera d'aller affronter un lion et le fera marcher à côté du guépard. Belmondo effectue ces actions largement détendu.
(Coll. Jean-Paul Belmondo.)

Après avoir été flic ou voyou, Belmondo se retrouve avocat pour *L'Inconnu dans la maison*. Tourné en grande partie au tribunal de Créteil, en juin 1992, ce film permet également à l'acteur de jouer un alcoolique, emploi qu'il n'avait pas tenu depuis *Un singe en hiver*.
(Ph. Vincent Rossell.)

Durant toutes les répétitions de *Kean* — de novembre 1986 à janvier 1987 —, Jean-Paul apparaît barbu. Il répète ici une scène dans le décor de l'auberge avec l'homme qui l'a poussé à revenir au théâtre : Robert Hossein. *(Ph. Sondeville/Orop.)*

Jean-Paul Belmondo est mort plus de trois cents fois dans le costume de *Cyrano de Bergerac* qu'il joua pour la première fois le 6 janvier 1990 à Paris. A ses côtés Béatrice Agenin (Roxane) et son ami de toujours, le compagnon de toutes ses aventures : Michel Beaune (Le Bret) pour qui ce fut le dernier rôle. *(Ph. Max Colin/Orop Press.)*

En août 1991, Jean-Paul Belmondo rachète le théâtre des Variétés, considéré comme l'un des plus prestigieux de la capitale. Depuis sa création, d'innombrables artistes s'y sont produits, de Sacha Guitry à Fernandel qui y joua *Freddy* en 1968. *(Ph. Christophe Geral/Orop.)*

Un mois important : mars 1992. Belmondo présente *Cyrano de Bergerac* à Tokyo devant un public largement enthousiaste. Avec un nez postiche qui, bien qu'artistiquement posé par le maquilleur et ami de Jean-Paul, Charly Koubesserian, semble tenir par l'opération du Saint-Esprit. *(Coll. Charly Koubesserian.)*

Action ! Belmondo dans *Le Solitaire* de Jacques Deray qui, après *Peur sur la ville* et *Le Marginal* lui permet de réendosser la tenue du flic justicier. *(Coll. Jean-Paul Belmondo.)*

Jean-Paul profite d'un week-end en plein tournage de *L'Inconnu dans la maison* pour aller soutenir son fils, pilote de Formule 1 sur le circuit de Monaco, ce même circuit où, enfant, Paul, grâce à son père, put approcher de très près les bolides et goûter pour la première fois sa vraie passion. *(Ph. Francis Apesteguy/Gamma.)*

23 septembre 1980. Jean-Paul Belmondo reçoit la Légion d'honneur. L'occasion d'une fête au Palais-Royal où il réunit tous ses amis et où il tient à être entouré de ses parents. Onze ans plus tard, l'acteur sera nommé officier de la Légion d'honneur, seule récompense qu'il accepte après son maigre rappel d'accessit du Conservatoire. *(Ph. Daniel Simon/Gamma.)*

poubelle !'' Je partais dans de vraies colères. Alors, automatiquement il y en avait qui s'approchaient de Belmondo pour lui dire : ''Tu as vu comment il te parle ?'' et qui commençaient à casser du sucre sur mon dos. Comme d'autres venaient me voir et cassaient du sucre sur Jean-Paul. Et nous faisions durer cela quatre heures, cinq heures. Les faux-culs allaient voir Belmondo et me chargeaient. A la fin, il me disait : ''Dis donc Charly, lui, lui et lui, ils t'ont habillé pour l'hiver, mon grand.'' Nous l'avons fait dans huit ou neuf films, mais après, ça s'est su, alors les gars faisaient gaffe de ne pas dire une connerie sur moi ou sur lui... »

En plein tournage de *L'Animal*, Jean-Paul Belmondo, parmi d'autres, devint la cible, une fois de plus, de quelques journalistes et de professionnels du cinéma qui estimaient que la crise que traversait le septième art était en grande partie due au fait que les stars étaient surpayées. Dans une lettre ouverte Belmondo mit les choses au point :

« Lorsque je lis sous la plume d'un ou d'une journaliste la question : ''Belmondo, Delon, de Funès ont-ils tué le cinéma français ?'' je ne suis qu'à moitié surpris, puisque le ou la journaliste en question n'ont consacré à la documentation et à la rédaction d'un tel article qu'une demi-journée de leur semaine et que le goût du titre raccrocheur les a sans doute amenés à trouver une formule qui comme le célèbre arbre cache totalement la forêt. Je suis un peu plus surpris lorsque, dans une émission de télévision, un des responsables d'une société de distribution (Gaumont), M. du Plantier, pour ne pas le nommer, tient le même discours qui, selon moi, frise l'incompétence suicidaire. Après tout, lorsqu'on lance de telles contrevérités, on devrait garder en mémoire qu'Alain Delon comme moi-même avons risqué notre avenir financier dans les films dont nous étions les interprètes et ce depuis maintenant quelques longues années. Pour ce qui me concerne, et depuis *Docteur Popaul*, j'ai toujours produit les films dont j'étais l'interprète. Ma société a financé le film, qu'il soit signé Resnais, Labro ou Verneuil (trois réalisateurs dont on conviendra qu'ils représentent trois tendances et trois styles de cinéma fort divers), ce qui signifie, entre autres, que je n'ai touché mon « cachet » d'acteur-interprète qu'après la sortie et le succès (éventuel) du film. Si ce film ne marche pas, c'est ma société — et donc moi-même — qui est sanctionnée. Lorsque je ne suis pas producteur à part entière (et j'imagine qu'il en va de même pour les autres acteurs français cités plus haut), le contrat que je signe avec les producteurs n'est justifié que par les ventes exceptionnelles que le producteur peut faire à l'étranger au seul énoncé de l'affiche. C'est une autre évidence : les "gros cachets" n'existent que grâce à l'apport d'argent provoqué par la présence d'une ou plusieurs stars [1]. »

Une nouvelle fois, d'ailleurs, Belmondo fournit la preuve qu'une star dans un bon film représentait un excellent atout pour attirer le public en salles. En effet, *L'Animal* totalisa 3 157 789 entrées en France, s'installant en tête des films français au box-office de l'année.

1. *Le Film français* du 27 mai 1977

21.

QUELQUES MESSIEURS PAS TRANQUILLES

Il s'écoula un an entre le tournage de *L'Animal* et le premier tour de manivelle du film suivant dans la carrière de Jean-Paul Belmondo. Un an durant lequel l'acteur réfléchit à différents projets. En fait, il eût dû enchaîner avec *Le Garde du corps* écrit et réalisé par Francis Veber qui tentait de saupoudrer d'action une œuvre d'humour. Mais de son propre aveu, Veber, qui se remettait mal de l'échec du *Jouet*, sa première mise en scène, fut incapable de terminer le scénario. Le projet fut, bien entendu, annulé. Alors Belmondo envisagea tout particulièrement de produire et d'interpréter un film basé sur *L'Instinct de mort*, l'autobiographie de Jacques Mesrine. Dès la parution du livre, Belmondo déboursa cinq cent mille francs pour en acquérir les droits, raflant le projet au nez d'Alain Delon, qui, lui aussi, le convoitait. Un script fut écrit, dès cette époque, par Patrick Modiano, dialogué par Michel Audiard, et Jean-Paul le fit parvenir à Mesrine dans sa cellule. Le bandit le renvoya à l'acteur-producteur avec cette formule : « Ne mettez pas le mot fin, ce n'est pas fini ! » Effectivement quelques jours plus tard, il s'évadait... Puis Belmondo demanda à Philippe Labro de lui peaufiner le scénario, mais l'affaire ne se fit finalement pas. Pourtant Jean-Paul tenait énormément à ce projet. Par la suite, il contacta des metteurs en scène aussi différents que Jean-Luc Godard, Georges Lautner, Yves Boisset, Costa-Gavras, Roman Polanski pour le mener à bien. Mais Mesrine semblait représenter à lui seul un handicap de taille. Interprété par Belmondo il deviendrait inévitablement sympathique alors qu'il avait tout de même été considéré comme « l'ennemi public numéro un ». De plus Mesrine apparaissait comme un personnage d'une rare violence, toujours armé et prêt à faire feu sur qui tentait de l'interpeller. Ce fut d'ailleurs pour cette raison que la police lui tendit, en 1980, un véritable guet-apens durant lequel elle l'abattit à vue ne lui laissant aucune chance de s'en sortir vivant.

Cette violence inhérente au personnage rebutait la plupart des cinéastes, ce que comprenait mal Belmondo. Après tout, souligna-t-il, il y avait eu pléthore de films américains sur Al Capone qui n'était pas véritablement un enfant de chœur. Or parmi ces productions se glissaient quelques authentiques chefs-d'œuvre comme *Scarface* tourné en 1932, c'est-à-dire du vivant de Capone. De toute façon ce qui fascinait Jean-Paul chez Mesrine ne reposait pas sur la violence mais sur le parcours tout à fait étonnant de ce bandit pas comme les autres. Contrairement à la plupart des truands, Mesrine n'avait nullement grandi dans la rue ni évolué dans le monde de la pègre. Il avait, en fait, suivi une voie tout à fait traditionnelle qui l'avait mené jusqu'au métier d'architecte. Pourtant, à trente-deux ans, il bascula soudainement dans la violence et la délinquance, se tenant à l'écart de toute compromission avec le milieu et faisant preuve d'une intelligente efficacité. De plus, Mesrine avait accompli des exploits comme, justement, son évasion de la prison de la Santé, qui constituaient autant de séquences éminemment cinématographiques. Mais, pas plus que la France n'accepte de filmer sa guerre d'Algérie, elle ne souhaite évoquer de cette manière ses malfrats les plus récents, craignant, probablement, une apologie. Bref, Belmondo ne parvint pas à construire son film et fut étonné d'apprendre, en 1983, que le producteur-réalisateur André Génovès préparait une œuvre tout simplement intitulée *Mesrine*. Il ne s'agissait pas à proprement parler d'une adaptation de *L'Instinct de mort* puisque Belmondo en détenait toujours les droits, mais d'une exploitation des faits divers les plus spectaculaires dans lesquels fut impliqué Mesrine. En dépit de la présence de Nicolas Silberg dans le rôle-titre, cette production fut jugée catastrophique par l'ensemble de la critique et par le public qui la bouda complètement. Néanmoins le simple fait que ce film existât continuait de contrecarrer les plans de Belmondo. Qui, en effet, oserait s'intéresser à Mesrine après ce cinglant échec ? Mais Jean-Paul ne cessa de réfléchir à ce projet par la suite, avant de l'enterrer définitivement à l'aube des années 1990. En 1978, à la place de *L'Instinct de mort,* Belmondo joua dans un film dont le titre résume à lui seul tout un pan de sa carrière d'acteur : *Flic ou voyou.*

L'idée de base du film vint d'une association. Michel Audiard, qui avait déjà travaillé à maintes reprises avec Belmondo, était un ami fidèle du cinéaste Georges Lautner pour lequel il avait signé quelques brillants scénarios dont l'inoubliable *Les Tontons flingueurs*. Aux yeux d'Audiard il était évident que l'univers de Belmondo et celui de Lautner comportaient une foule de points communs, et il s'étonna que les deux hommes n'eussent jamais collaboré. Il les fit donc se rencontrer et, de fait, le courant passa immédiatement. Le trio décida donc de monter un film. Son choix se porta sur un roman de Michel Grisolia, *L'Inspecteur de la mer*. Plus précisément il se porta sur le personnage central du roman : un flic qui infiltre le Milieu en se faisant passer pour un truand. Le thème n'était guère nouveau et avait déjà servi à Gabin, entre beaucoup d'autres, dans *Razzia sur la chnouf*, mais son traitement apparut original. En effet, non seulement, il laissait place à la comédie et à l'action dans la tradition du *Magnifique* et, plus récemment de *L'Animal*, mais, en plus, il incluait un intéressant personnage de jeune fille, enfant du flic. Georges Lautner et Michel Audiard, aidés par Jean Herman, mijotèrent un scénario aux petits oignons se passant sur la Côte d'Azur.

Le tournage débuta en mai 1978 avec une distribution de choix : Marie Laforêt, Georges Geret, Michel Galabru, Claude Brosset, Charles Gérard, Jean-François Balmer, Michel Beaune. Cette fois Cerito Films s'associa avec Gaumont pour la production d'un budget de quinze millions.

Pour Georges Geret, *Flic ou voyou* fut l'occasion de renouer avec Jean-Paul Belmondo, quatorze années après *Par un beau matin d'été*. La première scène qu'ils tournèrent ensemble fut un scène d'action : Jean-Paul cogne le visage de Geret sur le capot d'une voiture !

« C'est quand même terrible, déclara Belmondo à Geret, on n'a pas tourné ensemble depuis quatorze ans et la première fois que je te trouve je suis en train de te filer des coups ! »

« Mais pour moi, poursuit Georges Geret, *Flic ou voyou* est surtout associé à un souvenir très émouvant. Ma première femme avait un cancer de la langue à Nice pendant que je tournais. J'avais d'ailleurs accepté le tournage parce qu'il se déroulait à Nice. Et je me suis lié d'amitié avec le professeur Lalanne qui était le patron du centre Lacassagne à Nice où ma femme était soignée. C'est un privilège d'être comédien : les gens sont gentils, ils ont envie de parler avec vous. Comme ce professeur était formidable et qu'il soignait merveilleusement bien ma femme je ne savais pas quoi faire pour lui faire plaisir. Un jour, pendant le tournage de *Flic ou voyou* je lui ai demandé : "Ça ferait plaisir à vous et à votre femme de dîner avec Jean-Paul Belmondo ?" Il me répond : "Bien sûr !" J'ai demandé à Jean-Paul et il a accepté. Je lui avais dit : "Tu sais, les médecins ils sont aussi cons que nous, c'est-à-dire qu'ils posent toujours aux acteurs des questions aussi stupides que celles que nous leur posons quand nous les rencontrons. Tu vas peut-être t'emmerder un peu.'' Mais il est venu et nous avons passé deux heures absolument formidables. Jean-Paul a été d'une gentillesse extrême, se montrant drôle, patient, sympathique. Cela a encore facilité mes rapports avec le professeur Lalanne. Vous pensez bien que j'aimais déjà beaucoup Jean-Paul avant et que depuis je l'aime encore davantage ! »

Il fallut toute la force de persuasion de René Chateau pour imposer le titre étrange et pourtant clinquant de *Flic ou voyou*. Alain Poiré, le producteur, souhaitant en effet garder le titre du roman initial. Belmondo, lui, opta pour la nouvelle formule. Les trois mots brillèrent sur les affiches de la France entière, attisant la curiosité des spectateurs. *Flic ou voyou* connut un succès record. Sa première semaine d'exploitation sur Paris se termina sur 238 518 spectateurs, l'un des meilleurs scores jamais atteints. Quelques semaines seulement après sa sortie il dépassa le millionième spectateur sur Paris. Avant lui seuls dix-huit films (onze étrangers et sept français) avaient réussi cet exploit ! Sur la France entière il réunit 3 950 436 spectateurs, deuxième succès de l'année derrière *Le Gendarme et les extra-terrestres*.

Face à ce triomphe incontestable le trio Belmondo-Lautner-Audiard décida de se reformer, pour une pure comédie cette fois : *Le Guignolo* dont le tournage débuta le 15 octobre 1979. Cette farce fut d'abord annoncée sous le titre *Le Pigeon de la place Saint-Marc* pour la bonne et simple raison qu'une bonne partie de l'action se déroulait à Venise. Avec sa plume constamment trempée dans l'humour, Michel Audiard présenta le héros de ce film à sa manière :

« S'il fallait absolument nous résumer, écrivit-il, nous dirions que sa boulimie effrénée pour l'oseille conduit finalement notre personnage au comble des honneurs élyséens, comme pour illustrer la devise favorite du Guignolo : ''Une mauvaise action trouve toujours sa récompense''. Une sorte de fable. »

Les auteurs poussèrent le sens de la farce jusqu'à soutenir que « guignolo » est un terme utilisé dans les prisons italiennes pour désigner « un escroc minable qui se donne beaucoup de mal pour rater ses coups avec panache. Un véritable ringard de l'escroquerie ».

« *Le Guignolo*, constate Georges Lautner, c'était quand même un pari pour Jean-Paul puisque c'était la « déconnante » totale et volontaire. Nous l'avons fait, poussés par le succès de *Flic ou voyou* en nous disant « pourquoi pas ? ». Quand on sort d'un succès on peut se permettre ce genre de risques. Mais nous savions très bien ce que nous faisions, sans cela nous aurions choisi une autre histoire et, par exemple, nous n'aurions pas mis Jean-Paul en caleçon sur l'affiche, ce qui était presque de la provocation. Jean-Paul s'est fait plaisir parce qu'il adore jouer les imbéciles, composer des personnages. Nous nous sommes marrés à faire ce film. Nous avons passé un séjour fabuleux à Venise, trois mois de rêve en faisant des pitreries et en se marrant comme des baleines. Ce fut une aventure fabuleuse. En plus, nous avons fait un film qui a rapporté de l'argent et qui marche toujours à chaque diffusion télévisée. »

Se retrouvèrent au générique quelques noms de la « bande » de *Flic ou voyou* : Michel Galabru, Georges Geret, Charles Gérard, Michel Beaune. Mais le film ne fut pas seulement qu'un exercice d'humour il contenait quelques exploits spectaculaires, comme pour Belmondo, l'entrée dans un hôtel en hors-bord et un voyage au-dessus de Venise, suspendu en dessous d'un hélicoptère et vêtu d'un caleçon à pois rouges. Cette séquence, fortement décriée par la presse, s'inscrit parmi les meilleurs souvenirs sportifs de Jean-Paul. Pour lui, vaincre sa peur, aller plus loin même que certains cascadeurs professionnels provoquait une joie sans pareille. Certes le risque restait présent et imposait une excellente condition physique, mais suspendu au-dessus d'une des plus belles villes du monde, Belmondo n'y pensait plus et savourait son plaisir, un plaisir que les caméras de Georges Lautner immortalisèrent.

Outre le plaisir, un exploit physique, comme le souligne le cascadeur Claude Carliez :

« Depuis nos débuts dans *Cartouche*, Jean-Paul m'a souvent impressionné. Je me souviens de *L'animal* lorsqu'il s'est trouvé debout sur les ailes de l'avion. Nous, lorsque nous avions fait la mise en place avec un cascadeur et un parachutiste professionnels, nous n'avions pas dépassé les 150 mètres de hauteur alors que Jean-Paul a tenu à monter jusqu'à 700 mètres ! Il m'a également impressionné dans *Peur sur la ville* lorsqu'il courait sur les toits du métro car en cas de chute il heurtait les lignes électriques où passaient plusieurs milliers de volts. De même sur les toits des Galeries Lafayette : sa seule sécurité était son habileté et son sang-froid. Mais il a des qualités physiques exceptionnelles doublées d'une audace inouïe avec cette envie de battre des performances. Ainsi s'est-il suspendu sous un hélicoptère dans *Le guignolo*. Quand vous vous pendez sous une barre fixe vous êtes victime de « la main blanche » : une tétanisation qui fait que vos doigts s'ouvrent d'eux-mêmes. Les meilleurs tiennent trois minutes puis lâchent. Eh bien, Jean-Paul a, je crois, battu le record puisqu'il a tenu cinq minutes ; et dans ce domaine deux minutes de plus c'est énorme ! » La cascade du bateau surgissant de l'eau pour traverser la place engendra des frayeurs.

« C'était drôlement gonflé, constate Georges Lautner, parce qu'il n'y avait aucun repère. Le hors-bord venait du large et ne disposait que d'une petite rampe pour prendre son envol avant de s'écraser dans des cartons. Moi, j'ai toujours eu peur face aux cascades de Jean-Paul. Déjà, mettre un cascadeur professionnel en danger pour nos "bêtises" cela ne vous donne pas bonne conscience, mais mettre Belmondo en danger ça vous donne des sueurs froides. On ne peut le faire qu'après avoir pris un maximum de précautions. Mais on n'évite jamais les impondérables : la vitesse du bateau, les vagues, les autres bateaux qui passent. Il y a des tas de choses qui peuvent se produire qui font que ça n'est jamais simple. »

Le Guignolo sortit sur les écrans français en mars 1980, précisément vingt ans après *A bout de souffle* et dix ans après *Borsalino*. Dès sa première semaine d'exploitation, le film démarra en flèche, en grande partie parce que les spectateurs étaient ravis d'y retrouver l'équipe de *Flic ou voyou*. Mais par la suite le succès ne fut pas tout à fait celui que chacun était en droit d'escompter au vu des premiers résultats. *Le Guignolo* ne connut pas la destinée flamboyante de son illustre prédécesseur, *Flic ou voyou*, mais attira tout de même 2 876 016 spectateurs en France, c'est-à-dire plus que des films comme *Les Mariés de l'an II* et *Le Magnifique*. Pour sa part, Jean-Paul Belmondo convint que le relatif désappointement du public venait en grande partie du scénario qui n'était pas aussi ficelé qu'il aurait dû.

Pour Jean-Paul, la sortie du *Guignolo* marquait un nouveau pas dans le monde du cinéma puisque pour la première fois, outre ses qualités d'acteur-producteur, il devint distributeur, en association 50/50 avec René Chateau. « Avec Jean-Paul, explique Château, nous avions décidé de supprimer le maximum d'intermédiaires et de prendre en main toutes les décisions à tous les niveaux, concernant ses films : salles, affiches, affichages, dates de sortie, pré-films-annonces et films-annonces... » Dans le domaine de la distribution, qui l'occupa jusqu'en 1984, Jean-Paul Belmondo s'associa avec Gaumont, alors dirigée par René Bonnel, futur « M. Cinéma » de Canal Plus, AMLF et AAA, société fondée par son ami Gérard Lebovici.

En plein tournage du *Guignolo*, le nom de Belmondo fut associé à celui de Godard pour un nouveau projet cinématographique intitulé *Bugsy*. Ce Bugsy-là n'était autre que Bugsy Siegel, célèbre truand américain qui, après avoir, dit-on, racketté Hollywood et fourni de la drogue à la plupart des grandes stars, propulsa littéralement Las Vegas sur la scène internationale et la plaça sous sa coupe et celle de la Mafia. Mais, de même que *Pierrot le Fou* ne racontait pas l'histoire d'Émile Buisson, ce projet ne constituait pas une biographie rigoureuse du gangster. Il s'agissait d'évoquer l'enquête d'un journaliste et de son ex-épouse sur la mystérieuse disparition d'une star qui, justement, allait entreprendre un film sur Bugsy Siegel. En fait la genèse de ce projet remontait à l'hiver 1978 lorsque Godard l'annonça avec Vittorio Gassman, Charlotte Rampling et Diane Keaton dans les principaux rôles. Mais un différend au sujet du scénario opposa Godard à la Columbia, productrice, et étouffa pratiquement le projet dans l'œuf. Godard contacta alors Belmondo mais l'acteur, bien que souhaitant vivement retravailler avec ce cinéaste, ne jugea pas l'histoire suffisamment solide pour justifier un film. *Bugsy* ne vit donc jamais le jour et il fallut attendre 1991 pour voir un film américain, avec Warren Beatty, porter ce titre. Mais là, il s'agissait d'une véritable évocation de la vie de ce gangster.

A l'issue du *Guignolo*, Jean-Paul Belmondo « maria sa fille », comme certains disent encore. En effet, Florence épousa en décembre 1979 le peintre américain Larry Neal Andrews. L'occasion pour les invités d'une folle soirée au Pavillon Gabriel. Mais ce mariage délaya quelque peu la famille Belmondo puisque Florence partit vivre à Seattle. Heureusement le téléphone entre les États-Unis et la France fonctionne admirablement.

Certains observateurs plus avisés ou plus fouineurs que d'autres remarquèrent une absente de marque à cette sympathique cérémonie : Laura Antonelli. Sa liaison avec Jean-Paul Belmondo avait, en effet, pris fin, en toute discrétion, quelques semaines auparavant. Comme chaque année le Français et l'Italienne avaient prévu de passer leurs vacances d'été ensemble mais d'un commun accord, au cours d'un entretien téléphonique, les deux amants décidèrent d'annuler leur voyage et de mettre un terme à sept années d'idylle. Sept années durant lesquelles leur métier les avait souvent séparés, poussant l'un ou l'autre à sauter dans un avion pour retrouver l'être aimé. Sept années durant lesquelles, grâce à Laura, Jean-Paul apprit à mieux connaître le pays de ses ancêtres, l'Italie. Sept années commencées dans l'euphorie et terminées dans le calme.

Le Guignolo fut le dernier film tourné par Jean-Paul durant la décennie 1970 qui avait débuté par les prises de vues épiques des *Mariés de l'an II*. En dix ans Jean-Paul avait alterné les styles, inscrivant au passage *Stavisky*, et tourné treize films parmi lesquels neuf se classèrent parmi les gros succès au box-office. En fait, Belmondo, s'il avait brillé au box-office, s'était fait relativement rare sur les écrans comparé à d'autres stars. Par exemple Alain Delon et Philippe Noiret avaient tourné vingt-sept films, Annie Girardot vingt-huit, Catherine Deneuve vingt et Yves Montand quinze. C'était bien entendu un choix délibéré de la part de Jean-Paul Belmondo que de ne pas envahir systématiquement les écrans. Comparativement, ses pairs avaient moins frayé avec le succès, à l'exception de Louis de Funès qui, durant cette décennie, figura en première place du box-office français, juste devant Belmondo. Cela confirmait le fait que les choix de Jean-Paul étaient les bons, qu'il savait orienter un scénario en sa faveur et que sa seule présence correspondait aux attentes du public à condition que l'histoire fût bonne. Et justement parce qu'il ne trouvait plus de bonnes histoires il s'accorda une nouvelle pause qui dura plus d'un an.

Pour Jean-Paul, l'année 1980 se déroula sans aucun tournage. Treize ans après son tour du monde, il s'offrit une nouvelle année de repos au cours de laquelle il fit la connaissance d'une jeune et superbe chanteuse brésilienne répondant à l'étrange prénom de Carlos. En fait, Carlos Sottomayor devait ce prénom des plus masculins au fait que ses parents souhaitaient un garçon en ses lieu et place. Installée en France, après avoir été cover-girl et attachée de presse d'une écurie de Formule 1, cette fille de banquier qui vécut à Rio, New York, Londres et Athènes préparait l'enregistrement d'un disque et de ce fait côtoyait de plus en plus le monde du show-business. Un soir, grâce à une amie, elle se rendit à une réception à laquelle participait Jean-Paul Belmondo. Elle avait entendu parler de lui, bien sûr, mais s'intéressant fort peu au cinéma, elle n'avait vu aucun de ses films, pas même *L'Homme de Rio* qui aurait dû la concerner au premier chef. De toute façon Jean-Paul ne lui parut pas adopter l'attitude habituelle des stars. Souriant, détendu et chahuteur, il réussissait l'exploit de mettre tout le monde à l'aise, y compris Carlos. Tous deux s'amusèrent comme des fous tout au long de cette soirée et lorsque vint le moment de se quitter ils convinrent de se revoir prochainement. Durant trois mois Carlos et Jean-Paul se retrouvèrent plus ou moins régulièrement, puis une idylle naquit. Carlos était fascinée par le sourire, la volonté de gagner, l'absence totale d'égoïsme, la décontraction et le sens inné de la famille persistant chez Belmondo. Jean-Paul tomba sous le charme de la gaieté, des enthousiasmes et des joies de vivre de la belle Brésilienne. De plus tous deux partageaient un même amour du sport — notamment le tennis, le body building et la natation — et souvent ils s'entraînaient ensemble. Enfin ils adoraient les voyages, les plages de sable fin et... le Brésil, ce qui contribua à les réunir.

Pendant cette année 1980, de malheureux incidents, par voie de presse, vinrent chagriner Jean-Paul Belmondo et provoquèrent de sa part des réactions fort vives. Ce fut d'abord le festival de Cannes qui, incidemment vint titiller l'acteur qui n'avait pourtant strictement rien à y voir. L'un des films en compétition se nommait *Sauve qui peut (la vie)* et était signé Jean-Luc Godard. A cette occasion, le cinéaste non conformiste fut fréquemment interviewé. Michel Perez et Jean-Paul Kauffman publièrent dans *Le Matin magazine* du 10 mai 1980 un long entretien dans lequel figurèrent ces questions et ces réponses :

« Q : Vous aimeriez tourner de nouveau avec Belmondo ?

R : Je lui ai proposé mais il a refusé. Je voulais tourner avec lui le bouquin de Mesrine. Je crois d'ailleurs que Belmondo a encore plus peur de moi que de Mesrine. Moi, c'est plutôt Mesrine qui me fait peur.

Q : Qu'est-ce que Belmondo vous a dit exactement ?

R : Il m'a dit : ''Je voudrais être sûr que tu sais faire du cinéma'', enfin, il ne l'a pas formulé exactement comme ça. Il m'a dit quelque chose comme : ''Est-ce que tu aurais envie de faire du cinéma ?'' *(rire)*.

Q : Ça doit faire une impression bizarre de revoir l'acteur de *A bout de souffle*.

R : Non, c'était plutôt triste. Il pourrait jouer Laval maintenant *(éclats de rire)*... Tiens, voilà encore un sujet qu'on n'est pas prêt de tourner en France.

Q : Physiquement, Belmondo ne correspond pas au personnage.

R : Mais si. En fait, je crois qu'il a été vexé. Je lui ai dit qu'il n'était pas bon dans *Stavisky* et qu'il avait fait du tort au film de Resnais.

Q : Il fallait le jouer comment ?

R : Je ne sais pas, mais pas comme cela. Il fallait mieux prendre Alain Delon. Il sait ce que c'est, lui, un homme d'affaires et puis, au total, il a fait plus de bons films que Belmondo. »

Dix jours plus tard, le 20 mai 1980, *Le Matin* publia le droit de réponse de Jean-Paul Belmondo sous le titre « Les mensonges de Godard » :

« Dans l'interview qu'il vous a accordée, M. Jean-Luc Godard propose à vos lecteurs une relation des plus fantaisistes des deux derniers entretiens que j'ai eus avec lui. Lorsqu'il y a un an, M. Godard a demandé à me rencontrer, c'était pour me proposer un film tiré du roman intitulé *Bugsy Siegel*. Tout en me parlant de son projet, il m'a demandé si j'avais acquis les droits d'adaptation cinématographique de *L'Instinct de mort* (de Jacques Mesrine), ce que je lui ai confirmé. Il s'est proposé d'en être le metteur en scène, justifiant le vif intérêt qu'il portait au sujet. Car, m'a-t-il dit, ''Mesrine tue beaucoup de monde, j'ai envie de faire la même chose, mais moi je n'en ai pas le courage.'' Je n'ai jamais demandé à M. Godard, ni d'ailleurs à aucun metteur en scène s'il savait faire du cinéma, j'ai seulement voulu m'assurer qu'il était bien dans ses intentions de réaliser un film le plus fidèle possible à l'esprit du livre, et non une expérience de laboratoire. "S'il s'agit d'un film dans le style *Pierrot le Fou*, lui ai-je dit pour résumer ma pensée, je suis partant." Or, ce que voulait M. Godard, c'était faire un film sur les raisons qui m'avaient poussé à vouloir le faire. Son intention était que j'interprète le rôle d'un acteur désirant jouer le rôle de Mesrine, lui, se réservant probablement le rôle du metteur en scène, ou peut-être même du héros. Ses explications m'avaient semblé confuses, incohérentes même. Bref, M. Godard tournait autour du pot, car, effectivement, il avait peur du sujet. De là à prétendre que j'aurais moi-même peur de Godard, cela ne prête qu'à sourire. Cependant, M. Godard voulait à tout prix me rassurer ("On pourrait commencer par faire un film pour la télévision", m'avait-il proposé). Il en surajoutait "que s'il était venu me voir c'était pour faire un film commercial et aussi pour arrêter ses expérimentations grenobloises." Il tenait même à ce que le film soit prêt pour être présenté au prochain festival de Cannes. Sans doute voulait-il prendre sa revanche, revenir en invité et non plus en trublion. M. Godard ne m'a pas aimé dans *Stavisky*, il m'a préféré dans *Peur sur la ville*. Certains pensent comme lui, d'autres le contraire. C'est leur droit et je respecte leur opinion. Depuis près de trente ans que je fais ce métier, comment pourrais-je accepter les compliments si je refusais les critiques ? Je n'ai jamais été vexé et n'en ai jamais voulu à qui que ce soit de la mauvaise opinion qu'on pouvait avoir de mon travail. Ma mère ne m'apprécie pas de la même façon dans tous mes rôles sans que cela, naturellement, influe sur nos relations. Dire que j'aurais fait du tort à *Stavisky* me paraît excessif. Le film d'Alain Resnais — contrairement à ce que certaines bonnes langues professionnelles prétendent — a fait une belle carrière commerciale en France et a connu un succès appréciable à l'étranger. Personnellement, je suis très content d'avoir fait ce film et il en est, je crois, de même pour Alain Resnais. Je peux d'autant mieux en parler que je suis également le producteur. Mais M. Godard avoue à présent que me sachant le concessionnaire des droits de *L'Instinct de mort*, il tentait au même moment de proposer le même projet (le style c'est l'homme) à mon ami Alain Delon qui aurait refusé de le rencontrer. M. Godard est, paraît-il, triste de me revoir. Il m'a au contraire paru particulièrement heureux de parler avec moi du passé, d'évoquer par les souvenirs, les anecdotes de jeunesse, notre démarrage dans la vie, allant jusqu'à me dire : "Nous sommes sortis ensemble de la vase." Pas un instant je n'ai douté de sa sincérité. La duplicité de M. Godard n'avait donc d'égale que les efforts qu'il prodiguait pour obtenir de moi un accord sur son film. Décidément, celui que j'ai vu et qui se fait appeler Godard, avec ses mensonges et petits trucages, n'a rien à voir avec l'auteur de *A bout de souffle*, de *Pierrot le Fou* ou de *Bande à part*. Le Godard des années soixante est mort à jamais. »

Cette réponse, signée Jean-Paul Belmondo, fut suivie de l'encadré suivant : « Nous avons interrogé Jean-Luc Godard qui a simplement répondu : ''Pas de question, pas de réponse.'' »

Si l'affaire Belmondo-Godard était close, une autre naquit au même moment. Dans son numéro du 16 juillet 1980, l'hebdomadaire *VSD* publia une longue interview de Charles Gérard. Ce comédien qui connaissait Belmondo depuis fort longtemps était apparu dans pratiquement tous les films de la star depuis *L'Incorrigible* en 1975. Cela justifiait le titre de l'article publié par *VSD* : « Belmondo raconté par son ombre », Charles Gérard y dévoilait ses années d'amitié auprès de Jean-Paul s'arrogeant un rôle qui n'était pas du tout le sien. Un passage de l'article provoqua le courroux de Jean-Paul Belmondo :

« ''Paul, c'est moi qui l'ait quasiment élevé. Car lorsque le Grand s'est mis à tourner et à voyager, il n'a plus eu le temps de s'occuper de ses gosses.'' Pendant des années, Charles Gérard a assisté à toutes les réunions de parents d'élèves et aux discussions avec les professeurs. C'est lui qui faisait des dictées tous les soirs à Paul, parce que son père ne comprenait pas comment il pouvait faire autant de fautes d'orthographe dans ses lettres. Jean-Paul a toujours été du genre père sévère. Alors c'est Charles Gérard que les enfants vont voir quand ils ont quelque chose à demander. Il n'a jamais su refuser... »

Que Charles Gérard profite de son amitié avec Jean-Paul Belmondo pour se faire sa propre publicité, passe encore. Qu'il fasse croire qu'il possédait des liens privilégiés avec les enfants de Belmondo, pourquoi pas ? Mais qu'il se dresse pratiquement en « second père » de la famille et qu'il fasse passer Jean-Paul pour un père autoritaire et pas très évolué : non, non et non ! Jean-Paul Belmondo ne perdit pas une seconde pour intenter un procès à Charles Gérard et à l'hebdomadaire. L'intéressé n'eut pas même l'occasion de s'expliquer, Belmondo lui retira à jamais son amitié. Il s'était senti trahi, floué, blessé au plus profond de lui-même, aucun mot, aucune excuse ne pourraient effacer cela. Parce qu'il avait usurpé ses droits, cet acteur fut banni de l'amitié de Belmondo. Il aurait dû pourtant savoir que Jean-Paul peut supporter énormément de choses excepté la trahison. Par contre il savait que rien ni personne ne pourrait le faire revenir sur sa décision, jamais.

« Jean-Paul quand il quitte quelque chose pour des raisons graves c'est fini, souligne Charly Koubesserian. Je pense que cela vient de ses origines. D'abord il est du signe du bélier et ensuite ses origines italiennes provoquent un très grand respect de l'amitié et de la famille.

Il considère qu'à partir du moment où quelqu'un mange à côté de lui, chez lui, quatre ou cinq fois dans le mois, il fait partie de la famille. S'il le trahit c'est fini. Jean-Paul ne sait pas revenir en arrière. Il ne tend aucun piège, mais la trahison d'un ami finit toujours par apparaître. »

Jean-Paul Belmondo place effectivement très haut le respect de l'amitié. Il a la chance et le talent de posséder de vrais amis. Non pas ceux qui vous abandonnent dès que le vent tourne ni ceux qui se regroupent sous l'ombre protectrice de la star, mais ceux qui sont prêts à l'aider en cas de coup dur, ceux qui ne demandent rien et se trouvent là dès qu'il a besoin d'eux. Ses amis, dont beaucoup sont des acteurs, exercent aussi un regard honnêtement critique sur ses activités et n'hésitent pas à lui faire part de leurs remarques concernant tel aspect de sa vie professionnelle, sans jalousie ni animosité. Ils se connaissent tous bien et se font confiance, c'est pourquoi leurs conseils sont toujours les bienvenus. Plus que tout, ils se respectent et ne cherchent jamais à franchir certaines limites.

Quant à la vérité sur l'enfance de Paul Belmondo, elle était tout autre que celle réinventée par Charles Gérard. Paul n'avait que quatre ans lorsque ses parents divorcèrent et, de ce fait, il les connut pratiquement toujours séparés. Au début comme sa mère avait obtenu la garde de ses enfants, il la suivit en Angleterre où elle ne tarda pas à s'installer. Élodie, ses deux filles et son fils vécurent paisiblement dans une maison entourée de jardins. A Londres, Paul s'inscrivit au lycée français tout en restant en contact permanent avec Jean-Paul. D'ailleurs pratiquement tous les week-ends, Paul rejoignait la France où il retrouvait avec plaisir son père et ses grands-parents qui le choyaient. Ce qui le frappa est que jamais ni Élodie ni Jean-Paul n'eurent une parole désobligeante l'un vis-à-vis de l'autre. Ils s'étaient séparés, certes, mais se respectaient et restaient soudés pour l'éducation de leurs enfants. Ainsi si, par exemple, Élodie refusait d'accorder quelque chose, particulièrement l'argent de poche, à Paul au vu de ses résultats scolaires, elle prévenait Jean-Paul pour que de son côté il ne cède pas. De plus lorsque Paul ramenait des bulletins catastrophiques, sa mère téléphonait à la star qui, au bout du fil, le sermonnait copieusement, quitte à ce que l'engueulade se poursuive le week-end à Paris lorsque l'enfant retrouvait son père !

Les liens entre Élodie et Jean-Paul furent tels qu'il arriva très fréquemment que l'acteur demandât conseil à son ex-femme sur un film à jouer ou sur un projet en cours. Il se souvenait qu'elle l'avait soutenu à ses débuts et avait foi en son jugement. A huit ans, Paul Belmondo se passionnait déjà pour les pilotes de course et punaisait leurs photos dans sa chambre comme autrefois son père agrafait des photos d'acteurs et de boxeurs dans sa chambre de la rue Victor-Considérant. Jean-Paul voyant son fils très sportif essaya de l'intéresser au football mais constata que rien ne le déviait de sa passion : les sports mécaniques. Il accepta, alors que Paul n'avait que dix ans, de lui apprendre à conduire. Pendant ce temps, l'autre Paul, le père de Jean-Paul, tenta de lui faire partager les charmes de son propre métier. Il souhaitait que quelqu'un assurât sa succession, mais il ne réussit pas mieux du côté de ses petits-enfants que, autrefois, du côté de ses propres enfants. A dix ans, Paul revint en France pour y parfaire ses études d'un commun accord de ses parents qui estimèrent qu'il travaillerait probablement mieux sous l'autorité paternelle. Ses deux sœurs restèrent à Londres. A partir de cette date Jean-Paul prit en main l'éducation de son fils plus et mieux encore qu'il ne l'avait fait auparavant. La première chose qu'il s'efforça d'inculquer au jeune adolescent fut le travail. Ce n'est pas parce qu'il était le fils d'une star qu'il devait attraper la grosse tête, se croire tout permis et attendre que tout lui vienne tout cuit dans le bec. Quelle que soit la voie que Paul choisirait, il lui faudrait travailler beaucoup, énormément et, si possible, avec passion. Paul se souvient que son père n'était pas du tout du style à le couvrir de cadeaux. Il savait que Jean-Paul avait les moyens de lui acheter ce qu'il souhaitait, mais ce n'était pas une raison pour céder au moindre de ses caprices. L'argent se mérite.

Jean-Paul lui transmit également le goût de l'effort, le poussant à jouer au foot, au tennis, à faire du jogging et du vélo. Pour motiver son fils, Jean-Paul n'hésitait pas à placer des enjeux : s'il réussissait tel ou tel exploit, une récompense. Par-dessus tout, Paul Belmondo apprit auprès de ses parents et de ses grands-parents le sens de la famille. Jamais il ne voulut briser le cercle familial qui plutôt que de lui sembler un poids représentait à ses yeux une aide formidable. Jean-Paul aimait avoir son fils à côté de lui et s'arrangeait souvent pour qu'il fût présent sur les plateaux de tournage. Puis Jean-Paul emmenait Paul en vacances avec lui, la plupart du temps dans les Caraïbes, dans sa propriété d'Antigua. Pour l'adolescent ce furent des moments de rêve qu'il quittait à chaque fois à regret, des larmes sur le visage.

Très tôt, donc, Paul manifesta une réelle passion pour la course automobile. En 1973, pour faire plaisir à son fils qui ne parlait que de bolides, Jean-Paul décida de l'emmener au Grand Prix de Monaco. Il loua une chambre à l'Hôtel de Paris avec une vue imprenable sur le circuit. Pour Paul ce fut un jour de bonheur de tous les instants. Pour la première fois il voyait de près ces énormes engins vrombissant dans une lutte sans merci. L'année suivante, Jean-Paul ne put faire autrement que récidiver l'opération. Or, par coïncidence, la personne qui occupait la chambre voisine des Belmondo n'était autre que Jacky Ickx. Apprenant la passion du jeune Paul, il décida de l'emmener dans les stands en le faisant passer pour son propre fils. Il le fit même asseoir dans sa Formule 1. Paul passa toute la journée à respirer l'ambiance de la course, à découvrir les fascinantes coulisses de championnat. Lorsque, le soir, il retrouva son père ; des larmes de joie perlaient aux coins de ses yeux. Ce jour-là, il en était sûr, son avenir le mènerait au métier de pilote.

A seize ans, Paul disputa des premières épreuves de karting, participant même au challenge Yamaha. En 1979, il remporta une place de deuxième au Racing kart Buffo. Sa première coupe, il la gagna en février 1981 en pilotant une Kawasaki de 1 000 cm^3. La confirmation d'une passion : pilote de course. A aucun moment son père ne l'empêcha de suivre cette voie, même si personnellement, il nourrissait une certaine inquiétude. Inquiétude renforcée par le fait qu'au cours d'un accident de moto Paul s'était blessé, souffrant d'une double fracture de la clavicule. En fait l'acteur sentait depuis longtemps que son fils se passionnait pour les courses automobiles. Déjà tout gosse, le jeu favori de Paul était de lancer des petites voitures et de les faire approcher le plus près d'un mur, jeu auquel participa souvent Jean-Paul. Bref, entre le père et ses enfants le courant passa toujours très bien.

« Ça m'a toujours paru normal d'avoir un père acteur, estime Paul Belmondo, même si je n'avais aucun copain de classe dans le même cas. Comme j'ai fait mes études de l'âge de cinq ans jusqu'à dix ans en Angleterre, j'étais moins sensible au fait que mon père était célèbre. Mais c'est sûr qu'après, en France, à chaque début d'année scolaire, lorsqu'on faisait l'appel, il y avait deux ou trois têtes qui se retournaient sur moi. Après, les choses s'arrangeaient. Je n'ai pas beaucoup de souvenirs de tournage de ce qui est antérieur à mes dix ans, hormis *Le Casse* qui se tournait aux studios Saint-Maurice. Après, j'ai dû aller sur pratiquement tous les tournages, ce qui représente un certain nombre. Mon père nous a toujours élevés d'une manière assez simple en nous expliquant qu'il faut travailler. Il tient cela de son propre père et j'espère le transmettre à mon fils. Je crois que dans la vie, il faut toujours travailler, quel que soit le métier que l'on fait. Il faut toujours donner le meilleur de soi-même. Mon père me demande toujours ce que je pense de ses films ou de ses pièces. Je n'ai pas le souvenir de ne pas avoir du tout apprécié quelque chose qu'il a fait. Mais, forcément, je ne suis pas le meilleur public pour juger mon père. Si, peut-être après coup, il nous est arrivé de constater que certains films n'avaient pas très bien vieilli ou, au contraire, qu'ils ont bien traversé le temps. Lui aussi est très critique sur sa propre carrière. Il y a des films qu'il a moins aimés et qu'avec le recul il ne trouve pas bons. Mais il n'y en a pas beaucoup. »

On est loin dès lors du tableau brossé à la hâte par Charles Gérard...

Quelques semaines après ce regrettable incident, le 23 septembre 1980, Jean-Paul Belmondo reçut des mains du ministre de la Culture de l'époque la Légion d'honneur. L'occasion pour la star d'organiser une réception fort détendue où se retrouvèrent tous ses amis et où Paul et Madeleine Belmondo furent particulièrement à l'honneur. Puis, en mai 1981, au moment où la France s'apprêtait à passer aux urnes pour changer fondamentalement de cap politique, Jean-Paul Belmondo retrouva Georges Lautner et un scénario signé Michel Audiard. Il ne s'agissait plus d'une comédie, mais d'un polar dur, bien que saupoudré d'humour : *Le Professionnel.* Cet homme qui fait un peu penser à *L'Alpagueur* travaille pour les Services secrets français. Trahi par ceux-ci, il est emprisonné en Afrique. Il parvient à s'échapper et prépare une vengeance tout à fait audacieuse. Initialement pourtant, Jean-Paul n'aurait pas dû effectuer son retour au cinéma dans cette œuvre, mais dans *Barracuda* d'Yves Boisset, projet pour lequel il avait manifesté un indéniable intérêt. *Barracuda* était un film dont la majeure partie de l'action se situait dans les Caraïbes, ce qui n'était pas pour déplaire à Jean-Paul Belmondo. D'autant qu'il avait sincèrent envie de collaborer avec Boisset, dont il appréciait le savoir-faire et le sens de l'action. Or, Boisset avait conçu ce projet comme une évocation de l'affaire Claustre en la restituant dans les îles. Mais Alexandre Mnouchkine vint perturber l'échafaudage précaire qui commençait à s'établir.

Ce producteur détenait les droits d'un livre policier et souhaitait que Belmondo y jetât un coup d'œil. Or, au même moment, la star lui demanda de participer au financement de *Barracuda*. Mnouchkine, bien entendu, lut le script et fut consterné par son manque d'attrait. La seule chose valable, à ses yeux, était le titre, mais celui-ci correspondait au nom d'un avion, pas même à celui du héros. Mnouchkine refusa donc de produire *Barracuda* et fit aux protagonistes de ce projet une contre-proposition : une association dans la production du film basé sur le roman dont il détenait les droits. Boisset et son producteur refusèrent. Belmondo dut choisir son camp. Il opta pour le projet Mnouchkine. *Barracuda* fit le tour des acteurs français et fut un moment annoncé avec Gérard Lanvin dans le rôle principal. Mais le film ne se fit jamais.

Le livre que défendit ardemment Alexandre Mnouchkine était un roman de Patrick Alexander intitulé *La Mort d'une bête à la peau fragile*. Cette œuvre appartenait à la célèbre Série noire créée par Marcel Duhamel. Il est amusant de relever que la filmographie de Belmondo repose pour une part non négligeable sur cette même Série noire. En fait treize des films auxquels il participa furent plus ou moins inspirés par les romans à la couverture jaune et noire, mais s'engagèrent dans des directions bien différentes. Ainsi si *Classe tous risques, Un nommé La Rocca* et *La Scoumoune*, son remake, ainsi que *Par un beau matin d'été* appartiennent bien au polar, des films comme *Le Doulos, A double tour* et *Ho !* s'en démarquent nettement. Quant au *Casse* et au *Professionnel* ils appartiennent, eux, à une sorte de renouveau du genre revêtant des allures modernes sur un canevas résolument classique, alors que *Peau de banane* et *L'Incorrigible* relèvent avant tout de la comédie plus que du film policier. Restent *Pierrot le Fou* et *La Sirène du Mississippi* qui doivent beaucoup plus à leurs réalisateurs qu'aux romans qui les ont plus ou moins inspirés et ne peuvent, de ce fait, revendiquer le label de polars. Le titre du roman d'Alexander ne fut pas conservé et la production parut sous le label *Le Professionnel* qui collait terriblement bien à la peau de Belmondo. Au départ pourtant, ni Michel Audiard, ni Georges Lautner, ni les producteurs Ariane n'adoptèrent ce changement. Belmondo et Chateau durent batailler pour leur faire comprendre l'intérêt du titre qui fut finalement accepté. Cette œuvre coûta la bagatelle de vingt millions de francs, dont la moitié fut remboursée avant même le premier tour de manivelle par les ventes à l'étranger. Des économies substantielles furent réalisées en filmant en Camargue les scènes censées se dérouler en Afrique.

Le Professionnel fut pour Jean-Paul l'occasion de renouer avec quelques acteurs qu'il connaissait, mais avec lesquels il n'avait plus travaillé depuis quelques années, comme Robert Hossein, qui quittait Reims après une expérience théâtrale de dix ans pour revenir à Paris, et Jean Desailly.

Le Professionnel tranchait avec tout ce que Jean-Paul avait fait ces dernières années. Le personnage qu'il incarnait ne suivait qu'une vengeance refusant de se plier aux arguments de son entourage y compris de son meilleur ami. Mais surtout cet agent secret agissant pour son propre compte mourait à la fin. Une fin que ne prévoyait d'ailleurs pas le script initial.

« Nous avons tourné une fin où je ne meurs pas et où je pars en hélicoptère, explique Belmondo. D'un commun accord, Georges Lautner et moi avons décidé de ne pas garder cette fin, contre l'avis de beaucoup de personnes qui nous disaient que c'était une folie de laisser mourir le héros. Mais nous, nous avions pensé que si nous le laissions partir en hélicoptère, après tout ce suspense, nous tombions un peu dans la convention. Je n'ai aucun regret d'avoir choisi la fin qui est dans le film. »

« Je suis persuadé que nous avions raison, ajoute Georges Lautner, parce que cette mort valorise tout ce qui précède et donne un ton plus dramatique au film. Si, comme cela était prévu dans le scénario, le héros était parti en hélico avec la fille, ce serait resté un ''gentil'' film, alors que là sa mort surprend tout le monde, les gens en prennent plein la figure. Comme dans la vie, ce film passe de la comédie au drame. »

Or depuis *Borsalino* et *L'Héritier*, Jean-Paul Belmondo n'avait plus trouvé la mort sur grand écran. Cela ne risquait-il pas de gêner le public ? Beaucoup se posèrent cette question et une inquiétude générale plana avant la sortie du film.

« Quand nous avons eu fini *Le Professionnel*, rapporte Alexandre Mnouchkine, nous avons organisé une première projection pour le montrer à un tout petit comité : Jean-Paul, son fils, Lebovici, mon associé et moi. Quand la lumière s'est rallumée, j'ai demandé à tout le monde ce qu'ils en pensaient. Lebovici m'a dit. ''Il ne faut pas sortir ce film !'' Je ne sais pas pourquoi, mais c'est un film qu'il a immédiatement détesté. Je lui ai demandé ce qu'il avait, mais il m'a simplement répondu : ''C'est mauvais, mauvais ! Tout est mauvais. Même Jean-Paul est mauvais.'' Je lui ai dit : ''Écoute, on va voir les réactions du public !'' Mais il n'était pas le seul à trouver le film mauvais : Michel Audiard a voulu enlever son nom du générique parce que le film ne lui plaisait pas ! Mais le public a suivi et *Le Professionnel* a marché très fort. »

Effectivement ce film de Georges Lautner fut un colossal succès : 5 243 511 entrées en France, presque autant que *Le Cerveau*. En cette année 1981, ce film ne fut battu que par *La Chèvre* et *Les Aventuriers de l'arche perdue*. Mais *Le Professionnel* ne fut pas seulement un triomphe cinématographique, ce fut également une réussite musicale puisque la bande originale, signée Ennio Morricone, se vendit à des centaines de milliers d'exemplaires. Et le morceau *Chi Mai*, qui connut un retentissement considérable, demeure la musique d'attente au téléphone de la société de production de Belmondo !

Jean-Paul aurait alors dû enchaîner sur *Un homme libre*, l'histoire d'un grand reporter enquêtant sur la mort d'un patron, que lui préparaient Jacques Deray et Jacques Kirsner, auteur de *La Passante du sans-souci* et futur producteur de *Dien-Bien-Phu*. Ce projet racontait l'histoire d'un journaliste qui veut défendre un de ses amis et se trouve lié à une magouille énorme. Une partie devait être tournée en Amérique, et Jacques Deray se rendit même là-bas pour préparer le tournage. Mais, finalement, Belmondo eut d'autres envies et dit non au film.

Autre projet avorté, celui d'une biographie romancée de l'acteur Jules Berry, l'un des préférés de Belmondo, et surtout de ses relations avec son précepteur, joué par Jean Rochefort ou Jacques Villeret. Le tout filmé par Bertrand Tavernier qui travailla au scénario avec Jean Aurenche sur un scénario original d'Alain Riou.

« L'idée, explique Tavernier, était celle d'un type poursuivi par le percepteur qui finit par faire partie de sa vie et qui lui prête même de l'argent dans l'espoir de le retrouver un jour. C'était une comédie avec deux ou trois éléments dramatiques. Je voulais introduire des trucs sur l'Occupation et pour cela je voulais utiliser les propres souvenirs d'Aurenche. Lui avait vu comment les acteurs se comportaient sous l'Occupation. Je suis passionné de Jules Berry, je peux le regarder sans arrêt. On ne le quitte pas des yeux sur un écran. Et Belmondo l'imite admirablement. C'est le côté que j'aime énormément chez Jean-Paul : son amour pour les acteurs. Je n'ai vu qu'une seule fois Belmondo pour ce projet. Il n'y avait pas vraiment d'enthousiasme du côté de son entourage. Et puis il y avait des choses très bizarres dans son contrat, des formulations qui m'ont surpris. A la fois le texte du contrat ne m'a pas convenu et je pense qu'il n'y a pas eu, en face, envie véritable. Il y a un autre film que j'aurais aimé faire c'est *Vingt ans après* avec Belmondo dans le rôle de d'Artagnan et avec Noiret, Marielle et Rochefort, mais ça non plus ça n'a pas pu se faire. »

Concernant le projet de film sur Jules Berry, Jean-Paul Belmondo confirme qu'il y eut, notamment, des problèmes de contrats, mais se souvient plutôt de certaines exigences financières émanant de Bertrand Tavernier.

22.

CAVALIER SEUL

Il paraissait difficile de faire plus et mieux au box-office que *Le Professionnel*, mais, en fait, sans le savoir, Belmondo n'avait pas encore atteint les sommets. Son record public personnel remontait au *Cerveau* mais, à l'époque, il partageait l'affiche avec Bourvil et David Niven. Or, le cinéaste Gérard Oury vint le voir avec un nouveau projet pour lequel Jean-Paul serait cette fois seul en tête d'affiche : *L'As des as*. Un projet qui allait littéralement provoquer des réactions en chaîne.

L'As des as constituait l'aboutissement de plusieurs envies de Gérard Oury, roi incontesté de la comédie, confirmé par *Les Aventures de Rabbi Jacob*. D'abord il y avait l'envie de reconstituer la période clef de l'avant-guerre en Allemagne, quand tout fomenta sans véritablement exploser. Cette époque avait marqué Gérard Oury qui n'était alors qu'un adolescent et qui se souvient particulièrement des jeux Olympiques de Berlin en 1936. Ce furent sans aucun doute les jeux les plus étranges de toute l'histoire du sport, baignant dans une atmosphère politique surchargée. Oury eut donc l'idée de situer l'action de son film autour de ces jeux. Ensuite, il se souvint des anecdotes que le boxeur Georges Carpentier lui avait rapportées au sujet de la guerre. Puis le cinéaste releva qu'en 1936 parmi les cinq médailles d'or françaises aux J.O., deux étaient dues à des boxeurs : Jean Despeaux, poids mi-lourd, et Roger Michelot, poids moyen. Dès lors, Gérard Oury s'inspira de ces faits pour imaginer un personnage de boxeur débrouillard, capitaine de l'Équipe de France. Puis, dans la veine de *Rabbi Jacob*, Oury voulut dénoncer les méfaits du racisme et poussa le boxeur à aider une famille de juifs pourchassés par les nazis. Gérard Oury s'enfonça très loin dans la recherche et découvrit notamment qu'Adolf Hitler avait une sœur qui vivait à ses côtés. Il eut l'idée de faire intervenir les deux personnages et même de les faire interpréter par un même acteur. Fort de cette base, il parla de son projet à Jean-Paul Belmondo. L'acteur fut absolument enthousiaste, même s'il se demanda comment Oury ferait rire avec un pareil sujet. Mais il connaissait suffisamment le talent de ce cinéaste pour lui faire une totale confiance. Cela permit à Oury de remodeler quelque peu son scénario.

« Je me suis servi de la personnalité de Jean-Paul Belmondo et des divers aspects que j'en connaissais, confie Oury. Je le sais amateur de boxe, cascadeur, gouailleur et même râleur. Après qu'il eut accepté l'idée de base, j'ai retaillé le costume à ses épaules d'autant qu'il est plus que probable que s'il n'avait pas accepté le projet, le film ne se serait tout simplement pas fait. Et puis j'ai apporté mes propres souvenirs pour construire le personnage. Enfant j'avais notamment une passion pour les aviateurs ; je collectionnais leurs photos que l'on trouvait dans les plaquettes de chocolat. Pour *L'As des as* j'ai d'ailleurs fait refaire des photos du style de ces vignettes d'époque. »

Dans son scénario, Gérard Oury écrivit un personnage très important de petit garçon juif qui provoquait, involontairement, « l'entrée en guerre » du boxeur Jo Cavalier contre les nazis. Oury confia ce personnage de petit juif à un enfant d'origine maghrébine, Rachid Ferrache. Immédiatement Belmondo prit ce dernier sous sa coupe et s'en occupa continuellement, l'emmenant volontiers avec lui et lui faisant même conduire sa rutilante Ferrari rouge.

Le début du tournage de *L'As des as* fut fixé à mai 1982 et Jean-Paul se dit qu'il bénéficiait de quelques mois de repos pour profiter de la vie. Hélas, l'année 1982 démarra sur un événement d'une tristesse infinie. Dans la nuit du 31 décembre au 1er janvier 1982, à Ivry, mourut Paul Belmondo. Jamais Jean-Paul n'avait vécu une si profonde douleur. L'un des êtres qu'il chérissait le plus venait de lui être arraché sans qu'il pût se battre. Ce n'était pas seulement son père qui disparaissait mais son ami, son confident, son complice, un homme en qui Jean-Paul pouvait placer absolument toute sa confiance parce que jamais il ne le trahirait comme lui ne l'avait jamais trahi. Depuis ses débuts, Jean-Paul guettait les réactions de son père après chaque pièce, après chaque film. Il avait besoin de son assentiment et gardait toujours en mémoire ce jour de 1956 où, revenant du Conservatoire après un concours officiellement raté, Jean-Paul avait senti une vague de déception traverser la voix de son père. Il savait qu'il l'avait quelque peu déçu et cela lui sembla plus odieux que son absence de prix. Jamais il ne pourrait se pardonner cette déception fugitive même s'il savait pertinemment que jamais Paul Belmondo ne lui en tiendrait rigueur. La déception d'un père darde le cœur d'un jeune homme aussi sûrement qu'une flèche. Mais, par bonheur, Jean-Paul sut procurer à cet être si calme et si clairvoyant d'innombrables sources de satisfaction. Ainsi, un jour, en entrant dans le domicile de ses parents, Jean-Paul remarqua un cadre briller à une place habituellement vide. Il s'en approcha et constata qu'une critique laudative signée Claude Mauriac et se rapportant à son interprétation dans *Léon Morin, prêtre* y était encadrée. Il se tourna vers son père qui ne fit aucun commentaire. Jean-Paul sentit alors un flot de bonheur et de fierté l'envahir...

En ce premier jour de l'année 1982, des milliers de souvenirs jaillirent dans tous les recoins de sa mémoire. Jean-Paul revit son père qui ne pouvait s'empêcher de dessiner toujours et partout, jusque sur la nappe de la table de la salle à manger. Il revit aussi ces dimanches où, enfant, il accompagnait avec son frère Alain leur sculpteur de père au Louvre. Loin de s'y montrer pédant et didactique, Paul continuait de s'émerveiller à la vue de chefs-d'œuvre qu'il connaissait pourtant par cœur. Il était capable de rester des heures face à une toile de Michel-Ange ou de Botticelli, expliquant à ses enfants ce qui en faisait la richesse, l'originalité, la plénitude de la perfection. La tradition du repas dominical en famille s'était d'ailleurs perpétrée par-delà les années. Même devenu star, Jean-Paul mit un point d'honneur à retrouver ses parents autant de dimanches qu'il le pouvait. Souvent il les invitait chez lui ou au restaurant et allait les chercher au volant de sa voiture du moment. Lorsque, trop fréquemment à son goût, les tournages ou les vacances le tenaient éloigné de la capitale, Jean-Paul ne manquait pas, dès son retour à Paris, de réserver sa première visite à ses parents...

En ce jour de deuil, Jean-Paul revit également son père lorsque lui-même était devenu un homme ayant conquis ses galons de vedette. Il se souvint de Paul qui, presque timidement, poussait devant lui une petite pile de photos et de carnets demandant à la star qu'était son fils de les dédicacer. Paul, en effet, n'aimait guère dire non et quand un commerçant, une concierge ou un facteur lui demandait de recueillir un autographe auprès de Jean-Paul, il promettait toujours de le faire. Et, immanquablement il s'exécutait, forçant parfois la main du comédien en lui expliquant qu'il se devait à son public et que de petites choses comme celle-là allaient droit au cœur de ceux qui les recevaient. De même, dans la rue, Paul Belmondo forçait son fils à s'arrêter lorsqu'un passant l'interpellait amicalement. « Sois gentil », déclarait-il alors, « tu dois t'arrêter et lui dire bonjour. » Alors, Jean-Paul s'arrêtait et disait bonjour... L'acteur garderait tous ces moments magiques soigneusement rangés dans un tiroir de sa lourde armoire à souvenirs. Il garderait aussi des traces matérielles des liens qui l'unissaient à son père et du talent de celui-ci : ses dessins et ses sculptures. Alors Jean-Paul se mit à regretter de n'avoir pas su se montrer plus patient et d'avoir toujours rejeté l'idée de poser pour son père. Aujourd'hui il ne lui restait qu'un buste, souvenir de son unique pose. Jean-Paul avait alors six ans. Depuis, il avait sans cesse prétexté un manque de temps pour éviter de se retrouver face au regard d'expert du sculpteur. En fait, il ne tenait pas en place. Alors Paul Belmondo se servit de photos de son fils pour façonner des médailles. Cette lointaine séance de pose lui avait paru bien longue à Jean-Paul. Mais un unique buste c'était bien peu en quarante ans...

Paul Belmondo n'était plus, même si d'innombrables preuves matérielles de son passage parmi les hommes se trouvaient réparties dans le monde. Jean-Paul garderait en lui une saine philosophie faite de courage, de bonté, de simplicité, de travail et d'humilité. Il garderait aussi ces deux notions essentielles dans la vie de son père : la gentillesse et la modestie. Sans oublier cet extraordinaire goût de la découverte qui n'avait jamais cessé de réchauffer Paul Belmondo. Ainsi dans les derniers jours de 1981, sentant la mort s'approcher dans sa certitude glaciale, le sculpteur avait déclaré à son fils : « Dommage, j'avais encore tellement de choses à apprendre »...

Perdu dans son chagrin, l'acteur releva avec amertume le fait que personne du côté des instances officielles n'avait pris la peine de souligner la disparition du grand sculpteur. Alors que quelques journaux consacraient de trop courtes notules à la mort de Paul Belmondo, le mutisme le plus complet régna du côté des ministères et de la Présidence de la République. Jean-Paul savait que François Mitterrand n'était pas avare de télégrammes de condoléances lorsqu'un sportif de renom trouvait la mort. Mais cette fois rien. Un sculpteur est-il moins digne qu'un sportif ? L'acteur en voulut beaucoup au chef de l'État pour ce silence blessant. Cela ne fit qu'aggraver sa douleur. Finalement, les plus vibrants hommages émanèrent des proches du défunt et de ses amis sculpteurs. Pour éclairer la personnalité de Paul Belmondo, M.L. Gaudrat rapporta la dernière conversation qu'il eut avec lui. Le sculpteur lui avait notamment dit :

« On ne peut pas plaire à tout le monde et ce n'est pas pour cela qu'on travaille. Léautaud m'a donné une grande leçon en publiant une lettre d'un monsieur qui l'injuriait et en ajoutant : "Il pense comme ça, bon !, mais ce n'est pas tout le monde qui pense comme ça." Aussi, ce qui compte, c'est d'être dans une voie juste et de ne pas s'inquiéter des jugements de tout le monde. Ceux qui ne voient pas comme vous, du moins vous respecteront. Au fond, c'est très simple la vie. Vous aurez des déceptions, des découragements, tout cela doit glisser et il faut continuer le travail et s'y tenir avec beaucoup de modestie. Vous regardez les maîtres, eh bien, quand on les voit, c'est formidable ! On ne peut plus ne pas être modeste [1] ! »

Pour honorer la mémoire de son père, Jean-Paul instaura un prix Paul Belmondo destiné à récompenser les jeunes sculpteurs et se battit pour qu'un musée où, à tout le moins, une salle de musée portât le nom de son père. Le ministre de la Culture, Jack Lang, ne fut pas insensible à ses arguments et fit un premier pas en plaçant deux statues de Paul dans les jardins des Tuileries.

« Je remercie Jack Lang d'avoir placé ses statues dans un emplacement où elles prennent toutes leur valeur parce que des statues ça reprend vie dans un jardin, déclara alors l'acteur, et que ma mère ait pu voir ça, ça me touche beaucoup. Je crois que si Jack Lang l'a fait, ce n'est pas parce qu'il s'agissait du père de Jean-Paul Belmondo, mais bien parce que c'était un grand sculpteur. »

Au lendemain de la cruelle disparition de son père, le chagrin épongé, le regard tourné vers l'avenir, l'acteur se consacra à son personnage de *L'As des as*.

Le budget du film grimpa à quarante millions de francs. Cette somme s'expliquait en grande partie par la nécessité d'une reconstitution historique précise. Ainsi la plupart des avions utilisés au début du film lors des combats aériens furent spécialement fabriqués en s'inspirant des modèles d'époque. Seuls quelques rares pièces de collection appartenant au pilote Jean Salis furent utilisées. Mais le gigantisme de ce budget refroidit l'enthousiasme de Belmondo producteur. Cérito Films participait en effet au financement avec la Gaumont représentée par Alain Poiré Ni l'un, ni l'autre ne souhaitèrent, au départ, dépasser les vingt-cinq millions. Or, le premier devis grimpa jusqu'à cinquante millions ! Le scénario fut soigneusement réexaminé, les devis réétudiés, certains détails — dont la construction de l'aéroport de Munich — transformés ou, éventuellement, supprimés. Bref, les producteurs effectuèrent un véritable travail comptable tandis que Gérard Oury attendait leur feu vert. Au bout du compte il apparut impossible de produire cette œuvre dans de bonnes conditions à moins de quarante millions. Comme Jean-Paul Belmondo tenait beaucoup à ce film, il mit tout en œuvre pour réunir la somme, convainquant au passage des coproducteurs français et italiens.

Le film fut tourné en grande partie en Bavière et à Munich où,

1. *Connaissance des Hommes*, été 1982.

sur le plus grand plateau des studios Bavaria, fut soigneusement reconstitué le fameux « nid d'aigle » d'Hitler. Gérard Oury aurait bien aimé trouver un site naturel ressemblant à cette forteresse sise à Berchtesgaden, mais dans l'impossibilité de mettre la main dessus, il dut la reconstruire entièrement. Poussant le souci de la minutie très loin, le cinéaste veilla à l'exacte réplique du moindre détail historique. Son sens de la précision fut tel qu'un seul détail lui fut reproché à la sortie du film. Une photo montrait Jean-Paul Belmondo en uniforme portant ses décorations. Or, parmi les médailles qu'il arborait fièrement, une n'était pas à la bonne place, la Médaille militaire. Elle doit, en effet, figurer à l'immédiate gauche de la Légion d'honneur, or sur la photo, elle se trouvait décalée par la présence d'une autre décoration. Seuls de pointilleux anciens combattants relevèrent cette erreur tout à fait minime dans une superproduction de cette ampleur. A Munich, Gérard Oury fut frappé par l'extraordinaire popularité dont jouissait Belmondo. Exactement comme en France, des jeunes s'agglutinaient autour de lui pour lui réclamer des autographes. Le cinéaste comprit mieux pourquoi les investisseurs européens n'hésitaient pas à parier sur le nom de Belmondo : il était vraiment une star ! Gérard Oury nota également les formidables connaissances de Belmondo en matière de boxe. Jean-Paul se souvient du nom de tous les champions, de leurs carrières et de leurs exploits. D'ailleurs Oury eut une nouvelle preuve de la passion de Jean-Paul pour la boxe puisqu'un soir l'acteur s'éclipsa pour assister aux championnats du Monde de boxe amateur à Munich !

Dans ce film travailla également comme assistant le jeune Paul Belmondo.

« J'avais terminé mes études et il fallait bien que je commence à faire un métier, explique celui-ci. Je continuais à faire du kart à l'époque et je n'avais pas envie d'arrêter mais, en accord avec mon père, j'ai commencé à travailler pour gagner ma vie. C'était un travail enrichissant, mais je ne peux pas dire que cela ait fait naître une folle passion en moi, ni même une vocation. De toute façon, j'avais envie de devenir pilote. »

Effectivement, après une seconde tentative sur *T'empêches tout le monde de dormir* de Gérard Lauzier, Paul abandonna définitivement le métier.

L'As des as, comme autrefois *Le Cerveau*, était une comédie qui, du fait de la présence de Jean-Paul Belmondo, contenait un certain nombre de scènes d'action. Toutes ne furent pas aisées à filmer.

« Pour une cascade, raconte Gérard Oury, Jean-Paul devait jeter la roue de secours de sa Mercedes sur les poursuivants, tandis que Rachid Ferrache était censé conduire. Mon chef opérateur et moi, nous nous tenions en face derrière la caméra. En fait la Mercedes, spécialement construite pour le film sur la carcasse d'une Cadillac, était truquée. Au moment de sortir de la voiture pour jeter la roue de secours, Jean-Paul devait actionner une manette qui donnait les commandes non pas à Rachid Ferrache, mais à Rémy Julienne qui était allongé sur une plate-forme jouxtant la voiture et invisible à la caméra. Or en sortant de l'habitacle, Jean-Paul s'est pris la manche sur le levier et, en fait, ne donna pas les commandes à Rémy Julienne. Ce fut donc bel et bien Rachid Ferrache qui conduisit au bord d'un précipice une voiture roulant à grande vitesse avec à son bord Jean-Paul, Rémy et moi ! Heureusement il a réussi à maîtriser la situation et s'en est fort bien sorti. »

Gérard Oury n'était pas au bout de ses peines avec cette cascade puisque au cours d'une prise alors que cette fois avec son équipe il se situait à côté de la voiture, la roue de secours partit mal et effleura son visage...

L'ensemble du tournage se déroula durant quatorze semaines dans une extraordinaire bonne humeur avec au passage un nombre incalculable de blagues dont Belmondo était inévitablement l'auteur. Pour lui rendre la monnaie de sa pièce, Gérard Oury, homme de beaucoup d'esprit, décida de lui monter un canular. Le film nécessitait la présence de plusieurs ours inévitablement accompagnés par un dompteur. Or la sœur de ce dernier était une Allemande d'une grande beauté. Elle suivit régulièrement son frère sur le plateau de tournage dans le secret espoir de débuter dans le métier d'actrice. Un jour, n'y tenant plus, elle confia sa photo à Gérard Oury lui demandant s'il ne pouvait lui trouver un petit rôle dans le film. Aussitôt le cinéaste eut l'idée de se servir de ce cliché à bien d'autres fins. Il griffonna dans un français approximatif mâtiné d'allemand une déclaration d'amour enflammée au dos de la photo, déclaration bien sûr adressée à Jean-Paul Belmondo. Le soir, dans l'hôtel munichois, il demanda à un garçon d'étage de porter l'enveloppe dans la chambre de l'acteur. Belmondo logeait avec sa compagne Carlos Sottomayor dans une vaste suite située juste au-dessus de celle de Gérard Oury. Quelques minutes à peine après que la missive fut parvenue à destination, le réalisateur entendit une violente algarade entre Jean-Paul et Carlos. A n'en pas douter, il s'agissait d'une scène de ménage d'une rare violence. Puis les esprits semblèrent se calmer et Gérard Oury passa une nuit paisible.

Le lendemain, au petit déjeuner, il vint s'asseoir aux côtés d'Alain Belmondo, directeur de production sur *L'As des as*. Sur le ton de la confidence Alain expliqua que Jean-Paul risquait d'être de fort méchante humeur : pour une raison qu'il ignorait Carlos était partie brusquement dans la nuit pour Paris. Effectivement lorsque l'acteur arriva il affichait une mine défaite, les traits tirés, pas rasé et une inhabituelle mauvaise humeur. Gérard Oury s'empressa de lui demander ce qui se passait et Belmondo de lui expliquer qu'il avait reçu la veille au soir une photo visiblement truquée qui avait rendu folle de jalousie Carlos Sottomayor. « Si je tenais le con qui m'a fait ça », termina Belmondo. Dépité, Gérard Oury avoua que le « con » c'était lui et qu'il n'avait aucunement pensé que sa blague innocente aurait pu engendrer de si graves conséquences. Il proposa même d'appeler Carlos à Paris pour lui expliquer la situation. Mais en cette heure matinale, Carlos ne serait sans doute pas encore arrivée à destination. Qu'à cela ne tienne, ajouta Gérard Oury, il appellerait dans la matinée du lieu de tournage. Ce jour-là l'équipe de *L'As des as* partit filmer en extérieurs non loin de la frontière autrichienne. Le plus proche téléphone se trouvait dans une auberge à plusieurs kilomètres de là. Gérard Oury ne put donc appeler Paris aussi tôt que prévu. Il profiterait de la première longue pause pour s'acquitter de sa dette. En attendant il procéda au tournage avec un Jean-Paul Belmondo, certes professionnel mais qui ne cachait pas sa rancœur. Finalement lors d'une pause, vers 11 h 30, Gérard Oury, après avoir vérifié que l'on n'avait pas besoin de lui, se précipita à l'auberge pour appeler Paris. Il obtint la communication et la gouvernante travaillant chez Belmondo lui expliqua que Carlos Sottomayor était effectivement passée mais qu'elle était aussitôt repartie pour Rio de Janeiro avec une armée de bagages. Les choses s'envenimaient. Revenu sur le lieu de tournage, Gérard Oury raconta la triste réalité à Jean-Paul qui devint littéralement glacial. Et la journée de se continuer dans cette atmosphère très particulière et pour le moins réfrigérante.

Le soir, le metteur en scène, l'acteur et quelques membres de l'équipe technique visionnèrent les rushes de la veille. Là, dans le noir, Gérard Oury entendit un immense éclat de rire. Il ne pouvait pas se tromper sur son propriétaire : Carlos Sottomayor. Il se demanda ce qui lui arrivait. Devenait-il fou ?... Jean-Paul Belmondo lui expliqua alors que Carlos n'était jamais partie pour Paris. En fait dès réception de la photo il avait compris qu'il était l'objet d'une blague émanant de Gérard Oury et avait aussitôt décidé de monter ce gigantesque canular. Il improvisa donc une fausse scène de ménage puis il alerta son frère Alain et des proches pour leur expliquer le comportement qu'ils auraient à adopter dès le petit déjeuner et pour la suite de la journée. Le matin, apprenant que GérardOury allait téléphoner à Paris, Jean-Paul se précipita avant lui à l'auberge et appela chez lui où il mit sa gouvernante au courant et lui annonça quelle réponse elle devrait fournir. Jean-

Paul avait même failli se faire pincer par Gérard Oury qui entra dans l'auberge au moment où lui sortait de la cabine. Pour ne pas se faire remarquer il fila à l'anglaise par l'arrière du bâtiment. Bref, Gérard Oury qui croyait avoir monté une blague innocente vit celle-ci se retourner contre lui et prendre des proportions à peine croyables...

Les moments forts du film reposaient sur des cascades aériennes. Or, une nouvelle fois, Jean-Paul Belmondo eut des exigences. Non, il n'allait pas piloter lui-même les avions répliques de ceux de la guerre 14, mais il souhaitait, dans la mesure du possible, participer aux combats aériens. Ainsi Jean Salis conçut un avion à deux places à cette subtilité près que la place du véritable pilote, située à l'avant, entre les mitrailleuses, était pratiquement invisible. De la sorte Belmondo put participer aux combats et donner au public l'illusion qu'il pilotait lui-même. Ce fut pour lui un immense plaisir qui l'amena à quelques débordements. Ainsi, un jour, alors que l'avion de Salis ne faisait que des essais, Belmondo, sans parachute, sortit la moitié de son corps de la carlingue et, au cours d'un vol en rase-mottes, salua l'équipe technique du film. Voyant cela, Gérard Oury faillit tomber d'inanition !

Finalement dans tous ces exploits aériens le seul que ne réalisa pas Jean-Paul fut le saut en parachute qui, parce que devant se faire à une hauteur relativement basse, fut exécuté par un professionnel.

Au sortir de ce joyeux tournage, Belmondo aurait dû retrouver Philippe de Broca pour *L'Africain*, primitivement intitulé *Sur la piste des éléphants*, l'aventure d'un homme vivant paisiblement au cœur de l'Afrique jusqu'au jour où il voit débarquer son ex-femme chargée d'implanter un village de vacances. Pour le rôle masculin de Broca avait pensé à Belmondo dès l'écriture du script, mais Jean-Paul jugea le personnage un peu vieux et guère actif et déclina la proposition. *L'Africain* lui aurait pourtant permis de redonner la réplique à Catherine Deneuve, cinq années après *La Sirène du Mississippi*. Au bout du compte Philippe Noiret tint le rôle de cet Africain pas comme les autres.

« Nous nous étions réconciliés, Jean-Paul et moi, explique Philippe de Broca, et je lui avait proposé ce script. Il s'agissait de l'histoire d'un homme qui quitte sa femme et Paris pour aller s'installer dans ce qu'il estime être le paradis, en Afrique. Mais cet homme-là est déjà un peu fatigué. C'est pourquoi j'avais envie de me servir du mythe de Belmondo aventurier en le transformant un peu. C'est-à-dire que, par exemple, le personnage se coinçait les vertèbres quand il devait sauter d'un truc à l'autre. Un type apparemment plein de santé qui se plaignait de ses rhumatismes. Le scénario était bon, meilleur que ce qu'a été le film. »

L'As des as, distribué par Cerito-René Chateau Distribution précédé par une gigantesque campagne publicitaire, sortit sur les écrans parisiens le 27 octobre 1982. Le soir même Jean-Paul, Gérard Oury et quelques membres de l'équipe se trouvaient réunis au Fouquet's dans l'attente des résultats officiels. Jean-Paul Belmondo était d'autant plus anxieux que la production avait englouti beaucoup d'argent. Toutefois le moral virait plutôt au beau fixe au vu des queues devant les cinémas lors des premières séances. Puis à 1 h 10 du matin vinrent les chiffres : 72 393 entrées sur Paris en cette seule journée. Exceptionnel en matière de box-office ! Jean-Paul sauta de joie et dansa sur la banquette du Fouquet's comme s'il avait gagné un match de boxe... Sur Paris la semaine s'acheva avec le chiffre jamais atteint de 463 028 entrées. *Le Film français*, hebdomadaire de la profession cinématographique étudiant les chiffres en toute impartialité nota, dans son numéro du 5 novembre 1982, que « les résultats de *L'As des as* constituent du jamais vu dans toute l'histoire de l'exploitation cinématographique française pour une première semaine. Il est difficile d'imaginer plus et mieux. » Mais tout le monde n'apprécia pas cet extraordinaire succès. Le 17 novembre des critiques de films publièrent une pétition où, en voulant assurer la défense d'*Une chambre en ville*, film de Jacques Demy sorti le même jour, il prirent pour cible *L'As des as*. Ils n'y allèrent pas avec le dos de la cuillère et sous le titre « Le film à voir aujourd'hui c'est *Une chambre en ville* », signèrent ce véritable pamphlet :

« Mercredi 27 octobre, jour de grève à la RATP, 71 000 Parisiens sont allés voir *L'As des as* de Gérard Oury. Seuls 3 615 ont choisi *Une chambre en ville* de Jacques Demy. Deux films, deux chiffres, deux poids, deux mesures. Tout est affaire de surface. L'écrasement informatif et publicitaire des films préconçus pour le succès est tel que même un cinéaste de l'importance de Jacques Demy risque de voir son public potentiel détourné. Pourtant, *Une chambre en ville* est un grand film populaire qui, dans le cinéma français d'aujourd'hui, fait figure d'œuvre unique. Une fois n'est pas coutume, nous, critiques de cinéma dans les principaux organes de presse, toutes tendances confondues, faisons appel à nos lecteurs spectateurs. Si la critique, de plus en plus noyée par le flot promotionnel, a encore une raison d'exister, voilà bien l'occasion de le prouver. Cela explique que nous tous qui l'avons passionnément aimé éprouvons la nécessité de mêler nos voix pour la défense d'un grand film — comme nous l'aurions fait hier pour *La Règle du jeu* ou pour *Lola Montes*. Aussi invitons-nous une fois encore nos lecteurs à ne pas manquer ce rendez-vous essentiel. Car aujourd'hui l'échec d'*Une chambre en ville* serait aussi celui du cinéma français. Ni plus ni moins. »

Jean-Paul Belmondo fut consterné par cette attaque puisqu'en voulant défendre, légitimement, le film de Demy les critiques avaient, en fait, tiré à boulets rouges sur celui d'Oury ! Il était en contact quotidien avec Gérard Oury, ne fût-ce que pour se tenir au courant des résultats de l'exploitation. Aux yeux du cinéaste la soudaine colère de critiques provenait en partie du fait que depuis des années Belmondo refusait d'organiser des projections de presse. Les journalistes qui voulaient critiquer le film durent affronter les foules compactes se pressant à l'entrée des salles dès les premières séances et cela augmenta sûrement l'irritation de ces personnes de la presse. Les deux hommes hésitèrent un moment sur la marche à suivre. Fallait-il relever l'affront ou ignorer ? Mais l'affaire n'en demeura pas là car les radios se firent l'écho de la pétition et des journaux ajoutèrent des articles incendiaires contre *L'As des as*. Alors Jean-Paul et Gérard se réunirent pour concocter ensemble cette lettre ouverte, que signa Belmondo, qui parut moins d'une semaine plus tard :

« En parcourant le manifeste dénonçant comme suspect mon film *L'As des as* coupable d'avoir volé "les spectateurs potentiels" d'*Une chambre en ville*, en examinant la liste de ses signataires, je me pris soudain à baisser la tête... Un mot de Jean Cocteau me revenait à l'esprit : "En France l'égalité consiste à trancher les têtes qui dépassent." Ainsi *L'As des as* que j'ai coproduit et interprété en y laissant intégralement mon cachet, parce que j'avais le désir de stigmatiser sur le ton léger de la comédie l'antisémitisme et l'intolérance, n'est pas toléré par ceux qui font profession de tolérance et Gérard Oury doit rougir de honte d'avoir "préconçu son film pour le succès" ! Jacques Demy a-t-il préconçu le sien pour l'échec ? Lorsque, en 1974, j'ai produit et "sorti" *Stavisky* d'Alain Resnais et que le film n'a fait que 375 000 entrées, je n'ai pas pleurniché en accusant James Bond de m'avoir volé mes spectateurs. Ce remue-ménage est grotesque. Aussi ridicule que la conclusion d'un critique, signataire de ce manifeste, qui termine son article en affirmant avoir entendu un enfant expliquer, en sortant de *L'As des as*, qu'il s'était trompé de salle et qu'il croyait être allé voir *Alien*. Plus de trois millions de spectateurs français en trois semaines — sans compter les pays étrangers où le film reçoit un accueil triomphal — se seraient donc, eux aussi, trompés de salle, et sont ressortis ahuris, ayant applaudi *L'As des as* croyant qu'il s'agissait d'un autre film et me prenant pour un autre acteur ! Peut-être serait-il plus honnête d'imaginer avec un autre critique les raisons de l'attrait qu'exerce *L'As des as*. "En ce temps de crise, le public a entrepris une formidable transhumance vers les pâturages du divertissement et de l'évasion. Son ampleur actuelle en fait un phénomène de société !'' Venons-en au fait reproché à Oury. L'accueil triomphal réservé à son film ne serait dû qu'à une gigantesque intox, un ''écrasement informatif'' si intense qu'il aurait rendu sourds et aveugles les trois millions de spectateurs en question, les empêchant d'aller voir *Une chambre en ville*. Argument risible et un peu triste, tant il est facile d'y répondre : *L'As des as* n'a pas plus volé les spectateurs de Jacques Demy qu'il n'a détourné ceux des *Misérables* sorti une semaine avant lui et dont les recettes n'ont cessé d'augmenter pour atteindre les résultats brillants que l'on sait. Il faut d'ailleurs méconnaître les règles de notre métier pour ignorer qu'un film qui marche, loin d'empêcher le public d'aller voir d'autres films, lui fait, au contraire, reprendre le chemin des salles de cinéma. Ces règles, le réalisateur Jacques Demy, la productrice Christine Gouze-Rénal les connaissent. Il me semble d'ailleurs évident que ni l'un ni l'autre ne sauraient approuver un déchaînement ayant pour objectif la démolition d'un concurrent parce qu'il jouit de la faveur du public. De telles pratiques sont dangereuses. Elles mènent notre profession vers un encadrement antidémocratique. Comment peut-on, en effet, prôner le suffrage universel et dénier aux Français le droit d'acheter les livres qui leur plaisent, de voir les films qu'ils ont choisis ? A quand l'interdiction de voter pour tel ou tel candidat aux élections sous prétexte qu'il a engagé un publicitaire efficace et mené trop bien sa campagne d'affichage ? En tout cas, pour moi qui ne suis qu'un acteur, le vote massif des spectateurs est, et demeurera, ma plus belle récompense. Oublions donc cette agitation stérile et gardons seulement en mémoire cette phrase de Georges Bernanos : ''Attention, les ratés ne vous rateront pas !'' »

Belmondo ne se trompait pas : Jacques Demy n'avait à aucun moment été associé à cette levée de boucliers organisée uniquement par des journalistes. Il envoya même une lettre à Jean-Paul lui expliquant qu'il regrettait cette polémique. De toute façon cette affaire ne gêna en rien la carrière commerciale de *L'As des as* et ne sauva guère celle de *Une chambre en ville*. Comme le souligna, plus tard, Jean-Paul Belmondo : « Même si *L'As des as* n'avait pas été là, *Une chambre en ville* n'aurait pas marché ! »

Mais de même que la pétition des critiques fut perçue comme une attaque en règle contre *L'As des as*, la lettre ouverte de Belmondo, largement reproduite dans la presse, fut interprétée comme l'ouverture de la chasse aux critiques. Des personnalités de cinéma dont Louis de Funès — qui déclara sur Europe 1 : « Je ne lis pas les critiques. Je ne les aime pas. D'ailleurs le mot même de critique devrait faire rire tout le monde » — s'engouffrèrent dans la brèche rapidement suivies par les inévitables plus ou moins grands noms de la politique. Chacun campa sur ses positions et plusieurs journalistes eurent la plume particulièrement dure. Heureusement le temps cicatrisa ces plaies béantes et les choses retrouvèrent petit à petit leur juste place.

Finalement, avec ses 5 451 059 entrées en France, *L'As des as* s'imposa comme le deuxième plus gros succès commercial de Belmondo, faisant pratiquement jeu égal avec *Le Cerveau* du même Gérard Oury. Nul, au vu de ces chiffres, ne pouvait contester qu'il était une superstar, l'une des rares à pouvoir honnêtement revendiquer ce titre en France. Mais ce n'était pas du tout son genre de revendiquer ce genre de titre. Depuis ses lointains débuts il restait le même, protégeant sa vie de tous les jours des ivresses du succès et des morsures de l'échec. Bien que connu et reconnu dans la rue il n'avait jamais cessé de continuer à se promener dans Saint-Germain-des-Prés, sans lunettes noires ni déguisement d'aucune sorte, et sans déclencher des émeutes à chaque bistrot où il s'installe. Parfois, des badauds s'approchent de lui pour lui demander un autographe. Alors il s'exécute sans jamais manquer d'esquisser un sourire. Quand des parents l'arrêtent en lançant un « Bébel » tonitruant, et lui demandent de tenir un bébé dans ses bras pour une photo, il accepte sans jamais rechigner puis reprend sa balade, placide, comme si de rien n'était, la balade d'un homme heureux. Sur le bitume parisien comme sur un plateau de cinéma il ne cesse d'appliquer ce principe vieux comme la famille Belmondo : faire son métier sérieusement sans jamais se prendre au sérieux…

23

MISES AUX POINGS

Depuis *Borsalino*, le cinéaste Jacques Deray avait beaucoup travaillé avec Alain Delon, le dirigeant dans cinq films. Toutefois au début des années 80 il eut envie de retrouver Jean-Paul Belmondo. Deray eut l'idée d'un personnage qui lui conviendrait à merveille.

« J'avais rencontré des policiers au cours de mes tournages, explique Jacques Deray, et j'aimais les entendre parler. L'un d'eux m'avait raconté une histoire : il avait été détaché à Marseille pour s'occuper de la drogue et il avait tellement bien réussi qu'il s'était fait remonter sur Paris vite fait... J'avais écrit quelques pages là-dessus que je suis allé proposer à Jean-Paul. Nous nous sommes lancés avec toujours ce point d'interrogation avec Jean-Paul, c'est-à-dire que jusqu'au bout il a cette possibilité de dire non. Mais cela ne nous empêchait pas, Vautrin, Audiard et moi de travailler. »

Pour autant, Deray chercha plutôt à écrire un film noir, terme qu'il préfère à celui de polar. Avant d'atterrir sur le bureau de Belmondo, le script transita par Ariane Films qui le trouva très intéressant. Deray, comme Mnouchkine, souhaitait Jean-Paul dans le rôle principal mais la tâche n'était pas si aisée.

« Ce qui est très difficile avec Jean-Paul, raconte Alexandre Mnouchkine, c'est de lui faire lire un scénario. Il n'a jamais le temps ! Alors je suis obligé de lui dire : "Arrête et lis !". Il me dit : "D'accord, je lis ce week-end." Le week-end, il fait autre chose. Mais quand il le lit, il le lit très bien, il sait très bien lire. J'ai l'impression qu'il cherche le moment où il peut lire. Il n'est pas toujours prêt à lire, il veut se mettre dans la peau du personnage, il le fait sérieusement. Ce qui est très bien parce qu'à ce moment il est plus disponible. Après avoir accepté, il donne des idées. Ça se passe dans des séances de travail avec les auteurs, avec le metteur en scène, comme un producteur le fait. »

Ce personnage devient *Le Marginal*, un flic redoutablement efficace qui de Marseille à Paris poursuit les trafiquants de drogue placés sous l'autorité du redoutable Sauveur Meccaci. Après le premier accord de Jean-Paul, Jacques Deray travailla son scénario en étroite collaboration avec l'acteur-producteur. De nombreuses discussions réunirent les deux hommes et certaines scènes furent retouchées. En grand amateur de polar, Deray écrivit un héros gagneur mais pas tout à fait monolithique parce que possédant ses propres faiblesses et ses défauts. Autour de ce flic à la forte personnalité, Deray plaça des personnages secondaires convaincants dont une prostituée et un impitoyable chef de gang qui, par sa noirceur, respectait la tradition du genre. Lorsqu'il fallut procéder au casting, c'est-à-dire au recrutement des acteurs, Jean-Paul suggéra Carlos Sottomayor pour le rôle essentiel de la prostituée que le « marginal » doit protéger. Jacques Deray organisa différentes séances d'essai et jugea la jeune Brésilienne tout à fait convaincante. Comme, de plus, Carlos était avant tout chanteuse, elle enregistra la chanson de générique du film. Quant au rôle du « méchant », il échut à Henry Silva, figure mythique du cinéma américain dont la « gueule » taillée dans le roc a conféré une puissance inestimable à un nombre considérable de méchants du grand et du petit écran. Lorsque Deray avança le nom de Silva, Belmondo fut enchanté car, comme tout cinéphile, il garde en mémoire l'étonnante prestation de l'Américain dans *La Revanche du Sicilien*.

Le scénario représentait une œuvre riche. Riche en décors différents, riche en répliques percutantes, riche en péripéties et riche en scènes d'action.

« Là, constate Deray, nous avons inventé deux moments qui resteront assez célèbres dans ce genre de film : le bateau à moteur sur lequel Jean-Paul saute d'hélicoptère et la grande poursuite avec cette voiture blindée… Le hors-bord était vraiment une cascade très difficile parce que le bateau et l'hélicoptère devaient aller très vite. Il suffisait au moment où Jean-Paul tombait sur un mètre carré que le bateau prenne une petite vague pour que tout à coup cela fausse complètement tout ce qui était préparé. Nous avons commencé à répéter sur un terrain d'aviation, le hors-bord était représenté par une voiture-travelling. Tout a été très bien répété par Rémy Julienne. Et en mer, ça s'est bien passé aussi, si ce n'est que je l'ai fait six fois, parce que je changeais ma caméra de place. La sixième fois, Jean-Paul est tombé très près de l'arrière du bateau, alors j'ai dit : ''On arrête''… »

Une cascade cela demande un gros budget et une énorme

préparation. La fameuse scène du hors-bord du *Marginal* occupa l'ensemble de l'équipe durant une semaine. Pour la poursuite de voiture il fallut une quinzaine d'assistants et de régisseurs pour bloquer les rues de Paris et éviter le moindre incident. Pourtant un étonnant grain de sable faillit bouleverser toute cette préparation. Jacques Deray avait fait placer un faux arrêt d'autobus que devaient détruire les voitures au cours de leur poursuite. Tout était en place : Jean-Paul au volant de son bolide, les caméras prêtes à tourner, les assistants surveillant les alentours. « Action ! » Belmondo fit démarrer sa voiture sur les chapeaux de roues. Au moment où il fonçait selon le parcours prévu, un badaud, sorti de nulle part, se dirigea nonchalamment vers l'arrêt d'autobus convaincu qu'il s'agissait d'un authentique. Personne ne l'avait remarqué, personne ne put l'arrêter. La voiture conduite par Jean-Paul déboucha à toute vitesse, l'acteur ne vit le passant qu'à l'ultime moment et dans une manœuvre extrême parvint à l'éviter de justesse. Aucun dégât mais le pauvre bougre se demanda ce qui se passait...

Cette poursuite révéla d'autres surprises. La première voiture était conduite par Rémy Julienne. La seconde, bien sûr, par Jean-Paul Belmondo. La marge de manœuvre était insignifiante puisque les deux bolides se suivaient à seulement quelques centimètres de distance. Toute erreur pouvait être fatale à l'un comme à l'autre. Mais les deux hommes étaient convenu d'un code : si Belmondo avait le moindre ennui technique, il devait heurter légèrement l'arrière de la voiture de Julienne, si Julienne avait une défaillance, il devait faire signe. Or, lors de la première prise, à 90 km/h, la direction de la voiture pilotée par Julienne se brisa net. Impossible de la contrôler. Elle se dirigea droit vers un pylône. Derrière lui, dans un réflexe saisissant, Belmondo braqua, évitant *in extremis* l'accident. Pour Rémy Julienne, un tel exploit prouve bien que l'acteur compte parmi les meilleurs cascadeurs... Au cours d'une autre cascade où, percuté par une voiture, il rebondissait sur le capot, Belmondo se blessa au visage en heurtant le pare-brise... Afin de se préparer au mieux pour toutes les cascades du *Marginal*, Jean-Paul consacra trois semaines d'entraînement intensif au Maroc juste avant le tournage. Quotidiennement, il pratiqua dix kilomètres de footing, fit beaucoup de tennis et suivit un régime alimentaire très strict sans une goutte d'alcool.

Sur le plateau du *Marginal*, quatorze ans après *Borsalino*, Jacques Deray redécouvrit Jean-Paul Belmondo et sa disponibilité à tous les niveaux.

« J'ai retrouvé un Jean-Paul l'œil toujours aussi rieur, mais qui avait abandonné son côté chahut continuel, explique le cinéaste. Il ne s'enferme jamais dans sa roulotte. Il est toujours présent. C'est la grande différence avec les autres acteurs. Il y a des acteurs qui s'enferment dans leur roulotte et attendent le dernier moment pour sortir. Il y a des acteurs qui sont sur le tournage mais qui font mettre des barrières autour d'eux pour que personne ne les approche. Et puis il y a Jean-Paul. Si, tout à coup, un assistant vient mettre des barrières, il les refuse. Moi j'ai vu Jean-Paul, c'est extraordinaire parce que ça aussi c'est très rare, j'ai vu dans des quartiers difficiles des femmes arriver avec leurs petits enfants sur le bras et mettre l'enfant dans les bras de Jean-Paul pour faire une photo. Et Jean-Paul reste toujours souriant. Ce sont des petites choses rares. Mais il y a aussi sa popularité. A Marseille quand nous tournions sur la Canebière nous avons été obligés d'appeler les CRS pour contenir la foule et à Paris j'avais une scène place Clichy que je n'ai pas pu tourner du fait des curieux... La frustration d'un metteur en scène, c'est quand il a un acteur devant sa caméra et que cet acteur ne lui donne rien. Jean-Paul par sa personnalité, par son tonus, par son dynamisme, par sa gentillesse, par sa complicité mais aussi par sa lucidité et par sa connaissance de lui-même donne toujours quelque chose en plus de ce qui était prévu. »

L'une des autres originalités du *Marginal* fut la façon dont y était présenté Paris. Loin des images cartes postales, Jacques Deray s'efforça de filmer l'autre aspect de la capitale, les quartiers moins connus, plus populaires, voire plus sordides. C'est pourquoi il tint à montrer les cercles de jeux clandestins chinois, les squats du XVIIIe arrondissement et l'ambiance des rues de Pigalle et de Clichy la nuit. Finalement *Le Marginal* totalisa près de quatre-vingts décors différents. Fasciné par les villes, Deray a constamment voulu que Paris soit partie prenante dans le film et pour mieux connaître les dessous de la grande cité, il accompagna des inspecteurs des Renseignements généraux dans tous les coins de Paris, repérant des endroits authentiques où il tournerait. Il n'y eut qu'un lieu où il n'obtint pas l'autorisation de filmer : un cercle de jeux chinois clandestin, qu'il fit reconstituer fidèlement en studio.

Le Marginal marqua la dernière collaboration, à ce jour, entre Cerito Films et Ariane Films, c'est-à-dire entre Belmondo-producteur et le tandem Alexandre Mnouchkine-Georges Dancigers.

« Ce n'était pas un coproducteur comme la majeure partie des acteurs qui se disent coproducteurs parce qu'ils ont une part des bénéfices, rapporte Alexandre Mnouchkine. Lui investissait de l'argent, prenait des risques, recevait des coups sur la tête quand ça ne marchait pas, sans jamais flancher. C'était un coproducteur actif, c'est-à-dire avant que le film commence, avant le premier tour de manivelle, il était le coproducteur et nous discutions ensemble comme deux associés. Au moment de la distribution, chacun donnait son avis, nous nous mettions d'accord, nous cherchions ensemble et nous essayions de convaincre le metteur en scène. Il a toujours eu quelques copains à placer, des amis du Conservatoire auxquels il est très fidèle mais on sait que ça lui fait plaisir alors on accepte. En plus ce sont de bons éléments et on sait qu'on peut compter sur eux... Et le jour où le film commençait c'était fini, il devenait l'acteur et il était obéissant, suivant les ordres de la production ou du metteur en scène, ne se mêlant pas du tout du reste. Il faisait son métier d'acteur. Et une fois le film terminé, il participait au choix du montage, à la publicité, au lancement du film, etc. Il redevenait le coproducteur, puis nous faisions les comptes d'une façon très normale comme cela se fait entre deux sociétés de production. A ce moment-là, nous oublions de nouveau qu'il était le comédien ! »

Les relations entre Belmondo et Mnouchkine dépassaient de beaucoup celles habituellement instaurées entre deux professionnels. Les deux hommes s'apprécient énormément et partagent des liens d'amitié solide. D'ailleurs le jour où Jean-Paul Belmondo offrit à Mnouchkine un exemplaire du livre portant sur la carrière de son père, il y inscrivit la dédicace : « A mon deuxième père ». « Nous avons une confiance mutuelle absolue », constate Mnouchkine.

Belmondo dans un polar musclé, voilà un film très attendu de la part du public, d'autant que, comme habituellement, la sortie du *Marginal* fut précédée par une campagne publicitaire particulièrement efficace. Ainsi dès la signature du contrat, en juillet 1982, un premier projet d'affiche fut dessiné d'après une photo de Jean-Paul Belmondo parue dans *Première* à l'occasion de la sortie du *Professionnel.* Non que les deux films se ressemblaient véritablement mais ils véhiculaient la même image de Belmondo : le dur arme à la main, ou à la ceinture. Puis dès le 27 avril 1983, c'est-à-dire au moment du tournage, un premier article parut sur *Le Marginal* et fit même la couverture de *VSD.* La machine était lancée. Le 15 juillet un préfilm-annonce fut projeté dans les salles de cinéma, remplacé le 15 septembre par le film-annonce définitif. La campagne d'affichage débuta le 15 octobre et le film, distribué par Cerito-René Chateau Distribution conjointement avec Gaumont, sortit le 26 octobre simultanément dans une centaine de salles en France.

Le Marginal ne fut pas apprécié par tout le monde, bien sûr. Il y eut des critiques qui tombèrent à bras raccourcis sur le film, mais, surtout, il y eut une protestation par l'entremise de deux lettres ouvertes adressées l'une à Belmondo et l'autre à Deray signées de l'ambassade de Turquie, qui jugea d'un fort mauvais œil le fait que ce film présentait un attaché culturel de l'ambassade turque comme un trafiquant de drogue notoire. Dans sa lettre à l'acteur-producteur l'ambassade fit remarquer que Jean-Paul comptait de très nombreux fans en Turquie mais que ceux-ci risquaient d'être déçus par la « caricature antiturc » émanant du film. La lettre à Deray exprimait l'indignation de l'ambassade et posait cette angoissante question : « Que diriez-vous personnellement si dans un film turc on utilisait le même procédé en montrant aux spectateurs un personnage caricatural en le désignant comme un membre de votre mission à Ankara ? »

Heureusement les choses n'allèrent pas plus loin. Pendant ce temps, l'énorme machinerie destinée à lancer le film, et surtout les qualités propres de celui-ci portèrent leurs fruits. Jusqu'alors le « record à battre » était celui établi par la première semaine d'exploitation parisienne de *L'As des as* : 463 028 entrées, chiffre vertigineux qui paraissait inaccessible. Et pourtant une semaine après la première projection du *Marginal* à Paris, le score fut de 468 881 entrées ! Record absolu du cinéma français. Inimaginable. Par la suite, un seul film parvint à franchir cette barre, *Rambo 2* en 1985, avec 510 096 entrées. Dès la fin de la première semaine d'exploitation, toute l'équipe du *Marginal* savait que le film s'envolait vers les cimes du succès. Effectivement il plana sur le box-office, franchit au bout de seulement cinq semaines le cap du millionième spectateur parisien, pour se poser près de la frontière des cinq millions de spectateurs français. Succès incroyable qu'il fallut bien tenter d'expliquer, ce que fit Robert Chazal :

« C'est de toute évidence la personnalité de la vedette, sa bonne humeur, son coefficient de sympathie et aussi le fait que le public le sait courageux et même téméraire qui en font l'ami public numéro un. En outre quels que soient ses films, celui qu'on aime appeler Bébel est le garçon fort et courageux qui lutte seul ou presque contre les malfaisants de toutes sortes. Il est une sorte de Zorro ou de Robin des Bois du monde moderne. Dans tout et partout il lutte pour la liberté de l'individu, ce qui ravit les spectateurs [1]. »

Ce côté Zorro développé sur grand écran autour de Jean-Paul Belmondo eut au moins une fois une conséquence tout à fait étonnante. Un jour qu'il effectuait l'un de ses innombrables voyages au long cours, l'acteur s'installa confortablement dans l'habitacle agréablement pressurisé d'un Concorde. En vol l'arrêt d'un réacteur provoqua un moment d'émotion chez quelques passagers. Une poignée de minutes plus tard un deuxième réacteur se solidarisa avec le défaillant. A

1. *France-Soir* du 3 novembre 1983.

l'émotion succéda l'inquiétude. La sueur perlait sur bien des fronts et les regards cherchaient désespérément l'élément rassurant. Ce fut ce moment que choisit un troisième réacteur pour adopter la même désinvolture que ses deux congénères. Petit à petit le Concorde se transformait en planeur de luxe. Panique à bord. L'un des passagers, complètement affolé, quitta son siège et se précipita sur Belmondo : « Mais enfin, faites quelque chose ! » L'acteur éclata de rire et répondit : « Que voulez-vous que je fasse ? Que je monte sur l'aile ? » Ne pouvant sauver un avion en détresse l'acteur garda son calme et constata que l'atterrissage s'effectuait sous le regard de dizaines de pompiers répartis le long de la piste et prêts à parer à toute éventualité. Un peu plus loin, des ambulances attendaient le moment d'entrer en piste. Mais le Concorde se posa sans incident et les passagers en furent quittes pour un grand bol de panique...

Avant même de commencer le tournage du *Marginal*, Jean-Paul Belmondo était fermement décidé de ne pas tourner plus d'un film par an. Ce fut alors qu'il déjeuna avec Henri Verneuil qu'il revoyait plus ou moins régulièrement depuis *Le Corps de mon ennemi*. Les deux hommes parlèrent projet. Verneuil était en pleine préparation d'un film portant sur un groupe de légionnaires dévalisant une banque en Afrique du Nord au cours de la Seconde Guerre mondiale : *Les Morfalous*. Pour les rôles principaux le cinéaste avait envisagé Gérard Lanvin et Victor Lanoux. L'histoire en était lointainement inspirée d'un roman de Pierre Siniac que Verneuil avait découvert une quinzaine d'années plus tôt. Il avait d'ailleurs souhaité le réaliser dès cette époque mais les producteurs ne le suivirent pas. Verneuil réécrivit pratiquement totalement l'histoire en pas moins de sept versions du scénario étalées sur huit mois de travail. Par bien des aspects, *Les Morfalous* évoquaient un film américain de 1970 interprété par Clint Eastwood, *De l'or pour les braves*, qui lui aussi reposait sur des soldats cherchant de l'or dans une ambiance de comédie. Comme pratiquement toujours, le cinéaste s'était adjoint le concours de Michel Audiard qui signa des dialogues particulièrement brillants. Belmondo se montra amusé par ce projet et demanda à lire le scénario. Il fut immédiatement séduit par le brio d'Audiard qui multipliait les répliques clinquantes. Jean-Paul demanda à Verneuil s'il pouvait retarder son tournage de trois mois afin qu'il pût y participer. Le cinéaste, ravi de bénéficier de la présence de son ami acteur, accepta. Pour autant il ne modifia pas une virgule de son script.

Jean-Paul Belmondo demanda, de son propre aveu, à tourner dans ce film surtout en raison des dialogues. Amoureux des beaux textes, il ne put résister à la plume d'Audiard. Le 3 mai 1983, pendant le tournage du *Marginal*, Jean-Paul Belmondo confirma officiellement son accord de tourner *Les Morfalous*, titre inspiré d'un mot d'argot, les morfales. Aussitôt le processus publicitaire se mit en branle et la date de sortie du film fut d'ores et déjà fixée au 28 mars 1984.

Lorsqu'il évoqua son film, Henri Verneuil parla de « western militaire », or, pratiquement au même moment, Jacques Deray évoquait *Le Marginal* en le qualifiant de « western urbain ». Décidément, et depuis longtemps — puisque *Cent mille dollars au soleil* avait été comparé en son temps à un western et Melville parlait déjà de « western urbain » pour *Le Doulos* — Belmondo semblait lié à ce genre si typiquement américain. Le terme de western était revenu pour des films aussi dissemblables que *L'Alpagueur* et *Le Corps de mon ennemi*, entre beaucoup d'autres. De plus Belmondo avait tourné dans quelque films de cape et d'épée, genre qui, durant des décennies, fut assimilé comme l'équivalent français du western. En fait, Belmondo avait inscrit sa carrière, sans le vouloir délibérément, dans le sillage des grands mythes de l'Ouest américain. Ce n'est sûrement pas une coïncidence si sur le tournage de *L'As des as* Gérard Oury le compara très sérieusement à John Wayne ni si Labro le considérait comme l'équivalent français d'un Steve Mc Queen ni encore si plusieurs de ses personnages faisaient penser à Clint Eastwood. Belmondo, depuis longtemps, se révélait l'équivalent français de ces mythes de l'Ouest, l'un des rares « cow-boys » du paysage cinématographique français.

Le tournage des *Morfalous* débuta en septembre 1983 pour une durée de douze semaines. Budget : trente millions. Budget élevé en raison de la reconstitution quasi historique, des figurants, du matériel militaire nécessaire et de la trentaine de décors créés en Tunisie et en France. Pour Henri Verneuil qui sortait de deux films dits « de réflexion », *Les Morfalous* s'annonça comme une détente dans la mesure où il s'agissait d'un film ne se prenant à aucun moment au sérieux sans jamais tomber dans la gaudriole : « C'est une farce, nous nous sommes payés une farce », souligne Verneuil... Pour servir au mieux les dialogues d'Audiard, Belmondo et Verneuil réunirent une troupe rompue à toutes les disciplines : Marie Laforêt, Michel Constantin, Jacques Villeret, Michel Creton et François Perrot. Une grande partie des prises de vues eut pour cadre l'Afrique du Nord. Jean-Paul y loua une maison où il logea avec Carlos Sottomayor à l'écart de Monastir. Tous les matins le couple descendait se lancer dans un long footing sur la plage déjà ensoleillée. Puis Jean-Paul arrivait sur le tournage dans une forme resplendissante, profitant de chaque moment de détente pour renouer avec le sport.

Sur le plateau proprement dit, Belmondo, Creton et Villeret, parce que tous trois anciens du Conservatoire et férus de spectacles scéniques, parlaient toujours théâtre. Avec Michel Constantin, Jean-Paul parlait plutôt de sport. « En matière de boxe c'est une encyclopédie vivante », constate Constantin. « Par contre, ajoute-t-il, nous ne parlions jamais de politique, il a l'air de s'en foutre complètement. »

Tous furent étonnés par l'extraordinaire précision avec laquelle travaillait Verneuil. Certes, Belmondo était habitué de le voir arriver sur le plateau avec une idée très précise de ce qu'il allait faire dans la journée, mais il s'amusait toujours de le regarder déplier de grandes feuilles sur lesquelles tout ou presque était dessiné. Ainsi, Verneuil traça-t-il un plan du village d'El Ksour, construit à partir d'un petit village de pêcheurs existant à Mahdia, en Tunisie, à une cinquantaine de kilomètres de Monastir. Sur le plan de ce village, d'une précision inouïe, Verneuil fit même figurer l'emplacement des caméras. Ce sens de l'organisation rassura les comédiens tous enchantés de donner la réplique à Belmondo.

« Moi, déclare Michel Constantin, je compare une scène à un match de tennis : si vous jouez contre un mec qui vous renvoie bien la balle vous serez meilleur. Et avec Jean-Paul c'est facile de tourner pour autant qu'on n'ait pas le trac. Jean-Paul est très décontracté, moi je pense l'être aussi donc c'est facile. La seule chose c'est que lui peut dire n'importe quel texte avec le même talent alors que moi je suis obligé de changer des répliques, des constructions de phrases, des inversions pour me sentir plus à l'aise. Jean-Paul, lui, m'étonne toujours parce qu'il dit vraiment n'importe quel texte tel qu'il est écrit. Je me rappelle que dans *La Scoumoune* je lui avais fait remarquer qu'une phrase n'était pas bien écrite. Lui a demandé à José Giovanni ''Qu'est-ce que tu veux que je dise ?'' et José lui a changé son texte mais il était déjà très convaincant avec la première phrase. »

Quant à Henri Verneuil il fêtait avec ce tournage vingt-quatre ans d'amitié et de collaboration avec Belmondo.

« Quand on a travaillé avec une centaine de stars, déclara Verneuil, qu'à un moment donné on se retourne et qu'on les voit toutes, il y en a quelques-unes qui se détachent et qui restent. Jean-Paul est là, incontournable. Quand je regarde un peu en arrière, cette belle aventure que j'ai eue dans le cinéma je garde Jean-Paul, Gabin et Henry Fonda. Les trois sont là. Tous trois prennent de la place dans mes souvenirs. Et, comme par hasard, on est là dans la cour supérieure, c'est du haut de gamme. »

Après dix semaines en Tunisie, *Les Morfalous* fut terminé en deux semaines dans les studios de Boulogne-Billancourt où furent notamment tournées toutes les scènes de l'intérieur de la banque et de l'intérieur du tank.

La destinée des *Morfalous* au box-office fut l'une des plus étonnantes de toutes celles vécues par les films avec Jean-Paul Belmondo. Attiré par une affiche largement trompeuse et croyant voir une sorte de *Rambo* à la française, l'humour en plus, le public se rua dans les salles dès la première semaine. Ainsi à Paris le film totalisa 382 347 entrées après sept jours d'exploitation, soit le cinquième meilleur score de tous les temps (les deux premières places étant toujours tenues par deux films avec Belmondo : *Le Marginal* et *L'As des as*). Mais d'une manière absolument étrange le bouche-à-oreille fonctionna radicalement à l'encontre du film. C'est-à-dire que, concrètement, il y eut moins de spectateurs en salles durant toutes les semaines suivantes qu'au cours de la seule première semaine. Et *Les Morfalous* termina son exploitation parisienne à 757 760 entrées. Du coup, certains journalistes, se contentant de relever le fait que ces dernières années tous les films avec Belmondo, à l'exception du *Guignolo*, avaient dépassé le million d'entrées sur Paris, commencèrent à parler d'échec. Erreur car ces *Morfalous* se classa tout de même en huitième position au box-office parisien de l'année et en quatrième position au box-office national dépassant *SOS Fantômes* et *Amadeus*.

Quelques semaines avant la sortie des *Morfalous*, le 5 mars 1984, Gérard Lebovici, l'ami et ancien agent de Jean-Paul Belmondo, fut retrouvé assassiné dans un parking de l'avenue Foch, en plein Paris. Lebovici, alors âgé de cinquante et un ans, avait suivi une carrière tout à fait originale qui l'avait fait passer du métier d'acteur à celui d'agent, créant au passage Artmédia, la plus importante agence artistique d'Europe. Puis, ajoutant diverses cordes à son arc, Lebovici fonda une maison d'édition, Champ Libre — qui publia *L'Instinct de mort* de Jacques Mesrine — et par l'intermédiaire d'Artmédia participa à la production et à la distribution de nombreux films dont *Mon oncle d'Amérique, Le Dernier Métro, La Femme d'à côté*. Mais en 1981, suite au rapport Bredin sur la profession cinématographique, Lebovici dut choisir entre le métier d'agent et celui de producteur. Il se renvoya lui-même d'Artmédia et fonda une florissante société de production, Soprofilms, qui participa au financement de *La Balance, La Vie est un roman, Les Compères*, ainsi qu'une non moins florissante société de distribution, AAA. Lebovici comptait parmi les hommes de cinéma possédant un flair quasi infaillible et très tôt il avait poussé des personnalités comme François Truffaut, Henri Verneuil, Claude Zidi et Jean-Paul Belmondo à passer à la production afin d'exercer un meilleur contrôle sur leurs films. Lebovici fut également à l'origine de bien des projets dans la carrière de Jean-Paul, lui amenant des scénarios ou lui suggérant des associations. Mais tout cela n'expliquait pas l'étrange assassinat dont il avait été la victime. A n'en pas douter, il s'agissait d'un règlement de comptes. Mais de qui ? Les bruits les plus inattendus et les moins fondés coururent dans Tout Paris mais jamais personne ne fut interpellé dans cette affaire. Comme le veut la formule : « Les assassins courent toujours »...

« J'ai travaillé pendant près de dix-huit ans avec Gérard Lebovici, déclare Belmondo, et avec lui j'ai vraiment vécu une complicité artistique. C'est lui qui m'a conseillé de devenir producteur et c'est lui qui m'a permis de tourner avec Alain Resnais. Il y avait une collaboration très forte entre nous et j'ai déterminé la plupart de mes choix artistiques avec Gérard. »

Au moment de la sortie des *Morfalous*, Jean-Paul entamait le tournage de *Joyeuses Pâques*. Depuis des années Belmondo évoquait son possible retour au théâtre. Car en dépit de ses innombrables succès cinématographiques, jamais il ne cessa d'être un amoureux inconditionnel des planches, se déplaçant fréquemment pour assister aux grands moments de la saison théâtrale ou pour soutenir ses proches amis acteurs. Parmi les pièces qu'il aurait adoré jouer figurait en bonne place *Joyeuses Pâques* écrite et interprétée par Jean Poiret et créée au Palais-Royal le 18 janvier 1980. Cette œuvre que Belmondo vit le 28 février 1980, lui aurait permis de renouer avec un personnage style valet de comédie comme il les affectionne depuis son entrée au Conservatoire. Quand Belmondo apprit qu'un film était en préparation autour de cette pièce, il essaya d'en savoir plus. En fait le producteur Alain Sarde avait acquis les droits et demandé à Georges Lautner d'en filmer l'adaptation. Belmondo connaissant très bien Lautner, les choses se passèrent très vite et très facilement. A la demande de Jean-Paul, Georges Lautner ménagea une rencontre avec Jean Poiret, les deux acteurs ne se connaissant pas véritablement même s'ils avaient un ami commun en la personne de Pierre Mondy. A peine Poiret et Belmondo eurent-ils fini de se serrer la main que fusèrent les bons mots et les plaisanteries. Les deux acteurs se trouvaient rigoureusement sur la même longueur d'ondes, partageant un humour jamais pris en défaut qui commençait par se moquer d'eux-mêmes. L'entrevue se déroula dans une franche gaieté et confirma l'envie commune qu'avaient les trois hommes de travailler ensemble.

Joyeuses Pâques reposait sur une situation tout à fait conventionnelle du théâtre de boulevard : un riche industriel profite du départ de sa femme à l'occasion des fêtes de Pâques pour courtiser une jeune demoiselle. Il l'emmène chez lui mais sa femme revient inopinément. Seule solution : faire passer sa maîtresse pour sa fille.

Lautner et Poiret travaillèrent sur la version définitive du scénario déplaçant l'action d'un appartement bourgeois du seizième arrondissement parisien à un appartement moderne de Nice, modifiant certains dialogues, inventant de nouvelles situations. L'un des changements essentiels se situa au niveau de la personnalité du personnage principal. Au théâtre, Jean Poiret interprétait un homme presque timide qui se retrouvait face à une jeune femme guère farouche qui le bousculait un peu et finissait par le placer dans une situation fort embarrassante. Au cinéma, il fut décidé que Belmondo mènerait plus l'action de séduction, campant un véritable dragueur qui se place lui-même dans une posture très instable. En conséquence la jeune femme au cinéma dut apparaître moins délurée que celle de la pièce. De plus, sur grand écran, Lautner put filmer la rencontre et l'exercice de séduction alors que sur les planches, *Joyeuses Pâques* démarrait au moment où les deux personnages entraient dans l'appartement. Enfin, Jean-Paul Belmondo demanda aux scénaristes de « casser » la narration afin d'éviter le style théâtre filmé. Pour ce faire il leur suggéra d'insérer quelques cascades qui grevèrent le budget du film qui grimpa à quarante millions. Ainsi fut fait. Au début du film le personnage campé par Belmondo traverse une petite île en pilotant un hors-bord, plus tard il effectue des cascades en voiture et, en fin de projection, se précipite à travers une immense vitre au volant de son véhicule. La première cascade apparut fort complexe à mettre au point.

« L'une des cascades les plus difficiles c'était dans *Joyeuses Pâques*, confirme Rémy Julienne, quand le bateau que Belmondo pilotait passait par-dessus un îlot à travers une cabane et passait de l'autre côté. Ça a demandé énormément de préparation. C'était d'une difficulté sans nom à cause du vent. Nous devions viser l'îlot, où nous avions un endroit précis à atteindre de seulement deux mètres de large. Nous visions donc ces deux mètres mais il fallait mettre le cap à côté parce qu'il y avait un vent qui nous déportait. Donc il fallait viser faux pour arriver juste. Nous nous y sommes repris à trois ou quatre fois. C'était Belmondo qui était véritablement le maître. Moi j'avais l'accélérateur, lui avait le volant et nous étions obligés de faire une courbe, nous n'arrivions pas droit. Donc c'était extrêmement difficile, extrêmement pointu. Et il y avait aussi un point de non-retour qui faisait que s'il s'était trompé, alors là pour nous c'était la fête ! Je dois dire que c'était vraiment très très très difficile mais ça s'est bien passé ! »

La seconde cascade nécessita, comme à l'accoutumée, une longue préparation. Rémy Julienne réunit son équipe dans le petit village de Puget-Théniers à soixante-dix kilomètres au nord de Nice et des studios de la Victorine où, comme *Flic ou voyou* quelques années auparavant, la majeure partie de *Joyeuses Pâques* était tournée, à compter du 5 mai 1984. Il fallut pas moins de quatre jours de prise de vues pour filmer la cascade.

Le clou de cette cascade consistait en un vol plané en voiture à partir d'un tremplin habilement camouflé et un atterrissage sur une voiture de police (en fait, il y en eut deux côte à côte). Quatre caméras furent mises en place, des dizaines de figurants installés — l'action étant censée se dérouler en plein marché. Jean-Paul ne disposait que d'une centaine de mètres pour prendre son élan et amener la Fiat Ritmo qu'il conduisait à la vitesse voulue au pied du tremplin. Pour avoir la voiture bien en main, Belmondo fit des essais dans le village, accélérant brusquement, freinant, bref, testant les possibilités de son véhicule. Puis il étudia minutieusement le parcours avec Rémy Julienne. En raison de la courte distance, l'acteur cascadeur n'avait pas droit à l'erreur. Finalement il s'installa au volant à la sortie du village et dans un talkie-walkie signala à Lautner qu'il était prêt. Lors de son premier essai, Belmondo stoppa la voiture au pied du tremplin dans un grand crissement de frein, il s'était aperçu *in extremis* qu'il n'avait pas atteint la vitesse requise. La seconde tentative fut la bonne. Le véhicule s'envola sur le tremplin, écrasa les deux voitures de gendarmerie et finit sa course dans les cartons. Malheureusement en vol la Fiat fut légèrement déviée et se réceptionna trop à droite des cartons. Au lieu de s'arrêter elle continua sa course dans les étals du marché. Pour rassurer l'équipe, Belmondo sortit aussitôt le poing pouce levé, signe que tout allait bien. Il recommença par la suite, puisque cette cascade fut exécutée plusieurs fois. D'autre part, à l'occasion de *Joyeuses Pâques*, la production, par l'intermédiaire d'Alain Belmondo, effectua une demande pour le moins inhabituelle auprès de la mairie de Nice. Pour une cascade, l'équipe souhaitait faire traverser la façade en verre du Palais des Congrès, fraîchement inauguré, par une voiture lancée à pleine vitesse. La municipalité fut étonnée mais donna finalement son accord. Tous ces exploits spectaculaires occupèrent trois des neuf semaines de tournage. Lorsque Belmondo préparait une cascade il arrivait sur le plateau encore plus tendu que lorsqu'il s'agit de jouer une scène difficile, mais surtout il arrivait dans une forme physique remarquable, ayant souvent fait plus d'une centaine de pompes avant d'approcher les techniciens.

Côté jeu, Georges Lautner s'efforça de laisser plus libre cours au talent de ses interprètes que sur un film habituel. Il voulait recréer autant que faire se pouvait une ambiance de théâtre où les acteurs lancent leurs personnages sans réelles contraintes techniques. C'est pourquoi il tourna fréquemment à deux caméras, ce qui permettait de limiter le nombre de prises et de filmer des plans dialogués d'une minute et demie, chose très rare en matière de cinéma.

En ce qui concerne le personnage de la femme trompée, Lautner et Belmondo tombèrent bien vite d'accord sur Marie Laforêt avec qui Jean-Paul avait travaillé par deux fois dont le tout récent *Les Morfalous*. Restait à distribuer le rôle de la jeune maîtresse. Georges Lautner et Jean-Paul Belmondo envisagèrent toutes les actrices à la fois femme et encore un peu adolescente. Très rapidement l'acteur avança le nom de Sophie Marceau qu'il avait remarqué dans *La Boum*. Il aimait son naturel mais craignait qu'elle ne fût un peu jeune pour le rôle. En fait, Sophie affichait ses dix-sept ans, âge qui convenait parfaitement au personnage. Sur le plateau, Jean-Paul l'observa avec attention et apprécia sa manière franche et détendue de jouer. Quant à Sophie Marceau elle trouva en Belmondo un homme passionné par son métier d'acteur qu'elle qualifia de « play-boy » dans le bon sens du terme.

Joyeuses Pâques amena un nouveau changement dans l'organisation de la carrière professionnelle de Jean-Paul Belmondo. Déjà l'assassinat de Gérard Lebovici l'avait privé d'un efficace collaborateur, mais en plein tournage se produisit une brutale séparation entre lui et René Chateau. A la base naquit une querelle due à l'affichage. Belmondo se souvenait que l'affiche des *Morfalous* qui lorgnait trop du côté de *Rambo* avait été fortement décriée par les journalistes. Quand il vit le projet pour *Joyeuses Pâques*, il le repoussa définitivement et demanda que l'affiche présente une simple photo de lui, non un dessin le plaçant en situation. Belmondo avait l'impression que toutes les affiches de ses films précédents se ressemblaient alors que les rôles étaient rarement les mêmes. Il ne souhaitait pas être un « produit » mais un « acteur ». Chateau refusa de signer l'affiche proposée par Belmondo. Ce conflit intervint après que la star avait « ouvert » son plateau aux journalistes, ce que refusait Chateau. Durant leurs seize années de collaboration René Chateau avait géré l'image de marque de Belmondo. Or l'une des bases de cette gestion reposait sur la rareté de la star, c'est-à-dire que Jean-Paul n'accordait des interviews qu'avec parcimonie et, à chaque fois, tout était orchestré pour « créer l'événement ». Comme le dit René Chateau, « avoir une interview de Belmondo, c'était quelque chose d'extrêmement rare, c'était comme avoir un tête-à-tête avec Charles de Gaulle ! ». Or, sur le tournage de *Joyeuses Pâques*, Jean-Paul avait tenu à briser cette « rareté » en accueillant des journalistes de la presse télévisée et écrite qui assistèrent notamment à une journée de cascades à Puget-Théniers. Une telle « ouverture » allait à l'encontre des idées de Chateau.

« A partir du moment où la complicité n'existe plus, il faut se séparer, ce que nous avons fait, explique René Chateau. La gestion de son image appartient totalement à Jean-Paul et puisqu'il y avait un désaccord il est normal qu'il y ait eu séparation. Nous avons fait ensemble un travail d'une énorme complicité dont je garde, honnêtement, un très bon souvenir. Ça m'a permis de travailler avec la première vedette française qui avait l'aura et la capacité de devenir la première vedette européenne, ce qu'il est devenu dans la période où nous avons travaillé ensemble. Nous avons eu une complicité extraordinaire entre nous, comme rarement j'ai eu avec quelqu'un. J'ai appris beaucoup de choses. C'est un personnage méconnu, extrêmement brillant. Il a une sensibilité artistique très développée. »

Si *Joyeuses Pâques* marqua la fin de la collaboration Belmondo-Chateau, il marqua aussi le début entre celle de Jean-Paul et du producteur Alain Sarde. Ce dernier avait initialement acheté les droits de la pièce et l'acteur découvrit en lui un homme avisé et chaleureux qui connaissait toutes les ficelles de son métier. C'est pourquoi ils s'associèrent dans la production de *Joyeuses Pâques*. Mais Sarde ne s'arrêta pas là et parvint à faire revenir Jean-Paul sur une décision vieille de plus de dix ans. Depuis la création de Cérito Films, en effet, Belmondo avait inlassablement soutenu qu'il ne se sentait pas véritablement une âme de producteur et qu'il n'envisageait à aucun moment de produire des films qu'ils n'interpréterait pas. Or, Sarde parvint à le convaincre d'effectuer une première entorse à cette règle. Sarde préparait un grand film d'aventures présentant une bande de jeunes gens en fuite. Réalisé par Robin Davis, auteur de *La Guerre des polices*, cette œuvre intitulée *Hors la loi* nécessitait un budget de vingt millions. Cerito participa donc au financement de ce film. En fait Belmondo fut attiré par l'audace du projet puisque cette œuvre ne reposait pas sur une vedette, mais sur un groupe de jeunes acteurs totalement inconnus parmi lesquels figuraient Wadeck Stanczak et Isabelle Pasco. Hélas, le public ne suivit pas l'enthousiasme de ses producteurs et *Hors la loi* dut se contenter de 128 000 entrées sur Paris. Ainsi Jean-Paul effectua-t-il un premier pas vers la production hors Belmondo. Par la suite, sous l'impulsion de son frère Alain, il continua ponctuellement dans cette voie, soutenant des films au ton très personnel comme *Chocolat* de Claire Denis et *Tom et Lola* de Bertrand Arthuys.

Avec 274 386 entrées en première semaine, *Joyeuses Pâques* égala pratiquement le score tout à fait honorable du *Guignolo* mais, en bout de course, il totalisa sur Paris 100 000 entrées de moins que son prédécesseur. Aussitôt les journalistes qui avaient déjà crié un peu trop vite à l'échec avec *Les Morfalous* claironnèrent que Belmondo se trouvait sur le déclin et parlèrent d'une spirale de l'échec. Cette affirmation se révéla pour le moins exagérée pour ne pas dire complètement fausse. Car si le public parisien ne se précipita effectivement pas en masse pour *Joyeuses Pâques* (qui se classa tout de même onzième au box-office de la capitale), le reste de la France apprécia beaucoup ce film puisque 3 428 889 spectateurs s'acquittèrent de leur prix d'entrée, c'est-à-dire pratiquement autant que *Cent mille dollars au soleil* et plus que *L'Animal, Le Guignolo, Les Tribulations d'un Chinois en Chine*, etc.

Joyeuses Pâques donna, par ailleurs, l'occasion à Jean-Paul de s'occuper activement de vidéo puisque, par la suite, le film fut distribué sous le label Cerito Vidéo, extension de sa propre maison de production. Pour l'acteur la vidéo représente un plus et pas seulement sur un plan strictement financier. Autrefois, après son exploitation en salles, un film ne pouvait guère espérer une renaissance si ce n'est à l'occasion d'une hypothétique diffusion télévisée. La vidéo prolonge la vie de bien des œuvres et permet la redécouverte des plus anciennes et en cela constitue un plus essentiel auquel n'est pas insensible Belmondo le cinéphile. D'ailleurs, en son propre domicile, il possède une fabuleuse vidéothèque regroupant énormément de films français d'avant-guerre ainsi que des classiques du cinéma américain.

24

POLAR, POLAR

Dès le mois d'octobre 1983 fut annoncé le tournage de *Quick Change*. A l'origine se trouvait un roman de Jay Cronley portant ce titre. Sitôt sa lecture achevée, Gérard Lebovici, enthousiasmé, en avait parlé à Ariane Films qui tenta d'en acquérir les droits. Hélas, les Américains, plus rapides, détenaient une option courant jusqu'au 31 décembre 1982. Si à cette date aucun film n'était mis en chantier, les droits redevenaient libres. Le 1er janvier 1983, les Américains ne disposaient d'aucun projet solide. Le 3, Alexandre Mnouchkine récupéra les droits au nom d'Ariane Films. Cette fois la balle était dans le camp des Français. Qu'avait ce roman de si original ? Son idée centrale : un truand se déguise en clown pour effectuer un hold-up. Quelques semaines après l'achat de l'option par Ariane, Gérard Lebovici proposa ce sujet à Alexandre Arcady. Celui-ci, à son tour, aima le ton du livre qui frôlait le loufoque style *Blues Brothers* et décida d'en écrire l'adaptation avec son habituel complice Daniel Saint-Hamont. Dans le même temps Gérard Lebovici parla du projet dès la mi-1983 à Jean-Paul Belmondo. L'acteur lut à son tour le roman et convint qu'il recelait des possibilités tout à fait originales. De plus il fut séduit par l'idée de travailler avec Arcady dont il avait apprécié *Le Grand Pardon*. Mais Jean-Paul estima que le sujet n'était pas fait pour lui, ne trouvant aucun des personnages à sa convenance. Belmondo suggéra alors à Francis Veber de travailler à une adaptation, ce qu'il fit, transformant les situations et réécrivant le personnage central. Cette fois Belmondo trouva un rôle à sa taille et même mieux un rôle qui, pour la première fois de sa carrière, lui permettait de se déguiser longuement en clown. Il donna son accord pour jouer le film et accepta de collaborer avec un jeune metteur en scène avec lequel il n'avait jamais travaillé. L'acteur et le cinéaste convinrent d'une entrevue et aussitôt Belmondo comprit à quel point Arcady aimait les acteurs, signe de grande qualité à ses yeux. Le scénario se développant dans différentes directions, le film, toujours intitulé *Quick Change* à ce stade, put permettre l'engagement d'une « troupe » car il ne reposait plus sur un seul comédien. Belmondo put ainsi s'entourer de Jean-Pierre Marielle, Guy Marchand et Jacques Villeret.

En juin 1985 l'équipe s'envola pour le Canada où avait été resituée l'action. Le roman initial en effet avait pour cadre New York et ne pouvait pas véritablement être adapté en France. Il fallait une grande ville aux dimensions américaines mais relativement proche, par ses traditions et son parler, de la France. Ce fut Montréal.

« Nous nous sommes demandés où tourner ce film pour lui conserver ce côté américain qui était plutôt intéressant dans le roman, affirme Alexandre Arcady. Où allions-nous le tourner : Genève, Milan, Marseille ? En fait, j'avais envie de tourner dans une ambiance américaine mais dans une cité où on parle français. »

Les kilomètres ne diminuèrent en rien l'appétit physique de Jean-Paul qui, chaque matin, effectua un long footing dans le parc Mont-Royal puis, dès que son emploi du temps le lui permettait, allait jouer au tennis. Le tournage de *Hold-up*, titre finalement choisi, coûta soixante millions dont une grosse part alla aux décors.

Le script prévoyait que toute l'action du film se déroulait en une seule journée sous un soleil éclatant. Or en cet été le ciel de Montréal se trouva fréquemment assombri par d'épais nuages.

« Nous avons commencé au mois de juin, raconte Alexandre Arcady, puis en juillet sont arrivées les chaleurs moites : 35 degrés, comme à New York. Montréal, ce sont les extrêmes constamment. C'est très fatigant sur le plan de l'organisme de passer à des extrêmes de température sur une même journée. Je me souviens que nous avons tourné sur une place au Canada, c'était la place de la douane qui servait de banque. Le matin une moitié de la place était dans l'ombre et l'autre moitié au soleil. Quand nous étions au soleil nous étions vraiment en tee-shirt parce qu'il faisait très chaud, mais pour tourner une scène à l'ombre je parlais avec mon assistant au talkie-walkie parce qu'il fallait remettre sa doudoune. »

Dès l'apparition des nuages, le tournage s'arrêtait, ne reprenant qu'à l'annonce d'un soleil de plomb. Malheureusement, les nuages furent nombreux, trop nombreux, à tel point qu'il fallut modifier certains passages du scénario et faire venir Francis Veber en catastrophe pour écrire de nouvelles scènes d'intérieur. En dépit de ces changements, les prises de vues dépassèrent de quinze jours le calendrier initial. Jean-Paul Belmondo, lui, se montra invariablement stoïque et souriant, attendant le soleil en regardant les retransmissions sportives sur le petit poste de télévision de sa caravane. Au bout du compte le tournage de *Hold-up* resta, dans l'ensemble, fort agréable.

« J'ai été frappé par la grande disponibilité de Belmondo, confie Arcady. J'enfonce sûrement des portes ouvertes en disant qu'il m'a beaucoup surpris mais c'est vrai qu'il est un acteur généreux qui donne beaucoup, avec de l'invention et de l'humour, tout ce qu'il fallait pour le film. »

Le samedi 27 juillet 1985 à seize heures — le jour même où Jean-Paul apprit la mort de Michel Audiard — toute l'équipe du film était prête pour filmer une cascade sur les docks de Montréal au cours de laquelle Belmondo devait sortir d'une voiture tractée par une dépanneuse, monter sur le toit et la détacher de la chaîne qui la reliait à la dépanneuse. Le tout à bonne vitesse, la course se terminant dans un énorme tas de sel. Devant les caméras d'Arcady, Jean-Paul s'exécuta, conformément aux directives mises en place par Rémy Julienne et son équipe. Il s'extirpa du véhicule tracté et s'installa debout sur le pare-chocs arrière pour détacher la chaîne. A ce moment la dépanneuse heurta, comme prévu, le tas de sel. Le choc provoqua une réaction de la voiture tractée dont l'arrière se souleva brusquement projetant le visage de Belmondo directement sur la flèche de la dépanneuse en épais métal. Son front encaissa le coup et se mit à saigner abondamment. Devant toute l'équipe terrifiée, Belmondo porta la main à son visage et la retira pleine de sang. Tout en s'expliquant avec Arcady et Julienne, il monta dans une ambulance qui le conduisit à l'hôpital Royal de Montréal. Il y arriva couvert de sang et fut soigné immédiatement. Dès le lendemain Belmondo fut de retour sur le plateau de tournage, ce qui fit que cet accident ne modifia en rien le plan de travail.

En fait, les blessures furent heureusement jugées superficielles bien qu'elles nécessitèrent la pose de douze points de suture. Pas trop de mal mais une belle peur pour toutes les personnes présentes à ce moment-là. La plus grande émotion naquit probablement dans le cœur de Maya, la fidèle yorkshire de Belmondo. Lorsqu'elle vit son maître monter dans une ambulance, elle se mit à pleurer et à geindre. Ne pouvant suivre Jean-Paul de près, elle fut conduite à son tour à l'hôpital où elle dut attendre longtemps, en ne cessant de pleurer, avant de revoir son maître. Dès qu'elle le vit, Maya cessa ses pleurs, rassurée...

Principal témoin de cet accident, Rémy Julienne qui, en tant qu'organisateur, surveillait le tout de très près.

« J'avais prévu de faire exécuter cette cascade d'une certaine manière avec le camion allant en ligne droite, explique-t-il, et au dernier moment, Arcady a demandé que le camion accomplisse son dernier virage, ce qui était un non-sens parce qu'on n'avait pas les éléments-raccords. Mais, sur le coup, j'ai eu la faiblesse de dire oui. C'est une faiblesse. *Mea culpa.* C'est de ma faute. Et d'un autre côté, je me suis laissé influencer par la mise en scène alors qu'il n'y avait aucun besoin de la complication de ce plan. Alors, Jean-Paul, pendant le virage, a eu un très grand mal pour se rétablir, pour garder son équilibre. Il n'était pas en parfaite position pour pouvoir aborder le choc qui s'est produit ensuite. Ce qui fait que la position n'étant pas bonne à l'ultime moment, il n'a pas pu se garder comme il faut, comme il aurait dû le faire, et il y a eu cet accident. Donc, en premier lieu, moi responsable. La mise en scène, elle peut faire n'importe quelle demande, à partir du moment où moi j'accepte, elle a raison. L'accident est donc dû à un changement de dernière minute, qui arrive très souvent de la part d'une mise en scène mais moi j'avais toute capacité de dire non et je n'ai pas dit non. »

A l'occasion de la sortie de *Hold-up*, Jean-Paul Belmondo accepta d'être l'invité vedette d'une émission télévisée de Patrick Sabatier intitulée *Belmondo de A à Z*. L'acteur, de plus, avait accepté de réaliser une cascade inédite en guise de générique d'ouverture. Le tournage de ce nouvel exploit fut fixé au lundi 14 octobre. Rémy Julienne avait, un peu à la hâte, organisé une cascade au cours de laquelle Belmondo devait passer, à l'aide d'une simple échelle de corde, d'un Dodge Cherokee roulant à vive allure à un avion, un Morgan Kricket, le survolant. Pointilleux à l'extrême, Julienne essaya personnellement le matériel et vérifia la cascade. Le matin de ce lundi il grimpa sur le toit du Dodge et fit signe à l'avion de venir le récupérer. Sans problème, il attrapa l'échelle de corde et s'y agrippa. Ce fut alors que se produisit l'accident. Sous le poids de Julienne et le choc que provoquait sa soudaine présence sous l'appareil, l'avion ne put véritablement reprendre son envol et, au contraire, chuta légèrement. Rémy Julienne, toujours agrippé, fut traîné à terre sur plusieurs mètres. Blessé, il lâcha l'échelle de corde. Bilan : pied fracturé. Cela remettait en cause l'ensemble de la cascade. Belmondo en parla avec l'équipe qui tira les conclusions de ce regrettable accident : il fallait que l'avion remette immédiatement les gaz à pleine puissance. Convaincu que tout se passerait bien, Jean-Paul confirma sa participation à la cascade. Plus d'une dizaine de fois, il étudia le parcours à bord de l'avion puis dans le Dodge. A 16 h 15, Jean-Paul sortit du 4 × 4 pour monter sur son toit, tint la corde qui l'empêchait de tomber et sentit l'avion se rapprocher, passant juste au-dessus de lui. Le vent, nettement plus fort que le matin, rendait la cascade encore plus délicate. L'échelle de corde se plaça néanmoins juste en face de Belmondo à l'endroit prévu. L'acteur lâcha la corde du Dodge et attrapa ladite échelle. Hélas, cette fois le pilote remit les gaz alors que Belmondo n'avait pas encore assuré sa prise. Déséquilibré, Jean-Paul fut précipité violemment sur le sol, à plus de 120 km/h. Dans un ultime réflexe il effectua un roulé boulé destiné à se protéger au maximum de l'impact. Derrière, les voitures qui suivaient l'action firent des embardées spectaculaires pour éviter de heurter l'acteur. Cet accident survint à la suite d'une journée excessivement éprouvante sur le plan physique.

« Le matin, raconte Jean-Paul Belmondo, j'étais monté dans l'avion de Jean Salis pour faire des essais. J'avais attrapé l'échelle qui pendait juste en dessous de l'avion et j'étais descendu puis remonté, le tout sans parachute. Le blouson que je portais gonflait sous le vent et m'handicapait dans mes mouvements. Cela pour dire que le plus dur ça n'a pas été l'après-midi sur le toit de la voiture, au moment d'agripper l'échelle. Non, le plus dur ce fut le matin quand j'ai dû quitter l'avion en vol, passer sous les ailes et attraper les petits barreaux de cette échelle. Je crois d'ailleurs que ce fut l'une des cascades les plus dangereuses que j'ai faites. En effet, un hélicoptère peut toujours rester en vol stationnaire et, si vous n'arrivez pas à remonter l'échelle, vous déposer sur la piste. Mais sous un avion vous n'avez pas le choix : vous devez remonter sinon il vous écrase sur le terrain ! Tout cela demande beaucoup d'énergie et, ce jour-là, je n'étais pas en pleine forme. Alors, l'après-midi, j'ai lâché à la fois parce que l'avion a donné une secousse trop forte et en raison de la fatigue. Moi, debout sur le toit de la voiture, je me tenais à une simple corde et j'en prenais plein les bras. De plus, nous avons essayé cette cascade cinq ou six fois. La dernière fois, je commençais à me rasseoir lorsque j'ai vu l'avion arriver, j'ai décidé d'attraper l'échelle mais je n'ai pas résisté à la secousse, j'avais les bras trop fatigués. »

Belmondo fut immédiatement emmené en hélicoptère vers l'hôpital de Corbeil. Les médecins relevèrent une fracture des vertèbres et une déviation du bassin. Finalement l'acteur s'en sortait plutôt bien. Vu la violence du choc il aurait pu mourir ou rester paralysé à vie. Jean-Paul Belmondo fut contraint à deux mois d'immobilité quasi totale et à six mois d'inactivité sportive durant lesquels il dut porter un épais corset. Ainsi bardé, et souffrant le martyre, il participa tout de même à l'émission de Patrick Sabatier. Cette tentative auto-avion fut néanmoins sa dernière cascade importante.

Rémy Julienne, lui aussi blessé, tira les conclusions de cet accident :

« La cascade pour la télévision a été préparée de manière trop succincte en manquant notoirement de temps et avec, surtout, des conditions extrêmement défavorables. Mais, après consultation, nous avons décidé d'y aller et ça n'était pas la bonne option. Et aussi, ce que je ne savais pas : Jean-Paul avait été alité deux jours avec une grippe et quarante de fièvre. Et là, c'était évident qu'il manquait de tonus. Mais pour rien au monde, il n'aurait voulu stopper les opérations. Moi, de mon côté, c'est la même chose et je pense que tous les deux, nous avons eu le tort d'avoir trop voulu en faire. »

Jean Salis, qui pilotait l'avion, bat aussi sa coulpe :

« La grosse erreur est qu'à un moment donné j'aurais dû dire non. J'avais deux bonnes raisons : l'accident de Rémy Julienne le matin et la grippe de Jean-Paul. Mais avec lui, j'avais affaire à quelqu'un de tellement exceptionnel que je me suis dit que ça allait quand même marcher. Ce jour-là nous avons demandé à la chance de nous aider plutôt que de la mettre de notre côté. »

Plus tard, Belmondo se souvint de l'étrange comportement de son yorkshire durant cette journée. Le matin où il se préparait à partir pour le terrain d'aviation, l'animal parut inhabituellement et inexplicablement affolé. L'après-midi, quand Maya vit son maître enfiler ses protections aux genoux et aux bras, elle ne cessa d'aboyer, frisant l'hystérie et allant même jusqu'à mordre Jean-Paul, ce qu'elle ne faisait jamais. Sur le coup, l'acteur n'y prêta pas attention mais quand trois minutes plus tard, il se retrouva à terre, blessé, il se mit à penser que le petit chien avait peut-être senti le danger et dans un accès de prémonition à peine croyable avait tenté de prévenir son maître... Quand Jean-Paul Belmondo ne put pratiquement plus quitter son lit, Maya le veillait jour et nuit, refusant de sortir pour se promener. Finalement lorsque l'acteur se leva pour faire ses premiers pas, la chienne, folle de joie, fit le tour de l'appartement à toute vitesse, prenant ses virages à la corde et jappant à tue-tête... Pour la seule fois de sa vie, Jean-Paul se retrouva donc littéralement cloué au lit, du fait de ces deux mois d'immobilité presque totale.

« Ça a été long, très long et très pénible, remarque-t-il, surtout pour moi qui ne reste jamais en place. En plus j'avais mal. Alors je tuais le temps en lisant beaucoup et en regardant la télé. Après, quand j'ai pu bouger, ça a été un peu mieux mais, en tout, avant de me remettre complètement, il m'a fallu un an : six mois avec le corset, six mois pour remuscler le tout. »

Les médecins ne s'étaient pas trompés lorsqu'ils avaient constaté que sans sa parfaite condition physique, Jean-Paul ne s'en serait probablement pas tiré aussi bien. Il faut dire que depuis bien longtemps, le sport tient une place privilégiée dans la vie de l'acteur. Comme il le dit lui-même : « Quand on attrape un hélicoptère en plein vol, il vaut mieux avoir les bras solides ! » Pour bénéficier, justement, d'un entraînement quotidien, Jean-Paul fit installer dans les sous-sols de son hôtel particulier parisien une véritable salle de gymnastique avec poids, haltères, sac de sable et banc de musculation. Là, l'acteur avoua un rythme quotidien de deux cents tractions, rythme qu'il réduisit par la suite. Mais Belmondo reste aussi un adepte du sport collectif, en tout premier lieu du football. Gardien de but remarquable, dès sa jeunesse, il prolongea durablement cette activité. L'équipe qui, durant une dizaine d'années, permit à Jean-Paul de s'adonner à l'un de ses sports favoris s'appelait « Les Polymusclés ». Il y joua aux côtés de Mario David, Claude Brasseur, Alain Gottvalès, recordman de France du cent mètres nage libre, Jean Becker, Félix Marten, Charles Gérard, Georges de Caunes... Cette équipe des Polymusclés avait été formée par Roger Bastide et connut de nombreuses heures de gloire. Belmondo joua invariablement au poste de gardien de but, faisant montre d'un coup d'œil imparable et d'une dose de chance assez considérable. Ce à quoi s'ajoutait un sang-froid à toute épreuve. « J'ai vu des professionnels comme l'avant-centre du Stade de Reims arriver presque au point de penalty, lui mettre un ''caramel'' à tout démantibuler et louper complètement leur tir, témoigne Mario David. Et Jean-Paul, lui, ne bougeait pas. Il restait devant le joueur et ne se serait pas écarté d'un millimètre. Il aurait pu prendre le ballon en pleine figure ou aller avec le ballon au fond des buts mais il ne bougeait pas ! » A toutes ces qualités, Belmondo ajouta le brio, transformant chacune de ses actions en grand spectacle, quitte à entendre ce commentaire de ses partenaires : « Arrête de faire le con, tu vas prendre un but ! »

L'accident du 14 octobre permit à certains journaux de sauter sur l'occasion pour souligner combien il était ridicule de la part d'un acteur de vouloir jouer les casse-cou, prouvant par là même qu'ils n'avaient rien compris à la philosophie de Belmondo. Certains ajoutèrent même que depuis des années, la star faisait retoucher ses scénarios en exigeant notamment qui soient incluses des cascades. Rien n'est plus faux. A l'exception de *Joyeuses Pâques*, jamais il ne réclama une cascade et toutes provinrent du désir des metteurs en scène et des scénaristes d'ajouter des séquences d'action à leurs films. Belmondo fournit d'ailleurs la preuve qu'il pouvait fort bien jouer dans des polars sans cascades dès sa prestation suivante. La première question à se poser pour comprendre l'attirance de Belmondo pour la cascade est « pourquoi ? ». Réponse : par goût.

« Quand j'étais jeune, dit-il, chez nous, à Denfert-Rochereau, je passais d'une fenêtre à l'autre, je me pendais au balcon du cinquième étage, comme ça, pour m'amuser. Il y avait aussi une grande cage d'escalier, je montais en haut, au sixième, et je me pendais dans le vide au grand désespoir de ma pauvre mère qui me traitait de fou. J'ai donc toujours fait des cascades par goût et jamais pour dire : "Regardez comme je suis fort." J'ai toujours aimé cela et ça m'a toujours attiré. Aujourd'hui, je n'en fais plus, non pas que je ne puisse physiquement plus en faire, mais cela ne m'amuse plus. Mais pendant des années ce fut véritablement un plaisir pour moi, une passion. Souvent, certains ont dit que je faisais cela pour "faire des entrées". Mais vous n'allez pas sauter avec une voiture, marcher sur le toit d'un avion si vous n'aimez pas cela ! Ne le faire que pour des entrées, c'est stupide. J'ai fait des cascades avec des copains, sans spectateurs, rien que pour le plaisir, donc sans aucune arrière-pensée d'entrées... D'autres m'ont dit, au sujet de mes cascades, "C'est dommage". Mais pourquoi est-ce dommage ? Il faut bien comprendre que dans les films que je faisais, je jouais des personnages d'action et, en plus, j'avais réellement envie de faire moi-même ces cascades. Supprimer ces scènes-là revient à jouer d'Artagnan sans toucher une épée ! Je ne juge absolument pas les acteurs qui refusent de faire des cascades, je n'ai rien contre eux ; s'ils n'ont pas envie, ils ont raison. Mais quand vous le faites parce que vous aimez cela, vous ne comprenez pas pourquoi on vous les reproche... »

La seconde question à se poser est : les cascades sont-elles utiles dans un film, quel qu'il soit ? A l'évidence, oui. Et pourtant ce « oui » entraîne des répercussions considérables non seulement sur le plan des risques, mais aussi sur celui de la finance. Car des cascades comme celles auxquelles a participé Belmondo gonflent considérablement le budget d'un film, certaines coûtant jusqu'à un million de francs. Il faut payer le matériel de base, bien sûr, mais aussi financer l'incroyable sécurité indispensable pour minimiser les risques, payer les services de secours et tous les techniciens nécessaires à la préparation de l'exploit. Cela explique, en partie, pourquoi Alain Belmondo, par exemple, tenta à de multiples reprises de dissuader son frère de se lancer dans les cascades, d'autant que lui, Alain, n'est pas un fervent adepte de cette discipline à hauts risques. Mais quoi qu'il en dit et quoi qu'il fit, il ne parvint jamais à faire revenir Jean-Paul sur sa décision. Alors Alain mit tout en œuvre pour que chaque cascade soit réussie, s'impliquant dans son élaboration, vérifiant chaque détail de mise en place et tentant avec l'aide des professionnels d'annihiler le danger.

La cascade qui s'était soldée par ce regrettable accident était donc destinée à la télévision. La participation de Jean-Paul à une émission sur le petit écran lui étant entièrement consacrée, marquait un changement fondamental dans son comportement face aux médias. Pendant des années, il avait refusé de répondre aux questions des journalistes et d'apparaître trop longuement à la télévision, arguant qu'une star doit se faire désirer. Une première modification était intervenue sur le tournage de *Joyeuses Pâques* avec cette porte maintenue ouverte pour les journalistes. Mais cette fois, en participant à une telle émission à une heure de très grande écoute, il mettait fin à un éloignement du petit écran qui remontait à huit ans, époque de sa dernière apparition, aux *Rendez-vous du dimanche* de Michel Drucker à l'occasion de ses vingt ans de cinéma. Par la suite, Jean-Paul Belmondo revint assez fréquemment dans des émissions télévisées.

Profitant de la promotion de *Hold-up*, Jean-Paul annonça une énième fois son retour au théâtre, programmé pour octobre 1986. Cette fois serait la bonne, pensa-t-il. Il était en train de chercher la pièce idoine et hésitait encore entre une nouveauté écrite par Jean Poiret ou la reprise d'un classique. Mais la presse ne se mit pas en émoi à cette annonce, puisque depuis plus de vingt ans l'acteur confiait plus ou moins régulièrement que le contact direct avec le public lui manquait autant que l'ambiance impalpable des coulisses.

La sortie de *Hold-up* fut attendue avec une certaine avidité par les faux spécialistes du box-office qui, calculatrice en main, espéraient voir la confirmation du soi-disant déclin de Belmondo. Ils crurent se régaler puisque le film d'Arcady s'arrêta à 2 367 294 entrées en France. Alors ils s'empressèrent de crier injustement à l'hallali, ne remarquant même pas qu'en cette année entièrement dominée par le cinéma américain, seulement deux autres films français avaient franchi la barre des deux millions de spectateurs : *Trois Hommes et un couffin* et *Subway*...

Au cours de sa convalescence, Jean-Paul étudia de très près un projet cinématographique d'une importance considérable : *Notre-Dame-de-Paris*. Sa propre compagnie de production, Cerito Films, s'associait avec Gaumont pour mettre sur pied ce film qui serait réalisé par Robert Hossein. Plus tard, en plein Festival de Cannes 1989, deux pages de publicité annoncèrent cet événement dans *Le Film français*. Le projet se développa alors en une vaste coproduction franco-soviétique. Tout semblait bien parti pour que Jean-Paul endossât la défroque de Quasimodo et assurât ainsi la succession de Lon Chaney, Charles Laughton et Anthony Quinn. Par son ampleur et les complications qu'elle engendrait, ce projet fut sans cesse reporté et seulement trois ans plus tard, l'acteur-producteur décida de l'annuler définitivement.

« Nous devions faire *Notre-Dame-de-Paris*, explique Belmondo, mais cela nécessitait un tournage de cinq mois en URSS. Je n'ai rien contre les Russes, mais ça me semblait un peu long. Et puis pour le cinéma français, c'est toujours difficile de s'attaquer à des super-productions de cette ampleur. Comme moi je refuse de transformer un film en une série télé, ça complique. Car si vous faites une série télé en même temps que votre film, c'est tout à fait montable. Mais je suis résolument contre... Avec Alain Poiré de la Gaumont nous étions décidés à faire ce film, mais durant les vacances, il y a pensé de son côté et moi aussi et ça nous a fait, finalement, un peu peur. Et moi, je me suis dit que j'allais sortir de *Cyrano* avec un nez énorme et que j'allais me retrouver au cinéma avec une bosse et des yeux de travers ! Je préférais revenir au cinéma dans un rôle plus ''normal''. Mais au départ nous pensions vraiment le faire, c'était un projet très avancé. Il y avait un peu trop de difficultés à tous les points de vue : au niveau de la production et au niveau de mon rôle. Après tous ces rôles un peu lourds je préférais jouer dans une comédie mais c'est très dur de trouver car les auteurs de comédies sont rares. »

Exit *Notre-Dame-de-Paris* au grand dam de Robert Hossein.

« C'est le rêve de ma vie de le faire au cinéma avec Belmondo, dit-il. Mais il faudrait des moyens absolument fabuleux, hallucinants, extraordinaires. Si on veut vraiment faire un *Notre-Dame-de-Paris* sublime comme des Bruegel, il faudrait des moyens complètement fous. Mais Jean-Paul, là-dedans, serait prodigieux ! »

En avril 1986, Jean-Paul Belmondo eût dû tourner dans *Cobra*, un polar que lui avait concocté Jacques Deray. Mais parce qu'il se remettait tout juste de son accident, l'acteur préféra repousser les prises de vues à septembre. Cela fournit à Jean-Paul la possibilité de mieux se préparer au mariage de sa fille Patricia qui, en mai 1986, épousa Philippe Chevalier. Patricia travaillait depuis quelques années dans le cinéma. En 1975, en effet, elle avait émis le vœu de devenir actrice et son père l'avait envoyée dans un court d'art dramatique. Mais Patricia s'y sentant peu à l'aise préféra embrasser une autre carrière tout en restant dans le septième art. C'est ainsi qu'elle devint scripte, commençant cette activité dès le tournage de *Stavisky*.

En dépit de son titre « coup de poing », *Cobra* se situait à mille lieues du *Marginal* et ressemblait plus à un polar psychologique qu'à une aventure musclée. D'ailleurs Deray souhaita n'y introduire pratiquement aucune cascade. Il s'agissait une nouvelle fois de la vengeance d'un homme. Devenu commissaire de police, il veut retrouver l'assassin de son ex-partenaire et meilleur ami pratiquement abattu sous ses yeux. Mais au-delà de cette histoire classique, Deray voulut également confronter Belmondo à un jeune garçon dont il devient le second père. En effet, à sa mort, son ami lui a laissé un gamin dont le personnage joué par Belmondo s'occupe.

Cobra s'inscrivait donc dans la grande tradition du film policier à la française style Jacques Becker ou Julien Duvivier. Plus que des scènes d'action, il reposait sur des personnages très typés et presque manichéens. Jacques Deray, fort de l'accord de Belmondo, écrivit son scénario d'abord avec Simon Michael puis avec Daniel Saint-Hamont et Alphonse Boudard. Tous travaillèrent pour et autour de la star.

« Un personnage comme Belmondo, par exemple, ne peut pas être un tueur froid et sanguinaire, explique Deray. En tant que héros de polar, s'il est obligé d'en venir à tuer, c'est en général pour se défendre ou pour se venger. Peut-être que lui sera ravi de jouer un tueur, mais moi je n'en ai pas envie parce que je suis avant tout spectateur. J'ai envie d'avoir un personnage qui va à la rencontre du public... »

Avant le tournage, pourtant, la production apprit que Sylvester Stallone tournait aux États-Unis un film intitulé *Cobra*. Là il s'agissait d'un polar très musclé et même un peu trop. Difficile de sortir deux films à quelques mois d'intervalle sous le même label. Il fallut trouver autre chose. *Règlement de comptes* fut un temps avancé, de même que *Superflic*, mais Jacques Deray lui préféra *L'Ombre d'un flic* qui correspondait plus au climat général du film. Pourtant au final ce fut *Le Solitaire.*

Au moment du casting, Jean-Paul s'investit énormément, comme à son habitude. En fait trois rôles très importants étaient à distribuer : celui du flic qui se fait abattre au début du film, celui du méchant particulièrement fourbe et celui de l'enfant dont s'occupe le personnage interprété par Belmondo. Le premier fut attribué à Michel Creton, déjà présent dans *Les Morfalous*. Un choix qui intervint après de nombreuses réflexions car il fallait un comédien avec un fort coefficient de sympathie grâce auquel le spectateur puisse croire en sa connivence avec Belmondo. Après avoir étudié bien des noms, celui de Creton emporta l'adhésion. Concernant le personnage du « méchant », Belmondo et Deray optèrent pour un acteur suisse : Jean-Pierre Malot, que le réalisateur avait remarqué au théâtre.

« Pour le ''méchant'', raconte Deray, je me souviens que je lui avais présenté beaucoup d'acteurs. Nous discutions un quart d'heure, vingt minutes dans son bureau et il s'en dégageait une impression. Mais, en fait, quand vous êtes proche de ce métier et quand un acteur ou une actrice entre dans votre bureau ou dans une salle de casting, tout de suite vous avez envie d'en savoir plus, de le connaître, de travailler avec lui et alors il y a plein de choses qui se passent, ou alors vous savez immédiatement que même s'il est le personnage vous ne tournerez pas avec lui. Alors vous parlez un quart d'heure avec lui uniquement par courtoisie ! Jean-Paul est comme ça, c'est un être sensible aux ondes, aux atomes crochus, aux premières impressions. »

Restait le rôle de l'enfant. Les écoles du spectacle, les agences de casting furent écumées. Une trentaine de candidats furent conservés. Belmondo et Deray étudièrent leur comportement à l'aide d'enregistrements sur magnétoscope. Puis il resta une dizaine de candidats en lice. Et finalement les deux hommes optèrent pour un garçon blond qui avait déjà travaillé dans la publicité.

Le film se trouvait désormais sur ses rails, pourtant, quelques semaines avant le lancement du tournage, se produisit le doute.

« A un moment donné, confie Jacques Deray, tout le monde s'est interrogé en se disant : est-ce qu'on va faire le film, est-ce que Jean-Paul, star, doit continuer à participer à ce genre de film ? Mais il s'était passé exactement la même chose avec *Le Marginal* et *Le Marginal* a été un triomphe incontesté. »

L'une des incertitudes provint du scénario lui-même.

« Les films policiers ne sont pas des films qui reposent sur un scénario en béton, explique Deray. On peut regretter que nous n'ayons pas passé plus de temps sur le scénario du *Solitaire* pour arriver à avoir une histoire plus musclée, plus structurée, plus aboutie. »

Jean-Paul fit entièrement confiance à Jacques Deray qu'il connaissait, qu'il appréciait et dont il n'avait jamais été déçu. Mais ce qui, déjà, inquiétait l'acteur tournait autour du concept « le polar de trop ». Depuis ses débuts, Belmondo avait, en effet, beaucoup donné au polar et il pouvait légitimement se demander si à force de tirer sur des malfrats de tous horizons il n'avait pas un peu trop tiré sur la corde. Cette réflexion n'était pas le fruit du hasard. L'acteur-producteur, en parfait observateur du septième art, avait constaté que le cinéma policier en général et le cinéma policier français en particulier connaissaient une nette désaffection du public. Yves Boisset *(Bleu comme l'enfer)*, Pierre Granier-Deferre *(L'Homme aux yeux d'argent)*, Philippe Lefebvre *(Le Transfuge)*, Jean-Claude Missiaen *(La Baston)* et même, dans une moindre mesure, José Giovanni *(Les Loups entre eux)* firent, parmi d'autres, les frais de cet étonnant phénomène. Seul *Les Spécialistes* de Patrice Leconte surgit comme l'exception qui semblait confirmer une triste règle. A bien y regarder, même Belmondo *(Hold-up)* et Alain Delon *(Parole de flic)* avaient ressenti ce revers. De plus, Jean-Paul, tout en préparant *Le Solitaire*, se sentait déjà préoccupé par un événement qui allait l'accaparer : sa rentrée théâtrale.

La décision fut finalement positive. Le tournage du film de Deray débuta.

Sur le plateau du *Solitaire*, une autre équipe de cinéma fit son apparition. Menée par Florence Moncorgé, la fille de Jean Gabin, elle suivit Belmondo durant plusieurs jours pour un passionnant court métrage intitulé *Les Pros*. A travers ce film, la réalisatrice souhaitait évoquer deux passions de son défunt père : le cinéma et les courses de chevaux. D'où la mise en parallèle du travail de Belmondo et de celui du jockey Yves Saint-Martin. Tandis que l'un enfile ses bottes, l'autre s'installe à sa table de maquillage. Cela fait ressortir leurs points communs : gestes précis, souci du moindre détail, concentration intense. Les deux mondes sont pourtant fort dissemblables : le jockey se prépare seul et ne rencontre son entourage qu'au sortir de son vestiaire ; l'acteur se prépare avec son maquilleur et son habilleuse avant d'aller retrouver le metteur en scène. Mais tous deux, à l'ultime moment, finissent isolés. Saint-Martin est concentré sur son cheval au milieu des milliers de regards attentifs, Belmondo est concentré face au regard de la caméra et à ceux de toute l'équipe. Florence Moncorgé-Gabin suivit donc Jean-Paul sur le tournage du *Solitaire* et le montra écoutant Jacques Deray, jouant ses scènes sans faillir. Sa caméra, au passage, nota l'ensemble de l'équipe, le travail des machinos et la présence des amis habituels de la star. Outre la mise en évidence du professionnalisme des deux champions, ce court métrage constitue l'un des rares reportages efficaces et honnêtes sur le travail de Belmondo. Le choix de Florence se porta sur Jean-Paul car elle estime qu'il rappelle Jean Gabin jeune. Le tout fut produit par Alain Delon.

Le Solitaire sortit sur les écrans quelques semaines avant la première de *Kean* dont tous les journaux parlaient depuis plusieurs mois. S'il ne démarra pas sur les chapeaux de roues comme *Le Marginal* quelques années auparavant, le film ne passa pas complètement inaperçu puisqu'il totalisa 127 289 spectateurs parisiens en première semaine, ce qui le plaçait très nettement devant *Les Enfants du silence*, sorti le même jour, avec moitié moins de salles, il est vrai. Restait néanmoins que cette première semaine d'exploitation du *Solitaire* fut la plus faible que Belmondo ait connu depuis quatorze ans ! Le film fut, au bout du compte, un cuisant échec puisqu'il ne totalisa que 900 000 entrées dans toute la France alors que sur la seule ville de Paris *Le Marginal* avait réuni plus d'un million de spectateurs.

Beaucoup de spectateurs attendaient sans doute autre chose de cette œuvre dont l'affiche annonçait une sorte de « suite » du *Marginal*, d'abord parce que l'on y retrouvait les noms de Belmondo et Deray et ensuite parce que l'acteur y reprenait un rôle de commissaire apparemment prêt à faire le coup de feu. Mais à aucun moment les protagonistes ne songèrent à un *Marginal n° 2*.

D'autre part, le public fut probablement un peu dérouté par un film policier que les médias ainsi que Belmondo et Deray eux-mêmes annonçaient comme un polar sans cascades. Belmondo flic sans scènes d'action, que restait-il ? Pour autant, Jacques Deray aime son film que la télévision a permis de redécouvrir.

« *Le Solitaire* je le défends, dit-il, parce que je trouve qu'il y a des moments tout à fait exceptionnels. Le film tient le coup. Ce que je me dis, en effet, est que ça n'était peut-être pas le moment de faire un film qui n'avait pas assez d'originalité alors que Jean-Paul était en train de changer son image de marque. Mais tout cela n'a pas d'importance : le film existe, il est là, il fait partie de la carrière de Jean-Paul, il fait partie de ma carrière et quand je regarde *Le Solitaire*, je le trouve très intéressant. Et puis j'aime bien Jean-Paul dans *Le Solitaire*, je le trouve émouvant et sympathique. »

Jean-Paul Belmondo, quant à lui, expliqua l'échec du film par le contexte cinématographique fort morose dans lequel il apparut. Effectivement, la plupart des films français sortis à la même époque furent tous de cuisants échecs, y compris ceux a priori destinés à une belle carrière. Mais est-ce là une raison suffisante ? Alors, un peu plus tard, l'acteur avança une autre explication par rapport à cet échec : « le polar de trop ». D'après lui le public en avait plus qu'assez de le voir un pistolet à la main et l'attendait dans un autre style de personnages, car les spectateurs le sentaient très capable d'autre chose, comme *Kean* le prouvait au même moment. Sans doute, comme il le dit lui-même, Jean-Paul aurait été mieux inspiré en arrêtant tout bonnement le film avant le premier tour de manivelle, ou en tentant d'aplanir les difficultés qu'engendrait le scénario. Mais, de toutes les façons, au moment de la sortie du *Solitaire*, l'acteur était complètement investi dans une autre aventure que, très honnêtement, il préférait à celle dans laquelle l'avait entraîné Jacques Deray. Cette aventure se nommait *Kean* et si Jean-Paul avait dû alors choisir le succès entre *Le Solitaire* et *Kean*, sans l'ombre d'une hésitation il aurait opté pour le second. Il y investissait plus que de l'argent, plus que de la sueur, plus que du temps : il y jouait sa carrière.

25

LE FEU DE L'ACTEUR

Depuis qu'un matin de 1960 Jean-Paul Belmondo avait quitté les répétitions d'*Un château en Suède* pour le plateau de tournage de *Moderato Cantabile*, il n'avait cessé d'annoncer son retour au théâtre. Le contact avec le public lui manquait, c'est pourquoi il multiplia les nouvelles, malheureusement fausses, s'affirmant prêt à jouer telle pièce à tel endroit, mais rien ne se concrétisait jamais. Pris dans le tourbillon du cinéma, Belmondo n'arrivait plus à programmer des dates de représentation. Il savait qu'une pièce demandait au minimum six mois de répétitions et de représentations, voire beaucoup plus. Or durant toutes ces années il lui fut pratiquement impossible de bloquer six mois. Les rares jours où il disposait d'un certain temps c'était surtout pour recharger ses batteries sous un soleil de plomb. Les années passant, Belmondo fut de moins en moins convaincu d'un éventuel retour sur les planches. En fait, bien qu'il ne l'admît pas encore à haute voix, il crevait de peur. Rien que l'idée de jouer une pièce faisait renaître en lui ce trac qui ne l'avait jamais quitté du temps où il se produisait régulièrement dans les théâtres parisiens. Alors, tiraillé entre son envie profonde et sincère et sa peur insurmontable, il ne cessa de retarder l'échéance. Pourtant son entourage le poussait à revenir au théâtre. Son père lui-même, s'il s'amusait beaucoup aux exploits cinématographiques de Jean-Paul, voulait que son fils revînt aux racines de son métier, le théâtre. Quant aux trois enfants de Jean-Paul ils n'avaient tout simplement jamais vu le lourd rideau de velours rouge s'ouvrir sur leur père et le regrettaient quelque peu. Souvent Belmondo au cours d'un repas ou d'une rencontre répétait qu'il souhaitait trouver une bonne pièce.

« A chaque fois que je le rencontrais, raconte Robert Hossein, nous parlions de sa rentrée théâtrale. Je lui disais : ''Il faudrait que tu joues au théâtre'', et lui me répondait toujours : ''Oui, d'accord.'' Ça devenait l'Arlésienne car nous en parlions tout le temps de sa rentrée et elle ne venait jamais. Je savais qu'il était un homme de cinéma qui n'avait pas réglé ses comptes avec le théâtre, comme moi je n'ai pas réglé mes comptes avec le cinéma. »

Un soir qu'il dînait chez Jean-Luc Lagardère, patron de Hachette, Robert Hossein, présent, lui lança comme un défi : « Tu ne joueras plus jamais au théâtre ! » Piqué au vif Belmondo répondit que s'il trouvait un bon projet il accepterait tout de suite. En fait, Robert Hossein traînait sa petite idée depuis quelque temps déjà. En tant que metteur en scène de théâtre il avait compris l'énorme potentiel qu'il pourrait tirer de Belmondo sur scène. Sachant que Jean-Paul classait parmi ses pièces fétiches *Les Fourberies de Scapin*, Robert Hossein lui proposa illico de jouer Scapin à la Comédie-Française. Pas moins. Belmondo accepta. Dès le lendemain, Hossein téléphona à Jean-Pierre Vincent alors administrateur de la Comédie-Française pour lui faire part du projet un peu fou qui avait jailli. Hossein précisa que, s'il le fallait, Belmondo était prêt à sacrifier son cachet, pour l'amour du théâtre. A la fin de ces propos débordants d'enthousiasme, Jean-Pierre Vincent se contenta de lâcher : « Belmondo ? Mais pour quoi faire ? »

Les discussions s'arrêtèrent là. Belmondo ne jouerait pas à la Comédie-Française. Mais Robert Hossein n'avait pas encore dit son dernier mot. Maintenant que Jean-Paul avait sérieusement accepté le principe de revenir au théâtre il fallait absolument monter un projet solide. Belmondo, pourtant, renonça aux *Fourberies de Scapin* et en règle générale aux classiques du répertoire qu'il souhaitait jouer à la Comédie-Française et nulle part ailleurs. Poussé par Hossein il passa au crible les possibilités qui s'offraient à lui. D'un côté, il pouvait faire sa rentrée dans une pure comédie, soit une création signée Jean Poiret, dont il avait apprécié *Joyeuses Pâques*, soit la reprise d'un vaudeville. Dans ce dernier domaine, *La Puce à l'oreille* de Georges Feydeau emportait nettement sa préférence. D'un autre côté, Jean-Paul pouvait préférer un texte plus traditionnel comme *Cyrano de Bergerac* que lui suggéra Hossein. Belmondo fut fort tenté par cette pièce même s'il hésita énormément vu la longueur du texte et la difficulté du rôle. La pièce qui jusqu'alors appartenait au « domaine réservé » de la Comédie-Française tombait dans le domaine public le 1er octobre 1983, l'occasion rêvée pour une reprise flamboyante. Malheureusement au même moment, le producteur Fernand Lumbroso annonça son intention de faire jouer *Cyrano de Bergerac* par Jacques Weber dans une mise en scène de Jérôme Savary. Deux Cyranos en même temps au théâtre cela faisait beaucoup. Jean-Paul envisagea alors *Le Bossu* que

Jean Marais avait repris en tournée en 1973 et 1974 après l'avoir joué avec brio au cinéma quatorze ans plus tôt. Mais ce *Bossu* n'emporta pas tout à fait l'adhésion de Jean-Paul qui préférait alors le jouer au cinéma. Un projet en ce sens avait d'ailleurs vu le jour. Cerito Films, associé à Sara Films, c'est-à-dire à Alain Sarde, avait, en effet, programmé de produire les aventures du célèbre Lagardère peu après *Le Solitaire*. Mais le désir de Belmondo de revenir au théâtre contrecarra quelque peu ce projet qui, au bout du compte, fut complètement abandonné. Robert Hossein évoqua alors *Kean*, une pièce que Jean-Paul connaissait fort bien pour l'avoir vue au théâtre jouée par Pierre Brasseur. Parce qu'elle présentait un acteur se glissant dans différents personnages et évoquait toute la folie du métier de comédien, cette œuvre passionnait Jean-Paul. Mais *Kean* présentait la même difficulté que *Cyrano de Bergerac* : un texte très long à apprendre et un personnage très difficile à endosser. L'hésitation de Jean-Paul dura plusieurs mois. Tout le monde s'attendait qu'il annonçât une comédie légère, un vaudeville. Mais Belmondo relut *Kean* et se trouva envoûté par ce personnage hors du commun, et par la qualité du texte écrit par Alexandre Dumas et actualisé par Jean-Paul Sartre. En conséquence il annonça qu'il jouerait *Kean* au théâtre Marigny dès 1987.

« Au début, résume Belmondo, j'avais cherché une pièce de boulevard que je n'ai pas trouvée. Poiret devait également m'écrire une pièce mais ça ne s'est pas fait. Et Rouzière me proposait *La Puce à l'oreille*, mais je souhaitais rentrer dans quelque chose d'un peu différent bien que *La Puce à l'oreille* soit une très bonne pièce, mais elle avait été pas mal jouée. Je ne voulais pas jouer Cyrano tout de suite, je voulais quelque chose avant. Ne trouvant pas de pièce de boulevard j'ai fini par atterrir dans *Kean*, ce qui est une sorte de gag parce que partant pour une pièce facile j'ai fini avec une pièce qui dure trois heures et demie avec un texte difficile ! »

Son ami Pierre Vernier se trouvait à ses côtés lorsqu'il arrêta définitivement son choix.

« J'étais en vacances avec lui, chez lui à Antigua, raconte Vernier. Je me rappelle que dans le living il m'a dit : ''Écoute, je crois que j'ai pris ma décision : ce sera *Kean*.'' Ça m'a quand même surpris qu'après différentes lectures ce soit cette pièce. Je lui ai demandé : ''Tu as le texte là ?'' Je l'ai relu en me disant : ''Bon, il décide de plonger là-dedans mais est-ce le bon bassin, la bonne eau ?'' J'ai donc essayé, en le relisant, de le voir dans Kean. Je l'ai lu avec son œil à lui. Et j'ai eu confirmation qu'il a beaucoup de flair et quand il veut vraiment quelque chose, il ne se trompe pas. »

Le choix de la salle revêtait une énorme importance pour Jean-

Paul. Des raisons strictement budgétaires poussaient Robert Hossein, qui allait assurer la mise en scène de *Kean*, à lui conseiller une immense bâtisse du style du Palais des Sports. Mais Belmondo, amoureux du théâtre à l'ancienne, préférait une salle plus traditionnelle même si elle regroupait beaucoup moins de spectateurs. Il désirait un vrai théâtre vibrant sous le poids de ses souvenirs et une salle encore émue des triomphes passés. Alors il reprit langue avec Jean-Michel Rouzière. Celui-ci poussait, depuis des années, Belmondo à revenir au théâtre. Mais quand l'acteur lui proposa *Kean*, il n'y crut pas et refusa de participer à ce qu'il pensait être une erreur. Face à la défection de Rouzière, Belmondo interrogea le théâtre Marigny qui accepta d'emblée. La position de Rouzière aurait pu faire douter Belmondo si, depuis ses débuts, il ne se fiait pas avant tout à un élément connu de lui seul : son instinct.

« J'ai toujours marché par instinct, dit-il. J'ai refusé des films par instinct et j'ai fait des films par instinct, comme les Godard qu'on me conseillait de ne pas faire. Lorsque j'ai voulu jouer *Kean* au théâtre on me disait que ça n'était pas un rôle pour moi. Rouzière me soutenait que je n'avais pas la voix pour *Kean*, comme s'il fallait une voix spéciale. Mais moi je me sentais capable de le faire et j'avais envie de le faire. Personne ne m'a jamais empêché de suivre mon instinct. »

L'un des aspects intéressants de *Kean* était que la pièce reposait sur un personnage hors du commun ayant vraiment existé. Edmund Kean était né à Londres et avait débuté dans le métier d'acteur dès l'âge de cinq ans. Après une enfance aventureuse il fit ses débuts officiels à quinze ans dans une pièce de Shakespeare. Durant dix-neuf années il ne quitta pratiquement pas le théâtre et mourut en scène dans le rôle d'Othello. Mais ce qui faisait la force de Kean, au-delà de son talent reconnu par tous, était son caractère trempé, intransigeant et même excessif dans la lignée du tragédien François-Joseph Talma. Il dépensait l'argent sans compter, se permettait de railler les seigneurs de l'Angleterre et menait son existence dissolue sans rendre de compte à personne.

« Kean c'est l'Acteur, estime Belmondo. Tour à tour comédien, menteur, tendre, insupportable, désespéré, gai, tragique, profond, paillard… Il possède toutes les facettes qui sont les nôtres. »

Au XIXe siècle la forte personnalité de Kean inspira deux tâcherons du théâtre qui écrivirent à son sujet une pièce en cinq actes. Ils vinrent la proposer à l'acteur Frédérick Lemaître qui demanda aussitôt à Alexandre Dumas de revoir l'ensemble du texte. Finalement *Kean* fut créé le 14 janvier 1836 au théâtre des Variétés. Puis, en 1953, Pierre Brasseur, désireux de reprendre le rôle, demanda à Jean-Paul Sartre de dépoussiérer la pièce. L'écrivain philosophe fut fasciné par le mythe de l'Acteur que représentait Kean et se mit au travail. En fait, Sartre s'inspira largement de la propre personnalité de Brasseur pour réécrire *Kean*. La pièce initiale subit quelques retouches fondamentales. Ainsi Sartre remplaça une scène où Kean jouait Roméo par une autre, plus spectaculaire, où il jouait Othello. De plus, l'auteur ajouta quelques-uns de ses thèmes favoris dont la fuite face à la réalité. Pierre Brasseur prit ce texte à bras-le-corps et en assura lui-même la mise en scène dans de somptueux décors d'Alexandre Trauner. Épaulé notamment par Claude Gensac, Roger Pigaut et Maurice Dorléac — le père de Catherine Deneuve — Brasseur envahit littéralement la scène, se déchaînant dans certains passages et cassant tous les soirs les meubles au cours d'une audacieuse scène de folie. Pierre Brasseur obtint un gros succès dans la pièce. Un soir, dans la salle se tenait, attentif et admiratif, Jean-Paul Belmondo.

Comment Belmondo aurait-il pu deviner, ce soir-là, que trente-trois ans plus tard l'occasion lui serait donnée de jouer cette pièce démesurée ? Lorsque à la demande de Robert Hossein il relut le texte, l'acteur retomba sous le charme pertinent de certaines répliques parmi lesquelles : « On est acteur comme on est prince : de naissance », « Je joue, je ne joue pas. Quand est-ce que je joue ? Je ne sais pas quand je joue », « Nous sommes des reflets. Nous vivons de l'amour des autres, mais incapables d'aimer ». Pour la reprise de cette pièce, Hossein et Belmondo conservèrent la totalité du texte de Sartre.

Comme Robert Hossein partageait exactement la même vision du texte, Belmondo confirma son désir qu'il en assurât la mise en scène. Entre les deux hommes les rencontres et les chassés-croisés s'étaient multipliés depuis les années 50, après la mésaventure de *Pardonnez nos offenses* que Hossein réalisa pour le cinéma. Six ans plus tard Belmondo et Hossein se retrouvèrent en lice pour le principal rôle masculin du *Repos du guerrier* de Vadim face à Bardot. Hossein joua le rôle. Il fallut finalement attendre 1971 pour que Verneuil organise une véritable rencontre entre les deux hommes sur le plateau du *Casse*. Puis ce fut *Le Professionnel* dans lequel cette fois Hossein interprétait un rival de Belmondo. A aucun moment Belmondo n'envisagea un autre metteur en scène que Hossein. Il apprécie son amour profond et sincère du théâtre et avait admiré toutes les pièces que Hossein avait proposées à Paris. D'un commun accord, les deux amis décidèrent de monter *Kean* avec « panache », c'est-à-dire que par la mise en scène, les décors et le jeu même, la pièce rendrait hommage aux grands héros d'aventure style Errol Flynn. Kean n'était pas un perdant, c'était un battant.

Vingt-huit ans après *Tresor Party*, Jean-Paul retrouvait une loge de théâtre. Entièrement décorée de rouge, cette pièce chaleureuse dont la fenêtre donnait sur les jardins du Marigny fut, au fil des semaines, envahie par les objets amenés par Belmondo. Il plaça des souvenirs personnels : des photos de sa famille bien sûr, mais aussi quelques clichés de films dont un le présentant aux côtés de Pierre Brasseur sur le tournage des *Mariés de l'an II*. Un autre cliché montrait Jean-Paul aux prises avec le tigre qui lui avait arraché un morceau d'oreille lors des prises de vues de *L'Animal*. Il plaça également des photos de ses copains, Marielle, Bedos, Rochefort, une affiche de *Pierrot le Fou* et des photos de ses cascades lui rappelant qu'en matière de danger il en avait vu d'autres. En les regardant, l'acteur pouvait se dire : « Si tu as réussi ça, tu ne dois pas avoir peur de remonter sur scène ! » Dans cette loge figura également en bonne place un portrait de Frederick Lemaître, le créateur de *Kean*, dans *Trente Ans ou la vie d'un joueur*. Ce portrait lui fut offert par Robert Manuel, administrateur du théâtre Marigny et qui depuis un certain concours du Conservatoire de juillet 1956 n'avait cessé de garder un œil sur la carrière de Jean-Paul Belmondo.

L'élaboration de la distribution présenta quelques difficultés, notamment en ce qui concerne les femmes. Pour le rôle important de la comtesse, Hossein et Belmondo auditionnèrent une pléiade de très jeunes comédiennes, la plupart du temps fraîchement émoulues de leur cours d'art dramatique. Mais Jean-Paul se sentit quelque peu mal à l'aise face à ces débutantes. A cinquante-quatre ans, il refusait de tomber amoureux, sur scène, d'une actrice dont il aurait pu être le père, voire, comme il le disait lui-même dans un grand éclat de rire, le grand-père. Il préféra une comédienne plus aguerrie à la discipline de la scène. Ce fut Béatrice Agenin, qui associe à une délicatesse évidente une personnalité affirmée. Elle fut contactée par Belmondo lui-même qui, un jour, l'appela de sa voiture pour lui proposer le rôle. Jean-Paul lui expliqua que ses amis Vernier et Beaune lui avaient parlé d'elle. Bien qu'étant en pourparlers pour une autre pièce, la jeune femme accepta d'emblée.

Restait néanmoins une difficulté : la longueur du texte de *Kean*. Jean-Paul a toujours eu une excellente mémoire mais depuis ses années de cinéma elle avait été nettement moins mise à contribution. Sur le tournage du *Solitaire*, profitant des pauses, Jean-Paul s'isola et commença à apprendre des bribes de *Kean*. Le meilleur moyen de savoir si sa mémoire allait de nouveau fonctionner était d'effectuer un essai intensif. Dès la fin du tournage du *Solitaire*, Jean-Paul accompagné par sa mère, s'exila un mois à Marrakech dans l'unique but d'entrer toutes les répliques de *Kean* dans sa mémoire. Il apprit la pièce morceau par morceau, scène par scène, acte par acte. A son grand plaisir il se rendit compte que sa mémoire fonctionnait comme un muscle, nécessitant un certain échauffement pour devenir complètement efficace. Cela ne surprit finalement que lui car dans son entourage chacun savait qu'il est doté d'une fabuleuse mémoire. A la fois pour mieux se concentrer mais aussi pour renforcer sa forme physique, l'acteur cessa complètement de fumer. Mais apprendre *Kean* lui posa un autre problème : la complexité du rôle. A nouveau le trac le tirailla et le fit parfois plonger dans des phases de quasi-abattement. Belmondo perdait sa confiance en lui, soudainement convaincu que jamais il n'arriverait à assumer une telle charge et qu'il valait beaucoup mieux tout arrêter pendant qu'il en était encore temps. Il appela même Robert Hossein pour lui annoncer sa décision de stopper net. Mais, heureusement, Hossein le ramena à la raison.

La nuit n'aidait en rien Belmondo. Il rêvait qu'il se faisait huer par le public ou qu'il arrivait sur scène en ayant oublié toutes les répliques de son rôle. Bref, l'angoisse commençait à remplir son office désastreux et ne devait jamais cesser jusqu'à la première de *Kean*. Le challenge s'annonçait d'autant plus difficile que de nombreux observateurs s'évertuaient à rappeler l'extraordinaire performance de Pierre Brasseur dans *Kean*. Mais, plus que Brasseur, Belmondo, s'il devait invoquer une référence, préférait celle de Frederick Lemaître qui, lui-même, se considérait comme l'héritier de Talma. La grande lignée du théâtre. Lors de son retour à Paris, Jean-Paul Belmondo parut néanmoins en pleine forme et surtout il savait son texte sur le bout des ongles. Les répétitions débutèrent en novembre 1986 au théâtre Marigny. Le premier jour, l'acteur monta sur la scène et retrouva immédiatement toutes les sensations qui lui avaient tant manqué durant toutes ces années. L'odeur de la salle, la vue des fauteuils, la chaleur du théâtre, les feux de la rampe, tout le renvoyait dans un univers qu'il chérissait et qu'il avait l'impression d'avoir quitté la veille. Il était heureux. Angoissé mais heureux. Belmondo retrouva, d'autre part, une différence essentielle d'avec le cinéma, différence qu'il avait quelque peu oubliée : la cohésion de l'équipe. Alors qu'au septième art chacun travaille sur des petites scènes sans forcément percevoir l'ensemble de l'œuvre, au théâtre tous, du premier au plus infime rôle, s'investissent dans et pour la pièce. De plus, la troupe se regroupe tous les jours pour monter élément par élément le spectacle. Enfin, les comédiens se serrent les coudes pour combattre le trac et annihiler toute possibilité d'erreur. En ce premier jour des répétitions, Jean-Paul découvrit des visages familiers et des visages nouveaux dont celui de Béatrice Agenin.

« J'ai découvert Belmondo, raconte cette dernière. Je ne pensais pas que c'était un homme aussi simple, aussi généreux, aussi attendrissant, aussi attentif aux autres. Je pensais qu'il était quelqu'un de charmant, point... Je suis surprise par la fascination des gens pour Jean-Paul. C'est-à-dire que ça n'est pas n'importe quelle star. Il est très sociable, il ne se réfugie jamais derrière son côté star, jamais. Dans la rue, quelqu'un lui demande quelque chose, il va lui répondre. Quand les gens l'attendent à la sortie du théâtre il signe des autographes... Et quand il aime les gens, il les fait venir dans sa "tribu", si j'ose dire. Moi, je me suis bien entendu avec lui. Je ne peux pas vraiment parler d'amitié parce que nous ne nous voyions pas très souvent mais d'une vraie camaraderie avec une estime profonde et, je pense, réciproque. »

Au moment de ces répétitions, la mémoire fut de nouveau mise à rude épreuve puisqu'il fallut retenir les nombreux emplacements.

« Tout le monde l'oublie, explique Jean-Paul Belmondo, mais il faut mémoriser chacune des places et quand on travaille avec Hossein, des places il y en a beaucoup, parce que ça bouge énormément. Il faut aussi mémoriser certains gestes, l'emplacement des accessoires. Après, tout redevient naturel bien sûr, mais, je veux dire qu'il y a un gros travail de mémoire et là nous jouions pratiquement deux pièces tous les soirs. C'était quelque chose de différent pour moi parce que au cinéma je n'ai jamais appris un rôle. Jamais. Même pas *Léon Morin, prêtre*, jamais ! Enfin, j'apprends les bases, la structure, je lis le scénario plusieurs fois mais c'est tout. Mais j'ai quand même le scénario bien dans la tête quand j'arrive sur le plateau, il ne faut surtout pas croire que je ne sais pas ce qui va se passer. Non. Mais au cinéma la démarche est différente. Si je n'apprends pas mon rôle ce n'est pas par paresse mais parce qu'il faut conserver une certaine spontanéité. Au théâtre, vous apprenez le rôle, il mûrit en vous puis il revient et avec lui le naturel revient. Mais si vous faites ça au cinéma vous risquez d'arriver trop technique et quand vous jouez le rôle il n'y a plus aucune spontanéité. Donc, au théâtre, il y a un travail de mémoire beaucoup plus important. Mais, moi, j'ai toujours eu la réputation d'avoir une bonne mémoire. A mes débuts on me demandait plus pour ma mémoire que pour mon talent. On ne savait pas si j'étais bon mais on savait que j'avais de la mémoire ! »

Entre Belmondo et Hossein les choses se passèrent de manière absolument professionnelle, souvent détendues.

« Au début des répétitions, souligne Robert Hossein, je l'ai trouvé très inquiet, cherchant ses marques et, en même temps, faisant très confiance. J'en ai d'ailleurs beaucoup profité. J'ai un défaut : je fais du théâtre comme on fait du cinéma, c'est-à-dire que je marque tous les endroits, les places sur la scène. Je construis pour que tout soit parfaitement réglé. Cela fait que les acteurs n'ont pas la liberté de se déplacer comme ils le veulent. Grâce à cela il y a une espèce d'unité, un équilibre des uns vis-à-vis des autres. Et Jean-Paul, qui est un volcan toujours prêt à improviser, s'est astreint à cette discipline. Il a parfaitement respecté toutes mes indications. Au fur et à mesure qu'il vivait le personnage, en le jouant, il se libérait peu à peu de mes contraintes et retrouvait une espèce de vérité, de liberté. Il modifiait son parcours mais l'esprit et le fond étaient respectés. Jean-Paul est tout à fait respectueux du travail des autres et à l'intérieur de l'environnement défini il s'exprime. Pour lui, le génie c'est dix-huit heures de travail par jour, je n'ai jamais vu cela chez un acteur. Il est extraordinaire en répétitions mais c'est aussi un monsieur qui sait très bien ce qu'il veut et encore mieux ce qu'il ne veut pas. Il est à manier avec précaution : c'est de la dynamite ! C'est une nature exceptionnelle, un type généreux, tourmenté, aussi bizarre que cela puisse paraître. Pour moi il est un acteur du gabarit de Raimu, Baur, Gabin, Brasseur. L'humilité et la gentillesse de ce monsieur par rapport à son caractère impétueux et violent sont extraordinaires. Nous n'avons pas eu l'ombre d'un malentendu même si, des fois, il m'envoyait balader et si, des fois, je râlais, j'insistais. Il sait que je n'ai jamais eu l'intention de le trahir ni de profiter de lui. J'ai pour lui beaucoup d'admiration et beaucoup d'amitié. Je le dis d'autant plus sincèrement que je ne base mes admirations sur le plan professionnel que si j'ai vraiment des coups de foudre sur le plan humain. Or j'en ai eu un avec Jean-Paul et je continuerai à l'avoir, c'est une chose définitive. »

Jean-Paul, de même que tous les comédiens de la troupe, eut à apprendre chacun de ses mouvements, presque chacun de ses gestes. Or, comme pour certains tableaux la scène regroupait une vingtaine de personnes, il ne fallait surtout pas se tromper. Petit à petit, de manière artisanale le travail avança, scène par scène, acte par acte. Les répétitions duraient entre huit et dix heures par jour, travail intensif nécessaire pour mettre en place la gigantesque machinerie qu'était *Kean*. Car, contrairement à la plupart des pièces du répertoire, celle-ci s'étend sur plus de trois heures. Trois heures durant lesquelles Jean-Paul Belmondo se trouvait presque constamment sur scène.

Tout au long des répétitions la star fut sollicitée par les médias car l'annonce de son retour au théâtre avait déclenché un engouement inouï chez les journalistes. Il répondit courtoisement à de nombreuses interviews, entendant inlassablement les mêmes questions, répétant à l'envi les mêmes anecdotes, avançant inexorablement les mêmes explications. Un journaliste, toutefois, n'eut pas l'heur de prolonger bien longtemps son entretien. L'une des premières questions qu'il posa à Belmondo fut : « Avez-vous lu *Kean* ? » L'acteur ne sachant pas s'il s'agissait d'une boutade ou d'une interrogation sérieuse répondit par la dérision : « Oui, quand même, pour le jouer il valait mieux. » Le journaliste insista : « Vous l'avez lu et vous l'avez compris ? » Là, Jean-Paul fit mine de ne pas saisir le sens caché de cette interrogation mais le journaliste insista : « Comment quelqu'un qui a joué *Le Guignolo* peut-il comprendre *Kean* ? » Si Belmondo avait laissé l'individu aller au bout de son raisonnement il se serait sûrement fait traiter d'imbécile ! Mais le journaliste ne put aller plus loin. A peine eut-il achevé sa question que Jean-Paul se leva et l'éjecta *manu militari* de sa loge. Sa patience a des limites... Béatrice Agenin se souvient que ce jour-là « les murs ont tremblé » !

Durant les répétitions de *Kean*, un bouleversement se produisit dans la vie privée de Belmondo. Après six ans de vie commune, Carlos Sottomayor et lui se séparaient. Une séparation qui s'effectua sans heurt, ni drame, dans le respect de la liberté de chacun. Une nouvelle page se tournait dans la vie de l'acteur. Il n'y eut pas de drame non plus pour la garde de Maya, le chien yorkshire qui accompagnait le couple dans tous ses déplacements. Maya avait débarqué dans la vie de Belmondo suite à un coup de foudre de Carlos. Un jour qu'elle se promenait sur le quai de la Mégisserie, près du Châtelet, elle tomba en arrêt devant trois bébés yorkshires âgés de trois mois, à vendre. Ne sachant lequel choisir, Carlos acheta les trois et les ramena chez Jean-Paul. Là, comprenant qu'elle ne pouvait garder le trio de chiots, elle contacta des amis qui vinrent en emporter deux. Restait Maya dont le nom vient plus des tribus aztèques que d'une homonymie avec le personnage que Belmondo interprétait dans *Week-end à Zuydcoote*, Julien Maillat. Maya adopta bien vite Jean-Paul comme son unique et véritable maître au point que l'acteur ne pouvait plus s'en séparer. Au départ, Belmondo, bien qu'aimant énormément les animaux et ayant vécu douloureusement la disparition de son fidèle Béquille, avait jugé d'un fort mauvais œil la venue de cette drôle de petite chose apparemment peu utile et très fragile. Comme beaucoup il considérait que les yorkshires devaient être réservés aux précieux et aux précieuses, pas à un aventurier comme lui que l'on imaginait plus affublé d'un berger allemand ou d'un doberman. Alors, Jean-Paul ignora majestueusement cette petite boule de poils à pattes qui pourtant ne cessait de lui tourner autour. Il refusa véhémentement de se promener dans la rue avec un « machin pareil » et, en conséquence, expliqua à

Carlos comme à Maya qu'il n'était pas question pour lui de l'accompagner dans ses promenades quotidiennes. Pourtant, l'acteur ne resta pas très longtemps insensible aux charmes de la petite chienne puisque, à l'insu de Carlos, il arrangeait les reliefs de son petit déjeuner pour les offrir à Maya. Plus tard il lui installa un coussin dans un fauteuil pour qu'elle se reposât. Un jour, en l'absence de Carlos, l'acteur daigna emmener promener cette Maya. Les choses se passèrent bien, naturellement, mais à compter de cette date le yorkshire refusa tout autre maître que Jean-Paul, y compris Carlos Sottomayor. La chienne refusait de quitter Belmondo, dormant sur son lit, exigeant de l'accompagner partout où il allait. Alors, Jean-Paul accepta de prendre Maya dans ses bras et ils ne se quittèrent plus, ni dans un restaurant, ni sur un plateau de tournage, ni dans les coulisses d'un théâtre. Ainsi avait-il fini par adopter Maya qui pourtant ne correspondait pas à son « image de marque ». Il fit bien car non seulement Maya lui rendit cette amitié, mais, en plus, se révéla fort utile en diverses occasions. Par exemple, une nuit, tandis que Jean-Paul dormait profondément, Maya s'agita en tous sens et aboya furieusement pour réveiller son maître. A contrecœur l'acteur ouvrit un œil, se préparant à sermonner copieusement l'animal, lorsqu'il se rendit compte qu'un début d'incendie s'était déclaré dans son appartement !...

Sur ces entrefaites les répétitions touchèrent à leur fin.

« Jean-Paul a été d'une docilité rare, remarque Pierre Vernier. Je n'ai jamais vu cette docilité, cette humilité. Il faisait vraiment ce que Robert lui demandait, même des choses qui pouvaient sembler inhabituelles. Il reprenait autant de fois qu'il le fallait. Il n'était jamais question de fatigue ni d'horaire. Jean-Paul me disait : ''Je fais confiance à Robert'', et il l'écoutait de A à Z. Il ajoutait : ''Ça fait vingt-six ans que je n'ai pas joué sur scène, il y a des choses que je ne sais plus !'' Jean-Paul pouvait reprendre vingt-cinq fois un mouvement pour répondre exactement aux attentes de Robert. »

Pour Belmondo la fin des répétitions signifiait le réveil brutal de l'angoisse. S'il en avait eu la possibilité, il aurait prolongé éternellement ces moments magiques que sont les répétitions où l'acteur profite du théâtre sans connaître la douleur qu'est l'affrontement avec le public. Il se sentait bien dans cette ambiance chaleureuse et professionnelle. Mais les spectateurs attendaient *Kean*. En effet, en quelques semaines, la plupart des places furent vendues sur une longue période. Belmondo au théâtre cela constituait un événement à ne manquer sous aucun prétexte. La première, primitivement annoncée pour la fin janvier 1986, fut reportée, pour raison technique au 7 février 1987. Malheureusement des grèves paralysèrent Paris durant plusieurs jours et empêchèrent le bon déroulement des répétitions. La première fut alors reportée au samedi 21 février puis, contre toute attente, déplacée au mardi 24 février.

Ce soir-là une salle comble attendait le lever de rideau. Dans les premiers rangs se tenait la famille Belmondo : Madeleine, Alain, Florence, Paul et Muriel. Autour et derrière eux des personnalités du spectacle, du show-business et des ténors de la politique.

En ce mardi, jamais l'angoisse de Belmondo ne l'avait fait tant souffrir. Il n'en pouvait plus et finit par céder aux injonctions du trac. Quelques heures avant le début de la représentation, il quitta brusquement le théâtre Marigny et sauta dans sa voiture. Durant deux heures il roula sans but précis. Au départ il avait caressé l'envie de mettre le plus de kilomètres possible entre lui et ce satané théâtre, source de tous ses maux. Mais rapidement il revint à la raison. Il pensa à sa mère et à ses enfants qui allaient l'attendre dans la salle. Il pensa au public qu'il était en train de trahir. Il pensa au déshonneur qu'il lui faudrait affronter. Il pensa qu'au fond une pièce de théâtre ce n'est pas aussi terrible ni aussi dangereux qu'une cascade, mais, là, il savait qu'il était en train de se mentir. Afin de se calmer complètement, Jean-Paul roula sans but au volant de sa Mercedes. Son optimisme finit par reprendre le dessus : il y arriverait. Enfin, il revint à Marigny. Cette escapade s'était effectuée dans le secret le plus absolu, aucun des comédiens de la troupe ne fut au courant. Au moment du lever de rideau, Jean-Paul était bien là, souriant en dépit de ce trac insensé qui refusait de le quitter. Cette fois il bouillait de l'envie de relever le défi. Comme un boxeur, il était poussé par le désir sincère de monter sur le ring et de se battre contre cet ennemi aux mille visages qu'est le public.

Le lourd rideau se leva. *Kean* renaissait. Jean-Paul, qui n'était pas des premières scènes, essaya de sentir la salle de la coulisse. Difficile de se faire une idée précise en début de représentation mais une chose au moins paraissait certaine : les spectateurs ne semblaient pas hostiles. Puis Belmondo grimpa l'escalier qui le mena au premier balcon. En effet, Robert Hossein, dans un clin d'œil aux cascades cinématographiques de son interprète, avait imaginé le faire arriver en sautant du premier balcon sur la scène à l'aide d'une corde, dans la plus pure tradition de Tarzan. Jean-Paul apparut donc, lança sa réplique avant de se lancer lui-même sur la scène. A peine eut-il posé le pied à terre qu'il sentit son trac se volatiliser comme par enchantement. Il redevenait le comédien de théâtre qu'il n'avait jamais cessé d'être. Il vibrait de la flamme de l'acteur. Trois heures plus tard, tous les spectateurs du théâtre Marigny se levèrent spontanément, comme un seul homme. Les applaudissements durèrent plus de dix minutes dans un fracas assourdissant et enivrant. Belmondo avait réussi son pari et avec lui toute la troupe profitait du triomphe. Dans les jours qui suivirent la presse fut également laudative et le Tout Paris se bouscula au théâtre Marigny. Beaucoup de personnalités s'assirent dans ses confortables travées pour, par la suite, applaudir Belmondo. Parmi elles figurèrent Alain Delon, Michèle Morgan, Gérard Oury, Gérard Depardieu, Christophe Lambert, Bertrand Blier, Fanny Ardant, Roger Hanin, Michel Boujenah, Michel Blanc, Bernard Giraudeau, Anny Duperey, Sophie Marceau, Anouk Aimée, Béatrice Dalle, Miou-Miou...

Le triomphe de *Kean* dès les premiers soirs poussa Belmondo à modifier son planning. En fait, au départ, il n'avait signé que pour cent représentations craignant de retrouver l'effet de lassitude ressenti sur une pièce comme *La Reine blanche* qu'il joua, à ses débuts, durant six mois.

« *Kean* je ne voulais le jouer que quatre mois parce que j'avais la terreur de rester un an dans un théâtre, confie-t-il. Mais ça n'est pas tout à fait la même chose quand on joue Kean que quand on se contente d'ouvrir la porte en scène ! »

Galvanisé par les bravos du public il décida donc de prolonger au maximum. Lui qui avait craint de s'ennuyer, se sentait partir pour incarner Kean pendant au moins un an... A chaque représentation, il découvrit de nouvelles richesses dans la pièce de Dumas et Sartre qui empêchaient la routine de s'installer. Chaque soir il eut la sensation de jouer son personnage d'une manière légèrement différente.

Madeleine Belmondo fut tellement enthousiasmée par le triomphe de *Kean* qu'elle offrit à son fils une plaque en or. D'un côté y figure une reproduction de l'affiche de *Kean* et de l'autre cette phrase tirée de la pièce : « Monsieur, moi je ne descends de personne, je monte ! »...

Les représentations de *Kean* amenèrent Belmondo à changer le cadre de son quotidien. Le matin dès le lever il s'entraînait dans sa salle de sport située au sous-sol de son domicile puis avalait un solide petit déjeuner. Ensuite, après une courte matinée à régler calmement les affaires courantes, il déjeunait et se recouchait aussitôt pour une sieste. Plus tard, vers dix-huit heures, il arrivait au théâtre Marigny et montait directement dans sa loge où l'attendait son ami Charly Koubesserian. Les deux hommes bavardaient un peu, puis Jean-Paul mangeait un repas froid, incapable d'affronter le public le ventre vide. Ensuite Charly le maquillait et Paulette Breil l'habillait tandis que les spectateurs commençaient à entrer dans la salle. Quelques minutes avant la représentation, l'acteur plaisantait avec son entourage, notamment Michel Beaune et Pierre Vernier qui occupaient des loges voisines. Puis Jean-Paul descendait prêt à plonger dans *Kean*. Enfin, après le spectacle, entouré de ses amis, il allait dîner dans un restaurant des environs puis rentrait aussitôt chez lui, à Saint-Germain-des-Prés, s'enfoncer dans la douce chaleur d'un sommeil bien mérité.

Face au succès de *Kean*, Robert Hossein et Jean-Paul Belmondo étudièrent la possibilité de transformer cette pièce en film dans la lignée de l'*Amadeus* que réalisa Milos Forman. Mais bien vite les deux amis renoncèrent à ce projet.

« Au cinéma nous aurions été obligés de faire une adaptation, explique Belmondo, ce qui aurait été dommage car la pièce aurait perdu de son impact. *Kean* est vraiment une pièce pour laquelle il faut un public, si vous n'avez pas le public, si vous ne jouez pas face au public, la pièce perd beaucoup. Et puis Vittorio Gassman avait déjà essayé d'en faire un film en 1953, je l'ai vu et j'ai trouvé que ça ne rendait pas très bien puisque, justement, Kean ne s'adressait plus directement au public. »

Kean fut joué sans interruption jusqu'au dimanche 28 juin. La troupe, la famille et les amis de Jean-Paul finirent cette soirée au King's Club, rue de l'Échaudé — la rue de ses débuts —, où la star se vit remettre le prix Alexandre-Dumas par Alain Decaux. Au cours de cette fête à tout casser, Jean-Paul annonça un peu précipitamment qu'il reviendrait au théâtre très prochainement, sans doute avec *Cyrano de Bergerac*. Puis, durant l'été, Jean-Paul loua une maison avec piscine à Saint-Jean-Cap-Ferrat et y invita sa mère et son fils. Pour se maintenir en forme, il fit beaucoup de sport, effectuant notamment de très longues balades en vélo en compagnie de Paul. Bien qu'en vacances, Jean-Paul continua de réfléchir à la suite de sa carrière et envisagea notamment des projets théâtraux. Or son ami Jean Le Poulain, récemment promu administrateur de la Comédie-Française, lui fit la proposition de jouer *Le Bossu* — auquel Jean-Paul tenait —, ou *Cyrano de Bergerac* dans la Maison de Molière. Depuis quelques années, en effet, les décrets draconiens de Napoléon avaient été quelque peu modifiés permettant à des acteurs venus de l'extérieur de jouer sur la scène du Théâtre-Français. Claude Rich et Jean Carmet, parmi d'autres, en avaient profité et étaient apparus dans la Noble Maison l'espace d'une pièce. Pour Jean-Paul la proposition de Le Poulain fut une occasion en or. D'abord parce qu'il adorait les rôles de Lagardère et de Cyrano. Ensuite parce que depuis qu'il avait quitté le Conservatoire les poches vides, Jean-Paul souhaitait ardemment jouer sur la scène de la Comédie-Française et regrettait quelque peu que les nombreuses ouvertures précédentes n'eussent pu aboutir. Car la Comédie-Française constitue bien le temple pour les textes classiques et jouer en son sein de telles pièces représentait une forme de consécration. Et voici qu'après le refus catégorique de Jean-Pierre Vincent les portes de la Comédie-Française s'ouvraient à nouveau devant lui. Après de nombreuses négociations, Belmondo, Le Poulain et Hossein acceptèrent le principe de monter *Cyrano* au théâtre de l'Odéon, et, compte tenu des différents plannings, convinrent de programmer cette pièce pour novembre 1989, avant d'entamer une vaste tournée sous l'égide de la Comédie-Française. Hélas, entre-temps la mort vint cueillir Jean Le Poulain. Son successeur au poste d'administrateur de la Comédie-Française ne renouvela pas l'offre et les portes de la Noble Maison se refermèrent brutalement au nez de Belmondo.

Restait *Kean.*

Le 7 septembre la pièce fut reprise au théâtre Marigny.

Le 24 novembre fut à marquer d'une pierre blanche dans la vie de Jean-Paul ; ce jour, en effet, il devint pour la première fois grand-père. Sa fille Florence, divorcée de Larry Neal Andrews et mariée à Cris Waters, un ingénieur en informatique, donna naissance à une petite fille prénommée Annabel. A l'annonce de cette nouvelle Jean-Paul ne se tint plus de joie et, le soir, se surpassa sur la scène du théâtre Marigny. Après la représentation il convia ses partenaires et ses proches amis à fêter dignement cet événement dans des boîtes de nuit parisiennes. La troupe ne se coucha pas avant six heures du matin. Mais Jean-Paul dut attendre quelques mois avant d'admirer sa petite-fille. Annabel, en effet, avait vu le jour sous le ciel de Seattle, aux États-Unis. Jean-Paul, dès la fin des représentations de *Kean* sauta dans un avion pour tenir le frêle enfant dans ses bras. Comme il le dit lui-même : « Devenir grand-père c'est comme une montagne qui surgit en une nuit. »

Le 3 janvier 1988 le rideau se leva une dernière fois sur *Kean*. La fin de cette ultime représentation restera un moment magique que rien ne pourra effacer de la mémoire de Belmondo. Dans un tonnerre d'applaudissements il vint saluer en compagnie de toute la troupe et de Robert Hossein. En une ligne, tous s'avancèrent, reculèrent, remercièrent, s'agenouillèrent même, mais les applaudissements ne cessaient pas. Alors, venu des balcons les plus élevés, comme venu du ciel, un chant d'abord murmuré puis entonné commença à couvrir le fracas. Repris par les mille spectateurs du théâtre Marigny il vibra comme un hymne : « Ce n'est qu'un au revoir, mes frères ». Jean-Paul et ses partenaires en eurent les larmes aux yeux. Ils ne savaient plus comment répondre à cette chaleur du public, comment lui expliquer à quel point ce témoignage d'amour les touchait au plus profond d'eux-mêmes. Mais vint le temps de la séparation. Le rideau cacha la scène, les spectateurs quittèrent un à un la salle tandis que les acteurs regagnaient leurs loges, des souvenirs plein la tête, des larmes sur les joues... Avant de retrouver ses affaires, Belmondo empoigna le micro qui le reliait à toute la coulisse et tint à remercier tout le monde de lui avoir permis de vivre la plus belle année de sa vie. « Pour qu'il ait décidé de faire cela c'est qu'il était vraiment touché au fond du cœur », conclut Pierre Vernier.

Effectivement pour Jean-Paul Belmondo l'année 1987 serait à classer nettement à part dans la grande armoire de son passé. Non pas qu'il reniât ses tournages cinématographiques ni les formidables aventures qu'il avait connues grâce à eux, mais jamais il n'avait senti une émotion professionnelle aussi intense, un plaisir aussi pur. Il emporterait dans l'éternité le souvenir de ces salles debout qui applaudissaient non pas la star qu'il était, mais la représentation qui venait d'exploser. Cette victoire, Jean-Paul la partageait avec Dumas, Sartre, Hossein et toute la troupe, bien sûr, mais il la partageait aussi avec Edmund Kean, qui dans cette sorte d'Olympe privilégié où se reposent les grands comédiens souriait au triomphe de Belmondo.

La grande raison qui poussa Jean-Paul à arrêter les représentations de *Kean* tenait à des motifs non pas financiers — il y avait encore beaucoup de demandes — mais plutôt physiques.

« Quand j'ai terminé *Kean*, avoue l'acteur, j'avais toujours très envie de le jouer, mais j'avais surtout envie de me reposer. Surtout que Kean avait des colères terribles et ça, ça fatigue ! »

Plus tard, Jean-Paul dressa le bilan de ces quelque deux cents représentations de *Kean* et fut étonné de relever qu'aucun incident majeur, aucune querelle de personnes n'était venu perturber le cours du spectacle. Durant près d'un an tout se déroula pour ainsi dire à merveille devant une salle toujours comble et un public souvent comblé. En définitive le seul incident majeur qui eut pu gêner les représentations vint du propre genou de Belmondo. Plusieurs soirs de suite, il souffrit du genou et se demanda sérieusement s'il parviendrait à faire sa spectaculaire entrée en scène au bout de la corde. Mais dès qu'il arrivait au premier balcon, il oubliait sa douleur qui semblait s'être envolée pour toute la durée de la pièce. Après, lorsque Jean-Paul remontait dans sa loge, il sentait que la douleur, comme un frêle oiseau, se posait à nouveau sur son genou. De même lorsqu'il fut sujet à une forte poussée de fièvre, suite à un abcès dentaire, il voulut à tout prix jouer sur scène et, avant d'entrer dans son rôle, lança : « Si je me crève il doit bien crever aussi ! » Et il ne sentit plus rien jusqu'à la chute du rideau...

« On ne voit pas ses états d'âme, déclare Béatrice Agenin. Il peut être malade et avoir quarante de fièvre, on le sait par le groupe qui l'entoure, son maquilleur, son habilleuse mais lui ne viendra jamais vous dire : ''J'ai la crève, je ne vais pas bien'', alors que les acteurs sont assez enfantins en général, ils ont toujours besoin de raconter tous leurs problèmes. C'est comme si son état de star ne lui permettait pas d'en parler, il a une très grande pudeur. »

S'il n'y eut, en définitive, aucun incident majeur il y eut, tout de même, quelques anecdotes croustillantes. Ainsi, un soir un spectateur quitta soudainement son siège en plein spectacle et monta sur scène où il ne bougea plus. Nullement décontenancé, Jean-Paul lui lança un « Vous ici, monsieur, quelle surprise ! » et continua de jouer comme si de rien n'était. Quelques courtes minutes plus tard, l'intrus était évacué par le service d'ordre du théâtre dans l'hilarité générale... Côté finances le bilan de *Kean* fut aussi largement positif. En dix mois de représentations la pièce avait encaissé plus de quarante millions de francs de recettes. Certes, on était loin des chiffres faramineux du cinéma mais pour une pièce de théâtre c'était absolument remarquable. D'autant que la majorité des spectateurs venus applaudir *Kean* ne s'étaient jamais assis dans un théâtre, et grâce à cette pièce découvrirent un univers fondamentalement différent du cinéma et de la télévision... Jean-Paul, soutenu par ce public, s'affirma ravi de ne pas avoir raté sa rentrée théâtrale. Contrairement à ce que beaucoup, après coup, écrivirent, le succès de *Kean* n'était assuré à aucun moment. Jean-Paul aurait très bien pu rater son retour, ce qui l'aurait indubitablement meurtri. Mais comme tel ne fut pas le cas, beaucoup s'en fallait, il se sentit mieux que jamais et affirma même que grâce à *Kean* il avait rajeuni.

Bref, à tout point de vue, *Kean* s'inscrivait parmi les grandes réussites du théâtre français. Seule ombre, relative, au tableau : Belmondo avait pris huit kilos. Son entraînement sportif inférieur à celui qu'il pratiquait habituellement, associé au fait qu'il prenait quatre repas par jour, le fit grossir dans des proportions qui, chez un autre, eussent pu paraître inquiétantes. Mais Belmondo avait de la volonté et se remit dès janvier au sport de façon intensive, revenant rapidement à son poids de forme de 79 kilos pour 1 m 78. Pourtant Jean-Paul se rendit très vite compte qu'il souffrait d'un manque. Il souffrait de ne plus aller au théâtre quotidiennement, de ne plus retrouver la ferveur du public. Aussi, dans le seul but de se changer les esprits, il s'offrit de longues vacances dans les Caraïbes. A son retour en France, son manque était passé. Il fut bien tenté d'emmener *Kean* en tournée à travers toute la France et dans les grandes capitales européennes qui le réclamaient, mais en raison du transport très difficile des lourds décors, il dut y renoncer. En contrepartie il fit filmer *Kean* pour la vidéo et la télévision par huit caméras, ce qui ne s'était jamais vu pour une pièce de théâtre.

Au cours de ce même mois de janvier qui marqua la fin de *Kean*, Jean-Paul se vit décerner par la Ville de Paris le Brigadier 1987, récompense qui couronnait l'un des meilleurs spectacles de la saison passée. Jean-Paul profita de cette cérémonie pour annoncer aux journalistes présents qu'il comptait revenir au théâtre avant un an dans *Cyrano de Bergerac*. Cette cérémonie fut également l'occasion de revoir d'anciennes connaissances comme Jacques Dacqmine, son partenaire dans *A double tour* et remarquable homme de théâtre.

« Je me souviendrai toujours, raconte Jacques Dacqmine, Jean-Paul était félicité par le maire, par tout le monde. Et puis, à un moment, je vais dans un petit salon et il était là, quasiment seul. Il me dit bonjour, vraiment comme si nous nous étions quittés la veille. Et puis il me dit : ''Mais tu n'es pas venu me voir dans *Kean* ?'' Je lui réponds : ''Non''. Il me dit : ''Mais pourquoi ?'' Je lui dis : ''Mais tu dois bien savoir pourquoi.'' Il réfléchit et me dit : ''Oui, je crois que tu as raison... Au fond les gens venaient voir Belmondo, ils ne venaient pas voir *Kean* et toi qui es un homme de théâtre, ça doit être assez désagréable de voir ça''... Je crois que c'est le problème de Jean-Paul qui essaie de prouver — et Dieu sait s'il n'a pas besoin de ce combat pour le prouver — qu'il est aussi un homme de théâtre. Je crois qu'il en souffre beaucoup, ce que je regrette car c'est un garçon que j'aime infiniment et qui a les qualités requises à la fois pour le cinéma et pour le théâtre. »

26

SAM

A chacune des représentations de *Kean*, ou presque, des personnalités du monde artistique s'asseyaient au théâtre Marigny pour admirer le spectacle et applaudir son interprète principal. Un soir Claude Lelouch à son tour s'installa confortablement et savoura la pièce. Une fois le rideau tombé, il se rendit dans la loge de Jean-Paul Belmondo à la fois pour le féliciter et pour suivre une petite idée qui lui trottait dans la tête depuis quelque temps. Lelouch, en effet, avait imaginé un personnage qui collerait à la peau de Belmondo : un aventurier qui plaque tout pour courir le monde puis utilise un comparse pour mettre de l'ordre dans sa famille et dans ce qui fut autrefois ses affaires. Après les congratulations sincères, Lelouch prit place sur le divan de la loge rouge de Belmondo et commença son histoire. Il n'entra pas trop dans les détails mais en parla avec une telle chaleur que cet aventurier sorti tout droit de son imagination semblait vivre dans la petite pièce.

« Je lui ai dit : ''J'ai un personnage qui va t'aller comme un gant. C'est l'histoire d'un mec qui en a ras le bol, qui quitte tout'', se souvient Claude Lelouch. Il m'a répondu : ''Banco ! j'aime bien, je te fais confiance''... »

Effectivement, à peine Lelouch eut-il fini que Belmondo dit oui. Sans connaître les méandres du scénario, sans même en savoir plus, il accepta de tourner *Itinéraire d'un enfant gâté*. Connaissant Lelouch, il sentait qu'en disant oui il s'embarquait pour une formidable aventure à la fois humaine et terrestre puisque cet homme hors du commun, Sam Lion, allait les entraîner en différents coins de la planète. Et puis il y avait un autre aspect particulièrement attirant chez ce Lion : il était né dans le monde du cirque et lui témoignait un profond attachement. Or depuis son enfance Belmondo restait un amoureux des cirques.

En fait, avant de proposer cette histoire peu ordinaire à Belmondo, Claude Lelouch était parti de plusieurs constatations. D'abord le fait que Jean-Paul n'avait pratiquement jamais joué des personnages de sa maturité. Il arborait une cinquantaine flamboyante, l'âge des bilans mais aussi l'âge des coups de cœur réfléchis, l'âge où tout peut encore être remis en question. De plus Lelouch estimait que le côté félin de Belmondo avait été insuffisamment exploité sur grand écran. Comme chez toutes les grandes stars il y a un côté guépard chez Belmondo, qui n'était pratiquement jamais apparu en tant que tel, contrairement à un Delon, par exemple. Et puis il savait que le comportement de ce Sam Lion, plaquant tout, famille et fortune pour vivre sa vie, aurait fort bien pu être celui de Belmondo lui-même. Ne se retirait-il pas régulièrement dans sa propriété sur l'île d'Antigua, joyau des Caraïbes ? Mais, plus tard, l'acteur tint à préciser qu'au fond il serait incapable de s'installer définitivement sur une île déserte. Le grand voyageur qu'il était avait déjà, à de multiples reprises, vécu la sensation de plénitude sur une île peu peuplée ou carrément inhabitée. Mais cette sensation parce que trop éphémère laissait inévitablement place à l'ennui. Jean-Paul rencontra d'ailleurs de ces ermites bronzés retirés au bout du monde et tous n'avaient qu'une envie : lui parler comme pour combler un vide absolu...

Cette idée de tout quitter portait en filigrane la trace de Jacques Brel qui, un beau jour, abandonna la France pour les îles Marquises. Lelouch, qui connaissait bien Brel pour l'avoir dirigé dans *L'Aventure c'est l'aventure*, demeurait impressionné par cette attitude. L'image de Brel s'imposa à lui tandis qu'il échafaudait l'histoire de ce film. Or Brel fait partie des chanteurs pour lesquels Belmondo voue une grande admiration. Voilà pourquoi l'aventure imaginée par Lelouch ne pouvait que séduire l'acteur. Lelouch et Belmondo se revirent régulièrement par la suite, le plus souvent à déjeuner. Le cinéaste parla à l'acteur de son projet, peaufinant certains détails, évoquant aussi les rapports du « héros » avec les autres protagonistes. Belmondo était de plus en plus fasciné d'autant que ce film lui donnerait l'occasion de sortir des emplois de flic ou voyou qui avaient souvent été les siens au cours de ces dernières années. Lelouch ne lui proposait ni cascades, ni pistolet, ni numéros de comédies mais un personnage sensible, riche, fort, haut en couleur.

A bien y regarder le héros d'*Itinéraire d'un enfant gâté* n'était pas si lointain de celui d'*Un homme qui me plaît.* Dans les deux cas, au moins, ils s'embarquaient pour de merveilleux voyages, l'un dans tous les coins du monde, l'autre dans les profondeurs des États-Unis. Ce n'était pas une coïncidence.

« Pour moi, explique Lelouch, Jean-Paul est le portrait type d'un aventurier. C'est un type qui a besoin de respirer. Moi, je ne me sentirais pas à l'aise avec Jean-Paul dans un décor unique. Il me donne envie de casser les fenêtres, de péter les portes. Je ne suis pas un fanatique des cascades mais j'aime bien les ''cascades intellectuelles'' où on casse tout dans sa tête. Jean-Paul fait ça très bien. Il fait donc aussi avec moi des films de cascades, mais dans sa tête. »

Fort de l'accord de Jean-Paul Belmondo, acteur et coproducteur, Claude Lelouch prépara son film et en programma le début des prises de vues pour le 20 mars 1988, c'est-à-dire deux mois seulement après la dernière de *Kean*. Puis Lelouch, toujours avec la complicité de Jean-Paul, élabora sa distribution. Aux côtés de Sam Lion l'autre personnage principal était celui d'un jeune homme qui devient en quelque sorte le messager secret de l'aventurier et, suivant ses conseils, plonge au cœur de sa famille. Dès le départ Lelouch pensa à Richard Anconina car il appartient à la « lignée Belmondo ». Le cinéaste en parla à Jean-Paul qui accepta d'emblée. Le reste de la distribution fut composé de Marie Sophie L, Béatrice Agenin, Michel Beaune, Daniel Gélin, Pierre Vernier, Lio. Dans un court rôle de Sam Lion jeune figura le propre fils de la star.

« On ne peut pas dire que c'était un rôle, rétorque Paul Belmondo, c'était plus de la figuration intelligente. Mon père m'avait dit qu'ils cherchaient quelqu'un pour jouer Sam Lion jeune et qu'ils ne trouvaient pas. Alors il m'a demandé si je voulais bien le faire. J'ai accepté à la seule condition de ne pas avoir de dialogue. Je suis arrivé à Singapour et d'entrée de jeu on m'a mis dans un lit avec Lio, sans doute pour me mettre à l'aise. Je ne me souviens pas si mon père était présent au moment du tournage de cette scène mais il ne devait pas être loin. Il avait voulu laisser Lelouch agir à sa guise et il m'avait simplement aidé à me décontracter. »

Dès janvier 1988, Jean-Paul et Claude commencèrent à travailler ensemble certains aspects du film, rencontrant notamment la famille Gruss qui allait s'occuper de toutes les séquences de cirque. En même temps il fallait déterminer l'apparence physique de cet aventurier pas comme les autres. Comment personnifier un enfant élevé dans les cirques, qui a fait fortune dans le nettoyage des villes et qui part pour le bout du monde ?

« Nous avons décidé ensemble, Jean-Paul et moi, le look de Sam Lion, rapporte Claude Lelouch. Je lui ai demandé de laisser pousser sa barbe, je suis allé chez lui, je lui ai demandé de s'habiller devant moi, d'essayer des chapeaux, des blousons... Le look définitif est venu petit à petit. Mais au départ, tout de même, je lui avait dit : ''Je pense beaucoup à Charlton Heston dans *Sous le plus grand chapiteau du monde.*'' C'était un directeur de cirque avec un look extraordinaire. Je lui dit : ''Ce serait bien que tu me fasses penser à Charlton Heston.'' Nous sommes donc partis de là et nous sommes arrivés à ce que vous avez vu. »

Pour tous les participants le tournage fut à lui seul une aventure peu banale. Pour Belmondo ce fut non seulement l'occasion de voyager, mais aussi de se surpasser et de découvrir d'autres attraits de la vie. Le film débutait par une traversée de l'Atlantique en solitaire à bord d'un superbe voilier. Jean-Paul qui n'est pas un spécialiste de ce genre de sport fut aidé par Pierre Le Normand, skipper de la Route du Rhum. Le tournage de ces scènes occupa l'équipe cinq jours face à Monaco. Cinq jours durant lesquels Belmondo, Lelouch et tous les techniciens ne quittèrent pratiquement pas la mer affrontant parfois les coups de griffe du mistral. Pour un néophyte Belmondo s'en sortit plus qu'honorablement, excepté pour la lecture du compas qu'il fallut lui expliquer en détail afin qu'il en saisisse toutes les subtilités. Exigeant jusqu'à l'extrême, Claude Lelouch poussa le voilier dans ses derniers retranchements et mit ses caméras à rude épreuve puisqu'il les fit tremper dans l'eau salée. Par contre il n'alla pas jusqu'à chercher une véritable tempête en mer. Celle-ci fut reconstituée à quai grâce à de puissants ventilateurs qui renvoyèrent les vagues sur le bateau et sur le visage de Belmondo, tandis qu'un soudeur à l'arc simulait les éclairs et des bombes fumigènes recréaient le brouillard.

En mai 1988, Jean-Paul délaissa une journée ce passionnant *Itinéraire* pour paraître au Festival de Cannes. Il ne venait nullement y présenter un film dans lequel il jouait mais défendre une œuvre qu'il avait coproduite. Bien des mois auparavant, en effet, son frère Alain Belmondo lui avait soumis un très joli scénario signé Claire Denis et Jean-Pol Fargeau. En fait, Alain venait de fonder sa propre société de production, Cinémanuel, mais le budget de *Chocolat* dépassait ses possibilités. Jean-Paul, convaincu par l'enthousiasme de son frère — qu'il trouva toutefois culotté de se lancer dans une aventure aussi périlleuse — et séduit par la qualité d'écriture du script accepta d'engager sa société Cerito Films dans la production. Il se retrouva par là même associé à Wim Wenders, lui aussi coproducteur de *Chocolat*. Le résultat fut à la hauteur de leurs espérances puisque ce film, réalisé par Claire Denis elle-même, emballa la critique et connut un fort beau succès en salle.

Puis le tournage d'*Itinéraire* se prolongea cinq jours à San Francisco, une journée à Singapour, Tahiti, Cologne et quinze autres au Zimbabwe. Dans ce dernier endroit oublié du monde Lelouch planta ses caméras sous un soleil de plomb. Il fit même construire une petite cabane sur le magnifique lac Kariba. Là, seul et faussement heureux, Sam Lion reçoit des nouvelles de sa famille pour la dernière séquence du film, inoubliable. Pour la première fois de sa carrière Belmondo devait pleurer face à la caméra. En fait, assis dans cet univers de tranquillité il était censé regarder un écran de télévision raccordé à un magnétoscope diffusant des images de sa famille restée en France et, surtout, de son petit-fils qui vient de naître. Une scène difficile s'il en est car toute en émotions et en sensibilité. D'autant plus difficile que l'écran de télévision était, en fait, désespérément vide.

« Je lui ai dit : ''Tu es au paradis et en même temps il te manque tout'', explique Lelouch. Je lui ai tenu un discours assez triste avant. Je lui ai expliqué que dans cet endroit paradisiaque il avait tout mais pas l'essentiel. L'essentiel était dans son poste de télévision. ''Il faut que ton visage nous fasse sentir que tu n'as qu'une seule envie c'est de les retrouver et qu'un être humain est plus fort que le plus beau décor du monde.'' Mais deux secondes avant la prise il déconnait. C'est ce que j'aime bien chez Jean-Paul : il se concentre en déconnant. Le chef opérateur était même venu me voir en me demandant : ''Tu crois qu'il va y arriver ? Il n'arrête pas de déconner !'' Je lui ai répondu : ''Laisse-le déconner, plus il va déconner avant, plus il va être bouleversant.'' »

Le Zimbabwe fut le cadre des plus étonnantes images d'*Itinéraires d'un enfant gâté*. Ce fut aussi l'occasion d'un tournage fort détendu. Ainsi le 24 avril 1988, jour du premier tour des élections présidentielles en France, offrit l'occasion d'une parodie de vote en pleine nature. Chacun y alla de son petit bulletin secret, mais aisément identifiable à l'écriture, dans une ambiance de chahut fort sympathique. Mais Lelouch demeurait aux aguets. S'il était le premier à accepter et à prôner les moments de détente, il ne manquait pas une occasion d'immortaliser des images originales. Ainsi, un matin il sauta sur sa caméra pour filmer Belmondo dans les couleurs d'un ciel teinté de rouge par un soleil au lever paresseux. Au Zimbabwe, toujours, Claude Lelouch eut également l'audace de demander à Jean-Paul Belmondo de descendre de sa Jeep pour marcher à côté de lions. Le roi des animaux est habituellement un être paisible mais il peut avoir des réactions inattendues et faire des bonds d'une puissance inouïe en quelques dixièmes de seconde. Lelouch avait exigé les gardiens de la réserve pour surveiller la scène. Amoureux de la brousse et des grands fauves ils avaient pour la plupart payé leur écot : l'un était borgne, un autre avait un bras en moins et un troisième arborait une énorme cicatrice, souvenir d'une profonde blessure. Il y a bien longtemps que

Jean-Paul Belmondo avait appris à connaître les animaux, grâce à un vieux dompteur. Celui-ci lui avait expliqué qu'il fallait absolument contrôler sa peur. En effet la peur provoque une montée d'adrénaline que sentent aussitôt les fauves, ce qui les rend agressifs. Comme l'explique fort justement Belmondo c'est exactement la même chose lors d'une querelle dans un bar, si votre rival sent que vous avez peur il n'hésitera pas à vous taper dessus ! Dans tous les cas il convient de garder son calme. Ce que l'acteur a toujours fait y compris lorsqu'il eut à affronter des panthères pour *Le Cerveau* et des tigres pour *L'Animal.*

« C'est là qu'il m'impressionne, admet Claude Lelouch : il a une telle confiance dans ce que lui dit son metteur en scène... Je me rappelle, il m'a demandé : ''Je peux y aller ou pas ?'' Je lui ai dit : ''Ouais, tu peux y aller, le lion est prêt... Mais, enfin, c'est quand même un lion. L'encadrement m'a dit qu'il y avait une chance sur mille pour que ça ne marche pas mais il faut y aller.''... ''S'il faut y aller, j'y vais !'' Et il a été devant le lion comme moi je vais devant une fleur ! Moi je n'en pouvais plus, je transpirais plus que lui parce que je savais qu'il y avait un risque mais on ne fait pas d'omelettes sans casser les œufs. Nous avions beau avoir des mecs avec des fusils, autour, un lion en un quart de seconde il est sur vous, surtout à cette distance. Un coup de patte suffit à vous mettre dans un état lamentable, à vous arracher le visage. C'est parce qu'il y avait ce risque que personne d'autre avant nous ne l'avait fait ! »

Ailleurs, sur un atoll près de Tahiti, l'équipe découvrit des milliers d'oiseaux vivant là en toute tranquillité. Sam Lion marcha au milieu d'eux comme dans un rêve.

Comme à son habitude, Claude Lelouch ne donna aucun dialogue véritablement écrit à ses interprètes et préféra bien souvent leur souffler leur texte au moment des prises de vues. Tel fut le cas, notamment pour la scène entre Sam Lion et sa fille filmée en haut des chutes Victoria. Parfois, Lelouch évoquait les grandes lignes du texte avec Belmondo sans en parler à Anconina qui devait tout découvrir face aux caméras. Ainsi naquit la scène des « bonjour » au cours de laquelle Sam Lion apprend à son fils spirituel les subtilités dans la manière de saluer les gens. Cette scène fut totalement improvisée sur une base définie par Lelouch. Son tournage prit deux heures sous le regard attentif d'un Claude Lelouch tellement ébloui par le talent de ses comédiens et leur humour qu'il hoquetait de rire et fut obligé de tenir sa caméra à deux mains afin de conserver une image fixe... En fait, le film se créait également le soir, après le tournage. Les acteurs et le réalisateur se réunissaient et parlaient de leurs personnages, de l'issue que Lelouch leur avait prévue, de l'évolution de leur caractères. En définitive toutefois, les acteurs se rendirent compte qu'ils connaissaient tout du passé de leurs personnages mais pratiquement rien de leur avenir.

« Je me rappelle qu'un jour nous étions à San Francisco, raconte Lelouch, nous avions un peu de temps, j'ai demandé à Jean-Paul : "Tu veux que je te raconte un peu la suite ?" Il me dit : "Non, non, c'est bien comme ça, j'aime bien." Je sais qu'avec d'autres metteurs en scène il est très à cheval sur le scénario parce que ce sont des metteurs en scène de scénario pour qui le scénario est essentiel alors que moi dans un film je cherche tout le temps à casser l'histoire, à casser ce qui a été prévu par le destin. J'aime bien les surprises. Donc j'adore faire des surprises à mes comédiens et comme Jean-Paul adore qu'on lui fasse des surprises c'est le paradis ! »

Itinéraire d'un enfant gâté fut également l'occasion d'une amitié : celle qui unit Belmondo à Anconina. Jean-Paul se souvint de l'impression qu'il avait eue au moment d'arriver sur le plateau d'*Un singe en hiver* et d'affronter Jean Gabin. Grâce à Lelouch qui l'avait prévenu il savait que Richard risquait de se retrouver dans le même état d'esprit. Alors il fit tout pour le mettre à l'aise et surtout pour casser la perpétuelle angoisse qui ne cesse d'habiter Anconina.

Anconina avait tellement confiance en Belmondo qu'au fin fond de la brousse, inquiet par la multitude d'animaux rôdant, Richard demanda à dormir dans le bungalow jouxtant celui de la star. En cas de danger il lui suffirait de crier pour voir Jean-Paul Belmondo, tel Indiana Jones, surgir et le sauver !

« Jean-Paul a beaucoup d'admiration pour Anconina, ajoute Claude Lelouch. Il aimait beaucoup le comédien, il était emballé. Il fait partie de ces comédiens qui n'ont pas peur d'autres comédiens. Il y a des comédiens qui ne sont pas vraiment sûrs de leur coup et qui ont peur des autres, mais lui, je ne vois pas qui pourrait lui faire peur aujourd'hui. Anconina, qui est plutôt inquiet, il se pose des tas de problèmes, a été obligé sur ce film d'être relax puisque Belmondo était tellement relax qu'Anconina ne pouvait pas sortir ses inquiétudes. Belmondo met tout le monde à la mesure, il donne le la, il met tous les autres acteurs sur un même niveau que lui. Il facilite la tâche des gens. Il sait très bien qu'il ne peut pas être bon tout seul. Comme tous les grands acteurs, il a compris que plus les autres sont bons, plus il a de chances d'être bon. Il me fait penser à Platini qui donne des ballons. Anconina n'a qu'à marquer les buts. C'est Belmondo qui donne tous les ballons. C'est une grande équipe ! »

Belmondo trouva en Anconina un acteur qui ne triche absolument pas et qui conserve sa sincérité même dans son travail. Aux yeux de

Jean-Paul, Richard est un enfant d'une grande naïveté ce qui est une qualité car, pour la star, le métier d'acteur ne peut se concevoir que si l'on a conservé son âme d'enfant.

Pour sa part Claude Lelouch retrouva en Jean-Paul Belmondo l'acteur disponible qu'il avait apprécié dix-huit ans auparavant à l'époque d'*Un homme qui me plaît*.

« Il est capable d'aller dans toutes les formes de cinéma, constate Lelouch, le cinéma d'instinct comme le mien, le cinéma très précis comme celui d'Alain Resnais. C'est le propre d'un comédien qui s'adapte aux histoires et aux metteurs en scène qu'on lui propose... Quand Jean-Paul a un problème sur une scène c'est que la scène a un problème. Mais avec Jean-Paul, dans 80 % des cas nous n'avons pas de problème. Je sais ce qu'il peut dire. Lui ne perçoit pas les petites déceptions parce qu'il n'est jamais spectateur de son travail mais moi je les perçois. Je n'en parle même pas, j'essaie autre chose. Je préfère plaider coupable à chaque fois. Quand on a une voiture qui marche à 300 à l'heure si à un moment donné elle ne marche qu'à 250 c'est que le chauffeur ne sait pas la conduire. La voiture, elle, peut toujours aller à 300... La première des choses le matin quand il arrive sur le plateau : je me renseigne sur sa bonne humeur, s'il a bien dormi, parce que je sais que ça va jouer un rôle important. Alors si je sais qu'il est de bonne humeur, qu'il est en pleine forme et qu'il n'est pas bon dans une scène, je suis le coupable. »

Au bout de son immense voyage, Claude Lelouch se retrouva avec des tonnes de pellicule. Il lui fallut procéder au montage. L'un des points délicats fut la durée de la fameuse scène des « bonjour ». Claude Lelouch disposait, en fait, de cinq minutes de plus que ce qui apparut finalement sur l'écran. Il hésita mais maintint son choix. Aujourd'hui il se demande s'il n'aurait pas dû tout mettre car « c'est une scène qui aurait pu durer une heure », dit-il.

Itinéraire d'un enfant gâté sortit sur les écrans français le 29 novembre 1988 et se classa aussitôt en tête du box-office avec 165 012 entrées sur Paris. De l'avis des spécialistes il aurait pu dépasser les 200 000 entrées en première semaine dans la capitale s'il n'y avait eu une sévère grève des transports. Quoi qu'il en soit, l'idée de suivre un Belmondo aventurier filmé par Lelouch séduisait le public. A tel point que « le bouche à oreille », qui constituera éternellement la meilleure promotion pour un film, fonctionna à merveille attirant *Itinéraire d'un enfant gâté* vers les cimes. Cette œuvre apparut tellement réussie, et ses acteurs tellement convaincants que Jean-Paul Belmondo reçut une nomination pour le César du meilleur rôle. Depuis la création de cette récompense, en 1976, jamais il n'avait bénéficié d'un tel hommage. Pourtant l'acteur fit savoir bien avant la cérémonie qu'il refuserait le César s'il lui était attribué. Le 20 janvier 1989, Belmondo fit publier ce communiqué de presse :

« Je remercie les professionnels du cinéma qui ont porté leur choix sur mon nom en vue de la nomination au César du meilleur acteur. A cette occasion, je tiens à rappeler la position qui a toujours été la mienne concernant ce vote auquel je n'ai d'ailleurs jamais participé. Je pense que le public est le seul jury qui puisse nous accorder des distinctions, car nous n'existons que par lui et que pour lui et je me suis toujours efforcé de recueillir ses suffrages. L'unique prix décerné par une Académie que j'aurais aimé obtenir c'est celui du Conservatoire, je crois qu'il est maintenant un peu tard. J'ai beaucoup de respect et d'admiration pour les lauréats des Césars et je demande à mes amis professionnels de reporter sur les autres nominés les voix qu'ils pourraient me destiner. »

Cela ne signifiait nullement qu'il critiquait les acteurs et autres membres de la profession cinématographique qui acceptaient leur César. Belmondo respecte ceux qui tiennent à cette récompense mais, en contrepartie, il désire que l'on respecte ceux qui, comme lui, comme Alain Delon, comme Miou-Miou n'ont aucune envie d'un César ni de quoi que ce soit d'autre du même acabit.

Des journalistes mal informés estimèrent que derrière cette querelle se cachait une autre colère : Jean-Paul Belmondo et sa famille n'auraient pas apprécié que l'on ait choisi César et non Paul Belmondo pour sculpter ladite récompense. Certes, l'acteur ne cacha jamais son dédain pour César et affirma à plusieurs reprises qu'il aurait préféré que la récompense fût nommée Raimu ou Renoir, en hommage au peintre, au cinéaste et à l'acteur, mais cela s'arrêtait là et ne reposait sur aucune jalousie.

« Je m'élève, et toute ma famille avec moi, ma mère, mon frère, ma sœur et mes enfants, contre ce mensonge, précisa-t-il. Mon père était un grand artiste et quelqu'un de très intelligent qui ne serait jamais entré en compétition avec M. César. Ils ne faisaient pas le même métier. L'un était sculpteur, l'autre est compresseur. Mon père, dont les œuvres se trouvent dans le monde entier, n'a jamais eu besoin de passer de concours. César l'a attaqué après son entrée manquée à l'Académie des beaux-arts et avec les miens nous ne lui avons pas pardonné[1]. »

Pour bien prouver qu'il n'en voulait pas aux Césars en tant

1. *Paris-Match* du 16 mars 1989.

que tels mais plus généralement à tout système de récompenses cinématographiques, Jean-Paul Belmondo, dans le même temps, repoussa une offre de siéger au prochain jury du festival de Cannes.

Le soir de la cérémonie, Jean-Paul se trouvait tranquillement chez lui, en famille. Il alluma le poste de télévision et commença à regarder le début de ce qui n'était pas véritablement un spectacle. Il fut ému par l'apparition d'un Bernard Blier fatigué et vieillissant puis, estimant que l'ensemble de la soirée traînait considérablement en longueur, alla s'allonger. Moins d'une heure plus tard, alors qu'il se laissait bercer par la douce torpeur d'un demi-sommeil, il apprit qu'il venait de gagner le César ! Sachant qu'il ne mettrait pas l'ombre d'une chaussure dans la salle, Belmondo avait interdit à toute personne de venir chercher la statuette en son nom et demandé à Michel Drucker de lire un petit texte précisant les raisons de son absence.

Pendant ce temps, *Itinéraire d'un enfant gâté* continuait de caracoler au box-office et partait à la conquête du public international. Il fut même présenté à Moscou où les officiels en profitèrent pour organiser un hommage à Belmondo en présentant, en mai 1988, cinq des films dans lesquels il a joué. L'acteur, bien entendu, assista à cet hommage, ce qui l'obligea à une course contre la montre. En effet, parti des États-Unis où il avait passé quinze jours auprès de sa fille et de sa petite-fille, il effectua une escale à Paris, une unique soirée, le temps d'applaudir le concert en tous points exceptionnel de Frank Sinatra, Sammy Davis Jr. et Liza Minnelli, puis reprit un avion destination Moscou.

Quelques semaines plus tard, à l'occasion d'un numéro spécial de l'hebdomadaire *Le Film français* fêtant les trente années de présence de Claude Lelouch dans la profession cinématograhique, Jean-Paul Belmondo écrivit cette lettre ouverte :

« Claude,

Comme tous les grands cinéastes, tu es d'abord un formidable conteur. Je me souviens très bien de ce jour de 1987 lorsque tu es venu me voir dans ma loge du théâtre Marigny. Tu m'as raconté l'histoire de Sam Lion. Je t'écoutais avec le sourire de l'enfant qui écoute un conte de fées. Ce soir-là tu m'as emmené dans le sillage de cet homme qui quittait tout et partait pour le bout du monde. Ce soir-là, sans bouger de mon fauteuil, j'ai voyagé dans des contrées extraordinaires. Je t'ai dit oui, évidemment : je ne connais pas beaucoup d'acteurs qui osent te dire non. Et ce voyage que tu m'avais décrit nous l'avons fait. Avec une équipe formidable, comme tu sais en réunir, nous avons suivi pas à pas l'itinéraire de cet enfant gâté et j'ai retrouvé la joie de jouer au cinéma, joie que je croyais un peu disparue depuis mon retour sur scène. On ne le dira jamais assez mais pour nous, les acteurs, tu lances le plus merveilleux des défis, nous obligeant à improviser ou nous soufflant le texte deux minutes avant le tournage. Tu nous forces à être constamment en éveil, à ne jamais jouer en pantoufles. Avec toi, il faut toujours trouver le ton juste, faire passer l'émotion ou la surprise et ça, ça me plaît... Te voilà à fêter tes trente ans de cinéma. Trente ans ! Ça doit paraître beaucoup aux jeunes qui se bousculent aux portes du métier, mais tu sais comme moi que trente ans ce n'est rien. Ça l'est d'autant moins quand on possède ton inépuisable passion à filmer. J'ai fait deux films avec toi et à chaque fois je t'ai vu faire preuve d'un enthousiasme débordant, tu nous poussais à donner le meilleur de nous-mêmes, tu te donnais à fond comme si tu tournais ton premier film. Ton amour du septième art et ton amour des acteurs n'ont jamais été émoussés. Blasé, toi ? Jamais ! Et c'est pour cela que tu resteras toujours jeune. Aujourd'hui me revoici sur la scène du théâtre Marigny et je suis heureux. Pas seulement parce que je vis tous les soirs dans la peau de Cyrano mais parce que nous allons nous retrouver autour des caméras : c'est le plus beau cadeau que l'on puisse me faire. Tu vois, c'est ton anniversaire et c'est toi qui fais les cadeaux. C'est tout toi, ça, Claude.

Bon anniversaire. »

Quant à Claude Lelouch, il conclut : « Jean-Paul aime la vie et la vie l'aime. C'est ça qui est formidable. Il y a une histoire d'amour entre lui et la vie. Ils s'aiment à la folie tous les deux. Comme, je crois, il n'a jamais trompé la vie il n'y a aucune raison que la vie le trompe. »

27

MONSIEUR DE BERGERAC

« Cyrano offre au comédien des scènes magnifiques, explique Jean-Paul Belmondo, sa mort notamment, mais surtout la plus belle des scènes d'amour. Je crois que tous les acteurs ont envie de jouer ça, ne serait-ce que pour jouer le dernier acte. Quant on est acteur, on aime Cyrano. Il y a tout dans cette pièce : l'amour, la drôlerie, la sensibilité et le romantisme. Tout le monde se sent au moins un jour l'âme de Cyrano. Il est émouvant, désabusé, brillant, comique, redresseur de torts, amoureux intransigeant et lucide. Cyrano rejoint, un peu, Don Quichotte par moments, il se bat sur des causes un petit peu impossibles et s'attaque quand même à des moulins à vent bien qu'il dise à un moment : "J'attaque donc des gens qui tournent à tout vent ?" Je crois qu'il s'attaque à la société, mais il ne va rien faire de réellement positif. Ce qui est beau c'est qu'à la fin justement, il dit qu'il a tout raté même sa mort. C'est un personnage qui a essayé toute sa vie et qui aboutit à un échec... Je dirais que sa vie est un échec avec panache. Il a tout fait avec panache, mais, finalement, si on regarde Cyrano à l'arrivée, il n'a rien fait !... "Ne pas monter bien haut mais tout seul !" Ça définit tout le personnage. Il ne veut pas d'aide et, finalement, il n'est jamais monté bien haut en vérité. La tirade des "Non, merci !" le définit aussi totalement, pour moi. L'autre aspect du personnage apparaît lors de la scène du balcon quand il fait de la poésie. "Un baiser mais à tout prendre, qu'est-ce ? Un serment..."

« Ce sont les deux facettes de Cyrano : le refus de s'abaisser devant la société et, en même temps, la tendresse parce que sous le balcon il est quand même très tendre. Car, en plus, il vit un drame d'amour : il aime et il n'est pas aimé. C'est un grand cœur. C'est aussi un type qui ne sait pas parler aux femmes parce que quand il est devant une femme il ne sait pas quoi dire. Il y a Roxane, mais on peut penser que c'est pareil avec d'autres femmes. C'est un type qui est gêné devant les femmes. Son nez ne le gêne pas avec les hommes, puisqu'il en rigole, il les nargue et il s'en fout, mais devant une femme ça lui enlève tous ses moyens. Cyrano a un complexe mais ça va peut-être plus loin que son nez : c'est un type qui sait s'exprimer brillamment au nom d'un autre, mais il ne sait pas parler en son nom. Tant qu'il a la "couverture" de Christian, il sait parler. Finalement, je crois que le nez est accessoire, il lui sert de "couverture". Car Cyrano s'abrite toujours derrière quelque chose : Christian et son nez. Il n'est jamais à découvert. C'est un grand sensible, un écorché vif, et, sans doute, un grand timide sous son côté hâbleur. Chacun retrouve quelque chose de soi en Cyrano : il est poétique, il est sensible, il est hâbleur et, en même temps, il est timide, il est courageux et, surtout, il n'est pas méchant. C'est pour ça que c'est une pièce qui est très aimée et que les gens aiment Cyrano. Il a une hargne mais ça n'est pas de la méchanceté. Par exemple, dans les "Non, merci !" quand il attaque la société, il ne fait pas vraiment de mal. Il ne se laisse pas marcher sur les pieds, mais pour moi, ça n'est pas de la méchanceté. C'est un type qui ne se laisse pas faire, ce qui est différent d'un type méchant. Quand il attaque ce n'est pas gratuit. Par exemple, c'est Montfleury qui vient l'embêter. Avec le fâcheux non plus il n'est pas méchant, il rigole et c'est l'autre qui cherche vraiment la bagarre...

« A travers les "Non, merci !" on peut faire un rapprochement avec *Le Misanthrope* parce qu'il est aussi un peu misanthrope Cyrano, quoiqu'il soit aux cadets et qu'il ait tous ces gens autour de lui. Il refuse la société, c'est en cela que c'est un personnage moderne qui peut plaire aux jeunes. C'est un marginal, finalement. Il refuse d'entrer dans le système. Pour moi, Cyrano est un homme dans toute la splendeur du mot, un homme authentique, sans concession. Il est la générosité, le cœur. C'est vrai aussi que Cyrano a l'esprit, le panache et la poésie qui sont des caractéristiques bien françaises. Il a ce côté frondeur, qui enfonce tout, qui en fait un Français. On ne le verrait pas anglais ou américain. C'est pour ça aussi que c'est la pièce la plus jouée à l'étranger, en dehors de ses qualités propres, parce qu'il représente une certaine image de la France... Il y avait aussi chez Kean le côté désespéré. Kean aussi était un hâbleur, il haranguait aussi la foule, mais, comme il le disait à la fin, ce n'était qu'un acteur. Cyrano n'est peut-être aussi qu'un acteur, d'ailleurs. Il pourfend des choses mais n'a jamais aucune méchanceté. Kean, malgré toute sa réussite d'acteur, avait dans sa vie de tous les jours connu l'échec. Donc ils se retrouvent un peu tous les deux. Kean aurait très bien pu finir comme Cyrano en disant : "J'ai raté ma vie." En jouant *Kean* j'ai senti aussi ces moments désespérés, tout en étant un personnage haut en couleur. Ces grands personnages héroïques se retrouvent un peu. Moi, *Kean*, je voulais le finir sur *Othello*, sur la fameuse tirade où il disait qu'il n'était rien. Et c'était très beau. Le cinquième acte était bien, mais on repartait sur une autre pièce, alors que là Kean disait tout, quand il parlait au public. Il rejoignait Cyrano et faisait un constat d'échec en disant que tout ça n'avait servi à rien. C'est toujours très beau quand l'échec arrive à ce point-là. Ce n'est pas beau un petit échec de rien du tout, ou celui qui rate tout. Mais un échec aussi énorme, avec quelqu'un qui a en même temps du panache, c'est merveilleux. Moi, ce qui m'ennuie, c'est quand un type arrive sur scène et qu'on vous dit d'entrée que c'est un minable, qu'il est foutu, alors moi je me dis : "Ça y est, je vais dormir pendant deux heures !" Alors que Cyrano ou Kean on vous les montre flamboyants, même si ce sont des types qui ont raté leur vie. Si on vous disait d'entrée : "Ce sont des ratés", ils n'intéresseraient personne. Avec les autres, Kean et Cyrano sont tous les deux très hâbleurs, et puis, quand ils sont seuls leur vernis craque et ce sont des écorchés vifs, ce sont des types qui ont loupé ce qu'ils voulaient faire. Et puis tous les deux aiment une femme. Kean aime la comtesse mais ça ne lui est pas possible, alors il va partir avec une autre mais c'est un échec parce qu'il voulait la comtesse qu'il aime vraiment. Il y a aussi dans *Kean* ce refus de la haute société parce qu'à son époque les acteurs étaient encore en marge et il n'arrive pas à s'intégrer à cette société. C'est aussi un marginal et ça retrouve Cyrano. »

Cyrano n'est, effectivement, pas très lointain de Kean. Les deux hommes sous des côtés grands seigneurs époustouflants cachent un profond sentiment d'échec. Le fait que Belmondo se retrouva dans les deux rôles ne peut être interprété comme une coïncidence. Comme si la star, qui depuis plus de trente ans tient le haut de l'affiche, avait senti que l'échec demeurait le plus proche parent du triomphe. Comme si le comédien s'était rendu compte qu'il n'avait cessé de marcher en équilibre précaire sur la corde de la victoire tendue au-dessus du gouffre de l'échec. Belmondo a de la chance et il le sait, disent ses proches. Sans doute, mais Belmondo a aussi de la clairvoyance, il connaît les douleurs de l'échec, même s'il a beaucoup plus fréquemment flirté avec le triomphe. Et puis, derrière Kean et Cyrano, personnages hauts en couleur et pas tout à fait de fiction — puisque tous deux inspirés de la réalité — Belmondo a découvert deux magnifiques portraits d'acteurs. Car Cyrano, tout autant que Kean, se révèle, à sa manière, un acteur, en représentation constante. Tous deux jouent leur propre rôle, parfois jusqu'à la démesure. Où s'arrête la réalité et où commence le jeu ? Eux seuls pouvaient véritablement le savoir. Comme seul Belmondo et peut-être quelques-uns de ses rares intimes savent où s'arrête le Jean-Paul sincèrement et profondément timide et où débute l'acteur, sûr de lui et apparemment invulnérable. Tous les comédiens protègent une part de détresse, c'est celle-ci que Belmondo voulut exploiter en jouant Kean puis Cyrano. Panache et douleur, brio et angoisse.

Depuis qu'il avait songé à revenir au théâtre, Jean-Paul Belmondo rêvait de reprendre *Cyrano de Bergerac*, l'immortel chef-d'œuvre d'Edmond Rostand. Déjà, en 1975, il avait annoncé que son rêve serait de jouer Cyrano au théâtre. Étonnamment, Robert Hossein caressait une envie conjointe puisqu'en 1981 il déclara, au cours d'une interview, qu'il aimerait convaincre Belmondo de jouer *Cyrano de Bergerac*, ne fût-ce que pour une centaine de représentations. Ainsi au lendemain de *Kean*, les deux amis purent concrétiser ce projet.

Cyrano de Bergerac, comédie héroïque en cinq actes et en vers, s'imposa pratiquement dès sa création, le 28 décembre 1897, comme un monument du Théâtre-Français. Elle figure d'ailleurs parmi les pièces les plus jouées en France. De très nombreux comédiens de grand talent se sont succédé dans le rôle apportant un éclairage que Constant Coquelin, son créateur, n'avait pas forcément mis en valeur : Victor Francen, Pierre Fresnay, Gabriel Signoret, Charpin, André Brunot, Denis d'Inès, Pierre Dux, Jean Martinelli, Maurice Escande, Paul-Émile Deiber, Gino Cervi, Bernard Noël, Jean Piat, Jean Marais, Jacques Destoop, Jacques Toja, Alain Pralon...

Plus de cinquante ans après sa création à la Comédie-Française par André Brunot — celui-là même qui lui avait conseillé de ne pas devenir acteur —, Jean-Paul Belmondo confirma son intention de reprendre la pièce, bien qu'il ait songé brièvement à jouer *Le Capitaine Fracasse*. En fait il ne souhaitait pas laisser un long temps s'écouler entre la dernière de *Kean* et son retour au théâtre. Dès juin 1987 il avait d'ailleurs affirmé qu'au plus tard dans un an, un an et demi, il reviendrait au théâtre. Puis il précisa qu'il entamerait les répétitions aussitôt les prises de vues d'*Itinéraire d'un enfant gâté* achevées. Mais sa volonté de renouer avec Robert Hossein le força à modifier quelque peu ce planning. Fou de théâtre, Hossein débordait de projets grandioses et, en l'occurrence, s'attaquait à *Dans la nuit la liberté*, une superproduction sur la Résistance, jouée sur la scène du Palais des Sports à compter d'octobre 1989. Tout de même, les deux hommes convinrent d'un plan de travail. C'est pourquoi, dès le début d'avril 1989, Belmondo et Hossein purent annoncer que *Cyrano de Bergerac* serait joué sur la scène du théâtre Marigny dès le 20 janvier 1990, fort probablement pour un nombre limité de représentations qui n'excéderaient pas quatre mois.

Sur ce, se produisit la première de *Dans la nuit la liberté*. Pour certains journalistes cet événement fut aussi l'occasion de remarquer Jean-Paul Belmondo au bras d'une nouvelle compagne : la blonde et jeune Nathalie Tardivel que tous ses amis surnomment simplement Natty. Ex-Cocogirl, elle avait rencontré Jean-Paul à l'occasion d'un tournoi de tennis à Roland-Garros. La jeune femme, alors âgée de vingt-quatre ans, y était venue en compagnie de son fidèle yorkshire, Calypso. Jean-Paul, qui cherchait alors un mâle pour sa Maya, fut intrigué par la boule de poils nommée Calypso et aborda sa charmante propriétaire. Il s'avéra que Calypso était une femelle ce qui contrecarra les projets de Belmondo mais ne l'empêcha pas de se ravir du contact établi avec Natty, qui ne fit que se renforcer dans les semaines suivantes...

Pendant ce temps, Cyrano s'affirmait de plus en plus présent dans la vie de Jean-Paul. Sa passion pour le texte d'Edmond Rostand remontait au lendemain de la guerre lorsque, jeune homme passionné de théâtre, il se rendit à la Comédie-Française, y admirer Denis d'Inès et Maurice Escande. Pratiquement à la même époque, il redécouvrit cette pièce au Conservatoire puisque *Cyrano de Bergerac* était fréquemment étudié par des élèves qui se frottaient tant bien que mal à la célèbre « tirade des nez » ou à la scène du balcon. Jean-Paul, que son professeur, Pierre Dux, avait cantonné dans les emplois de valet, se sentait plus à l'aise dans le costume de Scapin que dans celui de Cyrano mais il suivit avec intérêt l'évolution de ses compagnons dans le rôle. Le 23 mars 1953, toujours élève du Conservatoire, il assista aux adieux d'André Brunot. Au cours de cette cérémonie le « maître » offrit une interprétation de quelques passages de *Cyrano* qui reste en bonne place dans la mémoire de Belmondo. Cette pièce semblait d'ailleurs suivre de très près la jeune destinée de l'étudiant puisque son propre professeur, Pierre Dux, après avoir interprété lui aussi Cyrano avec brio durant une dizaine d'années à la Comédie-Française, s'apprêtait à reprendre le rôle, au théâtre Sarah-Bernhardt alors qu'il continuait à professer au Conservatoire. Plus tard, le célèbre bretteur apparut moins présent dans la carrière de Jean-Paul Belmondo, même si la star continua à applaudir les prestations de ses confrères dont Jean Piat et Paul-Émile Deiber. Puis, au début des années 1970, *Cyrano de Bergerac* resurgit. Par deux fois, Jean-Paul repoussa l'offre de jouer le Gascon au long nez au cinéma. L'une de ces propositions émanait d'Italie, l'autre de Philippe de Broca.

« Je pensais que je ne pourrais pas le jouer au cinéma, à cause des vers, confie Belmondo. Et jouer Cyrano sans les vers, ce n'était pas jouer Cyrano. Moi, comme acteur, je suis peut-être un peu excessif, mais j'aime bien que les vers soient joués au théâtre. Et puis le rôle méritait d'être claironné sur une scène, je ne me voyais pas le claironner au cinéma. Mais aujourd'hui, je pense que c'est bien qu'il y ait un film et une pièce. Il y a vingt ans les gens auraient peut-être été déroutés si j'avais joué Cyrano au cinéma. Cyrano n'était pas tout à fait mon emploi. Mais la vérité est que ce qui m'a dérouté moi ce sont les vers. Si vous me disiez de jouer *Othello* au cinéma je vous dirais "Pourquoi pas ?", parce qu'*Othello* n'est pas en vers. Les vers ça me semble toujours difficile au cinéma, parce que c'est une manière de parler très spéciale. »

Exit donc les projets cinématographiques autour de *Cyrano de Bergerac* qui ne revint dans la vie de Jean-Paul que par le biais de représentations dont celles avec Jacques Toja, Alain Pralon et Jacques Destoop et, plus récemment, Jacques Weber.

« J'ai vu beaucoup de Cyrano, constate Belmondo, et des Cyrano fort différents, mais je ne dirai pas qui était le meilleur. Ils étaient tous de très grands Cyrano dans des genres différents. C'est un rôle qui peut se jouer de différentes manières. »

En attendant le début des répétitions, Jean-Paul Belmondo s'occupa personnellement de la production de *Cyrano de Bergerac*. Pour commencer, il porta son choix sur le théâtre Marigny, écrin de sa récente gloire avec *Kean*.

« C'est un théâtre qui a les bonnes dimensions, explique-t-il. Moi, je n'aimerais pas jouer au palais des Congrès ou au Palais des Sports. C'est ce que j'ai dit à Robert. Mes partenaires financiers auraient voulu que je joue la pièce là-bas parce que ça aurait fait plus de sous, mais, pour moi, il n'en était pas question. Là-bas ce n'est plus du théâtre : on joue avec un micro dans la perruque, les gens vous voient tout petit... Moi, je suis pour le théâtre à l'ancienne et le Marigny a toutes ces qualités. Si c'est pour avoir un micro je fais du cinéma ! A Marigny on sent le public et c'est formidable. »

Il n'était pas question de jouer *Cyrano* ailleurs que dans un théâtre privé, et surtout pas à la Comédie-Française avec laquelle Jean-Paul Belmondo n'avait plus aucun contact depuis la mort de Jean Le Poulain. Le passé lui avait réservé tellement de surprises de tout acabit qu'il n'était guère pressé de rétablir les ponts.

Le côté strictement financier s'avéra épineux. Depuis toujours

Cyrano de Bergerac a la réputation d'être une pièce chère de par le nombre de décors, la nécessité de costumes flamboyants et la multiplicité des personnages qui entourent Cyrano lui-même. En 1897, lorsque Constant Coquelin créa la pièce lui assurant un succès colossal, des mesures draconiennes furent prises pour limiter le budget : décors peints sur des toiles, costumes récupérés dans d'autres spectacles, etc., ce qui n'empêcha pas *Cyrano de Bergerac* de coûter soixante mille francs-or, somme jugée colossale pour l'époque. Près d'un siècle plus tard, Belmondo, qui ne voulait pas d'un spectacle au rabais, constata que le budget de la pièce frôlerait les dix millions de francs. Il comprit mieux, dès lors, pourquoi depuis la fin de la Seconde Guerre mondiale, la pièce de Rostand n'avait jamais été jouée dans un théâtre privé et avait toujours bénéficié de subventions étatiques.

« Ça coûte très cher car il y a quarante-deux personnages sur scène et d'énormes décors, ce qui fait monter le budget autour du milliard de centimes, ce qui est très cher pour le théâtre, explique Belmondo. Cela oblige à jouer la pièce longtemps. C'est pour cela que j'ai accepté de la jouer plus longtemps que quatre mois alors que c'est un rôle très fatigant vocalement et physiquement. Mais ça ne serait pas honnête vis-à-vis de mes associés de dire : ''Je vais faire un petit tour et je m'en vais !''... Je n'ai eu aucune difficulté à trouver des associés, au contraire, j'ai dû faire une sélection. Heureusement que sur le boulevard on trouve encore des commanditaires prêts à se mouiller sur une affaire comme celle-là qui est aussi une affaire de prestige. C'est la première fois que *Cyrano* est joué en privé parce que même lorsqu'il a été joué à Mogador il a bénéficié d'une subvention. Moi, ce que je regrette toujours c'est qu'on aide toujours les mêmes. Qu'on aide les Maisons de la Culture, c'est très bien mais n'aider que cela c'est une erreur parce que le jour où il n'y aura que les Maisons de la Culture il manquera toute une partie du théâtre : le théâtre de boulevard puisque Marigny est considéré comme un théâtre de boulevard. »

Belmondo calcula que pour amortir les frais gigantesques il devait s'engager au minimum pour cent cinquante représentations. Cela lui semblait énorme vu l'ampleur de la pièce, mais après tout *Kean* qui réclamait une énergie comparable avait tenu plus longtemps. De toutes les façons, pas question de reculer. Dès lors l'énorme navire que représentait *Cyrano de Bergerac* commença à se construire. Tandis qu'une vingtaine de techniciens s'occupaient des cinq immenses décors, tandis que cinq costumières s'affairaient autour des cent huit costumes taillés dans des velours et des brocarts, Belmondo et Hossein, capitaine du navire, procédaient à l'engagement de l'équipage, c'est-à-dire des acteurs. La plupart des rôles furent facilement distribués. En premier : Béatrice Agenin, présente dans *Kean*, devint une délicate Roxane.

« La chose très troublante pour moi en jouant Roxane, explique Béatrice Agenin, c'est tout ce qui la lie à l'enfance. Dans la première scène elle dit à Cyrano : "Vous veniez souvent à Bergerac..." A partir de là j'ai construit le personnage. Ils ont vécu une partie de leur enfance ensemble. On les imagine jouant ensemble. Pour moi la clef de Roxane et la clef de sa relation avec Cyrano se trouvent dans leur enfance. Cyrano est la seule vraie attache de Roxane. Comme il est plus âgé qu'elle et qu'elle n'a pas de parents ce n'est pas son père mais son grand frère, le seul à qui elle peut se confier. C'est à lui qu'elle demande de l'aide. A cause de cette présence de grand frère elle se sent protégée, elle ne peut pas se rendre compte que c'est lui l'auteur de ces lettres... Roxane est un personnage qui évolue tout le temps. Au départ c'est une toute petite jeune femme, ensuite elle est vraiment amoureuse des mots et non du jeune homme. Puis elle décide d'épouser Christian mais il s'en va à la guerre donc il n'y a pas de consommation physique. Le temps qui s'écoule fait que déjà elle bouge et elle dit : "Je t'ai aimé pour ta beauté et je viens te demander pardon de ça puisqu'en fait ce sont tes lettres qui m'ont bouleversée." Roxane est un personnage tout en mouvement. Le personnage de Roxane commence véritablement au dernier acte au moment où Cyrano lui dit : "C'est moi qui t'ai écrit les lettres", avant elle n'était qu'un bourgeon. Une autre pièce permettrait de raconter vraiment Roxane. Pour moi elle n'est amoureuse ni de Cyrano, ni de Christian, elle est amoureuse de l'amour, comme toutes les jeunes femmes... »

Michel Beaune fut Le Bret, Pierre Vernier joua de Guiche, Claude Évrard devint Ragueneau et Jean-Pierre Bernard, compagnon de Conservatoire de Belmondo, fut choisi pour personnifier le truculent capitaine Carbon de Casteljaloux.

Il fallait encore pourvoir au reste de la distribution. Contrairement à ses habitudes, Hossein chercha des acteurs qui dégagent une certaine maladresse. Il voulait des gens fonçant tête baissée et ne ménagea pas ses efforts pour les dénicher. Ainsi défila devant le metteur en scène et son principal interprète une ribambelle de jeunes comédiens ayant suivi des parcours rarement comparables.

« Nous en avons écouté je ne sais plus combien, cinq cents, je crois, rapporte Jean-Paul Belmondo. Et je dois dire que nous avons été surpris parce que le niveau était très, très bon. C'étaient des jeunes qui sortaient des cours et, à de rares exceptions près, nous n'avons pas vu de types nuls. Il y a quelques années ça arrivait les types qui venaient jouer leur scène en ânonnant. Là, les gens qui sont venus ont bien travaillé. J'ai trouvé que beaucoup avaient été très très bien. Malheureusement nous ne pouvions pas les prendre tous puisqu'on en a vu cinq cents et qu'il fallait en prendre quarante-deux. C'est toujours la méchanceté des auditions. Il n'y en avait pas beaucoup qui sortaient du Conservatoire, la plupart sortaient des cours privés. Non pas que je pense que le Conservatoire soit mauvais — je suis sûr que c'est toujours une très bonne école — mais c'est une école qui ne donne pas la fin depuis qu'ils ont supprimé le concours de sortie. Parce que les concours c'est important. Toute sa vie d'acteur on passe des concours, alors autant se préparer dès le départ, avec l'injustice que cela peut comporter. »

Une fois la troupe engagée, à l'automne 1989, les répétitions commencèrent dans le cadre même du théâtre Marigny. Là, Jean-Paul Belmondo et Robert Hossein confrontèrent leur vision de la pièce.

« Je ne voulais pas obliger Belmondo à assumer ma démarche qui n'a rien à voir avec celle de Savary, par exemple, ni avec qui que ce soit d'autre, explique Hossein. La mienne est beaucoup plus ''russe'', plus nostalgique, plus désespérée, plus satirique et moins complaisante. Comme Jean-Paul m'a dit : ''Je tiens à toi, et je marche dans la manière et dans l'esprit de ta démarche'', alors, moi j'ai foncé... J'avais Belmondo en violon stradivarius, alors j'ai dit : ''Essayons de faire Paganini''. »

Les deux hommes parlèrent notamment des représentations de *Cyrano de Bergerac* auxquelles ils avaient assisté par le passé. Jean-Paul constata alors que son ami metteur en scène possédait une vision relativement récente puisqu'il vit la pièce pour la première fois en 1976, au Palais des Congrès. Dès cette date naquit une véritable passion pour Cyrano qui est, selon Hossein, « le modèle de l'homme du futur parce qu'il est généreux et refuse toutes les compromissions ».

Comme pour *Kean*, Jean-Paul Belmondo arriva dès le premier jour au théâtre Marigny texte su, ce qui ne constituait pas une mince affaire compte tenu de la complexité du rôle et de ses mille six cents vers qui en font, avec *Ruy Blas*, l'un des rôles les plus longs du répertoire classique.

Belmondo avait constaté lors de la pièce précédente que sa mémoire répondait présente, alors il s'attaqua dès juin 1989 au rôle de la même manière. Cette fois plutôt que de se rendre à Marrakech, comme il l'avait fait pour *Kean*, Jean-Paul alla aux États-Unis auprès de sa fille et de sa petite-fille Annabel. Là il appliqua la méthode « forcing ».

« Il faut s'y mettre comme une bête, explique-t-il, je n'ai pas d'autre méthode. Ce qui est difficile à apprendre dans *Cyrano* ce ne sont pas tellement les tirades, parce qu'il y a une ligne à suivre, mais plutôt toutes les petites répliques volantes. au quatrième acte, par exemple, Cyrano ne parle pas et tout à coup : boum ! il faut balancer la rime ou le petit mot qui va permettre d'être dans la chaîne et dans la rime et ça c'est toujours très difficile. Quand on fait un vers à quatre ou cinq il faut que ça aille vite, ce qui est très dur à mémoriser. De toutes les façons c'est un texte que vous avez beau savoir par cœur, vous avez toujours l'impression que vous ne le savez pas. Il y a tellement de vers ! Et puis il faut bien dire que, par moments, Rostand pour arriver à la rime, il invente des mots épouvantables qui vous foutent en l'air. Par exemple, la scène de la lune avec de Guiche : ça ne veut rien dire ! Alors la mémorisation en est très difficile. Il ne faut pas avoir honte de le dire : pour cette pièce il faut un bon souffleur parce que quand vous restez trois heures sur scène à dire des vers, c'est impossible de se dire qu'il n'y aura jamais un moment où le vers ne va pas venir. Au Français, ils avaient des souffleurs admirables. Bien sûr, il faut savoir son texte au rasoir, mais par moments, il peut y avoir des petites choses qui ne veulent pas venir, surtout compte tenu de l'effort physique... En apprenant le texte, en se le disant, l'invention de l'acteur fonctionne. Chacun sa méthode, je n'ai pas à juger des acteurs qui font des annotations sur leur script, mais moi je n'ai jamais fait ça. J'apprends mon rôle et en même temps je l'imagine, je le vis. Et ensuite, il y a la période où vous devenez une "bête" et où il faut apprendre mécaniquement, comme si vous appreniez le Bottin. Je ne fais donc pas d'annotations en disant : "Là, je ferai ça, je ferai ci", parce que vous allez vous retrouver confronté à un metteur en scène qui va peut-être vous demander le contraire de ce que vous vouliez faire. Donc il faut une grande marge de liberté dans sa tête. »

Pas plus qu'il n'avait essayé de lire entre les lignes de *Kean* pour en dénicher d'éventuelles pensées secrètes, Jean-Paul ne chercha à décortiquer les répliques de Cyrano écrites par Edmond Rostand.

« Je ne fais aucun travail disons "intellectuel", affirme-t-il, je réagis spontanément. Certains font des explications de texte mais Cyrano, à moins d'être complètement idiot, on comprend tout de suite qui il est et ce qu'il veut. Je n'aime pas quand on va chercher des choses que n'ont pas voulu dire les auteurs. La mode pour Molière c'est de chercher des choses très loin, et on se retrouve avec un *Avare* où il y a quarante personnes sur scène alors qu'il est avare ! Je n'aime pas que l'on pense à la place de l'auteur. L'auteur, ce qu'il a voulu dire, il l'a mis sur le papier. C'est un peu cartésien, d'accord, mais je crois que c'est ça le travail d'acteur. Rostand n'a pas voulu dire autre chose que ce qu'il a écrit !... Au théâtre on réfléchit plus au rôle hors de scène. D'abord on pense à son texte, ce qui n'est pas le cas au cinéma. Donc le personnage vous suit plus. Mais je ne veux pas dire que je me prends pour Cyrano dans la rue. Par contre, tout à coup, il y a une tirade qui vous vient dans la tête. Mais je ne suis pas obsédé par le texte. »

De même Belmondo, qui n'avait pas véritablement cherché à connaître le vrai Kean, ne souhaita pas approfondir ses connaissances de l'authentique Cyrano qui inspira Rostand, même s'il compulsa les divers ouvrages qui lui ont été consacrés.

« Je les ai lus par curiosité, avoue-t-il. Ça n'a pas d'utilité pour jouer le rôle. Ce qui compte c'est ce qui est écrit, ce qu'a voulu voir Rostand. Moi, je n'aime pas quand les acteurs vont chercher trop loin. Le vrai Cyrano on ne le joue pas. Si on jouait le vrai Cyrano ça n'intéresserait personne puisque c'est un mec plutôt raté qui n'a pas fait grand-chose de très brillant. Il est assez minable et c'est fou que Rostand ait pris ce côté minable — car, dans la pièce, Cyrano ne va pas gagner — et qu'il ait réussi à en faire un héros ! »

Les premières répétitions s'effectuèrent sans les costumes de la pièce mais avec quelques accessoires indispensables : les rapières des cadets de Gascogne, le voile de Roxane et... le nez de Cyrano.

« J'ai décidé de le mettre dès le premier jour des répétitions, déclare Belmondo. Il fallait que je m'y habitue tout de suite, autrement je risquais de loucher pendant les représentations. Des fois j'oubliais de l'enlever quand j'allais prendre l'air autour du rond-point des Champs-Élysées. Il fallait voir comment les femmes me regardaient. C'était un très bon exercice, c'est comme ça que Roxane regarde Cyrano. Ce nez n'était pas gênant du tout, je respirais très bien avec, je ne le sentais pas. Il fallait juste que je fasse attention quand je m'approchais de mes partenaires parce que, comme j'avais un nez très long auquel je n'étais pas habitué, il fallait prendre des distances. »

Ce nez pesait onze grammes. Réalisé en latex, il avait représenté un véritable défi pour le maquilleur Charly Koubesserian.

« J'ai fait trois nez, explique ce dernier : un nez un peu plus grand que le sien mais relevé, un nez encore plus grand et un assez grand. J'ai posé les nez sur Jean-Paul avec deux points de colle pour qu'ils tiennent bien. Il s'est mis sur scène, il s'est mis de profil, a été dans le fond du décor, est revenu. Nous étions au premier rang avec Hossein, puis au milieu de la salle, puis au fond du Marigny. Pour les dix premiers rangs le premier nez était possible mais à partir du dixième rang ça devenait un petit nez. Donc nous avons opté pour le nez intermédiaire. J'avais un autre problème : le nez devait tenir pour les photographes, pour la presse, c'est-à-dire qu'il devait à la fois être un nez pour le cinéma et pour la pièce qui durait trois heures vingt. D'autant qu'à la fin, Jean-Paul arrache le nez et le jette au public. Finalement j'ai résolu le problème en utilisant trois colles dont une colle élastique qui était placée au bord du nez : si vous tapiez sur le nez il revenait... Au début le maquillage complet prenait près d'une heure. J'ai fini par le préparer en vingt-cinq minutes, ce qui n'est pas beaucoup. Pendant ces vingt-cinq minutes, c'est moi le cascadeur : si quelqu'un était présent dans la loge, Jean-Paul se retournait pour parler, s'il lisait le journal, il bougeait. Il n'était pas du tout statique. Je le maquillais en Cyrano ''entre les gouttes''. Nous avions la télévision dans sa loge et en période de matches de football ou de tennis il n'arrêtait pas de bouger, alors que je devais lui poser le nez. Je finissais par lui dire : ''Jean-Paul, arrête ! Il faut que tu regardes une seconde bien droit devant toi pour que le nez soit centré !''... »

Durant toutes les répétitions et les représentations, Charly Koubesserian se tint prêt dans la coulisse, une colle instantanée à la main pour parer à toute éventualité.

La mise en scène de *Cyrano de Bergerac* telle que l'avait conçue Robert Hossein prévoyait de nombreux déplacements pour l'ensemble de la troupe et pour Cyrano en particulier. Fini le temps où Constant Coquelin restait figé au beau milieu de la scène pour jouer pratiquement l'intégralité de *Cyrano*. Hossein savait que son interprète principal était un homme plein de dynamisme et comme il l'avait fait pour *Kean* décida de mettre sa puissance physique à contribution, ce qui ravit Belmondo. Par exemple, la fameuse scène du duel avait pendant des décennies été à peine esquissée par les acteurs. Belmondo, se souvenant qu'il avait été Cartouche, demanda à Claude Carliez, maître d'armes sur ce film et, depuis, complice de la plupart de ses cascades, de lui concocter un duel spectaculaire, ce qu'il fit avec talent.

« Cyrano c'est Hollywood et aussi la commedia dell'arte, constate Belmondo. Sorano et Weber ont été d'excellents Cyrano, mais c'étaient des Cyrano intellectuels, des Cyrano plutôt statiques. Hossein en a fait un personnage bondissant, agressif, un peu le cousin d'Errol Flynn. Il n'y a pas un seul temps mort. C'est grâce à toutes les cascades que j'ai faites dans ma vie, et qu'on m'a tant reprochées, que je peux tenir le rythme. Son Cyrano, Hossein a choisi d'en faire un pourfendeur, un type qui a du panache. Je le préfère comme ça qu'en train de balancer ses tirades sur un canapé. »

Durant toutes les répétitions, Jean-Paul passa chaque matin une demi-heure avec Claude Carliez à régler les subtilités du duel.

Ce qui a aussi contribué à la célébrité de *Cyrano de Bergerac* réside dans ses immortelles tirades parmi lesquelles la plus célèbre restera sans nul doute celle « des nez » au premier acte. Malheureusement cette tirade, comme certains autres passages du texte, est tellement célèbre qu'elle ne peut plus espérer créer un véritable effet de surprise.

« C'est vrai, admet Belmondo, que vous attaquez certaines tirades avec des gens qui la savent par cœur. Mais, eux, ils la savent par cœur assis dans un fauteuil, et quand l'acteur est sur scène s'il y a la moindre chose, ils diront : "Ah, il ne sait même pas son texte !" Le nombre de gens que j'ai rencontrés et qui m'ont dit : "Moi, *Cyrano* je le connais par cœur !"... Il n'y a pas que les professionnels qui ont un avis sur *Cyrano*, il y a aussi M. Tout le monde, ce qui est normal, puisque chacun a lu *Cyrano* à l'école. Alors, quand on le joue, on se retrouve comme un élève, on va à l'école. J'ai passé l'âge des concours du Conservatoire mais c'est un peu ça. C'est aussi excitant d'avoir près de mille professeurs qui tous les soirs me jugent. Mais ça, je n'y pense pas, sinon ça n'est pas la peine d'y aller... La tirade des nez, nous l'avons rendue originale par la mise en scène de Robert parce qu'elle se disait beaucoup face au public, ce qui ne s'était jamais fait. Au lieu de prendre le vicomte de Valvert tout le temps à témoin, je prenais aussi le public. C'est donc la mise en scène qui a changé la vision du public. Au départ quand je l'ai apprise je pensais que je pouvais la jouer comme un morceau de bravoure, mais sur scène, vous êtes dedans, vous êtes dans le mouvement et il n'y a plus ce côté "J'attaque le morceau de bravoure". Vous êtes entraîné par le flot. »

Pour certaines scènes, Hossein déployait jusqu'à trente-cinq comédiens sur le plateau ce qui nécessitait un ordonnancement d'une précision inouïe, surtout que ces acteurs couraient du côté cour au côté jardin et vice versa. Cela obligea toute la troupe à se mémoriser quantité d'emplacements. Pour l'aider, Hossein avait demandé à ses assistants de tracer des marques à la craie. Mais, au bout du compte, il y en eut tellement que tout le monde risquait de s'y perdre. Quoi qu'il en fut l'ensemble des répétitions se déroula dans une excellente ambiance.

Maître d'œuvre et chef d'orchestre, Robert Hossein ne ménagea ni ses encouragements, ni ses pointes d'humour. Il retrouva en Belmondo un champion prêt à lui relancer ses piques à la volée et souvent le théâtre Marigny vibra de leurs échanges pleins de drôlerie qui permettaient à tous de décompresser dans un franc éclat de rire. Ainsi, un jour, les répétitions portant sur le cinquième acte, Hossein s'inquiéta de la bande-son sur laquelle était enregistré le tintement de cloches d'églises. Le son se révélant beaucoup trop fort, le metteur en scène invectiva les techniciens dans un flot d'humour qui fit rire toute la troupe. Puis, une fois le calme revenu, Robert Hossein, cette fois sérieux, s'enquit : « Combien y a-t-il de cloches ? » Sans perdre une seconde, Jean-Paul Belmondo désignant ses trois partenaires sur scène répondit : « Au moins quatre sur le plateau ! » Et, de nouveau, toute la troupe fut secouée de rires... Une autre fois, le rire naquit d'une réflexion de Belmondo. Le passage répété ce jour-là démarrait sur une réplique lancée par Michel Beaune. Malheureusement, à peine avait-il prononcé les premiers mots que Robert Hossein l'arrêtait pour régler un détail technique, demander le déplacement d'un objet, etc. Après une demi-douzaine de coupures, Michel Beaune se demanda s'il allait ou non pouvoir placer sa réplique. Face à cette hésitation, Belmondo, sur un ton faussement condescendant, lui lança : « Michel, mon petit, ta réplique ! » Beaune éclata de rire, entraînant dans sa joie tous les acteurs et techniciens présents jusques et y compris le metteur en scène. Bref, une réelle complicité unissait l'équipe de ce *Cyrano de Bergerac* et particulièrement Hossein et Belmondo.

« Nous avons beaucoup mieux travaillé tous les deux et je lui ai laissé beaucoup plus de liberté comparativement à *Kean*, remarque Robert Hossein. Nous avons été beaucoup plus en osmose parce que nous avions l'habitude l'un de l'autre, l'un par rapport à l'autre. Comme nous avions les mêmes vues, comme nous en avions beaucoup parlé avant, comme nous avions beaucoup préparé la chose techniquement, il m'a fait confiance, il a accepté ma démarche. Ce qu'il y a d'extraordinaire c'est que sur le plan de l'humilité, de la conscience professionnelle, des répétitions, du travail, de l'esprit d'équipe, de recommencer sans cesse, je dois dire que c'est un régal de travailler avec lui. C'est même plus qu'un régal. »

« Robert est très enthousiaste, ajoute Belmondo. Il faut le prendre avec ses colères. Il fait son travail avec amour. On peut discuter avec lui. Il a sa vision de *Cyrano* que je lui laisse. Nous nous estimons. Robert possède deux choses qui deviennent rares : le respect du texte de l'auteur et l'amour des acteurs. Ça m'agace de voir des metteurs en scène qui pour se faire briller foutent les acteurs dans le noir ! Non seulement on ne les voit pas mais on ne les entend pas, parce que le metteur en scène leur a dit de jouer ''cinéma'' ! Ça m'énerve quand on dit que s'il vivait de nos jours, Molière ferait du rock. Possible mais il est mort, alors respectons-le ! »

En entrant dans son personnage de Cyrano, Jean-Paul Belmondo s'enfonça dans les subtilités de la pièce d'Edmond Rostand et saisit quelques clefs de son succès.

« Rostand a écrit merveilleusement, dit-il. Il y a les cantonades et puis, tout à coup, il y a la sensibilité qui arrive et qui vient toute seule parce qu'il a dosé ça d'une manière extraordinaire. C'est comme une partition. Il y a des passages, quoi que vous fassiez, qui doivent être attaqués en douceur. C'est une partition que l'on redécouvre morceau par morceau. Car quand vous la lisez, ce qui frappe ce sont les coups de clairon, mais l'émotion se glisse quand vous jouez, vous la voyez arriver aussi bien sur vous que sur les autres acteurs. C'est son côté écorché vif qui, par moments, fait craquer le vernis. »

Dans le même temps, l'acteur comprit pourquoi le rôle avait la réputation d'être épuisant. Cela tient non seulement à la durée exceptionnelle de la pièce, mais aussi du fait que Cyrano se trouve presque constamment en scène où il hausse le ton à maintes reprises.

« La voix était déjà fort sollicitée d'entrée dans *Kean*, souligne Belmondo, *Kean* au bout d'un an j'étais vraiment fatigué, avec la voix fatiguée. On sait très bien que lorsque vous jouez un rôle comme celui-là ou comme Cyrano, il y aura des jours où la voix va se coincer... La hantise pour tous les acteurs c'est le froid, mais je ne pouvais pas jouer en m'économisant sous prétexte que ma voix risquait de se casser ! Mais c'est vrai que le problème de Cyrano est essentiellement un problème vocal. Surtout les deux premiers actes qui sont très violents. Quand il arrive : "Coquin, ne t'ai-je pas interdit pour un mois ?", il faut démarrer très fort. Il ne faut pas chercher midi à quatorze heures : Rostand a écrit des clairons, du violon et du violoncelle. Si on ne se sert pas d'un des trois instruments, on ne joue pas la pièce. Parce que quand vous mourez à la fin si vous vous êtes économisé dans le premier acte, puis dans le deuxième, personne n'a vu le panache et ça n'est plus Cyrano ! Vous pouvez le jouer plus calme, bien sûr, mais il est écrit comme un opéra avec les grands airs qui arrivent et qu'il faut aller balancer. »

Jean-Paul, comme il l'avait fait pour *Kean*, modifia son rythme de vie et chercha avant tout à protéger sa voix. Ainsi, le matin, après son réveil, il évitait de parler pour que le muscle se réchauffe progressivement et que la voix ne risque pas de se casser. Puis, au rythme lent de l'écoulement des heures, il parlait de plus en plus fort en évitant toutefois de hausser le ton. Ensuite, en début d'après-midi, il faisait une sieste pour, à nouveau, laisser reposer la voix et pour être sûr d'arriver en pleine forme au théâtre. Le soir, à son arrivée à Marigny, vers dix-huit heures, Belmondo, le cou constamment entouré d'un cache-nez, savait que sa voix serait capable de donner le meilleur d'elle-même.

Les répétitions touchèrent à leur fin. Durant les derniers jours, toute la troupe mit les bouchées doubles pour être prête le mardi 6 février, soir de la première. Finalement l'acte le plus complexe à mettre sur pied fut le troisième, celui du balcon, parce qu'il doit faire naître une émotion sans jamais verser dans le larmoyant. Mais les acteurs intéressés, sous la houlette de Hossein, franchirent tous les obstacles. Tandis que se profilait la date de la première, un film très important portant pour titre *Cyrano de Bergerac* pointa son long nez aux abords des salles de cinéma. Réalisé par Jean-Paul Rappeneau avec un budget de cent millions de francs, cette superproduction mettant en vedette Gérard Depardieu fut annoncée pour le 28 mars 1990.

« C'est bien que deux acteurs comme lui et moi jouent — et forcément de manière différente — des personnages du répertoire, constata Belmondo. Ça fait une chaîne. C'est amusant même. C'est la preuve que des grands personnages il n'y en a pas cinquante. Je crois que ce seront deux choses complètement différentes, absolument pas comparables. Même la manière de jouer sera différente. Depardieu a sa manière de jouer, moi j'ai la mienne. De plus, moi je le joue au théâtre, et la manière de dire des alexandrins au théâtre ne peut pas être la même qu'au cinéma. Moi, je joue dans la tradition, ce qui est normal, puisque je suis sur scène et que je vais jouer la pièce qui est écrite. Eux, ils vont faire une adaptation. Au théâtre on joue plus le verbe, on ne va pas épater les gens avec le siège d'Arras, on va les épater avec le texte. Eux, ils vont jouer, c'est normal, plutôt le côté grand spectacle. De toutes les façons, les grands rôles du répertoire ont toujours été joués par plusieurs acteurs. La manière de jouer de Depardieu n'aura rien à voir avec la mienne et comme toujours dans le spectacle il y a des gens qui diront : ''Moi je préfère lui'', d'autres qui diront : ''Moi je préfère Belmondo'', d'autres encore qui diront : ''Je n'aime pas les deux'', ou au contraire, ''J'aime les deux''. Il y a des gens qui diront aussi ''Brunot était mieux'', ''Piat était mieux'', ''Weber était mieux'', ''Machin était mieux''... ça fait partie de ces rôles-là. Quand on se coltine avec des grands rôles on sait qu'il y aura des comparaisons mais on part encore plus fort au combat. Ce qui est beau, quand on aime les acteurs, c'est d'en voir différents dans les grands rôles. Parce que si vous les voyez simplement dire ''Passe-moi l'encrier'' c'est moins drôle. Il faut les voir avec un grand texte, chacun dans son style et dans sa manière. C'est sur des grands rôles qu'on voit le travail de l'acteur. *Cyrano* se jouera toujours, et heureusement. Un acteur pourra très bien le reprendre six mois après moi, il le jouera différemment. Tous les acteurs qui l'ont joué ont été admirables, mais on doit continuer à le jouer. On ne peut pas dire ''Untel l'a tellement bien joué que maintenant on ne le joue plus !''. C'est la magie du théâtre, surtout avec Cyrano puisque c'est lui qui reste la vedette, plus que les acteurs. »

Au fil des répétitions, du fait que la date de la première avançait à grands pas, Belmondo sentit son trac augmenter. Il se souvint de la première de *Kean* lorsqu'il avait subitement quitté le théâtre Marigny pour faire un tour de Paris en voiture. Cette fois il tâcherait de rester sur place, ce qui ne diminuerait en rien son trac.

« Quand on fait ce métier et qu'on doit monter sur scène, on a toujours peur, explique-t-il. C'est comme pour la boxe : tout boxeur qui monte les quatre marches a peur mais une fois qu'il est sur le ring il n'a plus peur. C'est pareil quand on monte sur la scène : on a l'estomac qui se noue dans les coulisses, mais dès qu'on est devant le public c'est fini, ça part. Jouer Cyrano c'est comme faire un championnat du monde tous les soirs : c'est très dur, on n'a le droit à aucun coup de fatigue... Et puis c'est tellement beau, après quand tout est fini, qu'on arrive à vaincre tout ça. Ce qui est beau c'est que ça n'est jamais gagné d'avance. On peut faire un triomphe tous les soirs mais il peut arriver quelque chose tous les soirs. Il faut y aller tout de même, ne pas décevoir ces gens parce que ces gens ont payé. Même le jour de la dernière il faut être formidable parce que ces gens il faut leur donner la même chose qu'il y a un mois, qu'il y a six mois. C'est ce qui vous tient et qui vous excite. »

La grande peur de Jean-Paul Belmondo à la veille de la première de *Cyrano de Bergerac* ne se situait nullement dans une possible comparaison avec ses prédécesseurs dans le rôle. Non, sa grande peur naissait de l'immensité de l'aventure : partir pour plus de trois heures en scène.

28

LES YEUX REMPLIS DE POUDRE D'ASTRE

Le 6 février 1990 eut lieu la première de *Cyrano de Bergerac* avec Jean-Paul Belmondo dans une mise en scène de Robert Hossein. Un parterre de personnalités du monde politique, du show-business, de la littérature, et, bien sûr, du cinéma assistait à cet événement. La famille Belmondo entourait Madeleine qui, bien que pratiquement aveugle, avait tenu à être présente à ce nouvel exploit de son fils qui, décidément, repoussait sans cesse les limites de son art. Comme toutes les premières, celle-ci réserva son lot de mauvaises surprises tels les dérapages non contrôlés de Gascons un peu trop empressés ou le déséquilibre inattendu de Christian rattrapé in extremis par un Cyrano aux réflexes parfaits. Néanmoins à la fin de la représentation les ovations explosèrent durant une quinzaine de minutes sans jamais faiblir. Belmondo et Hossein savaient qu'ils avaient gagné leur pari.

Ce soir-là et les soirs suivants, Jean-Paul reçut des félicitations de toutes parts. Jean Piat, qui vint voir la pièce deux fois, le congratula chaleureusement, Jean-Pierre Darras envoya un télégramme bouleversant, Michel Blanc eut du mal à trouver les mots pour exprimer son admiration, Alain Delon avoua qu'il était sidéré par l'audace de Belmondo... Tous, sincères et émus, saluaient la performance d'un acteur qui atteignait les cimes. Porté par ces soutiens, Jean-Paul rentrait chez lui à la fin des représentations. Ravi, certes, mais une angoisse lui étreignant le cœur.

« Je m'endormais comme tous les acteurs qui ont joué ou qui vont jouer ce rôle : en pensant ''Pourvu que ma voix tienne demain, pourvu que je ne sois pas enrhumé'', confie-t-il. Maintenant je comprends la souffrance de chanteurs comme Pavarotti qui, eux, en plus, doivent aller chercher la note. »

La pièce fut jouée avec un succès égal jusqu'à l'été 1990 puis reprise à la rentrée de la même manière que *Kean* trois années plus tôt. Chaque soir Belmondo apparut en pleine forme, s'offrant même le luxe de faire des pompes en coulisses entre deux actes. Cela terrifiait son maquilleur Charly Koubesserian qui craignait de voir le nez de Cyrano s'écraser sur le sol suite à un faux mouvement. Mais ses craintes furent vaines. Toutefois, bien que solidement fixé, un faux mouvement pouvait faire tomber ce fameux nez.

Un tel incident, craint par tous, ne se produisit qu'à une unique occasion, au cours du troisième acte, lorsque Cyrano, sous le balcon, souffle le texte de Christian. Le jeu de scène prévoyait que Christian s'approche de son aîné pour entendre à l'oreille la poésie qu'il venait de créer. Ce soir-là le contact entre les deux acteurs fut trop rapide et le nez en fut victime. Jean-Paul disparut donc dans la coulisse puis, après les applaudissements, la pièce reprit. Or, par coïncidence, Christian devait dire : « Ce nouveau-né, madame, est un petit Hercule », ce qui fit rire la salle qui fit immédiatement un rapprochement entre nouveau nez et nouveau-né...

Il y eut d'autres anecdotes. Un soir, au cours de l'acte IV, Jean-Paul donna un coup un peu trop rude dans le dos du jeune flûtiste qui fit un « couac ». Pris d'un rire incontrôlable, le musicien fut dans l'incapacité de trouver les notes justes ce qui déclencha un fou rire général, mais contenu, chez les cadets de Gascogne. La salle commençait à frémir de joie et éclata de rire lorsque Carbon de Casteljaloux dit à Cyrano : « Mais tu les fais pleurer ! »...

« Un soir, ajoute Béatrice Agenin, Jean-Paul s'est étalé à mes pieds. Je ne sais pas ce qu'il a fait, il a dérapé et il est tombé à mes pieds alors que vraiment il n'aurait pas dû être là ! Les gens ont tout de suite marché, applaudi. C'est cela qui est extraordinaire et c'est aussi pour cela qu'il est une star : il transmet la joie et le public est prêt à marcher à fond avec lui... »

Tels furent les rares incidents qui émaillèrent la carrière parisienne de *Cyrano de Bergerac*. Là où certains attendaient des faiblesses de la part de Belmondo, pris par un rôle épuisant, il ne se produisit rien.

Quelques très rares fois, le doute plana dans l'esprit de Belmondo. Une fois, une seule fois, Pierre Vernier le vit arriver au théâtre visiblement très inquiet. Jean-Paul lui annonça : « Ça ne m'est jamais arrivé de ma vie mais je crois que je vais arrêter parce que j'ai la voix qui casse. » Finalement il fut présent sur scène comme les autres soirs et sa voix ne cassa pas...

Entre la fin de la première série de représentations et la reprise automnale, Jean-Paul fêta un très heureux événement : le mariage de son fils Paul. Depuis sa sortie d'adolescence le jeune homme avait parcouru bien des kilomètres. Son désir de devenir pilote de course s'était accentué car, au volant des bolides, il éprouve un plaisir indicible, mélange de griserie de la vitesse et d'obligation de se surpasser. Il eut la chance de trouver en son père un soutien constant. Bien loin de l'empêcher de se lancer dans ce sport à risques, Jean-Paul aida Paul en le forçant à ne jamais se décourager et en lui expliquant qu'un rêve est fait pour être réalisé. Comme il l'avait fait souvent durant l'enfance de son fils, Jean-Paul lui proposa un défi à la veille de sa première course importante : si Paul terminait dans les trois premiers, il bénéficierait du feu vert total de l'acteur, sinon mieux valait qu'il renonçât à ce métier. Paul réussit cet exploit et plus jamais par la suite, Jean-Paul ne remit en cause le bien-fondé de sa passion. Ainsi Paul gagna le volant Elf en 1982, ce qui lui permit de suivre un entraînement intensif de pilote de courses. Puis, l'année suivante, il remporta sa première grande victoire sur le circuit Bugatti. En 1984, il courut au volant de F3 ce qui le conduisit, trois ans plus tard, à la formule 3000 que beaucoup de spécialistes considèrent comme « l'antichambre de la F1 ». Paul connut rapidement les risques du métier. Il fut victime de plusieurs accidents dont certains étonnants. Un jour sur un circuit, sa voiture en panne, il décida de rentrer à pied à son stand. Hélas, un concurrent ne le vit que trop tard et le faucha à pleine vitesse. Heureusement plus de peur que de mal.

En 1990, Paul crut en la concrétisation de son rêve puisqu'il signa une option avec Osella pour devenir pilote de Formule 1 mais l'affaire tourna court. Parallèlement Paul Belmondo participa à diverses reprises aux 24 heures du Mans, au rallye Paris-Dakar et au Paris-Le Cap. Bref, Paul faisait parler de lui dans le monde très fermé de la course automobile. Il fit également parler de lui dans certaines gazettes au moment de sa liaison avec une princesse encore sage prénommée Stéphanie. Puis, en 1988, il annonça un peu précipitamment son mariage avec une journaliste d'art, Carole Bougau, d'un an son aînée. Mais le 7 décembre 1990 grâce à son ami Anthony Delon — avec lequel il s'était réconcilié en dépit d'une brouille concernant, justement, Stéphanie — Paul Belmondo rencontra une Italienne de six ans sa cadette : Luana Tenca. Étudiante dans une école de commerce romaine elle ne parlait que quelques bribes de français mais cela ne l'empêcha pas de succomber au charme de Paul et réciproquement. Le pilote automobile présenta « officiellement » sa compagne, avec laquelle il vivait depuis trois mois, le soir de la première de *Cyrano de Bergerac* et en profita pour annoncer son proche mariage. Apprenant en même temps que tout le monde cette agréable nouvelle, Jean-Paul lança un tonitruant « bravo ! » et serra dans ses bras sa future bru. Son bonheur était à son comble. Ce soir-là fut le soir de toutes les joies.

Le 7 juillet 1990 — sept mois jour pour jour après leur première rencontre —, en l'église cistercienne de Saint-Martin, au cœur de la vallée de Chevreuse, à une cinquantaine de kilomètres de Paris, se déroula la cérémonie qui unit Paul Belmondo et Luana. Parmi les trois cents personnes invitées se pressèrent, bien sûr, de nombreux amis de Jean-Paul dont Jean-Pierre Marielle, Claude Brasseur, Claude Lelouch, Jacques Deray, Georges Lautner, Claude Rich, Pierre Vernier, Robert Hossein, Hubert Deschamps, Richard Anconina, Alain Delon, Serge Gainsbourg... Puis, après les festivités, le couple s'envola pour un court voyage de noces à Ténériffe. Dix-huit mois plus tard, Paul Belmondo vit son rêve se réaliser puisqu'il signa son entrée dans la Formule 1 par le biais de l'écurie March. En mars 1992 il disputa son premier grand prix sur le circuit de Kyalami en Afrique du Sud.

Quelques jours plus tard, une triste nouvelle endeuilla le bonheur tout frais de Jean-Paul Belmondo : son ami Michel Beaune, son fidèle complice depuis leurs débuts au Conservatoire, mourut le 24 juillet 1990, à l'âge de cinquante-six ans — il était le cadet de Jean-Paul de quelques mois. Peu avant sa mort, alors qu'il continuait à jouer *Cyrano*, Michel Beaune avait commencé à se plaindre de douleurs le faisant souffrir de plus en plus fréquemment. A aucun moment il ne songea à délaisser les représentations, il aimait trop son métier pour imaginer quitter son poste ne fût-ce qu'une soirée. Alors il consacra toute son énergie, ce qui devait s'avérer être ses derniers sursauts d'énergie, à son personnage de Le Bret. Jamais il ne faillit sur scène, jamais sa douleur ne modifia son interprétation. Michel Beaune avait relégué ses rencontres avec la médecine à « plus tard », c'est-à-dire, pour lui, à « après les représentations ». Malheureusement ce « plus tard » se transforma sans qu'il le sût en un « trop tard ». Il souffrait d'un foudroyant cancer qui l'emporta. Son dernier rôle il l'avait joué sur scène aux côtés de son ami Jean-Paul Belmondo. Il n'aurait pu rêver plus belle fin de carrière.

« Entre Jean-Pierre Marielle, Jean Rochefort, Jean-Paul, Michel et moi, c'était comme les doigts d'une main, souligne Pierre Vernier. Depuis le Conservatoire il n'y a pas eu un jour où nous n'ayons pensé les uns aux autres. Nous sommes ensemble tous les jours d'une façon ou d'une autre : par la pensée, par le téléphone ou en nous voyant. Et quand l'un de nous téléphone à un autre la première chose qu'il fait c'est de demander des nouvelles des copains. Nous avions tous un grand amour pour Michel et Michel avait, en plus, une admiration sans bornes pour Jean-Paul. Michel ne pouvait avoir une demi-heure d'entretien avec qui que ce soit au monde sans à un moment ou un autre parler de Jean-Pau... Michel est mort du tabac, d'un cancer du poumon qui s'est généralisé. Il fumait deux paquets par jour et pendant trente ans je lui ai fait une guerre continuelle. Jean Rochefort aussi a été sévère avec lui. Par contre, Jean-Pierre lui disait : "Envoie-les promener !" Bref, Michel ne voulait jamais voir de médecin, ni faire de check-up. Dans les derniers mois de *Cyrano* nous le voyions maigrir. Il nous disait : "Je suis un régime." Il était de plus en plus fatigué à tel point qu'un soir il a demandé à Jean-Paul : "Tu m'autorises à ne pas me lever du tabouret au deuxième acte ?" Jean-Paul lui a proposé de se faire doubler mais il a refusé. Mais ça nous a quand même inquiétés. Alors, un jour, nous l'avons piégé : nous avons fait venir un médecin soi-disant pour qu'il voit le spectacle et, en fait, pour qu'il entre dans la loge et, en voyant Michel, lui dise : "Je ne vous trouve pas bonne mine !" A la suite de cela, Michel a accepté de faire un examen complet. Nous avons terminé *Cyrano* le dimanche. Le lundi, le mardi et le mercredi, Michel a fait de la synchro. Le mercredi soir il est entré en clinique pour des examens. J'ai été le voir le jeudi et j'ai été étonné de le trouver dans son lit pour de simples examens. Le soir j'ai appelé et il m'a dit : "Demain, je vais faire un scanner avenue Foch, ils m'emmènent en ambulance." J'ai failli le charrier : "Ce n'est pas parce que tu fais des examens que tu vas te balader en ambulance !", mais je n'ai rien dit, quelque chose se passait. Le lendemain soir le médecin a appelé Jean-Paul pour lui dire que Michel était perdu. Ça a été très dur... Avec le recul du temps, je relève des faits étonnants. Par exemple, les entractes de *Cyrano*, du début à la fin, Jean-Paul, qui n'impose jamais rien a voulu que nous passions ces entractes tous les trois seuls dans sa loge. C'était "la conférence" ! Jean-Paul fermait la porte à clef et si quelqu'un frappait à la porte, il disait : "La conférence n'est pas terminée !" Grâce à cela nous avons pu profiter de Michel. Nous parlions de tout et de rien, quelquefois même nous ne nous parlions pas et nous nous contentions de regarder la télévision... »

Une cruelle perte. Irréparable, bien sûr. Inoubliable, évidemment. Incroyable, hélas.

« Michel, en dehors de l'amitié qui nous liait, était, et je le pense sincèrement, un merveilleux comédien, confie Belmondo. Quand nous jouions ensemble, il m'aidait beaucoup. Il avait aussi un très bon jugement sur les pièces, sur mon jeu. Quand je suis entré dans *Kean* j'avais des doutes et j'ai écouté Michel sur beaucoup de choses et il m'a redonné confiance. »

Au cours de ce même été 1990, riche en événements de toutes sortes, les médias apprirent que Jean-Paul avait cédé sa société de production Cerito Films, créée vingt ans plus tôt, à Canal Plus. Cette vente englobait les droits sur la plupart des films produits par Cerito, y compris *Hors-la-loi, Chocolat* et *Tom et Lola*, ainsi que les droits sur l'exploitation télévisée de *Kean* et *Cyrano de Bergerac*. Cette décision assez surprenante émanait du fait que durant deux décennies, Belmondo s'était senti dévier vers des fonctions d'homme d'affaires obligé de gérer un patrimoine de vingt-quatre films, ce qui ne correspondait plus à sa vocation première qui était de devenir producteur afin, justement, de gagner plus de liberté. Ne renonçant pas pour autant à la production, il créa le 1er octobre 1990 une nouvelle société : Annabel Production, du prénom de sa petite-fille. Cette transaction fournit l'occasion de dresser les bilans de ces vingt années de production. Côté finances tout allait pour le mieux puisque Cerito avait réalisé des bénéfices remarquables sur la quasi-totalité de son parcours et construit des chiffres d'affaires à faire pâlir bien des sociétés. Vingt années durant lesquelles Jean-Paul s'était investi chaque jour davantage dans la conception de projets, dont certains n'avaient jamais vu le jour, dans la mise en chantier puis, plus tard, dans la sortie des films.

« Je crois que le cinéma français a besoin de gens avec un sang nouveau, une écriture nouvelle qui ne soit pas influencée par ci ou par ça, analyse Belmondo producteur. Avec Godard ça a été formidable parce qu'il amenait une écriture nouvelle influencée par rien. Mais je crois qu'il est très dur de faire quelque chose de nouveau. La preuve : on tourne de plus en plus de remakes. On peut se demander si le cinéma ne tourne pas en rond. Prenez *Indiana Jones*, c'est une série de films formidables mais c'est un peu la compilation de beaucoup de films d'aventures. Mais c'est fait merveilleusement. Il n'y a pas une invention véritablement nouvelle. Ceci dit si quelqu'un m'amenait *Indiana Jones*, je ne ferais pas la fine bouche. J'aurais été très content de jouer le père d'Indiana Jones !... Il y a eu aussi un abus au niveau des scénaristes : les types pour écrire cinq lignes vous demandaient des fortunes. Qu'on paie les gens c'est tout à fait normal, mais je crois que les écrivains ont été un peu forts sur les prix. Ça devenait dur de demander trois pages à quelqu'un sans prendre un coup de bambou derrière la tête, pour dire après : "Non, ça ne va pas, on ne fait pas le film." Maintenant je suis devenu très méfiant à ce sujet-là. Si un type demande de l'argent pour écrire trois lignes, c'est que lui déjà n'a pas tellement envie d'écrire. Un jeune motivé quand il vous amène quelque chose il y a déjà plusieurs pages écrites. Alors, si ça plaît on lui demande de développer et à ce moment-là on le paie. C'est normal.

Mais le prix de la plume avait monté énormément... En général je lis les scénarios en entier. Il y en a qui sont rédhibitoires, c'est-à-dire qu'au bout de deux pages je ferme le manuscrit sans regret. Il y a parfois de bonnes idées de départ mais une fois développées ça ne fait pas un film. Et puis, après lecture mon bureau envoie toujours une réponse. Remarquez, Didier Kaminka raconte toujours qu'un jour il a envoyé un script à mon bureau et il a reçu une photo dédicacée ! »

Un principe vieux comme le cinéma lui-même veut qu'aucun bon scénario ne soit jamais parvenu à qui que ce soit par la poste. Cela n'empêche pas une foule de jeunes auteurs de continuer à distribuer leurs textes à la plupart des maisons de production. Cerito Films ne fit pas exception à cette règle. Comme souvent en pareil cas, une formule toute faite était prête : « Monsieur Jean-Paul Belmondo a reçu votre scénario. Après lecture, celui-ci nous prie de faire savoir qu'il n'est pas intéressé par le sujet qui ne correspond pas à ce qu'il souhaite interpréter actuellement. » Rien de bien révolutionnaire dans cette formule...

Au moment des prises de vues des films produits par Cerito, à chaque fois Jean-Paul laissait la gestion du tournage à son frère Alain.

« Vous savez, confie celui-ci, aucun acteur n'aime parler d'argent, pas même Alain Delon. Tous les acteurs sont des anxieux, des êtres inquiets sur un tournage, même Jean-Paul. Alors ils ont autre chose à faire qu'à parler finances. Pour certains acteurs on parle de caprices de stars mais je me souviens de Romy Schneider sur le tournage du *Vieux fusil*, elle était constamment tendue et plus particulièrement encore la veille de la scène du viol. Jean-Paul aussi est inquiet même s'il ne montre pas son inquiétude. »

Ces vingt années de production avaient aussi permis à Jean-Paul Belmondo d'apprendre quelque chose de fondamental et de particulièrement étonnant : parfois un film coûte moins cher à continuer qu'à arrêter. En effet arrêter un film cela signifie ne jamais rentrer dans ses frais et payer des dédits à toutes les personnes engagées par contrat. L'arrêt de *Diamants*, qu'il eût dû faire aux côtés de Laura Antonelli, en ce sens, lui fut particulièrement coûteux.

Une fois Cerito cédée à Canal Plus, Jean-Paul Belmondo, durant l'été 1990, loua une maison du côté de Mougins afin de s'y reposer pleinement et de profiter des joies du soleil et du farniente. Ensuite, comme convenu, il revint dans *Cyrano de Bergerac*. Olivier Proust qui, auparavant, tenait le rôle de Lignière, remplaça Michel Beaune dans le rôle de Le Bret. Dans le rôle mais point dans le costume puisque Jean-Paul avait demandé à la créatrice des costumes, Sylvie Poulet, de concevoir une tenue différente pour Proust afin de ne pas avoir l'impression de revoir son ami défunt sur scène. Quant au personnage de Lignière il fut repris par un nouveau venu : Pierre Forest. La pièce tint l'affiche jusqu'au 31 décembre 1990. Au total 230 représentations et plus de 220 000 spectateurs.

Une nouvelle fois, Jean-Paul, au sortir de ces représentations, annonça son désir de revenir prochainement sur les planches. Dans douze à dix-huit mois il jouerait probablement une comédie du style de *La Puce à l'oreille* de Feydeau ou dans une pièce de Labiche, voire de Guitry ou de Ray Conney, l'auteur de *Trois partout*. Son amie Maria Pacôme, que Jean-Paul alla applaudir sur la scène du théâtre Saint-Georges où elle jouait *Et moi... et moi !*, confia qu'elle souhaitait écrire une comédie pour Belmondo. Jean-Paul envisageait renouer avec le vaudeville parce que, expliqua-t-il, après un aussi long temps dans Cyrano il désirait « s'amuser un peu » et jouer un personnage complètement comique A plus long terme il songeait à revenir dans d'autres pièces « monuments » comme *Ruy Blas* qu'il souhaiterait jouer dans un théâtre d'État, voire *Le Misanthrope* ou même une pièce évoquant le personnage de Robert Macaire ou encore *Othello* auquel il songea énormément et que Robert Hossein imagine déjà. Pour le metteur en scène ce serait un *Othello* plus dans le style de celui d'Orson Welles que dans celui de Laurence Olivier : quelque chose d'excessif, de baroque presque... Hossein n'est pas le seul à croire que Belmondo ferait un formidable Othello, il y a aussi Jacques Dacqmine : « Ce serait un personnage intéressant, dit-il, car il a le sang bouillant, Jean-Paul. Il est important que l'on voie le comédien de théâtre qu'il est. » Pierre Vernier aussi imagine son ami dans *Othello*, mais plutôt dans le rôle de Iago, le traître. « Mais quand je dis ça à Jean-Paul, remarque Vernier, il me regarde d'un air apitoyé comme si j'étais tombé sur la tête ! » Bref, Belmondo réfléchissait déjà à sa prochaine prestation scénique.

Avant de se lancer dans un nouveau rôle il songea à entamer une vaste tournée internationale. Déjà au moment des répétitions de *Cyrano de Bergerac*, il avait très sérieusement envisagé une tournée au cours de laquelle il proposerait aux spectateurs du monde entier non seulement la pièce de Rostand, mais aussi *Kean*. Il se souvenait que beaucoup de capitales européennes avaient réclamé sa présence au lendemain de son triomphal retour sur scène mais l'ampleur des décors l'avait empêché de répondre positivement. Il étudia donc la possibilité de construire des décors « allégés » qui lui permettraient de jouer en alternance les deux pièces. Mais ce projet, parce que trop colossal, ne se concrétisa pas.

Alors Jean-Paul, sans pour autant rejeter définitivement l'idée d'une tournée, se tourna vers le septième art.

Grâce à Édouard Molinaro, qui l'avait dirigé dans *La Chasse à l'homme*, Jean-Paul programma son retour devant les caméras en 1991 dans une comédie intitulée *Le Beau Parleur*. Il s'agissait, en fait, du remake d'un film interprété par Raimu en 1933, *Ces messieurs de la Santé*. L'histoire d'un banquier s'évadant de la prison de la Santé et trouvant un modeste emploi dans une petite entreprise dont il ne tarde pas à reprendre la gestion en main. Malheureusement le scénario sur lequel planchèrent Édouard Molinaro et Frédéric Dard ne parut pas suffisamment solide à l'acteur producteur qui préféra purement et simplement annuler le tournage.

N'ayant aucun projet professionnel immédiat, Jean-Paul s'occupa différemment. Il revint sous les feux de l'actualité le 6 mai 1991 pour recevoir sa médaille d'officier de la Légion d'honneur des mains de Jack Lang. Le ministre de la Culture et de la Communication prononça un court discours dans lequel il fit le panégyrique de Belmondo. Ce dernier, ému, répondit :

« En écoutant le discours de Jack Lang, j'avais beaucoup de mal à me reconnaître, j'avais vraiment l'impression qu'il parlait d'un autre. Mais, toute fausse modestie mise à part, je suis vraiment content d'être là ce soir. Je remercie surtout le public qui me permet depuis toujours de jouer la comédie et de faire des choses compliquées et puis aussi des galipettes ! Je remercie aussi le ministre car c'est un homme qui aime le théâtre sous toutes ses formes. J'ai une grande confiance en lui. Je sais qu'il est capable de se battre pour que vive encore très longtemps ce genre artistique. »

Bien sûr, Jean-Paul convia tous ses amis à cette cérémonie. Ses amis cela signifie ceux qu'il aime et qui l'aiment. Ils sont nombreux, certes, mais beaucoup moins que certains voudraient le faire croire. Il existe d'ailleurs un test tout simple pour départager les vrais des faux amis : jamais les premiers ne l'appellent Bébel. « Il n'aime pas du tout qu'on l'appelle Bébel, constate Georges Geret. Quand je vois des gens qui me disent : "Je suis copain avec Bébel", je me dis : "Toi, mon con, t'as bonne mine"... »

Parmi les proches amis de Belmondo figure en bonne place Charly Koubesserian, son fidèle complice.

« Tout problème important, familial comme professionnel, Jean-Paul m'en parle, constate Koubesserian. Je ne pense pas qu'il parle à beaucoup de gens. Il sait, il a senti que je suis un ami qui n'est pas intéressé. Le problème d'être star fait naître des doutes sur l'amitié des gens… J'ai eu un grand drame dans ma vie, le décès de ma fille. La seule personne qui s'est occupée de moi c'est Belmondo. C'est lui qui m'a soigné, qui m'a redonné goût à la vie… »

Au moment où il recevait sa Légion d'honneur, Jean-Paul menait, dans la coulisse, un combat qui lui tenait à cœur. De son vivant, son père, Paul, était parvenu à sauvegarder l'allée où se situait son atelier d'artiste et ceux de ses amis dans le quartier Denfert-Rochereau, en la faisant classer monument historique.

« Tout le coin a été sauvé grâce à lui, explique Jean-Paul. Jamais ça ne sera détruit. Mon père s'est battu énormément pour que cette cité ne soit pas détruite. Au début, moi je voulais transformer l'atelier de mon père en musée mais c'est malheureusement trop petit. »

Or, en 1991, la mairie de Paris demanda aux héritiers de Paul Belmondo de restituer son atelier afin qu'il profitât à un jeune artiste. Les trois enfants du sculpteur s'y opposèrent véhémentement arguant qu'en mémoire de leur père ils tenaient à conserver intact cet endroit magique où, calmement et inlassablement, Paul avait passé tant d'heures. Ils obtinrent gain de cause…

Un mois et demi après la sympathique cérémonie de remise de médaille, le 27 juin à une heure trente, Jean-Paul fut réveillé par un coup de téléphone. Son fils lui annonça que pour la deuxième fois l'acteur était grand-père. Après la naissance d'Annabel Jean-Paul n'avait pas caché que son bonheur serait absolu s'il pouvait choyer un petit-fils. Paul et Luana lui offrirent cette joie immense en la personne d'Alessandro Charles Belmondo. A nouveau Paul respecta la coutume familiale puisque son grand-père se prénommait Paul Charles, son père Jean-Paul Charles et lui Paul Alexandre Charles.

« Je n'ai pas l'impression que mon père ait changé depuis qu'il est grand-père, constate Paul Belmondo. Je pense qu'il est content d'avoir des petits-enfants, il est ravi que sa famille s'agrandisse, qu'il y ait une continuité. Il est vrai qu'il gâte ses petits-enfants en leur achetant plein de choses de la même manière qu'il le faisait avec nous lorsque nous étions enfants. A Noël, aux anniversaires ou des choses comme celles-là, il fait des cadeaux mais jamais de manière exagérée. D'un autre côté les anniversaires il ne s'en souvient jamais, mes sœurs lui rappellent le mien et vice versa. »

L'été 1991 fut, comme le précédent, riche en événements de toutes sortes. En effet, à la grande surprise de toute la profession, Jean-Paul signa, le 2 août, l'acte d'achat du théâtre des Variétés, ses murs et ses neuf cents places. Cet endroit, le plus vieux théâtre de Paris, avait été inauguré le 28 juin 1807. Jean-Paul y retrouvait des éléments de sa propre carrière puisque Frédérick Lemaître y avait créé *Kean* et Henri Monnier, l'auteur de *Crinolines et Guillotine* y avait créé *Grandeur et décadence de Joseph Prudhomme*. Par la suite le théâtre des Variétés était devenu le lieu privilégié des opéras bouffes et des vaudevilles. D'un côté, Labiche y proposa la plupart de ses nouvelles pièces dont *Les Trente Millions de Gladiator* dont Jean-Paul joua un passage au Conservatoire. De l'autre, Offenbach y triompha en proposant notamment *La Belle Hélène* en 1864. De plus Sarah Bernhardt y joua *La Dame aux camélias* avant que des auteurs comme de Flers et Caillavet, Sacha Guitry — qui de 1929 à 1954 y interpréta toutes ses créations — et Tristan Bernard continuent dans la voie de l'humour. Le théâtre des Variétés avait aussi vu la création de *Topaze* et défiler des piliers de l'humour comme Michel Simon, Fernandel, Louis de Funès, Robert Dhéry et même Raymond Devos. Jean-Paul Belmondo se souvient également fort bien, du temps où il poursuivait ses études au Conservatoire, y avoir applaudi Maurice Chevalier. Bref, il s'agissait bien là d'un haut lieu parisien riche en souvenirs mais connaissant, comme beaucoup de théâtres parisiens, de mauvaises passes financières. Apprenant, grâce à Robert Hossein, que l'endroit était à vendre, Jean-Paul fit savoir à son propriétaire Francis Lemonnier — successeur de Jean-Michel Rouzière depuis 1989 — qu'il était prêt à s'en porter acquéreur. En fait Lemonnier cherchait à s'en défaire parce qu'il s'occupait également du théâtre du Palais-Royal et deux théâtres c'était un peu trop pour un seul homme. Les négociations s'effectuèrent dans la plus grande discrétion et durèrent plusieurs mois. L'acteur n'était pas seul sur les rangs et se trouvait en concurrence avec des promoteurs immobiliers. Ces derniers n'auraient pu transformer l'endroit à leur gré puisque la façade et le hall du théâtre des Variétés sont classés monuments historiques depuis 1937. Belmondo bénéficiait de liquidités financières du fait qu'il avait vendu Cerito à Canal Plus peu avant, ce qui lui facilita les choses. Finalement il devint le nouveau propriétaire de ce lieu magique. Cela représentait pour lui la concrétisation d'un rêve un peu fou. Lui l'amoureux des planches qui venait de triompher dans *Kean* et dans *Cyrano de Bergerac* possédait désormais son propre théâtre, et pas n'importe lequel, « un théâtre de boulevard au bon sens du mot », comme il le dit lui-même.

« Quand on est jeune on est amoureux des théâtres dans lesquels on joue, mais quand on a vingt ans on ne pense pas qu'on aura un jour un théâtre, admet-il, ça semble une chose tout à fait impossible. Pendant des années j'ai fait du cinéma et j'ai un peu oublié le théâtre mais il était toujours en moi et j'allais beaucoup au théâtre. Quand j'étais au Conservatoire je passais tous les jours devant le théâtre des Variétés puisque j'allais manger à la cantine de l'Opéra. J'y ai vu Sacha Guitry dans *N'écoutez pas mesdames*. En rejouant au théâtre j'ai commencé à avoir envie d'avoir un théâtre et l'opportunité s'est présentée. »

Concrètement, par le biais de sa société holding, Jean-Paul se retrouva propriétaire de 98 % des actions du théâtre des Variétés. Coût approximatif de l'opération : 30 millions de francs. Il créa alors une société anonyme possédant à la fois le fonds de commerce et les murs du théâtre lui-même, c'est-à-dire une surface de 1 200 m² au sol en plein cœur de Paris.

La nouvelle fut très bien accueillie par les professionnels du spectacle ravis de voir l'un des leurs s'occuper d'une salle prestigieuse.

Jean-Paul Belmondo prit concrètement possession de son théâtre en septembre 1991, après avoir passé quelques jours de tranquilles vacances du côté de Saint-Tropez.

Il ne cacha pas que son désir le plus profond serait de jouer une pièce dans ses propres murs mais cela ne signifiait aucunement qu'il n'était pas prêt à prendre son travail de directeur très au sérieux. S'il ne modifia en rien la saison 1991-1992, pas plus qu'il ne transforma l'intérieur du théâtre — les derniers travaux de restauration datant de 1975 —, il partit à la recherche de spectacles rentables et de qualité pour la rentrée 1992. Côté administratif, Jean-Paul plaça son fils Paul au poste d'administrateur général.

« C'est plutôt une fonction honorifique qui deviendra réelle plus tard, admet néanmoins Paul. Pour l'instant je n'ai pas le temps de suivre de très près ce qui s'y passe mais j'essaie de m'y intéresser au mieux. En matière de pièces je n'ai pas un rêve particulier, j'espère seulement de bonnes pièces qui marchent dans l'esprit de ce qu'est ce théâtre. Personnellement je ne lis pas énormément de pièces, je lis celles que mon père me propose et je donne mon avis. Il s'agit de mon avis et non de mes choix. Jusqu'à maintenant je ne peux pas dire que j'étais quelqu'un qui allait beaucoup au théâtre mais depuis que je suis administrateur je m'y intéresse de plus en plus. Le fait que je ne sois pas encore véritablement administrateur m'aide beaucoup car cela me donne le temps de faire mon apprentissage du théâtre. »

Dès sa prise de fonction, Jean-Paul annonça qu'il ne souhaitait en rien effectuer des compressions de personnel. Les vingt-cinq personnes travaillant jusqu'alors au théâtre furent reconduites dans leurs emplois, administratif ou technique. Afin de rentabiliser au mieux l'endroit, Jean-Paul envisagea de louer certaines dépendances majestueuses et grandioses à des manifestations de prestige pour des sociétés désireuses d'organiser des soirées ou des cocktails, voire pour des défilés de mode, des remises de prix ou des émissions de télévision.

Mais cet achat n'éloigna pas Belmondo de sa propre carrière. L'annulation du tournage du *Beau Parleur* lui permit de s'occuper beaucoup plus tôt que prévu de la tournée de *Cyrano de Bergerac*. Son vœu d'emmener les deux pièces n'ayant pu être exaucé, Jean-Paul annonça qu'il jouerait la pièce de Rostand en Europe et au Japon dès la rentrée 1991. Dans la hâte les organisateurs lui concoctèrent une tournée internationale qui débuta le 7 octobre en Belgique et se termina le 11 mars 1992 au Japon où les décors arrivèrent par bateau après vingt-cinq jours de traversée. Sans nul doute si la tournée avait pu être prévue plus longtemps à l'avance des pays comme le Canada et l'Allemagne en auraient fait partie tant ils étaient demandeurs. Tout de même, l'Italie, l'Autriche, la Suisse et quelques villes de France bénéficièrent également de la présence de cette pièce. Les répétitions reprirent dans une salle de Longjumeau dès la mi-septembre 1991. A nouveau Jean-Paul sentit le trac l'envahir même s'il était heureux de retrouver ce rôle, de retrouver les belles phrases et de retrouver le contact direct avec le public. Le triomphe de *Cyrano de Bergerac* aurait dû le rassurer, mais comment rassurer l'incontrôlable ?

Pour cette tournée, apportant quelques modifications à son jeu, dont l'imitation de Michel Simon lors de la tirade des nez, Belmondo relança la pièce avec le même panache face à des publics sensiblement différents.

« Lorsque *Cyrano* est parti en tournée, remarque Robert Hossein, Jean-Paul s'est libéré de toutes les contraintes parce qu'il était parfaitement rodé. Au début, je mets un corset sur les acteurs, je sers les écrous sachant que Jean-Paul, par sa nature et son talent, va les faire exploser. Jean-Paul s'est évadé de ce corset en restant dans l'esprit et dans la démarche de la pièce. Il n'y avait aucun décalage entre lui et les autres. Il y a des choses auxquelles il était resté très fidèle et d'autres qu'il a modifiées. Et je me suis aperçu qu'il n'avait pas tort. Mais cela il ne pouvait le faire au début parce qu'il n'avait pas encore fait exploser son personnage. »

Les comédiens se sentirent d'autant plus à l'aise que la longue pause qu'ils avaient vécue leur avait permis une certaine maturation dans leur rôle.

A Milan et à Lyon les spectateurs parurent plutôt froids, sans véritable réaction, alors qu'à Charleroi la pièce fut jouée dans un enthousiasme chaleureux et qu'à Lausanne cela vira nettement à l'euphorie. A Nice, pour la première fois, il fallut procéder à un tirage au sort afin d'attribuer les places restantes. En effet plus de vingt mille demandes ne pouvant être honorées les organisateurs eurent recours à cette solution pour éviter l'émeute ! *Cyrano de Bergerac* termina sa carrière européenne à Roubaix, où Jean-Paul fut à nouveau assailli par les fans lui réclamant des autographes. Puis l'acteur revint à Paris, notamment pour s'occuper plus assidûment du théâtre des Variétés, s'investissant personnellement dans la promotion de la *Trilogie marseillaise* qui regroupait les trois plus célèbres pièces de Marcel Pagnol, *Marius, Fanny, César* et qui démarra en son théâtre le 1er février 1992. Ainsi Jean-Paul participa à des émissions de télévision et de radio au cours desquelles il rappela son attachement sincère au théâtre. Puis il partit se reposer quelques jours en Thaïlande afin d'arriver en pleine forme pour les dix jours de représentations au Japon.

Là-bas, à l'autre bout du monde, Jean-Paul Belmondo connut l'un des triomphes les plus absolus de sa carrière face à des spectateurs qui suivaient la traduction du texte d'Edmond Rostand sur un écran vidéo installé au-dessus de la scène.

« Lorsque nous sommes partis au Japon, confie Jean-Paul Belmondo, j'étais convaincu que nous allions échouer. Juste avant, d'ailleurs, j'avais rencontré Mick Jagger en Thaïlande et il m'avait dit que le public japonais est plutôt froid, qu'il ne réagit pratiquement pas pendant tout le spectacle. Je partais donc avec cet état d'esprit. Mais à Tokyo, dès le premier soir, les Japonais bougeaient, réagissaient pendant toute la représentation. De plus, j'avais la crainte que du fait de la traduction sur écran vidéo il y ait un décalage, que le public rie au moment où la pièce basculait dans un côté plus dramatique, parce qu'il y a plein de changements de tons dans *Cyrano*. Or nous n'avions répété qu'une seule fois avec ce matériel mais cela a formidablement marché : le texte arrivait sur l'écran vidéo exactement au moment où arrivait la réplique. Il n'y a que les Japonais pour faire ça ! Donc, non seulement les Japonais réagissaient mais, en plus, ils réagissaient au bon moment. Pas un soir nous ne nous sommes dits : "Tiens, ils sont moins enthousiastes." Chaque soir c'était du délire. C'était insensé. A la fin les gens pleuraient. Dans tous les pays c'est vrai que les gens étaient un peu émus mais là, au Japon, ils pleuraient vraiment. Quand on dit que c'était du délire, c'était vraiment du délire : vingt-cinq minutes debout avec des Japonais qui crient "Belmondo" comme si j'étais un chanteur de rock !... Les Japonais nous ont d'autant plus fascinés que nous étions hors de nos marques européennes, dans une autre culture. Et puis là-bas personne ne demande un autographe sans offrir quelque chose en contrepartie, c'est très touchant... Cette tournée au Japon restera un de mes plus beaux souvenirs de théâtre mais cela je le dois à *Cyrano* qui est une pièce magique qui fascine les gens. A tel point que lorsqu'on a connu un tel succès avec une telle pièce on se demande ce que l'on peut jouer ensuite. »

L'apothéose atteignit son point d'orgue lors de la dernière, le mercredi 11 mars 1992, le soir de la « der des ders », la trois cent cinquième représentation de *Cyrano* dans la carrière de Jean-Paul. Les Japonais, debout, applaudirent à tout rompre pendant plus d'une demi-heure dans une ambiance absolument indescriptible.

Cyrano de Bergerac quitta la scène avec panache.

A l'issue de cette dernière représentation, Jean-Paul se rasa immédiatement la moustache comme pour marquer qu'il se séparait du dernier lien l'attachant au personnage écrit par Rostand... La venue de Belmondo et de la troupe au Japon fut d'ailleurs considérée comme un événement majeur. D'ailleurs le prince héritier assista à une représentation et vint personnellement — accompagné de sa cour ! — saluer Jean-Paul dans sa loge au moment où le comédien se démaquillait. Les autorités françaises présentes sur place firent montre, en revanche, d'une discrétion absolue et quelque peu sidérante. Les acteurs français triomphaient dans un des fleurons du répertoire mais cela n'émut guère les officiels. Pas plus que le triomphe de Belmondo n'émut Unifrance Films qui aurait pu en profiter pour favoriser la promotion du cinéma français dans cette contrée...

Au « pays du Soleil-Levant », si accueillant, le démaquillage de Cyrano-Belmondo battit, de manière sidérante, tous les records de rapidité. En effet, le premier soir, comme il en avait l'habitude depuis le 6 février 1990, Jean-Paul détacha son nez postiche et le jeta dans la foule. Ce travail nécessitait en général quelques secondes et un maniement relativement délicat. Or, ce premier soir nippon, Jean-Paul détacha son nez aussi facilement qu'un vieux capuchon de stylo. Dans la coulisse, Charly Koubesserian blêmit face à cet inhabituel phénomène et comprit que le postiche tenait plus par l'opération du Saint-Esprit que grâce à la colle qu'il avait lui-même apposée. Le lendemain, afin d'éviter tout risque de chute intempestive de l'appendice nasal, le maquilleur renforça les points de colle et attacha le postiche aussi solidement qu'un pieu dans du béton. Et à la fin de la représentation, à nouveau, Jean-Paul l'ôta avec une facilité déconcertante. Incompréhensible ! Le jour suivant, même manège avec nouvelle colle, nouveaux renforcements et un Belmondo qui retirait son faux nez sans l'ombre d'une réticence. Pour l'acteur comme pour le maquilleur cette énigme commençait à devenir inquiétante. Il y avait tout lieu de penser, en effet, que le faux nez, puisqu'il tenait si peu, tomberait en cours de spectacle. Charly Koubesserian tenta d'analyser ce phénomène. La colle fondait. Toutes les colles fondaient. Soit, mais pourquoi ? La climatisation de la salle ? La pollution de la ville ? Peut-être... Quoi qu'il en fut, il fallut bien trouver une solution mais à moins de planter des clous dans le nez de Belmondo, rien n'y faisait. Tous les soirs la colle fondait et tous les soirs Jean-Paul ôtait son nez trop facilement. Charly Koubesserian, plus inquiet que jamais, se tenait dans la coulisse prêt à réagir à tout incident mais le miracle fut que jamais le nez de Cyrano ne chut. Il tenait sans colle comme si, par la force de l'habitude, il était devenu le nez de Belmondo...

Ce 11 mars l'acteur abandonna le costume et le nez. Avec ce personnage, il avait cru se lancer dans une course de demi-fond, il avait accompli un véritable marathon. Mais un marathon tout au long duquel il donna le meilleur de lui-même. « Pas un soir, rapporte Pierre Vernier, pas une représentation, je n'ai vu Jean-Paul se relâcher. »

Si toute l'équipe rentra du Japon éreintée mais satisfaite, les décors eux disparurent de façon violente sous le soleil japonais. Trop coûteux à transporter ils furent entièrement détruits à Tokyo sous le regard scrutateur du service des douanes...

29

EFFETS DE MANCHE

A son retour de Tokyo, Belmondo commença à travailler son nouveau rôle en vue du tournage de *L'Inconnu dans la maison*. Comme *Le Beau Parleur* annulé il s'agissait d'une histoire qui avait déjà donné naissance à un film joué par Raimu. A la base la trame en était tirée d'un roman de Georges Simenon, écrit en janvier 1939, racontant le comportement de Loursat, un avocat devenu alcoolique à la suite de la mort de sa femme. Celui-ci reprend du service pour défendre l'ami de sa fille compromis dans une affaire de meurtre ayant pour cadre la propre maison de l'avocat.

« Je connaissais le film depuis longtemps, explique Jean-Paul Belmondo, car c'est un film connu des cinéphiles même s'il n'est pas très connu du grand public. Et je suis parti du principe que les Américains refont à tour de bras des remakes, y compris *Boudu sauvé des eaux* qui est devenu *Le Clochard de Beverly Hills*. Il ne faut pas oublier non plus qu'un film comme *Certains l'aiment chaud* a été inspiré par un film secondaire avec Fernand Gravey. Dans tous les films, y compris les nanars il y a toujours une idée et *Les Inconnus dans la maison* est loin d'être un navet. En France, par contre, on est très frileux dès qu'il s'agit de remakes. Or les jeunes d'aujourd'hui ne connaissent pas *Les Inconnus dans la maison* et comme je recherchais un rôle de poids après les pièces que je venais de jouer j'ai pensé à ce rôle. Mais nous n'avons pas racheté le film avec Raimu, nous avons racheté le livre initial. L'histoire en a été complètement transformée et à part l'avocat qui boit ce n'est plus du tout la même chose que dans le film avec Raimu. Le risque c'est qu'automatiquement il y a des gens pour dire "Raimu était bien mieux", mais quand j'ai joué *Kean*, il y avait Brasseur derrière, quand j'ai joué *Cyrano* il y avait plein d'acteurs qui l'avaient joué avant moi. Tout cela ne me dérange pas du tout. Je ne pense pas qu'il puisse y avoir une analogie entre Raimu et moi bien que j'admire beaucoup Raimu. Chaque acteur est différent. Brasseur jouait un Kean qui ne bougeait presque pas alors que moi je sautais partout. Chaque rôle peut être joué de manière totalement différente, Cyrano en est le meilleur exemple. Ça n'est pas irrespectueux de reprendre un rôle, il s'agit de donner une autre façon de voir le rôle. »

Bernard Stora, épaulé par Jean Lartéguy et Georges Lautner, en signa l'adaptation cinématographique — qui réactualisait complètement le sujet.

« Bernard Stora je le connais depuis des années parce qu'il était assistant sur *Peur sur la ville*, sur *Le Casse*, sur *Les Mariés de l'an II*, remarque Belmondo. Puis il s'est mis à écrire des scripts très bien. Quand nous cherchions un adaptateur du roman de Simenon, Jean-Pierre Marielle qui tournait un scénario de Stora m'a dit : "J'ai de bons dialogues." Connaissant Stora je l'ai appelé, nous avons discuté et c'est comme cela qu'il est entré dans le circuit. »

Belmondo, qui était à cent pour cent à l'origine du projet, expliqua aux trois scénaristes qu'il ne souhaitait surtout pas entrer en compétition contre Raimu, et leur fit remarquer que le roman de Simenon contenait suffisamment de pistes pour permettre de se diriger dans un direction non empruntée par le film de Decoin. De fait, les deux productions différèrent sur bien des points, à la fois au niveau des détails — Loursat change de prénom, passant de Hector à Jacques ; sa femme s'est suicidée et non partie au bras d'un autre — que des piliers essentiels de l'histoire — apparition de la drogue ; au procès, Belmondo dénonce l'indifférence alors que Raimu fustigeait la famille bourgeoise et le laxisme des parents. Ainsi, les deux films se trouvèrent considérablement éloignés, d'où l'impossibilité de parler d'un remake et d'où la petite modification dans le titre.

Quant à la réalisation, Jean-Paul décida de la confier à son complice depuis *Flic ou voyou* : Georges Lautner.

« Je trouve que Lautner a beaucoup de talent, déclare l'acteur. Quand il a un bon script il sait très bien l'exploiter. Il l'a prouvé avec *Le Professionnel* et *Flic ou voyou*. Pour moi, Lautner est un très bon "faiseur" dans le bon sens du terme. Ce qui manque dans le cinéma français, qu'on le veuille ou non, ce sont les "faiseurs". Maintenant tout le monde se prend pour un auteur et veut que ça soit un film "de". Si vous regardez bien le cinéma d'aujourd'hui il n'y a que des films "de", plus de films "avec". Nous sommes un peu revenus à l'époque où la vedette est devenue la bête noire. Je crois que c'est une erreur parce que le public aime les acteurs. D'ailleurs le beau cinéma d'avant-guerre est un cinéma d'acteurs. Quand les cinéphiles vous parlent de tel ou tel film de cette époque vous y retrouvez Raimu, Jouvet, Simon, Brasseur, Dalio ou d'autres et, parfois, on ne se souvient plus très bien qui était le metteur en scène. Les gens allaient voir Raimu, par exemple. Donc, aujourd'hui on ne retrouve plus derrière la caméra ce genre de ''faiseurs'' et je trouve cela un peu dommage parce qu'un film c'est un tout : ce n'est ni les acteurs seuls sans le metteur en scène ni l'auteur sans ses acteurs. Aujourd'hui la plupart des metteurs en scène font le complexe de l'intelligence et veulent montrer leurs idées dans les films. Avant, un metteur en scène était très fier de mettre en scène du Prévert ou du Jeanson, aujourd'hui Prévert et Jeanson seraient encore là personne ne voudrait les mettre en scène. Chacun veut mettre en scène ses propres idées. Or, je me suis rendu compte que les gens aiment bien reprendre des répliques que je disais. Ils me ressortent parfois des répliques que j'ai complètement oubliées. Moi, dans ma jeunesse, j'aimais bien retenir les répliques de Jouvet ou de Simon. Aujourd'hui c'est très difficile de se rappeler une réplique d'un film que vous avez vu. Le dernier grand auteur dans cette voie était Audiard. Depuis, l'auteur a été massacré. Pour certains, les mots d'auteur devraient être supprimés. Mais on oublie toujours que les gens vont au cinéma pour se distraire et que ces mots-là les amusaient. A une époque il y avait du monde au cinéma parce que les gens y allaient pour rigoler, c'était l'époque de De Funès et autres. Songez qu'une même année les trois plus gros succès ont été *Les Aventures de Rabbi Jacob, L'Emmerdeur* et *Le Magnifique !* Qui leur donne ça aujourd'hui ? On leur parle de films intelligents et ils ne vont plus au cinéma. Il faut un cinéma intelligent, bien sûr, mais on ne leur donne plus le genre de films que faisait de Funès ou que je faisais pendant une période... Pour moi et pour quelques autres tout cela n'a guère d'incidence mais je trouve que pour les jeunes acteurs cela rend les choses difficiles car derrière le metteur en scène ils auront du mal à se faire un nom, à s'imposer. Ça c'est une erreur dans le spectacle. »

Comme Belmondo, Lautner sut oublier la grande ombre de Raimu qui semblait planer sur l'histoire.

« Le film date de 1941, souligne le cinéaste, c'est-à-dire cinquante et un ans avant le nôtre. Le roman a été écrit en 1939, soit cinquante-trois ans avant notre film. C'est pourquoi nous avons fait quelque chose de différent. Que les gens nous filent dans les pattes leur souvenir de jeunesse, d'accord, mais pour nous ce qui comptait c'était d'avoir une bonne histoire et de bons personnages. Personnellement, deux éléments m'ont séduit dans le roman. D'abord le côté mélo avec ce personnage retiré de la vie qui ne dit rien, qui n'a pas parlé avec sa fille depuis dix ans et qui se réconcilie avec elle. Ensuite, l'autre facette qui m'a séduit est que cet avocat alcoolique finit par gagner. Là, il est Dean Martin dans *Rio Bravo*. Il est dans la tradition du héros et j'ai traité son histoire comme j'aurais traité un film d'action. Et, finalement, je m'aperçois que nous sommes loin du cadre de l'histoire initiale. »

Rio Bravo ? Décidément, quels que soient les films auxquels participe Jean-Paul Belmondo, le western n'est jamais loin.

Produit par Annabel Productions et les Films Alain Sarde, *L'Inconnu dans la maison* bénéficia d'un budget de cinquante-cinq millions de francs et d'une distribution prestigieuse. Belmondo retrouva en effet quelques complices comme Pierre Vernier, François Perrot, Jean-Louis Richard, Georges Geret, Mario David, Guy Tréjean, Hubert Deschamps, mais aussi des acteurs avec lesquels il n'avait jamais eu l'occasion de travailler, comme Renée Faure, Odette Laure. L'un des personnages clefs de cette œuvre demeurait la fille de Loursat. Après de nombreuses auditions le choix se porta sur la brune Cristiana Reali qui, au moment du tournage, jouait dans *Le Misanthrope* interprété et mis en scène par Françis Huster au théâtre Marigny. D'autres rôles de jeunes, également importants, restèrent à pourvoir et Belmondo s'occupa du choix des postulants.

« Il y avait beaucoup de bons jeunes acteurs, dit-il, et il ne fallait pas se tromper. Je pense sincèrement que les choix que nous avons faits sont très bons. Depuis le départ j'ai participé à ces choix : j'ai d'abord visionné les vidéos puis j'ai rencontré ceux que nous avions sélectionnés et ainsi de suite. La petite qui jouait avec Huster est très bien et elle va sûrement faire une carrière. Pour des jeunes c'est un film intéressant parce qu'il n'y a pas beaucoup de rôles de jeunes au cinéma. Aujourd'hui c'est très difficile pour eux de trouver l'occasion de pouvoir s'exprimer. »

Ce tournage débuta le 21 avril pour se terminer le 26 juin 1992.

« Nous avons presque tourné dans l'ordre chronologique, remarque Georges Lautner. Cela nous a permis de trouver le ton du film. Il a été difficile à déterminer parce que Jean-Paul est un acteur multiple. Alors nous avons changé certaines scènes pour trouver le ton qui convient. En fait, nous étions plus obsédés par les rapports père-fille que par l'histoire policière. Et Jean-Paul a joué à fond le jeu de cette histoire émotionnelle, alors que ça n'était pas évident dès le départ. Moi, j'ai tenu à garder une espèce de dérision tout au long du film. Je suis d'une génération qui a eu Prévert comme catéchisme et j'ai toujours eu cette dérision dans ma vie et dans mes films. Ce décalage se retrouve dans toutes mes œuvres, y compris les plus dramatiques. De plus, avec un acteur comme Belmondo, il faut qu'il y ait des clins d'œil, que, de temps en temps, il y ait une détente. Et lorsqu'il redevient grave deux minutes après, il l'est d'autant plus. »

Le tournage eut pour cadre essentiel la région parisienne puisque les séquences d'extérieurs furent tournées du côté de Rambouillet, les passages dans la boîte de nuit à Coignières et les scènes finales au Palais de Justice de Créteil. Pour Jean-Paul Belmondo ce furent des retrouvailles avec les caméras. Comme derrière celles-ci se tenait son ami Georges Lautner, il partit en totale sécurité. De fait il apparut constamment détendu, souriant sur le plateau et multipliant les petites blagues ou les bons mots. L'une de ses cibles favorites restait le clapman qui tremblait de rire à chaque tentative. « Essaie de nous faire un clap à la fois viril et soft », lui suggéra, par exemple, Belmondo. Cela n'empêcha pas l'acteur de se montrer toujours parfaitement au point dès que Lautner lançait le fameux « Moteur ! ». Pourtant à bien y regarder quelque chose frappait dans le comportement de cet acteur rodé depuis longtemps à toutes les disciplines de son métier : son regard. Bien qu'il affichait un air des plus relax, ses yeux, à la fin de chaque prise, guettaient la réaction. Celle-ci provenait la plupart du temps de Georges Lautner qui le soutenait, le rassurait ou, éventuellement, le corrigeait. Parfois, néanmoins, le cinéaste, pris par des mouvements de caméras complexes, ne donnait pas son assentiment. Alors, discrètement, Jean-Paul Belmondo cherchait autour de lui. Il cherchait un public, lui qui pendant près de deux ans avait été habitué aux réactions des salles de théâtre. Mais sur un plateau de cinéma ce public n'est pas toujours aussi présent que l'acteur pourrait le souhaiter. Ce même regard, Belmondo le posait, sans en avoir l'air, sur l'ensemble de l'équipe. Lorsque pour une scène il se trouvait entouré d'une poignée de figurants, il les observait auparavant, jaugeant leur professionnalisme et, surtout, jugeant leur mise en place. Rien ne lui échappait même s'il ne fit qu'exceptionnellement des commentaires.

Hormis cela, la décontraction de la star n'était jamais prise en défaut. Entre deux prises, il s'asseyait auprès de Natty toujours souriante ou s'amusait avec Maya, toujours prête à bondir. Incidemment il s'intéressa aussi beaucoup au sport. Durant tous les Internationaux de Roland-Garros il se tint au courant des résultats suivant presque balle par balle la progression d'Henri Leconte. Lorsqu'il pouvait bénéficier d'une pause, Jean-Paul se retirait dans sa loge où, fidèle à son habitude, il suivait quelques échanges sur son petit écran de télévision. Le tout agrémenté de commentaires savoureux...

Les derniers jours de tournage eurent, donc, pour cadre le Palais de Justice de Créteil, immense bâtisse de béton sans véritable chaleur choisie pour son pseudo-modernisme quelque peu passé de mode. Au moment où l'équipe investit les lieux, un authentique procès d'assises se déroulait dans la salle du rez-de-chaussée. Un homme y comparaissait sous l'accusation de meurtre de sa femme. Belmondo et quelques autres suivirent, autant qu'ils le purent, le déroulement de cette affaire et observèrent avec une attention aiguë les effets de manche de l'avocat de la défense qui semblait ne pas avoir son pareil pour subjuguer le jury. Quelques jours plus tard lorsque *L'Inconnu dans la maison* s'installa dans ce même tribunal, une certaine atmosphère de gêne plana comme si ce récent procès avait imprégné l'air ambiant. Si cela put déranger certains seconds rôles, cela n'altéra en rien la bonne humeur de Jean-Paul Belmondo. Pénétrant quotidiennement dans la salle avec un retentissant « bonjour » destiné à saluer autant les techniciens que les figurants, il se montrait toujours parfaitement souriant et détendu. Avant chaque prise il ne pouvait éviter une réflexion gag ou des sauts de danseur voire quelque pas de claquettes, le tout accompagné de changements d'intonations allant de Jouvet à Simon en passant par des inflexions nettement plus féminines. Mâchant un éternel chewing-gum Belmondo ne fit montre d'aucune concentration apparente et pouvait quitter une discussion au cours de laquelle il répondait avec humour aux questions les plus saugrenues pour instantanément se retrouver à la perfection dans la peau de son personnage d'avocat.

De fait, Georges Lautner n'eut pas à multiplier les prises pour avoir la bonne. Hormis de rares cas d'erreur sur les dialogues, le cinéaste enregistrait deux prises, la seconde par « sécurité », et passait à la scène suivante. Parfois, Lautner adaptait sa mise en scène au jeu de Belmondo. Ainsi lorsque l'acteur se lançait dans ses plaidoiries, le réalisateur le laissait marcher à sa guise dans le tribunal pour ensuite confirmer tel ou tel emplacement de la caméra. La technique au service de l'acteur et non le contraire. Pour certaines scènes de gros plan Jean-Paul s'en donna à cœur joie avec dans l'œil l'étincelle de plaisir de chahuteur qui ne l'avait pas quitté depuis le Conservatoire. Ainsi, en fut-il lorsque la caméra s'approcha de lui pour le filmer en train de dormir sur son bureau. L'acteur plaça la tête entre ses bras et retrouva la respiration régulière de l'assoupi. Puis celle-ci commença à enfler, enfler jusqu'à devenir un énorme ronflement. Lorsque Lautner cria « Coupez ! » ce fut un Belmondo hilare qui releva la tête au milieu des éclats de rire... Côté répliques cocasses, Lautner rivalisait avec Belmondo, ajoutant des commentaires fielleux lorsqu'il réclamait le silence ou, ayant constaté que le comédien personnifiant l'accusé lavait les carreaux du tribunal, déclarant : « Voilà un bel exemple de réinsertion d'un prisonnier par le travail ! »... A la fin de chaque journée, Jean-Paul était inévitablement attendu par de petits groupes d'admirateurs lui réclamant des autographes ou lui demandant de poser pour une photo. Jamais il ne refusa.

Cette bonne ambiance ne gommait pas systématiquement toutes les difficultés. L'une d'elles provint de la fin du film. Celle que contenait le script initial ne convenait complètement ni à Belmondo ni à Lautner. Bernard Stora la retravailla et apporta la nouvelle version tandis que l'équipe technique avait déjà entamé les prises de vues à l'intérieur du Palais de Justice.

« Le film avec Raimu finissait après la plaidoirie sur Raimu s'humectant les lèvres et disant : ''J'ai soif'', ce qui était très drôle, remarque Belmondo. Il n'était pas question de reprendre cette fin. Dans notre scénario, à la fin, Loursat part avec sa fille. La question était de savoir ce qu'ils allaient se dire. Nous avons tourné une première fin avec quelques répliques qui ne nous convenaient pas et puis nous en avons trouvé une très simple où ils partent ensemble sans discours. Il nous manquait la manière, l'ambiance. Ce n'était pas un problème très grave, ce n'était pas comme si nous n'avions pas de fin du tout et si nous avions été obligés de nous demander : ''Est-ce qu'ils se tuent ? Est-ce qu'ils se séparent ?...'' »

Au cours des prises de vues de *L'Inconnu dans la maison*, Jean-Paul Belmondo profita d'un long week-end pour se rendre à Monaco où se disputait le Grand Prix de Formule 1. L'événement était de taille puisque Paul cherchait à se qualifier. Eh oui, pour la première saison, Paul était parvenu à entrer dans le club très fermé des pilotes de F1. Un rêve qui se réalisait... Malheureusement au cours des séances d'essai de Monaco la boîte de vitesses de son bolide cassa. Grande déception dans le clan des Belmondo qui, afin de se remonter le moral, quitta la cité monégasque au profit de Saint-Tropez. Avant de partir tous offrirent leurs places de choix dans les tribunes à des inconnus croisés dans la foule... Pour sa part, Paul découvrait de l'intérieur le monde impitoyable de la F1 avec ses sévères séances de qualification et avec cette perpétuelle recherche de sponsors. Pour une saison entière Paul doit réunir pas moins de dix-huit millions de francs !

« Mon avenir dépend uniquement de questions financières, souligne-t-il. Pour chaque grand prix je dois trouver l'argent nécessaire sinon j'arrête la saison plus tôt que prévu et j'essaie de trouver de l'argent pour l'année suivante. Psychologiquement c'est dur mais c'est ça ou ne pas faire de F1 ! »

Faute de sponsors — il lui manquait trois millions de francs —, Paul Belmondo dut quitter la saison de Formule 1 plus tôt que prévu, en août 1992. Pour sa dernière prestation, lors du Grand Prix de Hongrie, il effectua, au volant de sa March-Illmor, une course remarquable et termina neuvième à seulement trois tours du vainqueur Ayrton Senna...

Certains s'étonnèrent que le fils d'une star rencontrât autant de difficultés. D'autres se demandèrent pourquoi Jean-Paul ne soutenait pas plus son enfant. Paul coupa court à toutes les questions en expliquant que son père le soutenait efficacement et constamment. Il le soutient en lui ouvrant son carnet d'adresses. « Si j'ai trouvé la majeure partie du budget de ma première saison c'est grâce à lui », souligne le pilote ; il le soutient en lui permettant de bénéficier de l'infrastructure et des locaux de la société de production, il le soutient en influant auprès des banques qui accordent des découverts au coureur parce que la star compte parmi leurs clients, il le soutient, enfin, en tant que sponsor. Mais tout cela n'empêche pas la quête de sponsors, rendue d'autant plus difficile que deux pilotes de Formule 1 sur trois doivent apporter un concours financier à leur écurie.

Comme *Itinéraire d'un enfant gâté*, quatre ans plus tôt, *L'Inconnu dans la maison* marquait une nouvelle étape importante dans la carrière de Jean-Paul Belmondo. D'abord il y incarnait un père de famille, comme dans le film de Lelouch. De plus il se retrouvait dans l'univers de Simenon, chose qui ne lui était arrivée qu'à l'occasion de *L'Aîné des Ferchaux*. D'autre part il jouait pour la première fois de sa vie (hormis un court passage dans *Docteur Popaul*) un avocat. Or, par une très étrange coïncidence, Alain Delon lui aussi jouait, au même moment, un maître du barreau, pour *Dérapage* de Jacques Deray. Ce n'était pas la première coïncidence de ce style entre les carrières des deux stars. Déjà à l'époque où Jean-Paul interprétait un clown dans *Hold-up*, Alain Delon se glissait dans la défroque d'un autre clown pour *Parole de flic*. Troublant... Enfin, et surtout, Jean-Paul endossait, dans *L'Inconnu dans la maison*, le costume d'un alcoolique. Non pas un ivrogne dont il lui était arrivé de faire la caricature dans certains passages de films mais un homme qui ne vit que par et pour la dive bouteille — contenant, en réalité, du jus de raisin. Et cela le renvoyait très précisément trente ans en arrière lors du tournage d'*Un singe en hiver* (où, par coïncidence, il jouait déjà un père de famille). Cette fois par son personnage Belmondo se rapprochait de celui joué par Gabin (tous deux arborant, à trente années d'écart, une crinière blanche)... Raimu, Gabin, les mythes du septième art enveloppaient ce Loursat...

Jean-Paul tint tellement à ce rôle qu'il en suivit l'évolution pas à pas. C'est-à-dire qu'il surveilla de très près l'écriture du scénario, savourant par avance la qualité des dialogues et qu'ensuite, au moment du tournage, il assista quotidiennement à la projection des rushes, constatant que le film correspondait à ses attentes.

« Belmondo discute beaucoup sur le scénario, résume Georges Lautner. Il y a des tas de trucs qu'il ne veut pas faire, mais il est très difficile de savoir lesquels parce qu'il ne parle pas facilement. Il faut bien comprendre que lorsqu'il dit : "Je ne tiens pas à cela", ça veut dire qu'il ne le fera jamais. Quand on ne le connaît pas bien, on est convaincu que l'on va arriver à le convaincre, mais on n'y parvient jamais. Donc, le gros du travail se fait à l'écriture. Mais, une fois que nous sommes sur le plateau, il est d'une décontraction totale et vous fait confiance d'une manière absolue. Dans *L'Inconnu dans la maison*, c'était assez particulier car Loursat est un personnage difficile à cerner qui suit une évolution très personnelle. Eh bien, j'ai été troublé parce que Jean-Paul m'a fait une confiance absolue. C'est à la fois fabuleux et angoissant parce que quand on a un monument comme ça qui se repose sur vous, ça augmente le poids de vos responsabilités ; mais, d'un autre côté, ça renforce votre envie de bien faire... Il y a des acteurs qui discutent, qui expliquent comment ils voient le personnage, qui ont d'autres idées sur les scènes, qui demandent pourquoi, lui, pas du tout. Si vous lui dites d'entrer par une porte et de faire trois pas, il les fait sans demander pourquoi. Jean-Paul fait une confiance absolue dans le metteur en scène. Bien sûr, il a son personnage dans la tête, mais il s'adapte. »

Jean-Paul tenait beaucoup à ce rôle parce qu'il lui permettait d'aborder le désespoir, voire la détresse, et en cela Loursat se tenait non loin de Kean et de Cyrano. Ensuite parce qu'il lui offrait la possibilité de jouer un homme descendu très bas et qui, pour l'amour de sa fille, remonte la pente. Enfin, et peut être surtout, *L'Inconnu dans la maison* permettait de lancer une tirade contre l'indifférence qui gangrène le monde, cette indifférence que Loursat qualifie de « pire des drogues ».

A la fin du tournage, Belmondo soutint Georges Lautner dans sa nécessité de raccourcir le film. En effet, sur le papier, c'est-à-dire d'après le scénario, *L'Inconnu dans la maison* durait près de trois heures. Le metteur en scène en tourna deux heures trente utiles puis, après de nombreuses coupes, le ramena à une heure quarante. Ensuite, en tant que producteur et interprète principal, Jean-Paul étudia la promotion de ce film. Contrairement à d'autres il décida de se faire plutôt discret et de n'effectuer ses apparitions sur le petit écran qu'à doses homéopathiques.

« Je suis un peu revenu de toutes ces émissions de variétés, dit-il, parce que je crois qu'on ne peut pas vraiment parler bien d'un film au milieu des chansons ou en faisant l'idiot avec l'animateur. Soit vous dites des conneries pour faire marrer tout le monde mais ça n'est pas ça qui va pousser les gens à aller voir le film, soit vous racontez votre film et je pense que tout film qu'on raconte ne donne plus envie d'être vu. Mais maintenant nous avons la preuve que ces émissions ne servent pas à grand-chose pour inciter les gens à aller au cinéma. A une époque il y avait *Les Rendez-vous du dimanche* de Drucker et ça c'était très bien et c'était, en plus, une émission que tout le monde regardait. Maintenant les gens sont de plus en plus sollicités : ils voient des extraits de votre film partout à un point tel qu'à un moment donné ils ont eu l'impression d'avoir vu le film sans s'être déplacés. Et puis faire toutes les émissions est mauvais parce que vous lassez les spectateurs. La promotion d'un film est devenu quelque chose de très délicat d'autant que la sortie d'un film n'est plus un événement. Il faudrait des émissions qui assurent vraiment la promotion du cinéma et du théâtre à une heure de grande écoute. »

L'Inconnu dans la maison sortit sur les écrans français fin octobre 1992, c'est-à-dire à une période où le cinéma français se portait particulièrement mal en raison d'une fréquentation squelettique. Derrière les mammouths du cinéma américain bien peu de films français parvenaient à se faire une place au soleil. Quelques mois plus tôt, par exemple, *Le Retour de Casanova* avec Alain Delon avait subi un revers aussi cinglant qu'inquiétant. Mais cela ne suffit pas à entamer l'optimisme de Jean-Paul Belmondo.

« J'ai connu toutes les périodes, remarque-t-il. J'ai fait 80 000 entrées Paris avec *Léon Morin, prêtre*. Puis j'ai eu une période bénite, comme on dit au casino ''j'avais la main''. Quoi que je touchais ça marchait. Mais déjà j'entendais des gens qui disaient ''Belmondo est en baisse''. Par contre ils n'en parlaient jamais quand on battait les records de recette. Mais tout cela à mon âge on s'en fout. De toutes les façons ça ne m'a jamais vraiment frappé. Il faudrait vraiment que personne, mais vraiment personne n'aille voir mes films pour que je me pose des questions, que tout le monde me dise : ''On ne veut plus de Belmondo.'' Tout le monde c'est-à-dire les producteurs, les distributeurs, que personne ne veuille plus mettre de sous sur moi. Si tel était le cas je me retirerais dans mon théâtre pour y animer des soirées poétiques ! Blague à part, je suis très philosophe et puis mes films proviennent toujours de mes propres envies, pas du fait qu'ils peuvent marcher ou pas. Je serais navré que demain l'un de mes films ne marche pas mais ce n'est pas ça qui me ferait dire : ''Mon petit père il faut arrêter.'' Quand j'ai fait *Léon Morin, prêtre* qui n'a pas marché je ne me suis pas dit : ''J'arrête.'' Bien sûr que j'étais emmerdé, personne n'aime connaître l'échec. C'est comme un boxeur, il n'a pas envie d'être K.O. mais ça n'est pas ça qui va le stopper. Aujourd'hui je ne suis pas dans une position de succès à tout prix. Si demain je trouve une belle histoire je la tourne, quelles que soient les entrées de mon film précédent. Il faut faire ce que l'on sent et j'ai toujours fait ce que je ressens. Si arrivé à mon âge on ne peut pas faire ce dont on a envie ça devient grave. Si en plus ce que l'on fait ça marche, c'est l'embellie... C'est vrai que quand vous faites un bide on en parle plus que quand il s'agit d'un succès. Mais il ne faut jamais se réjouir d'un échec, surtout quand il s'agit d'un film français. C'est vrai que le cinéma américain est bien mais il a beaucoup d'argent et en plus le cinéma français lui déploie le tapis rouge avec le Festival de Deauville et le fait que les critiques ne touchent pas au cinéma américain. Jusqu'au jour où il n'y aura plus que du cinéma américain. Je grossis le trait mais c'est vrai qu'il y a un problème. Gabin parlait déjà de ça. Il avait des idées très arrêtées sur le cinéma américain. Il disait : "Il n'y a qu'à pas leur doubler leurs films puisqu'ils ne doublent pas les nôtres en Amérique !" Sans aller jusque-là, c'est vrai que nous facilitons beaucoup le cinéma américain. Deauville n'est rien d'autre que la promotion des films américains qui vont sortir à la rentrée. Tout le monde est à genoux et pendant ce temps on est en train d'enterrer tranquillement le cinéma français. Il n'y a pas que cela, bien sûr, mais quand quelqu'un ne va pas bien on ne va pas, en plus, lui balancer un coup de poing dans la tronche, or c'est ce que font joyeusement certains en France. »

Tandis que *L'Inconnu dans la maison* était projeté dans la France entière, Jean-Paul Belmondo étudiait son avenir professionnel. Comme toujours depuis la sortie d'*A bout de souffle*, plus de trente ans plus tôt, il se trouvait face à une kyrielle de projets émanant de toutes parts. Son ami Alexandre Mnouchkine le contacta pour un film réalisé par Philippe de Broca ayant pour cadre l'Occupation ; Claude Lelouch devait toujours mettre en chantier son adaptation moderne, puisque se situant de nos jours, des *Misérables* de Victor Hugo — sous le titre *Les Misérables du XXe siècle* — mais ce projet semblait retardé ; Jean Becker, qui depuis *Tendre Voyou* avait réalisé *L'Été meurtrier*, souhaitait également tourner un nouveau film avec Belmondo ; et Bernard Stora lui concocta une comédie policière. Autant de possibilités, donc, auxquelles il fallait ajouter, entre autres, un remake de *En cas de malheur* sur lequel Belmondo planchait sérieusement. Voilà pour le cinéma. Car pour le théâtre, l'acteur se trouvait dans une situation exactement similaire puisque débordant de propositions.

« Au théâtre, remarque Jean-Paul Belmondo, j'ai un problème en tant qu'acteur puisque, m'étant tapé les deux rôles que j'ai joués, Kean et Cyrano, il m'est très difficile de trouver un rôle à la même hauteur. Ce n'est pas de la prétention mais si demain je joue une petite comédie les gens vont se poser des questions. J'ai mis la barre très haut et la redescendre est toujours délicat, il faut bien réfléchir. On me propose des reprises de Feydeau mais j'hésite. J'ai envie de jouer au théâtre mais je n'ai aucune envie de me retrouver sur scène en me demandant : "Mais qu'est-ce que je fais là ?" »

La Puce à l'oreille étant jouée par d'autres acteurs en cette fin 1992, ce projet disparut de lui-même. Mais Robert Hossein songeait toujours à Belmondo dans *Othello, Le Diable et le bon Dieu*, de Jean-Paul Sartre ou *L'Auberge des adrets*, réactualisé par Frédéric Dard. Dans le même temps, Francis Huster poussait Jean-Paul à jouer le Sganarelle de *Don Juan*. Mais l'intéressé, tout en lisant des pièces de jeunes auteurs, partit d'abord dans une autre direction puisqu'il envisagea de jouer *Joyeuses Pâques* en son théâtre à compter de février 1993. Mais, après réflexion, il abandonna ce projet et s'attaqua réellement à son planning.

Finalement le projet du film de Bernard Stora — que celui-ci réalisa lui-même — fut accepté et le début du tournage programmé pour le 15 mars 1993. L'avenir théâtral s'annonçait, quant à lui, un peu plus flou, mais Jean-Paul Belmondo plaçait en tête de ses envies cette *Auberge des adrets* où avait brillé Frédérick Lemaître, le créateur de *Kean*.

Jean-Paul Belmondo s'occupa également activement de la programmation du théâtre des Variétés. Dans ce domaine-là aussi, après un an d'exploitation, il ne put que constater l'extrême maigreur des résultats chiffrés pour l'ensemble de la profession théâtrale.

« Je pense avoir pris le théâtre des Variétés au pire moment, affirme-t-il, parce que jamais la fréquentation n'a été aussi basse qu'en 1991-1992. Je reste optimiste parce que je pense que c'est une période passagère. D'un autre côté je ne vais pas rester dix ans dans le théâtre si personne ne vient. Je finirais par mettre la clef sous la porte. Il ne faut pas non plus se ruiner. Le spectacle n'est plus numéro un ou numéro deux, il passe très loin dans les préoccupations des gens. C'est vrai qu'il y a toujours eu des crises mais il suffit de regarder les chiffres pour se rendre compte qu'on n'a jamais vu ça. On n'a jamais vu autant de théâtres vides. Il n'y a plus l'envie des gens d'aller au théâtre. Alors il faut leur redonner cette envie et espérer que les gens reviendront. »

Pour la rentrée d'octobre 1992, le directeur du théâtre des Variétés porta son choix sur un spectacle de café-théâtre ayant déjà fait ses preuves, *Thé à la menthe ou t'es citron*, puis étudia divers projets dont une pièce de Françoise Dorin avec Jean Piat qui pour des raisons de reports de dates de divers protagonistes ne put se monter aux Variétés.

Acteur reconnu sur le plan internationnal, producteur à la longue série de succès, homme de théâtre qui porta *Cyrano* aux nues, patron d'une salle qui lui tient énormément à cœur, star du cinéma français, père de famille attentionné, grand-père attachant, Jean-Paul Belmondo semble avoir eu toutes les réussites que peut réserver une vie. Cela explique sans doute l'éternel sourire qui éclaire son visage en tout temps.

Une vie facile ?

Non, sûrement pas.

A lui comme à quelques autres s'appliquent ces propos de Michel Simon, son acteur-phare :

« Quand je vois cette réputation de facilité qu'on fait aux acteurs : ils ont la vie facile, ils ont une voiture, ils s'amusent comme des enfants, ils ont de l'argent, ils le dépensent !... Mais personne ne parle jamais de leur inquiétude, de leur désespoir, de leur désir de mieux faire, et du travail énorme qu'ils font pour distraire et amuser les autres. Personne ne leur rend hommage : on les critique ; quand ils sont mauvais on les siffle, et, quand ils meurent c'est dans l'indifférence. C'est atroce... Je trouve ça très injuste... »

30

LARMES A L'ŒIL

L'Inconnu dans la maison ne rencontra pas un grand succès public. Il est vrai que les spectateurs français ont toujours été un peu rétifs à l'idée d'aller voir des remakes. Toutefois, la déception de Jean-Paul Belmondo porta moins sur cet accueil un peu glacial que sur le comportement de la presse. En acceptant de faire ce film, il avait, aussi, souhaité donner un coup de pouce à quelques jeunes acteurs de talent et en tout premier lieu à Cristiana Reali aux débuts plus que prometteurs. Malheureusement, bien peu de journalistes consacrèrent des articles à ces nouveaux venus, préférant laisser courir leur plume sur le « retour » de Belmondo. L'avenir devait donner raison à Jean-Paul car, tant à la télévision qu'au théâtre, Cristiana Reali brilla de beauté et de talent.

Quant à l'échec du film, Belmondo l'expliqua en partie par le fait que le public ne souhaitait pas voir l'ancien héros de *L'As des as* dans un rôle d'avocat cocu et alcoolique qui se laisse aller avant un ultime sursaut.

Mais déjà Jean-Paul avait d'autres sujets de préoccupation et de satisfaction. Après avoir tendu la main vers la nouvelle génération, il renoua avec le souvenir toujours vivace de son père grâce à une exposition de ses œuvres qui eut lieu au Grand Palais à Paris, à compter de novembre 1992.

Puis, il s'accorda du temps libre. Il n'avait aucun projet sur ses tablettes avant la rentrée 1993, date de son retour sur scène. Restait seulement à choisir quelle pièce jouer, ce qui n'était pas une mince affaire. Seule exigence : une pure comédie. En attendant, il put, en avril, s'amuser comme un fou à l'occasion de son soixantième anniversaire. Cet événement donna lieu à une soirée pleine de rires et de folie qui marqua à jamais la mémoire des participants. Et ils furent nombreux : plus de trois cents. Des amis de toujours aux copains du Conservatoire, des réalisateurs complices aux partenaires de l'écran et de la scène, tous répondirent présents pour cette soirée qui vit un Belmondo littéralement aux anges. La presse se fit l'écho de cet anniversaire feu d'artifice (au propre comme au figuré) qui, d'une certaine manière, prouva que l'acteur sexagénaire possédait toujours une énergie incroyable. Il allait lui en falloir pour affronter la rentrée théâtrale. Car il avait fait son choix : Feydeau.

A ce moment, arriva entre ses mains le texte d'une nouvelle pièce due à un auteur de haute volée, Francis Veber. Titre de ce joyau : *Le Dîner de cons.* Dès qu'il en eut terminé la lecture — qui, de son propre aveu, le fit beaucoup rire —, Belmondo voulut la monter. Non pour lui — il était déjà en pleine préparation du Feydeau — mais pour son théâtre des Variétés. Ce projet correspondait exactement à ce qu'il cherchait : une pièce populaire mais de qualité et, surtout, la promesse d'un grand moment d'hilarité.

« Un théâtre, une salle de théâtre et son plateau, l'esprit d'un théâtre sont choses délicates, explique-t-il. Il faut trouver des accords profonds. On ne peut pas tout jouer n'importe où. J'ai grand souci, comme directeur, de ne pas heurter l'attente du public. C'est grâce à lui que nous sommes là. Nous devons toujours rester ses humbles serviteurs. »

Non seulement il voulut héberger *Le Dîner de cons* dans sa salle mais aussi le produire à cent pour cent, une première dans sa carrière.

« Il est tellement difficile de trouver une bonne comédie moderne que je n'avais pas le droit de laisser passer cette chance », dit-il.

Jean-Paul demanda à Pierre Mondy d'en assurer la mise en scène. Pour la distribution, ils n'hésitèrent pas longtemps : Jacques Villeret s'imposa d'emblée dans le rôle de François Pignon, le « con de service », tandis que Claude Brasseur se glissait dans le personnage de Pierre, le piégeur qui se retrouve piégé.

Francis Veber fut heureux de trouver en Belmondo un authentique directeur de théâtre.

« Pour moi, écrivit-il dans le programme du *Dîner de cons*, sa cascade la plus spectaculaire fut d'avoir acheté un théâtre de boulevard. Le boulevard c'est du théâtre sans filet. Un théâtre qui fait de la voltige entre ces deux trapèzes bien fragiles que sont le rire et l'émotion du public. C'est aussi un théâtre en mal d'auteurs. Le cinéma et la télé ont dévoyé la plupart de ceux qui auraient pu reprendre le flambeau. Acheter les Variétés aujourd'hui, c'est se payer un chapeau de prestidigitateur en période de myxomatose, au moment où les lapins se font de plus en plus rares. »

Comme ses protagonistes l'escomptaient, *Le Dîner de cons* fut un fabuleux succès qui ne fit que s'accroître en sautant du théâtre au cinéma. Au passage, la distribution subit des modifications puisque, sur scène, peu avant la cinq centième, Claude Brasseur fut remplacé par Michel Roux tandis que, sur l'écran — après que Veber eut envisagé d'engager Gérard Depardieu —, Thierry Lhermitte prit leur relève.

La création du *Dîner de cons* aux Variétés repoussa sine die un autre projet cher à son directeur : un spectacle tiré de *Robert Macaire* et *L'Auberge des Adrets*, deux sombres mélodrames joués par Frédérick Lemaître. Mais cet acteur hors du commun n'avait pas fini de croiser la destinée de Belmondo...

Entre-temps, donc, Jean-Paul préparait son retour au vaudeville. Il n'en avait plus joué sur scène depuis *Trésor Party*, plus de trente ans plus tôt. Georges Feydeau, l'un des maîtres en la matière, l'aiderait à effectuer ce retour. Les liens entre l'acteur et l'auteur remontaient à plusieurs décennies puisque Belmondo présenta *Amour et piano*, lors de son concours de sortie du Conservatoire avant de jouer *L'Hôtel du libre échange*. En 1962, déjà, il avait envisagé de revenir au théâtre avec *La Puce à l'oreille*, en compagnie de Marielle et Galabru, puis ce titre réapparut sur la liste de ses projets en 1986 et de nouveau en 1991, au lendemain du triomphe de *Cyrano de Bergerac*. C'est dire si Jean-Paul tenait depuis longtemps à rejouer du Feydeau. Pourtant, il privilégia *Tailleur pour dames*. Quelques années auparavant, le Théâtre de la Michodière avait proposé une reprise de *La Puce à l'oreille*, c'est pourquoi Jean-Paul préféra laisser du temps entre les deux versions.

Créé le 17 décembre 1886 au Théâtre de la Renaissance, *Tailleur pour dames* raconte les démêlés du docteur Moulineaux, mari qui veut tromper sa femme un soir de bal à l'Opéra mais n'y parvient pas et se retrouve empêtré dans ses mensonges.

« C'est un menteur extraordinaire, souligne Belmondo. Le mensonge n'est pas beau quand il est petit, mais quand il est énorme cela devient de l'art ! »

Cette pièce présentait un avantage supplémentaire : elle avait été revue de fond en comble par Jean Poiret. En effet, en 1984, le metteur en scène Bernard Murat lui avait demandé d'adapter le texte jugé un peu trop court pour assurer un spectacle entier. Il fallait l'étoffer, en respectant l'esprit de Feydeau. L'auteur de *La Cage aux folles* s'attela avec bonheur à cette tâche, et, tel un horloger du rire, démonta complètement le mécanisme du vaudevilliste, ajouta nouvelles situations et nouveaux dialogues puis remonta le tout. Cette adaptation fut proposée pour la première fois au public le 17 janvier 1985 au Théâtre des Bouffes Parisiens avec Pierre Arditi et Cécile Magnet dans les principaux rôles. Huit ans plus tard, Belmondo reprenait le flambeau, heureux à l'idée de jouer en même temps du Poiret et du Feydeau. Seule ombre au tableau : durant ce laps de temps, Jean Poiret était mort, laissant un vide énorme au cœur du théâtre de boulevard.

Son théâtre des Variétés étant occupé par *Le Dîner de cons*, Jean-Paul décida d'aller présenter la pièce de Feydeau au Théâtre de Paris. Les répétitions commencèrent à la mi-août. Bernard Murat, parce qu'il connaissait admirablement la pièce, s'occupa de la mise en scène tandis que Béatrice Agenin, Virginie Pradal, Carole Richert, Pierre Vernier, Ticky Holgado et Philippe Khorsand, entre autres, encadraient solidement Belmondo.

Tailleur pour dames fut présenté à compter du 1er octobre 1993. Après un premier acte qui faisait un peu figure de tour d'échauffement, Belmondo donnait libre cours à sa démesure dans un époustouflant deuxième acte qui arrachait des larmes de rire. Et la suite était de la même eau. Pour autant, en acteur chevronné, il veillait à ne jamais dépasser certaines limites.

« Croire qu'avec le comique on peut tout se permettre est une erreur, expliqua-t-il. Feydeau demande une telle précision qu'il faut respecter le texte à la virgule près. »

La critique salua ce spectacle brillant et réjouissant. Fabienne Pascaud écrivit dans *Télérama* :

« Jean-Paul Belmondo éclate d'une rayonnante vitalité. Mieux, sous l'habile direction de Bernard Murat, il parvient à doter d'humanité, et presque de générosité, le cynique séducteur qu'il interprète. »

Tout allait donc pour le mieux en cette rentrée 1993 pour Jean-Paul Belmondo : *Le Dîner de cons* faisait salle comble aux Variétés et *Tailleur pour dames* de même au Théâtre de Paris. L'acteur, le directeur et le producteur étaient manifestement enchantés. Mais le père de famille fut atteint par une de ces blessures si terribles qu'elles ne se referment jamais...

Dimanche 31 octobre. Au petit matin, Patricia Belmondo, la fille aînée de Jean-Paul et Élodie trouva la mort à quarante ans dans l'incendie de son appartement, rue de Rennes, au cœur de Paris. La famille vécut ce drame dans la solitude et la discrétion.

L'année 1993 se termina sur un réconfort pour Jean-Paul, la naissance d'un nouveau petit-fils, Victor...

Pendant ce temps *Tailleur pour dames* n'en finissait plus d'attirer les foules. La pièce fut jouée quasiment à guichets fermés jusqu'au 13 février 1994. Date fixée bien avant la première car Jean-Paul était attendu par Claude Lelouch pour son prochain film. *Tailleur pour dames* fut, donc, stoppé en pleine gloire. Ce succès et le plaisir de Belmondo poussèrent l'acteur à décider de proposer à nouveau du Feydeau au plus tôt.

« J'aime l'émotion, j'aime sentir le public bouleversé par les aventures de Cyrano, dit-il. Mais une salle qui rit, qui oublie tous ses soucis, c'est une récompense merveilleuse pour un acteur. »

Par là même, il renonça au projet de monter *Othello* qu'il avait caressé durant un temps. Cette fois ce serait *La Puce à l'oreille,* l'une de ses préférées, l'une des plus délirantes de Feydeau.

En mars, Jean-Paul Belmondo rejoignit, donc, Claude Lelouch pour un film qui ne manquait pas d'ambition : une nouvelle adaptation des *Misérables* de Victor Hugo. D'abord annoncée sous le titre *Les Misérables du* XXe *siècle,* cette production sortit finalement sous le simple label *Les Misérables.*

« Au début des *Uns et des autres,* expliqua Lelouch, j'avais placé cette citation de Willa Cather : "Il n'y a que deux ou trois histoires dans la vie de l'être humain, et elles se répètent aussi cruellement que si elles n'étaient jamais arrivées." Depuis, j'ai souvent rêvé de pouvoir porter l'une d'entre elles à l'écran. Et c'est tout naturellement que je me suis tourné vers Victor Hugo et son Jean Valjean, cet homme simple et vrai qui tente de traverser un monde hostile et compliqué. Modestement, j'ai alors cherché à me mettre dans la peau d'un Victor Hugo qui serait né en même temps que le cinématographe. Qui se serait inspiré des misères du vingtième siècle pour raconter Valjean, Thénardier, Javert, Marius, Cosette et tous les autres. Afin d'affirmer, une fois encore, que l'être humain est le plus beau des spectacles, même quand la vie lui a donné le mauvais rôle. J'ai gardé de Victor Hugo son amour des hasards et des coïncidences, ses "coups de théâtre" qu'affectionnaient tant les Romantiques. »

Claude Lelouch inventa le personnage d'Henri Fortin surnommé Jean Valjean par ses amis ; un homme qui ne sait ni lire ni écrire, qui, après avoir traversé la Première, se retrouve embringué dans la Seconde Guerre mondiale. Et tandis qu'il apprend à lire à travers les écrits de Victor Hugo, sa propre vie suit un parallèle avec celle, imaginaire, de Valjean.

Jean-Paul Belmondo accepta d'emblée ce projet. L'idée de retravailler avec Lelouch, de jouer un double personnage et de tenir un rôle qui avait déjà été servi par des personnalités aussi marquantes et différentes qu'Harry Baur, Jean Gabin et Lino Ventura, ne pouvait que le séduire.

« Quel est l'acteur qui ne rêve pas de jouer Jean Valjean ? », demande Jean-Paul.

Cette nouvelle mouture des *Misérables* — finalement peu comparable aux précédentes — bénéficia d'un important budget (quatre-vingt-dix-huit millions de francs) qui la classa parmi les grosses productions du moment. Lelouch ne lésina sur rien, s'offrant le luxe de cinquante-deux décors, trois mille costumes, cent rôles, plus de cinq mille figurants et profitant du cinquantenaire du débarquement allié pour reconstituer les opérations militaires du 6 juin 1944... Le tout au service d'une distribution prestigieuse composée notamment de Jean Marais, Micheline Presle, Annie Girardot, Darry Cowl, Michel Boujenah, Philippe Léotard, Alessandra Martines, Clémentine Célarié, Rufus, Jacques Gamblin... Liste à laquelle il faut ajouter trois « apports » de Belmondo, trois complices de *Tailleur pour dames* : Pierre Vernier, Ticky Holgado et Philippe Khorsand. Sans oublier Paul Belmondo, qui personnifia un Fortin jeune et qui disputa un match de boxe, pour la plus grande admiration de son père. Enfin, un petit rôle fut offert à sa compagne Natty. Elle avait déjà été présente au générique de *L'Inconnu dans la maison*, mais son rôle, parce qu'il se situait dans une sorte de prologue intégralement sacrifié, fut coupé au montage.

Dès les premiers jours de tournage, Jean-Paul Belmondo ne fut pas étonné de retrouver le Lelouch qu'il avait quitté à la fin d'*Itinéraire d'un enfant gâté*.

« En début de journée, Lelouch me mettait en condition, un peu comme un boxeur avant de monter sur le ring, raconte l'acteur. Et il ne me donnait le texte que quelques minutes avant les prises. Cela permet d'arriver tout neuf, tout excité. Ça maintient en éveil. Il n'y a pas de machinerie lourde avec Lelouch, il n'y a que sa caméra qui se balade, et vous donne l'impression que l'on est entre nous pour improviser un petit truc en super-8. Toute cette énorme production autour, cette grosse machine qui redémarre tous les jours, on ne la sent jamais. Mais, attention, tout est écrit, prévu. Seulement, à la fin de la scène, au lieu de dire "coupez !", il laisse les personnages continuer, parce qu'il guette l'étincelle qui surgira peut-être. »

C'est en guettant cette étincelle que Lelouch réitéra un exploit datant d'*Itinéraire* : filmer un Belmondo pleurant. La scène fut tournée sur un chemin escarpé non loin de Baume-les-Messieurs, dans le Jura. Jean-Paul incarnait un Valjean récemment sorti de son bagne et voleur d'une pièce à un petit ramoneur. Il appela l'enfant, le seul à pouvoir lui accorder son pardon. Il cria, s'époumona, mais personne ne vint ; alors des sanglots surgirent et des larmes coulèrent sur le visage buriné d'un acteur totalement intégré dans son personnage.

« Au départ, explique Belmondo, cette scène n'était absolument pas écrite. Lelouch m'a simplement demandé de crier "Petit ramoneur !" et pendant que nous tournions, il a réussi à faire naître cette émotion. C'est un véritable magicien. »

Plus tard, en Normandie, Lelouch filma les scènes du débarquement. Henri Fortin étant censé participer à cette gigantesque opération, Belmondo se retrouva lui aussi sur le sable. Il devait notamment courir en zigzag, escalader un bunker, y jeter des grenades puis récupérer le corps de Gavroche. Une scène très difficile à mettre en place. Dix fois de suite, Jean-Paul s'élança. Au cours de l'une de ces prises, parce qu'il n'était pas tout à fait au bon endroit, il fut projeté à terre par le souffle d'une explosion. Plus de peur que de mal.

Le 9 juin 1994, le tournage subit un incroyable accident : l'incendie du décor de l'auberge, sur la plage de Villers-sur-Mer. Lelouch empoigna une caméra et le filma. Il engrangea des images mais perdit la fin de son film car, initialement, ce décor devait servir de cadre au retour final d'Henri Fortin qui rachetait l'auberge où il avait tant souffert. Le cinéaste suspendit son tournage et, tandis que l'équipe du film se reposait à Deauville — Belmondo préférant rentrer sur Paris —, il s'isola pour réfléchir à la suite de son film. Finalement il opta pour une fin résolument plus optimiste dans un tout autre décor, celui d'une guinguette installée à L'Isle-Adam. Lelouch fait partie de ces rares cinéastes capables de rebondir quels que soient les coups du sort.

Après soixante-sept jours de tournage, il se pencha sur le montage de ses *Misérables*. Jean-Paul Belmondo, lui, en profita pour, le 16 août, effectuer un court passage sur le plateau des *Cent et Une Nuits* d'Agnès Varda, un film hommage au cinéma truffé de clins d'œil, de références et d'extraits.

« J'ai injecté dans *Les Cent et Une nuits* des bribes de sensations de spectatrice, de très courts extraits de films ou des bouffées de musique, liés à des émotions de cinéma, explique Varda. Hommage aux auteurs, aux acteurs et aux compositeurs. »

Grâce à quelques scènes loufoques — on le voit notamment habillé en torero —, Jean-Paul retrouva, l'espace d'une journée, Gina Lollobrigida, sa partenaire de *La Mer à boire*. Au départ, pourtant, Agnès Varda souhaitait réunir autour de lui deux Isabelle, Adjani et Huppert, mais l'emploi du temps de ces dernières ne le permit pas. Il retrouva également Michel Piccoli, alias Monsieur Cinéma, qu'il devait ausculter déguisé en médecin du XVIIe siècle. Entre les prises, les deux acteurs évoquèrent leur mémorable rencontre sur le plateau du méconnu *Les Copains du dimanche*. Toute cette journée se déroula dans une bonne humeur générale entrecoupée de fous rires déclenchés tantôt par Belmondo, tantôt par Piccoli.

« Les acteurs qui venaient faire des apparitions étaient toujours de bonne humeur, très décontractés et apportaient un air frais sur le tournage, témoigne Julie Gayet, l'une des jeunes interprètes du film. Belmondo c'est la crème des crèmes, il fait de l'humour tout le temps. On n'en pouvait plus de rire. »

Les Cent et Une Nuits compte également parmi les rares films à voir les noms de Jean-Paul Belmondo et Alain Delon à un même générique (mais ils n'ont aucune scène ensemble), ainsi que celui d'un certain Leonardo DiCaprio !

Les Misérables sortit sur les écrans français le 22 mars 1995, précédé par une grande campagne de presse.

« C'est un film lyrique avec un souffle formidable, de l'amour, du rire et de grandes scènes, annonça Jean-Paul. C'est un vrai spectacle populaire dans le bon sens du mot. »

Bien que la prestation de Belmondo fût généralement appréciée, ce récit sur des destins croisés fut jugé un peu bancal avec ses deux parties construites en parallèle : celle, originale, d'Henri Fortin et celle, moins surprenante, de la famille Ziman. Beaucoup estimèrent que l'ensemble aurait gagné à rester concentré sur la première partie, c'est-à-dire sur Henri Fortin alias Jean Valjean, donc sur Jean-Paul Belmondo. Un peu plus d'un million de spectateurs sur la France entière : un résultat insuffisant pour une production de cette ampleur auréolée par la présence de Belmondo et Lelouch (*Itinéraire d'un enfant gâté* avait fait trois fois plus). Toutefois, le film marcha très bien dans le reste du monde. Aux États-Unis il fut salué par une critique dithyrambique et se vit décerner le Golden Globe (prix de la presse étrangère à Los Angeles) du meilleur film étranger.

« Les Français n'ont pas eu pour ce film la tendresse que moi je lui porte, commenta Lelouch. Donc, je suis ravi que l'étranger rétablisse l'équilibre. C'est un film que j'aime beaucoup et un de mes préférés et je suis ravi que d'autres soient de mon avis. »

En mai 1995, Jean-Paul démarra le tournage d'un nouveau film. Son réalisateur signait là sa première œuvre cinématographique, mais non sa première mise en scène puisqu'il avait déjà beaucoup sévi au théâtre, Bernard Murat. Anecdote amusante : Belmondo et Murat s'étaient rencontrés pour la première fois plus de trente ans auparavant puisque Bernard faisait une courte apparition en blouson noir dans *La Chasse à l'homme* où il traitait Jean-Paul de « vieille garde » !

Le film que s'apprêtait à réaliser Murat faisait partie d'une prestigieuse série dite « Collection Sacha Guitry ». L'idée en revenait au producteur Daniel Toscan du Plantier. Désireux d'apporter une « relecture » à certains textes du maître, il décida de racheter les droits de quinze d'entre eux. Puis il envisagea de faire appel à de grands noms pour les réaliser et les interpréter. D'un côté il pensa à Patrice Leconte, Claude Miller, Régis Wargnier, Michel Blanc... de l'autre à Isabelle Adjani, Alain Delon, Jean-Pierre Marielle, Pierre Arditi, Isabelle Huppert... L'un des premiers contactés fut Jean-Paul Belmondo. Toscan du Plantier le rencontra sur le plateau des *Misérables* où, une fois n'est pas coutume, le producteur s'amusait à faire l'acteur. Il parla de son vaste projet à Jean-Paul et lui proposa de tenir le rôle titre de *Désiré*. L'acteur dit oui et très rapidement le film fut mis sur les rails. Claude Rich, Fanny Ardant, Jean Yanne, Dominique Lavanant et Béatrice Dalle vinrent compléter la distribution. Avant de s'occuper du tournage proprement dit, Bernard Murat relut consciencieusement le texte de Guitry et lui apporta quelques modifications, coupant quelques répliques et réduisant certaines autres. La première version cinématographique de *Désiré* remontant à 1937, Belmondo n'éprouva aucun scrupule à prendre la succession du maître lui-même.

« Il ne faut pas se laisser traumatiser par l'acteur Guitry, déclarat-il. mais simplement redécouvrir l'auteur. On s'aperçoit qu'il n'a rien de démodé : ce qu'il dit est d'aujourd'hui si c'est joué par des comédiens d'aujourd'hui qui apportent au texte les nuances de la sensibilité de leur époque. »

Le tournage eut lieu en grande partie dans les studios de la SFP, plus une semaine d'extérieurs à Deauville. Il se déroula dans d'excellentes conditions, Belmondo se montrant constamment détendu et parfaitement à l'aise dans son rôle. Il travaillait sous la direction d'un metteur en scène qu'il connaissait bien et qui laissait la part belle aux acteurs.

« Je pense sincèrement qu'au cinéma comme au théâtre, et peut-être plus encore qu'au théâtre, ce sont les acteurs qui tiennent le devant et que la caméra est au service de cette fusion : l'histoire, l'acteur, le verbe », souligna Bernard Murat.

Pour ajouter à son plaisir, Belmondo retrouvait un ami de longue date en la personne de Claude Rich. La seule chose qui aurait pu jeter un voile sur sa bonne humeur était la longueur de certaines tirades : jamais Belmondo n'eut d'aussi longs textes à dire devant des caméras ! Mais depuis *Kean* et *Cyrano* les « tunnels », comme on dit en termes de métier, ne l'impressionnaient plus, beaucoup s'en fallait. Et puis le rôle lui plaisait énormément.

« Désiré est un valet moderne de la famille de Scapin et de Figaro, analysa-t-il. Un charmeur plein de fantaisie qui joue à faire le domestique de maison en maison mais ne rêve que de plaire aux dames. Là, il tombe vraiment amoureux de sa patronne. Je retrouve les valets de comédie, qui étaient mon emploi au Conservatoire, un beau texte et le plaisir de jouer avec des partenaires formidables. »

Depuis son retour sur scène, dans *Kean*, Belmondo s'affirmait de plus en plus amateur de grands textes : Dumas, Sartre, Rostand, Guitry, Feydeau, de quoi combler son amour de la phrase ciselée, de la formule cinglante et des vérités aux formes d'aphorismes.

Après quelques semaines de vacances, il reprit le chemin du théâtre. *La Puce à l'oreille* l'attendait. Enfin ! Depuis le temps qu'il en rêvait de cette pièce, il allait pouvoir l'offrir au public avec, à la clef, un double rôle en or. Les répétitions débutèrent au mois d'août pour une première prévue le 6 octobre. A la mise en scène : Bernard Murat. Dans la distribution : Francis Perrin, Pierre Vernier, Sabine Haudepin, Béatrice Agenin, Philippe Khorsand... Le cadre : le Théâtre de Paris. Tout s'annonçait idéalement quand, à la fin du mois d'août, se produisit l'accident. Souffrant des jambes, — après une première alerte durant les vacances —, Jean-Paul dut être hospitalisé. Les médecins diagnostiquèrent une phlébite, inflammation des vaisseaux qui provoque la naissance de caillots de sang. L'acteur surmonta vite ce problème de santé et fut très rapidement sur pied. Il dut cependant renoncer à *La Puce à l'oreille.* Ce n'était que partie remise.

Fort logiquement, après une semaine de détente en Italie, il fut présent, le 18 janvier 1996, à la première de la reprise d'*Oscar* au théâtre des Variétés. Il avait créé cette pièce à ses débuts et fut heureux de voir Roland Giraud et Francis Perrin reprendre des personnages incroyables de drôlerie.

« Le nom d'*Oscar* me renvoie trente-huit ans en arrière, lorsque, avec Pierre Mondy et Maria Pacôme, nous créâmes cette si brillante comédie, écrivit Belmondo. Il me renvoie aussi à de merveilleux souvenirs. Que de fous rires avons-nous eus ! Que de plaisir nous a envahis à entendre le public exploser de joie. Aujourd'hui *Oscar* entre à nouveau dans ma vie, par la porte du théâtre des Variétés, et j'en suis heureux. D'autant plus que l'orfèvre Pierre Mondy s'est chargé de la mise en scène. Nul mieux que lui ne connaît *Oscar.* Il l'a porté sur les fonts baptismaux, il l'a joué pendant de longs mois, il l'a mis en scène pour l'ami de Funès. Je souhaite à toute la troupe de prendre autant de plaisir à jouer *Oscar* que nous à le créer. Je souhaite aux spectateurs de rire autant que leurs innombrables prédécesseurs qui firent d'*Oscar* l'une des plus grandes réussites du théâtre comique moderne. »

Sur ce, la sortie de *Désiré* fut annoncée pour le 10 avril 1996. Or,

Belmondo découvrit que ce film était distribué de manière plus que confidentielle : vingt salles dans toute la France, dont trois à Paris ! La consternation céda place à l'indignation. Il était mécontent et tint à le faire savoir, y compris à la télévision.

« Personne ne verra *Désiré* et on dira qu'il n'a pas marché, prophétisa-t-il. J'ai tourné des longs métrages qui n'ont pas remporté un grand succès mais seul le public est juge ; s'il ne vient pas on retire le film des salles, c'est le jeu. Mais là, on assassine le film dès le départ. »

Et de dénoncer les cinq cents salles allouées à *Toy Story* coproduit par Walt Disney. Cette colère enflamma les journaux, attira l'attention sur le film (lui valant quelques salles supplémentaires !) et mobilisa certaines personnalités comme Alain Delon. Mais les observateurs eurent beau jeu de rappeler à Belmondo que quelques années auparavant il s'était retrouvé dans une situation exactement inverse quand *Une chambre en ville* s'était heurté au mastodonte *L'As des as.*

« Le cas est cependant différent, précise Jean-Paul. A l'époque, *Une chambre en ville* bénéficiait d'un nombre de salles suffisant, une vingtaine, mais les gens allaient voir *L'As des as* et non *Une chambre en ville.* Si le film de Demy avait été diffusé dans cinquante salles, les gens n'y seraient pas allés pour autant. Si *L'As des as* était sorti à un autre moment, *Une chambre en ville* n'aurait pas eu plus de succès. Alors que les gens qui voulaient voir *Désiré* ne savaient pas où le trouver. Il est inutile de sortir un film dans seulement deux ou trois salles, autant l'expédier tout de suite à la télévision. Je ne voulais pas que *Désiré* sorte dans cinquante salles à Paris, ce qui aurait été idiot, je voulais simplement qu'il bénéficie d'un circuit un peu plus conséquent, tout en sachant pertinemment dès le départ qu'il ne s'imposerait pas parmi les gros succès de l'année. Il fallait lui laisser sa chance de petit film. »

Quoi qu'il en fût, ce qui devait arriver arriva : *Désiré* fut un échec. La distribution du film fut en cause, certes, mais pas seulement. En dépit d'un impeccable jeu d'acteurs et d'une agréable musique de Jean-Claude Petit, *Désiré* ne parvenait jamais à dissiper une impression de théâtre filmé.

Quant au reste de la « Collection Sacha Guitry », il suivit la même voie. La plupart des réalisations furent directement diffusées à la télévision, le *Quadrille* de Valérie Lemercier suscita un petit regain d'intérêt sur grand écran, mais *Le Comédien,* qui bénéficiait pourtant de la présence de Michel Serrault et Charles Aznavour, sortit au cinéma (dans quelques très rares salles) un 24 décembre ! Inutile de préciser qu'il n'obtint rigoureusement aucun succès...

Preuve de l'attachement de Belmondo à Guitry : en janvier 1998, il proposa *Le Mari, la femme et l'amant* en son théâtre des Variétés.

Désormais complètement remis de son accident, Jean-Paul put à nouveau inscrire *La Puce à l'oreille* sur ses tablettes. Cette pièce en trois actes avait été créée au théâtre des Nouveautés le 2 mars 1907. Feydeau n'était alors plus un débutant et additionnait les succès. Cette fois, il s'inspira du légendaire acteur Leopoldo Frégoli, capable de jouer soixante rôles dans un même spectacle. Il imagina, donc, deux personnages se ressemblant comme deux gouttes d'eau, l'un marié et bien de sa personne, l'autre célibataire et un peu demeuré. Deux personnages joués par un même acteur, bien entendu.

« J'aime beaucoup interpréter ce genre de comédie qui oblige à un investissement physique absolu et qui demande en même temps une très grande précision, explique Belmondo. Le plus difficile, au départ, c'est de savoir son texte au rasoir. Il ne faut pas déplacer une virgule, ni une interjection. Feydeau est diabolique de ce point de vue-là. En même temps, il oppose une difficulté supplémentaire car il n'y a, dans ses textes, aucun point d'appui qui corresponde à une logique ordinaire. Et pas de musique non plus, pour être porté, comme on peut l'être parfois dans les grands textes classiques. C'est un travail redoutable qui exige une précision inouïe. »

Grâce à *La Puce à l'oreille*, Jean-Paul put jouer pour la première fois « chez lui », au théâtre des Variétés. La pièce y fut présentée dès le 12 octobre 1996 avec, dans les principaux rôles, Cristiana Reali, Sabine Haudepin, Pierre Vernier, Antoine Dulery, tous des acteurs avec lesquels Belmondo avait déjà travaillé. Dès le premier soir, il était évident que *La Puce à l'oreille* enthousiasmerait un très large public. Jean-Paul n'avait qu'à paraître en scène dans le costume de Poche, ce benêt gaffeur mais plein d'énergie, pour arracher les rires. Et comme il se sentait au mieux de sa forme, il s'en donna à cœur joie à chaque représentation, faisant des sauts de cabri, déployant une énergie rare au théâtre, séduisant des spectateurs ravis de retrouver un pur Belmondo comique.

« Que redire à ce spectacle somptueux et pétaradant, à cette mise en scène au rythme infernal (et juste), à cette distribution époustouflante ?, se demanda Pierre Billard dans *Le Point*. Rien. Si ce n'est le décalage qu'entraîne la présence d'une superstar. Belmondo fait un retour éclatant après une rude année. Son bagage classique, son agilité corporelle, son naturel inaltérable font merveille. (...) Le public est heureux de voir sa vedette si habile dans deux emplois si opposés, et se fiche pas mal que ce qui se passe sur scène n'ait plus ni queue ni tête. »

Comme il en avait presque pris l'habitude depuis *Kean*, Belmondo vit le public se ruer au guichet du théâtre. Mais, à nouveau, son emploi du temps l'empêcha de prolonger durablement ce triomphe. Il devait entamer le tournage d'un nouveau film en mai et préféra s'accorder une longue pause avant de se lancer dans cette odyssée. C'est pourquoi il programma la dernière de *La Puce à l'oreille* pour le 31 mars 1997.

Un peu plus d'un mois avant cette date, le 26 février, une nouvelle douleur vint frapper le comédien : la mort de sa mère. Elle s'éteignit doucement et discrètement dans un hôpital du XIVe arrondissement, non loin de l'appartement où elle avait vécu la plus grande partie de sa vie, celui où Jean-Paul avait grandi, celui où il venait la voir régulièrement. Madeleine Belmondo avait été le témoin de toutes ses joies, de tous ses triomphes, elle n'avait jamais cessé de s'affirmer comme un soutien de tous les instants au jugement sûr et à l'humour jamais pris en défaut. Celle que Jean-Paul avait surnommée la « plus jolie vieille dame du monde » s'en alla sans faire de bruit. La cérémonie d'incinération fut des plus discrètes et peu de journaux publièrent la nouvelle de sa disparition. Madeleine occupe pourtant une place primordiale dans la vie et le cœur de Jean-Paul Belmondo...

31

ACTEURS DE LÉGENDE

Le projet d'*Une chance sur deux* remontait au courant de l'année 1994. A cette époque, le cinéaste Patrice Leconte et le producteur Christian Fechner eurent une idée à la fois simple et étonnante : réunir à nouveau Belmondo et Delon en tête d'affiche. Cette idée suivit son chemin et, tandis que Leconte travaillait sur une ébauche de scénario, Fechner entreprit de contacter les deux principaux intéressés. Il connaissait Belmondo pour avoir produit notamment *L'Animal* et alla lui rendre visite alors qu'il était en pleine préparation de *La Puce à l'oreille*. Jean-Paul se montra intéressé à l'idée de retrouver celui que la presse n'a jamais cessé de présenter, abusivement, comme son rival. Mais pas question de signer un contrat dans l'immédiat, son accord était conditionné à la lecture d'un scénario. Delon fit une réponse similaire : oui, mais pas sans un texte solide.

« Aussi surprenant que cela paraisse, il n'y a eu aucune proposition de film avec Jean-Paul depuis *Borsalino*, témoigne Alain Delon. Pour qu'il y ait proposition il faut qu'il y ait à la fois envie, scénario, producteur et réalisateur. Les deux acteurs, eux, ont toujours envie de se retrouver et de faire quelque chose ensemble, mais ça ne s'est pas présenté. Et lorsque, par l'intermédiaire de Christian Fechner, l'idée d'un film de retrouvailles avec Jean-Paul a germé, ça n'a pas fait l'ombre d'une hésitation ; à la condition, évidemment, de lire le scénario. »

La personnalité de Patrice Leconte pesa beaucoup en faveur de l'accord de principe que donnèrent les deux comédiens. Tous deux connaissaient sa filmographie.

« J'avais vu tous ses films et j'avais apprécié *Ridicule* que je considère comme un petit chef-d'œuvre, avoue Delon. Je le lui avais dit, d'ailleurs. J'avais, donc, très envie de travailler avec lui. »

De son côté, Belmondo avait un petit avantage puisqu'il avait entendu parler de Leconte par ses amis Jean-Pierre Marielle et Jean Rochefort qui avaient tourné plusieurs films avec lui.

« J'avais vu ses films et j'avais déjà jugé qu'il était bon, affirme-t-il. Je savais aussi qu'il était agréable au travail et que les choses se passaient toujours bien avec lui. Quant au genre de film qu'il préparait, avec de l'action, je savais qu'il était parfaitement capable de le faire puisqu'il est l'auteur des *Spécialistes*, un très bon film. Sincèrement je n'avais aucune crainte à l'idée de travailler avec lui. »

Leconte leur proposa assez rapidement un premier document afin de montrer dans quelle direction il comptait orienter son film : de l'action et de l'humour, une vraie intrigue policière mais avec des personnages qui n'hésitent pas à se moquer d'eux-mêmes. Delon et Belmondo confirmèrent leur accord de principe. Restait à attendre la version définitive du script. Cela prit à Leconte plus de temps que prévu. Il fignola son scénario à l'extrême mais à aucun moment ne tint ses futurs acteurs au courant de l'évolution de son travail. Il préférait leur faire lire un texte complètement achevé. Quant à son histoire, elle plaçait Belmondo et Delon en rivaux mais non en ennemis.

« Jouer sur la rivalité légendaire entre ces deux-là est un régal, souligna-t-il. Belmondo et Delon la main dans la main, ça ne ferait pas forcément un film très dynamique. En revanche, et c'est un ressort scénaristique de base, c'est beaucoup plus drôle d'imaginer des personnages antagonistes qui rivalisent d'audaces ou de ruses. Dans le film, Belmondo et Delon ont été amants de la même femme, donc rivaux. Chacun est le cocu de l'autre ! »

Une histoire qui, dans une certaine mesure, faisait penser à la série culte *Amicalement vôtre*, voire aux *Compères* de Francis Veber.

Puis, Leconte demanda à Serge Frydman de signer les dialogues, un peu dans la lignée des perles de Michel Audiard. Enfin, le manuscrit atterrit sur le bureau des deux stars.

« En lisant le scénario, j'ai compris que Patrice Leconte n'allait surtout pas nous demander de nous prendre au sérieux, remarque Belmondo. J'ai vu le passage où je monte à l'échelle comme un clin d'œil, sinon il était ridicule. Si, sur cette même histoire, Leconte avait souhaité un ton sérieux, j'aurais dit non. La dérision m'a plu, sans pour autant tomber dans la parodie. J'étais d'accord pour me moquer de moi-même ou de choses que j'ai pu faire, sachant que Leconte n'allait pas nous ridiculiser. »

Étonnamment, ni Belmondo ni Delon n'éprouvèrent le besoin d'appeler l'autre à l'issue de la lecture de ce scénario. Chacun dit oui de son côté.

« Nous nous serions appelés si nous avions émis des doutes sur nos rôles ou sur certains passages, ce qui ne fut pas le cas », explique Jean-Paul.

Les contrats purent être signés. Fechner proposa un cachet rigoureusement identique aux deux acteurs principaux. Budget total du film : cent cinquante millions de francs. Quant à la fameuse question de savoir si l'équilibre entre les acteurs serait respecté à l'écran, elle ne fut jamais soulevée, ne fut aucunement stipulée dans lesdits contrats et ne préoccupa personne.

« Jamais, ni Alain, ni moi, que ce soit à la lecture, au tournage ou au montage, n'avons trouvé que nous avions moins de scènes que l'autre, déclare Jean-Paul. C'était équilibré de manière incroyable dès le départ. Nous n'avons rien changé. C'était d'ailleurs l'intérêt du film car si l'un tirait plus la couverture que l'autre ça déséquilibrait l'ensemble. »

Sur ces bases, les prises de vues furent planifiées et débutèrent le 5 mai 1997. Patrice Leconte se retrouva avec un trio de choc puisque autour d'Alain et Jean-Paul apparut Vanessa Paradis qui, dans le film, se demande lequel est son père.

Le premier jour de tournage fut mûrement réfléchi par le cinéaste.

« La première scène filmée fut celle où les trois personnages se retrouvent, quand le personnage d'Alice réunit ses deux pères putatifs dans la boîte de nuit où ils ont connu sa mère, raconte-t-il. C'était très bien de commencer par cette scène-là parce que le premier jour d'un tournage, on a tous le trac, pour des raisons diverses. Le fait de commencer par cette scène nous autorisait à avoir le trac puisque les personnages eux-mêmes sont un peu sur leur quant-à-soi. Et puis je voulais vraiment commencer le tournage avec tous les trois. »

Pour tous les protagonistes de cette production événement, la suite fut un régal. Loin de se regarder en chiens de faïence, Belmondo et Delon passèrent beaucoup de temps ensemble entre les prises, le premier allant fréquemment faire des balades dans l'hélicoptère du second. Mais de quoi parlaient-ils ?

« Quand nous sommes réunis, répond Belmondo, on parle finalement peu de cinéma et encore moins de nos carrières respectives. Nous préférons parler de sport et de boxe en particulier. On attendra la retraite pour évoquer nos carrières ! »

Sur le plateau, ils donnèrent le meilleur d'eux-mêmes face à une Vanessa Paradis un peu impressionnée de se retrouver entre deux « monstres sacrés ».

« Ils sont tous les deux très spontanés, mais de manière différente, remarque-t-elle. Dans les relations entre acteurs, hors scène, Jean-Paul est plus timide et plus réservé mais tout aussi généreux qu'Alain, qui est plus démonstratif. J'ai passé autant de temps de tournage avec l'un qu'avec l'autre et je serais incapable de dire si j'en aime un plus que l'autre. Ne me demandez pas de choisir. »

Témoin privilégié de ces retrouvailles tant attendues, Patrice Leconte. Il raconte :

« Je trouve qu'ils sont tout sauf interchangeables. A aucun moment nous n'aurions pu, la veille du tournage, intervertir leurs rôles. Ils sont diamétralement opposés, ce qui les rend complémentaires et, en même temps, extrêmement proches l'un de l'autre. C'est très curieux, deux acteurs qui, comme eux, ont à la fois tout et rien à voir l'un avec l'autre. Par exemple, Jean-Paul est d'une patience d'ange et Alain d'une impatience de diable. Je pourrais égrener une liste entière de choses anecdotiques qui les séparent mais ils ont en commun d'être tous les deux des acteurs très professionnels, toujours prêts à démarrer dès que l'on dit "moteur !". » Et d'ajouter : « Il a suffi de quelques jours pour que Belmondo soit au diapason de ce que je voulais insuffler à ce film. Delon est plus félin, *Guépard* oblige ! Au début du tournage, il restait discret, en observation, quittant le plateau sitôt ses scènes tournées, puis, jour après jour, toute l'équipe a assisté à son épanouissement. Delon restait sur le plateau après les prises, il venait même nous voir les jours où il ne tournait pas. Il plaisantait, faisait le clap. Était-ce une manière un peu volontariste de montrer qu'il est un homme sympathique alors qu'on le dit ombrageux ? Je ne crois pas. Il était simplement heureux de faire ce film. »

Propos qu'Alain Delon confirme sans ambages :

« Le plus difficile pour moi était de ne pas tourner ! Le tournage a été un tel bonheur, une telle joie.... Tout y a concouru : la rencontre avec Leconte que j'attendais depuis longtemps, ce scénario qui avait tout pour nous plaire, ces retrouvailles avec Jean-Paul. C'est toujours gênant de dire que les choses sont faciles, car aucun travail bien fait n'est facile puisqu'il réclame un métier, du professionnalisme, de l'attention, de la passion, mais là, vraiment, ça a été formidable.

Le maître mot qui régna durant les prises de vues fut professionnalisme. Si chacun éprouva un réel plaisir à participer à cette aventure, personne n'oublia pourquoi il était là. Le courant passa admirablement entre les acteurs et le réalisateur.

« Lorsque nous donnons notre accord à quelqu'un comme Patrice Leconte que nous respectons et que nous acceptons, sur un sujet bien précis, nous n'intervenons pas en cours de route pour imposer des changements, souligne Alain Delon. Nous sommes des acteurs dociles, dans la mesure où nous avons confiance. »

Une chance sur deux était parsemé d'humour et de références amusantes aux carrières de ses deux principaux interprètes.

« C'est un film de cinéaste mais aussi un film de cinéphile, admet Leconte. Il était impensable de tourner avec des acteurs pareils sans jeter un coup d'œil sur les carrières qu'ils ont eues et que moi je connais comme ma poche. Cela permettait d'amener de l'humour et d'éviter de faire un film au premier degré. »

Parmi les références, figurait en bonne place le goût très prononcé de Belmondo pour les cascades. Non seulement Patrice Leconte le lança à toute vitesse au volant de bolides — pour des cascades préparées par Rémy Julienne — mais, de plus, il lui demanda de se suspendre sous un hélicoptère ! Jean-Paul, qui avait pourtant juré qu'on ne l'y reprendrait plus, accepta avec le sourire mais décréta que cette fois serait bien la dernière.

« Jean-Paul faisait des trucs comme un gamin, se souvient Leconte. Je lui disais la moitié du temps : “Pour tel plan, on vous voit à peine, inutile de prendre des risques, on va mettre une doublure”, il me répondait : “Vous plaisantez ? Je m'en fous qu'on me voie ou qu'on ne me voie pas, c'est la dernière fois de ma vie que je fais ça, alors laissez-moi y aller !” Il ne faisait pas ses cascades pour dire : “Regardez ce que je suis encore capable de faire” — ce qui ne correspond absolument pas à son tempérament —, mais simplement pour le plaisir, qu'il soit filmé ou non ! »

Du plaisir, Jean-Paul en prit aussi à donner la réplique à Alain Delon. On les avait dit ennemis, puis concurrents, ils n'ont jamais cessé d'être deux stars appréciant les qualités de l'autre.

« Je trouve Alain pareil à celui que j'ai connu sur *Borsalino,* affirma Belmondo. Il a toujours été un acteur précis et j'ai retrouvé cette précision. Bien sûr, il a mûri, mais j'ai vraiment retrouvé le même homme. Nous sommes de la même famille d'acteurs. Ce n'est pas parce que j'ai fait le Conservatoire que ça m'a apporté quelque chose de plus qu'à Alain. Kean dit : “On est acteur, comme prince : de naissance.” Je crois que c'est le cas d'Alain et moi. »

Ce à quoi Delon répondit :

« J'ai retrouvé le même pour une raison bien simple, c'est que nous ne nous sommes jamais quittés. Jean-Paul, je le suis dans sa carrière depuis quarante ans, comme lui me suit dans la mienne. Il sait tout ce que je fais, je sais tout ce qu'il fait. Ce n'était pas comme si j'avais retrouvé quelqu'un que je n'avais plus vu depuis longtemps. »

Sur le plateau d'*Une chance sur deux,* Alain Delon fit une découverte qui l'étonna quelque peu : lui et Belmondo étaient désormais plus âgés que Jean Gabin quand ils avaient tourné à ses côtés. En effet, Gabin affichait cinquante-six ans à l'époque d'*Un singe en hiver* et cinquante-huit à celle de *Mélodie en sous-sol* ! Cette découverte n'empêcha pas les deux acteurs de conserver leur sens de l'humour.

« Alain était amusant pendant le tournage parce qu'il se mettait à part, regardait Vanessa jouer puis venait me dire : "Les gens ne vont même pas se poser la question, il est évident que c'est ma fille !", raconte Patrice Leconte. Et le lendemain Jean-Paul me faisait exactement la même réflexion avec d'autres mots. »

Le tournage s'acheva en juillet dans la bonne humeur générale. Jean-Paul Belmondo prit quelques jours de vacances avant d'entamer les répétitions de *La Puce à l'oreille.* Car il avait décidé de rejouer cette pièce qui lui avait apporté tant de bonheur. Seul changement notable dans la distribution : Cristiana Reali fut remplacée par Béatrice Agenin. Les représentations furent programmées jusqu'au 4 janvier.

En début d'année, Jean-Paul partit un mois au soleil, mais fut de retour pour la présentation d'*Une chance sur deux,* le film sortant en France le 25 mars 1998. Lui et Delon participèrent activement et sincèrement à la promotion de ce film. Rarement journalistes les avaient vus si enthousiastes à l'idée de proposer une œuvre au public. A cette occasion, Jean-Paul déclara notamment :

« Ce film est un tout. S'il marche, ce sera grâce au trio d'acteurs et à Leconte ; s'il ne marche pas, ce sera à cause de ce même trio et de Leconte, ce ne sera surtout pas la faute de l'un plus que l'autre. Et puis, il ne faut pas attacher trop d'importance au succès immédiat. Dans ma vie, j'ai fait des triomphes, j'ai fait des bides. A l'époque de *La Sirène du Mississippi,* tout le monde donnait gagnant le ticket Truffaut-Belmondo-Deneuve et ça a été un bide, mais avec le temps le film a été redécouvert à sa juste valeur. Idem pour *Stavisky.* »

Force fut de constater que le public n'adhérait pas en masse à ce *Une chance sur deux* qui ne manquait pourtant ni de punch, ni d'humour... et qui fut projeté sur plus de cinq cents écrans à travers toute la France ! Alors que les prévisions les plus pessimistes annonçaient deux millions de spectateurs, le nombre d'entrées dépassa à peine le million. Patrice Leconte en fut profondément affecté et voulut endosser seul la responsabilité de cet échec. Il écrivit un mot à Belmondo et téléphona à Delon. Ce dernier avait déclaré à plusieurs reprises que ce film marquerait probablement la fin de sa carrière sur grand écran.

« Cela fait quarante ans que Jean-Paul et moi sommes présents dans le cinéma français, dit-il. Quarante ans que nous courons le marathon ensemble. Je ne sais pas si je vais continuer de le courir... »

Quant à Belmondo, il prit l'annonce de cette désaffection du public avec philosophie. Il est vrai qu'il sortait d'un triomphe sur scène.

« Il faut que les gens vous acceptent tels que vous êtes et non tels que vous étiez dans vos films précédents, explique-t-il. Tous les acteurs connaissent ce genre de passage à vide. Moi, j'ai le théâtre qui me donne énormément de satisfaction et qui me permet de dire de beaux textes. Le vrai problème pour un acteur, c'est quand il ne reçoit plus aucune proposition. Il y a des types qui sont restés dix ans sans jouer et ça c'est terrible. Moi, je travaille toujours et, en plus, dans des spectacles qui m'intéressent. »

Et à aucun moment il n'a manqué de propositions. Certes, au fil des ans, le nombre des scénarios arrivant jusqu'à lui s'est amoindri mais jamais cela ne l'inquiéta.

« Il est normal que des jeunes metteurs en scène qui traitent des problèmes de leur époque le fassent avec des acteurs de leur génération, estime-t-il. Quand Godard a fait *A bout de souffle*, il n'a pas été le proposer à Gabin ! »

Néanmoins, de jeunes auteurs continuaient de penser à Belmondo. Tel fut tout particulièrement le cas de Cédric Klapisch. Connu pour avoir réalisé *Chacun cherche son chat* puis l'adaptation cinématographique de *Un air de famille*, la pièce de Jean-Pierre Bacri et Agnès Jaoui, Klapisch imagina un projet un peu démesuré : une sorte de conte futuriste intitulé *Peut-être*. L'histoire débute à la veille de l'an 2000, un père est projeté dans le futur où il retrouve son fils, désormais plus âgé que lui. Il proposa le scénario à Belmondo qui dit oui tout de suite.

« Il n'y a rien de plus gratifiant que d'entendre un jeune cinéaste dire qu'il a envie de travailler avec vous », confesse Jean-Paul.

Le reste de la distribution fut notamment complété par Géraldine Pailhas et Romain Duris. Tournage prévu en février 1998. Malheureusement, du fait du désistement des chaînes de télévision trouvant le projet trop « risqué », c'est-à-dire trop original, le montage financier de cette production de quatre-vingts millions de francs s'avéra des plus complexes. Il fallut reporter les dates des prises de vues. Finalement, grâce à la branche française de la Warner, qui participa à la moitié du financement, le tournage put être programmé pour l'automne 1998. Seulement son tournage tombait mal : Jean-Paul Belmondo avait d'ores et déjà prévu de revenir au théâtre dans une création.

Il n'avait jamais caché son admiration pour Antoine Louis Prosper Lemaître dit Frédérick, ce génial acteur du XIXe siècle qui triompha dans le drame romantique.

« Pour moi, affirme Jean-Paul, Lemaître fait partie des très grands, dans une lignée qui comprend Pierre Brasseur et Jules Berry, entre autres. Il symbolise l'acteur libre avec à la fois une grande rigueur, un bagage classique — il a tout de même joué *Ruy Blas* — et un incroyable sens de l'improvisation. De la scène, il répondait du tac au tac au public qui l'apostrophait. C'était également un acteur en lutte contre un travers qui s'est beaucoup développé depuis : la sobriété ; et ça aussi me plaît beaucoup chez lui. »

Il y a tant de croisements entre la vie de ce Lemaître et celle de Belmondo qu'il paraissait inévitable que l'un se glissât dans le costume de l'autre. C'est Lemaître qui créa *Kean*, et au théâtre des Variétés qui plus est ! Au cinéma, et pour l'éternité, Lemaître prit l'apparence et la voix de Pierre Brasseur, l'un des acteurs fétiches de Jean-Paul, dans l'immortel *Les Enfants du paradis*, considéré comme l'un des plus grands films de l'histoire du septième art. Lemaître colle tellement aux envies de Belmondo que plus d'une fois il souhaita jouer dans une reprise de *L'Auberge des Adrets*, l'une de ses plus célèbres pièces. Mais ce que lui proposa Bernard Murat le séduisit beaucoup plus : une pièce traitant de la vie de cet acteur hors du commun.

Son auteur en était Éric-Emmanuel Schmitt révélé en 1993 avec *Le Visiteur* qui reçut trois Molières. Par la suite, il écrivit *Variations énigmatiques* qui permit à Alain Delon de faire son grand retour sur scène. Quand Schmitt parla de son nouveau projet à Bernard Murat, celui-ci lui rétorqua : « Il faut absolument en parler à Belmondo ! » Un déjeuner fut organisé et les trois hommes tombèrent d'accord pour créer cette future pièce dès la rentrée.

« Frédérick Lemaître a été le premier comédien populaire en France, expliqua Éric-Emmanuel Schmitt au *Parisien*. Avant lui, il y avait eu de grands comédiens mais vus uniquement par l'aristocratie et la grande bourgeoisie à la Comédie-Française. Il a fallu que se créent ces théâtres sur le boulevard du Temple, surnommé le Boulevard du Crime pour son répertoire sanglant, pour qu'il y ait enfin un comédien populaire. Frédérick a été à la fois un acteur dramatique et comique. Il a été le roi du mélodrame et il l'a fait mourir en inventant sa parodie. Belmondo, c'est ça aussi. C'est un acteur dramatique et un acteur de comédie. Il apporte à la pièce une gaieté, une enfance, une joie de vivre inébranlable. »

Pour écrire ce qui deviendra *Frédérick ou le Boulevard du Crime*, Schmitt se documenta longuement. Il puisa aussi dans ses souvenirs de spectateur puisque la pièce emprunte à la fois au *Comédien* de Sacha Guitry, à *Kean* et à *Cyrano de Bergerac*. Autant de raisons pour lesquelles elle ne pouvait que coller à la démesure de Jean-Paul Belmondo. Au final, le texte apportait de l'humour et de la tendresse, de l'amour et de la folie. La critique théâtrale se trouvait égratignée tout autant que les théâtres subventionnés, à tel point que l'on pouvait se demander si Belmondo lui-même n'avait pas soufflé certaines répliques ! Un texte riche, donc, mais aussi un peu long car telle qu'elle était écrite, la pièce durait plus de trois heures ! Bernard Murat eut la lourde tache de la réduire quelque peu.

Jean-Paul Belmondo aurait bien aimé monter ce *Frédérick* en son théâtre des Variétés, ce qui eût constitué un bel hommage à Lemaître, mais ce n'était pas possible car *Le Mari, la femme et l'amant* continuait d'attirer un large public. Il alla donc s'installer au Théâtre Marigny où il avait déjà joué *Cyrano.* Ce grand spectacle bénéficia d'une distribution impressionnante. On retrouva quelques « habitués » comme Philippe Khorsand, Pierre Vernier, Gaston Vacchia et Urbain Cancelier, quelques « nouveaux venus » de talent comme Florence Darel et Laurent Spielvogel mais la grande surprise vint de deux comédiens pour le moins inattendus. Dans le rôle d'une actrice vieillissante, acariâtre mais au cœur d'or, brilla Micheline Dax, impeccable d'humour et de fantaisie. Dans celui d'un ministre qui ne souhaite pas voir sa fille partir aux bras d'un saltimbanque s'imposa le vétéran Jean Davy qui, à quatre-vingt-sept ans, n'avait rien perdu de son magnétisme ni de sa voix d'airain.

Jean-Paul se lança corps et âme dans les répétitions. Le rôle est foisonnant, bouillonnant. Frédérick était un homme qui ne faisait pas les choses à moitié et un acteur qui brûlait les planches. Schmitt le montre poussant des coups de gueule, donnant des coups de griffe et ayant de vrais coups de cœur, comme lorsqu'il cache un « révolutionnaire » dans sa propre loge. Frédérick est souvent cynique, faussement blasé mais il aime sincèrement son métier et les gens qui l'entourent. Il a beau s'en prendre à un directeur de théâtre près de ses sous et à une partenaire loin de sa jeunesse, il ne peut se passer d'eux et les tient contre son cœur. Pour Belmondo, ce personnage permet vraiment de jouer sur plusieurs registres, du rire aux larmes, du loufoque branquignolesque (la représentation tronquée) au pathétique (la mort à la Cyrano). Dès le départ, Jean Paul dévoila ses batteries : Lemaître, il l'interpréterait à fond. Ni demi-mesure, ni gestes comptés, il allait tout donner comme il l'avait fait pour chacune de ses pièces depuis *Kean.* C'est ce que le public du XIXe siècle attendait de Frédérick Lemaître, c'est ce que le public du Théâtre Marigny attend de Belmondo. L'osmose est totale, les deux acteurs ne faisant presque plus qu'un...

Le challenge restait néanmoins d'importance. La durée, les changements de ton, les subtilités de certaines scènes exigeaient une forme olympique. C'est exactement ainsi que Jean-Paul apparut le soir de la première.

Frédérick fut créé le 22 septembre 1998 sous des applaudissements nourris. Depuis, les guichets sont assaillis de demandes. A défaut de remplir les salles de cinéma, Belmondo continue de remplir les théâtres.

Sur ce, le film de Cédric Klapisch jaillit de son marasme. Son tournage débuta le 19 octobre. Belmondo étant toujours partant pour y participer, il fallut adapter son emploi du temps.

Par chance, le gros des prises de vues de ce *Peut-être* a pour cadre Paris. Ainsi, tout en jouant le soir au Marigny, Jean-Paul peut, la journée, paraître devant les caméras de Klapisch. Une double activité qu'il n'a pas vécue depuis bien longtemps.

Jouer dans un film et une pièce en même temps, voilà qui témoigne de la fringale qui n'a jamais cessé de motiver Jean-Paul Belmondo. Depuis ses débuts, il a toujours nourri une affection profonde pour son métier et l'a fait savoir à travers l'incroyable palette de rôles qu'il a interprétés.

« Je m'amuse toujours autant, dit-il. Et le jour où ça ne m'amusera plus de faire l'acteur, que ce soit au théâtre ou au cinéma... eh bien, vous ne me verrez plus ! »

ANNEXES

CARRIÈRE DE JEAN-PAUL BELMONDO

1950 LA BELLE AU BOIS DORMANT
(Théâtre)
Tournée dans les hôpitaux de Paris

1951 MON AMI LE CAMBRIOLEUR
(Théâtre) d'André Haguet
Tournée d'été à Amélie-les-Bains

1952 GLORIANA SERA VENGÉE
(Théâtre) de Jean Toury d'après Cyril Tourneur
Mise en scène : Jean Vernier

1953 LA JALOUSIE DU BARBOUILLÉ et LE MARIAGE FORCÉ
(Théâtre) de Molière
Mise en scène : Georges Le Roy

1953 MÉDÉE
(Théâtre) de Jean Anouilh
Mise en scène : André Barsacq

1953 ZAMORE
(Théâtre) de Georges Neveux
Mise en scène : André Barsacq

1953 LA REINE BLANCHE
(Théâtre) de Pierre Barillet et Jean-Pierre Grédy
Mise en scène : Jean Meyer

1954 LES PLAIDEURS
(Théâtre) de Racine
Mise en scène : Georges Le Roy

1954 CRINOLINES ET GUILLOTINE
(Théâtre) d'Henry Monnier
Mise en scène : Christine Tsingos

1953 LE MÉDECIN MALGRÉ LUI, LES PRÉCIEUSES RIDICULES, GEORGE DANDIN de Molière et LE COMMISSAIRE EST BON ENFANT de Georges Courteline
(Théâtre) Mise en scène : Michel Galabru

1954 LA PETITE HUTTE d'André Roussin, L'AVARE, LE MALADE IMAGINAIRE de Molière, LA LOCANDIERA de Goldoni, LES BOULINGRIN de Georges Feydeau
(Théâtre) Tournées dans la région de Rouen

1954 ANDALOUSIE
(Théâtre) Livret d'Albert Willemetz et Raymond Vincy.
Musique : Francis Lopez

1955 FANTASIO
(Théâtre) d'Alfred de Musset
Mise en scène : Julien Bertheau

1955 L'ANNONCE FAITE A MARIE
(Théâtre) de Paul Claudel
Mise en scène : Julien Bertheau

1955 MOLIÈRE
Réalisation : Norbert Tildian

1956 LES COPAINS DU DIMANCHE
Réalisation : Henri Aisner

1956 L'HÔTEL DU LIBRE ÉCHANGE
(Théâtre) de Georges Feydeau et Maurice Desvallières
Mise en scène : Jean-Pierre Grenier

1957 CÉSAR ET CLÉOPÂTRE
(Théâtre) de George Bernard Shaw
Version française de Henriette et Augustin Amon et Jean Marsan.
Mise en scène : Jean Le Poulain

1957 A PIED, A CHEVAL ET EN VOITURE
Réalisation : Maurice Delbez

1957 LA MÉGÈRE APPRIVOISÉE
(Théâtre) de William Shakespeare
Adaptation : Jacques Audiberti.
Mise en scène : Georges Vitaly

1957 SOIS BELLE ET TAIS-TOI
Réalisation : Marc Allégret

1958 OSCAR
(Théâtre) de Claude Magnier
Mise en scène : Jacques Mauclair

1958 LES TRICHEURS
Réalisation : Marcel Carné

1958 UN DRÔLE DE DIMANCHE
Réalisation : Marc Allégret

1958 CHARLOTTE ET SON JULES
Réalisation : Jean-Luc Godard

1959 TRÉSOR PARTY
(Théâtre) de Bernard Régnier d'après un roman de P.G. Woodehouse
Mise en scène : Christian Gérard

1959 MADEMOISELLE ANGE
(Ein Engel auf Erden)
Réalisation : Geza Radvanyi

1959 A DOUBLE TOUR
Réalisation : Claude Chabrol

1959 A BOUT DE SOUFFLE
Réalisation : Jean-Luc Godard

1959 CLASSE TOUS RISQUES
Réalisation : Claude Sautet

1959 LES TROIS MOUSQUETAIRES
(télévision) Réalisation : Claude Barma

1959 LA FRANÇAISE ET L'AMOUR (sketch : « Adultère »)
Réalisation : Henri Verneuil

1959 MODERATO CANTABILE
Réalisation : Peter Brook

1960 LES DISTRACTIONS
Réalisation : Jacques Dupont

1960 LA NOVICE (Lettere di una Novizia)
Réalisation : Alberto Lattuada

1960 LA CIOCIARA
Réalisation : Vittorio de Sica

1960 LA MER A BOIRE (Mare Matto)
Réalisation : Renato Castellani

1961 LA VIACCIA
Réalisation : Mauro Bolognini

1961 UNE FEMME EST UNE FEMME
Réalisation : Jean-Luc Godard

1961 LÉON MORIN PRÊTRE
Réalisation : Jean-Pierre Melville

1961 LES AMOURS CÉLÈBRES (sketch : « Lauzun »)
Réalisation : Michel Boisrond

1961 UN CŒUR GROS COMME ÇA
Réalisation : François Reichenbach

1961 UN NOMMÉ LA ROCCA
Réalisation : Jean Becker

1961 CARTOUCHE
Réalisation : Philippe de Broca

1962 UN SINGE EN HIVER
Réalisation : Henri Verneuil

1962 LE DOULOS
Réalisation : Jean-Pierre Melville

1962 L'AÎNÉ DES FERCHAUX
Réalisation : Jean-Pierre Melville

1963 PEAU DE BANANE
Réalisation : Marcel Ophüls

1963 DRAGÉES AU POIVRE
Réalisation : Jacques Baratier

1963 L'HOMME DE RIO
Réalisation : Philippe de Broca

1963 CENT MILLE DOLLARS AU SOLEIL
Réalisation : Henri Verneuil

1964 LA CHASSE A L'HOMME
Réalisation : Edouard Molinaro

1964 ÉCHAPPEMENT LIBRE
Réalisation : Jean Becker

1964 DIEU A CHOISI PARIS
Réalisation : Gilbert Prouteau

1964 WEEK-END A ZUYDCOOTE
Réalisation : Henri Verneuil

1964 PAR UN BEAU MATIN D'ÉTÉ
Réalisation : Jacques Deray

1965 LES TRIBULATIONS D'UN CHINOIS EN CHINE
Réalisation : Philippe de Broca

1965 PIERROT LE FOU
Réalisation : Jean-Luc Godard

1965 PARIS BRÛLE-T-IL ?
Réalisation : René Clément

1966 TENDRE VOYOU
Réalisation : Jean Becker

1966 CASINO ROYALE
Réalisation : John Huston, Kenneth Hughes, Val Guest, Robert Parrish, Joseph McGrath

1966 LE VOLEUR
Réalisation : Louis Malle

1968 HO !
Réalisation : Robert Enrico

1968 LE CERVEAU
Réalisation : Gérard Oury

1968 LA SIRÈNE DU MISSISSIPPI
Réalisation : François Truffaut

1968 UN HOMME QUI ME PLAÎT
Réalisation : Claude Lelouch

1969 BORSALINO
Réalisation : Jacques Deray

1970 LES MARIÉS DE L'AN II
Réalisation : Jean-Paul Rappeneau

1971 LE CASSE
Réalisation : Henri Verneuil

1972 DOCTEUR POPAUL
Réalisation : Claude Chabrol

1972 LA SCOUMOUNE
Réalisation : José Giovanni

1972 L'HÉRITIER
Réalisation : Philippe Labro

1973 LE MAGNIFIQUE
Réalisation : Philippe de Broca

1973 STAVISKY
Réalisation : Alain Resnais

1974 PEUR SUR LA VILLE
Réalisation : Henri Verneuil

1975 L'INCORRIGIBLE
Réalisation : Philippe de Broca

1975 L'ALPAGUEUR
Réalisation : Philippe Labro

1976 LE CORPS DE MON ENNEMI
Réalisation : Henri Verneuil

1977 L'ANIMAL
Réalisation : Claude Zidi

1978 FLIC OU VOYOU
Réalisation : Georges Lautner

1979 LE GUIGNOLO
Réalisation : Georges Lautner

1981 LE PROFESSIONNEL
Réalisation : Georges Lautner

1982 L'AS DES AS
Réalisation : Gérard Oury

1983 LE MARGINAL
Réalisation : Jacques Deray

1983 LES MORFALOUS
Réalisation : Henri Verneuil

1984 JOYEUSES PÂQUES
Réalisation : Georges Lautner

1985 HOLD-UP
Réalisation : Alexandre Arcady

1986 LE SOLITAIRE
Réalisation : Jacques Deray

1987 KEAN
(Théâtre) de Jean-Paul Sartre d'après Alexandre Dumas.
Mise en scène : Robert Hossein

1988 ITINÉRAIRE D'UN ENFANT GÂTÉ
Réalisation : Claude Lelouch

1990 CYRANO DE BERGERAC
(Théâtre) d'Edmond Rostand
Mise en scène : Robert Hossein

1992 L'INCONNU DANS LA MAISON
Réalisation : Georges Lautner

1993 TAILLEUR POUR DAMES
(Théâtre) de Georges Feydeau, adapté par Jean Poiret
Mise en scène : Bernard Murat

1994 LES MISÉRABLES
Réalisation : Claude Lelouch

1994 LES CENT ET UNE NUITS
Réalisation : Agnès Varda

1995 DÉSIRÉ
Réalisation : Bernard Murat

1996 LA PUCE A L'OREILLE
(Théâtre) de Georges Feydeau
Mise en scène : Bernard Murat

1997 UNE CHANCE SUR DEUX
Réalisation : Patrice Leconte

1998 FRÉDÉRICK ou LE BOULEVARD DU CRIME
(Théâtre) d'Éric-Emmanuel Schmitt
Mise en scène : Bernard Murat

1999 PEUT-ÊTRE
Réalisation : Cédric Klapisch

BIBLIOGRAPHIE

Andrex : *On ne danse plus la java chez Bébert* (Presses de la Renaissance, 1989).
Arnould Françoise : *Françoise Dorléac* (Éd. Pac, 1977).
Bedos Guy : *Je craque* (Éd. Calmann-Lévy, 1976).
Bergala Alain : *Jean-Luc Godard par Jean-Luc Godard* (Cahiers du cinéma Éditions de l'Étoile, 1985).
Bianchi Pietro : *Le Mauvais Chemin* (Éd. Buchet Castel, 1961).
Blier Annette et Dufresne Claude : *Bernard Blier* (Solar, 1989).
Braucourt Guy : *Claude Chabrol* (Éd. Seghers, 1971).
Brunelin André : *Gabin* (Éd. Robert Laffont, 1987).
Cabat Odilon et Lévy Jacques : *Les Cascadeurs* (Jérôme Martineau éditeur 1967).
Carné Marcel : *La Vie à belles dents* (Éd. Jean-Pierre Ollivier, 1975).
Cartier Jacqueline : *Monsieur Vanel* (Éd. Robert Laffont, 1989).
Cerisuelo Marc : *Jean-Luc Godard* (Éd. Lherminnier, 1989).
Chabrol Claude : *Et pourtant je tourne* (Éd. Robert Laffont, 1976).
Chazal Robert : *Jean-Paul Belmondo* (Éd. Denoël, 1971).
Collet Jean : *Jean-Luc Godard* (Éd. Seghers, 1963).
Constantin Michel : *Ma grande gueule* (Solar, 1978).
Courtade Francis : *Les Malédictions du cinéma français* (Éd. Alain Moreau, 1978).
Daumier Sophie : *Parle à mon cœur, ma tête est malade* (Hachette, 1979).
Delamare Gil : *Le Risque est mon métier* (Flammarion, 1967).
Durant Philippe : préface à *Cyrano de Bergerac* (Éd. Sévigny, 1990).
Durieux Gilles : *Jean-Paul Belmondo, 30 ans et 25 films* (Union générale d'éditions, 1963).
Dux Pierre : *Vive le théâtre* (Éd. Stock, 1984).
Gare Alain et Maillet Dominique : *Philippe de Broca* (Éd. Henri Veyrier, 1990).
Guerif François et Lévy Klein Stéphane : *Belmondo* (Éd. Pac, 1975).
Guidet Guylaine : *Claude Lelouch* (Éd. Seghers, 1972).
Hossein Robert : *En désespoir de cause* (Plon, 1987).
Jeancolas Jean-Pierre : *Le Cinéma des Français* (Éd. Stock, 1976).

Jelot-Blanc Jean-Jacques et Huet James : *Bourvil* (Éd. Stock, 1976).
Julienne Rémy : *Silence, on casse* (Flammarion, 1978).
Labro Philippe : *Tous célèbres* (Éd. Denoël, 1979).
Le Poulain Jean : *Je rirai le dernier* (Éd. Robert Laffont, 1977).
Lorcey Jacques : *Bourvil* (Éd. Pac, 1981).
Loren Sophia : *Ma bonne étoile* (Éd. du Seuil, 1979).
Lumbroso Fernand : *Mémoires d'un homme de spectacle* (Éd. Lieu commun, 1991).
Malle Louis : *Louis Malle par Louis Malle* (Éd. de l'Athanor, 1978).
Marais Jean : *Histoires de ma vie* (Éd. Albin Michel, 1975).
Nadal François : *Ces chevaux qui font du cinéma* (Éd. Favre, 1986).
Nogera Rui : *Le Cinéma selon Melville* (Éd. Seghers, 197?).
Oury Gérard : *Mémoires d'éléphant* (Éd. Olivier Orban, 1988).
Piat Jean : *Les Plumes de paon* (Éd. Plon, 1980).
Poiré Alain : *200 films au soleil* (Ramsay, 1988).
Rabourdin Dominique : *Truffaut par Truffaut* (Éd. du Chêne, 1985).
Richards David : *Jean Seberg. Une vie* (Éd. Philippe Lebaud, 1982).
Ripert Émile : *Edmond Rostand* (Hachette, 1968).
Robinson Madeleine : *Les Canards majuscules* (Éd. Robert Laffont, 1978).
Rode Henri : *Alain Delon* (Éd. Pac, 1977).
Russo Christian Marcel : *V... comme Verneuil* (Éd. Ciné Revue, 1980).
Saint-Cyr Renée : *En toute mauvaise foi* (Éd. du Rocher, 1990).
Semprun Jorge : *Le Stavisky d'Alain Resnais* (Éd. Gallimard, 1974).
Sharif Omar : *L'Éternel Masculin* (Éd. Stock, 1976).
Sueur Monique : *Deux Siècles au Conservatoire national d'art dramatique* (CNSAD, 1986).
Touchard Pierre-Aimé et Crépineau Jacques : *Grandes Heures de théâtre à Paris* (Librairie académique Perrin, 1965).
Truchet Jacques : *Commentaires sur Cyrano de Bergerac* (Les Lettres françaises, 1983).
Truffaut François : *Correspondances* (Éd. Hatier, 1988).
Wagner Jean : *Jean-Pierre Melville* (Éd. Seghers, 1963).
Weber Jacques : *À vue de nez* (Éd. Menges, 1985).
Zimmer Jacques et de Béchade Chantal : *Jean-Pierre Melville* (Edilig, 1983).

REMERCIEMENTS

Un ouvrage de cette importance ne peut être entrepris sans la compréhension et l'aide d'une foule de gens grâce auxquels un auteur peut avancer pas à pas et déjouer les pièges qu'il rencontre. Écrire est un travail solitaire, certes, mais construire une biographie est une œuvre collective, à sa manière. C'est pourquoi je tiens à adresser mes plus vifs remerciements à tous ceux sans qui ce livre serait resté à l'état de projet inabouti.

En premier lieu, bien entendu, je remercie de la manière la plus profonde et la plus sincère Jean-Paul Belmondo lui-même. Tout au long de l'écriture de cette biographie il a apporté son soutien par sa mémoire rarement prise en défaut, ses précisions toujours utiles, sa franchise constamment bienvenue, son humour inaltérable mais aussi par ses accueils et son sourire.

J'adresse également mes remerciements à tout le personnel d'Annabel Productions qui, sous la houlette de l'efficace Luc Ténard, a toujours répondu avec diligence à mes appels, m'a dirigé dans des raccourcis qui m'ont fait gagner un temps précieux et m'a sans cesse épaulé par ses encouragements. Remerciements particuliers à Jocelyne qui est toujours parvenue à mener à bien toutes les missions, y compris les plus impossibles.

Ma gratitude va à Alain et Paul Belmondo qui, loin de juger mon projet d'un mauvais œil, ont surmonté leur aversion pour les interviews et se sont prêtés franchement au jeu des questions.

Les proches amis de Jean-Paul Belmondo ont, eux aussi, accepté de plonger dans leurs souvenirs pour faire revivre des pans de ces décennies d'amour et d'humour. C'est pourquoi j'offre toute mon amitié à Charly Koubesserian et remercie chaleureusement Pierre Vernier, Jean-Pierre Marielle, Bruno Cremer, Jean Rochefort, Claude Rich, Claude Brasseur ainsi que Henri-Jacques Huet et Mario David.

Les chapitres portant sur le Conservatoire n'auraient sûrement pas vu le jour sans les témoignages éclairés et passionnants de ceux qui formèrent, peu ou prou, la « bande » de ces années 50 : Françoise Brion, Françoise Fabian,

Christian Asse, René Camoin, Pierre Hatet, Henri Poirier, Dominique Rozan, Jacques Sereys, Henri Tisot et Bernard Woringer.

De même, grâce à des souvenirs précis et souvent pittoresques j'ai pu retracer au mieux le parcours théâtral de Jean-Paul Belmondo dans ses premières années. Ici, l'apport de Pierre Mondy, François Chaumette, Jean Marais, Jacques Ciron, Georges Descrières et Jean Vernier m'a été des plus précieux. En ce qui concerne le « retour » de Belmondo sur les planches, j'ai pu bénéficier des constatations pertinentes de Béatrice Agenin, Robert Hossein et Jean-Pierre Bernard ainsi que des souvenirs de Pierre Dux, Paul-Émile Deiber et Jacques Destoop qui m'ont permis de mieux saisir les subtilités de *Cyrano de Bergerac.*

Merci également à Suzanne Flon, Catherine Samie et à l'entourage de Sophie Daumier.

Le cinéma, pour sa part, a pu revivre grâce à la mémoire de Alexandre Arcady, Philippe de Broca, Jacques Deray, Philippe Labro, Georges Lautner, Claude Lelouch, Gérard Oury, Alain Resnais et Henri Verneuil (que je remercie, de plus, pour avoir assumé la difficile épreuve de la préface). Tous ont déployé une chaleureuse ferveur qui m'a été droit au cœur. Côté acteurs Jacques Dacqmine, Michel Constantin et Georges Geret m'ont apporté des précisions inestimables. Les cascades, pour leur part, ont véritablement rejailli sous mes yeux grâce aux élans de Rémy Julienne, Claude Carliez et Jean Salis.

Je remercie également Robert Manuel et Jean Piat pour avoir levé le rideau sur les délibérations d'un jury de Conservatoire, Robert Sandrey et Claude Vinci pour les détails concernant le Syndicat français des acteurs, Dominique Zardi pour ses réflexions pleines de pertinence, René Chateau pour ses explications claires ainsi que Bertrand Tavernier et Jean-Pierre Darras.

Puisqu'il ne faut surtout pas oublier les monceaux de documents qui m'ont été nécessaires pour solidifier cette biographie, je remercie Yves Allion de la *Revue du Cinéma*, l'Association des anciens élèves de l'École Alsacienne, la Bibliothèque de l'Arsenal, la Bibliothèque de l'IDHEC, le Conservatoire national d'art dramatique et son directeur Jean-Pierre Miquel, le Syndicat français des acteurs ainsi que Judith d'Alexandre Films et la toujours efficace Ghyslaine Dewing. Merci aussi à Florence Farel d'Antares et Travelling Production pour la vidéocassette *Dieu a choisi Paris* et la documentation qui l'accompagnait, à Frédérique Mèche d'UGC Vidéo pour les vidéocassettes *À bout de souffle, Le Doulos, Une femme est une femme, Léon Morin, prêtre* et *Pierrot le fou*, à Isabelle de Virgin Vidéo pour la vidéocassette *Les Distractions* et René Chateau pour les vidéocassettes *Un drôle de dimanche* et *La Française et l'amour.*

Enfin, je garderai dans une parcelle encore plus privilégiée de ma mémoire le souvenir de mes rencontres avec Alexandre Mnouchkine et Michel Galabru, extraordinaires conteurs dont la verve et l'humour empreint de modestie constituent un régal dont je ne me lasse pas.

Philippe DURANT

INDEX

TABLE

Achevé d'imprimer en novembre 1998
sur presse Cameron
par **Bussière Camedan Imprimeries**
à Saint-Amand-Montrond (Cher)
pour le compte des éditions Robert Laffont
24, avenue Marceau, 75008 Paris

Dépôt légal : novembre 1998.
N° d'édition : 39585/01. N° d'impression : 985407/4.

Imprimé en France